“十四五”职业教育国家规划教材
“十三五”全国航海类专业职业教育创新教材

船舶柴油机

（第二版）

主　编　周明顺　崔向东　毛宏雨
副主编　张运秋　曹海滨　仝永臣
主　审　吴桂涛

大连海事大学出版社

图书在版编目(CIP)数据

船舶柴油机 / 周明顺,崔向东, 毛宏雨主编．—2版．— 大连 ：大连海事大学出版社, 2022.4(2025.1 重印)
“十三五”职业教育国家规划教材 “十三五”全国航海类专业职业教育创新教材
ISBN 978-7-5632-4278-8

Ⅰ.①船…　Ⅱ.①周…　②崔…　③毛…　Ⅲ.①船用柴油机—高等职业教育—教材　Ⅳ.①U664.121

中国版本图书馆 CIP 数据核字(2022)第 059436 号

大连海事大学出版社出版

地址:大连市黄浦路523号　邮编:116026　电话:0411-84729665(营销部)　84729480(总编室)

http://press.dlmu.edu.cn　E-mail:dmupress@dlmu.edu.cn

大连金华光彩色印刷有限公司印装　　大连海事大学出版社发行

2019 年 11 月第 1 版　　2022 年 4 月第 2 版　　2025 年 1 月第 2 次印刷

幅面尺寸:184 mm×260 mm　　印张:35.75

字数:770 千　　印数:2001~3000 册

出版人:刘明凯

责任编辑:刘长影　　责任校对:孙笑鸣

封面设计:张爱妮　　版式设计:张爱妮

ISBN 978-7-5632-4278-8　　定价:89.00 元

总　序

随着我国产业结构优化升级不断加快和经济发展质量不断提高，职业教育重要地位和作用越来越凸现。为了适应我国经济社会不断发展的需要，职业教育改革形势迫在眉睫。《国家职业教育改革实施方案》(国发〔2019〕4号)指出：改革开放以来，职业教育为我国经济社会发展提供了有力的人才和智力支撑，现代职业教育体系框架全面建成，服务经济社会发展能力和社会吸引力不断增强，具备了基本实现现代化的诸多有利条件和良好工作基础。

航海职业教育在我国航海人才培养板块中占举足轻重的地位，培养了大批水上运输技术技能人才。“十三五”以来，航海职业教育改革不断深化，航海专业课程教学与教材的推陈出新是提高海员专业素质的直接抓手。为此，全国交通运输职业教育教学指导委员会航海类专业指导委员会，组织各校航海类专家在“经全国职业教育教材审定委员会审定的‘十二五’职业教育国家规划教材”基础上适当增加了其他课程教材，编写了“‘十三五’全国航海类专业职业教育创新教材”。本套教材具有如下三个创新点：

其一，紧密结合轮机工程技术和航海技术两个专业的国家级教学资源库、专家教学研究成果等立体化数字资源。本套教材以二维码的形式将传统教材与资源库、教学研究成果有机结合，实现了教学方法上的创新性，便于学生自学和知识扩展。

其二，紧密结合国家有关船员职业培训新规定。本套教材内容紧扣《中华人民共和国海船船员适任考试和发证规则》及《海船船员培训大纲(2016版)》等文件，覆盖规则和大纲的全部内容。

其三，紧密结合前沿的生产技术和衔接新老编写团队工作。本套教材新增企业一线技术人员参与编写，将前沿的生产技术和管理资料应用到教学工作，并在“经全国职业教育教材审定委员会审定的‘十二五’职业教育国家规划教材”基础上适当增加了其他课程教材，充分体现了知识和技能的实用性、先进性。

本套教材主要用作航海类院校相关专业学生学习用书，也可作为海船船员适任培训相关课程的学习资料。

全国交通运输职业教育教学指导委员会对本套教材的编写提出了许多好的建议。全国航海职教联盟和中国交通教育研究会职教分会专家库的专家们积极参与了有关教材的编写和审定。大连海事大学出版社为本套教材的出版做了大量的卓有成效的工作。在此一并表示衷心的感谢。

全国交通运输职业教育教学指导委员会

航海类专业指导委员会

2019年8月

编者的话

经 2010 年修正的《1978 年海员培训、发证和值班标准国际公约》已于 2012 年 1 月 1 日生效，我国履约法规《中华人民共和国海船船员适任考试和发证规则》已于 2020 年 11 月 1 日起施行，配套的《海船船员培训大纲(2021 版)》已于 2021 年 10 月 1 日起施行。

经过国内众多航海院校的努力，由江苏航运职业技术学院牵头的轮机工程技术专业国家级教学资源库已通过教育部验收，目前正应用于航海院校、航运企业等多个领域。近些年来，我国航海院校轮机工程技术专业学生普遍存在入校高考成绩低、理论掌握难度大、缺乏学习兴趣等实际情况。借此契机，青岛远洋船员职业学院与江苏海事职业技术学院、青岛港湾职业技术学院联合组织有丰富船舶轮机实践经验的教师，根据国际公约和国内法规对《主推进动力装置》关于船舶柴油机操作、管理和维修技能的要求，以“工学结合”和“理论与实践周期交替互动”为特色组织内容，依托轮机工程技术专业国家级教学资源库建设成果编写《船舶柴油机》和《船舶柴油机拆装与检修》创新教材，推广应用建设成果，适应线上线下教学要求，以适应国际公约和国家对轮机人员新技能要求，满足我国高职教育人才培养模式对高端技能型人才培养和教学模式改革要求，提高人才培养质量。本书结合船舶柴油机典型设备和新技术，力求满足教、学、做一体化要求，培养学生岗位职业核心能力。

本书主要作为轮机工程技术专业学历班和大管轮/二管轮/三管轮适任证书理论考试、评估考试指导教材。不仅满足适任证书考试要求，而且内容编排以岗位技能培养为主线，便于船员自学。内容主要包括：柴油机基本知识；柴油机结构和主要部件；喷油设备及检修；换气机构、废气涡轮增压器及检修；分油机检修与操作；柴油机系统和装置；柴油机操作与应急处理；柴油机电子控制技术和双燃料发动机技术；示功图测录与分析；螺旋桨、推进轴系和船舶动力装置；柴油机和轴系振动；柴油机特性和推进装置工况配合特性。

本书由周明顺、崔向东、毛宏雨任主编，张运秋、曹海滨、仝永臣任副主编，吴桂涛主审。第一章由周明顺编写；第二章由周明顺、崔向东、毛宏雨编写；第三章由崔向东、王宏明、仝永臣编写；第四章由曹海滨、孙增华编写；第五章由杨树森编写；第六章、第七章、第九章由张运秋、毛宏雨编写；第八章由孙化栋、崔向东编写；第十章由崔向东、仝永臣编写；第十一章由崔向东、贾广付编写；第十二章由崔向东、陈正昂编写。全书由崔向东统稿。

本书的编写得到了中远海运能源运输股份有限公司机务主管王立成轮机长、瓦锡兰集团服务工程师冯建松轮机长以及 MAN 股份公司等提供的技术指导和支持，在此表示衷心的感谢。限于编者水平，书中难免有不妥之处，恳请读者批评指正。

编　者

2022 年 3 月

扫码学习《深入学习贯彻党的二十大精神　加快建设交通强国　当好中国式现代化开路先锋》

目　录

第一章

柴油机基本知识

知识目标

1. 掌握柴油机的基本概念、基本组成和类型,了解柴油机的热力循环。
2. 掌握四冲程柴油机和二冲程柴油机的工作原理,掌握柴油机增压的概念。
3. 了解柴油机的主要性能指标和工作参数,掌握其用途。
4. 了解 NO_x、SO_x、CO_2 排放的控制方法和船舶应对碳中和新技术。

能力目标

1. 能够阐述二冲程柴油机和四冲程柴油机的工作过程,循环内的最高温度和压力。
2. 能够绘制并解释柴油机工作的定时圆图。
3. 能够利用图纸或说明书理解和解释柴油机的结构和工作原理。
4. 能够阐述二冲程柴油机和四冲程柴油机之间的区别。

素质目标

1. 自觉践行社会主义核心价值观,具有深厚的爱国情感和中华民族自豪感。
2. 遵纪守法、诚实守信、敬畏生命、热爱劳动,具有社会责任感和社会参与意识。
3. 具有质量意识、环保意识、安全意识、集体意识和团队合作精神。
4. 具有健康的体魄、心理和健全的人格,养成良好的健身与卫生习惯和良好的行为习惯。

第一节　柴油机总体认识

一、学习目标

1. 掌握柴油机的基本组成。
2. 掌握柴油机的基本概念。
3. 了解柴油机的热力循环。
4. 掌握柴油机的类型。

二、学习任务

1. 柴油机的基本组成。
2. 柴油机的基本概念。
3. 柴油机的类型。

三、环境设备

1. 四冲程柴油机。
2. 二冲程柴油机。

四、柴油机的基本组成

柴油机结构复杂、型号各异,其基本结构可分为固定件、运动件、辅助机构和辅助系统四大部分。图 1-1 所示为四冲程柴油机的基本结构简图。

1. 固定件

固定件包括气缸盖、气缸体、气缸套、机架、机座等。气缸盖、气缸套和活塞顶部形成一个封闭的空间,称为“燃烧室”。气缸套安装在气缸体内,气缸体固定在机架上,机架连同它上面的一切零部件安装在机座上,机座安装在基座上(属于船体结构的一部分)。机座与机身所包围形成的空间称为“曲轴箱”。

2. 运动件

运动件包括活塞组件、连杆、曲轴。它们组成了“曲柄-连杆”机构,将活塞的往复运动转变为曲轴的回转运动,并由曲轴汇总各缸所做功对外输出。

3. 辅助机构

辅助机构包括进气阀、排气阀、凸轮轴及其传动机构、废气涡轮增压器、空冷器、进排气

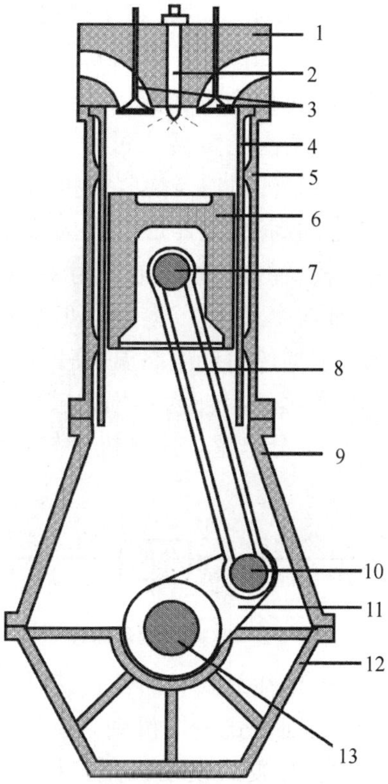

图 1-1　四冲程柴油机的基本结构

1—气缸盖；2—喷油器；3—进、排气阀；4—气缸套；5—气缸体；6—活塞；
7—活塞销；8—连杆；9—机架；10—曲柄销；11—曲柄；12—机座；13—曲轴

管等。气阀由曲轴通过中间齿轮、凸轮轴、顶杆、摇臂等进行控制，称为“换气机构”。换气机构用以控制柴油机的气阀定时。废气涡轮增压器、空冷器、进排气管构成柴油机增压系统，增压系统的作用是提高进气压力，降低进气温度，提高柴油机经济性和功率。

4. 辅助系统

辅助系统包括燃油系统、调速装置、冷却系统、润滑系统、操纵系统等。燃油系统将满足雾化质量要求的高压燃油供给到喷油泵入口。柴油机负荷改变时，调速装置通过控制喷油泵的供油始点、终点来控制柴油机的循环供油量，以保持柴油机的设定转速。冷却系统的作用是对承受高温的燃烧室部件进行冷却。润滑系统的作用是向有相对运动的零部件之间供入润滑油，以减少摩擦并带走因摩擦而产生的热量。操纵系统是为了实现对柴油机进行起动、换向、调速、联锁、安全保护和报警等操作而设置的专门执行机构。

五、柴油机的基本概念

1. 热机、内燃机、外燃机与柴油机

把热能转换成机械能的动力机械称为热机，它是最重要的动力机械。蒸汽机、蒸汽轮机、柴油机、汽油机等都是热机中较典型的机型。热机通常以石化燃料作为能源,在工作过程中需要完成两次能量转化(如图 1-2 所示),首先通过燃烧将燃料的化学能转化为热能,再通过工质膨胀将热能转化为机械能。两次能量转化过程是在同一台机械设备的内部完成的热机为内燃机;两次能量转化过程分别是在两台不同的机械设备内部完成的热机为外燃机。汽油机、柴油机以及燃气轮机同属于内燃机,其工作特点是燃料在发动机内部燃烧并利用产生的高温、高压燃气直接做功。从能量转换的观点来看,内燃机的机械能量损失小,具有较高的热效率,在尺寸和重量等方面也具有明显优势,如燃气轮机在热机中的单位重量功率最大。蒸汽机和蒸汽轮机同属于外燃机,其工作特点是燃料在锅炉中进行燃烧,水加热后产生高温、高压蒸汽,然后利用蒸汽膨胀做功。由于外燃机热能需经中间工质(水蒸气)传递,热损失较大,所以热效率不高,而且整个动力装置由锅炉、冷凝器等组成,十分笨重。内燃机在与外燃机竞争中已经取得明显的领先地位。

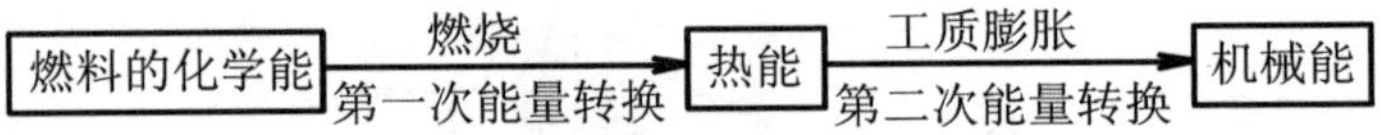

图 1-2　燃料的能量转换

热机基本上有两种运动形式,即往复式和回转式。对于往复式发动机,工质膨胀做功是通过活塞的往复运动实现的;回转式发动机则是利用高速流动的工质在工作叶轮内膨胀,推动叶轮转动而工作的。往复式发动机是间歇工作的,其工质的最高温度较高;而回转式发动机是连续工作的,受材料热强度的限制,其工质的最高温度不能太高,这就限制了其热效率的进一步提高。

柴油机和汽油机同属往复式内燃机,但又都具有各自不同的工作特点。柴油机与汽油机的比较如表 1-1 所示。汽油机使用挥发性好的汽油作为燃料,采用外部混合法形成可燃混合气,即汽油与空气在气缸外部进气管中的化油器内进行混合,采用电点火(电火花塞点火)。这种工作特点使汽油机不能采用高压缩比,因而汽油机的经济性不能大幅度提高,也不允许作为船用发动机使用(汽油的火灾危险性大)。但汽油机工作柔和平稳、噪声低、比重量小,因而广泛应用于轿车和轻型运输车辆。

表 1-1　柴油机与汽油机的比较

特点	机型	
	柴油机	汽油机
燃料(燃烧工质)	柴油或劣质燃油	汽油
点火方式	压缩自行发火	电火花塞点火
混合气的形成方式	内部混合	外部混合
压缩比	12~22	6~10
有效热效率	30%~55%	15%~40%
结构	喷油器	化油器

柴油机是一种压缩发火的往复式内燃机。柴油机使用挥发性较差的柴油或劣质燃料油作为燃料，采用内部混合法形成可燃混合气，即燃油与空气的混合发生在气缸内部，采用压缩发火（靠缸内空气被压缩后形成的高温使可燃混合气自行发火）。这些特点使柴油机在热机领域内具有最高的热效率（达55%左右），因而应用十分广泛。柴油机在船用发动机领域已经取得了绝对统治地位。

2. 柴油机的主要优缺点

通常，柴油机具有以下突出优点：

（1）经济性好。有效热效率可达55%，还可使用价廉的重油，降低燃油费用。

（2）功率范围广。单机功率为0.6~80 000 kW，适用领域广。

（3）尺寸小，重量轻，有利于船舶机舱布置。

（4）机动性能好。起动迅速，加速性能好，有较宽的转速和负荷调节范围并可直接反转，能适应船舶航行的各种工况要求。

（5）可靠性高，寿命长，维修方便。

同时，柴油机也具有以下缺点：

（1）存在机身振动、轴系扭转振动和噪声。

（2）某些部件的工作条件恶劣，承受高温、高压作用并具有冲击性负荷。

柴油机基本结构参数动画

3. 柴油机的基本结构参数

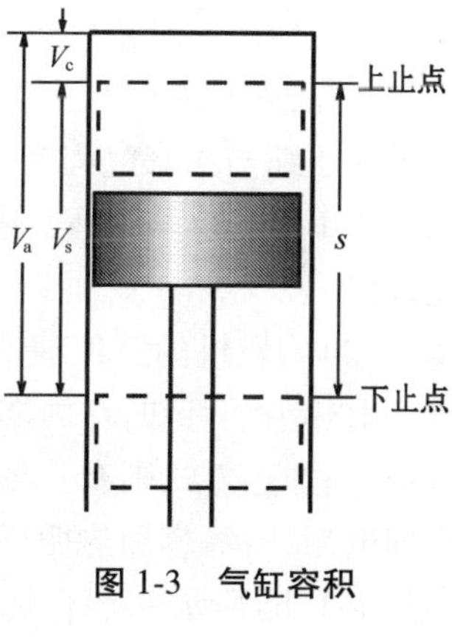

图 1-3 气缸容积

（1）上止点（Top Dead Center，TDC）：立式柴油机活塞在气缸中运动的最上端位置，也就是活塞离曲轴中心线最远的位置。

（2）下止点（Bottom Dead Center，BDC）：立式柴油机活塞在气缸中运动的最下端位置，也就是活塞离曲轴中心线最近的位置。

（3）行程（Stroke），用 s 表示：指活塞从上止点移动到下止点间的直线距离，如图 1-3 所示。活塞移动一个行程，相当于曲轴转动180°CA（曲轴转角）。所以行程 s 等于曲轴回转半径（曲柄半径 R）的两倍，即 $s=2R$。

（4）缸径（Diameter），用 D 表示：气缸套的内径。

（5）压缩室容积 V_c：活塞在上止点时，活塞顶、气缸盖底面与气缸套内表面之间所形成的空间容积，如图 1-3 所示。

（6）余隙高度（顶隙）：上止点时活塞最高顶面与气缸盖底平面之间的垂直距离。

（7）气缸工作容积（V_s）：活塞在气缸中从上止点移动到下止点时所扫过的容积，如图 1-3 所示，即：

$$V_s = \frac{\pi D^2}{4} \cdot s$$

（8）气缸总容积（V_a）：活塞在气缸内位于下止点时，活塞顶以上的气缸全部容积，如图 1-3 所示。显然：

$$V_a = V_c + V_s$$

(9)压缩比(ε):气缸总容积与压缩室容积的比值,亦称几何或理论压缩比,即:

$$\varepsilon = \frac{V_a}{V_c} = \frac{V_c + V_s}{V_c} = 1 + \frac{V_s}{V_c}$$

压缩比是柴油机的一个重要结构参数,它表示缸内工质被压缩的强烈程度。柴油机压缩比为12~22。中高速柴油机的ε高于低速机。实际柴油机的有效压缩比取决于进、排气定时,因此运转中柴油机的压缩比与几何压缩比有所不同。

六、柴油机的热力循环

1. 内燃机的理论循环

在柴油机的实际循环中,能量的转换是十分复杂的。为了利用工程热力学的基本理论研究柴油机的实际循环,就应根据柴油机的工作实际进行适当的抽象化和简化。这种基于工程热力学的基本理论把实际循环加以抽象化和简化,将其概括成由几个基本热力过程所组成的循环叫作理论循环或理想循环。

(1)对内燃机理论循环的简化假设

①工质为一理想气体,在整个循环中工质的物理、化学性质保持不变。

②在整个循环中,工质数量保持不变,不进行任何工质的更换。

③压缩与膨胀过程为绝热过程,与外界没有任何热交换,也不存在任何摩擦损失。

④不考虑燃烧过程,用假想的定容或定压加热和定容放热来代替实际的换气和燃烧过程。

柴油机工作原理-Otto循环视频

(2)内燃机的三种理论循环

由热力学可知,在内燃机的理论循环中,工质的放热过程一般都是在等容方式下进行的,而加热方式则有三种不同的方式:等容加热、等压加热和混合加热,因而形成了三种理论循环:等容加热循环[Otto 循环,如图 1-4(a)所示]、等压加热循环[Diesel 循环,如图 1-4(b)所示]、混合加热循环[Sabathe 循环,如图 1-4(c)所示]。

①等容加热循环:由绝热压缩 1—2、等容加热 2—3(加入热量 Q_1)、绝热膨胀 3—4 和定容放热 4—1(放出热量 Q_2)等过程组成。点燃式内燃机(如汽油机)按此循环工作(某些高速柴油机也近似按此循环工作)。

②等压加热循环:由绝热压缩 1—2、等压加热 2—3(加入热量 Q_1)、绝热膨胀 3—4 和定容放热 4—1(放出热量 Q_2)等过程组成。早期的空气喷射式柴油机按此循环工作。现代高增压柴油机有向定压加热循环发展的趋势。

③混合加热循环:是在定容加热 2—3 和定压加热 3—4 条件下加入热量 Q_1,其他同定压或定容加热循环。现代柴油机基本上都是按混合加热循环工作。

通过研究这些理论循环可以:

①用简单的公式说明循环中各基本热力参数的关系,以明确提高理论循环热效率和平均有效压力的有效途径;

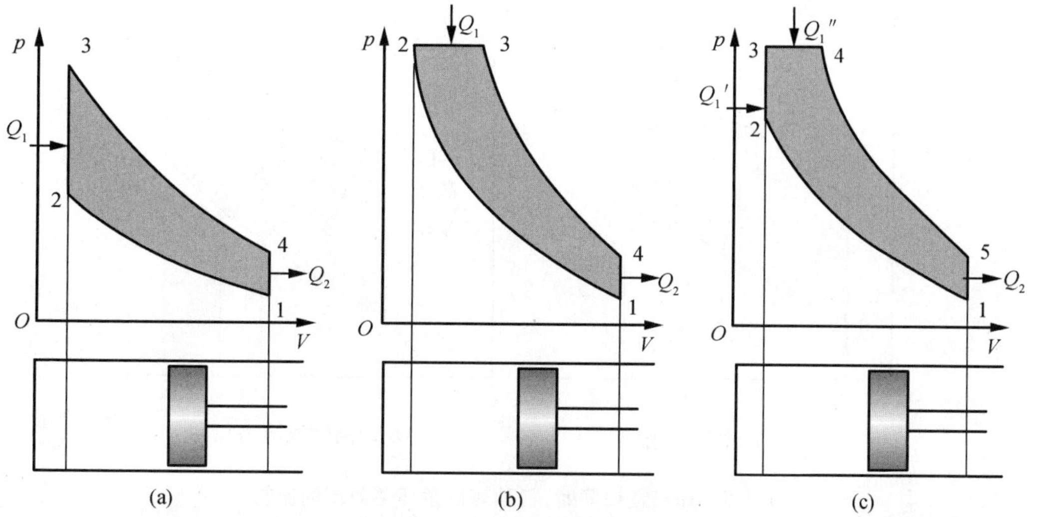

图 1-4　柴油机的理论循环示意图

②确定循环热效率的理论极限，以判断内燃机循环的完善程度；

③有利于比较各种热力循环的经济性和动力性。

柴油机的理论循环基本上为混合加热循环（Sabathe 循环），如图 1-4（c）所示。

由工程热力学可知，理论循环示功图所包围的面积 1—2—3—4—5—1 即为一个循环所做的理论功 W_{th}，该理论循环的热效率 η_t 的计算公式为：

柴油机基本结构参数动画

$$\eta_t = \frac{\lambda\rho^{\kappa} - 1}{\varepsilon^{\kappa-1}[(\lambda - 1) + \kappa\lambda(\rho - 1)]}$$

式中：ε——压缩比，$\varepsilon = V_a/V_c$；

λ——压力升高比，$\lambda = p_z/p_c$；

ρ——初期膨胀比，$\rho = V_4/V_3$；

κ——工质绝热指数。

由上式可知，混合加热循环的理论热效率 η_t 随压缩比 ε、压力升高比 λ 和工质绝热指数 κ 的增加而提高，随初期膨胀比 ρ 的增大而降低。

（3）三种理论循环热效率的比较

①如果循环加热量 Q_1 和压缩比 ε 相同，如图 1-5（a）中温熵图所示，由于循环加热量 Q_1 相同，即面积 1—2—3—4—b—a—1 = 面积 1—2—e—3′—4′—c—a—1 = 面积 1—2—3″—4″—d—a—1，而循环的放热量 Q_2 不相同，等容加热循环的放热量最小，等压加热循环的放热量最大，即面积 1—4—b—a—1 最小，面积 1—4″—d—a—1 最大，因此等容加热循环的热效率最高，等压加热循环的热效率最低，混合加热循环的热效率位于中间区域。

②如果循环加热量 Q_1 与循环最高压力 p_z 相同，如图 1-5（b）中温熵图所示，由于循环加热量 Q_1 相同，即面积 1—2″—3′—4″—b—a—1 = 面积 1—2′—3′—e—4′—c—a—1 = 面积 1—2—3—4—d—a—1，而循环的放热量不相同，等容加热循环的放热量最大，等

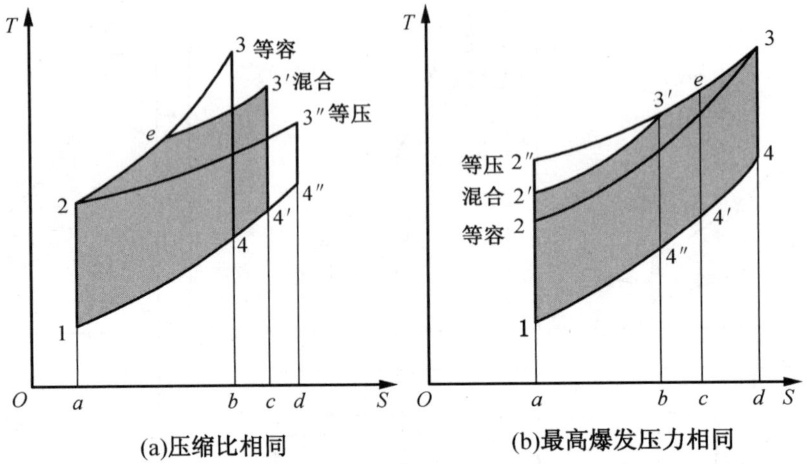

图 1-5 加热量相同时,三种理论循环热效率的比较

压加热循环的放热量最小,即面积 1—4—d—a—1 最大,面积 1—4″—b—a—1 最小,因而等压加热循环的热效率最高,等容加热循环的热效率最低,混合加热循环的热效率位于中间区域。

现代柴油机的最高爆发压力 p_z 已经达到了相当的限度,这种限制最高爆发压力的柴油机以等压燃烧循环的工作热效率最高。所以,现代高增压柴油机有向等压加热循环发展的趋势。

在上述理论循环中,工质只绝热膨胀到点 5(如图 1-6 所示),然后定容放热(相当于排入大气),由此必然损失部分排气能量。若使工质由 p_z 一直膨胀到进气压力 p_a,即

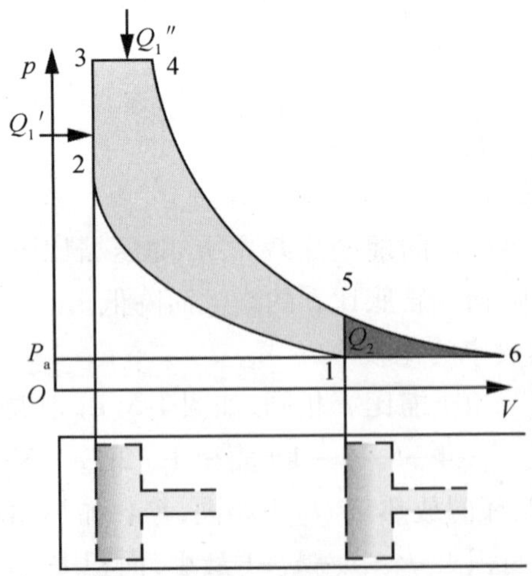

图 1-6 混合加热循环继续膨胀

在点 5 以后继续绝热膨胀到点 6,然后定压放热 Q_2,这种循环称为继续膨胀混合加热循环。显然,此循环比上述循环更完善。此循环为涡轮增压柴油机理论循环(相当于柴油机与燃气轮机联合工作),称为修正阿特金森(Atkinson)循环。在柴油机气缸内如实

现此循环，气缸必须做得很长。采用柴油机与燃气涡轮联合工作可合理解决此问题：气缸内膨胀 4—5，燃气涡轮内膨胀 5—6。

2. 柴油机实际循环

在柴油机的实际循环中，燃料的化学能转变为机械能的过程是十分复杂的。柴油机的实际循环存在着许多不可避免的损失（如机械摩擦、散热、燃烧不完全等），使它不可能达到理论循环的热效率 η_t。工质是实际混合气，存在燃烧加热和排气放热；计及各种热力损失的实际工作循环称为实际循环。柴油机实际循环和理论循环之间的差异如下：

（1）工质的影响

理论循环中的工质是理想气体，而实际循环中的工质是空气和燃烧产物的混合物。工质成分的变化、比热的变化、高温分解以及分子数的变化综合会使燃烧阶段的压力、温度较理论循环降低，使实际循环的热效率和做功能力下降。

（2）气缸壁的传热损失

在实际循环中，柴油机的工质与缸壁之间始终存在着热量交换，并非绝热过程。在压缩过程初期，气缸内气体被气缸壁加热；而在后期，由于气体温度超过了缸壁温度，气体通过缸壁向外传递热量。实际压缩过程总趋势是工质向缸壁放热，因此实际压缩终点压力低于理想循环的绝热压缩终点压力。

膨胀过程更为复杂多变。在膨胀初期，后燃现象以及原在高温时已分解的燃烧产物的重新复合反应使缸内工质加热膨胀；在膨胀后期，后燃结束及复合反应的减弱使工质散热膨胀。整个膨胀过程是一个以膨胀多变指数 n_2 为代表的多变膨胀过程，通常 n_2 为 1. 15~1. 30，即膨胀过程是一个工质被加热的多变过程，膨胀终点缸内压力高于绝热膨胀压力。

（3）换气损失

理论循环是一个闭口循环，混合加热和定容放热，无须进行工质的替换。实际循环必须排出废气和吸入新鲜空气。在排气过程中，为了减少排气消耗的功，其排气阀总是提前开启，让废气在下止点前某点就开始排出，由此减少了一部分有用功，称为膨胀损失功。另外，实际循环的进气过程与排气过程均消耗轴功，称为泵气功。膨胀损失功与泵气功之和即为实际循环的换气损失。

（4）燃烧损失

燃烧损失是指后燃和不完全燃烧所引起的损失。

在理论循环中，全部热量是由高温热源吸入热量 Q_1，无燃烧过程。但在实际循环中，热量是通过燃油的燃烧得到的，必然存在部分燃油在膨胀中仍继续燃烧的后燃现象。另外，由于空气不足或混合物形成不良造成的不完全燃烧，燃料的热值未充分利用，则促使燃烧膨胀线的位置下移，产生不完全燃烧损失。

（5）泄漏损失

气阀处的泄漏可以完全防止，但活塞环处的泄漏却无法避免。不过在良好的磨合状态下，其泄漏量约为气缸内工质总重的 0. 2%。

(6)其他损失

其他损失如工质的涡动损失以及活塞运动速度与燃烧速度不相配合而偏离定容、定压加热过程的时间损失等。

由于上述各项损失的存在,实际循环的热效率明显下降。例如,一台非增压四冲程柴油机的压缩比 $\varepsilon=13$,过量空气系数 $\alpha=2$,最高燃烧压力 $p_z=5$ MPa,其理论循环热效率 $\eta_t=61\%$,而实际循环热效率降低到45%,仅为理论循环热效率的74%。

七、柴油机的类型

由于柴油机用途不同,对柴油机的要求也不同,因而柴油机的类型很多。通常有以下几种分类方法:

1. 四冲程柴油机和二冲程柴油机

柴油机按工作循环可分为四冲程柴油机和二冲程柴油机两类。柴油机的一个工作循环包括进气、压缩、燃烧、膨胀、排气五个过程,这五个过程紧密相关,缺一不可。四冲程柴油机曲轴转两转(活塞运动四个行程)完成一个工作循环;二冲程柴油机曲轴转一转(活塞运动两个行程)完成一个工作循环。

2. 低速、中速和高速柴油机

柴油机的速度可以用曲轴转速 n(r/min)或活塞平均速度 v_m(m/s)表示。活塞的平均速度为:

$$v_m=\frac{sn}{30}\ (\text{m/s})$$

式中:s 为活塞行程,m。

柴油机按速度分类一般为:

(1)低速柴油机:$n\leqslant300$ r/min;$v_m<6$ m/s。

(2)中速柴油机:$300<n\leqslant1\,000$ r/min;$6\text{ m/s}\leqslant v_m\leqslant9$ m/s。

(3)高速柴油机:$n>1\,000$ r/min;$v_m>9$ m/s。

3. 筒形活塞式柴油机和十字头式柴油机

柴油机按其结构特点分类,可以分为筒形活塞式柴油机和十字头式柴油机。

图1-7(a)所示为筒形活塞式柴油机的示意图。它的活塞1通过活塞销2直接与连杆3相连。这种结构的优点是结构简单、体积小、重量轻;缺点是运转时活塞与气缸套之间有侧推力,因而活塞与气缸套之间的磨损较大。中高速柴油机一般都采用这种结构。

图1-7(b)所示为十字头式柴油机的示意图。它的活塞1和活塞杆2通过十字头3与连杆6相连接,在气缸体底部设中隔板将气缸与曲轴箱隔开。当柴油机工作时,十字头滑块4在导板5上滑动,侧推力由导板承受。活塞只做往复运动,不起导向作用,因而活塞与缸套之间没有侧推力作用。中隔板可防止燃烧产物落入曲轴箱而污染润滑

油，有利于使用劣质燃油和采用增压技术，因而功率大、工作可靠、使用寿命长。但它的重量和高度较大，结构也较复杂。目前，大型低速二冲程柴油机都采用这种结构，常作为船舶主机使用。

4. 直列式和 V 形柴油机

船用柴油机通常均为多缸机。多缸柴油机的气缸排列可以有直列式、V 形、W 形等。船用柴油机均为直列式与 V 形两种。直列式柴油机的气缸数因曲轴刚度和安装上的限制一般不超过 12 缸。当气缸数超过 12 缸时通常采用 V 形柴油机。它具有两个或两列气缸，其中心线夹角呈 V 形，并共用一根曲轴输出功率。V 形柴油机的气缸数可达 18 个甚至 24 个，气缸夹角通常为 90°、60°或 45°。V 形柴油机具有较高的单机功率和较小的比重量（柴油机净重量与标定功率的比值），主要用在中高速柴油机中。

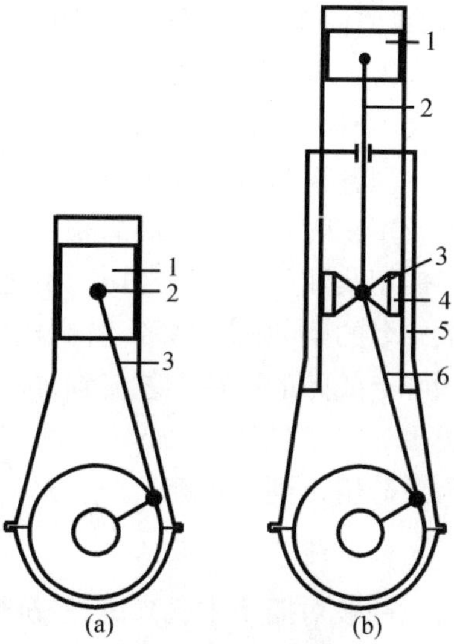

图 1-7　筒形活塞式柴油机和十字头式柴油机

（a）1—活塞；2—活塞销；3—连杆

（b）1—活塞；2—活塞杆；3—十字头；4—滑块；5—导板；6—连杆

5. 增压柴油机和非增压柴油机

用增加进气压力来提高柴油机功率的方法称为柴油机的增压。增压柴油机和非增压柴油机的主要区别在于进气压力不同，增压柴油机的进气压力高于大气压力，而非增压柴油机的进气压力是大气压力。

6. 可逆转柴油机和不可逆转柴油机

可由操纵机构改变自身转向的柴油机称为可逆转柴油机。曲轴仅能按同一方向旋转的柴油机称为不可逆转柴油机。凡直接带动固定螺距螺旋桨的柴油机均为可逆转柴油机；凡带有倒顺车离合器、倒顺车齿轮箱或可调螺距螺旋桨的柴油机以及船舶发电柴油机均为不可逆转柴油机。

7. 左旋柴油机和右旋柴油机

观察者由柴油机功率输出端向自由端看，正车时按顺时针方向旋转的柴油机称为右旋柴油机；按逆时针方向旋转的柴油机称为左旋柴油机。单台布置的船舶主柴油机通常为右旋柴油机。某些采用双机双桨推进装置的船舶推进装置（如客船的推进装置），由船尾向船首看，布置在机舱右舷的柴油机为右旋柴油机，布置在机舱左舷的柴油机为左旋柴油机，即右机右旋、左机左旋。在这种动力装置中，为便于操纵管理，右机的操纵侧即凸轮轴侧布置在柴油机左侧（即内侧），而排气侧布置在右侧；左机的操纵侧在柴油机的右侧（即内侧）。

八、船用柴油机国内外发展现状

在各类动力机械中，柴油机以其热效率高、扭矩大、经济性好、功率范围广、起动迅速、维修简单、运行安全、使用寿命长等优点而得到广泛应用。船用柴油机在运输船舶上作为主机和副机占有绝对统治地位,按转速可分为低速、中速和高速柴油机,成本占比在10%左右。

随着我国海洋强国战略的全面实施和高新技术的快速发展,船用柴油机与船舶工业及军事舰艇装备发展的联系越来越紧密,受到政府、企业和科研机构的高度关注。我国船用柴油机的研制经历了引进、消化吸收、自行研制、全面国产化等过程,通过与国际上知名的柴油机制造商、科研机构和院所的交流合作,引进国外先进的专利技术,借鉴国际上成熟的制造工艺流程,国内的柴油机产业得到了长足的发展,性能更加可靠、种类更加丰富、规格更加齐全,积累了大量的柴油机设计研发和生产制造经验,专业技术人才队伍得到了扩充。

1. 低速二冲程柴油机

一般对船用主机来讲,经济性、可靠性和使用寿命是第一位的,重量和尺寸是第二位的。据此,低速二冲程柴油机因其效率高、功率大、工作可靠、寿命长、可燃用劣质油以及转速低(通常为100 r/min左右,最低可达56 r/min)等优点适于作为船舶主机使用。

低速机市场完全被德国曼恩(MAN)、芬兰瓦锡兰(Wärtsilä)和日本三菱重工(MITSUBISHI)占据,前两者的市场份额合计约占98%。目前世界低速船舶柴油机的研发中心在欧洲,而制造中心则在东亚。韩国、日本、中国为世界上主要的船用低速柴油机生产国家,这三个国家船用低速柴油机的产量约占世界总产量的90%。

MAN公司是世界上最大的船用柴油机生产厂家,拥有悠久的柴油机生产历史。1897年德国工程师鲁道夫·狄赛尔在MAN柴油机公司的奥格斯堡工厂发明了世界上第一台柴油机。1980年MAN公司收购了丹麦B&W公司的柴油机制造部分,合并为MAN B&W柴油机公司;2006年公司名称变更为MAN柴油机公司,取消了“B&W”标识,全面采用“MAN Diesel”标识。

Wärtsilä公司系芬兰Wärtsilä公司和瑞士New Sulzer公司合并而成,是世界上第二大船用柴油机生产厂家。2016年,瓦锡兰宣布,将持有的二冲程发动机合资公司温特图尔发动机有限公司(WinGD)全部股份转让给中国船舶工业集团(CSSC),这就意味着中船集团持有WinGD公司100%的股份,全面接管瓦锡兰二冲程发动机业务。

日本船用低速柴油机发展始于20世纪20年代,并于20世纪50年代由三菱重工成功研发了自主品牌的船用低速柴油机,在70年代生产规模曾一度居于世界首位,但近年来其市场份额有所下降,主要装备在日本本国船舶上。

2017年8月29日,中国船舶重工集团柴油机有限公司(中文简称“中国船柴”,英文简称“CSE”)在国家级新区青岛西海岸新区揭牌。中国船柴的成立标志着中国最大的船用低速机公司诞生。中国船柴是由中国船舶重工集团公司、中国船舶重工集团动力股份有限公司(中国动力)和中国船舶重工股份有限公司(中国重工)共同出资组建,于2017年4月28日在青岛西海岸新区注册成立。总部位于青岛西海岸新区海西湾造修船产业基地,下辖宜昌船舶柴油机有限公司(YMD)、大连船用柴油机有限公司

(DMD)、青岛海西船舶柴油机有限公司(QMD)三个制造基地,公司总资产达106亿元,具备年产400万马力低速柴油机能力。公司主营业务为船用低速柴油机生产制造及售后服务、陆用电站主机生产制造及售后服务、能源装备生产制造、柴油机重配套件及舰船零部件生产制造等,生产环节涵盖铸造、焊接、热处理、机械加工、总装、调试售后服务等。中国船柴按照"一总部+三基地"的战略布局,建立统一的销售平台、战略采购平台、全寿命服务保障平台、集成研发平台和管理平台,致力打造最具竞争力的柴油机研制与服务企业。中国船柴引进的MAN、WinGD、MITSUBISHI三大专利,具有缸径300~980 mm范围全系列二冲程船用低速柴油机制造、调试、服务经验和能力,产品所配船舶涵盖了从散货船、油船到集装箱船等几乎所有船型。公司完成的双燃料柴油机测试系统将进一步扩大公司产品序列,具备先进绿色环保机型的生产试验能力,为扩大船舶动力市场份额提供助力。中国船柴成立后,推进了产业整合发展,减少资源重复配置、同质化竞争。公司低速柴油机产品将占国内市场份额的45%~50%,占国际市场份额的15%~20%。

2. 中高速柴油机的应用

中高速柴油机是大中型舰船、中小型商船主机、副机和高速艇的主要动力。船舶发电机原动机要求功率不大、转速较高以及结构简单,因而均采用中高速四冲程筒形活塞式柴油机。大功率四冲程中速柴油机因其尺寸与重量小,适于作为滚装船、集装箱船的主机。

船用中速柴油机尽管目前品牌较多,但仍集中于瓦锡兰(Wärtsilä)、曼恩(MAN)、卡特彼勒(CAT)、马克(MaK)、大发(DAIHATSU)和洋马(YANMAR)等品牌。高速机品牌主要包括MTU、Deutz MWM、SACM、Pielstick、Ruston和Paxman。近年来我国的船用中速柴油机生产能力也有较大发展,通过自主研发及技术引进,缸径为150~350 mm的船用中速柴油机从单缸强化程度到整机功率均有较大提升,逐渐缩小了国产机型与国外产品的差距,基本满足了国内船舶行业对船用中速柴油机的需求。

目前中国船用柴油机市场基本被中船集团和中船重工下属企业垄断,船用低速柴油机市场上沪东重机、大连船用柴油机厂、宜昌船舶柴油机厂占90%以上的市场份额。船用中速柴油机市场70%以上的市场份额则由潍柴重机、中船动力和沪东重机占据。船用高速柴油机生产商主要有潍柴重机、陕西柴油机厂和河南柴油机集团有限责任公司等。

第二节 柴油机工作原理

一、学习目标

1. 掌握四冲程柴油机的工作原理。

2. 掌握二冲程柴油机的工作原理。
3. 掌握柴油机增压的概念。

二、学习任务

1. 四冲程柴油机的工作原理。
2. 二冲程柴油机的工作原理。
3. 柴油机增压。

三、环境设备

1. 四冲程柴油机。
2. 二冲程柴油机。
3. 废气涡轮增压器。

四冲程柴油机工作原理动画

四、四冲程柴油机的工作原理

如果柴油机工作循环的五个过程是通过进气、压缩、燃烧和膨胀以及排气四个行程来实现的(曲轴转动 720°),这种柴油机叫作四冲程柴油机。

图 1-8 所示的四个简图分别表示四个活塞行程的运行情况以及活塞、曲轴、进气阀、排气阀、喷油器等部件的动作情况。

第一行程——进气行程:空气进入气缸时相应的活塞行程。

进气阀在上止点前提前打开。活塞从上止点(TDC)下行,由于气缸容积不断增大,气缸内压力降低。进入气缸的新鲜空气流经进气管、进气阀时存在一定的阻力,因此进气压力线(1-2)低于大气压力线,依靠大气压力与气缸内的压差,新鲜空气经进气阀进入气缸。进气阀在活塞到达上止点之前一定角度提前打开(曲柄位于点 1),下止点(BDC)之后一定角度延迟关闭(曲柄位于点 2)。曲轴转角 ψ_{1-2}[图 1-8(b)中阴影线所占的角度]表示进气持续角 ΔQ_i,为 220°~250°CA。

第二行程——压缩行程:工质在气缸内被压缩时相应的活塞行程。

活塞从下止点(BDC)继续向上运动,自进气阀关闭(点 2)才开始压缩,一直到上止点(点 3)为止。第一行程吸入的新气经压缩后,压力增高到 3~6 MPa,温度升高到 600~700 ℃,此温度可以保证经喷油器喷入气缸的雾状燃油与空气混合所形成的可燃混合气自燃(燃油的自燃温度为 210~270 ℃)。压缩终点的压力和温度分别用符号 p_c 和 t_c 表示。压缩过程的后期,由喷油器喷入气缸的燃油先与高温空气混合形成可燃混合气,然后自行发火燃烧。曲轴转角 ψ_{2-3}[图 1-8 中阴影线所占的角度]表示压缩过程曲轴回转角,为 140°~160°CA。

第三行程——燃烧和膨胀行程:工质在气缸内燃烧膨胀时相应的活塞行程。

活塞在上止点附近，可燃混合气强烈燃烧后变成高温、高压燃气，压力为 5～8 MPa，甚至高达 15 MPa，温度为 1 400～1 800 ℃或更高。高温、高压燃气对活塞做功，推动活塞下行，通过连杆带动曲轴转动，对外输出机械功。燃烧时产生的最大压力称为最大爆发压力 p_z，它一般出现在上止点后某一曲轴转角位置上（一般在上止点后 10°～15°CA）。气缸内的最高温度 T_z 一般出现在上止点后的某一曲轴转角位置上（一般不超过上止点后 40°CA）。膨胀一直到排气阀开启时结束。膨胀终了时气缸内的气体压力为 0.25～0.45 MPa，气体温度为 600～700 ℃。曲轴转角 $\psi_{3\text{-}4\text{-}5}$［图 1-8（c）中阴影线所占的角度］表示膨胀过程曲轴回转角，为 130°～150°CA。

第四行程——排气行程：废气从气缸内排出时相应的活塞行程。

在上一行程末，活塞尚在下行，排气阀在下止点前开启，废气依靠气缸内外压力差经排气阀排出，废气的压力迅速下降。当活塞经下止点上行时，废气被活塞推挤出气缸，此时的排气压力略高于大气压力（1.05～1.10 个大气压），而且是在压力基本保持不变的情况下进行的。为了尽可能将废气排除干净，排气阀一直延迟到上止点后（点 6）才关闭。曲轴转角 $\psi_{5\text{-}6}$［图 1-8（d）中阴影线所占的角度］表示排气持续角 ΔQ_e，为 230°～260°CA。

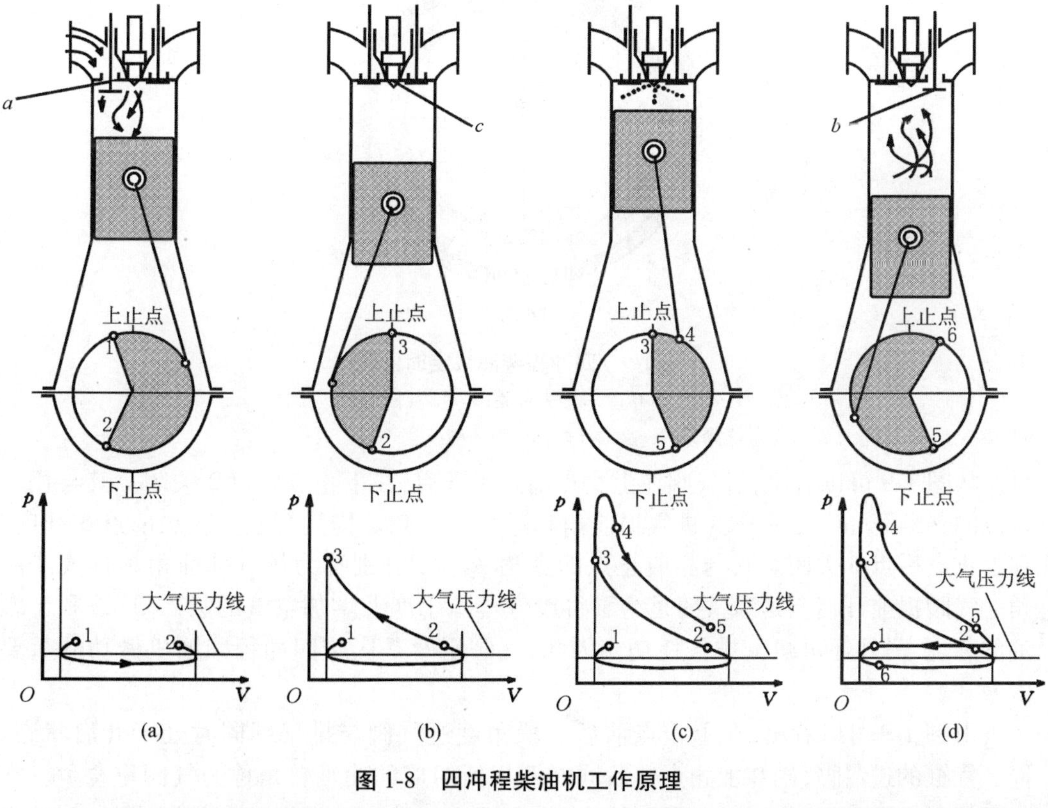

图 1-8　四冲程柴油机工作原理

进行了上述的四个行程后，柴油机就完成了一个工作循环。当活塞继续运动时，另一个新的循环又按同样的顺序重复进行，以维持柴油机的连续运转。

四冲程柴油机每完成一个工作循环，曲轴需要回转两转（720°CA），活塞运行四个行程。每个工作循环中只有第三行程(膨胀行程)是做功的,其他的三个行程都是为膨胀行程服务的,需要消耗能量。柴油机常做成多缸的,这样进气、压缩、排气行程需要的能量借助其他正在做功的气缸来供给。对于单缸柴油机,能量则由相对较大的飞轮来提供。

如图 1-8 所示下方 $p-V$ 图表示一个工作循环内气缸中气体压力随活塞位移(即气缸容积)而变化的情形。工作循环各过程线的综合就构成了四冲程柴油机示功图。在各个工作过程,气缸内气体的压力和容积是同时变化的。$p-V$ 示功图可以用来研究柴油机各工作过程进行的情况,也可以用来计算柴油机一个工作循环的指示功。

四冲程柴油机进、排气阀的开启和关闭都不在上、下止点,而是在上、下止点前后的某一时刻,开启持续角均大于 180°CA。进、排气阀在上、下止点前后启闭的时刻称为气阀定时。通常气阀定时用距相应止点的曲轴转角(°CA)来表示。用曲轴转角表示气阀定时的圆图称为定时圆图。如图 1-9 所示,它表示了各工作过程的次序与规律。

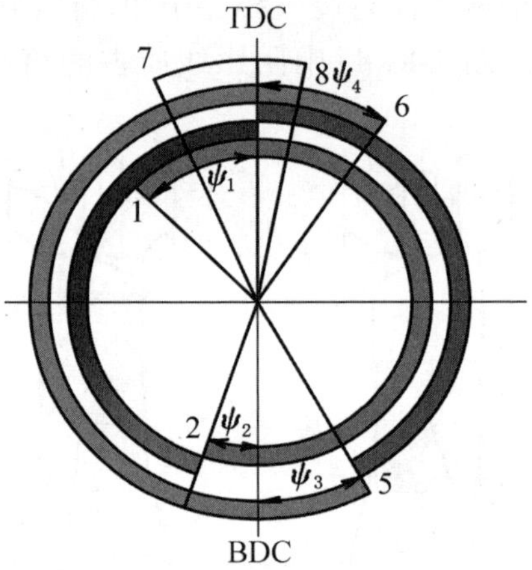

图 1-9　四冲程柴油机定时圆图

1—进气阀开;2—进气阀关;5—排气阀开;6—排气阀关;7—喷油开始;8—喷油结束

从图 1-9 可以看出,进气阀在上止点前点 1 开启,在下止点后点 2 关闭。其与相应止点的夹角 ψ_1、ψ_2 分别称为进气提前角和进气滞后角。排气阀在下止点前点 5 开启,在上止点后点 6 关闭。其与相应止点的夹角 ψ_3、ψ_4 分别称为排气提前角和排气滞后角。气阀提前开启与延后关闭是为了将废气排除干净并增加空气的吸入量,以利于燃油的燃烧,另外还可减少排气耗功。因此,气阀定时是影响四冲程柴油机做功的重要因素。

由图 1-9 可以看出,在上止点前后一段角度进气阀与排气阀同时处于开启状态。同一气缸的进、排气阀在上止点前后同时开启所对应的曲轴转角称为气阀重叠角。在气阀叠开期间,进气管、气缸、排气管连通,利用废气的流动惯性,既可避免废气倒冲入进气管,又可抽吸新鲜空气进入气缸,并利用此压力差将新气吸入气缸的同时将燃烧室内的废气排出气缸,实现燃烧室扫气。此过程不但可提高换气质量,还可利用进气冷却燃烧室有关部件。因而,四冲程柴油机均有一定的气阀重叠角,而且增压柴油机的气阀重叠角均大于非增压机，如表 1-2 所示。

表 1-2 四冲程柴油机气阀定时及气阀重叠角

名称	非增压		增压	
	开启	关闭	开启	关闭
进气阀	上止点前 15°～30°	下止点后 10°～30°	上止点前 40°～80°	下止点后 20°～40°
排气阀	下止点前 35°～45°	上止点后 10°～20°	下止点前 40°～55°	上止点后 40°～50°
重叠角	25°～50°		80°～130°	

五、二冲程柴油机的工作原理

二冲程柴油机工作原理动画

苏尔寿二冲程柴油机工作过程视频

活塞在两个行程内完成一个工作循环（曲轴转动 360°）的柴油机，叫作二冲程柴油机。

四冲程柴油机中新气的吸入与废气的排出是靠活塞的抽吸和推挤作用完成的，而二冲程柴油机没有单独的进气和排气行程，其进气与排气过程几乎重叠在下止点前后 120°～150°CA 内同时进行。因此二冲程柴油机必须在气缸套下部开设气口，采用气缸套扫气口与排气口，或采用气缸套下部设扫气口与气缸盖上设排气阀的换气机构，还必须提高进气压力，使增压空气能从扫气口进入气缸，并将废气排出气缸。提高进气压力早期由机械驱动的扫气泵实现，而现代柴油机都由废气涡轮增压器来实现。这样，就可以把进、排气过程（扫气过程）缩减到下止点前后的部分行程中完成。

为了实现柴油机增压，必须在柴油机上装设一台压气泵。若压气泵由柴油机带动则称为机械增压。进气压力的提高会使柴油机消耗于压气泵的功增多，甚至当进气压力超过某一定值后，柴油机增加的功率几乎全部消耗在驱动压气泵上，因此机械增压的进气压力都较低，一般不超过 0.15 MPa；否则，将得不偿失。

如果将柴油机排出的废气送入涡轮机中，涡轮机高速回转带动同轴的离心式压气机工作，从而提高进入柴油机的空气压力以实现增压，这种增压为废气涡轮增压。

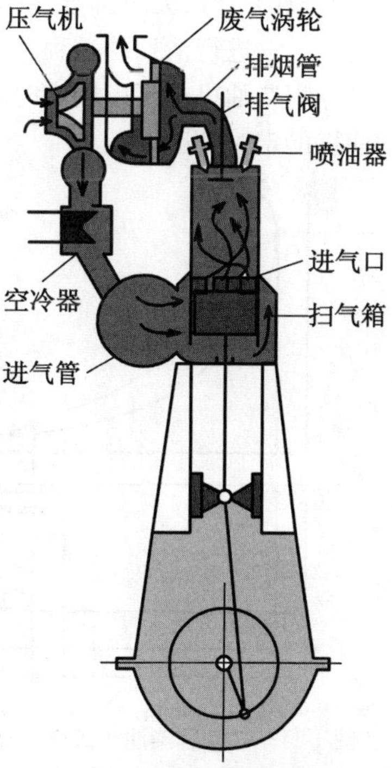

图 1-10 废气涡轮增压式二冲程柴油机工作原理图

目前，船用二冲程低速柴油机都采用废气涡轮增压的方式提高进气压力，图 1-10 所示为废气涡轮增压式二冲程柴油机工作原理图。它的工作原理如下：

新气通过进气滤网和消音器进入废气涡轮增压器(由废气涡轮和离心式压气机组成),经压气机压缩后新鲜空气的压力和温度升高,然后经冷却器冷却后导入扫气箱,准备进入气缸。当活塞下行至还没有打开扫(进)气口之前,气缸盖上的排气阀首先被气阀机构打开,废气大量排出气缸,并经排气阀和排气管进入废气涡轮中,带动涡轮机旋转,从而驱动压气机一起工作,不断地将新鲜空气吸入到压气机并提高压力。当活塞继续下行使气缸内的压力降低到接近于增压压力时,活塞将扫(进)气口打开,等待在(进)气口外边的增压空气即进入气缸,并把废气扫出。活塞下行到下止点后转向上行,先是扫气口被上行的活塞关闭,接着凸轮轴上的排气凸轮控制排气阀关闭,换气过程结束,继而开始压缩、燃烧和膨胀过程。

排气口与扫气口式二冲程柴油机的工作过程(如图 1-11 所示)包括第一行程(压缩过程)、第二行程(膨胀过程)和换气过程(进、排气过程)。压缩过程指活塞从下止点上行遮住排气口开始(图中的点 4),至活塞到达上止点时压缩过程结束(图中的点 c)。膨胀过程是指从上止点燃油发火燃烧开始,到活塞下行打开排气口结束(图中的点 1)。z 点表示缸内的最大爆发压力点,d_2 点表示工作循环的最高温度点。在此过程中燃气膨胀推动活塞下移,通过曲轴向外输出有效功。换气过程是指从膨胀过程终止后开始,随着活塞的移动,活塞依次打开排气口(点 1)、打开扫气口(点 2)、到达下止点(点 0)、关闭扫气口(点 3)、关闭排气口(点 4),到压缩过程开始前结束。废气排出气缸,新鲜空气进入气缸进行清扫的过程,不占有单独的行程,因而又称为“扫气过程”。

二冲程柴油机也可以用定时圆图来表示它的各个工作过程,图 1-12 所示为某二冲程柴油机的定时圆图。

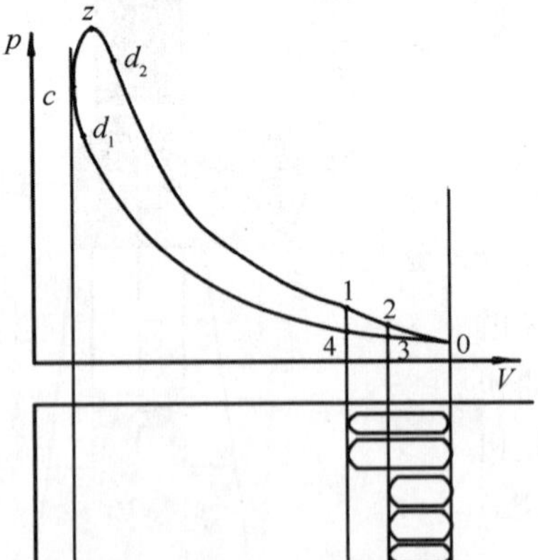

图 1-11　二冲程柴油机工作原理和 p-V 图

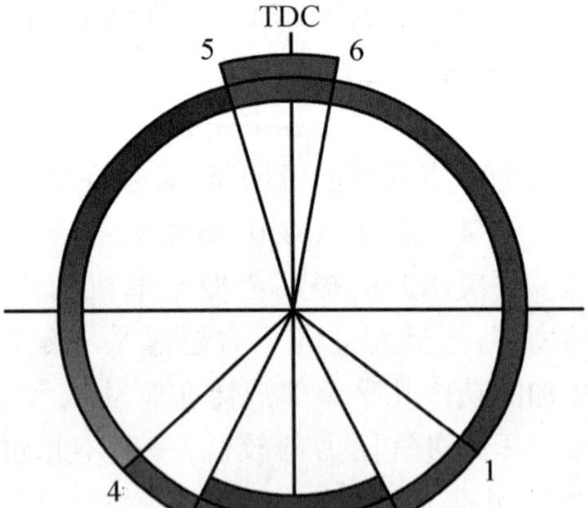

图 1-12　二冲程柴油机的定时圆图

1—排气开始;2—进气开始;3—进气结束;4—排气结束;5—喷油开始;6—喷油结束

由上述可知,无论四冲程或二冲程柴油机,它们真正压缩的始点均不在下止点,而在进气阀或排气阀(口)全部关闭的时刻。通常将进气阀或排气阀(口)全部关闭瞬时的气缸容积(气缸有效工作容积)与压缩室容积之比称为有效压缩比 ε_e。二冲程柴油

机有效压缩比 ε_e 可以表示为：

$$\varepsilon_e = 1 + \frac{(1 - \psi_s)V_s}{V_c}$$

式中：ψ_s = 气口高度(h)/行程(s)，为行程失效系数。

六、二冲程柴油机的换气形式

目前，二冲程柴油机普遍采用气口与气阀直流扫气。但在20世纪80年代以前，出现过多种换气形式。换气形式对换气质量有重要影响。根据气流在气缸中的流动路线，二冲程柴油机的换气形式可分为弯流（扫气空气由下而上，然后由上而下清扫废气）与直流（气流在气缸内由下而上清扫废气）两大类，每一大类中又有不同的换气形式，如表1-3所示列出了典型的二冲程柴油机的换气形式。

表1-3　二冲程柴油机的换气形式

弯流	横流	简单横流
		扫气口装有单向阀
	回流	半回流（新型横流）
	简单半回流	扫气口有阀控制
		排气口有阀控制
直流	排气阀与扫气口式	
	排气口与扫气口式	

1. 排气阀与扫气口式直流扫气

气缸下部均匀分布一圈扫气口，气缸盖上有排气阀。空气从气缸下部扫气口流入气缸，沿气缸中心线上行，驱赶废气从气缸盖上的排气阀排出气缸，如图1-13所示。显然，气流在缸内的流动方向是自下而上流动的。扫气口在纵向（与气缸轴线成角度）和横向（与气缸半径成角度）两个方向有倾斜角，使扫气空气进入气缸后有向上和绕气缸轴线旋转的运动。这一旋转的气流形成“气垫”，使空气与废气不易掺混，扫气效果较好，同时排气阀的启闭由排气凸轮控制而不受活塞运动限制，所以排气阀可以与扫气口同时关闭，也可以提前关闭。可以看出，这种扫气形式使气流在缸内流动路线短（约为行程），新气与废气不易掺混，因而换气质量较好，同时缸套下方受热均匀，但其气阀结构复杂，维修较困难。现代船用大型柴油机随着行程缸径比 s/D 增加，发展了长行程（$s/D>2.5$）和超长行程（$s/D>3.0$）柴油机。在这种情况下弯流扫气的换气质量已无法与直流扫气相比，并且由于排气阀普遍采用液压式气阀传动机构和空气弹簧，使气阀机构简单、可靠性高，并减少了气阀关闭时的噪声和撞击，使直流扫气（气阀与气口式）得到了广泛应用，成为现代船用大型二冲程柴油机的主要换气形式。现代船用超长行程柴油机 MAN MC 系列、Wärtsilä RTA 系列机型都采用排气阀与扫气口直流扫气形式。

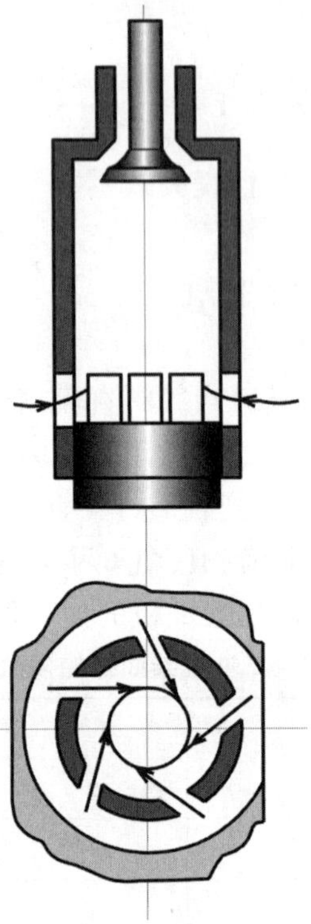

图 1-13　直流扫气示意图

2. 弯流扫气

根据气口的布置和结构特点,弯流扫气主要分为横流、回流和半回流等,其主要特点如表 1-4 所示。它们的突出优点是:气缸盖上无排气阀,结构简单,维护管理方便。行程缸径比 $s/D<2.2$ 的大型船用柴油机,行程较短,采用弯流扫气尚可获得较满意的换气质量,因而曾经得到普遍使用。但它们也都存在共同的缺陷:气流流动路线长(通常都大于 2 s),流动路线是弯曲的,新鲜空气与废气容易掺混且存在死角与气流短路,因此换气质量较差,同时缸套下部的扫、排气口两侧受热不均匀,容易产生变形。目前,行程缸径比 $s/D>2.2$ 的大型船用柴油机中这种扫气形式已被淘汰。弯流扫气的主要结构特点如图 1-14 所示。

表 1-4　弯流扫气的主要结构特点

扫气形式	气口布置	主要结构特点
简单横流	扫、排气口位于气缸中心线的两侧	空气从扫气口一侧沿气缸中心线向上,在靠近燃烧室部位流到排气口的另一侧,再沿着气缸中心线向下,把废气从排气口清扫出气缸
回流	扫、排气口在气缸下部同一侧,且排气口在扫气口的上方	进气流沿活塞顶面向对侧的缸壁并沿缸壁向上流动,到气缸盖转向下流动,把废气从排气口中清扫出气缸
半回流	扫气口布置在排气口的下方及两侧	气流在气缸内的流动特征兼有横流与回流的特点,某些半回流扫气形式,在排气管中装有回转控制阀

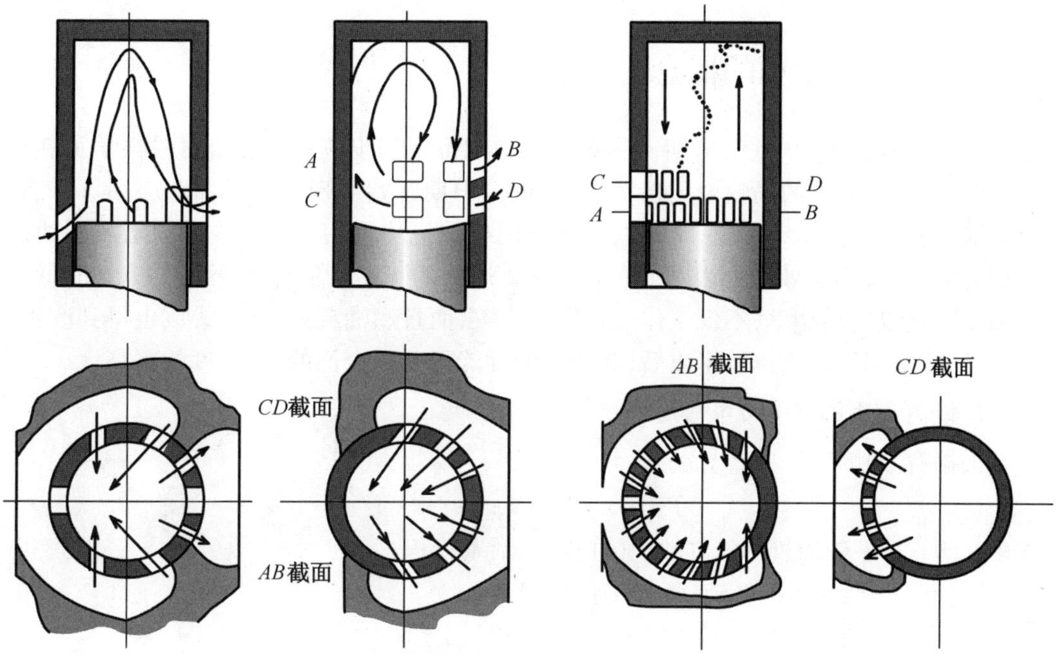

(a)简单横流扫气 (b)回流扫气 (c)半回流扫气

图 1-14 简单横流、回流、半回流扫气示意图

七、二冲程与四冲程柴油机的比较

从上述二冲程与四冲程柴油机工作原理比较,可以看出两者有以下特点:

(1)二冲程柴油机有两个行程,即曲轴转一转完成一个工作循环,因此可提高柴油机功率。两台气缸尺寸与转速相同的四冲程与二冲程柴油机,二冲程柴油机的功率在理论上是四冲程柴油机的 2 倍。计及气口行程损失和扫气泵损失,则二冲程柴油机的功率为四冲程柴油机的 1.6~1.8 倍。

(2)由于二冲程柴油机曲轴每转一转即完成一个工作循环,因而它的回转要比四冲程柴油机均匀,可使用较小的飞轮。

(3)二冲程柴油机的换气机构较简单,便于维修保养。

(4)二冲程柴油机没有单独的换气行程,换气角度仅为四冲程柴油机的 1/3,因此新气与废气容易掺混,换气质量较四冲程柴油机差,耗气量也大。

(5)二冲程柴油机的工作循环比四冲程柴油机多一倍,因此热负荷比四冲程机高。因为在转速相同的情况下,二冲程柴油机工作频繁,燃烧室周围部件和喷油器的热负荷较高,容易引起喷油嘴堵塞,并给高增压带来困难。

(6)废气涡轮增压的二冲程柴油机在低负荷运转时因废气能量不足,致使废气涡轮增压器供气压力不足,柴油机燃烧恶化,运转性能较差。

总之,在提高功率方面,二冲程柴油机比四冲程柴油机优越;而在提高柴油机强化程度方面,四冲程柴油机更优越。

八、柴油机增压的概念

增压技术始于19世纪末期,在20世纪初期得到初步应用。随着材料科学及制造技术的进步,柴油机的涡轮增压技术在20世纪中期开始实现大规模商业应用。目前,绝大部分船用大功率柴油机、半数以上的车用柴油机均采用了增压技术。增压柴油机的比功率(以平均有效压力表示)是非增压柴油机的4倍。涡轮增压利用排气能量来增加充气量以提高功率,不仅工作过程得到改善,而且燃油耗量下降,排放也得到改善。由此可见,采用涡轮增压技术以后,柴油机的性能得到了全面的、大幅度的提高。

1. 提高柴油机有效功率的途径

根据有效功率 P_e 的计算公式:

$$P_e \propto i \cdot D^2 \cdot s \cdot m \cdot n \cdot p_e$$

式中:i、D、s——柴油机的气缸数、气缸直径、活塞行程;

n、m——柴油机的转速、每转工作冲程数;

p_e——柴油机的平均有效压力。

由上式可知,提高柴油机有效功率的途径有:

(1)改变柴油机的结构参数 i、D、s、m。增大这些参数可以提高柴油机的功率,但是提高的幅度受到多种因素的限制。增加气缸数 i 主要受到曲轴刚度的限制,目前直列式柴油机气缸数最多为12缸;增加气缸直径和活塞行程则会使柴油机的尺寸和重量大大增加,同时也增加了柴油机的热负荷。

(2)提高柴油机的转速。柴油机转速增加可以增大柴油机做功频率,提高功率。但转速增加会使磨损量和惯性力增加,使柴油机寿命缩短,可靠性变差。对于船用主机还受到螺旋桨效率的限制,因而这种方法也是有限度的。目前,新型船用低速柴油机大多降低转速以获得更高的经济性。

(3)提高平均有效压力 p_e。提高平均有效压力 p_e 可以增加柴油机的功率。对 p_e 影响最大的因素是新气的密度 ρ_a。提高进气密度,就可以增加气缸充气量,使更多的燃油完全燃烧,从而大幅度提高柴油机的功率。空气密度的增加可以通过提高进气压力和降低进气温度来实现。

2. 增压概念

柴油机所能发出的最大功率受到气缸内所能燃烧的燃料限制,而燃料量又受到每个循环内气缸所能吸入空气量限制。如果空气能在进入气缸前得到压缩而使其密度增大,则同样的气缸工作容积就可以容纳更多的新鲜空气,从而就可以多供给燃料,得到更大的输出功率。这就是增压的基本目的。

增压就是用提高气缸进气压力的方法,使进入气缸的空气密度增加,从而增加喷入气缸的燃油量,以提高柴油机的平均指示压力 p_i 和柴油机的平均有效压力 p_e。柴油机的增压程度一般以增压度来表示。增压度是柴油机增压后标定功率与增压前标定功率之差值与增压前标定功率的比值。它表示增压后功率增加的程度。

由于空气在增压器中被压缩时压力和温度是同时升高的，这就影响了空气密度的增加和增压的效果。因此，大多数柴油机增压系统都设有中间冷却器（简称中冷），以降低空气温度，提高空气密度。中冷的另一个作用是降低柴油机的循环平均温度。资料表明，当进气温度降低 10 ℃ 时，循环平均温度将降低 25 ℃，这使柴油机的热负荷降低很多。因此，中冷是增压柴油机特别是中高增压柴油机在提高进气压力的同时所必须采用的技术措施。

3. 柴油机增压方式

根据驱动增压器所用的能量不同，柴油机增压主要分为以下三种类型，如图 1-15 所示。

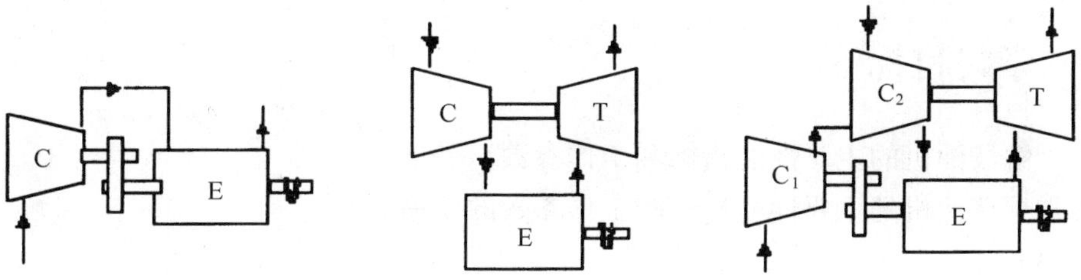

(a)机械增压　　(b)废气涡轮增压　　(c)复合增压

图 1-15　柴油机增压的基本形式

E—柴油机；C—压气机；T—涡轮机

（1）机械增压

柴油机输出轴直接驱动机械增压器（压气机），以实现对空气的压缩。这种增压方式只能提高柴油机的功率，不能提高经济性。

（2）废气涡轮增压

压气机与涡轮机同轴相连，构成废气涡轮增压器。涡轮机在排气能量的驱动下转动，带动压气机工作，实现进气增压。显然，这种增压形式可以从废气中回收部分能量，不仅提高了柴油机的功率，还提高了动力装置的经济性，因而获得广泛应用。

废气涡轮
增压原理动画

（3）复合增压

这种增压形式既采用废气涡轮增压，又采用机械增压。根据两种增压器的不同布置方案，可分为串联增压和并联增压。

随着废气涡轮增压技术的发展，目前大型轴流式废气涡轮增压器的效率已达 75%，可以完全满足柴油机增压的需要。因此，机械增压和复合增压在船用柴油机上已经基本被淘汰。

柴油机增压压力的高低可以用无因次量增压比 π_b 表示：

$$\pi_b = p_k / p_0$$

式中：p_k——增压压力；

p_0——环境条件下大气压力或增压器进口压力。

根据 π_b 的大小，一般将柴油机增压分为四级：

低增压 $\pi_b \leqslant 1.5$；

中增压 π_b=1.5~2.5;
高增压 π_b=2.5~3.5;
超高增压 π_b>3.5。
现代船用低速柴油机的 π_b 一般在 3.0 左右。

第三节 柴油机的主要性能指标和工作参数

一、学习目标

1. 了解柴油机的主要性能指标和工作参数。
2. 掌握柴油机的主要性能指标和工作参数的用途。

二、学习任务

1. 柴油机的主要性能指标。
2. 柴油机的工作参数。

三、环境设备

1. 四冲程柴油机。
2. 二冲程柴油机。
3. 机械示功器或电子示功器。
4. 水力测功器或电力测功器。

四、背景知识

柴油机的性能指标可以分为指示指标和有效指标两大类。指示指标是建立在气缸内燃气对活塞所做功(气缸内示功图所表示的工作循环指示功)基础上的性能指标。它只考虑缸内燃烧不完全及传热等方面的热损失,没有考虑运动副间所存在的摩擦损失。它反映了气缸内工作循环的完善程度。有效指标是建立在柴油机输出轴上所得到的有效功基础上的性能指标。它既考虑了气缸的热损失,也考虑了一系列的机械损失。它是评定柴油机工作性能的最终指标。

柴油机的工作参数主要用来表征机械负荷、热负荷、基本结构和强化程度等性能。

轮机管理人员必须对柴油机的性能指标和工作参数进行定期、及时、细致的监测、分析和调整，才能确保柴油机在最佳的工况下安全、可靠地运行。

五、指示指标

指示指标包括平均指示压力 p_i、指示功率 P_i、指示热效率 η_i 和指示燃油消耗率 b_i（简称指示油耗率）。平均指示压力 p_i、指示功率 P_i 用来评价柴油机工作循环动力性能的大小；指示热效率 η_i 和指示燃油消耗率 b_i 用来衡量柴油机工作循环经济性的好坏。

1. 平均指示压力 p_i

假定一个数值不变的压力 p_i 作用在活塞上，这个力在一个膨胀行程内所做的功与一个实际工作循环的指示功相等（如图 1-16 所示），这个假想的压力就称为平均指示压力。若某一循环所做的指示功为 W_i，则：

$$W_i = p_i \cdot A \cdot s \quad (\text{N} \cdot \text{m 或 J})$$

$$p_i = W_i/(A \cdot s) = W_i/V_s \quad (\text{N/m}^2\text{或 Pa})$$

式中：p_i——平均指示压力，Pa；

A——活塞面积，m^2；

s——活塞行程，m；

V_s——气缸工作容积，m^3。

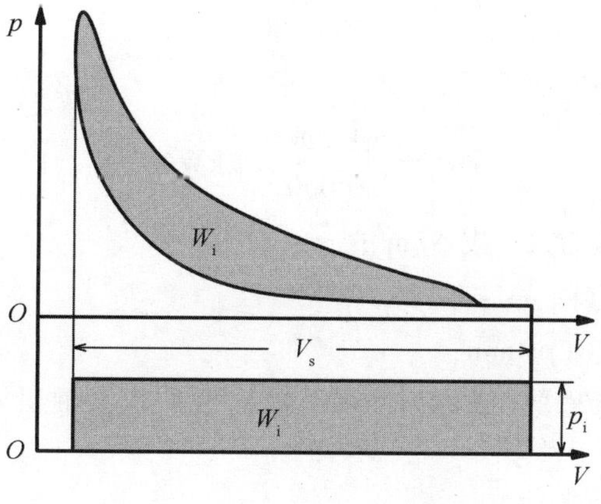

图 1-16　平均指示压力示意图

由上式可见，平均指示压力 p_i 就是一个工作循环中每单位气缸工作容积所做的指示功。它的数值与气缸容积无关，因此可以用 p_i 来比较不同类型和不同气缸尺寸的柴油机气缸工作容积的利用程度。p_i 值大，说明其单位气缸工作容积的做功能力强，工作循环比较完善。实际船舶运营中 p_i 由测取的 p-V 示功图经计算得到。

对于既定的柴油机，影响 p_i 大小的主要因素是循环供油量或负荷大小，其次是换气质量、燃油雾化质量等影响燃烧质量的因素。

一般情况下，对于平均指示压力 p_i，增压柴油机高于非增压柴油机；四冲程柴油机高于二冲程柴油机；直流扫气式柴油机高于弯流扫气式柴油机。实际运行的柴油机，进、排气阀定时或喷油定时发生变化，气缸泄漏增加，燃油喷射压力调节不当，燃油雾化质量下降，增压系统故障等状况都会引起 p_i 降低。

标定工况下船用柴油机的平均指示压力的数值范围如表 1-5 所示。

表 1-5　标定工况下 p_i、p_e 统计表

机 型		p_i/MPa	p_e/MPa
四冲程	非增压	0.75~1.12	0.60~0.92
	增压	0.95~3.75	0.80~3.00
二冲程	增压	0.80~2.03	0.70~1.80

2. 指示功率 P_i

指示功率是指柴油机气缸内的工质在单位时间内推动活塞所做的指示功。

柴油机的每个气缸每个工作循环工质所做的指示功为:

$$W_i = p_i V_s \quad (\mathrm{J})$$

柴油机一个气缸的指示功率为:

$$P_i = p_i V_s \frac{nm}{60} \quad (\mathrm{N \cdot m/s})$$

$$P_i = p_i V_s \frac{nm}{60} \quad (\mathrm{W})$$

$$P_i = p_i V_s \frac{nm}{60\ 000} \quad (\mathrm{kW})$$

整台柴油机指示功率为:

$$P_i = \frac{p_i V_s nmi}{60\ 000} \quad (\mathrm{kW})$$

式中:p_i——平均指示压力,Pa 或 N/m^2;

V_s——气缸工作容积,m^3;

n——柴油机的转速,r/min;

m——每转工作行程数(或称为冲程系数),四冲程柴油机 $m=1/2$,二冲程柴油机 $m=1$;

i——气缸数。

如各缸负荷不均匀,则可将各缸功率相加而得到整台柴油机的功率。

在船上,应定期测取示功图并计算柴油机的功率。对既定的柴油机 V_s 和 m 为定值,为简化计算起见,令 $V_s \cdot m/60\ 000$ 为 C,C 称为气缸常数。这样,整台柴油机指示功率的公式可简化为:

$$P_i = C \cdot p_i \cdot n \cdot i \quad (\mathrm{kW})$$

3. 指示热效率 η_i 和指示燃油消耗率 b_i

根据实测示功图求得每个工作循环工质对活塞所做的指示功 W_i 和指示功率 P_i。按照效率定义,柴油机的指示热效率为指示功的热当量与相应消耗的燃料热量的比值,即

$$\eta_i = W_i / \theta_{吸入}$$

式中：W_i——指示功，J；

$\theta_{吸入}$——为得到指示功 W_i 而加入气缸内的总热量，J。

对于一台柴油机，当测得其指示功率 P_i 和每小时燃油消耗量 B 时，根据 η_i 的定义，可用下式进行计算：

$$\eta_i = 3\ 600 P_i / (B \cdot H_u)$$

式中：B——柴油机每小时油耗量，kg/h；

H_u——所用燃料低热值，通常取 $H_u = 42\ 700$ kJ/kg；

P_i——指示功率，kW。

指示油耗率 b_i 以 1 000 W 指示功率每小时消耗的燃油量表示，即：

$$b_i = B/P_i \quad [\mathrm{kg/(kW \cdot h)}]$$

η_i 和 b_i 是评定柴油机实际工作循环经济性的重要指标，两者之间的关系为：

$$\eta_i = 3\ 600 / (b_i \cdot H_u)$$

目前船用柴油机的 η_i、b_i、η_e、b_e、η_m 的资料如表 1-6 所示。

表 1-6　柴油机的 η_i、b_i、η_e、b_e、η_m 的资料

机型		η_i	$b_i/[\mathrm{g \cdot (kW \cdot h)^{-1}}]$	η_e	$b_e/[\mathrm{g \cdot (kW \cdot h)^{-1}}]$	η_m
四冲程	非增压	0.43~0.50	204~163	0.30~0.40	272~231	0.78~0.85
	增　压	0.44~0.58	195~147	0.37~0.50	231~160	0.85~0.92
二冲程	增　压	0.45~0.60	192~143	0.38~0.55	225~155	0.85~0.94

六、有效指标

有效指标包括平均有效压力 p_e、有效功率 P_e、有效热效率 η_e 和有效燃油消耗率 b_e。平均有效压力 p_e、有效功率 P_e 反映了柴油机动力性能的大小；有效热效率 η_e 和有效油耗率 b_e 则反映了柴油机经济性的好坏。

1. 有效功率 P_e 和机械热效率 η_m

柴油机气缸内发出的指示功通过柴油机的活塞、连杆传递给曲轴，再由曲轴汇总各缸的功向外输出。这一系列的传递过程必然造成能量损失，这种损失称为机械损失。机械损失功率 P_m 就是指作用在活塞上的指示功率传递到曲轴输出端成为有效功率过程中损失的功率，即 $P_m = P_i - P_e$。它包括：

（1）摩擦损失功率

摩擦损失功率是克服柴油机各相对运动部件表面摩擦力所消耗的功率，如活塞、活塞环与气缸套内壁间的摩擦损失（占全部摩擦损失的 55%~65%），十字头滑块与导板、各轴承处的摩擦损失(占全部摩擦损失的35%~45%)。

(2)拖动损失功率

拖动损失功率是带动柴油机辅助机械(如喷油泵、气缸注油器、气阀传动机构、扫气泵、空气分配器、轴带滑油泵等)所消耗的功率。拖动损失功率随柴油机转速的升高而增加。

(3)泵气损失功率

泵气损失功率仅发生在非增压四冲程柴油机,具体指柴油机的进、排气过程所消耗的功率。由于增压式四冲程柴油机的进气压力大于排气压力,因而换气过程不但没有损失,反而可以获得有用功。对于二冲程柴油机,由于没有单独的进气与排气行程,所以泵气损失功率为零。

指示功率 P_i 减去机械损失功率 P_m 所剩的功率就是有效功率 P_e,也就是从柴油机曲轴飞轮端传出的功率,即 $P_e = P_i - P_m$。

柴油机的有效功率 P_e 在试验台上用水力测功器(或电力测功器)测出,称为制动马力(Brake Horse Power,BHP)。

在柴油机装船后,可用扭力计测量其输出功率,称为轴功率(Shaft Horse Power,SHP),此时:

$$P_e = \frac{M_e \cdot \omega}{1\ 000} = \frac{M_e \cdot 2\pi n}{60 \times 1\ 000} = \frac{M_e \cdot n}{9\ 550} \quad (\text{kW})$$

式中:ω ——柴油机输出轴的角速度,rad/s;

M_e——柴油机输出轴的有效扭矩,N·m;

n——柴油机转速,r/min。

机械损失功率一般不用它的绝对值 P_m 表示,而用机械效率 η_m 表示。机械效率 η_m 是有效功率 P_e 与指示功率 P_i 的比值,即:

$$\eta_m = P_e/P_i = (P_i - P_m)/P_i = 1 - P_m/P_i$$

柴油机在运行中机械效率 η_m 的大小不仅取决于设计和制造的质量,还受柴油机运转工况(如负荷、转速、滑油质量、冷却状况)等多种因素的影响。

对于同一台柴油机,如果转速 n 不变,负荷增加时,机械效率也会相应增加;当柴油机空载运行时,它发出的指示功全部消耗于机械损失,则 $\eta_m = 0$;如平均指示压力 p_i 不变(循环供油量不变),当转速 n 提高时,由于摩擦损失功率增大,机械效率随之下降。但是,对于不同型式的柴油机,转速和负荷对机械效率的影响随其使用方式的不同而异,通常柴油机机械效率 η_m 的数值在柴油机出厂时以 η_m-n 关系图的形式给出。因而,可以方便地查出某一使用转速或负荷时该柴油机的机械效率 η_m 的数值。

现代柴油机的机械效率 η_m 值如表1-6所示。

2. 有效燃油消耗率 $b_e(g_e)$ 和有效热效率 η_e

有效燃油消耗率 b_e 是指每千瓦有效功率每小时所消耗的燃油量,单位是 g/(kW·h),即:

$$b_e = B/P_e \text{ 或 } b_e = b_i/\eta_i$$

式中：B——柴油机每小时油耗量，kg/h；

P_e——柴油机有效功率，kW。

有效热效率 η_e 是指曲轴有效功与所消耗燃料的热量之比，即：

$$\eta_e = \frac{W_e}{Q_{吸入}} = \frac{W_i}{Q_{吸入}} \cdot \frac{W_e}{W_i} = \eta_i \cdot \eta_m$$

$$\eta_e = \frac{3\ 600P_e}{BH_u}$$

b_e、η_e 是评定柴油机经济性的重要指标，两者之间的关系是：

$$\eta_e = 3\ 600/(b_e \cdot H_u)$$

现代柴油机的机械效率 b_e、η_e 值如表 1-6 所示。

3. 平均有效压力 p_e

平均有效压力 p_e 是柴油机在每一工作循环每单位气缸工作容积所做的有效功。已知平均指示压力和机械效率，就可以求出柴油机的平均有效压力 p_e：

$$p_e = p_i \cdot \eta_m$$

或根据测得的有效功率 P_e 和转速 n 推算出来：

$$p_e = P_e/(C \cdot n \cdot i)$$

同样，平均机械损失压力 p_m 也可以写成：

$$p_m - P_m/(C \cdot n \cdot i)$$

则平均有效压力 p_e 也可以写为：

$$p_e = p_i - p_m$$

平均有效压力 p_e 的数值取决于工作循环进行的完善程度和机械损失的大小，它是衡量柴油机做功能力的重要参数。p_e 值越大，说明柴油机的强化程度越高。现代柴油机的平均有效压力 p_e 的数值如表 1-5 所示。

七、柴油机的常用工作参数

柴油机除指示指标、有效指标之外，还用一些常用工作参数来表征机械负荷、热负荷、基本结构、强化程度和排放特性等。

1. 最高燃烧压力 p_z（最高爆发压力）

燃烧过程中气缸内工质的最高压力称为最高燃烧压力 p_z。最高燃烧压力 p_z 是柴油机周期性变化的机械负荷的主要外力，会引起各受力部件的应力和变形，造成疲劳破坏、磨损和振动。

p_z 值的大小对柴油机的结构与性能均有很大的影响：

（1）p_z 增大会使柴油机结构尺寸增大，造成柴油机笨重。

（2）p_z 增大会使螺栓预紧力增大，造成接合面比压增大。

（3）p_z 增大会使磨损、振动、噪声等相应增大。为了避免工作粗暴，一般限制其平

均压力增长率 $\Delta p/\Delta\varphi=(p_z-p_c)/\Delta\varphi$ 不超过(0.4~0.6)MPa/°CA。

(4)p_z 增大会破坏润滑油膜,加剧零部件的磨损,降低柴油机的使用寿命。

(5)适当提高 p_z 可以提高柴油机的热效率,降低燃油消耗率。p_z 一般随平均有效压力 p_e 的增大而增大,但增长的速度较 p_e 缓慢。一般高速柴油机的 $p_z/p_e(p_{max}/p_e)=3\sim9$;中速柴油机的 $p_z/p_e=5\sim7$;低速柴油机的 $p_z/p_e=6\sim10$。

目前,柴油机 p_z 值的数据范围是:

非增压柴油机 $p_z=6\sim8$ MPa;

低速二冲程柴油机 $p_z=7\sim18$ MPa;

增压中高速柴油机 $p_z=7\sim20$ MPa。

2. 排气温度 t_r

非增压柴油机的排气温度指排气管内废气的平均温度;增压柴油机的排气温度指气缸盖排气道出口处废气的平均温度。

对同一台柴油机而言,排气温度的高低反映了缸内热负荷的大小与燃烧质量的好坏。因而在船舶上通常用排气温度来衡量热负荷的大小。柴油机排气温度过高,不仅标志着热负荷过高,还会引起经济性下降、可靠性下降、排放性能下降等。因而,排气温度是柴油机运转管理中重要的监测参数。为保证柴油机可靠运转,通常均对排气温度的最高值进行限制。一般船用柴油机排气温度的最高值应低于 550 ℃,以防高温腐蚀。

3. 活塞平均速度 v_m

曲轴每转两个行程中活塞运动速度的平均值称为活塞平均速度 v_m,即:

$$v_m = 2s\cdot n/60 = s\cdot n/30\ (\text{m/s})$$

式中:n——柴油机转速,r/min;

s——柴油机活塞行程,m。

活塞平均速度是影响柴油机机械负荷、热负荷和寿命的重要参数之一。提高 v_m,可以提高柴油机的功率,但零件的机械负荷、热负荷同时增加,机件的磨损也会相应增加,因而靠提高 v_m 来提高功率是有限度的。

近代船用大型二冲程柴油机多采用长或超长行程。为了维持较长的寿命和适当的 v_m 值,均选用较低转速,如标定转速低于 100 r/min,甚至仅为 60~70 r/min,这有利于提高螺旋桨的推进效率。

4. 行程缸径比 s/D

行程缸径比 s/D 是柴油机的主要结构参数之一。在活塞平均速度 v_m 及缸径 D 为定值的条件下,随着 s/D 的增大,行程 s 和曲柄半径 R 将增大,转速 n 将减小,因此对柴油机结构的影响有:

(1)影响柴油机的尺寸和重量。s/D 增大,则柴油机的宽度、高度及重量均相应增加。

(2)影响机械负荷。s/D 增大,则柴油机最大往复惯性力 F_{jmax} 将随 n 的减小而减小,机械负荷减小。

(3)影响热负荷。s/D 增大,则柴油机气缸散热面增大,热负荷减小,同时影响燃烧室各部件的传热量分配比例。例如,s/D 增大,气缸套的热负荷增大,而气缸盖与活塞顶的热负荷相应减小。

(4)影响混合气的形成。s/D 增大,则柴油机燃烧室余隙高度增大,有利于混合气的形成。

(5)影响扫气效果。s/D 增大,因气流在缸内流动路线长将降低扫气效果,但此影响随扫气形式的不同而不同。对直流扫气的影响较小,因而允许使用较大的 s/D 值;而对弯流扫气的影响比较大,因而不允许使用较大的 s/D 值(通常不高于 2.2)。

(6)影响曲轴刚度。s/D 增大会使曲柄半径变大,曲轴轴颈的重叠度降低,曲轴刚度下降。

(7)影响轴系的振动性能。s/D 增大会使轴系的纵振及扭振固有频率降低,容易产生不允许的纵振和扭振。

(8)随着 s/D 的增大,行程 s 将增大,燃气膨胀功利用更充分,有利于提高功率;柴油机转速降低,螺旋桨转速也降低,可以提高螺旋桨效率,从而提高动力装置的总效率。目前, Wärtsilä 公司的 RTA-T 系列柴油机的 s/D 值已达到了 4.17,而 MAN 公司最新推出的 G-ME 系列柴油机的 s/D 值甚至达到了 4.65。然而,增大 s/D 会使柴油机结构复杂,造价增加,因而 s/D 的增大是有限度的。

5. 强化系数 $p_e \cdot v_m$

强化系数 $p_e \cdot v_m$ 用来表示柴油机所受热负荷和机械负荷两方面的综合强烈程度。不同类型船用柴油机的强化系数如表 1-7 所示。

表 1-7　船用柴油机的强化系数

机　型	低速机	中速机		高速机
		四冲程	二冲程	
p_e/MPa	1.15~1.80	1.40~3.00	0.90~1.10	1.40~2.20
$p_e \cdot v_m$/[MPa·(m·s^{-1})]	7.5~14.7	12.0~28.2	6.6~8.5	12.3~34.3

6. 压缩比 ε

压缩比是一个对柴油机性能影响很大的结构参数,它的影响主要表现在经济性、机械负荷、燃烧与起动等方面。

(1)经济性

在一定范围内提高 ε 可明显提高经济性,但当 $\varepsilon>12$ 后,其对经济性的影响程度减弱。当 ε 过高时,由于余隙高度过小,不利于形成雾化与混合气,使经济性降低。

(2)机械负荷

ε 增加将使压缩压力 p_c 增加,继而使最高燃烧压力 p_z 提高,使柴油机的机械负荷增加,磨损加剧。因此,机械负荷限制了 ε 的上限。在柴油机增压技术的发展中对高增压柴油机曾使用过降低压缩比($\varepsilon<10$)以限制其机械负荷的技术措施。当代船用大型超长行程柴油机为了提高经济性,将 ε 提高到 16~19。

(3)燃烧和起动

为了保证柴油机冷车起动时能正常燃烧,ε 不能太低。因此,保证柴油机具有良好的冷车起动性成为限制 ε 下限的因素。

运转中的柴油机,ε 会发生变化,如活塞头部的烧蚀、主轴承的磨损等都会造成 ε 降低。因此应根据柴油机工况对压缩比做适当调整,以保证柴油机具有良好的性能。

第四节　船舶柴油机有害排放的控制

一、学习目标

1. 了解 NO_x 排放的控制方法。
2. 了解 SO_x 排放的控制方法。
3. 了解 CO_2 排放的控制方法。
4. 了解船舶应对碳中和新技术。

二、学习任务

1. NO_x 排放的控制方法。
2. SO_x 排放的控制方法。
3. CO_2 排放的控制方法。
4. 船舶应对碳中和新技术。

三、环境设备

1. 四冲程柴油机。
2. 二冲程柴油机。

四、背景知识

随着全球贸易和航运业快速发展,船舶排放已成为导致航线区域和港口城市大气污染的重要来源之一。船舶柴油机的排放控制问题已成为今后船舶动力装置发展主要课题之一,船舶柴油机排放物的控制重点是 NO_x、SO_x 和 CO_2 等。国际海事组织(IMO)规定 2020 年 1 月 1 日开始在全球实行“限硫令”,国内也设立了内河、沿海船舶排放控制区。党的十九大报告明确指出，建设生态文明是中华民族永续发展的千年大计，必须树立和践行“绿水青山就是金山银山”的理念，坚持节约资源和保护环境的基本国策。我国提出了 CO_2 排放力争于 2030 年前达到峰值、2060 年前实现碳中和的目标，党的二十大报告明确指出：“积极稳妥推进碳达峰碳中和。实现碳达峰碳中和是一场广泛而深刻的经济社会系统性变革。立足我国能源资源禀赋，坚持先立后破，有计划分步骤实施碳达峰行动。”

五、NO_x 排放的控制方法

研究表明，要有效地控制柴油机的 NO_x 排放，必须从柴油机燃烧过程的改进、排气后处理以及改善燃油品质入手。根据所采取的控制措施与柴油机工作过程的关系可分为机前处理、机内处理和机后处理三大类，如图 1-17 所示。

机前处理主要是采用清洁燃料，在燃烧过程中不产生或少产生有害排放物，这涉及新型燃料和燃料处理问题；机内处理是在有害排放物质生成之前采取措施，通过改变柴油机的结构参数或运行参数控制柴油机的燃烧过程，减少缸内有害排放的生成量；机后处理则是在有害排放生成之后对废气进行物理处理、化学处理，以降低有害排放物质的排放量，也称为排气后处理方法。

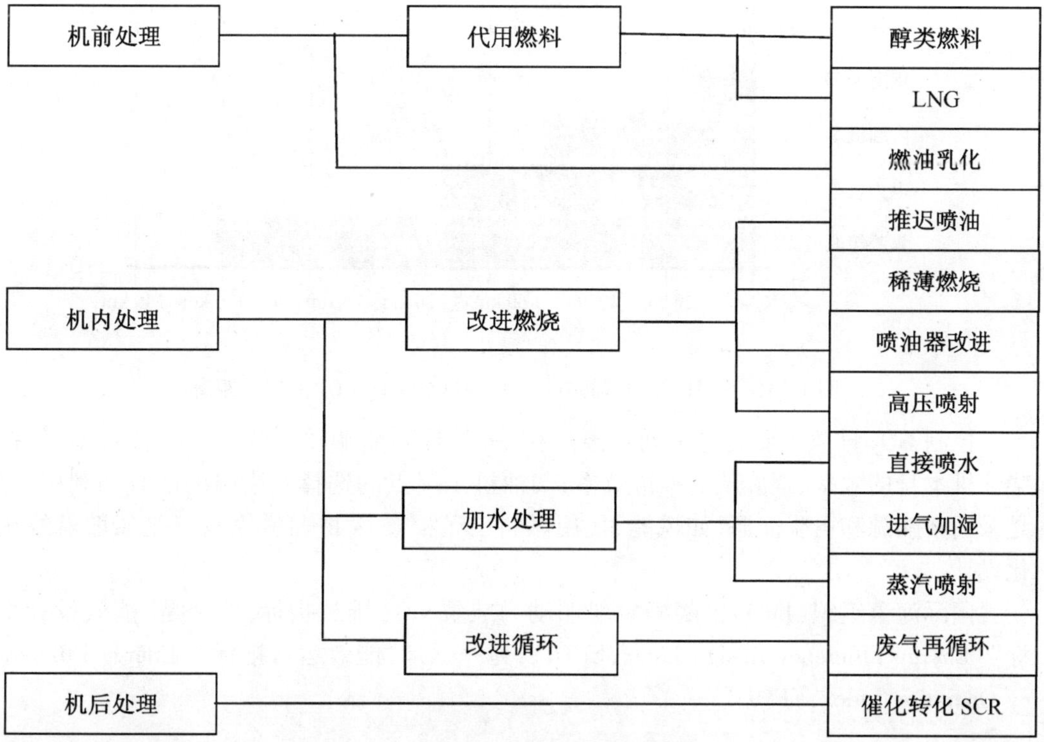

图 1-17　柴油机 NO_x 排放的控制措施

六、SO_x 排放的控制方法

目前,对于 SO_x 排放的控制方法主要通过两个方面:一是通过国际海事组织(IMO)以及各个国家和地区的有关法规控制燃油中的硫含量,使用低硫燃油;二是水洗,通过在排气管路上安装的水洗器除去废气中的 SO_x。

七、CO_2 排放的控制方法

海上运输是能源效率最高的运输方式。根据国际海事组织(IMO)统计,2007 年国际海运排放的 CO_2 量为 870 万 t,仅占全球 CO_2 总排放量的 2.7%。各种不同运输方式运输 1 t 货物排放 1 kg CO_2 的运输距离如图 1-18 所示。从图中可以看出,作为最主要的船舶推进机械,低速柴油机在热机中 CO_2 排放最低。但由于其总量巨大,并且随着国际贸易的加快发展,国际海运 CO_2 排放被广为关注。尽管哥本哈根会议没有对国际海运的温室气体减排提出具体目标,但控制国际海运的温室气体排放对减缓全球气候变暖有着深远的影响。

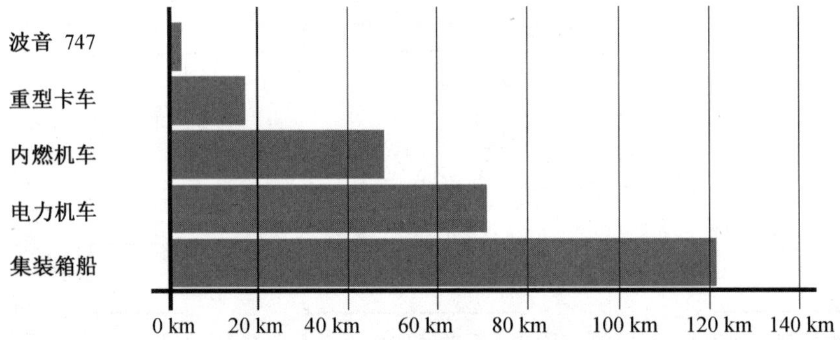

图 1-18　不同运输方式运输 1 t 货物排放 1 kg CO_2 的运输距离

控制 CO_2 排放主要通过下列三条途径:一是提高船舶动力装置的综合效率,包括柴油机本身的效率、螺旋桨的推进效率、柴油机工况点的选择及废热的回收和利用;二是采用新能源和再生能源,如风能、代用燃料(天然气、生物燃料等);三是船舶航线优化设计。

国际海事组织(IMO)已经确定船舶动力装置 CO_2 排放指标,一个是"能效设计指标"(Energy Efficiency Design Index,EEDI),另一个是"能效运行指标"(Energy Efficiency Operation Index,EEOI)。

设立能效指标是为了逐步降低船舶动力装置平均 CO_2 排放值，达到目前 CO_2 排放值的70%。由于降低 CO_2 排放相当于降低燃油消耗率，这就意味着对于未来船舶每航次要减少30%的燃油消耗量。降低能效设计指标主要通过下列手段：(1)降低船速；(2)提高主机效率，如采用废热回收装置；(3)主机降功率；(4)使用LNG或LPG；(5)船体优化；(6)螺旋桨优化；(7)船舶涂料。能效运行指标则是用来评估在航船的有效状态，如评价船舶每航次的能效；评估船东或船舶营运人的行为；对单船的持续监测以及评估船舶及操作状态的变化。

从动力装置设计的角度来看，船舶的燃油消耗量主要与螺旋桨、主机的工况和船舶的航速有关。螺旋桨直径的增大，意味着螺旋桨效率的提高和螺旋桨转速的降低；螺旋桨叶数的减少，则需提高螺旋桨转速（从六叶桨改为五叶桨转速大约提高10%），并且桨的效率略有提高；主机行程缸径比 s/D 和最高燃烧压力与平均有效压力之比 p_z/p_e 的增加，则会使柴油机的热效率提高，而使用电子控制式柴油机也能提高柴油机的效率；船舶航速的降低则意味着所需功率的下降和转速的降低。

1. 主机降速航行

主机降速航行是船舶在航运萧条期节能的基本方法。近几年，航运市场不景气，但燃料费用却居高不下，有的船舶甚至超过船舶营运成本的60%。主机带固定螺距桨航行时，其转速和功率之间的关系为：$P \propto n^3$。当船速下降时，主机的转速和功率会大幅度下降，从而达到节能的效果。如某船选用直径为7.2 m的四叶桨，若维持15.1 kn的航速，所需功率为11 680 kW，则对应的转速为98.7 r/min；若将航速下降为14 kn，所需的主机功率为9 000 kW，则对应的转速为89.5 r/min；若将航速下降为13 kn，所需的主机功率为7 000 kW，则对应的转速为82.9 r/min。航速为13 kn时的主机功率仅为航速15.1 kn时的60%，但油耗却大幅度降低。

据MAN公司对一艘8 000 TEU集装箱船的计算，若将其航速从26 kn降低为23 kn，其选用的主机可以从12K98MC-C7改为9S90MC-C8；约定最大持续功率SMCR点从69 800 kW、102.1 r/min下降为43 100 kW、78.0 r/min；螺旋桨直径由8.8 m增加为9.3 m，航速降低以及螺旋桨效率的提高和主机燃油消耗率的下降可使每日油耗降低40%。选用气缸直径较小和缸数较少的柴油机，也可以降低造船的投资。

2. 使用天然气(LNG)作为船舶燃料

为满足日益严格的排放要求，全球航运业积极寻找更加环保的替代能源。LNG作为船舶燃料，因其绿色、经济等优势，已成为船舶碳减排、降成本最现实可行的途径。目前，国际LNG动力船舶订单爆发式增长，新建船舶中使用LNG动力的船舶已超过20%；国内广东省已率先开展内河船舶清洁化改造，长江干线2021年年底初步形成沿江LNG船舶加注体系，深圳、舟山等沿海重要港口正加快建设国际LNG船舶加注中心。

天然气是一种清洁、方便、高效的优质能源。目前天然气资源比较丰富,世界上常规天然气资源量为 400 万亿~600 万亿 m^3,按 2008 年的开采量计算,现有天然气储量能满足 60 年的开采。从 2005 年 5 月起,天然气的价格就与 HFO380 的价格不相上下。自 2007 年 5 月以来,天然气的价格甚至低于 HFO380。天然气中 90%以上的含量为甲烷,其余则为少量的乙烷、丙烷、丁烷等成分。甲烷的碳氢元素比为 1 : 4,是碳氢比最低的物质,也就是说甲烷是每单位碳排放能量最高的物质,或者说放出同样热量时的 CO_2 排放较少。使用 LNG 作为代用燃料,其 CO_2 排放可比使用燃料油低 25%~30%;为了方便储存和海运,天然气由液化工厂在常压下冷却至约-163 ℃进行液化。在液化之前需要进行预处理,将天然气中的二氧化碳、水分、硫化氢和其他硫化物等杂质先净化去除掉,也就是说在 LNG 中几乎没有硫。通过采用稀薄燃烧技术,其 NO_x 的排放量也很低。与燃用燃料油相比,使用 LNG 作为船舶燃料,CO_2 排放量可降低 25%~30%,NO_x 排放量可降低 85%~90%,基本上不存在 SO_x 排放,没有碳烟,颗粒物质很少,如图 1-19 所示。通过在现代新型 LNG 运输船上的使用,双燃料柴油机和气体喷射式柴油机的技术也日趋成熟。目前,可燃用 LNG 的发动机有 MAN 公司的 51/60DF 中速双燃料柴油机,ME-GI 气体喷射二冲程低速柴油机,Wärtsilä 公司的 50DF、32DF 中速双燃料柴油机等。

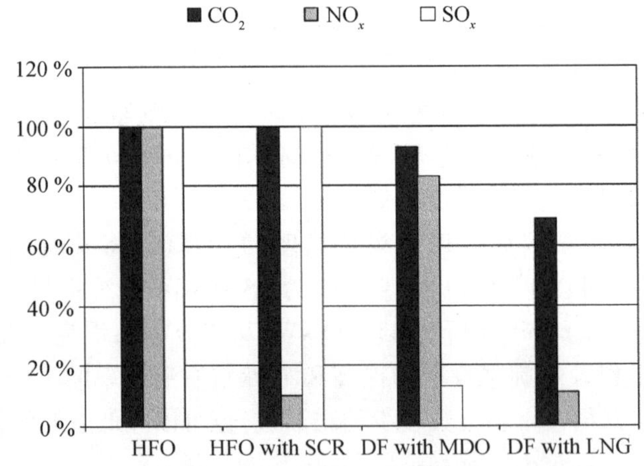

图 1-19　使用不同燃料的排放对比

使用 LNG 作为船舶燃料从营运费用到排放指标都非常令人满意,LNG 的应用目前也不只是局限于 LNG 运输船舶,其他的普通船舶也开始考虑以 LNG 作为船舶燃料。但由于目前还不能在世界所有港口加装 LNG,考虑使用 LNG 作为燃料的船舶主要包括:海洋工程供应船、海上浮式储油船、轮渡船、滚装船和集装箱船这类航线相对比较固定,并能够得到 LNG 供应的船舶。图 1-20 所示是以 LNG 为燃料的 9 000 TEU 集装箱船"鲲腾"(Quantum)号 LNG 储存柜和机舱布置图。LNG 燃料可以通过 LNG 装卸码头、气罐车或驳船或直接由陆基的储存罐进行加装。

图 1-20　以 LNG 为燃料的 9 000 TEU 集装箱船“鲲腾(Quantum)”号的 LNG 储存柜和机舱布置

八、船舶应对碳中和新技术

2018 年 4 月,国际海事组织(IMO)环境保护委员会(MEPC)第 72 届会议就已经通过了《国际海事组织温室气体减排初步战略》,提出到 2050 年国际航运温室气体排放总量比 2008 年减少至少 50%,CO_2 的排放强度减少至少 70%的目标,同时也提出了到 2030 年将二氧化碳的排放强度减少 40%的目标。由此看来,上述燃料难以实现减少 70%的碳排放强度的目标。IMO 于 2020 年 8 月发布的第四次温室气体研究报告称,2012—2018 年间国际海运碳排放强度降低了约 11%,但温室气体年排放量从 9. 77 亿吨增加到 10. 76 亿吨。预计到 2050 年,随着海运需求的不断增长,CO_2 排放量将比 2018 年增长约 50%,比 2008 年增长约 90%~130%。这与碳排放总量降低 50%的战略目标相差甚远,IMO 和航运业仍面临着严峻的碳减排压力。

自 2018 年起,欧盟不断完善碳中和政策体系。2019 年 12 月欧盟委员会发布了《欧洲绿色新政》,制定了“碳中和”愿景下的长期减排战略规划,从能源、工业、建筑、交通、粮食、生态和环境 7 个重点领域规划了长期碳减排行动政策路径,其中包括最大限度地部署可再生能源,充分利用碳捕获与封存(Carbon Capture and Storage)技术,等等。

中国作为负责任的大国以及国际海事组织 A 类理事国,先是在 2020 年 9 月宣布将力争 2030 年前 CO_2 排放达到峰值,努力争取 2060 年前实现碳中和;并在 2020 年 12 月进一步宣布,到 2030 年,中国单位国内生产总值 CO_2 排放将比 2005 年下降 65%以上,非化石能源占一次能源消费比重将达到 25%左右等目标。

航运业的二氧化碳排放量占据了全球碳排放量的近 3%,在应对“碳中和”目标方面面临着较大挑战。当前,航运业推动和实现减排、碳中和离不开三大措施:技术、运营和碳交易市场,其中,碳减排的主要努力方向包括船舶总体优化和使用可再生、低碳能源两方面,但到目前为止,还没有一个成熟的、一劳永逸的解决方案,绝大多数远洋船舶在短期内仍将继续使用传统化石燃料。当前碳减排技术中,船舶采用氨、氢等无碳燃料以及燃料电池等能从源头上解决碳排放问题。但对于船舶的动力变革还处于探索阶段,目前航运业依赖传统燃料的现状无法快速改变,无法在短时间内实现船舶能源转换。氨动力、氢动力船舶的发展还不成熟,船舶相应的储存设施、加注系统、供气系统及关键设备的技术还不完善,技术成熟度较低,还需经一定时间的发展才能应用在船舶上;并且氢燃料属于二次能源,具有价格昂贵、制取成本高和储运难度大等缺点,还无法实现商船的大规模应用。因此,寻求低成本、技术成熟度较高、可行性大的船舶碳减排技术是当前研究的重点。

1. 氨燃料

氨燃料廉价易得、便于贮运,且其与氢燃料一样属于清洁燃料,燃烧不会产生污染物,理论上可以做到零碳排放,因此氨燃料可以在国际航运业的脱碳过程中发挥重要作用,因此在船舶上的应用前景非常广阔。

当前,许多国家已经开展关于氨燃料在船舶上应用的初步研究。日本已经建立氨燃料产业链布局,并制定了国际航运零排放路线图,计划到 2028 年实现船舶零排放的商业化模式。韩国也已经制定了氨燃料在船舶上使用的规范。国内外的厂家和船东等也纷纷看好氨燃料动力系统产业带来的发展机会。大连船舶重工集团 2019 年推出氨燃料 23 000 TEU 集装箱船设计。2020 年 10 月,江南与劳氏船级社及瓦锡兰公司合作,研发设计的氨动力超大型液化气体运输船获得船级社颁发的原则性认可证书,是国内在研究氨燃料应用于船舶领域的一大进步。上海船舶设计院 2021 年与法国 VPLP Design、Alwena Shipping、AYRO 联合推出“Trade Wings 2500”可升级为氨燃料动力、低碳 2 500 箱集装箱船,获得法国船级社原则性认可。2022 年 3 月上海船舶研究设计院自主研发设计的中国首创首款氨燃料动力 7000 车位汽车运输船正式获得 DNV 颁发的原则性认可证书。据统计,中国已成为世界上最大的合成氨生产国,产量约占世界总产量的 1/3,此外,中国是航运大国,不断发展氨燃料在船舶应用的技术,不仅可以减小温室效应、降低环境污染、缓解能源危机,同时也能促进“碳达峰、碳中和”目标的实现,并且在促进绿色船舶的发展等方面都具有十分重要的战略意义。国内对氨燃料在船舶应用的技术研究已经取得了一定的成绩,但是相关技术研究依然较少,其在船舶上的应用技术有待进一步研究。

2. 氢燃料电池和锂电池组合的混合动力

氢燃料电池是氢的一种应用形式。氢气与氧气在其内部催化剂的作用下发生氧化还原反应。能量以电能和热能的形式对外输出,唯一的反应产物为水。该过程没有任何污染物产生。由于氢燃料电池内部没有燃烧反应和活动部件,所以其能量浪费较少且没有噪声,在车辆交通、电力系统、航空航天等方面已有较多的研究与应用。虽然氢燃料电池有着诸多的优点,但在船舶实际应用中也面临着不少问题,如动态响应速度慢、无法应对高频大幅变载工况等问题。氢燃料电池和锂电池组合的混合动力方案将是发展方向。

2021 年大连海事大学发布消息称,由该校新能源船舶动力技术研究院牵头建造的中国第一艘燃料电池游艇“蠡湖”号近日通过试航,标志着我国燃料电池在船舶动力上的实船应用迈出关键一步。设计的燃料电池游艇船长 13.9 m,采用 70 kW 燃料电池及 86 kW · h 的锂电池组成混合动力,设计船速 18 km/h,续航 180 km,可载乘员 10 人。船型及动力等接近于国外的对标船型,而对于电动船最为关键的续航指标已略有优势。2022 年 5 月 17 日,“三峡氢舟 1 号”在江龙船艇中山科技园开工建造。它将是国内首艘入级中国船级社的氢燃料电池动力工作船,未来将主要用于三峡库区及两坝间交通、巡查、应急等工作。采用中国船舶重工集团开发的氢燃料电池和锂电池动力系统，通过了中国船级社武汉规范研究所设计审图。这艘船将以蓝天白云为主色调，采用钢铝复合结构，总长49.9m，型宽10.4 m，型深3.2 m；电池额定输出功率500 kW，最高航速达到28 km/h，续航里程可达200 km；具有高环保性、高舒适性和低能耗、低噪声等特点。

据统计，世界范围内，船舶用燃料电池市场容量约有160 GW。根据交通运输部水科院的数据和专家预计，2025年氢燃料电池系统改造船数量和新建氢燃料电池船舶数量分别约400艘和200艘，氢燃料电池系统市场规模将达到200亿元。

3. *碳捕获与封存技术*

碳捕获与封存（Carbon Capture and Storage，CCS）中CO_2的捕集主要分为三种类型，分别是燃烧前碳捕集法、富氧燃烧碳捕集法、燃烧后碳捕集法。燃烧前碳捕集法是指在燃料燃烧之前对燃料进行处理，除去其中的CO_2，需要对船舶整个动力系统进行改造，成本较高，应用技术也不成熟，不适合在船舶上使用。富氧燃烧碳捕集法是指使燃料在纯氧中进行燃烧，得到高浓度的CO_2，因此捕集与分离成本较低，但是纯氧的制取成本很高，并且需要对发动机进行改造，因此富氧燃烧碳捕集法在经济性上并没有太大的优势。燃烧后碳捕集法只需要对船舶尾气处理装置进行轻微改动即可，不需要对发动机进行改造，投入成本相较于前面两种方法也较低，因此船舶CCS技术的碳捕集环节采用燃烧后碳捕集法是一种十分可行的/最有可能广泛应用于船舶上的CO_2捕集方法方案。国外的研究结果表明，船舶应用燃烧后化学吸收法捕集CO_2，捕捉率可达60%～90%。船舶捕集的CO_2，最佳的处理方式是进行海洋封存或海上CO_2-EOR。在这种情况下，二氧化碳捕集与封存技术将是船舶碳减排的优选方案之一。

在国内，CCS技术也逐步兴起并主要应用在电厂、化工行业等陆岸企业。据统计，中国已开展了9个捕集示范项目、12个地质利用与封存项目，其中有10个全流程示范项目，正在逐步引领亚太地区CCS技术的发展。

中国船舶集团旗下大船集团与挪威北极光公司签订合同，为其建造2艘全球首制的7 500 m^3液化二氧化碳运输船，将于2024年一季度交付首制船。该船型由大船集团自主设计完成，拥有完全自主知识产权，将收集欧洲工业产生的CO_2，运至挪威西海岸地区收端码头加以处理后注入海底地下2 600 m永久封存，从而减少欧洲地区CO_2的排放量。

上海海事大学和英国思克莱德大学的研究人员提出了一种利用氢氧化钠、氧化钙作为吸收材料，通过化学过程来捕获CO_2，并以固体碳酸钙形式来实现碳封存的系统（CPCS）。该系统将最终产品交易到建筑行业可以降低碳捕集成本，分别通过散货船、集装箱船两个研究案例，为船舶碳捕集提供了经济可行性数据和实用安装指南。

第二章

柴油机结构和主要部件

知识目标

1. 掌握柴油机的基本结构和系统，掌握现代船用柴油机的结构特点。
2. 掌握燃烧室部件的组成和结构特点，了解其承受的负荷。
3. 掌握柴油机主要零部件的作用、组成、材料和结构特点。

能力目标

1. 能够根据柴油机零部件的工作条件分析判断对零部件的性能要求和常用材料。
2. 能够对柴油机零部件损伤发生的原因进行分析，对零部件进行维护保养。
3. 能够结合实船机舱设备进行应用扩展，形成符合轮机管理和维护的专业能力。

素质目标

1. 自觉践行社会主义核心价值观，具有深厚的爱国情感和中华民族自豪感。
2. 遵纪守法、诚实守信、敬畏生命、热爱劳动，具有社会责任感和社会参与意识。
3. 具有质量意识、环保意识、安全意识、集体意识和团队合作精神。
4. 具有健康的体魄、心理和健全的人格，养成良好的健身与卫生习惯和良好的行为习惯。

第一节　柴油机的结构特点

一、学习目标

1. 掌握柴油机的基本结构和系统。
2. 掌握现代船用柴油机的结构特点。
3. 掌握十字头式柴油机的结构。
4. 掌握筒形柴油机的结构。

二、学习任务

1. 柴油机的基本结构和系统。
2. 现代船用柴油机的结构。

三、环境设备

1. 四冲程柴油机。
2. 二冲程柴油机。

四、柴油机的基本结构和系统

船用柴油机比较复杂，由许多零件、机构和系统组成。尽管各柴油机厂制造的柴油机结构、型号各不相同，但它们在工作原理和总体结构上有很多共同之处。柴油机基本结构和系统有：

1. 固定部件

固定部件由机座、机架、气缸体和贯穿螺栓等组成。大型柴油机机座、机架、气缸体分开制造，由贯穿螺栓连接成一体。中小型柴油机常将气缸体和机架做成一体，称为机体，并用轻便的油底壳代替机座。它们构成了柴油机的骨架，支撑着运动件和辅助系统。

2. 燃烧室部件

燃烧室部件由活塞、气缸套和气缸盖等组成，是柴油机的核心部件，直接影响柴油机性能和使用寿命。柴油机运转时，高温、高压燃气直接作用在燃烧室部件表面。因此，燃烧室部件工作条件恶劣，容易发生故障，约占柴油机故障总数的50%。轮机管理人员应深入了解燃烧室部件，这是降低柴油机故障发生率的重要一环。

3. 曲柄连杆机构

曲柄连杆机构由连杆组件、曲轴和轴承等组成,大型低速柴油机还有十字头组件。将活塞的往复运动通过连杆转变为曲轴的回转运动,从而将燃气推动活塞的动力通过曲轴以回转的方式向外传递,曲轴汇总各缸功对外输出,同时驱动凸轮轴、滑油泵、冷却水泵等附属设备。

4. 动力和辅助系统

(1)起动系统

借助于起动系统的外力(或力矩)带动柴油机曲轴回转,使其达到起动转速,由活塞压缩气缸内气体,使其具有足够的温度和压力,以实现柴油机的第一次发火燃烧,由静止转入工作状态。柴油机起动方式大致有两种:一种是借助于外力矩使曲轴转动起来,如人力手摇起动、电机起动和气马达起动等;另一种是借助于加在活塞上的外力推动活塞使曲轴旋转起来,如压缩空气起动。目前船用柴油机起动系统多数采用压缩空气起动系统,它由空气压缩机、主空气瓶、主起动阀、空气分配器、起动控制阀和气缸起动阀等组成。

(2)换气与增压系统

换气与增压系统包括进气管、排气管、废气涡轮增压器、空冷器以及为完成换气所需的换气机构,包括进排气阀、气阀传动机构、凸轮轴及凸轮轴传动机构等。它们的作用是按照工作循环的需要,定时向气缸内供应压力充足、清洁的新鲜空气,并将燃烧后的废气排出气缸。

(3)燃油系统和燃油喷射系统(喷油设备)

燃油系统把符合使用要求的燃油输送到喷油泵入口端。该系统通常由燃油的加装和测量、储存、驳运、净化和处理、供给五个环节组成,其中分油机是核心设备。燃油喷射系统(喷油设备)一般由喷油泵、喷油器和高压油管组成,其作用是由调速器控制定时、定量地向燃烧室内喷入雾化良好的燃油,保证燃烧过程的进行。

(4)润滑系统

润滑系统的作用是将压力充足、清洁的润滑油送至柴油机各运动件摩擦表面,起到减磨、冷却、清洁、密封、防锈等作用,保证柴油机正常工作。大型低速柴油机通常由气缸注油系统、曲轴箱油系统、曲轴箱油净化系统、废气涡轮增压器润滑系统组成,而中小型柴油机一般只有曲轴箱油系统(也称为机油系统)。

(5)冷却系统

冷却系统由泵、冷却器和温度控制器等组成。船舶柴油机通常以淡水和滑油作为冷却剂,将受热零部件所吸收的热传导出去,保证零部件有正常的工作温度和工作间隙。冷却部件后的淡水和滑油又常被海水再冷却,从而循环使用。

(6)操纵系统

操纵系统是控制柴油机起动、换向、调速、停车功能的一系列装置的统称,它是一个复杂的系统。按操纵方式的不同,操纵系统可分为:机旁手动操纵系统、机舱集中控制室控制系统和驾驶台控制系统。

五、现代船用柴油机的结构特点

船舶柴油机在结构上分为十字头式柴油机和筒形活塞式柴油机。十字头式柴油机相对比较笨重，尺寸、重量较大，但可靠性好、寿命长，是目前大功率低速柴油机的主要结构；而筒形活塞式柴油机结构简单、紧凑、尺寸小、重量轻，目前中高速强载柴油机普遍采用这种结构。

现代船用低速柴油机经过不断的发展和优化整合，在总体结构上趋于一致，主要采用二冲程、单作用、定压增压、直流扫气的工作方式，这种柴油机在结构上有以下显著特点：

苏尔寿二冲程柴油机建造过程视频

(1)长行程和超长行程。为了提高船舶动力装置的经济性和柴油机本身的经济性，柴油机的行程不断加长。低速柴油机的 s/D 值已从 20 世纪 80 年代的 2.20 左右增长到目前的 4.65。柴油机行程的加长，使得柴油机的高度和宽度都有所增长，尺寸重量增加，转速降低，经济性不断提高。

(2)普遍采用气口与气阀直流扫气。随着柴油机向长行程化的方向发展，柴油机的各种换气方式趋于统一，普遍采用气口与气阀直流扫气方式，即只在柴油机气缸下部设扫气口而在气缸盖中央设旋转式排气阀及液压式气阀传动机构。旋转式排气阀可使排气阀在启闭时有微小的旋转运动，可保证气阀密封面磨损均匀、贴合严密，提高排气阀的可靠性。液压式气阀传动机构取代了沿用几十年的机械式气阀传动机构，减小了排气阀的噪声，延长了气阀机构的使用寿命。

(3)燃烧室部件普遍采用钻孔冷却结构。现代超长行程柴油机燃烧室部件的热负荷和机械负荷已达到了相当高的程度，成为限制柴油机提高增压度的重要因素。为了解决这一技术难题，燃烧室部件普遍采用钻孔冷却结构。这是一种最合理的“薄壁强背”结构，使燃烧室部件的热负荷和机械负荷维持在可以接受的水平上。

(4)采用全支撑式连杆小端结构。超长行程柴油机的最高爆发压力 p_z 已增高到 15 MPa，十字头轴承和曲柄销轴承均承受着巨大的单向冲击性负荷，十字头轴承的工作条件尤为恶劣。为了提高它们的可靠性，目前普遍采用全支撑式连杆小端结构，并广泛使用高锡铝薄壁轴承。

(5)采用独立的气缸润滑系统。良好的气缸润滑是减少气缸套和活塞环磨损的必要条件。为了减少柴油机低负荷运转时的气缸油耗量，采用气缸注油量随负荷自动调整，精确控制注油定时的电子注油系统。

(6)曲轴上增设轴向减振器。柴油机的长行程化和单缸功率的增加，导致曲轴的轴向刚度变弱，在运转时容易产生轴向振动而使主机及船体产生振动。现代超长行程柴油机在曲轴的前端(自由端)增设轴向减振器，以有效地消减曲轴的轴向振动。

(7)焊接结构。柴油机的固定部件普遍采用焊接结构代替原来的铸造结构，大大减轻了柴油机的重量，还提高了柴油机的总体强度。

(8)定压增压。随着柴油机不断向高增压和超高增压的方向发展，采用定压涡轮增压系统代替脉冲涡轮增压系统是现代柴油机的一大显著特点,柴油机的排气系统不断简化,柴油机的制造和维护管理更加容易。

筒形活塞式柴油机目前主要向模块化方向发展,整个柴油机分为前箱、后箱、机体、气缸单元、曲轴等几个模块,使柴油机的生产制造、维护管理更加方便、高效,如图 2-1 所示。将柴油机的机架和气缸体所铸成的整体称为机体。采用倒挂式主轴承结构,不再使用机座而代之以轻便的油底壳,柴油机的重量大大减轻。柴油机所有的冷却器、泵浦等作为插件插入柴油机的前后箱中,与事先铸造在机体内的管路相连;而气缸盖、气缸套、活塞和连杆组成气缸单元进行整体拆装。模块化结构使柴油机更加简单紧凑,维护管理更加方便。

图 2-1　筒形活塞式柴油机的模块化结构

六、十字头式柴油机的结构

十字头式柴油机的活塞组件设有活塞杆,通过十字头与连杆相连接,十字头的滑块在导板间滑动,给十字头导向并承受侧推力。气缸体底部设中隔板,其上安装活塞杆填料箱,共同将气缸与曲轴箱隔开。柴油机的主要固定件如机座、机架和气缸体是分开制造的,用贯穿螺栓固定在一起。采用正置式主轴承,将曲轴安放在柴油机的机座上。十字头式柴油机工作可靠、寿命长。它的缺点是重量和高度大、结构复杂,目前大型低速二冲程柴油机都采用这种结构。

MAN 公司推出的 MC 系列柴油机是二冲程十字头式柴油机市场的主导产品。在近三十年的发展过程中，这一系列柴油机仍在不断改进和发展，新技术、新材料都在柴油机的发展过程中得到体现。下面以图 2-2 所示的 S50MC-C 型柴油机为例，介绍二冲程十字头式柴油机的总体结构。

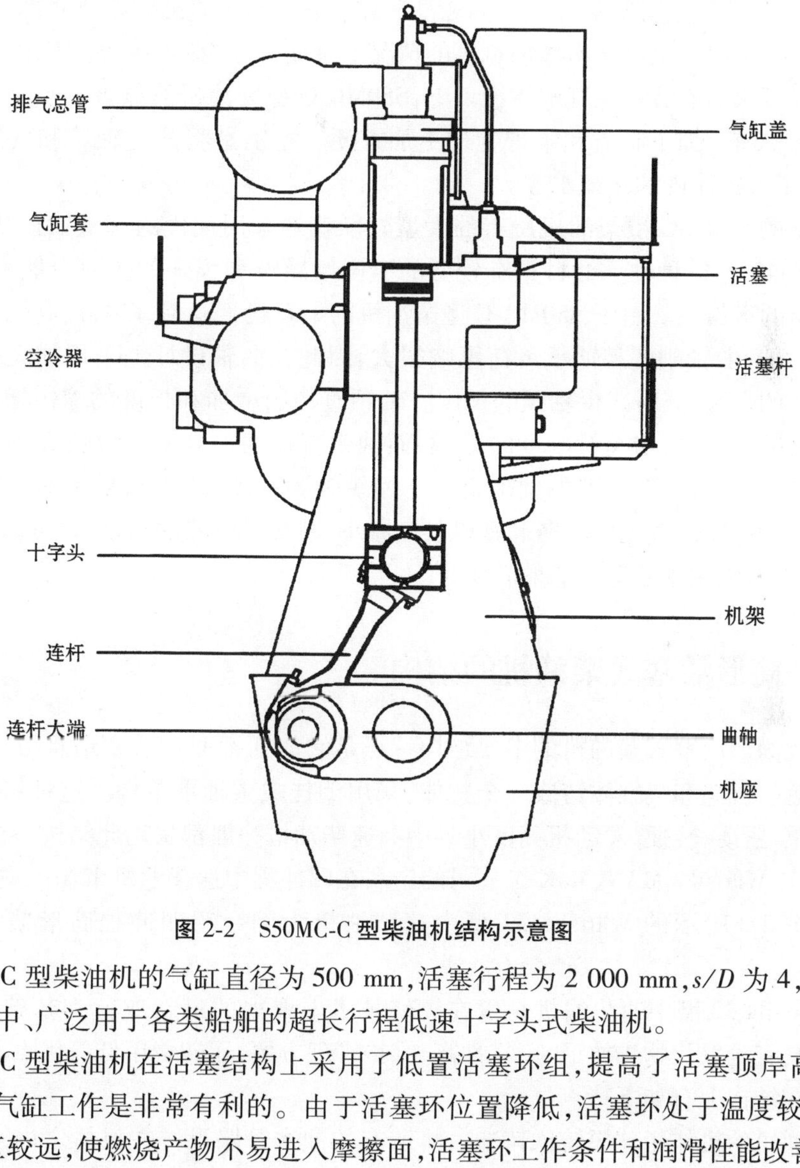

图 2-2 S50MC-C 型柴油机结构示意图

S50MC-C 型柴油机的气缸直径为 500 mm，活塞行程为 2 000 mm，s/D 为 4，是一款尺寸比较适中、广泛用于各类船舶的超长行程低速十字头式柴油机。

S50MC-C 型柴油机在活塞结构上采用了低置活塞环组，提高了活塞顶岸高度，这对于柴油机气缸工作是非常有利的。由于活塞环位置降低，活塞环处于温度较低的区域，离燃气区较远，使燃烧产物不易进入摩擦面，活塞环工作条件和润滑性能改善，活塞环组的工作性能提高，活塞环、活塞与气缸套的磨损大大减轻。

活塞顶岸高度的提高也使气缸盖与气缸套结合面的降低成为可能，这使得气缸盖与气缸套结合面以及气缸套的热负荷降低，改善了工作条件。主要的热负荷由钢质的气缸盖承受。由于钢质气缸盖的抗热负荷能力比铸铁缸套要强，这也提高了钢质气缸盖的可靠性。

S50MC-C 型柴油机采用短连杆结构,其主要目的是降低柴油机的高度,减轻重量,减少振动和降低成本。十字头销设计成非常简单的直段轴形,省去了两个端销,直径也缩小了。这样既简化了加工过程,又减轻了重量。

S50MC-C 型柴油机在结构上最明显的特征是以双贯穿螺栓代替了传统的单贯穿螺栓,而且与传统的贯穿螺栓的不同之处还在于它不再一直插到机座底部,而是拧入机座顶部的螺孔中。机座在不增加宽度的情况下将地脚螺栓移到外侧,简化了焊接工艺,并有利于厂家的安装。在气缸体设计上,S50MC-C 型柴油机的显著特点是气缸体高度减小,重量变轻,加工制造和维护管理更加方便。特别是将凸轮轴箱和气缸体做成一体,取消了气缸体内的冷却水腔。

新型的 S-MC-C 型柴油机所有的大型轴承普遍采用现代的薄壁轴瓦结构,轴承材料采用 Sn40Al,这种轴承材料具有较低的温度敏感性和很强的抗疲劳能力,大大提高了主轴承的可靠性。由于 S50MC-C 型柴油机的 s/D 已经达到了 4,最高燃烧压力达到 15 MPa,这对曲轴刚度和轴承负荷影响很大,因此在曲轴设计上采用加大主轴颈和曲柄销直径的方法,同时减少轴颈的长度。轴颈直径的增加和长度的缩短增强了曲轴的刚度,弥补了 s/D 值增大对刚度的影响,而轴颈直径的加大又可以增大轴承的承载面积,降低轴承比压。在相同的轴承负荷下缩短轴颈长度,这也和采用新型轴承材料有关。轴颈的缩短使气缸中心距和整机长度减小,减轻了机器的重量,也可以使机舱空间减小,从而增大用于营运的船舶容积。

七、筒形活塞式柴油机的结构

现代筒形活塞式柴油机的主要结构特点是它的活塞通过活塞销直接与连杆相连,将柴油机的机架和气缸体铸成一个整体,采用倒挂式主轴承结构。这种结构的优点是结构简单、紧凑、轻便、发动机高度小。中高速柴油机一般都采用此结构。

目前,Wärtsilä、MAN、MaK 等公司的产品在四冲程中速柴油机市场占主导地位。下面以如图 2-3 所示的 Wärtsilä 32 型中速柴油机为例介绍四冲程筒形柴油机的总体结构。

Wärtsilä 32 型中速柴油机是以在燃烧技术上取得的最新成就为基础而设计制造的。它具有氮氧化物排放低、可靠性高、维护管理方便、运转费用低等优点。

其在结构上有如下特点:

柴油机的机体用球墨铸铁铸造。将所有的油水管路设置在机体之内,使之成为外部光洁的真正无管路的发动机。柴油机采用弹性底座,确保柴油机的振动不会传到机外。

柴油机的曲轴是整体锻造的,并对其进行全面的机加工,对曲柄直径和过渡圆角进行优化,对轴承负荷精心计算,每个曲柄臂上都装有平衡重,保证了曲轴在较高的气体力下的可靠工作,将轴承负荷控制在允许的范围内,也使柴油机的总体长度达到最小。其采用倒挂式主轴承,通过选择最合适的轴承材料和对关键区域油槽的优化设计,保证

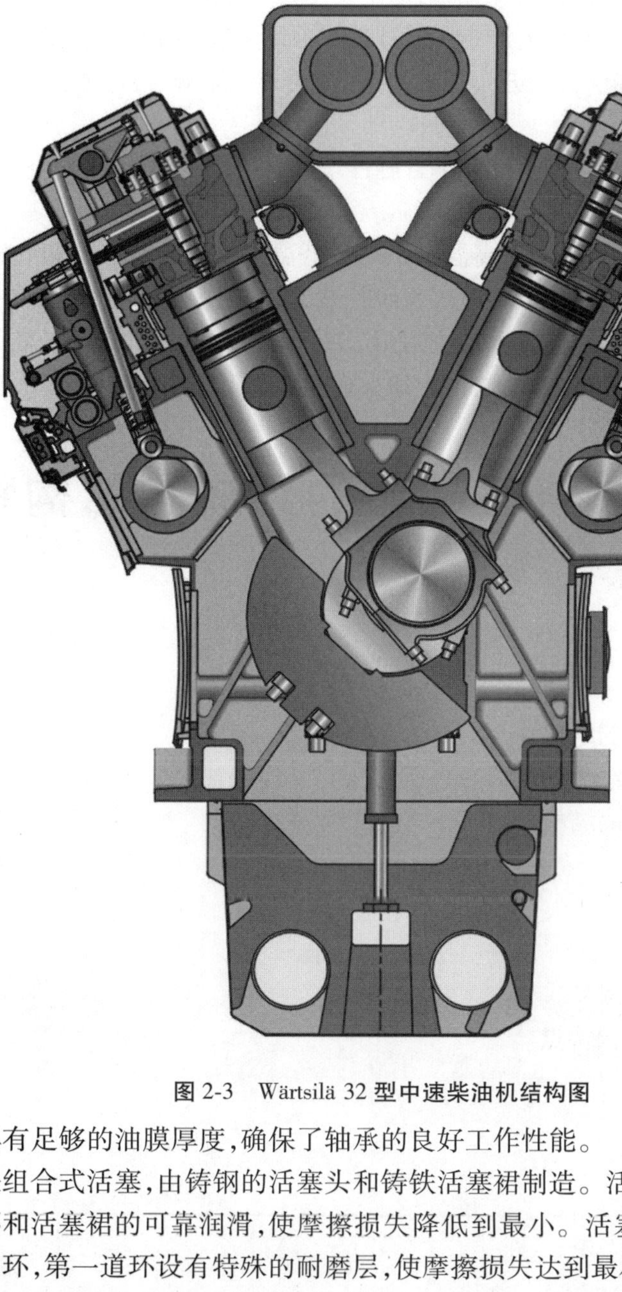

图 2-3 Wärtsilä 32 型中速柴油机结构图

了油槽内具有足够的油膜厚度，确保了轴承的良好工作性能。

活塞是组合式活塞，由铸钢的活塞头和铸铁活塞裙制造。活塞裙部设有润滑装置，确保活塞环和活塞裙的可靠润滑，使摩擦损失降低到最小。活塞上仅装有两道压缩环和一道刮油环，第一道环设有特殊的耐磨层，使摩擦损失达到最小。

气缸套上部加高加厚，有足够的强度和刚度承受机械负荷、热负荷，通过钻孔冷却，控制其温度及热负荷。缸套内部上端设有一个防磨环，可以除去活塞头部的积碳，减少缸套的磨损和滑油的消耗。

连杆大端采用船用大端结构。对于这种持续在高燃烧压力下工作的柴油机而言，这种连杆是最安全的。杆身与连杆大端的结合面正处于连杆大端轴承座的上方，便于拆卸和维护。对于 V 形柴油机，两列气缸采用并列连杆，连杆的结构相同。螺栓用液压工具可同时上紧或松开。

气缸盖采用四螺栓结构，通过内部结构设计使其具有最大的刚度，可以确保阀和阀座均匀接触，进、排气道流动损失最小。气缸盖上采用多管道元件代替了传统柴油机上单独元件的结构，可以实现空气进入气缸、废气排至排气系统、冷却水从气缸盖排出等多项功能。

增压系统可采用脉冲增压系统和单管脉冲增压系统，并带有废气和空气旁通阀，确保了废气侧和空气侧最小的流动损失。

冷却水系统分为两个系统，即高温水系统和低温水系统。气缸套和气缸盖及增压空气冷却器的高温部分的温度由高温水系统控制，系统温度保持在 95 ℃左右，保证燃用低质燃油时的良好工作。低温水系统则用于冷却增压空气冷却器的低温部分及滑油冷却器。对于动力装置总体来说，这种冷却方式能够获得最大的热回收和总体效率。

第二节　燃烧室部件的组成和结构特点

一、学习目标

1. 掌握燃烧室部件的组成。
2. 了解燃烧室部件承受的负荷。
3. 掌握燃烧室部件的结构特点。

二、学习任务

1. 燃烧室部件的组成。
2. 燃烧室部件的结构特点。

三、环境设备

1. 四冲程柴油机。
2. 二冲程柴油机。
3. 气缸盖、气缸套、活塞。

四、燃烧室部件的组成

当活塞处于上止点时，由气缸盖底面、气缸套内表面及活塞顶共同组成的燃料与空气混合和燃烧的空间称为燃烧室。燃烧室部件是柴油机中最重要的部件，包括活塞组件、气缸盖组件和气缸组件，如图 2-4 所示。柴油机的工作主要是在这里完成的。

由于在燃烧室中进行着压缩、燃烧和膨胀过程,燃烧室部件将受到燃气高温、高压和腐蚀作用,活塞的摩擦、敲击和侧推力作用,以及冷却水的腐蚀和穴蚀作用。因此,它是柴油机中工作条件最恶劣的部件。

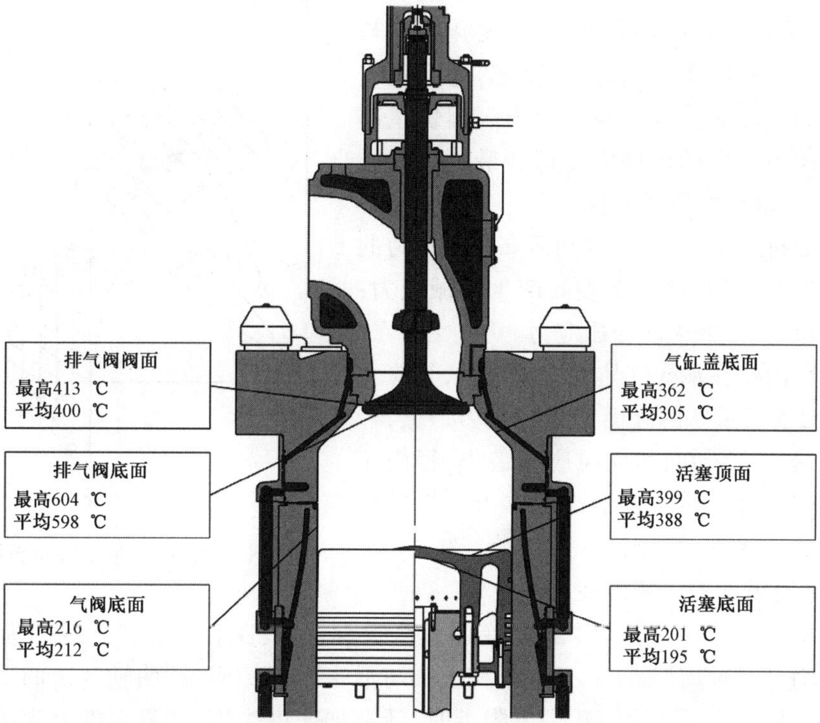

图 2-4　燃烧室部件组成

由图 2-4 也可以看出,按照燃烧室部件中工作温度由高到低排序依次是排气阀、活塞顶面、气缸盖底面。因此,容易发生高温腐蚀的是排气阀,容易受到高温烧蚀的是活塞顶面和气缸盖底面。

五、燃烧室部件承受的负荷

1. 机械负荷

机械负荷是指柴油机部件承受最高爆发压力、往复惯性力、振动冲击等的强烈程度。燃烧室部件所承受的机械负荷对气缸盖和气缸套来说,主要来自气体力和安装预紧力;对活塞来说,主要来自气体力和往复惯性力。柴油机的机械负荷有两个特点:其一为周期交变;其二为具有冲击性。

(1)安装预紧力引起的机械负荷

为了防止柴油机运转中气缸盖与气缸套结合面松动、漏气,应保证固定螺栓的预紧力 $F_d=(1.25\sim2.00)\pi R_1^2 p_z$($R_1$ 为密封带平均半径)。安装时螺栓预紧力不可过大或过小。当代新型柴油机气缸盖固紧螺栓均采用液压拉伸器按规定压力固紧。气缸盖与气缸套的安装应力与最高爆发压力成正比,与其构件高度成反比。

(2)气体力引起的机械应力

由于作用在气缸套内壁的气体力是周期变化的,其最大值为最高爆发压力 p_z,变化频率与单位时间内的循环次数(转速)有关。因此由气体力产生的机械应力称为高频应力。燃烧室部件中由气体力产生的机械应力都和最高爆发压力成正比,与部件壁厚成反比。

当柴油机工作时,气缸盖和活塞在气体力的作用下产生弯矩,并使上下表面产生机械应力:冷却面为拉应力,触火面为压应力。

气缸套内壁在承受气体力的作用时,其应力分布如图 2-5 所示。触火面切向拉应力最大,径向压应力最大;冷却面切向拉应力最小,径向压应力为零。这进一步验证了由气体力产生的机械应力与部件壁厚成反比。

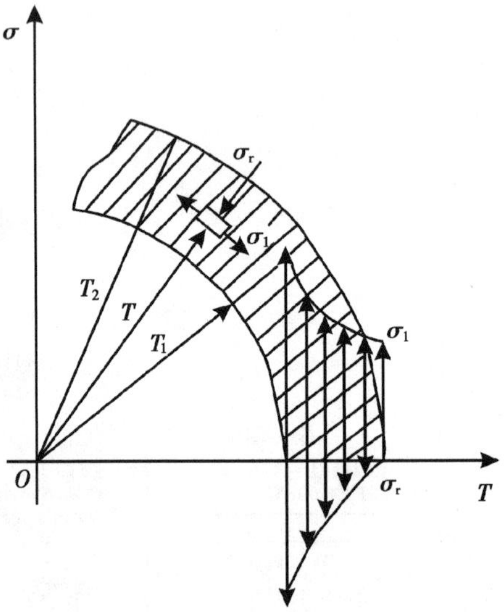

图 2-5 气缸套内壁机械应力分布图

(3)活塞组件的往复惯性力

柴油机活塞组件的运动形式是变速直线运动,因此工作时必然产生往复惯性力。往复惯性力是一种周期性的交变力,其大小与活塞组件的质量、曲轴转速的平方、活塞加速度成正比。当活塞在行程中点附近时,活塞加速度为零,往复惯性力为零;当活塞运动到上止点时,活塞加速度最大,往复惯性力最大,方向向上。中高速四冲程柴油机在换气上止点附近,往复惯性力大,方向向上,而作用在活塞上的向下的气体力较小,因此作用在活塞上的气体力和往复惯性力的合力方向向上,会对曲柄连杆机构产生很大的拉应力,并可能造成相关零部件损坏。

2. 热负荷和热疲劳

(1)热负荷

热负荷是指柴油机的燃烧室部件承受温度、热流量及热应力的强烈程度。柴油机强化程度的提高导致柴油机热负荷和机械负荷随之提高。热负荷过高对燃烧室部件造成的危害主要有:材料的机械性能降低,承载能力下降;受热部件膨胀、变形,改变了原来的正常工作间隙;润滑表面的滑油迅速变质、结焦、蒸发乃至烧掉;有些部件(如活塞顶)受热面受高温烧蚀;受热部件承受的热应力过大,产生疲劳破坏等。因此限制运转中柴油机的热负荷,使之在一定范围之内,这对柴油机经济、安全、可靠地运转是十分重要的。

热负荷的大小可用热流密度、热应力及温度场来表示,但这些方法不够直观。船舶轮机管理人员通常用柴油机的排气温度来判断热负荷的高低,这种方法简单、实用。因为在正常情况下,当柴油机循环喷油量增加时,热负荷相应提高,燃烧室部件的温度和排气温度也都增加。通常将柴油机说明书给出排气温度的最高值作为限制热负荷大小的管理依据。

热应力与热流密度、顶板厚度、材料的膨胀系数、材料的弹性系数成正比，而与材料热传导系数成反比。随着柴油机强化程度愈来愈高，热负荷愈来愈大。为了把热应力保持在原有的水平上，要尽量减少顶板的厚度而采用薄壁结构，且应选用传热系数大、热膨胀系数和弹性系数小的材料。

热应力也与受热部件两壁面间的温差成正比。气缸套工作时内外表面因存在着温度差而产生热应力。热应力是一种内力，材料在高温处膨胀、低温处收缩，故内外表面的热应力均为切向应力，大小相等、方向相反，在径向的热应力均为零。气缸套工作时内表面工作温度高，外表面工作温度低，内表面材料的膨胀受到外表面冷却的限制，因此内表面（触火面）为压应力，外表面（冷却面）为拉应力。气缸盖和活塞所受热应力性质与气缸套一致，也是触火面为压应力，冷却面为拉应力。

（2）热疲劳

燃烧室部件在交变的热应力作用下出现的破坏现象称为热疲劳。热疲劳的产生和发展过程可用图 2-6 来说明。图 2-6（a）表示热量从触火面 A 流向冷却面 B。图 2-6（b）表示温度分布，温度沿壁厚近似直线变化。图 2-6（c）表示应力的变化。A 面产生压应力，B 面产生拉应力。当壁面的温度足够高、应力足够大时，就会在运行期间产生较大的蠕变，如图 2-6（d）所示。特别是在触火面温度高、应力大时，金属晶粒之间发生挤压而产生较大的塑性变形，并使该区域应力下降。当停车冷却后，由于非塑性变形的冷却面要复原，而塑性变形的触火面不能复原，致使壁面产生残余应力，这种残余应力的分布情况如图 2-6（e）所示，它使触火面一侧受到拉伸。由于柴油机起动—停车的多次重复，上述现象会多次出现，使壁面受到低频率的脉动应力作用。由于在高温下材料强度降低，而低频应力在柴油机起动—全负荷运转—停车过程中数值变化很大，这样就使一些燃烧室零件在短期内出现了裂纹。柴油机在运转中如果有负荷的变化，也会使燃烧室受热部位受到低频应力的作用，只是此时的应力幅值比较小。

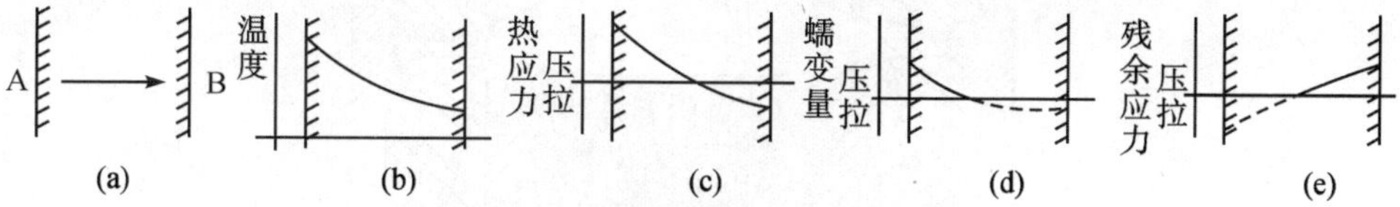

图 2-6　热疲劳的产生和发展过程

热疲劳与柴油机累计转数并无多大关系，主要取决于机器的起动—运行—停车的循环次数，因此称为低频应力。热疲劳产生的裂纹多数在触火面上形成和发展，以致造成触火面损坏，因为这里受到较大的残余拉应力和较大的热应力与机械应力合成的压应力的交变作用。另外，柴油机运转时触火面还承受高频热应力，虽然高频热应力仅涉及很薄的一层，但它会使触火面加速损坏。

柴油机在使用中因管理不当而使燃烧室部件过热或局部过热，整机或个别缸超负荷运行或进行频繁起停，均会加速热疲劳破坏。因此，在柴油机管理中应注意冷却环节，不超负荷运行，尽量减少起停柴油机的次数，这对提高燃烧室部件的可靠性、延长其使用寿命是非常有利的。

燃烧室部件上所承受的应力除上面已分析过的之外,在铸造件内还不可避免地存在着铸造应力,柴油机运转时活塞上还要受到因自身惯性力而引起的机械应力。在这些应力中,有高频的,也有低频的。因此,燃烧室部件承受的应力是按一定的关系叠加起来的综合应力。要使燃烧室部件工作可靠,一定要有合理的结构来保证。

六、燃烧室部件的结构特点

当代新型超长行程柴油机的强化程度已达到非常高的水平,燃烧室部件的机械负荷和热负荷也已接近其材料所允许的极限限度,因而对其结构要求日益苛刻。欲降低机械负荷应采用厚壁结构,欲降低热负荷应采用薄壁结构,两者相互矛盾。合理解决此矛盾的最合理方法是采用“薄壁强背”结构,这是兼顾机械应力和热应力的有效方法。薄壁就是燃烧室部件从触火面到冷却面之间的壁厚要薄,以减少热应力。强背就是燃烧室部件从冷却面到部件外壁之间的壁厚要厚,即在薄壁的背面设置强有力的支承,以降低机械应力。在现有各种薄壁强背结构中,钻孔冷却是最理想的一种。因而,当代新型超长行程柴油机燃烧室大多采用钻孔冷却结构,如图 2-7 所示。由图可见,冷却水孔离触火面很近,这些水孔共同构成了一层热屏障,挡住了热流向外传递。也就是说,不论气缸套还是气缸盖,冷却水孔实际上将它们分为冷、热两部分,热流差不多可以被限制在燃烧室壁表面与冷却水孔道之间的狭窄区域。因此,热区很薄——薄壁,减少了热应力;冷区很厚——强背,减少了机械应力。钻孔由于冷却效果好,所以已被普遍应用在现代大型强载柴油机上。

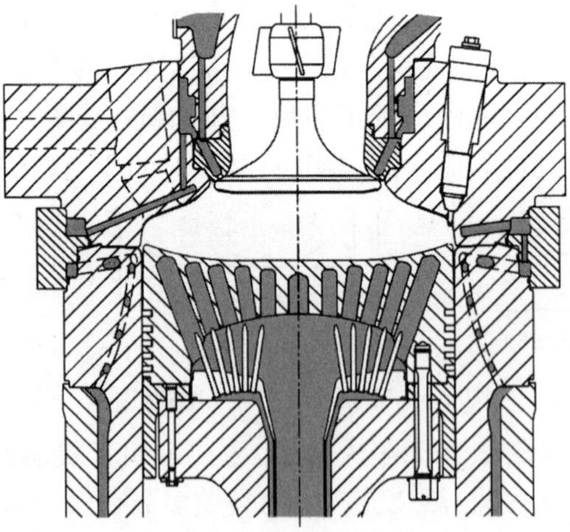

图 2-7 钻孔冷却结构

第三节 气缸盖

一、学习目标

1. 掌握气缸盖的作用和工作条件。
2. 了解气缸盖的要求和材料。
3. 掌握十字头式柴油机气缸盖的组成和结构特点。
4. 掌握筒形活塞式柴油机气缸盖的组成和结构特点。

二、学习任务

1. 气缸盖的作用和工作条件。
2. 十字头式柴油机气缸盖的组成和结构特点。
3. 筒形活塞式柴油机气缸盖的组成和结构特点。

三、环境设备

1. 四冲程柴油机。
2. 二冲程柴油机。
3. 四冲程柴油机和二冲程柴油机气缸盖。

四、气缸盖的作用和工作条件

气缸盖是燃烧室部件之一，除和气缸套、活塞共同组成燃烧室外，在它上面还要安装各种阀件。柴油机类型不同，气缸盖上所安装的阀件也不同。除了早期的扫气口—排气口直流扫气对顶活塞式柴油机，喷油器都是装在气缸盖上的；对于大中型柴油机，气缸盖上设有气缸起动阀、示功阀和安全阀；对于二冲程直流扫气柴油机，气缸盖中心设有一个排气阀；四冲程柴油机气缸盖上除了要安装进气阀和排气阀外，还要布置进、排气道和安装气阀摇臂机构。

从气缸盖所起的作用和它所处的位置可以看出，气缸盖要受到螺栓预紧力和缸套支反力的作用，柴油机工作中还要受到燃气高温、高压作用，其冷却水腔还受到水的腐蚀。气缸盖结构复杂，金属分布不均，各部位温差很大。因此，气缸盖承受着很大且分布很不均匀的机械应力和热应力，尤其在各阀孔之间的狭窄区域（称“鼻梁区”）工作条件更为恶劣，容易出现裂纹。

五、气缸盖的要求和材料

气缸盖要求具有足够的强度和刚度,以保证气缸盖既不会因应力过大而损坏,也不会因变形而漏泄;气缸盖的底板,特别是各阀孔之间的金属堆积处和高温部位,需要进行良好的冷却,力求做到各部位温度合适且均匀;气缸盖上各种阀件的拆装、维护应方便,冷却水腔的水垢应容易清除。对于中大型柴油机,气缸盖与气缸套之间的气密可采用紫铜或软钢垫床来保证;小型柴油机也可采用精加工配合面来保证。

气缸盖一般采用铸铁、铸钢和锻钢等材料制造。四冲程筒形柴油机由于体积小、阀件多、结构比较复杂,通常采用铸铁制造。为了提高铸铁的强度和热稳定性,一般加入铬、镍、钼等合金元素。某些形状简单的二冲程柴油机气缸盖用耐热钢(如钼钢)铸造。但目前增压度较高的大型二冲程柴油机气缸盖多用锻钢制造。锻钢性能优良,能够保证质量。

六、十字头式柴油机气缸盖的组成和结构特点

大型低速十字头式柴油机由于尺寸较大,常采用单体式气缸盖。为了合理使用材料并保证气缸盖的刚度和强度,曾出现过使用铸铁和铸钢两种材料制造的组合式气缸盖。这主要是利用铸铁的铸造性好的优点制造气缸盖结构复杂的部分,利用铸钢强度较高用于承受高负荷的部分,然后将它们进行组合,如内外组合或上下组合。但随着新型柴油机普遍使用锻钢制造气缸盖,组合式结构已不再使用。

弯流扫气柴油机的气缸盖结构比较简单,气缸盖上仅装有喷油器、气缸起动阀、示功阀和安全阀的组合阀。随着弯流扫气柴油机的淘汰,这种气缸盖已不多见。目前,大型低速十字头式柴油机以气口—气阀直流扫气的二冲程机占主导地位,下面仅介绍这种柴油机的气缸盖结构。

图 2-8 所示为 S50MC-C 型柴油机气缸盖,它为圆形,由锻钢制造。气缸盖中央设有排气阀孔 1,排气阀总成用四只双头螺栓固紧在气缸盖上。另外,气缸盖上还设有气缸起动阀孔 5、安全阀与示功阀孔 6 以及两只喷油器孔 4。气缸盖中钻有许多径向冷却水孔 2,气缸盖底部设冷却水套 9,它与气缸盖底部构成冷却水腔 8。排气阀装入排气阀孔 1 后,排气阀总成插入气缸盖部分与孔内壁之间也构成一个冷却水腔。这两个冷却水腔通过钻出的冷却水孔 2 相沟通。冷却完气缸套的水,通过冷却水套上四个通道进入冷却水腔 8。由冷却水腔 8 进入冷却水孔 2 冷却气缸盖底面后,进入阀孔与阀壳间的冷却水腔,以冷却排气阀和阀座。最后由垂直孔 3 流入排气阀壳的上部冷却腔,冷却排气通道后排至冷却水出口管。

这种气缸盖厚度较大,冷却水孔离燃烧室很近,充分体现了薄壁强背的设计理念,使热负荷和机械负荷都保持在比较低的水平上,提高了可靠性。气缸盖底面是燃烧室壁面的一部分,为倒锥形,这种燃烧室有利于换气和燃烧。设两只喷油器并对称布置,

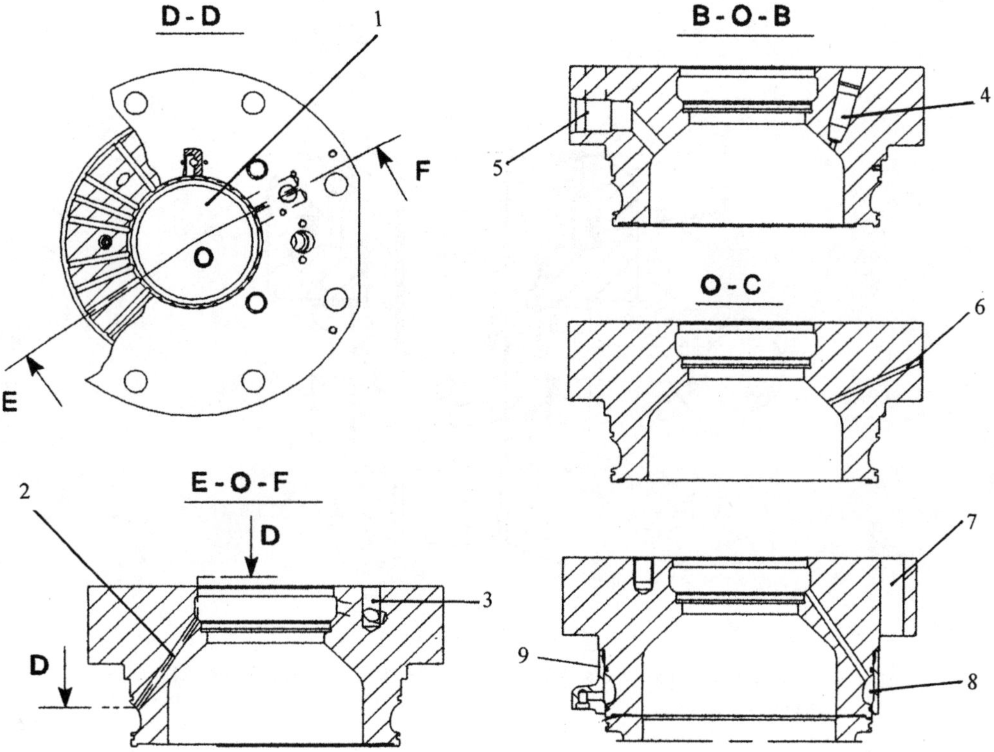

图 2-8 S50MC-C 型柴油机气缸盖

1—排气阀孔；2—冷却水孔；3—垂直孔；4—喷油器孔；5—起动阀孔；6—安全阀与示功阀孔；7—气缸盖螺栓孔；8—冷却水腔；9—冷却水套

有利于油雾形状和燃烧室形状的配合，确保了油、气有良好的混合性能。气缸盖底最下部的圆柱形壁面，使气缸盖和气缸套的结合面下移，使接合处避开火焰的直接冲击，对结合面起到保护作用。冷却水由结合面的外部进入气缸盖，消除了冷却水通过结合面漏入气缸内部的可能性。冷却完气缸套的水通过沿周向均布的四个通道进入气缸盖，确保均匀冷却。

如图 2-8 所示的气缸盖是由 8 个固定在气缸体上的双头螺栓和螺母固紧在气缸盖的顶部。这些螺栓沿圆周方向均匀分布，螺栓的固紧或松开用液压拉伸器完成。气缸盖与气缸套之间用软钢垫圈密封。

大型柴油机的气缸盖螺栓以及贯穿螺栓、连杆螺栓等重要螺栓普遍采用液压拉伸器上紧，图 2-9 所示为液压拉伸器的结构。从手动油泵来的液压油经油管接头 1 供向油缸 2 中，油缸内有活塞 8，其内孔与螺栓 4 上部螺纹连接，在油压作用下，活塞 8 将螺栓 4 拉伸后，这时用扳杠 6 将螺帽 5 上紧，从油泵处将油压泄放后，螺栓 4 收紧，将连接件固定。螺栓的预紧程度由规定油压来保证。

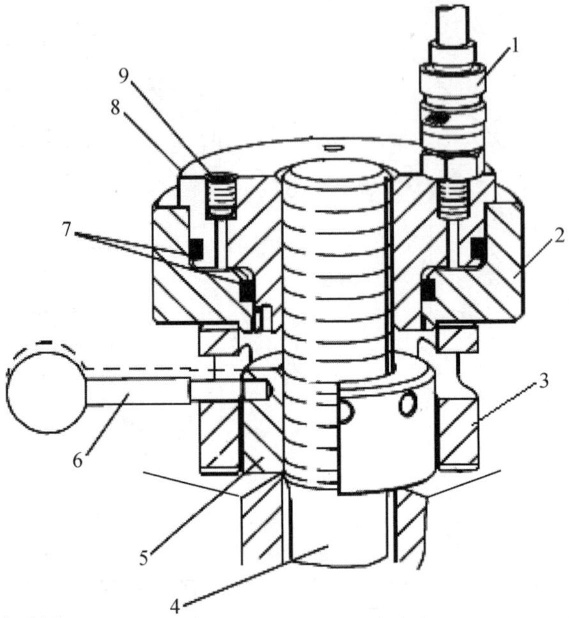

图 2-9 液压拉伸器

1—油管接头;2—油缸;3—支撑环;4—螺栓;5—螺帽;6—扳杠;7—密封圈;
8—活塞;9—放气螺钉

筒形柴油机
气缸盖动画

七、筒形活塞式柴油机气缸盖的组成和结构特点

与二冲程十字头式柴油机相比,四冲程筒形活塞式柴油机的气缸盖由于要安装进、排气阀,布置进气道、排气道、冷却水腔等,因此结构比较复杂。筒形活塞式柴油机气缸盖的类型很多,其分类方法也很多,按气缸盖与气缸之间的数量关系可分为单体式、整体式和分组式气缸盖。

单体式气缸盖
结构演示动画

每个气缸的一个气缸盖称为单体式。这种气缸盖普遍应用在缸径较大、强化度较高的柴油机上。它的特点是气缸盖和气缸套结合面处密封性好,制造、运输、拆装以及检修均较方便。但气缸的中心距加大,增加了柴油机的长度和重量。

整体式气缸盖
结构演示动画

把一排气缸的气缸盖(一般 4~6 个)做成一体的称为整体式。其一般用于缸径较小的高速柴油机。它的气缸中心距小,结构紧凑,柴油机的刚度提高,重量减轻,但易变形,密封性差,结构复杂,加工不便,往往由于局部损坏而导致整个气缸盖报废。为了使生产加工更加方便,也有采用 2~3 个缸共用一个气缸盖的结构,称为分组式。

分组式气缸盖
结构演示动画

四冲程筒形活塞柴油机的气缸盖都设有进、排气阀和进、排气道,按气阀数来分有双阀和四阀两种结构。双阀(一个进气阀和一个排气阀)结构比较简单,但进、排气通道的面积相对较小。强化程度较高的中高速柴油机普遍采用四阀结构。

图 2-10 所示为 Wärtsilä 32 型柴油机气缸盖。它用灰铸铁制造。其上部为方形,四个角上有气缸盖螺栓孔,气缸盖螺栓采用液压拉伸器上紧。下部为圆形,保证气缸盖与

气缸套良好结合和密封。气缸盖较高，一方面刚性好，保证气缸盖螺栓预紧力在气缸盖密封垫圈上均匀分布；另一方面有利于气道的布置，使气道宽敞、阻力小。气缸盖中央为喷油器孔 3，高压油管从气缸盖的侧面钻孔连接喷油器。左、右两侧分别有进气阀孔 5 和排气阀孔 4，这种进、排气道左右分布的布置，减少了高温排气对低温进气的加热作用。在气缸盖下部距触火面很近的位置钻有冷却通道，由来自边缘流向中心的冷却水有效地进行冷却，保证了气缸盖底板及各阀中间的鼻梁区得到最好的传热。机械负荷由中间隔板及上面板和侧壁板吸收，体现了薄壁强背的设计思想。冷却钻孔直达排气阀座，使排气阀座可直接得到冷却。气阀座圈由具有良好耐磨性能的合金铸铁制造，进、排气阀表面镀有司太立合金，阀杆镀铬，如使用重油，可使用镍钼合金的排气阀。

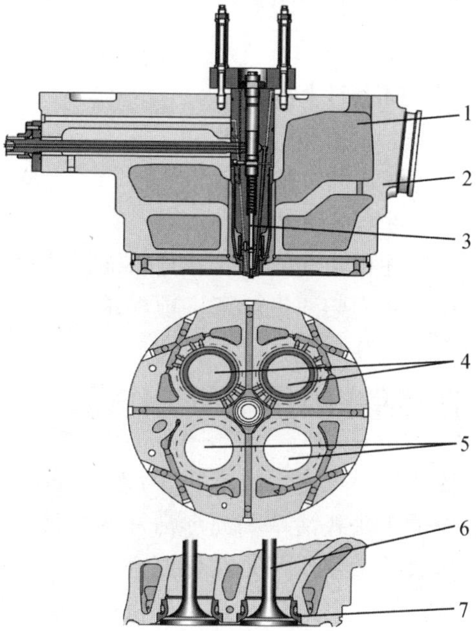

图 2-10　Wärtsilä 32 型柴油机气缸盖

1—冷却腔；2—气缸盖；3—喷油器孔；4—排气阀孔；5—进气阀孔；6—气阀；7—阀座

气缸盖上采用多管道集合元件结构代替了传统柴油机上单独元件的结构，可以实现空气进入气缸、废气排至排气系统、冷却水从气缸盖排出等多项功能。

第四节　活塞组件与十字头组件

一、学习目标

1. 掌握活塞的作用和工作条件。
2. 了解活塞的要求和材料。
3. 掌握十字头活塞的组成和结构特点。
4. 掌握筒形活塞的组成和结构特点。

二、学习任务

1. 活塞的作用和工作条件。
2. 十字头活塞的组成和结构特点。

3. 筒形活塞的组成和结构特点。

三、环境设备

1. 四冲程柴油机。
2. 二冲程柴油机。
3. 四冲程柴油机和二冲程柴油机活塞、活塞环。
4. 二冲程柴油机活塞杆填料函。

四、活塞的作用和工作条件

活塞是燃烧室部件之一,与连杆、曲轴组成运动机构,是柴油机的关键部件。活塞可分为十字头式活塞和筒形活塞两大类。

活塞的主要作用是在保证密封的情况下完成压缩和膨胀过程,将气体力经连杆传递给曲轴。在筒形活塞式柴油机中,活塞承受并传递侧推力,起着滑块的作用。在二冲程柴油机中,活塞还启闭气口,控制换气。

柴油机工作中,活塞头部受到燃气高温、高压、烧蚀和腐蚀作用。它的热负荷和机械负荷很高,活塞材料在高温下机械性能有所降低,所以活塞在工作中容易发生裂纹和变形。活塞与气缸套相对运动产生摩擦和撞击。由于气缸套内壁工作温度高、燃气冲刷、活塞往复变速运动等原因,活塞和气缸套之间不可能建立液体动力润滑,因此磨损严重。中高速柴油机活塞还具有较大的往复惯性力,有可能造成连杆螺栓断裂。

五、活塞的要求和材料

由于活塞对柴油机动力性、经济性和可靠性影响很大,因此,要求活塞强度高、刚度大、密封可靠、散热性好、冷却效果好、摩擦损失小、耐磨损。对中高速柴油机还要求活塞重量轻。

活塞主要由活塞头和活塞裙两部分组成。活塞头部与燃气接触,承受高温和高压。活塞裙部与气缸套接触,产生摩擦和磨损。为了合理使用材料和方便制造,大中型柴油机活塞头部和裙部是分开制造的。活塞头通常用铸钢或耐热合金钢制造,而活塞裙一般用耐磨铸铁制造。中小型柴油机通常将活塞头和活塞裙制成一体,由铸铁制造。某些高速柴油机为了减轻活塞的重量,则使用铝合金制造,图 2-11 所示为 S50MC-C 型柴油机活塞。

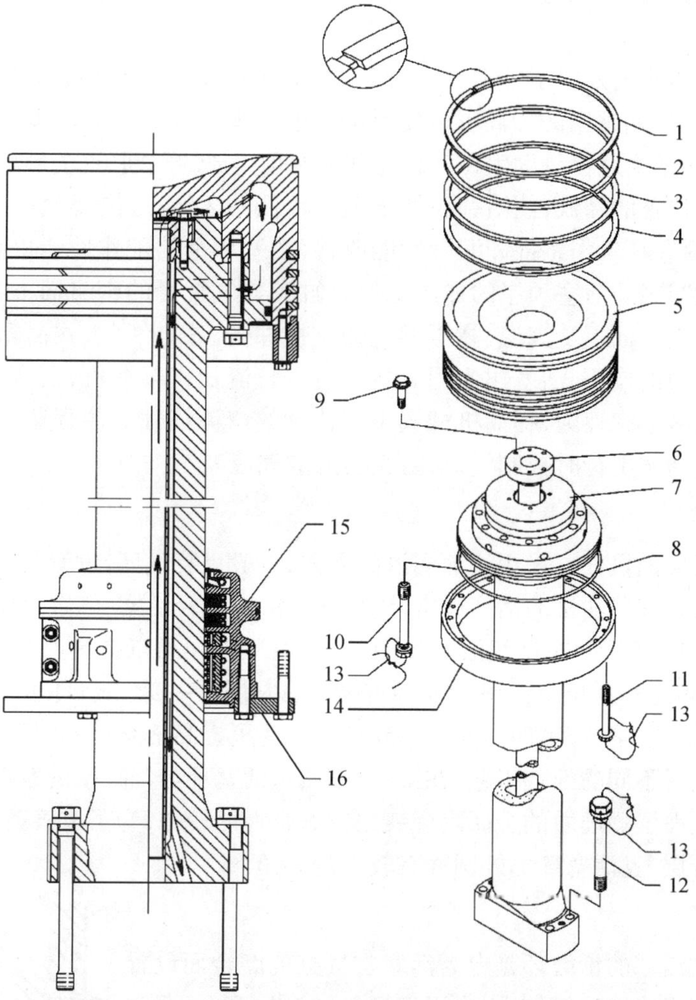

图 2-11 S50MC-C 型柴油机活塞

1,2,3,4—第一至第四道活塞环;5—活塞头;6—冷却油管;7—活塞杆;8—密封圈;9,10,11,12—螺栓;13—锁丝;14—活塞裙;15—活塞杆填料箱;16—填料函法兰螺栓

六、十字头式柴油机活塞的组成和结构特点

1. 活塞本体

十字头式柴油机活塞的结构与筒形活塞不同,其由活塞头、活塞裙、活塞环、活塞杆和活塞冷却机构组成。

活塞主要由活塞头和活塞裙两部分组成。活塞头与活塞杆用螺栓连接;活塞裙由螺栓固定在活塞头上。活塞头部与燃气接触,承受高温和高压燃气作用。活塞裙部与气缸套接触,产生摩擦和磨损。为了合理使用材料和方便制造,活塞头和活塞裙分别用耐热合金钢和耐磨铸铁制造。活塞头的顶部呈下凹形,有利于燃油和空气混合。活塞头的内部支承体现了薄壁强背的设计思想。活塞头顶部的环槽用于吊缸时安装起吊工具。

该活塞在结构上采用了低置活塞环组,提高了活塞顶岸(活塞顶至第一道活塞环的距离)高度。活塞顶岸的加高可以使活塞处于上止点位置时活塞头部直接插入气缸盖内,柴油机的燃烧过程只发生在气缸盖和活塞顶组成的空间,这能够保证柴油机正常工作。活塞环位置的降低,使活塞环处于温度较低的区域,远离燃气区,燃烧产物不易进入摩擦面,活塞环工作条件和润滑性能改善,活塞环组的工作性能提高,活塞与气缸套的磨损大大减轻。活塞顶岸的加高也使气缸盖与气缸套的密封面下移,从而保护气缸盖与气缸套结合面不受高温、高压燃气的直接冲击。因十字头式活塞与气缸套之间通常不受侧推力的作用,活塞裙为圆筒状。对于直流扫气柴油机,活塞裙做得较短,这种结构也可以减小摩擦力,提高机械效率。传统的弯流扫气二冲程柴油机采用长活塞裙的目的是当活塞上行时控制气口,防止新鲜空气流失。

2. 活塞环

十字头式柴油机气缸采用注油润滑的方式,一般只装气环,没有刮油环。

新型直流扫气柴油机的活塞通常装有 4 道环,以减轻活塞、气缸之间的摩擦。其活塞环组如图 2-11 所示。在这组活塞环中,第一道环被加高以提高其承载能力,采用重叠搭口,并在环的外侧开设 4~6 道压力释放槽,以使第一、第二道环承受的气体力和受热更加均匀,第二、第三、第四道环采用斜搭口。为了提高活塞环的耐磨性,不同活塞环的外表面采用了不同的处理工艺,在第一、第四道活塞环与气缸壁的摩擦表面采用了硬质的金属陶瓷镀层。硬质的金属陶瓷镀层的磨合性能较差,为了改善磨合,在其表面镀有薄的铝磨合层,且活塞环的外圆面有较大的导角。

3. 承磨环

十字头式活塞的承磨环是专为活塞与气缸的磨合而设置的。由于十字头式柴油机较大,为了保证气缸良好磨合,通常在长活塞裙活塞上装有承磨环,但新型超短裙活塞一般不装。

承磨环并不是一个完整的环,通常由 3~4 段组成,其结构如图 2-12 所示,在活塞裙上开设燕尾形的环槽,把截面如图 2-12(a)所示的青铜条分成 3~4 段敲进环槽中,然后再加工到工作尺寸,如图 2-12(b)所示。由于承磨环的直径比活塞裙部直径大,在磨合中,先是减磨金属与气缸磨合,待承磨环逐渐磨平后,磨合过的气缸再与活塞裙逐渐接触进行磨合。实践证明,长裙活塞不安装承磨环,活塞与气缸在磨合中就会拉缸。中小型筒形活塞的活塞裙上不设承磨环。

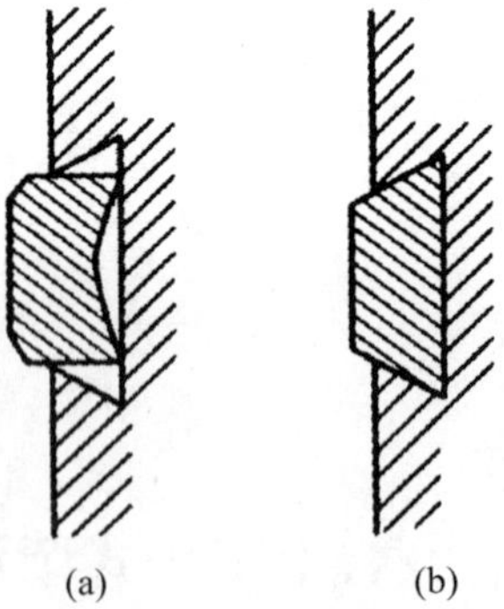

图 2-12　承磨环

承磨环在运行中虽已磨平,但不必更换。如果发现气缸套有不正常的磨损和擦伤,或当承磨环出现单边严重磨损或碎裂时,在对气缸套进行修整的同时应换新承磨环。气缸套、活塞换新时承磨环应予换新。从承磨环的磨损情况可分析活塞的对中情况。

4. 活塞杆

活塞杆由锻钢制造，表面经硬化处理。工作中活塞杆承受气体力和惯性力的作用，一般只受压力而不受拉力，因而应有足够的抗压强度。因它的长度与直径比值较大，还要满足压杆稳定性的要求。活塞杆的底部与十字头连接，并由十字头上的凹槽定位。活塞杆是空心的，在活塞杆的顶端固定着滑油管，使活塞杆内部形成内外两个油道，用于活塞冷却滑油的进出。

为了适应不同工况，可在活塞杆与十字头之间装配调节垫片以调整柴油机的压缩比。活塞杆用四个螺栓与十字头固紧，如图 2-11 所示。

5. 活塞杆填料箱

十字头式柴油机的气缸体下部均装设横隔板，活塞杆填料箱用螺栓固定在横隔板处，从而把气缸套下部空间（通常为扫气空间）与曲轴箱隔开。柴油机运行时活塞杆穿过活塞杆填料箱做上下往复运动。活塞杆填料箱的作用是防止扫气空气和气缸漏下来的污油、污物漏入曲轴箱，以免加热和污染曲轴箱滑油，腐蚀曲轴与连杆等部件，同时防止溅落到活塞杆上的滑油被活塞杆带到扫气箱中，污染扫气空气。活塞杆填料箱的结构形式虽然繁多，但其基本结构原理大体相同，主要由两组填料环组成，其上组为密封、刮油环，下组为刮油环，图 2-13 所示为 S50MC-C 型柴油机活塞杆填料箱的结构。

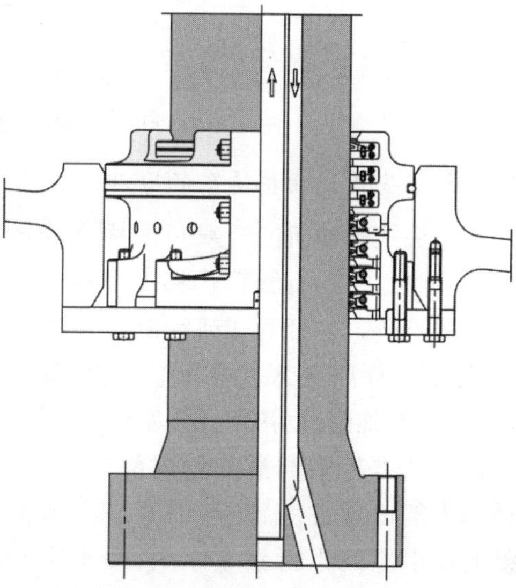

图 2-13　S50MC-C 型柴油机活塞杆填料箱结构

填料箱的壳体是两半剖分式，如图 2-14 所示。两者用 6 个螺栓紧固。壳体底部用螺栓与法兰紧固，法兰用螺栓固定在气缸体横隔板上。壳体外表面上装有 O 形圈，阻止气缸横隔板上的污物沿填料箱装配孔落入曲轴箱。壳体内表面上开有 7 道环槽。最上一道是一个带斜刃的密封和刮油组合环，刮油环为两段式，密封环为四段式，各自在外面用弹簧箍紧，它除了起密封扫气空气的作用外，同时还将在扫气室中溅到活塞杆上的油污刮下，以免进入其他密封环；自上而下的第二道和第三道槽中装设用以防止扫气空气沿活塞杆向下漏泄的密封环，每一道环皆由上下两片组成，均为四段式，上下两片相对位置错开 45°，外面都用两根弹簧箍紧；下面的四道环皆为刮油环，均为三段式，外面用一道弹簧箍紧，用以刮掉活塞杆上的滑油，其中头一道（即总数中的第四道）刮下的油较脏，由中间填料箱放残管引到机外，最后三道刮下的油流回曲轴箱。

每次吊缸时，活塞杆填料箱必须随同活塞杆一同吊出。活塞杆填料箱如需要检修，也可以单独进行。

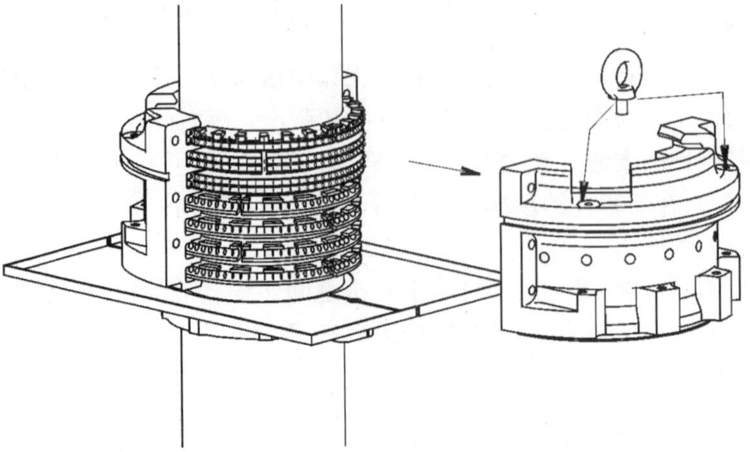

图 2-14　S50MC-C 型柴油机活塞杆填料箱整体结构

6. 十字头式柴油机活塞的冷却

十字头式柴油机的活塞可采用水或滑油冷却,现代柴油机基本都采用滑油冷却。冷却液的输送机构有套管式和铰链式两种,MAN B&W 柴油机采用套管式,Wärtsilä 柴油机采用铰链式。套管式或铰链式输送机构将用于十字头润滑的高压滑油和用于活塞冷却的低压滑油送入十字头。如图 2-13 所示,低压滑油经十字头与活塞杆底部的钻孔进入活塞杆中的滑油管内部,上行进入活塞头的冷却油腔,冷却活塞后经滑油管外的环形空间下行到十字头,经十字头销空心通道流回曲轴箱。

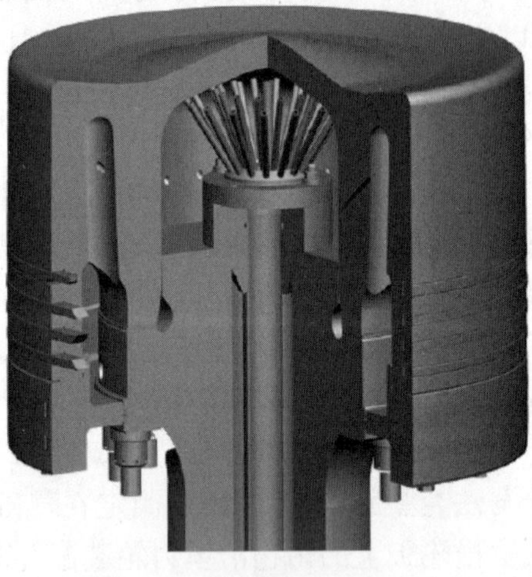

图 2-15　插管喷射冷却活塞

由于现代柴油机强化程度的提高使柴油机的热负荷不断提高,只采用振荡冷却已无法满足柴油机的冷却要求。为了充分降低活塞的工作温度,现代二冲程柴油机活塞采用喷射-振荡冷却,MAN 称之为插管喷射冷却技术,如图 2-15 所示。Wärtsilä 柴油机则在其钻孔冷却活塞的每个钻孔中都配有一个小喷嘴,将冷却油通过喷嘴直接喷射到活塞顶下部,并且在排出冷却腔之前,滑油还在冷却腔内振荡,借助喷射和振荡的双重冷却效果,确保了较低的活塞表面温度,防止高温烧蚀。

七、筒形活塞的组成和结构特点

筒形柴油机活塞由活塞头、活塞裙、活塞环和活塞销组成,图 2-16 所示为 Wärtsilä 32 型柴油机的活塞。下面以该型活塞为例学习筒形柴油机活塞的构造。

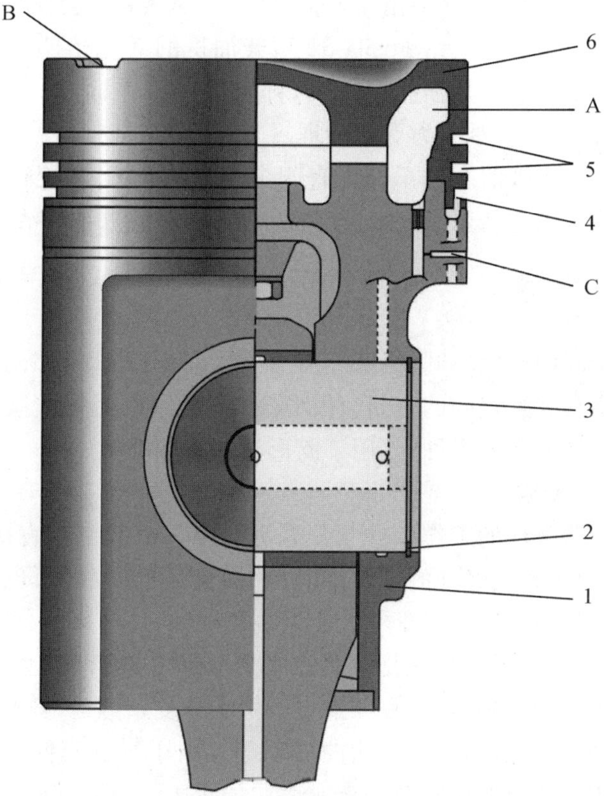

图 2-16　Wärtsilä 32 型柴油机活塞

1—活塞裙；2—卡簧；3—活塞销；4—刮油环槽；5—压缩环槽；6—活塞头；A—冷却腔；B—避让坑；C—注油孔

1. 活塞本体

活塞本体包括活塞头和活塞裙，是活塞的主体部分。大中型柴油机的活塞一般分开制造。活塞头部用铸钢制造，活塞裙用球墨铸铁制造，然后将两者组合在一起。筒形活塞顶部一般采用浅盆形或浅 W 形，与气缸盖底面相配合，形成一定形状的空间，以利于油、气混合和燃烧。活塞顶部四周突起，与气阀开启相对应部位设置避让坑。活塞头的环带上设置两道压缩环槽和一道刮油环槽，安装两道压缩环和一道刮油环，保证气缸的密封和润滑。

活塞冷却腔为布置在活塞头和活塞裙之间的空间。采用滑油冷却，滑油由曲轴、连杆、活塞销和活塞裙中的通道送至环形冷却腔，再由此流入中央冷却腔，最后由冷却腔的中央孔泄至曲轴箱中。活塞头是钢质的，活塞顶板和侧壁较薄，但在环形腔和中央冷却腔之间有较强的支撑，这种结构体现了薄壁强背的设计思想。环形腔和中央冷却腔之间通孔及中央孔的位置及孔径实现了振荡冷却。冷却腔较大，使冷却油振荡作用加强，提高了传热效果。有些中小型柴油机活塞本体为整体铸造。由于活塞尺寸较小，热负荷较低，且散热性好，也可以不进行冷却。

柴油机运转时，活塞裙给活塞导向，左右方向（柴油机横向）受到较大的侧推力作用，会使活塞裙部沿活塞销轴线方向（柴油机纵向）伸长，活塞裙将会变成椭圆形，使活塞和气缸套发生卡阻。此外,活塞销座处金属较多,受热后也会使活塞裙沿活塞销轴线方向伸长。为了避免这种现象,Wärtsilä 32 型柴油机的活塞裙部沿活塞销轴线方向切除了部分金属。活塞销座采用阶梯形结构,即上部的工作面较大,而下部的工作面较小,使活塞销和连杆小端轴承受力更加合理。

Wärtsilä 32 型柴油机活塞的裙部设有四个润滑油孔 C,从连杆大端钻孔来的润滑油经这四个润滑油孔供向活塞和气缸套摩擦表面,确保活塞环和活塞裙可靠润滑,降低摩擦损失。

2. 活塞环

根据活塞环所起的作用不同,活塞环可分为压缩环(气环)和刮油环两种。压缩环主要用于保证活塞和气缸之间的密封,任何柴油机活塞都必须安装。刮油环的主要作用是除去气缸套表面过多的滑油,仅用于筒形活塞式柴油机。

(1)工作条件和要求

柴油机运行时活塞环的工作条件十分恶劣。第一道活塞环直接受到高温、高压燃气的作用,其他环由于燃气经环的搭口、气缸壁面和环槽处漏泄,也会受到燃气不同程度的作用。活塞环随同活塞相对于气缸套做往复运动,环与环槽、环与气缸套之间存在摩擦和磨损。气体压力、活塞环往复运动的惯性力和气缸套间产生的摩擦力、活塞横向振动和气口刮碰等作用,使活塞环在环槽中产生十分复杂的运动,有轴向运动和轴向振动、径向运动和径向振动、回转运动、扭曲振动等。由于气缸套壁面失圆、有锥度,活塞环在本身弹力作用下还要产生张合的交变运动。活塞环在高温下工作,润滑条件较差,在环槽中的运动状态又十分复杂,使它与气缸套、活塞环槽之间产生严重的摩擦和磨损。活塞环因振动、与气口刮碰(二冲程机)、弹性张合等作用有可能产生裂纹或折断。燃烧不良排烟温度高、滑油过多也会将活塞环黏着在环槽里,使活塞环失去密封作用,造成燃烧室窜气,使活塞环损坏。因此,要求活塞环应有良好的密封性能且要耐磨,特别是抗熔着磨损的性能要好;要有适当的弹性、足够的强度和热稳定性。

活塞环的材料要求弹性较好,摩擦系数小,耐磨、耐高温;有良好的初期磨合性、储油性和耐酸腐蚀。活塞环一般采用合金铸铁(加硼、高硅)、可锻铸铁、球墨铸铁制成。为了提高活塞环的工作性能,常采用的结构措施和制造工艺有:表面镀铬以提高耐磨性;松孔镀铬以提高表面储油性,加快磨合;内表面刻纹以提高弹性;环外表面开设蓄油沟槽;环外表面镀铜以利磨合;喷镀钼以防止黏着磨损等。目前,新型柴油机活塞环的外表面普遍采用陶瓷涂层技术,以提高活塞环的耐磨性和工作寿命。

(2)压缩环(气环)

压缩环的主要作用是密封(防止气缸中的气体漏泄)和传热(将活塞上的部分热量传给气缸)。压缩环外表面和下平面是密封面,密封作用依靠本身的弹性和作用在它上面以及内侧的气体力,使环紧紧贴合到气缸壁和环槽下壁面上,阻止气缸中的气体向下部漏泄,如图 2-17 所示。因此,压缩环的外表面和下平面不允许修整。通常压缩环的上平面上有标记。由于压缩环在气缸中要留有搭口间隙,因此正常工作的压缩环也不可能完全阻断气体的漏泄。为了提高密封效果,活塞上要设多道压缩环。一般高速柴油机装 2~4 道,低速柴油机装 4~6 道。为了减小摩擦损失,现代新型柴油机活塞环的数量趋于减少,高速柴油机装 2 道,中速柴油机装 3 道,低速柴油机装 4 道。一般每道环的密封作用可由燃气压力在各道环槽中的变化情况看出。第一道环由于受到高温、高压燃气的直接作用,承受的负荷最大,因此作用最重要,通常又高又厚。

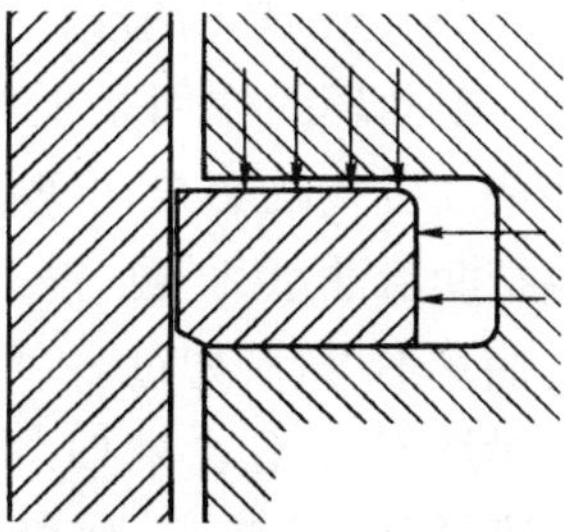

图 2-17 压缩环的密封作用

压缩环根据断面形状,可分为矩形环、梯形环、倒角环、扭曲环等,如图 2-18 所示。矩形环制造简单,应用最广,但温度超过 200 ℃时容易结焦卡死。梯形环因间隙可变,可促进磨合,防止烧结,允许环槽温度较高。倒角环在工作初期承压面积少,容易磨合,适用于缸壁硬度较高的柴油机。倒角也有利于在环和缸壁之间形成油楔,但因气体力作用会被推向槽内,因此不宜作为第一、第二道环。扭曲环分为内切槽环和外切槽环,安装时常将内切槽环放在第一道,外切槽环放在第二、第三道。这样做是为了使下两道环切槽处存留滑油,以利润滑。此外,还要注意安装扭曲环时,内切槽环切槽朝上,外切槽环切槽朝下,防止把滑油刮入燃烧室。梯形环、倒角环和扭曲环用在中高速柴油机中。

压缩环的搭口形式有直搭口、斜搭口和重叠搭口三种,如图 2-19 所示。直搭口[见图 2-19(a)]和斜搭口[见图 2-19(b)、(c)]结构简单,加工方便。重叠搭口[图 2-19(d)]气密性好,但容易折断,通常用于十字头式柴油机首环。为了减少通过搭口的漏气,安装时不要将活塞环搭口摆在上下一条直线上,应该使其彼此错开。对于斜搭口的活塞环,相邻环的搭口方向要彼此相反。

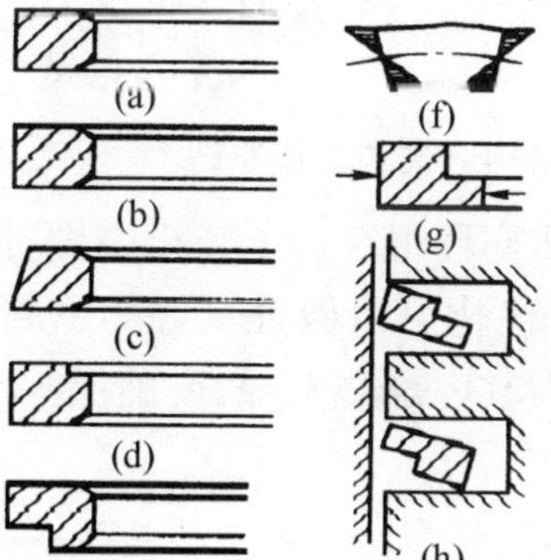

图 2-18 压缩环的断面形状

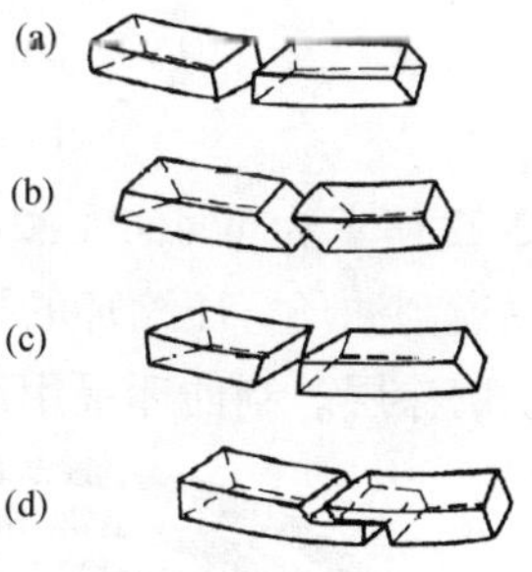

图 2-19 压缩环的搭口形式

压缩环的泵油作用是由环在缸壁上的刮油作用和在环槽中的挤油作用引起的。环在环槽中的运动由气体力、惯性力和摩擦力的合力决定。如在进气过程中,如图 2-20(a)所示,由于活塞环和环槽间存在平面间隙,如果合力向上,环紧压在环槽顶面上。环在运动中把缸壁上的油刮到环槽中。当活塞经过下止点上行时,环所受的合力向下,环由槽的顶面移向底面,把环槽中的油由下方挤到上方,如图 2-20(b)所示。环在其他工作过程中也有类似的运动。随着柴油机工作循环的进行,滑油就从下一道环到上一道环被逐渐泵上去,最后被第一道环泵入燃烧室。

(3)刮油环(油环)

刮油环的作用是上行布油、下行刮油。筒形活塞柴油机气缸套采用飞溅润滑,依靠回转的连杆大端把润滑油甩到气缸壁上。由于飞溅到气缸壁上的滑油量不可控,如过多,气环会通过泵油作用把它泵入燃烧室,不仅会增加滑油的消耗量,而且还会严重污染活塞、气缸、气阀和排气道,因此筒形活塞要在气环下面装设 1~2 道油环,将过多的滑油刮下。新型柴油机通常只装设一道刮油环。

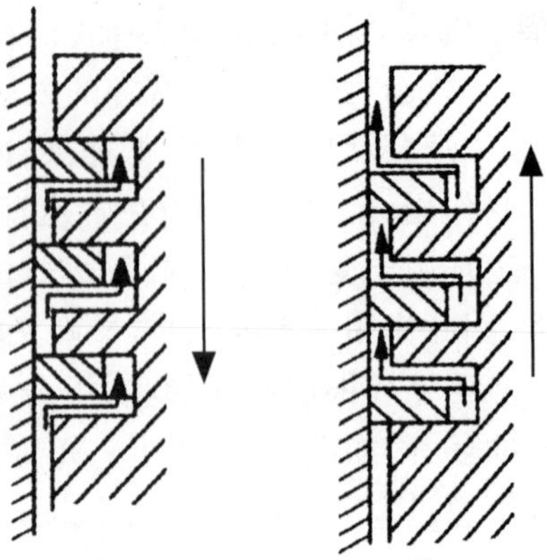

(a) (b)

图 2-20 压缩环的泵油原理

刮油环的结构如图 2-21 所示,可分为单刃刮油环和双刃刮油环。其特点是:环与缸壁的接触面积小,以增加接触压力,提高刮油效果;环与槽的平面间隙小,以减小泵油作用;刮油环及环槽开有泄油孔,可将刮在环槽中的油经环与槽上的泄油孔排回曲轴箱。安装刮油环时要把刮刃的尖端放在下方,如图 2-21(a)、(c)所示,以便油环下行时刮油,上行时让滑油从它的倾斜面上流过。如果装反了,它就会向上刮油,加强压缩环的泵油作用,使大量的滑油泵入燃烧室中。

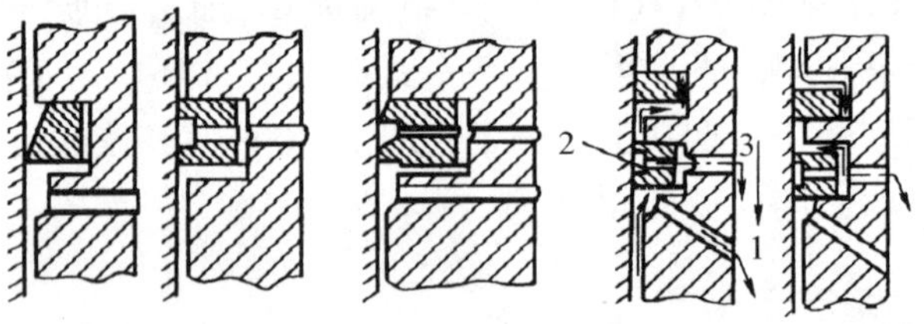

(a) (b) (c) (d)

图 2-21 刮油环的结构形式和工作原理

图 2-22 所示为 Wärtsilä 32 型柴油机的活塞环组。为了减小摩擦,活塞上安装两道压缩环和一道刮油环。压缩环的外圆形状经过优化可以保证良好的密封,在环的外部设有特殊的防磨涂层。刮油环采用双刃刮油环,在其内部装有弹簧,确保刮油环的压力。

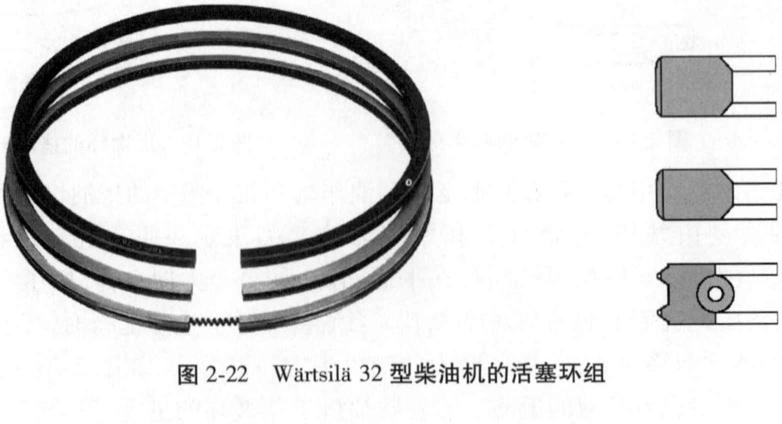

图 2-22 Wärtsilä 32 型柴油机的活塞环组

3. 活塞销

筒形柴油机的活塞和连杆小端通过活塞销相连。活塞销要传递周期变化的气体力和惯性力的合力，还受到连杆小端和销座的摩擦和磨损。活塞销受活塞限制，本身尺寸小，润滑条件也较差。因此，要求活塞销要有足够的耐疲劳强度，抗冲击韧性，耐磨损，重量轻。活塞销多用优质碳钢或低碳合金钢制造，表面渗碳淬火，使表面硬度高而内部韧性好。

活塞销的结构有浮动式、固定式和半浮动式。柴油机运行时活塞销在连杆小端和销座内部可以自由转动的称为浮动式；固定在连杆小端上的活塞销称为半浮动式；固定在销座上的活塞销称为固定式。浮动式结构因销与连杆小端和销座都能相对转动，销的相对转动速度小，因此磨损小而且均匀，提高了销的疲劳强度和使用寿命。这种活塞销在筒形活塞式柴油机中应用最广。图 2-16 所示为浮动式活塞销。活塞销两端用卡簧轴向定位，防止活塞销从销座中窜动刮伤气缸。活塞销上的径向孔用来输送润滑活塞销座及连杆小端轴承的润滑油并输送活塞冷却滑油。

由于现代柴油机的最高爆发压力不断增加，活塞销所承受的负荷很高，其主要的受力面是活塞销座的上面和连杆小端轴承的下面。为了保证活塞销、销座和连杆小端轴承合理受力，一般将销座和连杆小端轴承做成阶梯形，以增加承压面积。当活塞处于换气上止点位置时，由于方向向上的往复惯性力相对方向向下的气体力大，因此合力向上，由活塞销座的下面和连杆小端轴承的上面承受力。

4. 筒形柴油机活塞的冷却

筒形柴油机活塞按散热方式可分为非冷却式活塞和冷却式活塞。

(1)非冷却式活塞(径向散热型)

活塞头吸收的热量主要通过活塞环传给气缸套并通过冷却水带走。它主要用于强化程度较低、尺寸较小的小型柴油机。这类活塞为了便于散热，一般顶部壁厚较大，并沿活塞半径方向逐渐增厚，顶部内腔环带的过渡圆角半径较大。

(2)冷却式活塞(轴向散热型)

大中型柴油机通常使用冷却介质(如淡水、滑油)对活塞顶内腔进行强制冷却。为保证大部分热量为轴向散热，活塞顶采用薄壁结构，同时为减小径向散热，保护第一道活塞环，使其温度不致太高，一般活塞顶部内腔环带的过渡圆角半径较小，有时在第一道环上方的活塞头外圆表面车制一道隔热环槽。

筒形柴油机活塞的冷却方式大致分为以下三种：

①自由喷射冷却

滑油在压力作用下经连杆杆身内的输油通道，自下而上经连杆小端上部的喷嘴喷出，冷却活塞顶，然后落入曲轴箱。其多用于强化度不高的小型柴油机。

②循环冷却

借助于专设的冷却机构把压力滑油送入活塞顶内腔中循环冷却(先周围后中部)。需在活塞顶内设循环腔或埋入蛇形管，对活塞顶部进行均匀而有效的冷却。对强化程度很高的现代柴油机，循环冷却仍不能满足要求。

③振荡冷却

如图 2-16 所示,在活塞顶内腔中设置大容积的冷却空间,利用进口、出口位置不同,保证冷却腔中的冷却液只充满 40%~60%并以一定的循环速度流过。活塞运动的往复惯性力,使得冷却液在腔室中产生上下冲刷振荡,从而加强对活塞顶的冷却作用。此种振荡速度(与活塞平均速度同量级)与冷却液循环流速叠加可产生较大的冷却液速度,加强冷却液的扰动作用,提高对活塞顶的冷却效果,因而在大中型强载柴油机上普遍采用振荡冷却。

筒形柴油机活塞冷却液来自曲轴,滑油由主轴承经曲轴钻孔送至曲柄销,再经连杆中钻孔由连杆大端送至连杆小端,再经过活塞销和活塞销座中的孔道送至活塞头冷却空间(如图 2-16 所示),冷却后的滑油泄回曲轴箱。

第五节 气 缸

一、学习目标

1. 掌握气缸的作用和工作条件。
2. 了解气缸的要求和材料。
3. 掌握十字头式柴油机气缸的组成和结构特点。
4. 掌握筒形活塞式柴油机气缸的组成和结构特点。
5. 掌握筒形活塞式柴油机气缸套的穴蚀。

二、学习任务

1. 气缸的作用和工作条件。
2. 十字头式柴油机气缸的组成和结构特点。
3. 筒形活塞式柴油机气缸的组成和结构特点。
4. 筒形活塞式柴油机气缸套的穴蚀。

三、环境设备

1. 四冲程柴油机。
2. 二冲程柴油机。
3. 四冲程柴油机和二冲程柴油机气缸套。
4. 二冲程柴油机气缸体。

四、气缸的作用和工作条件

气缸由气缸体和气缸套组成，是柴油机的主要固定部件之一。气缸套是燃烧室部件，柴油机的工作循环在气缸套内部工作空间进行，活塞也在气缸套内部做往复运动。筒形活塞式柴油机气缸套起导承作用，承受活塞的侧推力。十字头式柴油机气缸套要开气口，布置气道。老式十字头式柴油机还把气缸下部空间作扫气泵空间用。此外，柴油机气缸外部还要安装扫气箱、排气管、凸轮箱和增压器等。

气缸上部受到气缸盖安装预紧力的作用，气缸套内壁受到燃气高温、高压和腐蚀作用以及活塞的摩擦、敲击和侧推力作用。气缸套外壁受到冷却水的腐蚀和穴蚀。当采用贯穿螺栓把气缸体、机架和机座紧固到一起时，气缸体承受压力。在非贯穿螺栓结构中，气缸体承受拉力。

气缸有湿式和干式两种。湿式气缸套的外表面直接与冷却水接触，冷却效果良好，更换和制造也方便，但必须有可靠的冷却水密封措施。干式气缸套的外表面不与冷却水直接接触，气缸体自身形成一个密封冷却腔，气缸套内的热量只能通过气缸体向冷却水散热，散热效果差。目前，干式气缸套已基本被淘汰，柴油机广泛使用湿式气缸套。

五、气缸的要求和材料

由气缸套的作用和工作条件可知，气缸套应具有足够的强度和刚度、良好的耐磨性和抗腐蚀性，并需要良好的润滑和冷却。气缸套和气缸盖的结合面要有可靠的气封，气缸体和气缸套的结合面要有可靠的水封。

气缸体的结构有每缸一个气缸盖的单体式，也有几个缸的气缸体铸成一体的分组式，还有所有气缸的气缸体铸成一体的整体式。在尺寸较大的柴油机中，为了制造、拆装和维修方便，气缸体多做成单体式或分组式。在中小型柴油机中，为了减小尺寸和重量，增加刚性，气缸体不仅做成整体式，还与机架制成一体，称为机体。气缸体多采用灰铸铁制造。目前，新型柴油机为了减轻重量多采用焊接结构，并且将凸轮轴箱、扫气箱等与气缸体做成一个整体。

气缸套采用灰铸铁、耐磨合金铸铁或球墨铸铁制造。当发生损坏时，可以单独更换。

二冲程柴油机缸套动画

六、十字头式柴油机气缸的组成和结构特点

十字头式柴油机的气缸由气缸体和气缸套组成。气缸体单独制造，可以是单体式的，也可以是整体式的。气缸体下部设有横隔板，与活塞杆填料箱一起将气缸和曲轴箱隔开。气缸套插入气缸体上部开设的孔中，气缸套上部安装气缸盖，两者由气缸盖螺栓紧固。气缸套下部开有气口，用于控制柴油机的进气或换气。

二冲程柴油机气缸套结构动画

图 2-23 所示为 S-MC 型和 S-MC-C 型柴油机的气缸。左侧 S-MC 型是老式结构,右侧 S-MC-C 型是近几年改进的结构,为便于比较,将两图放在一起。气缸体由贯穿螺栓固定到机架的平面上。气缸体上部开有大尺寸的中心孔,孔中插入气缸套。气缸体下

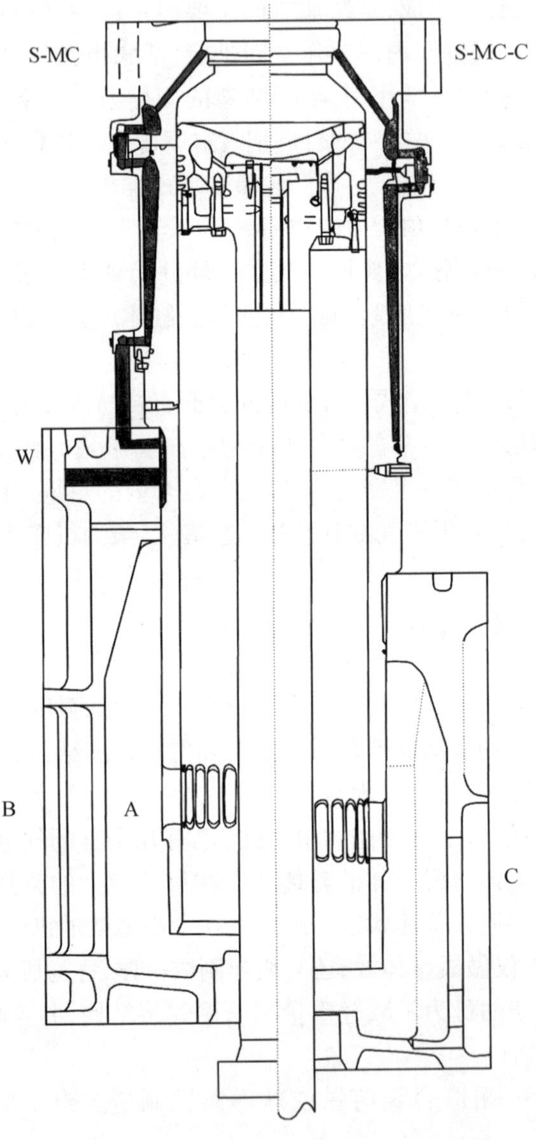

图 2-23　S-MC 型和 S-MC-C 型柴油机的气缸

A—扫气口;B—扫气通道;C—检修通道;W—冷却水进口

部的横隔板将气缸和曲轴箱隔开,气缸体下部还形成扫气空间。横隔板上的孔中装活塞杆填料箱。气缸体在左右方向上设有扫气通道 B 和检修通道 C。检修通道 C 平时由盖板盖住,在检修时打开,轮机人员很容易接近活塞杆填料箱、扫气口等部位,可对填料箱、活塞及活塞环等进行检查,并对气口和活塞下部空间进行清洁。通道 B 和扫气箱相连,在活塞打开扫气口 A 时进行气缸进气。气缸体上部安装固定气缸盖的螺栓。

目前,新型 MAN B&W MC 型柴油机气缸体有的采用焊接结构。焊接结构有其优点,如增加刚性、减轻重量,并且可以将扫气箱与气缸体制成一体而进一步减轻重量和尺寸。焊接和铸造气缸的部件可以互换。

气缸套借助气缸盖紧固螺栓预紧力压紧在气缸体上。当气缸套受热时,下部可以自由膨胀。现代十字头式柴油机向长行程化方向发展,气缸套变长。为降低柴油机高度和减轻重量,在气缸套外部设有长的冷却水套,两者在上部设置冷却空间。气缸套上部安装气缸注油器接头,内表面开有润滑油槽,保证气缸油均匀分布。气缸套下部是一圈扫气口,由活塞控制启闭。扫气口在水平和垂直方向有一定的角度,用以控制气流,使之在进气时形成一定的旋流,提高换气质量。

与 S-MC 型柴油机相比,S-MC-C 型柴油机的 s/D 值更大,缸套更高,而气缸体更低。S-MC 型柴油机的冷却水由冷却水进口 W 处进入气缸体,然后进入冷却水套。S-MC-C 型柴油机在气缸体内不设冷却水腔,冷却水直接供入冷却水套,用以冷却气缸套的中上部。气缸套的下部不用冷却,使得气缸套中、下部有较高的温度,可以消除该区域腐蚀磨损,保证气缸套良好的工况。冷却水套上、下两端都设有橡胶圈,用于密封冷却水。气缸套下部外表面的槽内也有橡胶圈,用于给缸套导向,也用于密封冷却水和扫气空气。冷却水冷却气缸套后,通过冷却水接头进入气缸盖,对气缸盖进行冷却。

S-MC-C 型柴油机气缸套与气缸盖的密封面下移,可以避开高温火焰的冲击,改善密封面的工作条件和气缸套的工作状况。

柴油机运行时,活塞头顶岸会有积碳,积碳能够刮除气缸壁上的润滑油,破坏气缸润滑,使气缸套磨损加剧。新型柴油机在气缸套与气缸盖的密封面处设置了一道去炭环。它的直径比气缸套内径略小,可以除去活塞头顶岸的积碳,减少缸套的磨损。

图 2-24 所示为最新的十字头式柴油机气缸结构,其最主要的特点是气缸体已从以前的铸造结构改为焊接式结构。焊接式的气缸体将气缸体和扫气箱做成一个整体,可以大大减轻气缸体的重量,提高机械性能,扫气空间易于接近,检修更加方便。

气缸套插入气缸体部分为扫气空间,气缸体内不设冷却水空间,冷却水空间设在水套 3 和气缸套 2 之间。气缸套上部加强并采用钻孔冷却,保证了气缸套的机械强度和热强度。将 8 根气缸盖螺栓 4 的下部拧入气缸体内,上部紧固气缸盖,保证气缸盖和气缸套之间的密封。

七、筒形活塞式柴油机气缸的组成和结构特点

筒形活塞式柴油机的气缸也是由气缸体和气缸套组成的。一般来说,筒形活塞式柴油机的气缸体与机架制成一体,称为机体,气缸套从上部插入气缸体内,每缸一个。

图 2-25 所示为筒形柴油机的气缸结构,气缸由气缸体 4 和气缸套 3 组成,气缸体(机体)的下部是曲轴箱,上部支撑气缸套。气缸套用上部的凸缘作轴向定位,由气缸盖压紧以保持气密。气缸盖与气缸套之间通常用紫铜垫圈或软钢垫圈。气缸套的下部是不固定的,受热后可以自由伸长。一般气缸体和气缸套之间形成冷却水空间,新型柴

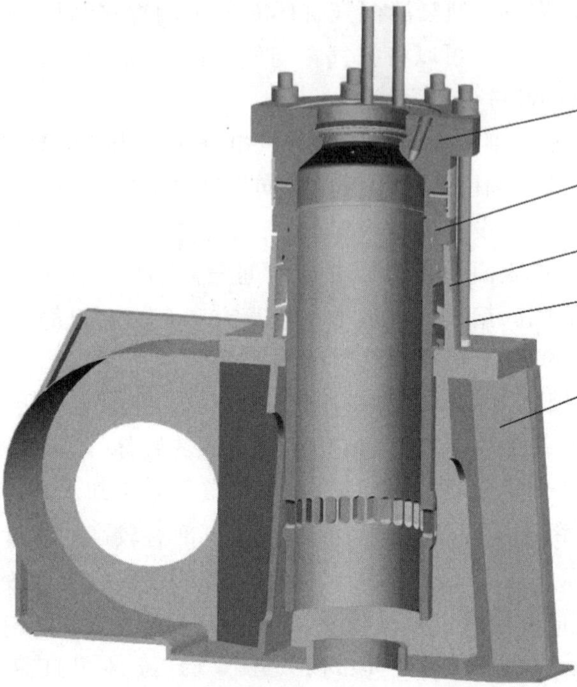

图 2-24　最新的十字头式柴油机的气缸结构

1—气缸盖;2—气缸套;3—水套;4—气缸盖螺栓;5—气缸体

油机为了减轻低温腐蚀和缸套穴蚀的作用,把冷却水腔 7 上移,只对缸套上部热负荷较大处进行冷却,而对缸套的下部不再进行冷却。但对缸套下部的四周仍进行了很好的支撑,使气缸套能够更好地承受侧推力。

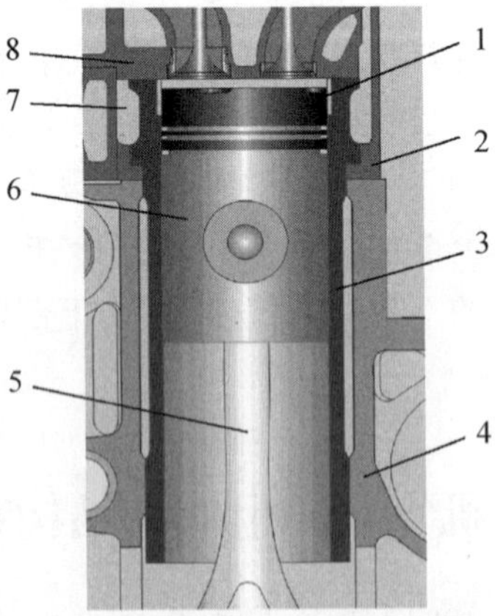

图 2-25　筒形柴油机的气缸结构

1—去炭环;2—水套;3—气缸套;4—气缸体;5—连杆;

6—活塞;7—冷却水腔;8—气缸盖

图 2-26 所示为 Wärtsilä 32 型大功率中速四冲程柴油机的气缸套和活塞,该气缸套由特种灰铸铁离心铸造而成。气缸套凸肩较高,既有利于降低机体高度,又保证了缸套

足够的刚度，防止柴油机工作时机体变形传到缸套上表面而影响缸盖密封垫的密封。缸套凸肩的厚度足以承受由爆发压力而产生的高机械负荷。缸套内部上端设有一个防磨环 1，其尺寸略小于缸套直径，可以除去活塞头顶岸的结炭，使缸套的磨损率和滑油的消耗率都有所下降，该环磨损后可单独更换。缸套凸肩部分采用钻孔冷却，冷却水由气缸上部配水环 2 引入，经凸肩下部径向钻孔进入垂向钻孔，沿垂向钻孔流向凸肩上表面。垂向冷却水钻孔离缸套内表面的位置需精确选择，以控制缸套内表面的温度，减轻漆膜形成和低温腐蚀。

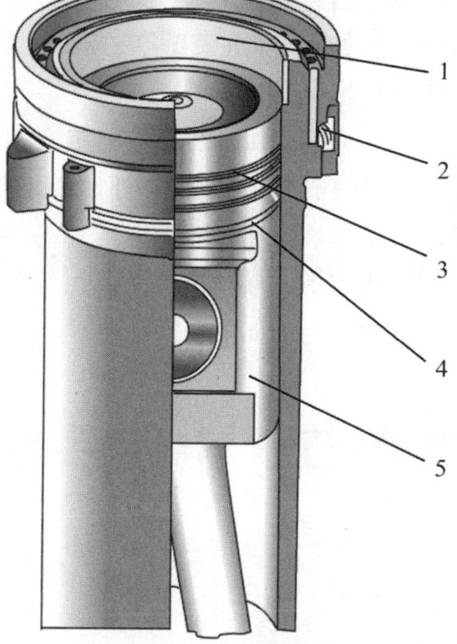

图 2-26　Wärtsilä 32 型大功率中速四冲程柴油机气缸套和活塞

1—防磨环；2—配水环；3—镀铬陶瓷活塞环；4—裙部压力润滑；5—低摩擦设计的球墨铸铁裙部

该气缸装入机体内部时在气缸套的上下部都有支撑，为了使气缸套能更好地承受侧推力，缸套壁制造得比较厚。

八、筒形活塞式柴油机气缸套的穴蚀

筒形活塞式柴油机气缸套受到活塞侧推力的作用，当活塞侧推力方向改变时，活塞对气缸套产生撞击，引起气缸套横向振动，导致气缸套穴蚀。气缸套穴蚀症状是外表面冷却壁上出现光亮无沉淀物的蜂窝状小孔群。它是由空泡腐蚀和电化学腐蚀两种因素共同造成的。一般闭式循环淡水冷却柴油机气缸套穴蚀主要由空泡腐蚀引起；开式海水冷却柴油机主要以电化学腐蚀为主。气缸套穴蚀在筒形活塞式柴油机中比较普遍。有的柴油机尽管气缸套内壁还未磨损多少，但是气缸套已被穴蚀击穿，导致气缸套漏水。因此，穴蚀直接影响柴油机的寿命和可靠性。

空泡腐蚀原因是气缸套振动。气缸套振动导致气缸套外表面附近的水产生交替膨胀与压缩,即在水中产生局部的高真空和高压。当水中压力降低到该温度下饱和蒸汽压力以下时,冷却水蒸发和溶于水中的空气析出,形成空泡。此外,冷却水在流动中,由于方向和流速的突然变化,会引起压力的变化。当压力低于当时温度下水的饱和压力时,也会汽化产生空泡。空泡受到高压冲击而爆破时,就在破裂区附近产生高压波。高压波以极短的时间作用在很小的范围内,对气缸套外壁产生强烈的破坏能力。在这种高压波的反复作用下,气缸套外壁金属表面将不断剥落,形成穴蚀。由此可知,气缸套振动是气缸套穴蚀的重要原因。

为了防止穴蚀,可采用以下措施:

首先,应降低缸套振动。例如,增加缸套壁厚;提高缸套支承刚度及增加支承数量;减小缸套轴向间距;减小活塞与缸套装配间隙等。

其次,应提高缸套抗穴蚀能力。例如,缸套采用抗穴蚀材料(球墨铸铁);外表面光洁,并进行镀铬、渗氮、喷陶瓷、涂树脂等处理;冷却水腔结构合理,水流平顺;进行水处理,以提高其消振性能等。

最后,在管理中应控制冷却水温不能过高,保证足够的水压,防止冷却水中含有大量空气,保持冷却水腔清洁;控制柴油机负荷与转速等。

第六节　十字头组件

一、学习目标

1. 掌握十字头组件。
2. 掌握十字头组件的工作条件和提高其可靠性的措施。

二、学习任务

1. 十字头组件的作用、工作条件和构造。
2. 十字头轴承的工作条件和提高其可靠性的措施。

三、环境设备

二冲程柴油机十字头组件。

四、十字头组件的作用和工作条件

十字头组件是船用二冲程十字头式柴油机的特有部件。它的主要作用是将活塞组件和连杆组件连接起来,把活塞的气体力和惯性力传给连杆,承受侧推力并给活塞在气缸中的运动导向。它主要包括十字头本体、十字头滑块和十字头轴承(连杆小端轴承)等。图 2-27 所示为 S-MC-C 型柴油机的十字头,它主要由十字头销 3 和十字头滑块 4(滑块材料一般为铸钢件)组成。活塞杆通过 4 个螺栓固定在十字头销上部的平面上,十字头销(材料一般为优质碳钢或合金钢锻造)由连杆小端轴承座 5 支撑,连杆小端轴承盖为中空结构,两侧为十字头滑块,滑块两侧的工作面都浇有减磨合金,并开设油槽,滑块可沿着固定在机架两侧的相应导板(材料一般为铸铁件)滑动,并传递侧推力。

十字头组件的工作条件比较苛刻。十字头本体和轴承要承受周期性的气体爆发压力;十字头滑块则承受侧推力(大小和方向都周期变化)的作用。与此同时,各零件的尺寸则由于结构上的原因往往受到限制,因此,受力比较严重。特别是十字头轴承,工作条件更为恶劣。由于连杆只做摆动,相对角速度也不大;轴承的宽度又比较小,所以轴承内不易形成良好的油膜。此外,十字头销和轴承座在工作时的变形会导致轴承负荷不均匀,从而使轴承的工作情况更加恶劣。随着柴油机增压度和最高爆发压力的不断增加,十字头组件,特别是十字头轴承容易发生故障,成为船用低速柴油机可靠性的一个薄弱环节。因此,在管理和维护上应予以足够的重视。

五、十字头组件的构造

1. 十字头本体

十字头本体一般都采用优质碳钢(40 号、45 号钢)锻造,有时也采用合金钢。在设计中除保证有足够的强度外,目前的趋势是增加刚度。十字头销一般都粗而短,不仅提高了刚度,而且可增加销表面的线速度,有利于轴承油膜的形成。十字头销的表面往往采用滚压或镀铬(镀层厚度为 0.25~0.5 mm)等方法来提高其耐磨性;对表面粗糙度的要求也很高,以保证工作可靠性。十字头与活塞杆的连接方式有两种:一种是活塞杆穿过十字头上的孔用螺帽固定(此螺帽俗称“海底螺母”);另一种是利用螺栓将活塞杆下部凸缘与十字头连接(如图 2-27 所示)。第一种方式由于活塞杆穿过十字头,连杆小端必须采用分叉形式,使十字头轴承工作可靠性降低,现在已基本不用。第二种方式由于连杆小端采用全支撑式结构,扩大了轴承的承载面积,改善了轴承的受力状况,使十字头轴承的工作可靠性大大提高,目前 MAN B&W 和 Wärtsilä 公司生产的柴油机都采用这种连接方式。

2. 十字头滑块

十字头滑块的结构形式有:单滑块结构、圆筒形滑块结构和双滑块结构。

单滑块结构只有一块滑块,用螺钉紧固在十字头本体上。滑块的正面与机架上的正转导板相配,背面有两条面积较小的反转工作面与反转导板相配。因此,所有的滑块和导板均布置在同一侧。这种结构的特点是:布置较紧凑,受力也较合理(正转时受力大,有较大的承压面;反转时受力小,而且工作时间短,承压面可小些)。但由于导板和滑块布置在连杆运动平面上,曲轴箱空间较小,因此,维修和拆装不如双滑块结构方便。

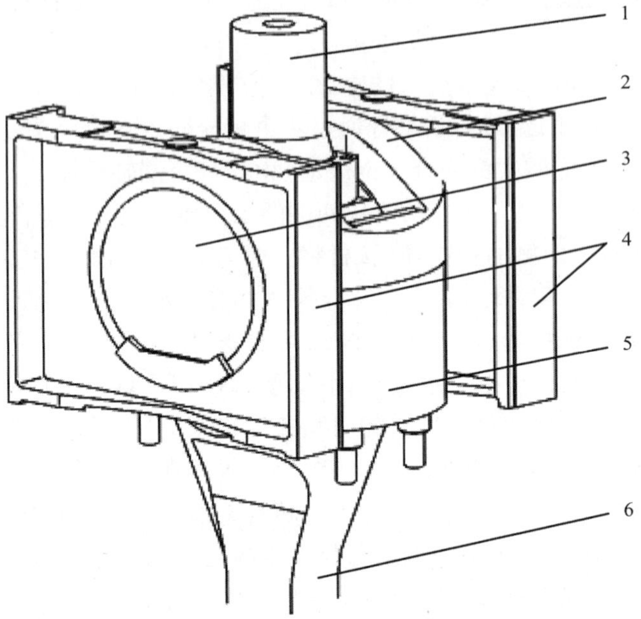

图 2-27　S-MC-C 型柴油机十字头的构造

1—活塞杆;2—连杆小端轴承盖;3—十字头销;4—十字头滑块;5—连杆小端轴承座;6—连杆杆身

此外,滑块的布置和柴油机的转向有关,如不更改设计,就不能同时适应左旋机和右旋机的要求。单滑块结构以前应用较多,现在已很少采用。

圆筒形滑块结构虽然易于通过机械加工来保证工作气缸和筒形导板的对中,无须拂刮调整,但由于筒形导板要布置在连杆摆动平面上,而且前后都有,这样就使柴油机其他部件的布置维修和拆装都很不方便,因此,这种结构仅为个别机型使用。

双滑块结构是十字头销的两端套上滑块,并用压板将其定位(如图 2-27 所示)。每一滑块的两侧工作面上都浇有减磨合金,并开设油槽。润滑用的滑油来自十字头。滑块沿着装在机架上的相应导板滑行,并把侧推力传给它们。这种结构的特点是:无论正转或反转、膨胀行程或压缩行程,滑块的承压面相同;工作比较平稳可靠;同时,由于滑块布置在十字头的两侧,曲轴箱中的连杆运动平面上没有什么障碍,因而有较大的空间,便于维修和拆装,因此应用广泛。但另一方面,由于有 4 个滑动面,工作时应保证 4 个面都和气缸中心线平行。因此,对制造、安装和校中的要求较高。此外,滑块和十字头组的总重量也较大。

十字头滑块一般用铸钢制造。

3. 导板

根据十字头滑块的结构和工作情况,导板分为正车导板和倒车导板。承受着正车膨胀行程(倒车压缩行程)侧推力的导板叫正车导板,承受着倒车膨胀行程(正车压缩行程)侧推力的导板叫倒车导板。正、倒车导板分设在十字头左右的结构形式称为双导板式(如图 2-27 所示);正倒车导板处在十字头左或右同一侧称为单导板式。

4. 十字头轴承

十字头销颈与连杆小端轴瓦组成十字头轴承（连杆小端轴承）。

六、十字头轴承的工作条件和提高可靠性的措施

十字头组件最常见的故障是十字头轴承合金出现疲劳、脱壳、熔塌（铺铅）等事故。因此，可以说，十字头组件的工作可靠性主要取决于轴承的可靠性。

1. 十字头轴承的工作条件和工作特点

十字头组件的工作条件比较苛刻。十字头本体和轴承要承受周期性的气体爆发压力；十字头滑块要承受侧推力的作用。特别是十字头轴承，由于单向受力及与十字头销只做小角度的相对转动，不易形成良好的润滑，工作条件更为恶劣。

柴油机故障统计表明，十字头轴承是柴油机各种轴承中发生故障最多的轴承。其工作特点可总结为：

十字头轴承工作演示动画

（1）轴承比压大

十字头轴承承受气体力和活塞惯性力的作用，燃烧气体压力很高，而十字头轴承与十字头销又同处于往复运动中，其尺寸受到较大的限制。

（2）难以形成良好的润滑油膜

连杆小端轴承绕十字头销摆动，十字头式柴油机都是低速机，连杆的摆角和摆动角速度都很小。当活塞处在上下止点位置时，摆动角速度较大，而曲柄销在左右水平位置时，摆动角速度为零。由于摆动角速度时大时小且不断改变方向，十字头轴承往往处于边界润滑状态，因此难以形成良好的润滑油膜，摩擦和磨损比较严重。

（3）单向受力

十字头式柴油机都是二冲程机，十字头销始终压在轴承下瓦上，不利于滑油的供应和楔性油膜的形成。

（4）受力不均

在柴油机工作时，由于十字头轴承受力，这些部件难免发生变形。特别是对于分叉式十字头轴承，十字头销变形往往很难和轴承变形一致，易使局部受力严重，产生负荷分配不均现象。一般在轴承内侧受力较大，更易发生故障。这种情况在采用全支撑式十字头轴承后已大大改善。

以上特点，使十字头轴承成为柴油机中工作条件最恶劣的轴承，也是柴油机安全可靠运转的薄弱环节。因此，该轴承允许有细小裂纹存在，而不必急于换新。

2. 提高十字头轴承可靠性的措施

（1）降低轴承比压

降低轴承比压的措施主要有：

①加大轴颈直径

将十字头销轴径加大，同时轴承孔径也相应加大，轴承承压面积增加，因此比压下

降。增加轴颈还可提高刚度,增加十字头销表面的线速度,有利于润滑油膜的形成。有的柴油机十字头销直径已增加到气缸直径的96%。

②用全支撑式轴承

在轴颈的全长上都设轴承承压面(如图2-27所示),扩大了承压面积。

(2)使轴承负荷分布均匀

为了提高十字头轴承的可靠性,不但要降低轴承比压的平均值,而且还要避免局部比压过高现象,尽量使轴承负荷分配均匀。分叉式十字头轴承,曾采取如弹性结构(即将十字头销的两端开有一定深度的减轻孔,将轴承座的支承偏置)、刚性结构(十字头销短而粗,杆身大端多采用台式结构)、反变形法(预先降低轴承内侧,以补偿十字头销受力后的塌腰现象)和增大承压面的贴合面积等方法使轴承负荷分布均匀。

(3)保证良好的润滑和冷却

其主要措施有:

①保证油压。为了保证十字头轴承的滑油压力,现已普遍采用铰链机构或套管机构,直接把滑油送至十字头销和轴承。在采用薄壁铝锡合金轴瓦后,有的柴油机为了弥补它在嵌入性、适应性等方面的缺陷,由专设的滑油升压泵把滑油压力大大提高,从而实现液体静力润滑。RTA-T-B型柴油机十字头轴承的滑油压力为1.0~1.2 MPa。

②合理开设油槽。轴承油槽的布置和形状对于润滑油膜的形成和轴承承载能力有很大的影响。槽数太多,将使承压面削弱太多,承载能力下降;槽数太少,则布油不均匀。轴向油槽不能开到边缘,以防滑油流失,难以形成液体静力润滑,但也不能把滑油封闭在轴承中或滑油从轴承中流出的数量不足。为此,某些轴承油槽的端部有小直径泄油槽保证良好冷却。在油槽的边缘应开有楔形斜面,以防锐利的棱边刮去滑动表面上的润滑油。为了获得最佳滑油膜厚度,楔形斜面必须具有适当的角度和长度。

③选择合适的间隙。间隙太大,油压不易建立,油膜不易形成;间隙太小,轴颈不易浮起,热量不易带走,轴承容易抱轴。因此,保证合适的间隙也是很重要的。

(4)采用薄壁轴瓦

近年来,由于轴承负荷的不断提高,十字头轴承越来越多地采用薄壁轴瓦。薄壁轴瓦是在钢背上浇注一层较薄的轴承合金。轴承合金与钢背的贴合力强,疲劳强度高。另外,薄壁轴瓦加工精度高,无须拂刮,互换性好,拆装与更换方便。

(5)提高十字头销颈表面光滑程度

十字头轴承润滑条件差,油膜很薄,为了防止十字头销颈擦伤轴承,同时也为了提高十字头销的疲劳强度,十字头销颈必须非常光滑。

第七节 连杆与连杆螺栓

一、学习目标

1. 掌握连杆的作用和工作条件。
2. 掌握连杆的要求和材料。
3. 掌握筒形活塞式柴油机连杆和连杆轴承的结构特点。
4. 掌握十字头式柴油机连杆和连杆轴承的结构特点。
5. 掌握连杆的故障分析和处理。

二、学习任务

1. 连杆的作用和工作条件。
2. 连杆的要求和材料。
3. 筒形活塞式柴油机和十字头式柴油机连杆和连杆轴承的结构特点。
4. 连杆的故障分析和处理。

三、环境设备

1. 筒形活塞式柴油机。
2. 二冲程柴油机。
3. 筒形活塞式柴油机和二冲程柴油机连杆。
4. 筒形活塞式柴油机和二冲程柴油机连杆螺栓。

四、连杆的作用和工作条件

连杆的作用是将作用在活塞上的气体力和往复惯性力的合力传给曲轴,并把活塞或十字头与曲轴连接起来,将活塞的往复运动变成曲轴的回转运动。连杆运动复杂,小端随活塞做往复运动,大端随曲柄销做回转运动,而杆身在小端和大端运动的合成下绕活塞销或十字头销摆动。杆身任意一点的运动轨迹随其位置而异,都近似呈椭圆形。

连杆受力也很复杂。其承受周期性变化的气体力和活塞、连杆惯性力的作用,并且气体力具有冲击性。在二冲程柴油机中,连杆始终是受压的,但压力的大小是周期性变化的。在四冲程柴油机中,连杆有时受拉,有时受压,换气上止点附近受拉力较大。连杆小、大端轴承还与活塞销或十字头销、曲柄销产生摩擦和磨损。

五、连杆的要求和材料

连杆应耐疲劳、抗冲击,具有足够的强度和刚度。连杆长度应尽量短,以降低柴油机的高度和总重量。连杆轴承工作可靠、寿命长。连杆重量轻,加工容易,拆装维修方便。

为了保证连杆可靠工作,一般用锻钢制造。十字头式柴油机连杆多用中碳钢,筒形活塞式柴油机采用优质碳钢或合金钢。

六、筒形活塞式柴油机连杆和连杆轴承的结构特点

1. 筒形活塞式柴油机连杆的构造

筒形活塞式柴油机连杆如图 2-28 所示,它由连杆小端、杆身和大端组成。

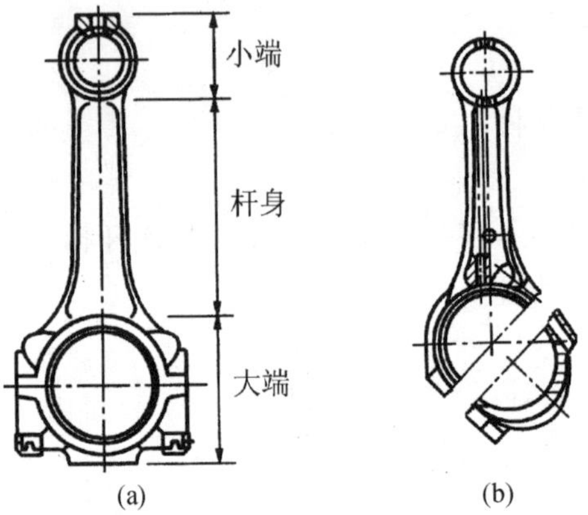

图 2-28　筒形活塞式柴油机连杆

连杆小端通过活塞销与活塞相连。由于活塞销要从连杆小端内孔穿过,小端的结构和尺寸要受到活塞的限制。连杆小端采用整体结构,与杆身锻在一起。小端内孔设有轴承衬套。连杆内有钻孔,来自大端的滑油通过钻孔上行输送到小端,既润滑活塞销与小端轴承、活塞销与销座,也继续上行冷却活塞。

由于现代新型柴油机机械负荷很高,对于中速强载柴油机,通常采用锥形或阶梯形连杆小端,以增大连杆小端下部主要承压面的面积,提高承载能力。

连杆杆身截面形状通常有圆形和工字形(如图 2-29 所示)两种。圆形截面(如图 2-30 所示)由自由锻造毛坯制成,各向同性,通常用于大中型柴油机;而小型高速柴油机,为了减轻连杆的重量,通常采用工字形截面。由于连杆杆身在其摆动平面及其垂直平面内的支撑状况不同,工字形截面在其摆动平面内有较大的截面惯性矩,可以有较高的抗弯强度。此外,工字形截面材料利用合理。杆身内部钻有油孔,用来由大端向小端输送滑油,以冷却活塞和润滑小端轴承。连杆小端和大端与杆身连接处采用大圆弧过渡,一方面提高了小端与大端的刚度,另一方面也降低了这些地方的应力集中。

连杆大端是曲柄销轴承，通常制成剖分式结构，用连杆螺栓连接起来。连杆大端首先要满足拆装条件，即在检修时连杆应能同活塞一起由气缸中吊出。随着柴油机强化程度越来越高，曲柄销轴颈增粗，刚性增大，连杆大端轴承尺寸也越来越大。为了使连杆仍然能与活塞一起由气缸中吊出，连杆大端出现了斜切口、阶梯切口以及船用大端等各种结构。

如图 2-28(a)所示，连杆大端剖分面与连杆轴线垂直，称为平切口式。如图 2-28(b)所示，切口平面与连杆轴线有一定的夹角，称为斜切口式。随着曲轴轴颈增粗，其刚性提高，大端轴承的承压面积增加，提高了轴承的工作能力，减少了连杆螺栓承受的惯性拉伸负荷。采用斜切口形式后，结合面上产生较大的切向力，使连杆螺栓受剪切作用。为了不使连杆螺栓承受剪切作用并在结合面处不产生滑动，连杆大端结合面采用了锯齿形结构，如图 2-29 所示。

阶梯形切口是斜切口的一种变形，在满足连杆拆装的前提下可使曲柄销轴承更粗，以减小轴承负荷和保证曲轴的刚度，Wärtsilä 20 型柴油机连杆大端就采用了这种结构，如图 2-29 所示。Wärtsilä 20 型柴油机连杆由合金钢锻造而成。由于该机转速较高，连杆采用工字形截面来减小惯性力。

上述三种切口形状都是将杆身与连杆大端做成一体，称为车用大端，这种结构在中高速柴油机中得到广泛应用。有些大功率中速柴油机将连杆大端与杆身分开制造，称为船用大端。采用船用大端结构，可以在不打开大端轴承的情况下进行吊缸，并使吊缸高度达到最小。

图 2-30 所示为 Wärtsilä 38 型柴油机连杆，由合金钢锻造并加工成圆形截面。由于该机的最高燃烧压力已达到 19 MPa，大端采用船用大端结构。为了保证曲轴的刚度和

图 2-29 Wärtsilä 20 型柴油机连杆

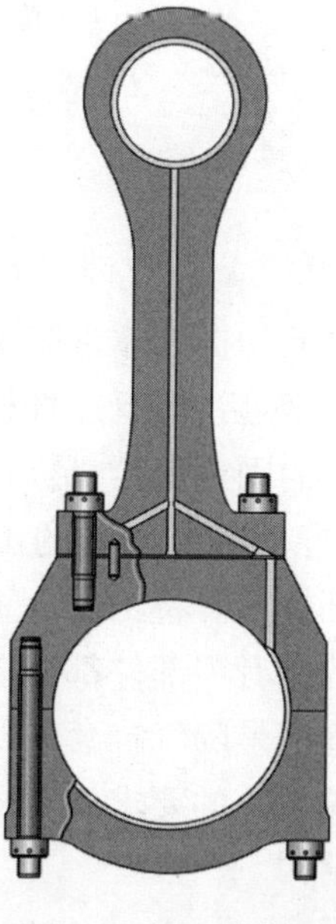

图 2-30 Wärtsilä 38 型柴油机连杆

轴承的承载能力,连杆大端轴承较宽,使轴承负荷较小。连杆大端和杆身之间为铝合金板,保证两部分贴合良好。小端为阶梯形,并采用三层结构的轴瓦,具有良好的承载能力。杆身中间钻孔,将滑油从连杆大端送至小端,供小端轴承润滑及活塞冷却。杆身与连杆大端的结合面正处于连杆大端轴承座的上方,可以方便拆卸和维护。所有螺栓用液压拉伸器同时上紧。

2. 气缸单元

筒形柴油机目前主要向模块化方向发展。为了维护管理更加方便、快捷,目前许多柴油机制造商将柴油机的气缸盖、气缸套、冷却水套以及气缸里的活塞、连杆作为一个整体进行拆装和更换,这个整体称为气缸单元,如图 2-31 所示。

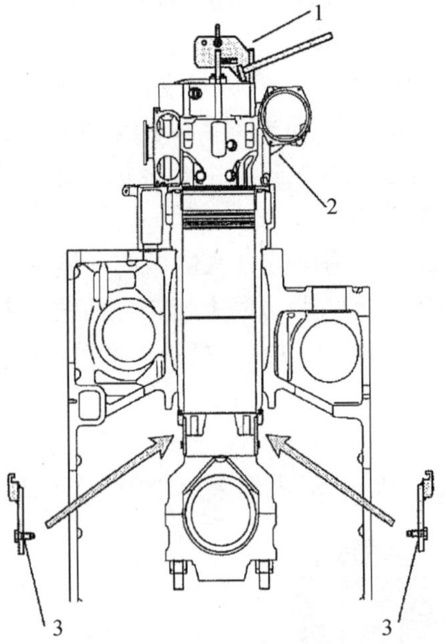

图 2-31　气缸单元

1—起吊工具;2—气缸单元拆卸;3—连杆固定夹具

气缸单元的拆装非常简单。首先,拆下气缸盖上的进排气、冷却水和燃油管路,安装起吊工具;然后,拆下连杆杆身与大端间的连接螺栓,安装连杆固定夹具,松开气缸单元与机体间的固定螺栓;最后,利用起吊工具将气缸单元整体吊出。气缸单元从机体吊出后,放在专用的可翻转的工作台上。将工作台翻转 180°,可将气缸内的连杆和活塞从气缸下部抽出。将工作台重新复位,气缸盖可从上部正常拆下,并拆出气缸套。整个气缸单元的所有零部件都可以在机外检修。安装过程顺序相反。

由于连杆是随气缸套从机体直接吊出,机体内安装气缸套的孔比气缸套内径大,这对连杆大端尺寸的要求就宽松了许多。连杆大端可以采用车用大端结构,也可以采用船用大端结构。

3. V 形柴油机的连杆

V 形柴油机同一曲柄平面内每个曲柄销上要安装两个气缸的连杆。为了达到这一要求，连杆可采用并列连杆、叉形连杆和主副连杆（又称关节式连杆）等不同形式，如图2-32所示。

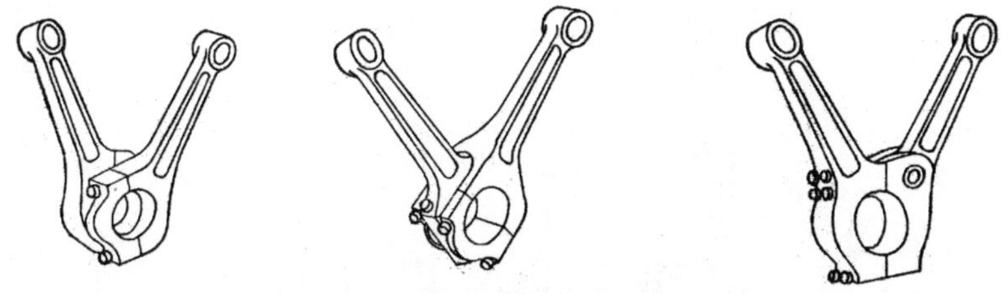

(a) (b) (c)

图2-32 V形柴油机的连杆

图2-32(a)所示为并列连杆，是将完全一样的两个连杆并列安装在同一个曲柄销上。这种柴油机安装在同一曲柄销上的两个气缸的中心线不能在同一平面内，曲柄销的长度需要长一些，曲轴的刚性也将因此降低一些。但是由于两个连杆的构造相同，结构简单，有利于制造和互换，维护管理方便，使用可靠，因此在V形柴油机中得到了广泛应用。近年来生产的新机型几乎全部采用并列连杆，并列连杆可采用平切口式或斜切口式。

图2-32(b)所示为叉形连杆。图2-32(c)所示为主副连杆。这两种连杆基本不再使用。

4. 连杆螺栓

连杆螺栓是连接连杆大端与轴承座的螺栓，至关重要。十字头式柴油机连杆螺栓工作中只受到预紧力的作用；筒形活塞式柴油机连杆螺栓除受到预紧力外，在换气上止点附近还受到惯性力的拉伸作用，此外还受到大端变形所产生的附加弯矩作用。筒形活塞式柴油机连杆螺栓由于受到曲柄销和大端外廓尺寸的限制，其直径较小。为了满足强度上的要求，一般均选用韧性好、强度高的优质碳钢或合金钢制造。设计上采用耐疲劳的柔性结构，其特点是增加螺栓长度，减小螺栓杆部直径，以增加螺栓柔度，采用精细加工的螺纹。此外，在截面变化处以及螺纹部分采用大圆角过渡，以减小应力集中；保证螺栓头与螺母支承平面与螺纹中心线垂直，以减小附加弯曲应力。

连杆螺栓按安装方式的不同，可分为用螺帽连接与不用螺帽连接两类。

中高速柴油机运转中连杆螺栓会受到较大拉力，有可能发生断裂事故。一旦连杆螺栓断裂，会造成机毁人亡的重大事故，因此连杆螺栓安装必须严格按照说明书规定进行。安装预紧力的大小、预紧方法、预紧次序，甚至对连杆螺栓的检查与换新等，需严格按规定执行。实践证明，正确的固紧与锁紧是避免发生断裂事故的有效措施。

七、十字头式柴油机连杆和连杆轴承的结构特点

十字头式柴油机连杆也是由小端、杆身和大端三部分组成的。

对应于不同类型的十字头，连杆小端有两种结构，一种是分叉式连杆小端，如图

2-33 所示。它对应于穿过活塞杆的十字头,由于工作可靠性低,现代新型柴油机已不再使用。另一种是全支撑式连杆小端,如图 2-34 所示。由于采用全支撑式结构,连杆小端轴承的承载面积增加,不存在受力不均的问题,使连杆小端轴承比压下降,受力状况大大改善。

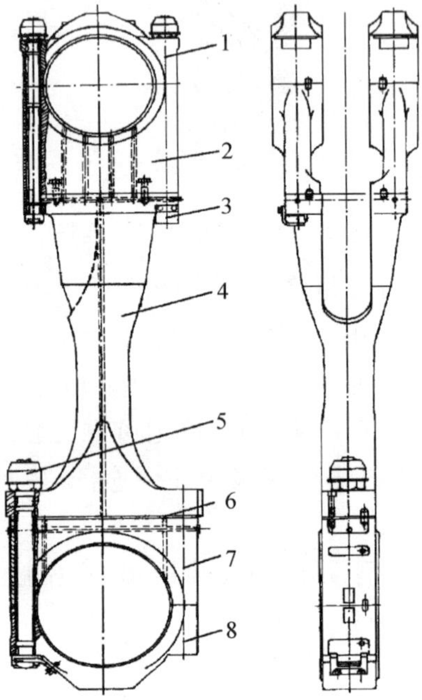

图 2-33　分叉式连杆小端

1—小端轴承盖;2—小端轴承座;3—小端轴承螺栓;4—杆身;5—大端轴承螺栓;
6—垫片;7—大端轴承座;8—大端轴承盖

十字头式柴油机的连杆杆身通常只受压应力的作用,杆身截面可做成圆形或方形,连杆杆身中部设有油孔,滑油从连杆小端输送至大端,润滑大端轴承。

根据杆身与大端轴承座是否分开,连杆大端分为车用大端和船用大端。连杆杆身与连杆大端轴承座剖分式的大端结构称为船用大端。船用大端在剖分面处装有压缩比调节垫片,但结构比较复杂。杆身与大端轴承座不分开的结构称为车用大端。车用大端结构简单、紧凑,目前在大型船用低速柴油机中得到广泛应用。

图 2-34 所示为 RTA-T-B 型柴油机全支撑式连杆的构造。连杆杆身与连杆大、小端轴承座合为一体,整个连杆结构紧凑、长度很短,这对于现代超长行程柴油机减少整机高度是非常重要的。小端为全支撑式,由小端轴承盖 3、轴承座、薄壁轴瓦 4 和连杆螺栓 2 等组装而成。大端为曲柄销轴承,由大端轴承盖 9、轴承座、薄壁轴瓦 8 以及连杆螺栓 7 等组装而成。大、小端的连杆螺栓 2 和 7 都是紧配螺栓,以保证轴承盖、轴承座和杆身之间正确而紧固地配合。连杆螺栓为柔性螺栓,有较高的疲劳强度,用液压拉伸器上紧。由于柴油机运转时连杆受单向压力,因此 RTA-T-B 改进型柴油机连杆大端只有上轴瓦,白合金直接浇铸在大端轴承盖 9 上,有利于增大轴颈和散热。

MAN 公司的 MC 系列柴油机连杆也采用类似结构。连杆小端刚性大,十字头销短

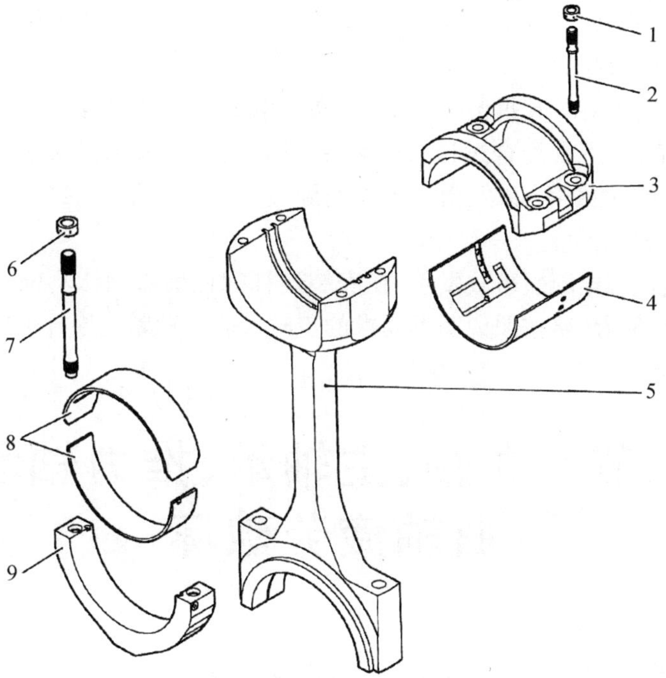

图 2-34 RTA-T-B 型柴油机全支撑式连杆的构造

1,6—连杆螺栓螺母;2,7—连杆螺栓;3—小端轴承盖;4,8—薄壁轴瓦;5—连杆杆身;9—大端轴承盖

而粗,采用全支撑式,称为刚性十字头轴承。它的承载能力和工作可靠性都明显增强。

八、连杆的故障分析和处理

1. 连杆小端轴承

无论是筒形活塞式柴油机还是十字头式柴油机,连杆小端轴承由于负荷大、润滑条件差等原因,在运行中易出现故障。维护管理中,要特别注意润滑状况,确保滑油正常供应(油压、油量等)。检修时,要仔细检查轴承和轴颈的表面状况,进行必要的测量,以检查是否有偏磨、表面变粗糙等状况。

2. 连杆杆身

杆身裂纹甚至折断主要是由于材料疲劳或机损事故而产生的。十字头式柴油机运转时连杆由于主要承受压应力,柴油机转速低,对连杆的重量和尺寸限制不严格,因此连杆杆身一般很少出现故障。筒形活塞式柴油机连杆受拉、压交变力,尺寸要求严格,转速高,连杆杆身易出现疲劳裂纹和弯曲,特别是小型柴油机连杆出现裂纹和折断的故障较多。发现连杆表面有裂纹应立即报废。

3. 连杆螺栓

连杆螺栓的损坏形式为裂纹或断裂,产生拉长变形,螺纹部分磨损松动或烧伤、咬死等。最严重的损坏为裂纹或断裂且多发生在螺纹部分。通常,连杆螺栓断裂的事故多发生在高速四冲程柴油机上。这主要是由于往复惯性力的作用使连杆螺栓产生了较大的交变拉应力而引起的。

连杆螺栓断裂主要与其拆装质量有关,如不按照工艺要求装配,预紧力过大或过小;螺纹表面不清洁,螺纹配合过松或过紧;拆装时造成螺纹或螺栓杆身表面损伤等。此外,连杆螺栓材料的缺陷,以及由于轴承间隙过大而产生很大的冲击负荷,也有可能引起连杆螺栓断裂。

为了防止连杆螺栓断裂事故发生,在安装连杆螺栓前必须认真检查,必要时换新。连杆螺栓安装时必须严格按照说明书要求的步骤安装和锁紧。连杆螺栓有工作时间限制,到期必须换新。

第八节　曲轴、主轴承、推力轴承和曲轴疲劳破坏

一、学习目标

1. 掌握曲轴的作用和工作条件。
2. 了解曲轴的要求和材料。
3. 了解柴油机曲轴的结构特点。
4. 了解主轴承的作用、工作条件、要求和材料。
5. 了解正置式主轴承的结构特点。
6. 掌握倒挂式主轴承的结构特点。
7. 掌握曲轴疲劳破坏的种类,发生的部位、时间及原因。
8. 了解推力轴承的作用、结构和工作原理。

二、学习任务

1. 曲轴的作用、工作条件、要求、材料、结构特点。
2. 主轴承的作用,正置式主轴承和倒挂式主轴承的结构特点。
3. 曲轴疲劳破坏的种类,发生的部位、时间及原因。

三、环境设备

1. 四冲程柴油机。
2. 二冲程柴油机。

3. 四冲程柴油机和二冲程柴油机曲轴。
4. 正置式主轴承和倒挂式主轴承。
5. 推力轴承。

四、曲轴的作用和工作条件

曲轴的作用主要有:将活塞的往复运动通过连杆变成回转运动;汇总各缸功向外输出;带动柴油机的附属设备。柴油机附属设备如喷油泵、进气阀、排气阀、空气分配器等均因正时要求,必须由曲轴来驱动。离心式调速器要根据柴油机转速变化来调节柴油机喷油量,也必须由曲轴带动。此外,中小型柴油机为了简化系统,使布置紧凑,曲轴还带动润滑油泵、燃油输送泵、冷却淡水泵等。

曲轴的工作条件比较苛刻,主要表现在以下几个方面:

(1)受力复杂。曲轴在工作中承受各缸交变的气体力、往复惯性力和离心力,以及它们所产生的弯矩和扭矩。这些力(或力矩)不仅随着曲轴转角变化,还随着负荷变化。曲轴在这些力(或力矩)的作用下会弯曲和扭转变形并产生非常复杂的交变应力。

(2)应力集中严重。一根曲轴由 1~12 个彼此间错开一定角度的曲柄以及功率输出端和自由端构成。每个曲柄分成主轴颈、曲柄销和曲柄臂三个部分。现代大型低速柴油机曲轴上还直接锻出推力环。因此,曲轴的形状很复杂、弯头很多,特别是中小型柴油机曲轴上还钻有润滑油孔。这些因素都将使曲轴内部应力分布极不均匀,以致在曲柄臂和轴颈的过渡圆角处及润滑油孔周围产生严重的应力集中现象。其中以曲柄臂与曲柄销过渡圆角处最为危险。

(3)附加应力很大。曲轴是一个弹性体,它在径向力、切向力、扭矩以及轴向推拉力的作用下会产生扭转振动、横向振动和纵向振动。当曲轴的自振频率较低时,在发动机工作转速范围内可能出现共振,从而使振幅大大增加,产生很大的附加应力,造成曲轴的损伤和破坏,恶化柴油机的工作性能。如扭振将引起传动齿轮的噪声和疲劳,使柴油机定时不准,从而引起工作过程恶化。纵向振动会因曲轴弯曲过大使轴颈和轴承磨损加剧,甚至不能正常工作。

(4)轴颈遭受磨损。特别是在润滑不良、机座或船体变形、轴承间隙不合适、超负荷运转或经常起停柴油机时,轴颈的磨损会明显加剧。

五、曲轴的要求和材料

曲轴是柴油机中最长、最重的部件,直接影响整台柴油机的尺寸和重量。曲轴形状复杂,加工质量要求很高,制造工艺难度大,因此也是柴油机中造价最高的部件。曲轴的工作状况对整台柴油机有直接影响,一旦损坏会导致柴油机瘫痪,并且难以修复甚至无法修复。航行中若曲轴发生故障会威胁到船舶安全,所以对曲轴要求非常严格。其要求主要是:疲劳强度高,工作安全可靠;有足够的刚性,工作时变形小,使轴承负荷均匀;有足够的轴颈承压面积,以保证较低的轴承比压;曲轴的轴颈要有良好的耐磨性能,并允许多次车削修复;曲柄的布置要兼顾动力均匀、主轴承负荷低、平衡性好、扭转振动小、有利于增压系统等条件。以上这些要求是互相关联的,有些又是相互矛盾的,要权衡利弊妥善解决。

曲轴常用材料有优质碳钢、合金钢和球墨铸铁。一般低速柴油机曲轴常用优质碳钢,只有中高速强载柴油机曲轴才采用合金钢。强化程度不太高的中高速柴油机曲轴一般用球墨铸铁。

为了适应船舶海上运输安全的需要,保证船舶具备安全航行的技术条件,中国船级社编制的《钢质海船入级规范(2009 年)》,从强度的观点,对曲轴的材料、尺寸、扭转振动做了一系列规定。船舶柴油机曲轴制造必须遵守这些规定。

六、柴油机曲轴的结构特点

1. 曲轴的类型

曲轴按结构形式不同可分为整体式曲轴、组合式曲轴和分段式曲轴三种。

(1)整体式曲轴

整体式曲轴是整根曲轴一体锻造或铸造出来。其具有结构简单、重量轻、工作可靠的优点,在中高速柴油机上得到广泛应用并逐渐扩大到大型低速柴油机领域。

圆盘式曲轴结构动画

(2)组合式曲轴

组合式曲轴是将曲轴的不同部分分开制造,然后使用一定的连接工艺将其连为一个整体。组合式曲轴普遍应用于大型低速柴油机中。采用组合式主要是为了制造方便,解决曲轴制造设备能力有限的问题。曲轴的组合方式可分为套合式和焊接式,套合式曲轴套合方法有红套和冷套。

(3)分段式曲轴

分段式曲轴先分成两段制造,然后再用法兰连接成整根曲轴。其一般用于气缸数较多的曲轴。一般 9~14 缸大型低速柴油机采用分段式曲轴。

2. 曲轴的构造

曲轴主要由若干个单位曲柄、自由端、飞轮端以及平衡块等组成,如图 2-35、图 2-36 所示。筒形活塞式柴油机曲轴与十字头式柴油机曲轴略有差别。

(1)筒形活塞式柴油机曲轴

筒形活塞式柴油机曲轴一般整体锻造或整体铸造。由于筒形活塞柴油机的行程较短,通常主轴颈和曲柄销都与曲柄臂间有一定的重叠度,这样可以增加曲柄臂的强度。轴颈与曲柄臂相连接的过渡圆角处由于截面急剧变化,应力集中十分严重。为了减轻应力集中的影响,过渡圆角处采用足够大的过渡圆弧半径。曲柄臂上装有平衡重,用于平衡曲柄不平衡回转质量产生的离心惯性力。为了减轻曲轴的重量和减小惯性力,曲柄销和主轴颈一般采用空心结构。曲轴的首尾两端都设有法兰,其中动力输出法兰内侧设有传动齿轮,用于传动凸轮轴。

为了润滑曲柄销轴承以及活塞销，筒形柴油机曲轴上钻有润滑油道，将输送至主轴承的滑油引至曲柄销轴承。由于开油孔时会增加曲轴的应力集中，因此，要合理选择油孔的位置，使其对轴颈的削弱最小。为了减少应力集中，油孔应倒角、抛光。

图 2-35 所示为 Wärtsilä 46 型柴油机曲轴。该曲轴为整体锻造式，经过全面的机加工，曲轴内钻孔，使滑油可以送至每一个轴承。每一个曲柄臂上都有平衡重 4，使柴油机不会受到离心力和离心力矩的作用。曲轴的主轴颈和曲柄销都与曲柄臂之间有很大的重叠度，保证了曲轴有足够的刚度和曲柄臂的强度。曲轴的首尾两端都设有法兰，可以在任何一端连接轴带发电机，如有必要，可以在曲轴首端安装扭振减振器。

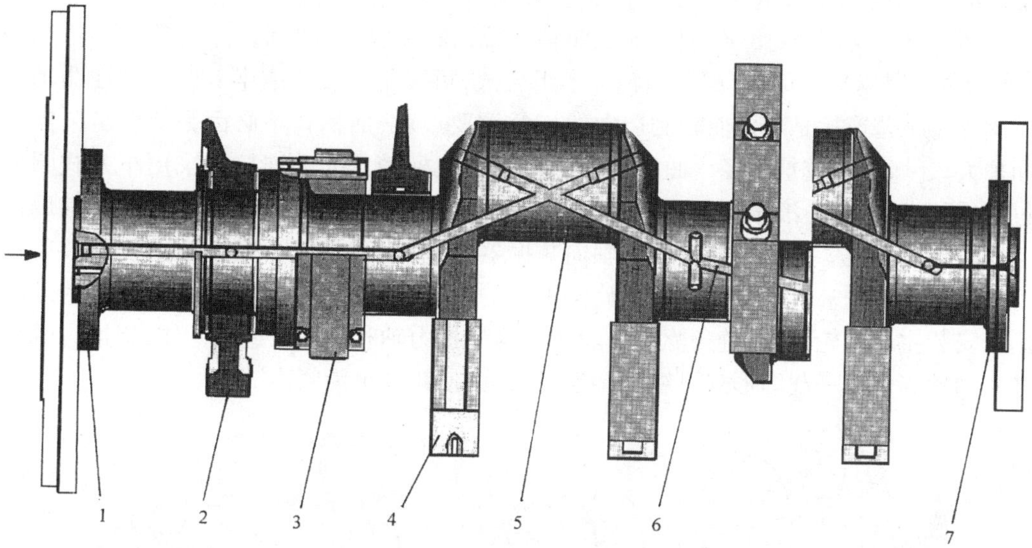

图 2-35　Wärtsilä 46 型柴油机曲轴

1—动力输出法兰；2—主轴承；3—传动齿轮；4—平衡重；5—曲柄；6—油道；7—首端法兰

（2）十字头式柴油机曲轴

由于大型低速十字头式柴油机的曲轴尺寸较大，一般采用组合式曲轴。对于缸数较多的柴油机，曲轴分段制造，然后用法兰连接起来。

由于十字头式柴油机向长行程化发展，曲轴的曲柄臂较长，主轴颈和曲柄销与曲柄臂之间没有重叠度，轴颈与曲柄臂相连接的过渡圆角一般采用车入式圆角，以保证轴颈的有效长度，但会削弱曲柄臂强度。曲柄销和主轴颈一般采用空心结构，以减轻曲轴的重量和惯性力。曲柄臂上一般不装平衡重。因为十字头式柴油机曲柄销轴承润滑油是由连杆小端经钻孔输送下来的，曲轴不必钻孔。

曲轴首端设有轴向减振器，用来减轻轴系纵向振动的影响。曲轴的尾端设有推力环，组成推力轴承，传递螺旋桨的推、拉力。通常在推力环的外部设有齿轮或链轮的齿圈，用于传动凸轮轴。对于缸数较多的柴油机，曲轴和凸轮轴之间的传动机构一般位于柴油机的中部。

目前,在曲轴结构方面,一项较新的技术是采用不等的曲柄间距,则相应柴油机气缸间距也是不等的,这种设计明显缩短了柴油机长度,减轻了柴油机重量。典型的曲柄间距不等结构是柴油机前端气缸的曲柄间距较后端的曲柄间距小。因为前端曲柄传递的扭矩小,曲柄臂可较薄,曲柄间距因而减小。这种不等曲柄间距有两种形式:一种是曲轴前一段各曲柄的间距与后一段不同;另一种是从前向后各缸都不同。例如,12K90ME/ME-C MK9 柴油机,前端 6 缸的气缸间距为 1 480 mm,而后端 6 缸的气缸间距为 1 588 mm,这一措施使一台 12K90ME/ME-C MK9 柴油机总长减少半米多,重量减轻 25 t。8K90ME/ME-C 柴油机曲轴各缸的曲柄间距都是不同的,即从后向前曲柄间距依次减小,使柴油机总长减少近 1 m,重量减轻 34 t。

图 2-36 所示为 S-MC-C 型柴油机曲轴。锻钢曲轴由单位曲柄、自由端(首端)和功率输出端(尾端)三部分组成。曲轴为半组合式,可以是焊接式或半套合式。在曲轴上采用焊接工艺连接是现代曲轴制造中的一个重要成就,曲柄臂不必因为套合工艺需要而加大尺寸,所以重量减轻。曲柄臂和主轴颈及曲柄销之间的连接处采用车入式圆角过渡,圆角处经过冷滚压加工,可以提高它的疲劳强度。自由端法兰 1 用来驱动辅助设备或轴带发电机。自由端法兰后为轴向减振器活塞 2。推力环 4 的前后两侧都装有推力块(图 2-36 中未示出),以传递螺旋桨的推、拉力和为曲轴轴向定位。推力环的外圈用来安装主动链轮,通过链条驱动凸轮轴。这种推力轴和曲轴锻造为一体,将推力轴承和主动轮组合在一起的形式可缩短柴油机长度,使布置更为紧凑。

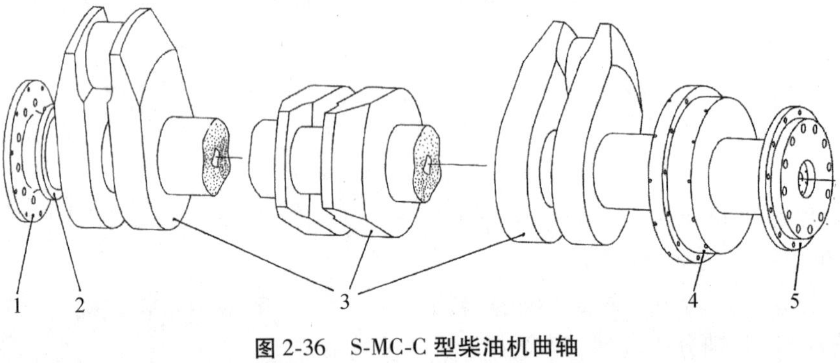

图 2-36　S-MC-C 型柴油机曲轴

1—自由端法兰;2—轴向减振器活塞;3—单位曲柄;4—推力环;5—功率输出端

3. 曲柄的排列

曲轴的曲柄都是以气缸号命名的。气缸的排号有两种方法:一种是由自由端排起;另一种是由动力端排起。我国和大部分国家采用自由端排起。

曲柄的排列由气缸的发火间隔角和发火顺序决定,而气缸的发火间隔角和发火顺序又要按照下列原则确定:

(1)柴油机的动力输出要均匀,即发火间隔角要相等。这样,相邻发火的两个缸的曲轴夹角:二冲程柴油机为 $360°/i$;四冲程柴油机为 $720°/i$(i 为柴油机气缸数)。

(2)要避免相邻的两个缸连续发火,以减轻相邻两个缸之间的主轴承负荷。为此,最好是柴油机的首尾两端轮流发火。

(3)要使柴油机有良好的平衡性。柴油机在往复惯性力与惯性力矩、离心惯性力与离心力矩的作用下要产生振动。曲轴合理的排列可使引起振动的力和力矩减至最小。

(4)要注意发火顺序对轴系扭转振动的影响,力求减轻扭转振动。发火顺序不同,各段轴上扭矩的交变情况也不同,对轴系扭转振动的影响也不同。

(5)脉冲增压柴油机为了防止各缸排气互相干扰,各缸的排气管要分组连接。

关于二冲程柴油机的曲柄排列,现以二冲程六缸柴油机为例来讨论。如某二冲程六缸柴油机的发火顺序为 1—6—2—4—3—5,二冲程柴油机曲柄的排列如图 2-37 所示。它满足发火间隔角相等,即都为 360°/6=60°的要求,并且在首尾两端轮流发火,另外,还满足了上述第五项要求。因为若将排气管分为 1、2、3 和 4、5、6 两组,每组和一台增压器相连,同组各缸的排气间隔角(即发火间隔角)为 120°,而二冲程柴油机排气持续角度也大约为 120°,因此把每三个相邻的气缸连到一起,各缸排气不会相互干扰。虽然上述发火顺序没有完全满足相邻两缸不能连续发火的要求,但通过综合分析,认为这个发火顺序还是比较好的。

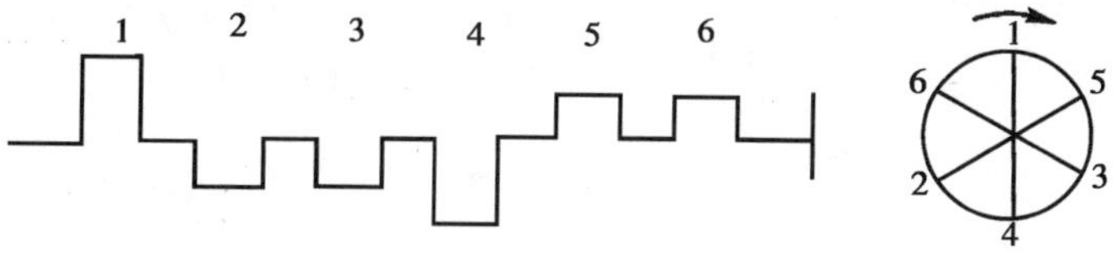

图 2-37 二冲程柴油机的曲柄排列

四冲程柴油机的曲柄排列,也以六缸机为例进行讨论。它的发火间隔角按照动力均匀的原则应为 720°/6=120°,发火顺序按照减轻主轴承负荷的原则可排成 1—5—3—6—2—4 或 1—3—5—2—4—6。按照上面的发火顺序和发火间隔角,可绘出曲柄排列图,如图 2-38 所示。

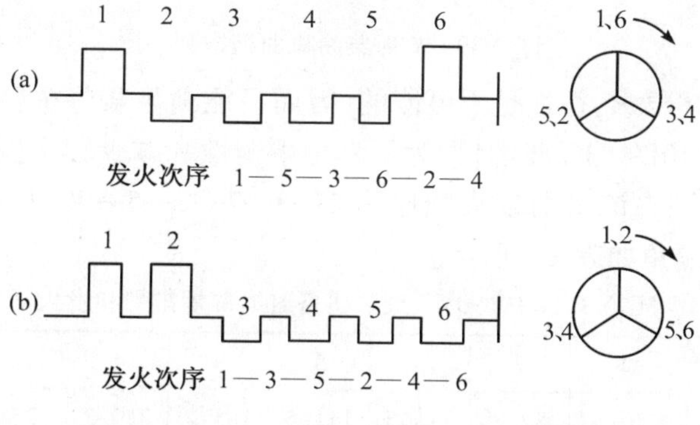

图 2-38 四冲程柴油机的曲柄排列

从曲柄排列图 2-38(a)中可以看到,有两个曲柄处在同一位置上,如 1 和 6、5 和 2、3 和 4。虽然它们同处于一个位置,但它们的工作循环相位却不同,相差 360°。以 1、6 两曲柄为例,它们都处在上止点位置,若曲柄 1 处在发火上止点,则曲柄 6 必处在换气上止点。从图 2-38(a)中还可以看到,气缸 1、3、2 和 5、6、4 的排气间隔角都是 240°,而四冲程柴油机的排气持续角度也大约为 240°。因此每三个相邻的气缸 1、2、3 和 4、5、6 都可以接到一起,共用一台废气涡轮增压器,而不会发生排气干扰,这符合上述第五项原则。曲柄排列图 2-38(b),因 1、3 两缸和 4、6 两缸的排气都只隔 120°,因此不满足这项要求,不能采用。

V 形柴油机普遍采用插入式发火。插入式发火就是两列的发火顺序及发火间隔角彼此完全相同,而总的发火顺序则为这两列的发火顺序根据气缸间的夹角关系进行穿插形成。如八缸 V 形四冲程柴油机,每列四缸,每列的发火间隔角都是 720°/4 = 180°,发火顺序都是 1—2—4—3。为了避免混乱,第一列用 1_{I}—2_{I}—4_{I}—3_{I} 表示,第二列用 1_{II}—2_{II}—4_{II}—3_{II} 表示。气缸夹角为 γ。如果气缸 1_{II} 比 1_{I} 落后 γ 角发火,其总的发火顺序和曲柄排列如图 2-39(a)所示。假如 1_{II} 比 1_{I} 落后 360°+γ,也就是 1_{I} 在发火上止点,而 1_{II} 正在换气上止点前排气,1_{I} 与 1_{II} 不连续发火,对轴承负荷有利。此种情况总的发火顺序如图 2-39(b)所示。

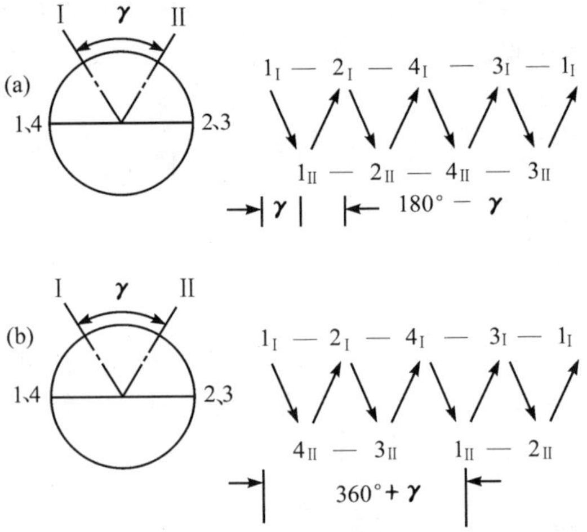

图 2-39 V 形柴油机曲柄排列

要同时满足上述要求,往往是不可能的,因而只能满足某些主要要求,兼顾其他要求,如 MAN 公司的 10L90MC 柴油机,为了满足平衡性和减少轴系振动的要求,甚至各缸发火间隔角不相同。该机的发火顺序为 1—8—7—3—5—9—4—2—10—6,各缸的曲柄排列和发火间隔角如表 2-1 所示。

表 2-1 MAN B&W10L90MC 柴油机各缸的曲柄排列和发火间隔角

	1	8	7	3	5	9	4	2	10	6
曲轴转角/°	0	36.4	82.3	115.5	141.5	185.2	229.2	254	288.4	343.8
与下缸发火间隔角/°	36.4	45.9	33.2	26	43.7	44	24.8	34.4	55.4	16.2

七、主轴承的作用、工作条件、要求和材料

主轴承的作用是支承曲轴，保证曲轴的工作轴线，使曲轴在转动中以小的摩擦和磨损传递动力。有些柴油机还有一道主轴承（一般为最后一道主轴承）起着曲轴轴向定位作用，称为止推轴承，用来防止曲轴因柴油机振动、倾斜和摇摆时发生轴向窜动。

主轴承的工作条件比较恶劣。其承受曲轴传来的气体力和惯性力的作用，具有很大的轴承负荷。曲轴主轴颈在主轴承中转动，还受到摩擦力的作用。主轴承轴承合金的硬度和强度远低于轴颈，因此柴油机运转时轴瓦比轴颈有更大的磨损。轴承工作表面与轴颈工作表面之间的相对运动速度很高，除造成轴承磨损外，还会使轴承发热。滑油在使用中氧化变质会使轴承遭到腐蚀。主轴承决定着曲轴轴线，主轴承中心线与气缸中心线垂直并相交的准确性决定着曲轴、连杆、活塞和气缸之间的正确位置关系。主轴承刚性不足，会引起曲轴弯曲、轴承与轴颈产生不均匀磨损和过度磨损。主轴承的损坏将直接影响活塞在气缸中的工作，严重时会造成机械敲缸和拉缸事故，也有可能使曲轴挠曲变形过大甚至折断。

主轴承的要求主要有：正确且固定的位置，有足够的刚度，有较高的承载能力和疲劳强度；工作温度下有足够的热强度和热硬度，较好的抗腐蚀能力，减磨性和耐磨性，能均布滑油和散走摩擦热量；维护管理方便。

除个别高速柴油机采用滚动式主轴承外，船舶柴油机的主轴承几乎都是滑动式轴承。轴承材料一般采用巴氏合金或高锡铝合金。为了提高轴承的抗疲劳能力，新型柴油机大型轴承普遍采用薄壁轴瓦结构，轴承材料使用 Sn40Al。这种材料具有较低的温度敏感性和很强的抗疲劳能力，可以大大提高主轴承的可靠性。

八、正置式主轴承的结构特点

按主轴承结构特点，主轴承分为正置式主轴承和倒挂式主轴承两类。

正置式主轴承设在机座的横梁上，曲轴从机座上部安放在主轴承上，主轴承盖位于轴承上部，用螺栓紧固。由于主轴承座通常是铸钢构件，焊接在机座上，所以正置式主轴承具有刚性好的优点。

正置式主轴承的轴承盖紧固方式有撑杆螺栓紧固和弹性压紧螺栓紧固两种。

图 2-40（a）所示为 RTA 型柴油机采用的撑杆螺栓紧固的轴承盖，它由轴承盖、上下轴瓦和撑杆螺栓等组成。采用撑杆螺栓结构可以减小贯穿螺栓的横向间距和柴油机的横向尺寸。图 2-40（b）所示为 RTA-T 型柴油机采用的一种新型弹性压紧螺栓，这是对主轴承的应力、变形进行了大量计算后所做的改进，使轴承的受力更加合理，并且在省去了撑杆螺栓之后，使主轴承的重量减轻了 40%，轴承的加工和维护保养也更加方便。

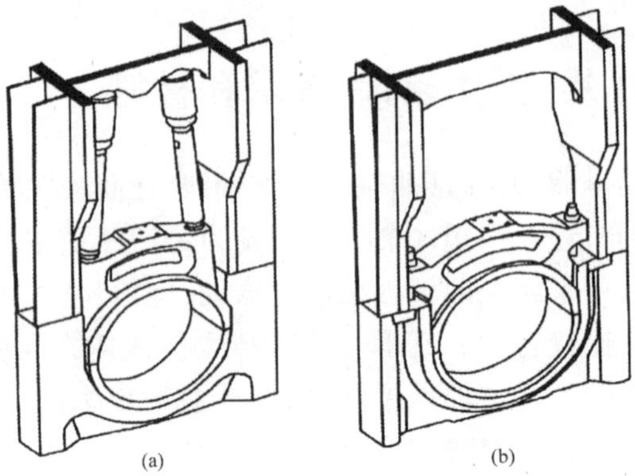

图 2-40　正置式主轴承

九、倒挂式主轴承的结构特点

现代筒形活塞式柴油机为了减轻重量，在结构上普遍采用无机座结构，即将气缸体和机架做成一体，将轴承座布置在机体的横梁上，用螺栓把轴承盖倒挂在机体上以支承曲轴，这种结构称为倒挂式主轴承，如图 2-41 所示。

采用倒挂式主轴承可以省去机座，机体底部只需装一个轻便的油底壳，因此可以减轻柴油机的重量和缩小柴油机的尺寸，也没有机座变形对轴线的影响。这种结构广泛用在中高速柴油机中，也是当前筒形活塞式柴油机的主流结构。由于轴承盖受到气体力和惯性力的作用，轴承盖和其连接螺栓应该有足够高的疲劳强度。对于中小型柴油机，倒挂式主轴承的轴承盖只采用倒挂的连接螺栓固紧。对于大功率中速机，轴承盖除用倒挂螺栓紧固到机体上之外，还用横向螺栓把轴承盖侧面与机体紧固到一起(如图 2-41 所示)，提高了主轴承盖刚性，避免了柴油机工作时机体下部张开而造成的较大塌腰变形，因此可以满足柴油机增压度提高的需要。

倒挂式主轴承结构在拆装和维修曲轴时，需将整个机体倒置，维修保养不太方便。

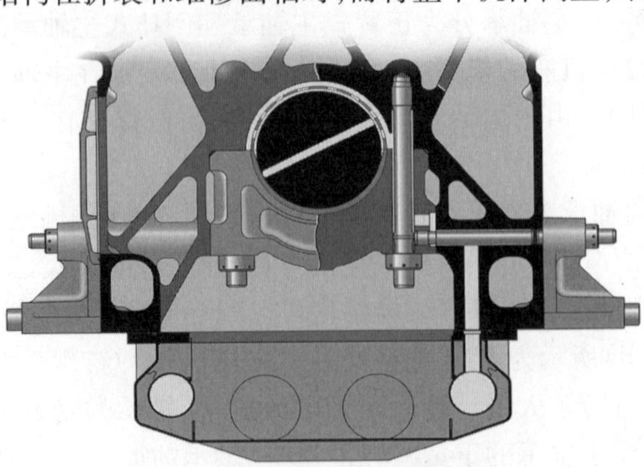

图 2-41　Wärtsilä 型柴油机倒挂式主轴承

十、曲轴疲劳损坏的种类，发生的部位、时间及原因

曲轴疲劳损坏是曲轴在交变负荷作用下产生裂纹并逐渐扩展，随着裂纹的逐渐发展，截面尺寸逐渐减小，最后因截面尺寸不足而突然发生断裂。

曲轴疲劳损坏的形式可分为两种，即弯曲疲劳损坏和扭转疲劳损坏，如图 2-42 所示。曲轴的疲劳损坏究竟是由弯曲应力引起的，还是由扭转应力或两者合成引起的，应根据断面纹理判断。疲劳损坏的断面可分为三个区域，即初始裂纹区、渐断纹理区和突断区，如图 2-43 所示。这三个区域体现了疲劳损坏过程发展的三个阶段。初始裂纹区是断面纹理的发源地。渐断纹理区是由于两断裂面间的摩擦而形成的。断面纹理由于引起疲劳的原因不同而有波浪线和螺旋线之分。在这个区域中，因有污物存在，颜色暗黑。突断区断开的截面具有冲击折断的特点，晶粒粗糙明亮，与暗的平滑纹理断面形成了明显的区别，如图 2-43 所示。

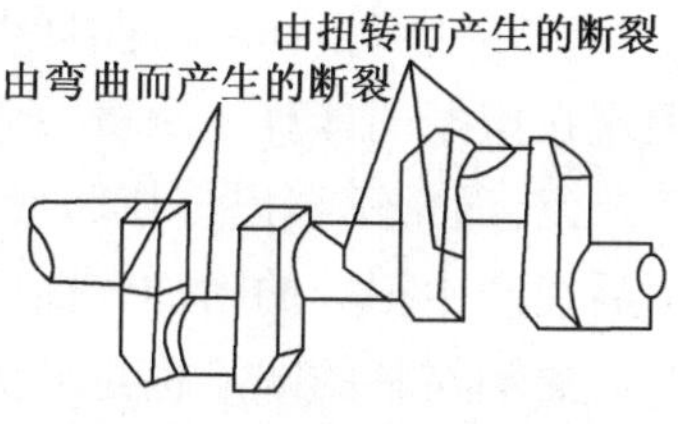

图 2-42　曲轴疲劳损坏的形式

1. 弯曲疲劳损坏

弯曲疲劳裂纹首先产生在曲柄销圆角或主轴颈圆角处，然后向曲柄臂发展。这是因为对于承受弯曲来说，曲柄臂比主轴颈和曲柄销弱。弯曲疲劳的断面是与轴线垂直的，裂纹线为波浪线，如图 2-43(a)所示。

曲轴弯曲疲劳破坏，通常是由于轴颈和轴承不均匀磨损所造成的主轴承不同轴度而引起的。特别是某个主轴承过低，当柴油机工作时，这段轴就会产生过大的变形和过大的交变弯曲应力。由于轴承的不均匀磨损要经过一定的运转时间才会发生，因此弯曲疲劳损坏很少发生在未经长期使用的柴油机上。连杆受力性质不同，故二冲程柴油机、四冲程柴油机曲柄销颈、主轴颈磨损规律不同。二冲程柴油机曲柄销外侧、主轴颈远离曲柄销侧磨损相对大，而四冲程柴油机则相反。

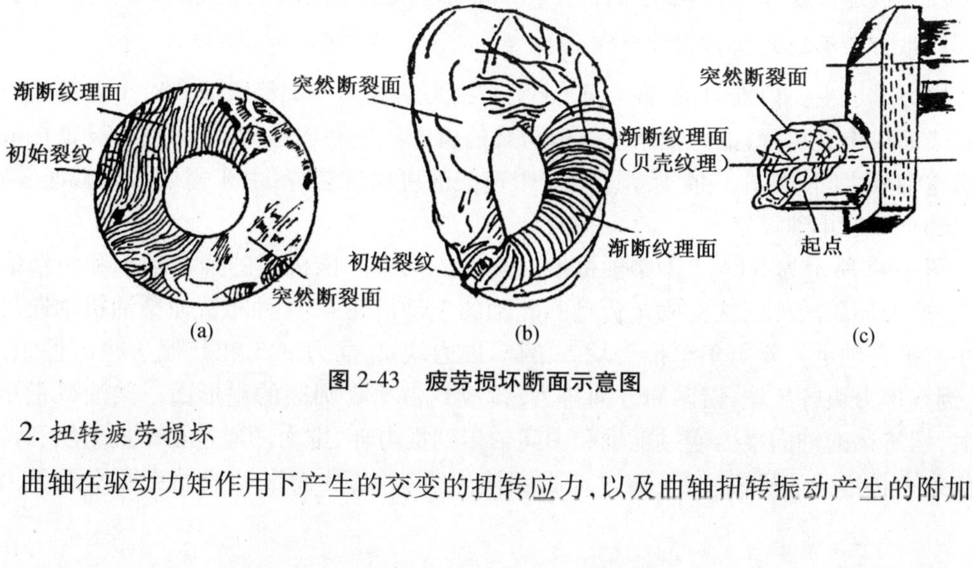

图 2-43　疲劳损坏断面示意图

2. 扭转疲劳损坏

曲轴在驱动力矩作用下产生的交变的扭转应力，以及曲轴扭转振动产生的附加扭

转应力会引起曲轴发生扭转疲劳损坏。轴颈的疲劳裂纹多从油孔开始,然后向与轴线成45°角的方向发展,所以往往出现两条对称裂纹。起始于过渡圆角处的扭转疲劳裂纹,由于轴颈的抗扭截面模数比曲柄臂弱,因此裂纹多自圆角部位向轴颈发展,较少向曲柄臂上发展。图2-43(b)所示为扭转疲劳断面示意图,断面是倾斜的,与轴线成45°,裂纹线近似为螺旋线。

扭转疲劳损坏和弯曲疲劳损坏不同。扭转疲劳损坏一般出现在柴油机运转初期。但现在扭振的计算及测量技术比较成熟,只要扭振减振器不发生故障、不飞车,又不过于疏忽,通常不会出现扭转疲劳损坏;相反,弯曲应力复杂,难以计算精确,而且轴承磨损后能产生很大的附加弯曲应力。因此,曲轴的弯曲疲劳损坏多于扭转疲劳损坏。

曲轴材料的缺陷也是导致疲劳损坏的原因之一。制造曲轴的材料可能有缩孔、气孔、收缩裂纹、夹渣、偏析等缺陷。当这些缺陷处在应力集中部位时,危险性就更大了。若柴油机使用中滑油变质使圆角处腐蚀,或由于滑油中进水及停机后轴颈表面的凝结水(在潮湿空气中易出现)使轴颈油孔或圆角腐蚀,都有可能使曲轴发生腐蚀疲劳损坏。

为了防止曲轴疲劳损坏,管理中要注意检查曲轴轴线的状态、轴颈与下瓦的贴合情况,以保证曲轴良好对中。操车时要尽快越过转速禁区,注意对扭转振动减振器的检查和保养,注意化验滑油和利用分油机分离滑油。如发现疲劳裂纹,要查明并消除引起裂纹的原因,并根据《钢质海船入级规范》的要求对裂纹进行处理。

十一、推力轴承的作用、结构和工作原理

船舶柴油机通过传动轴(推力轴、中间轴和艉轴)带动螺旋桨转动。螺旋桨桨叶在旋转时给水轴向的作用力,而水对螺旋桨桨叶也产生轴向的反作用力。作用在螺旋桨上的轴向力就是使船舶前进的推力(或后退的拉力)。螺旋桨的这个推力(或拉力)通过艉轴、中间轴和推力轴作用到推力轴承上并经过推力轴承作用到船体上。当推力轴与曲轴直接连接起来时,曲轴还由推力轴承起轴向定位作用。

1. 推力轴承的结构和工作原理

推力轴承主要由推力轴、推力环、正倒车推力块和调节圈等组成。对于大型低速二冲程柴油机推进装置,推力轴承座一般与柴油机的机座制成一体,推力轴承设置在最后两道主轴承之间,如图2-44所示。对于中速柴油机推进装置,由于需要设置减速装置,推力轴承一般单独设置。

图2-44所示为RTA-T型柴油机推力轴承的构造。该机型的推力轴承和曲轴锻为一体,推力环3的外圆法兰固定传动凸轮轴的主动齿轮4,这种布置使柴油机轴向尺寸减小。推力轴承主要由正车推力块5、倒车推力块2、推力环3和其他一些部件组成。正、倒车推力块各7块,沿圆周方向排列,排成约占2/3圆周的扇形面。柴油机正车运转时,螺旋桨的轴向推力通过艉轴和中间轴传到推力环,推力环通过正车推力块和调节圈将推力传给柴油机机座,又通过地脚螺栓传给船体,从而推动船舶克服水的阻力前

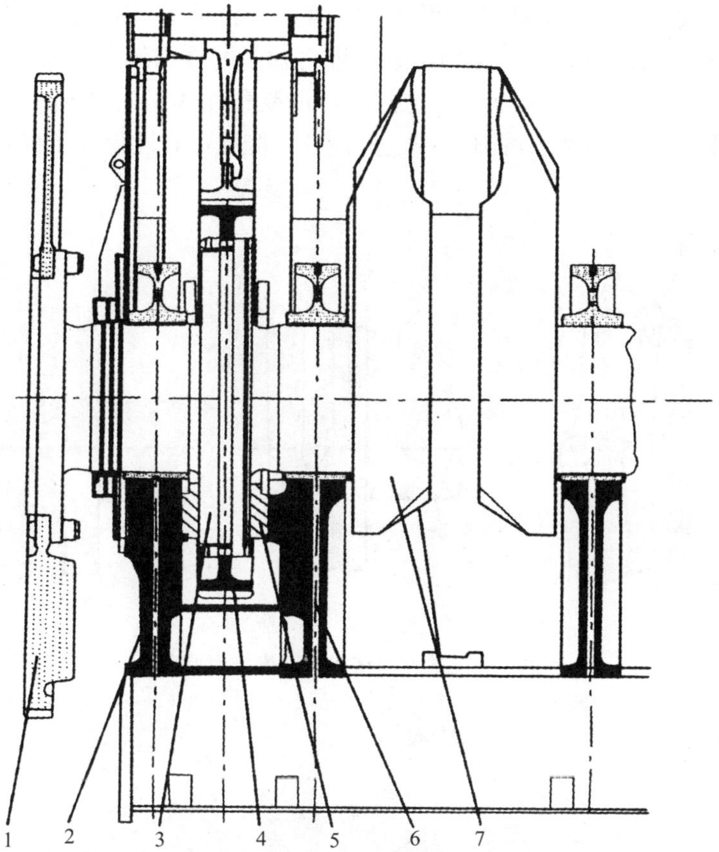

图 2-44　RTA-T 型柴油机推力轴承

1—飞轮;2—倒车推力块;3—推力环;4—主动齿轮;5—正车推力块;6—机座;7—曲轴

进。推力环与推力块之间有滑油润滑,滑油来自主轴承润滑系统。为了使滑油不至于从轴颈处漏出机外,在轴颈上设有油封。

推力轴承的关键部件是推力块。图 2-45(a)所示为一种推力块的立体图。推力块的结构随机型不同虽然不完全相同,但工作原理是一样的。推力块为一个扇形块,靠近推力环的工作面上浇有减磨合金 7,在进油边缘 5 处有圆角或小斜面 6。调节圈一侧有高、低两个面,即支承凸肩 1 和底位面 3。高、低面相交的摆动支承刃 2 为工作时的支承刃,工作时它与调节圈工作面靠在一起。推力块两个侧面上都有凸块 4,起着推力块间支撑和定位的作用。

推力轴承在正常情况下是液体动压润滑。图 2-45(b)所示为起动时工况。工作中如图 2-45(c)所示,推力块绕支承刃偏转一个小角度,使推力块与推力环的工作面间形成楔形空间,产生动力油压。推力环的推力通过动力油压传递到推力块上,再经过支承刃传递到调节圈上。

MAN 公司在其 9~12 缸的大缸径 MC/ME 柴油机上采用了一种新型 360°推力轴承,如图 2-46 所示。与传统的 240°推力轴承比较,推力环的直径以及推力轴承的长度都减小了,推力轴承的重量减轻,同时柴油机机座后部的强度也提高了。这种推力轴承只使用一种形式的推力块,根据前后侧推力的不同,推力环前侧使用 12 块推力块(360°),后侧使用 8 块推力块(240°)。360°推力轴承的推力环所受作用力作用在曲轴中心线上,而不像传统 240°推力轴承的推力环所受作用力偏离曲轴中心线,改善了曲轴的受力条件。推力轴承结构的这种改进,使其性能和可靠性得到了提高,而造价并没有增加。

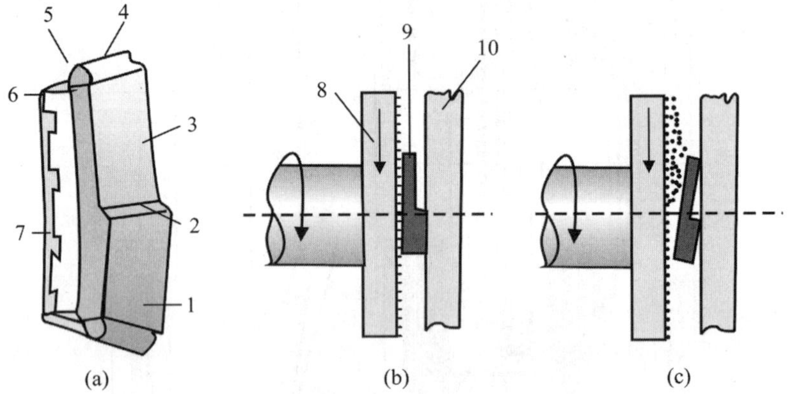

图 2-45　推力块结构及油楔作用原理

1—支承凸肩;2—摆动支承刃;3—底位面;4—凸块;5—进油边缘;6—小斜面;7—减磨合金;8—推力环;9—推力块;10—调节圈

图 2-46　MAN 公司新型 360°推力轴承

此外,对于推力环的结构也有所改进,即采用弹性推力环结构,在推力环上加工出环槽,优化了轴承负荷分布,减小了轴承的最大压力及油膜压力,使油膜厚度增加。由于改善了推力块上的负荷分布,因而减小了推力块的面积以及推力环的尺寸。

2. 推力轴承的调整

图 2-47 所示为推力轴承调整简图。正、倒车推力块用压板(止动器)6 定位。当推力块互相紧靠在一起时,在压板(止动器)6 处留有间隙 i_1 和 i_2。间隙 i_1 和 i_2 之和要符合说明书的规定,其数值可通过增减压板处的垫片进行调整。这个间隙数值保证了推力块绕支承刃摆动的灵活性。正、倒车推力块 3、4 分别靠在正、倒车调节圈 2、5 上,正、倒车调节圈 2、5 用来调整推力块与推力环间的间隙 f_1 和曲轴与轴承之间的轴向相对位置。此间隙是用力把推力环压紧在正车推力块上时,用厚薄规在倒车推力块与推力环间测量出来的。此间隙也可使曲轴处在不受轴向力的自由状态下,用两个厚薄规在正、倒车推力环处同时测量,然后将这两个数值相加得出。这个间隙的大小应符合说明书的要求;否则须通过调节圈进行调整。应急时可以临时加放垫片,在以后修船时再更换调节圈。在船厂安装两排推力块时,调节圈应按下述要求进行调整:当推力环与正、倒车推力块之间各为 1/2 装配间隙时,靠近推力轴承的最后一个曲柄的中心线应向推力轴承方向偏移一个规定的数值。这样做是为了补偿曲轴在运转中的热膨胀,以尽可能地使各曲柄臂与主轴承之间的轴向间隙保持均等。

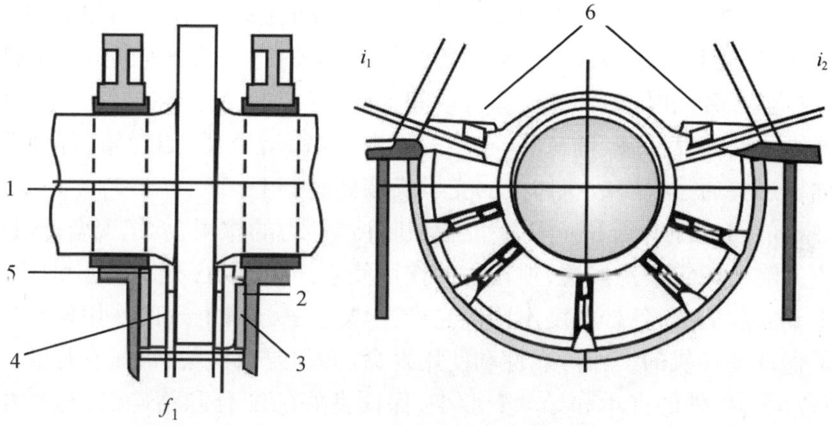

图 2-47　推力轴承调整简图

1—推力环;2,5—调节圈;3,4—推力块;6—压板(止动器)

第九节　机座、机架和贯穿螺栓

一、学习目标

1. 掌握十字头式柴油机主要固定件的结构特点、功能和工作条件。
2. 掌握筒形活塞式柴油机主要固定件的结构特点、功能和工作条件。

二、学习任务

1. 十字头式柴油机主要固定件的结构特点、功能和工作条件。
2. 筒形活塞式柴油机主要固定件的结构特点、功能和工作条件。
3. 主要固定件的管理。

三、环境设备

1. 四冲程柴油机。
2. 二冲程柴油机。

四、背景知识

柴油机的主要固定件包括机座、机架、气缸体、贯穿螺栓等。它们构成柴油机的骨架,用来支撑柴油机的运动机构和辅助系统,形成柴油机的工作空间和运动空间。

气缸体、机架和机座构成整个柴油机的主体,它们的内部要安装运动部件的导承和支承,形成运动部件和传动部件的运行空间,并布置冷却、润滑和扫气的水、油、气空间。它的外部则要安装喷油泵、调速器、起动与换向设备、增压器、扫气箱、各种系统的管道等。柴油机还要通过机座或机体上的支承安装到基座上。

柴油机的固定件承受着气体力和运动机件惯性力的作用,承担着全部机件的重量。动力转矩的输出使它产生倾覆;惯性力的作用使它产生振动;贯穿螺栓和连接螺栓的紧固使它受到安装应力;各处温度不同使它产生热应力;水、油、气的作用使它受到腐蚀。

为了保证柴油机的工作可靠性和使用寿命,必须要求机架、机座有足够的刚度和强度,以使各运动机件的支承和导承变形小,保证良好的配合和精确的位置,并避免运行中发生裂纹和损坏。在满足刚度和强度要求的前提下,要求机架、机座尺寸小、重量轻。此外,机架、机座的结构要便于内部运动机件的拆装和检修。机架和机座的各结合面、检修道门要密封性好,避免漏泄造成浪费、污染甚至出现事故。

五、十字头式柴油机主要固定件的结构特点、功能和工作条件

十字头式柴油机的气缸体、机架和机座分开制造,然后由贯穿螺栓连成刚性整体。这个刚性整体构成了十字头式柴油机的主体部分,如图 2-48 所示。

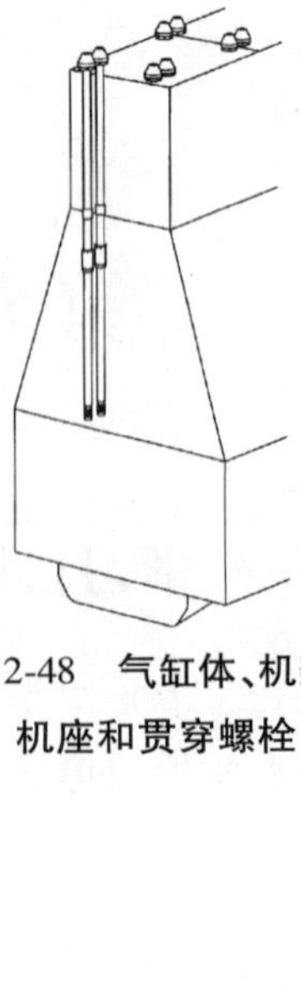

图 2-48 气缸体、机架、机座和贯穿螺栓

1. 机座

机座是柴油机的基础，它和上面的机架共同组成曲轴箱，也是柴油机装配时的基准件。目前，大型低速柴油机主要采用单壁深型机座。图 2-49 所示为 S-MC-C 型柴油机机座立体图，它主要由两侧的纵梁和带铸钢轴承座的横梁焊接而成。每侧纵梁为单层结构，横梁上的铸钢主轴承座用以支撑曲轴。主轴承盖用 4 个螺栓安装在轴承座上，螺栓由液压拉伸器上紧。轴承座孔在机座中的位置较低，便于给主轴承盖定位。机座设计得较高，以提高刚性。机座的首端安装轴向减振器，用以控制轴系的轴向振动，这是现代新型柴油机的基本配置。机座尾端还设有推力轴承和驱动链条空间，用以安装推力轴承和驱动链轮。S-MC-C 型柴油机机座的主要改进之处在于取消了贯穿螺栓孔，使机座与主轴承座的焊接过程得到了简化；另一个改进之处是在不增加机座宽度的情况下将地脚螺栓移至机座外侧，这样更有利于安装。

机座与船体的基座之间垫有环氧树脂或铸铁垫块并由地脚螺栓固定。垫块用以调节机座上平面的高度和水平度。

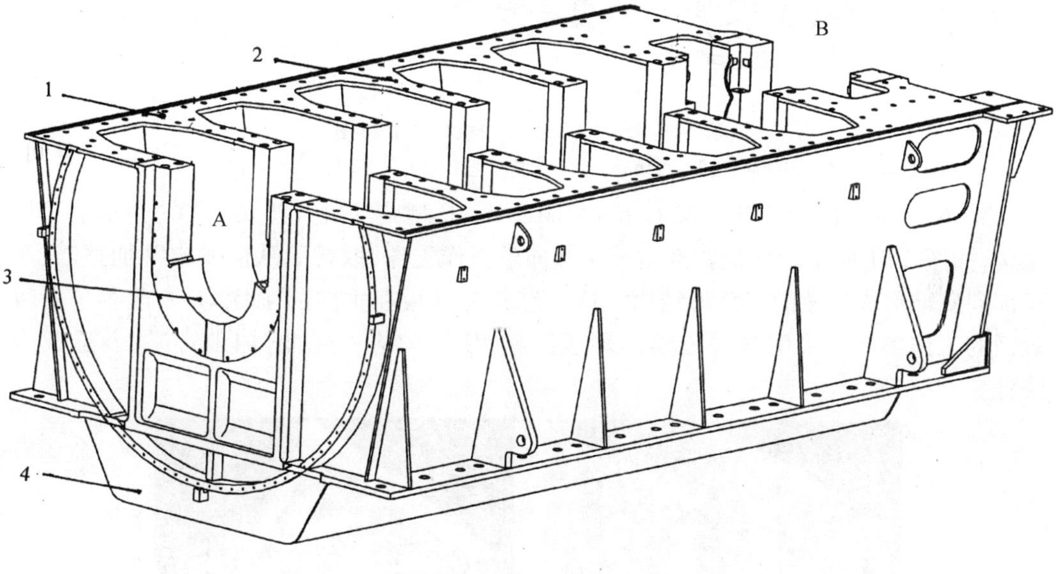

图 2-49 S-MC-C 型柴油机机座立体图

1—纵梁；2—横梁；3—主轴承座；4—油底壳；A—自由端；B—动力输出端

2. 机架

机架是柴油机的支架，它与机座形成的曲轴箱空间是柴油机运动件的运动空间。机架分为 A 字形机架与箱形机架两种。

A 字形机架是单片式装配结构，通过在铸造的单片 A 字形机架上覆板制造而成。由于加工制造复杂，刚性、密封性较差，A 字形机架目前已很少使用。

图 2-50 所示为 S-MC-C 型柴油机机架立体图。箱形机架由上面板 5，底板 6，横向隔板 2 和左、右侧板 7 焊接而成，具有结构紧凑、重量轻、刚性好的优点。机架内设有十字头滑块导板 3，用以导向并承受侧推力。侧板 7 上开有检修通道，通过它可以检查主

轴承、曲轴及连杆大端轴承的工作状态。机架的背面设有防爆门。由于整个机架为刚性整体,结合面少,加工、制造容易,安装简单,也改善了曲轴箱的密封性。MAN 公司的 MC 系列柴油机和 Wärtsilä 公司的 RTA 系列柴油机都采用箱形机架。

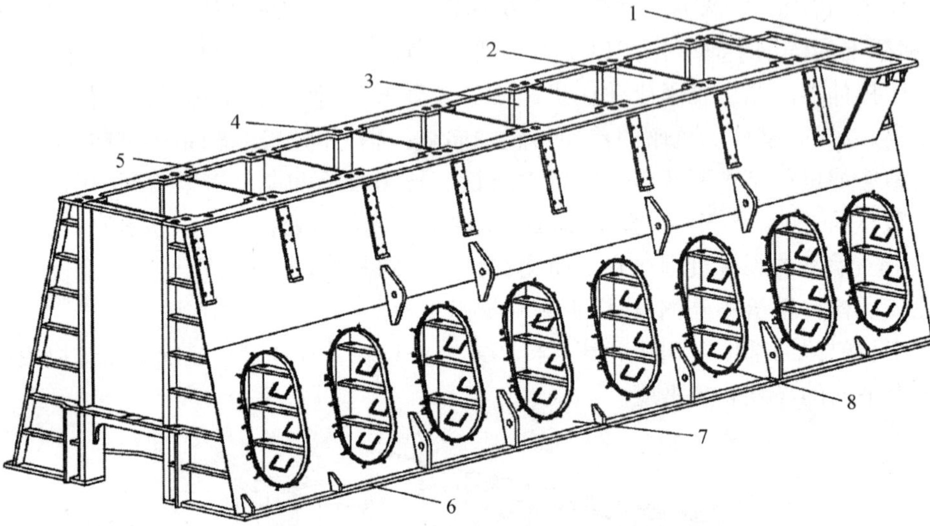

图 2-50 S-MC-C 型柴油机机架立体图

1—链条传动箱;2—横向隔板;3—滑块导板;4—贯穿螺栓孔;5—上面板;6—底板;7—侧板;8—道门

MAN 公司的 S/K80ME/MC-C 和 K90ME/MC-C 型柴油机机架采用了三角形的导板结构,如图 2-51 所示。导板背部由一块竖向整板作支撑,取代了从前的水平加强筋,从顶部到底部形成连续的三角形结构。这种结构使导板在垂向的刚性均匀,改善了滑块表面的工作条件。采用这种三角形导板结构,使结构应力降低,加工容易,制造成本降低。

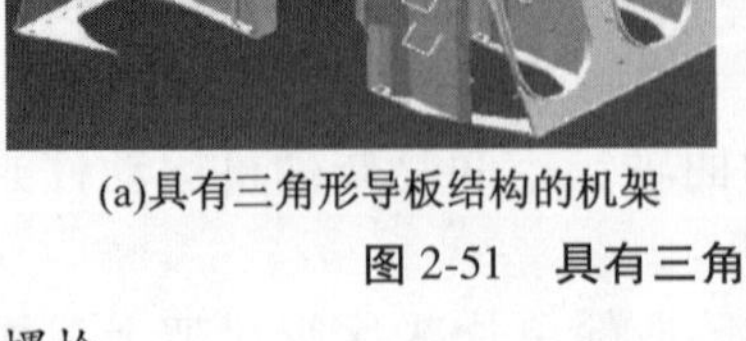

(a)具有三角形导板结构的机架

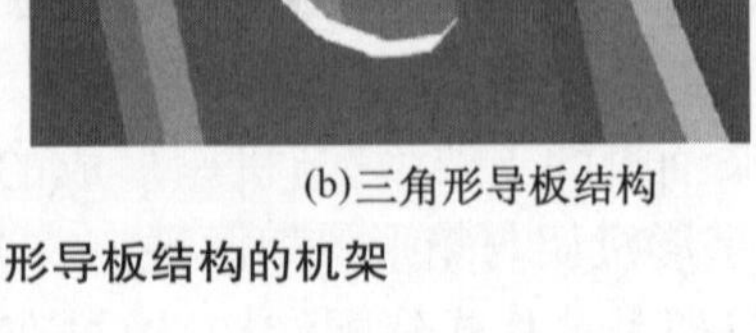

(b)三角形导板结构

图 2-51 具有三角形导板结构的机架

3. 贯穿螺栓

十字头式柴油机都采用贯穿螺栓把气缸体、机架和机座连在一起。某些大功率筒形活塞式柴油机中,大尺寸的固定机件之间也广泛采用贯穿螺栓连在一起。这是因为固定机件的结构比较复杂,如果在结合面处用短螺栓连接,在拉力的作用下,各部分受力很不均匀,难以准确计算。采用贯穿螺栓结构,拉力由贯穿螺栓承担,螺栓的作用力可以准确计算,而且在安装后气缸体、机架与机座三者只受压应力,不受拉力,既合理利用材料抗压不抗拉的性能,又提高了柴油机整体的刚度。

图 2-52 所示为 S-MC-C 型柴油机的双贯穿螺栓与 MC-C 型柴油机的单贯穿螺栓。与 MC-C 型柴油机比较,S-MC-C 型柴油机最明显的特征是以双贯穿螺栓取代了传统的单贯穿螺栓,并且拧入机座顶部的螺孔之中,而不是一直插到机座底部,因此大大缩短了贯穿螺栓的长度。研究表明,采用这种双贯穿螺栓结构,可以减小主轴承座孔由于贯穿螺栓上紧所引起的变形,保证十字头导板的变形减少,并可改善滑块的滑动状态,简化机座和主轴承座的焊接过程。

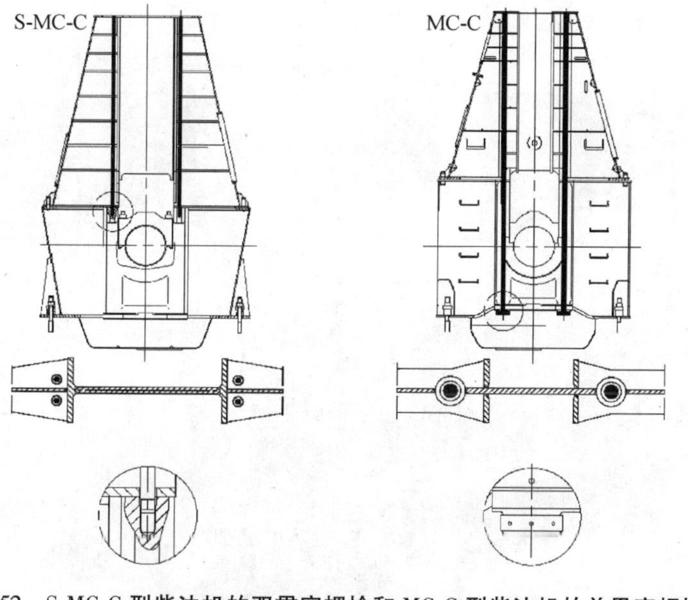

图 2-52 S-MC-C 型柴油机的双贯穿螺栓和 MC-C 型柴油机的单贯穿螺栓

六、筒形活塞式柴油机主要固定件的结构特点、功能和工作条件

筒形活塞式柴油机气缸体、机架和机座的组合形式多种多样,有的三者分开制造,用贯穿螺栓连接;有的机架与机座造在一起,气缸体单独制造;有的气缸体与机架造在一起(称为机体),取消机座,代之以轻便油底壳(如图 2-53 所示)。前两种采用正置式主轴承结构,而第三种则采用倒挂式主轴承结构。气缸体与机架造在一起的机体结构具有结构紧凑、重量轻、刚性好等优点,但对于铸造和加工的要求较高。以前这种结构常用于尺寸较小的中高速柴油机,但随着铸造和加工技术的发展,现代新型中速船用柴油机普遍采用这种结构,如目前缸径最大的 Wärtsilä 64 型中速柴油机就采用这种结构。

筒形活塞式柴油机由于尺寸较小,对固定件的要求除了保证刚度和强度外,对于尺寸重量方面的要求更加严格,以获得最大的单位尺寸功率输出和单位重量功率输出。

图 2-53 所示为 Wärtsilä 32 型中速柴油机机体。它由球墨铸铁铸造,各缸共用一个

机体。机体上部设有与气缸数相对应的圆孔用以安装气缸套。上部两侧还设有凸轮轴箱和进气总管。现代新型柴油机生产技术的一个重大改进是将所有的油水管路设置在机体之内,避免了油、水、气的漏泄,使之成为外部光洁、真正无管路的发动机。

主轴承盖由球墨铸铁制造,它从下部安装并把曲轴倒挂在机体上,轴承螺栓液压上紧。主轴承盖的两侧面还各安装有一根水平螺栓,也用液压上紧,用以提高主轴承盖的刚度。

柴油机的底部是由很轻的薄板焊接而成的油底壳,采用干式或湿式油底壳皆可。每个主轴承盖的下方都有一个液压撑杆,可用来顶起或降下主轴承盖。润滑各主轴承及冷却活塞的滑油也是通过这些撑杆输送的。

柴油机采用弹性支撑,确保柴油机的振动不会传到机外。

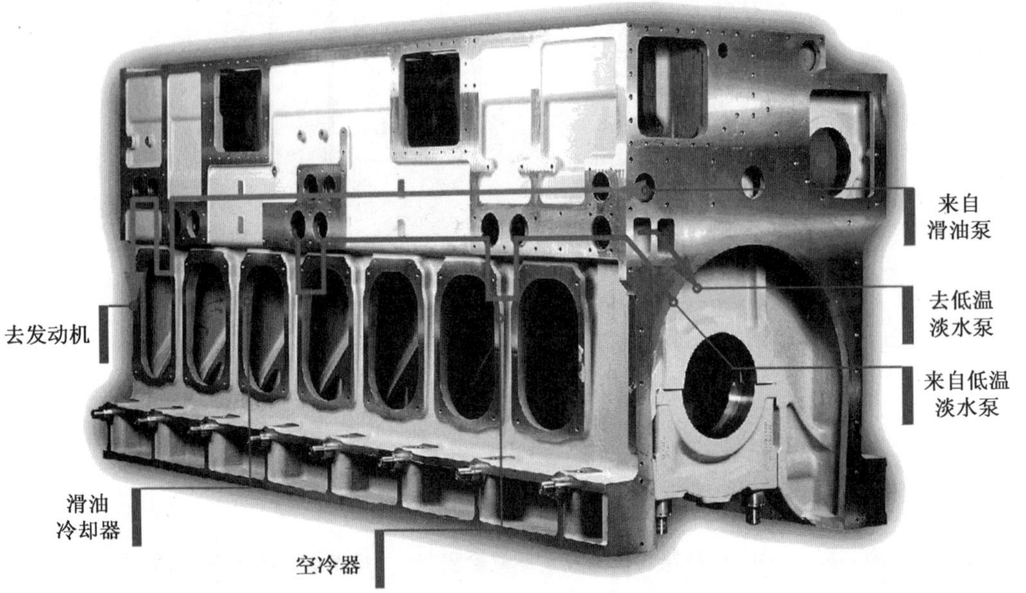

图 2-53　Wärtsilä 32 型中速柴油机机体

七、主要固定件的管理

(1)严防曲轴箱爆炸。曲轴箱上的防爆门(安全释放阀)要定期进行功能试验。运转中值班人员应经常触摸曲轴箱,发现曲轴箱过热要及时查找原因。

(2)及时处理曲轴箱各壁面道门和密封盖板处各种漏泄问题,以免造成严重事故。特别是机座周围和油底壳漏泄,容易造成滑油流失和润滑系统失压,因此更要密切注意。这可通过曲轴箱及机座四周壁面上是否有漏泄现象和柴油机周围舱底水中含油多少进行判断。

(3)定期检查机座内、外表面。机座是整台柴油机的基础,承受很复杂的应力,容易出现疲劳裂纹。主轴承座孔周围形状复杂,易出现应力集中,更是裂纹的多发区。机座内表面和滑油接触,正常情况下滑油本身基本没有腐蚀性,但滑油污染变质后会使机座遭受腐蚀。柴油机停止运转时由于污物停滞，滑油对机座腐蚀比运转时更为严重。当柴油机由热态变为冷态时，机座表面有凝水出现，也会产生腐蚀作用。

机座腐蚀处应力集中，强度下降，成为裂纹发源地。焊接机座的焊接不良处、铸造机座的铸造缺陷区及由于船体变形使机座受到较大附加应力的地方，也都有可能出现裂纹。

还要定期检查地脚螺栓有无松动和断裂。柴油机的不平衡力和力矩都要作用到地脚螺栓上，船体变形有可能使地脚螺栓受到剪切作用。

(4)加强贯穿螺栓管理，防止断裂。贯穿螺栓断裂的事例并不罕见，除与制造质量有关外，还与安装时预紧力是否均匀有密切关系。贯穿螺栓用液压拉伸器紧固。为了防止贯穿螺栓受到附加弯曲应力，贯穿螺栓要与螺栓孔同心，两端螺母不能偏斜。上紧时要严格按如图 2-54 所示顺序进行，不准单根上紧和松开，一定要成对进行。紧固时要分两个阶段，每个阶段应达到的螺栓伸长量或液压拉伸器的泵油压力要符合说明书的规定。对固紧情况要定期检查(新机一年一次，老机四年一次)。贯穿螺栓预紧后应注意将其中部的连接套或止动螺钉固紧。

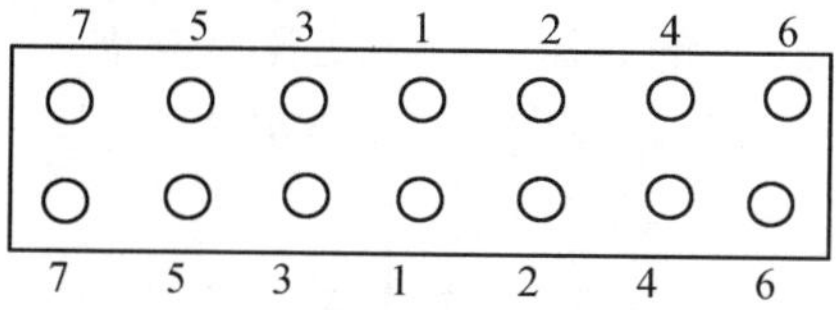

图 2-54　贯穿螺栓上紧顺序

第三章

喷油设备及检修

知识目标

1. 掌握燃油喷射系统的类型、组成和要求，了解喷射过程各阶段的特点，了解异常喷射的类型和最低稳定转速，了解燃油喷射质量及影响因素。

2. 掌握喷油泵的结构和工作原理、拆卸与装配方法、检查与调整方法、失效形式与修理方法。

3. 掌握喷油器的结构和工作原理、拆卸与装配方法、检查与调整方法、失效形式与修理方法。

4. 掌握燃油的性能指标和分类，了解劣质燃油的管理，了解可燃混合气的形成方法及其影响因素，了解不同类型的燃烧室形式、特点及提高混合气形成的管理措施，了解燃烧过程着火条件和燃烧过程的四个阶段、影响因素及控制措施。

能力目标

1. 能够根据柴油机喷油泵和喷油器的工作原理和结构特点对喷油设备的工作状况进行分析判断。

2. 能够对柴油机喷油设备常见故障现象产生的原因进行阐述。

3. 能够对喷油设备进行拆装和检修，进行日常维护和保养。

4. 能够阐述船用燃料的分类、成分及典型热值。

素质目标

1. 自觉践行社会主义核心价值观，具有深厚的爱国情感和中华民族自豪感。

2. 遵纪守法、诚实守信、敬畏生命、热爱劳动，具有社会责任感和社会参与意识。

3. 具有质量意识、环保意识、安全意识、集体意识和团队合作精神。

4. 具有健康的体魄、心理和健全的人格，养成良好的健身与卫生习惯和良好的行为习惯。

第一节　喷油设备的组成和要求

一、学习目标

1. 掌握燃油喷射系统的类型、组成和要求。
2. 了解喷射过程各阶段的特点及影响因素。
3. 了解异常喷射的类型与最低稳定转速。
4. 了解燃油喷射质量及影响因素。

二、学习任务

1. 燃油喷射系统的类型、组成和要求。
2. 燃油喷射过程、异常喷射、最低稳定转速、燃油喷射质量及影响因素。

三、环境设备

1. 四冲程柴油机。
2. 二冲程柴油机。
3. 喷油泵、喷油器。

四、燃油喷射系统的类型、组成和要求

1. 燃油喷射系统的类型

早年的柴油机燃油喷射系统采用空气喷射系统（用压缩空气把燃油吹入气缸）。自1920年开始发展了无气喷射系统，这种喷射系统主要由喷油泵与喷油器组成，逐步完善、扩大，发展成现代柴油机喷射系统。

（1）柱塞泵式喷射系统

这种喷射系统是现代船用柴油机最基本的一种。它以喷油泵为核心，基本组成是喷油泵、喷油器及高压油管。

（2）泵-喷油器式喷射系统

这种喷射系统取消了高压油管，把喷油泵与喷油器组合成一体，从而排除了高压油管对喷射过程的不良影响。这种喷射系统适用于顶置式凸轮轴的小型高速柴油机。

（3）蓄压式喷射系统

这种喷射系统的喷油设备有多种形式，其共同特点是：用来实现喷射的能量积蓄过

程发生在喷射过程发生之前。喷油泵产生的高压燃油不直接供给喷油器，而是预先储存在一个高压蓄压器中，保持恒定高压。喷油器的启闭由其他控制单元控制。因此，这种喷射系统具有以下优点：喷射压力高，喷油持续期短；喷射压力波动小，有利于消除压力波动对喷射的不利影响；柴油机的喷射压力与柴油机转速无关，可改善低速运转性能。但由于设备复杂、可靠性差，蓄压式喷射系统在船用柴油机中使用较少。

(4)电控喷射系统

这种喷射系统应用于20世纪70年代。它也是一种蓄压式喷射系统，但它摒弃了传统的机械控制，采用了当代先进的电子控制技术控制燃油的喷射过程。这种喷射系统利用多种电子传感器监测柴油机各种工况下的运行参数，如转速、压力、温度、油泵状态、针阀升程、流量等，并把这些参数输送到微处理机中，与预先储存的各种参数值及其变化规律一同进行分析，按最佳方案控制执行机构动作，对柴油机的喷油定时、喷油量、喷油压力等进行控制，保证柴油机始终在最佳工况下工作。因此，这种喷射系统有以下优点：提高所有运转工况的经济性；提高对不同燃油品质的适应能力；改善柴油机的低速运转性能及操纵性能(如起动、换向、调速等)；提高柴油机排放性能。其中电控共轨喷射系统代表着柴油机燃油喷射系统未来的发展方向，这在国内外已成为共识。

电控喷射系统在20世纪末和21世纪初已基本成熟并开始在船舶领域广泛应用。电控喷射系统的出现与发展使柴油机的全面电子化、智能化控制成为可能，也使得柴油机技术发展到一个崭新的阶段。

2. 燃油喷射系统的组成

船舶柴油机使用的喷射系统大多属于柱塞泵式直接喷射系统，其主要组成部件是喷油泵与喷油器。

图3-1所示为柱塞泵式喷射系统简图。这种喷射系统的基本组成是喷油泵、喷油器及高压油管，称为泵-管-嘴系统。柴油机工作时，柱塞3由喷油泵凸轮1(又称燃油凸轮)经滚轮2驱动。凸轮1固定在凸轮轴上并由曲轴通过凸轮轴传动机构带动凸轮轴转动。凸轮按一定时刻顶动滚轮，从而保证了喷射定时要求。柱塞3上行到其上端面封闭孔A时，泵腔中的燃油受到压缩，此为几何供油始点；当油压升高到克服出油阀弹簧5的弹力和高压油管中的残余压力时，出油阀4开启，压力油泵入出油阀空间B；高压燃油沿高压油管6传递至喷油器8端空间C。当油压大于喷油器弹簧7的预紧力时，针阀向上跳起，高压燃油经喷油嘴10喷入气缸。当柱塞3上行到上部的斜槽边缘开启封闭孔A时，泵腔高压燃油经斜槽回流至进油空间，油压降低，出油阀随后落座，此为几何供油终点。此后当端空间C的油压低于喷油器弹簧7预紧力时，针阀落座，喷油结束。柱塞下行时泵腔内为充油过程。

在该系统中，每个柱塞组件对应一个气缸，小型多缸柴油机所用的柱塞数和气缸数相等且合为一体，构成组合式喷油泵；小型单缸机和大型多缸机，常采用每个柱塞组件独立组成一个喷油泵，称为单体喷油泵。

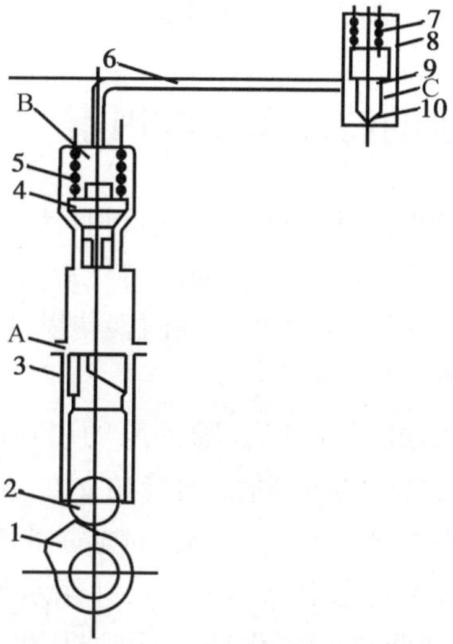

图 3-1 柱塞泵式喷射系统简图

1—凸轮;2—滚轮;3—柱塞;4—出油阀;5—出油阀弹簧;6—高压油管;7—喷油器弹簧;8—喷油器;9—针阀;10—喷油嘴;A—封闭孔;B—出油阀空间;C—端空间

上述系统中,高压油管的存在,使喷油系统布置比较方便灵活,加上已积累了长期的制造与匹配的经验,因此,迄今仍在各种柴油机上得到广泛的应用。但是高压油管也降低了喷射系统高压部分的液力刚性,难以实现高压喷射与理想的喷油规律,限制了这种传统喷射系统的进一步应用。

3. 喷油喷射系统的要求

柴油机在气缸内部形成混合气,即在活塞接近发火上止点时,燃油喷射系统将燃油在极短的时间内以高压喷入气缸,实现燃油与空气的混合和燃烧。因此,无论在制造与调整精度方面,还是与整机的匹配方面,都对燃油喷射系统有严格的要求。基本要求是:正确的喷油定时、精确的循环供油量、良好的雾化质量和喷油规律,可简单地概括为"三定",即定时、定量和定质。

(1)定时喷射。柴油机运转工况范围内,尽可能保持最佳的起始喷油时刻、喷油持续时间和喷油规律,以保证良好的燃烧并取得优良的综合性能。此外,喷射定时应能进行总调(整机同时调节)和单调(个别缸单独调节)。

(2)定量喷射。每个柴油机运转工况(一定的转速和负荷组成一个工况)能够精确控制每循环喷入气缸的燃油量,而且喷油量能随工况变化而自动变化。在工况不变时,各循环之间的喷油量应当一致。对多缸柴油机而言,各缸的喷油量应当相等。

(3)定质喷射。燃油喷射系统应能产生足够高的喷油压力,以保证燃料良好的雾化混合和燃烧,且燃油油束需与柴油机燃烧室和气流运动相匹配,保证油气混合均匀。另外,还应有最适宜的喷油规律,以满足燃烧过程的要求。

此外,还要求喷射系统工作稳定可靠,无泄漏,便于管理等。

五、喷射过程各阶段的特点及影响因素

燃油喷射过程是一个复杂的物理过程。喷射过程中,从喷油泵出油阀到喷油器针阀这一高压系统内所进行的物理过程,受燃油的可压缩性、高压油管的弹性、系统的节流以及燃油运动的惯性等因素影响。这些影响因素使燃油在喷射过程中产生时间延迟和压力波动,进而影响燃油的喷射质量。

为了深入研究燃油的喷射过程,可以在喷油泵的出口端及喷油器的入口端分别装上压力传感器,测量喷油泵出口压力 p_p 随曲轴转角 φ 的变化规律 $p_p=f(\varphi)$,和喷油器进口压力 p_n 随曲轴转角 φ 的变化规律 $p_n=f(\varphi)$;喷油器顶端装针阀升程传感器,测量针阀升程 h_u 随曲轴转角 φ 的变化规律 $h_u=f(\varphi)$,并用示波器记录,可得到如图 3-2 所示的喷射过程曲线。根据这些曲线的变化特点,可把从供油始点到喷油终点的喷射过程划分为三个阶段:

(1)喷射延迟阶段Ⅰ(从几何供油始点到喷油始点)

燃油具有可压缩性,压力变化 1 MPa,燃油容积变化 1/1 820~1/1 610。燃油的可压缩性、高压油管的弹性以及高压系统的节流等原因使得喷油器的喷油始点 O_n 滞后于喷油泵的供油始点。通常称针阀开启时的燃油压力为喷油器的启阀压力。由此,存在着供油提前角 φ_p(在压缩行程中喷油泵开始供油的瞬时到活塞上止点的曲轴转角)和喷油提前角 φ_n(在压缩行程喷油器开始喷油的瞬时到活塞上止点的曲轴转角)两个提前角。能够进行检查和调整的是供油提前角;对柴油机燃烧过程有直接影响的是喷油提前角。影响喷射延迟阶段的主要因素是:高压油管特性参数、喷油器针阀的启阀压力、柴油机的工况以及喷油泵出油阀和喷油器针阀的结构特点等。

(2)主要喷射阶段Ⅱ(从喷油始点到供油终点)

本阶段内由于瞬时供油量大于喷油量,所以喷油压力继续升高,燃油在不断升高的高压作用下喷入气缸。循环喷油量的大部分在本阶段内喷入气缸。显然,本阶段的长短主要取决于柴油机负荷。负荷越大,本阶段越长。

(3)尾喷阶段Ⅲ(自由膨胀阶段,供油终点到喷油终点)

喷油泵停止供油时,由于原压缩燃油在低压下膨胀,高压油管在低压下收缩以及系统的节流作用,使得喷射系统中的压力下降得较为迟缓,针阀仍保持开启。燃油是在不断下降的压力作用下喷入气缸,使燃油雾化不良,甚至产生滴漏现象。当燃油压力降低到针阀落座,喷油结束,此压力称为针阀落座压力。由图 3-2 可见,针阀落座压力小于启阀压力。影响尾喷阶段的主要因素与喷射延迟阶段相同。

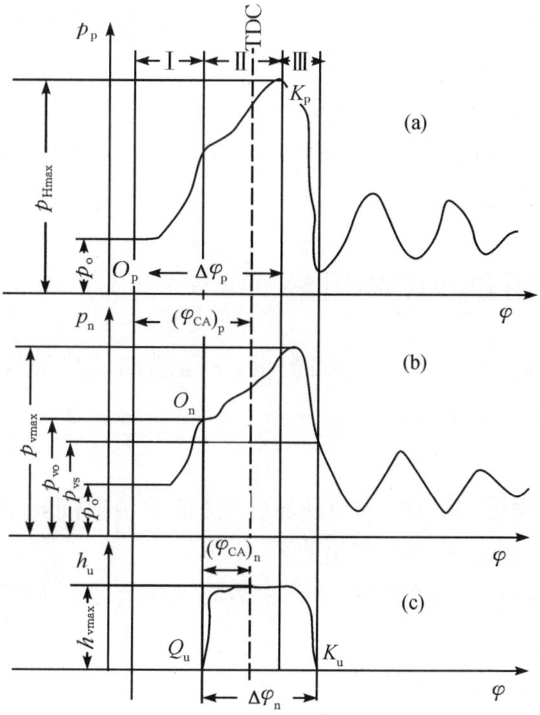

图 3-2　喷射过程曲线

六、异常喷射的类型与最低稳定转速

传统柴油机燃油喷射系统正常喷射的特点是：对应柴油机每一工作循环的喷射过程中，喷油器针阀只启闭一次，针阀升程曲线基本呈梯形，高压油管中的剩余压力基本相同。与正常喷射不同的喷射称为异常喷射。常见的异常喷射有二次喷射、断续喷射、不稳定喷射和隔次喷射、滴油等。图 3-3 所示为正常喷射和几种异常喷射针阀升程图。

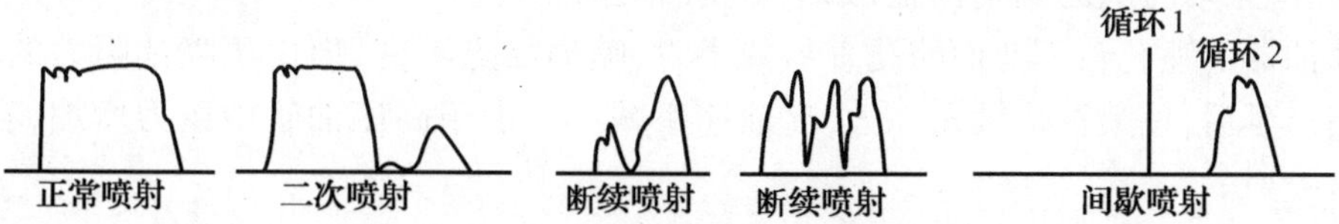

图 3-3　正常喷射和异常喷射针阀升程图

传统多缸柴油机中，由于凸轮轴由曲轴驱动，柴油机低转速（低负荷）运转时，凸轮轴转速低，导致喷油泵柱塞套筒偶件相对速度低，供油速率低，易发生异常喷射。此外，各缸喷油泵柱塞偶件、喷油器针阀偶件的间隙和喷孔孔径间的差别，以及油泵调节杆安装间隙的不同，使得各缸供油量显著不均，严重时个别缸不能发火而使转速不稳，甚至自动停车。因而船用主柴油机都有一个各缸能够均匀发火的最低转速，称最低（工作）稳定转速。GB 1833—1989 规定，最低工作稳定转速指柴油机油门在出厂的标定功率位置上带负荷运转所达到的稳定转速。船用主机的最低稳定转速则指按推进特性运转时的最低稳定转速。

按我国有关规定,船用低速主柴油机的最低稳定转速不高于标定转速 n_b 的 30%,中速柴油机的最低稳定转速不高于标定转速 n_b 的 40%,高速柴油机的最低稳定转速不高于标定转速 n_b 的 45%。

七、燃油喷射质量及影响因素

燃油的喷射质量通常通过两个方面衡量:一是燃油的喷油规律;二是燃油的雾化质量。

1. 喷油规律

喷油规律是指在喷油过程中,单位凸轮转角(或单位时间)从喷油器喷入气缸中的燃油量随凸轮转角 φ(或时间 t)的变化关系。

喷油规律与燃油喷射系统的结构特点和柴油机的运转工况等许多因素有关。主要影响因素有:

(1)燃油凸轮形线和有效工作段

燃油凸轮的形线有陡缓之分。在喷油泵柱塞行程和供油始点相同的前提下,燃油凸轮形线越陡,凸轮转过相同角度时柱塞升程越大,喷射延迟角和喷油持续角越小。可以通过供油定时的调节改变凸轮有效工作段,即改变柱塞供油有效行程所对应的那段凸轮形线所处的位置。一般把凸轮的有效工作段选在柱塞速度的高速部分,以提高喷油速率,减小喷油持续角,提高雾化质量。

(2)柱塞直径与喷孔直径

在不改变柱塞行程而增大柱塞直径时,供油速率增大,喷射延迟角和喷油持续角均减小。但因提高了初期的喷油速率,在改善柴油机经济性的同时可能使燃烧粗暴。增压柴油机通常加大柱塞的直径,以增加循环喷油量,缩短喷油持续期。此时为了防止燃烧粗暴,应采取相应的调整措施,如减小喷油提前角等。

喷油器的喷孔数不变而喷孔直径减小时,喷油始点不变,但由于喷油阻力的增加,喷油终点延后,使喷油持续角加大,喷油速率减小。由于高压油管中压力增加,容易引起异常喷射。

(3)高压油管尺寸

油管越长,压缩容积越大,喷射延迟角越大,而喷油持续角不变,即喷油提前角变小。油管内径越小,燃油流动阻力越大,喷射延迟角越大。因此,多缸柴油机各缸高压油管应遵循等尺寸原则,以保持各缸喷油规律的一致性。

(4)柴油机负荷与转速

柴油机转速及喷油定时不变而增加负荷时,其喷油始点基本不变,而喷油终点延后,并且增加了后半期的喷油速率。柴油机负荷及喷油定时不变而改变转速时,随着转速的增加,对应单位凸轮转角的时间缩短,喷射延迟角和喷油持续角均加大,而喷油速率减少。对于负荷与转速同时改变的柴油机工况,其喷油规律的改变应做综合分析。

2. 燃油雾化质量

燃油在高压下喷入柴油机气缸并分散成细小油粒的过程称为燃油的喷雾或雾化。其目的是增加燃油蒸发的表面积,从而加速燃油的吸热与汽化过程,进而加速燃油与空气的混合。

(1)油束的形成与油束特性

燃油在很大的压差(10~60 MPa)作用下,以高速(100~300 m/s)喷入气缸。燃油高速流经喷孔时的扰动作用以及缸内压缩空气的阻力作用,使喷出的油流分裂成细小油粒组成的近似圆锥形油束,如图 3-4 所示。这些油粒(直径一般在 5~50 μm)在燃烧室中进一步分散和细化形成更细微的油粒,这一过程称为燃油的雾化。油束中间部分油粒较大,运动速度大,雾化较差;而油束外部油粒分布较散,油粒直径较小。通常在油束外部的细小油粒最先蒸发并与空气混合,形成可燃混合气。

燃油的喷射雾化质量用三个参数来描述:

①射程 L

射程 L 也称为油束的贯穿距离,表示油束的贯穿能力。射程越长,贯穿能力也越强。缸径大的燃烧室要求油束射程长。但油束射程的长短应与燃烧室相匹配,如小缸径燃烧室配以长射程,则大部分燃油将喷射到缸壁或活塞顶面,不能与空气很好地混合。

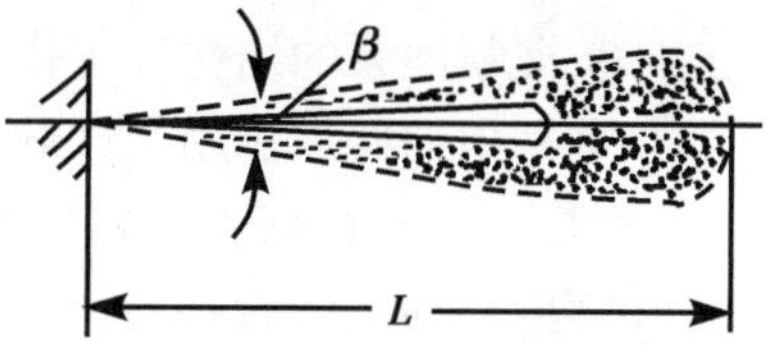

图 3-4　油束的形成

②油束锥角 β

油束外缘之间的夹角称为油束锥角 β,表示油束的紧密程度。

③雾化质量

雾化质量可用油粒平均直径和雾化均匀度表示。油粒平均直径表示雾化颗粒的大小。雾化均匀度表示不同直径的油粒占油粒总量的百分数 X_0。

(2)油束特性的影响因素

影响油束特性的因素很多,主要影响因素有:

①喷油压力

增大喷油压力,雾化细度减小,雾化质量提高,油束射程 L 和锥角 β 均增大。如喷油压力过大,由于 L 过大,雾化细度过小,反而与燃烧室不匹配,燃烧过程粗暴,冒黑烟和结炭。

②喷孔构造

喷孔构造主要包括喷孔直径和喷孔长度直径比两个参数。喷孔直径减小时,β 增大,雾化细度和 L 减小;喷孔直径增大时,L 增大。对于一定的喷油器,喷束的形状和分布是与燃烧室形状相匹配的,所以无论因磨损或局部堵塞使喷油器喷孔直径、喷孔长度直径比增大或减小,都破坏了油束与燃烧室的配合,不利于可燃混合气的形成。

③燃油品质

影响雾化质量的燃油品质主要是黏度和密度。燃油的黏度和密度增加时,雾化困难。柴油机采用低质燃油时,需相应采取预先加热燃油、提高喷油压力等措施。

④喷射背压

喷射背压增加时,油粒与空气的摩擦力增加,油粒所受空气阻力亦增加,致使雾化细度减小,β 增大,L 亦减小,有利于提高雾化质量。

喷油器结构一定时,如新更换的喷油器,影响油束特性的主要是燃油品质和喷射背压。对于电控喷射柴油机,即使低负荷运行也能保证较高的喷油压力,因此雾化质量好,柴油机最低稳定转速低,排放性能好。

第二节　喷油泵及检修

一、学习目标

1. 掌握喷油泵的结构和工作原理。
2. 掌握出油阀的作用及卸载方式。
3. 掌握可变喷油正时(VIT)机构的特点和作用。
4. 掌握喷油泵的检查与调整方法。
5. 掌握喷油泵的拆卸与装配方法。
6. 掌握喷油泵的失效形式与修理方法。

二、学习任务

1. 喷油泵的结构和工作原理。
2. 出油阀的作用及卸载方式。
3. 可变喷油正时(VIT)机构的特点和作用。
4. 喷油泵的检查与调整方法、拆卸与装配方法、失效形式与修理方法。

三、环境设备

1. 四冲程柴油机。
2. 二冲程柴油机。
3. 四冲程柴油机喷油泵。
4. 二冲程柴油机喷油泵。
5. 回油阀调节式喷油泵。

四、喷油泵的结构和工作原理

喷油泵是供应高压燃油的设备,是柴油机燃油喷射系统的核心部件。它的作用是提供高压燃油，同时调节供油定时与供油量。供油定时由凸轮轴上的燃油凸轮安装位置决定，凸轮轴与柴油机曲轴的传动相位确定了整机各喷油泵的供油定时。供油量取决于柱塞上行时有效供油行程的大小。有效行程的大小可在柱塞的上行行程中借助于调节机构使一部分燃油回油至低压空间加以调节。此种油量调节方式有三种：始点调节（调节供油始点而终点不变）；终点调节（供油始点不变而供油终点可调）；始终点调节（供油始、终点均可调节）。

根据调节机构的特点（进、回油方式不同）可分为回油孔调节式与回油阀调节式两种喷油泵。各种喷油泵均为往复式高压柱塞泵，其压油动作均靠燃油凸轮驱动油泵柱塞，柱塞的复位均依靠油泵的弹簧。

柱塞式喷油泵的基本组成部分有柱塞与套筒（又称为柱塞偶件）、凸轮与滚轮、进油阀和出油阀以及调节机构等。

1. 回油孔调节式喷油泵

回油孔式喷油泵又称为斜槽式喷油泵或Bosch喷油泵。

（1）结构特点

回油孔式喷油泵按各缸喷油泵单元组合方式可分为单体式和组合式两种，两者的基本结构相同。如图3-5所示，是回油孔式喷油泵的基本结构图。

主要部件是柱塞1、套筒2、调油机构（齿条R与齿圈S）、出油阀3、出油阀弹簧4，柱塞头部有直槽a、斜槽b、环形槽c，套筒上部有回油孔B。柱塞下方横销d与齿圈S配合工作，拉动齿条R可改变齿圈S位置，从而通过横销d使柱塞1相对套筒转动，改变循环供油量。

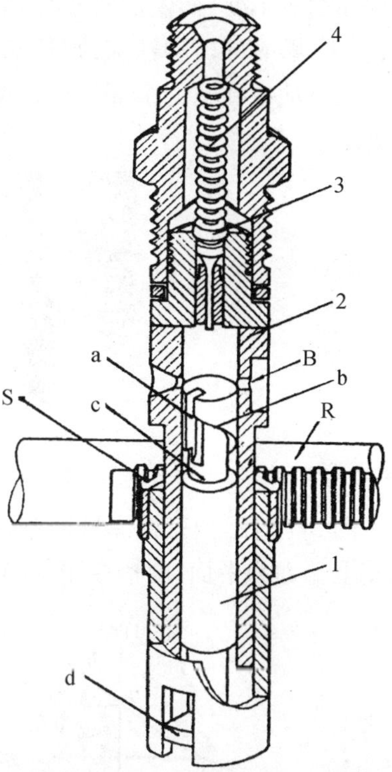

图3-5　回油孔式喷油泵的基本结构

1—柱塞；2—套筒；3—出油阀；4—出油阀弹簧；R—齿条；S—齿圈；B—回油孔；a—直槽；b—斜槽；c—环形槽；d—横销

（2）工作原理

柱塞与套筒、出油阀与阀座是喷油泵的两对精密偶件。柱塞在套筒中运动并在高压下保持良好的密封性，但允许有微量漏油，以润滑其配合面。柱塞与套筒、出油阀与阀座不能单独更换，如需更换，应成对换新。

喷油泵工作原理动画

在燃油凸轮控制下，柱塞在套筒内做上下往复运动。柱塞相对套筒位置最低时（该缸滚轮位于燃油凸轮基圆），此时套筒上部进（回）油孔开启，燃油进入泵腔，如图3-6(a)所示。随凸轮轴转动，当该缸滚轮位于燃油凸轮工作段时（凸圆），柱塞沿套筒上行，在柱塞顶端没有关闭回油孔前，泵腔内燃油经回油空间流回进油空间，直到柱塞上部端面刚好关闭回油孔时，泵腔燃油开始受压缩，即为供油始点（又称几何供油始点），如图 3-6(b)所示。该泵柱塞顶面决定供油始点,始终不变。柱塞继续上行,当柱塞头部的斜槽打开回油孔时,柱塞上方的高压燃油经柱塞头部的直槽、环形槽与回油孔相通流回进油空间,此即为供油终点(又称几何供油终点),如图 3-6(c)所示。该泵柱塞环形槽决定供油终点,随柱塞周向位置而改变。供油始点到供油终点柱塞上行的供油行程称为柱塞的有效行程。此后柱塞继续上行至最高位置,燃油一直流回进油空间。柱塞下行时泵腔经回油孔充油。若在柱塞的往复运动中通过调节机构逆时针转动柱塞,则供油始点不变,而供油终点延后,即柱塞有效行程增大,供油量增加,称为终点调节式;反之,顺时针转动柱塞,则柱塞有效行程减小。当柱塞头部的直槽对准回油孔时,泵腔中的燃油在柱塞的全部上行行程中都经回油孔流回进油空间,此为停油位置,即停车位置。

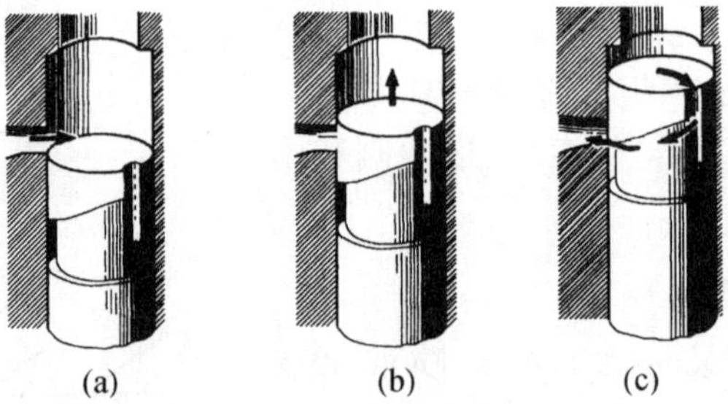

图 3-6　回油孔式喷油泵工作原理图

图 3-7 所示为三种油量调节方式与柱塞头部结构。图 3-7(a)所示为终点调节式,柱塞上端面为平面,斜槽在下部,转动柱塞调节油量时,供油始点不变,而终点变化。图 3-7(b)所示为始点调节式,柱塞头部斜槽在上部,下端面为平面,转动柱塞调节供油量

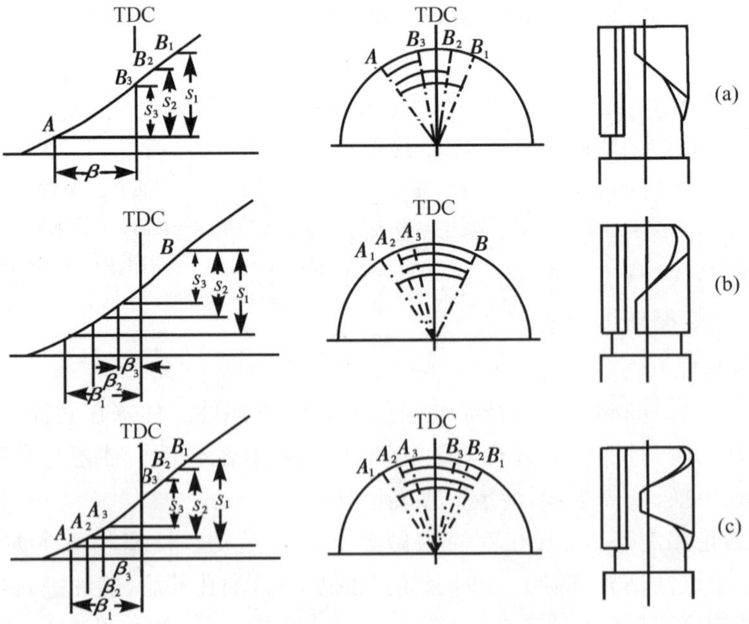

图 3-7　三种油量调节方式及柱塞头部结构

时，其供油始点变化而终点不变。图 3-7(c)所示为始终点调节式，柱塞头部上、下均有斜槽，转动柱塞调节供油量时，其供油始点、终点都会变化。

如图 3-7 中，A、A_1、A_2、A_3 为供油始点；B、B_1、B_2、B_3 为供油终点；s_1、s_2、s_3 为柱塞有效行程，β、β_1、β_2、β_3 为几何供油提前角。

(3)典型结构介绍

回油孔式喷油泵种类繁多。图 3-8 所示为 MAN B&W S-MC-C 型柴油机不带 VIT 机构的喷油泵。喷油泵的主要零件是由柱塞 3 和套筒 2 所构成的偶件。柱塞上设有直槽、斜槽和环形槽，套筒上开有两个圆孔。柱塞中部与调节齿圈 1 用键连接，调节齿圈 1 与调节齿条 10 啮合，拉动齿条可转动柱塞，以调整柴油机的循环供油量。调节齿条 10 上有刻度线，用以指示喷油泵供油量。喷油泵上设有进回油孔，柴油机运转和停车状态下都可以使燃油在油泵内进行循环，因此，柴油机停车和机动航行时都不需换油。喷油泵供油由凸轮通过滚轮顶动柱塞上行完成，而柱塞的吸油动作则靠弹簧使柱塞下行来完成。多缸柴油机中各缸喷油泵调节齿条 10 通过机械连接方式与油门拉杆相接，通过燃油手柄(或调速器)拉动油门拉杆可实现对供油量的总调；油门手柄不动时，调节齿条 10 与油门拉杆的连接位置可实现对喷油泵供油量的单调。

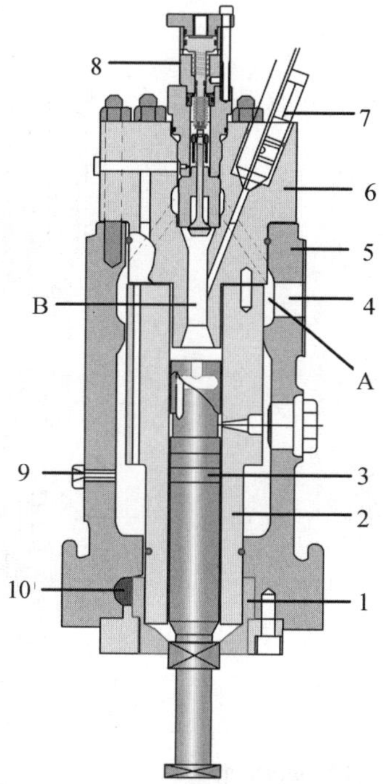

图 3-8 MAN B&W S-MC-C 型柴油机不带 VIT 机构的喷油泵

1—调节齿圈；2—套筒；3—柱塞；4—进油口；5—泵壳；6—泵盖；7—高压油管接口；8—空气刺破阀；9—燃油循环口；10—调节齿条；A—燃油低压腔；B—燃油高压腔

喷油泵上部为吸油阀和空气刺破阀 8 的组合阀。当柱塞下行时，燃油通过进油口 4 进入低压腔，然后进入泵腔。若吸油阀上部的空气刺破阀通入压缩空气，则控制活塞下移，使吸油阀始终处于开启位置，高压油腔与低压油腔相通，喷油泵不能供给喷油器高压油，柴油机停车。该型柴油机在正常停车、紧急停车、安保系统动作停车、高压油管漏油检测停车时空气刺破阀都会接通控制空气。

图 3-9 所示为 Wärtsilä 32 型柴油机喷油泵。其基本结构与上述喷油泵大致相同，也是通过凸轮、滚轮顶动柱塞上行完成的，而柱塞的吸油动作则靠弹簧使柱塞下行来完成。所不同的是在上端盖上设有两个出油阀(主出油阀和引喷出油阀)。在供油初期，少量燃油首先通过引喷出油阀进入喷油器，而在主喷射阶段则通过主出油阀使大量燃油迅速喷入气缸，这样既可以使燃烧初期工作比较柔和，又可以控制整个喷射和燃烧过程不致太长。

回油孔式喷油泵的优点是结构简单，工作可靠，造价相对较低，因而广泛用于各型

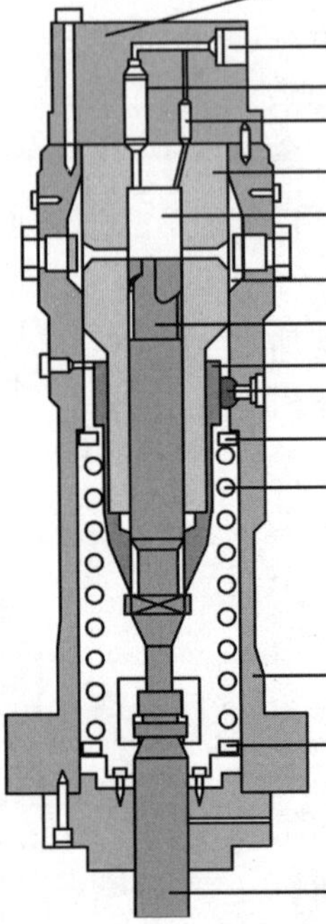

图 3-9　Wärtsilä 32 型柴油机喷油泵

柴油机。但此种喷油泵柱塞上有斜槽、直槽、环形槽,导致密封性差,而且在直槽和斜槽中的压力油会对柱塞产生侧推力,使柱塞发生单面磨损。为避免此单面磨损,可采用具有两条对称布置斜槽的柱塞,以使侧推力相互抵消。

2. 回油阀调节式喷油泵

(1)结构特点

图 3-10 所示为回油阀调节式喷油泵结构简图。从图中可以看出,回油阀调节式喷油泵的柱塞 3 上不设直槽、斜槽与环槽,在泵体中装有进(回)油阀 7,以调节柱塞的有效行程。进、回油阀由柱塞通过摆杆 10 驱动。

(2)工作原理

如图 3-10(a)所示,柱塞位于凸轮 1 的基圆时,柱塞 3 被弹簧 4 压向它的最低位置。此时,以偏心轴 11 为支点的摆杆 10 右侧的顶杆 8 处于最高位置。进(回)油阀 7 被顶起,燃油经过进(回)油阀进入泵的工作空间。随着凸轮的转动,顶起柱塞开始泵油行程,同时顶杆 8 开始下降。当柱塞上升到一定位置的时候,顶杆 8 刚刚脱开进(回)油阀,进(回)油阀就会在弹簧力的作用下关闭。这时柱塞上部的燃油开始被压缩,这就是喷油泵的几何供油始点。柱塞继续上升压油,当油压大于高压油管中的剩余压力时,出油阀被顶开,燃油经高压油管流至喷油器。当柱塞上升到最高位置时,泵腔中的燃油压力不再上升,出油阀 6 自动关闭,此时为几何供油终点。此时,摆杆 10 的右端下降到最低位置,顶杆 8 也被弹簧压到最低位置,在进(回)油阀 7 和顶杆 8 之间出现一个间隙。此间隙反映了柱塞的有效行程,即喷油量。当柱塞在最高位置时,进(回)油阀下面的间隙大,表示柱塞的有效行程大,喷油量越多。调节此间隙可以调节喷油量,调节喷油量的方法有两种：一是总调，即转动偏心轴 11，通过改变摆杆 10 的偏心支点位置来改变摆杆右端的高低使间隙产生变化，这样各缸喷油泵的供油量都发生变化；二是单调，即转动调节螺钉 9，按顺时针方向将螺钉旋进，降低顶杆 8，使供油量增多；反之，按逆时针方向将螺钉旋出，升高顶杆 8，使供油量减少。无论怎样调节油量，供油的终点不变，而供油的始点随着有效行程的增长而提前，所以这种喷油泵叫作始点调节式喷油泵。由于柱塞上升速度在行程开始和终了时均为零，而在行程中段时达到最大。如前所述，喷油泵的供油压力与柱塞运动速度成正比，因此一般选取柱塞运动速度较大的一段作为凸轮的有效工作段。这种始点调节式喷油泵中，当供油开始时，虽然柱塞运动速度较大，但当供油结束时，供油速度为零，正是这种调节方式的缺点。

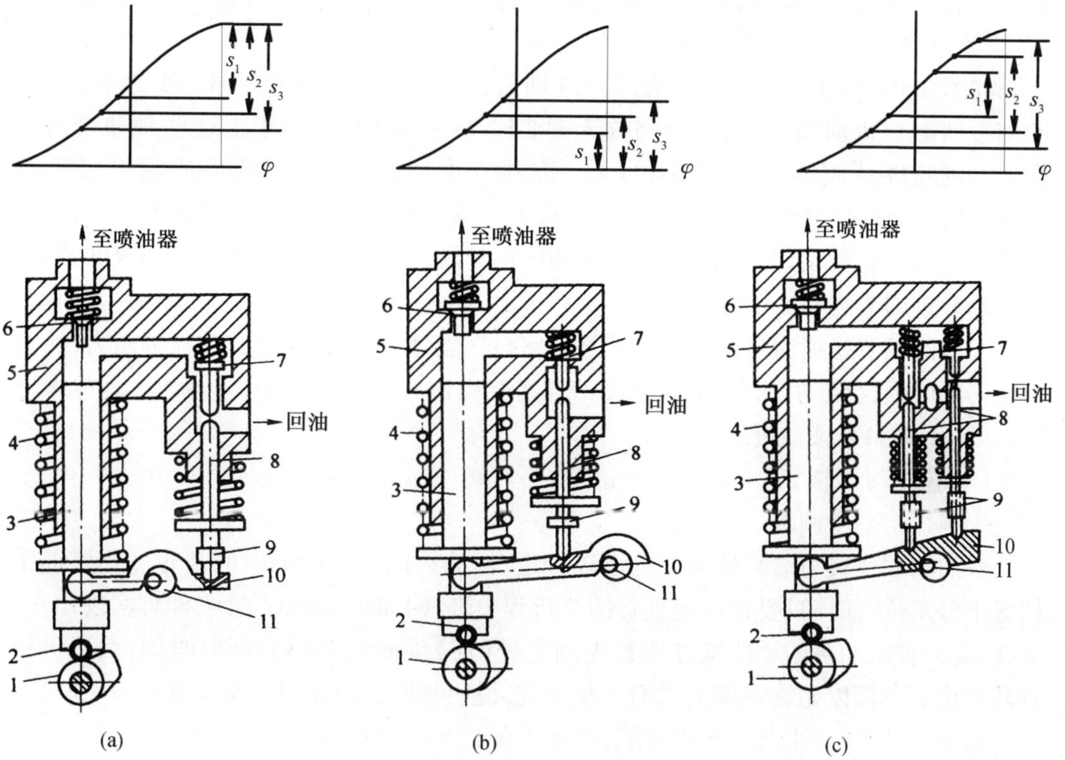

图 3-10　回油阀调节式喷油泵结构简图

1—凸轮；2—滚轮；3—柱塞；4—弹簧；5—泵体；6—出油阀；7—进(回)油阀；8—顶杆；9—调节螺钉；10—摆杆；11—偏心轴

如图 3-10(b)所示的不同之处在于偏心轴 11，即摆杆 10 的支点不是在柱塞 3 和顶杆 8 的中间，而是在两者的外侧。这样，当柱塞在最低位置时，顶杆 8 也在自己的最低位置，进(回)油阀 7 处于关闭状态，它与顶杆 8 之间有一定的间隙。当柱塞 3 被凸轮 1 顶动开始泵油行程时，柱塞上面的燃油被压缩，顶开出油阀 6 开始供油。因此，柱塞开始上行行程的始点就是喷油泵的供油始点。随着柱塞的继续上行，顶杆 8 也上行，喷油泵继续供油，直到顶杆 8 走完原来的间隙而顶开进(回)油阀 7，泵腔内的压力油即经进(回)油阀 7 流回进油空间，出油阀自动关闭，供油停止。顶杆 8 开始接触进(回)油阀 7

的时刻就是喷油泵的供油终点。此后,虽然柱塞上行,但泵腔内的燃油继续经进(回)油阀7流回进油空间。随着凸轮轴的转动,柱塞到达最高位置后,在弹簧4作用下开始下行,顶杆也在弹簧的作用下下行,直到顶杆8刚刚开始脱离进(回)油阀7时为止,燃油经进(回)油阀7流入泵腔,此后柱塞继续下行一直到与凸轮的基圆接触为止,泵腔内的压力降低,但由于进(回)油阀7上部的弹簧较弱,进(回)油阀在喷油泵进油压力的作用下仍能保持开启,使泵腔内始终充满燃油。

从上述分析可以看出,供油量的大小也是通过转动偏心轴11来实现(即总调)调节的,但无论如何调节供油量,供油始点是固定不变的,改变的只是供油的终点,因此这种喷油泵叫作终点调节式喷油泵。同样,喷油泵的单调可以通过调节螺钉9来实现。这种终点调节式的喷油泵,虽然供油结束时的柱塞速度较大,但供油始点的柱塞速度为零,因此供油过程初期压力较低。

如图3-10(c)所示的喷油泵有一个进油阀、一个回油阀、两个顶杆、两个调节螺钉和偏心轴11。进油阀、回油阀分别位于偏心轴11的两侧,相当于上述两种油泵的综合。右侧的进油阀相当于图3-10(a),控制着供油始点;左侧的进油阀相当于图3-10(b),控制着供油终点。因此,这种泵称为始终点调节式喷油泵。当增大供油量时,柱塞的有效行程增大,供油始点提前,供油终点延后,整个供油期间柱塞运动速度较大,这是始终点调节式喷油泵的优点。

回油阀调节式喷油泵柱塞与套筒之间密封性能好,可以保证较高的喷油压力,柱塞与套筒的磨损比较均匀,使用寿命长。但其结构比较复杂,管理比较麻烦,通常用于Wärtsilä RTA 系列柴油机。

(3)检查与调整

①零位检查与调整

回油阀调节式喷油泵的供油量取决于进、回油阀同时关闭的时间长短。当燃油手柄置于停车位置时,只要在柱塞上行的全行程中进、回油阀不同时关闭,即可实现停车。为此,对此种喷油泵的零位检查应首先测定进(回)油阀的关闭和开启时刻,然后再检查其零位。下面以始终点调节式喷油泵为例,说明其零位检查与调整步骤。

A. 拆下进(回)油阀上方的弹簧,拆出柱塞上方的出油阀。

B. 将燃油手柄置于停车位置,盘车至该缸燃油凸轮最高位置,在进油阀上方装专用千分表并把表的读数调为“0”(即进油阀关闭位置),如图3-11(a)所示。

C. 继续盘车至凸轮基圆,柱塞处于最低位置,在回油阀及柱塞上方装专用千分表,并把读数调为“0”(即回油阀关闭位置),如图3-11(b)所示。柱塞上方装专用千分表用于检查柱塞有效行程。

D. 正向盘车,当进油阀千分表读数为0.02 mm时为进油阀关闭时刻,停止盘车。

E. 检查回油阀上方千分表,其读数应为某规定数字(如0.8 mm以上),表示该油泵零位正确。如零位不正确(即回油阀千分表读数小于规定值),应酌情调节进(回)油阀杆下方调节螺钉(如图3-11所示)。

②供油提前角与供油均匀性检查与调整

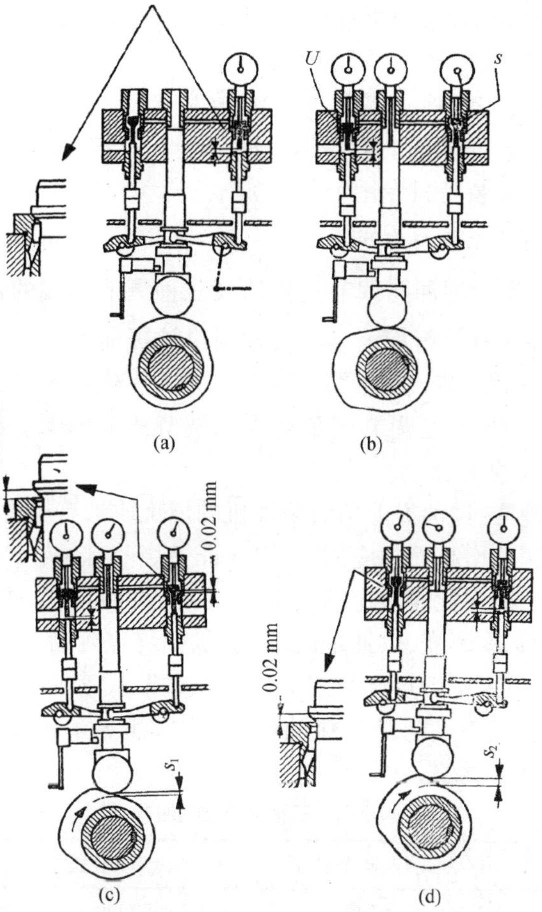

图 3-11 回油阀始终点调节式喷油泵零位、供油提前角、供油量检查示意图

回油阀式喷油泵按说明书规定，供油提前角检查是对进油阀落座时刻的检查；供油均匀性检查与调整是将燃油手柄置于标定油门位置，以测定各泵柱塞的有效行程 s_e 来检查，测量并保证各泵柱塞的有效行程相等并符合说明书规定。

以下仍以始终点调节式为例，说明供油提前角与供油量均匀性的检查方法：

A. 按上述零位检查中 A、B、C 步骤[图 3-11 中(a)、(b)]在进油阀、回油阀和柱塞上方装专用千分表并调零。

B. 正向盘车，当进油阀千分表指示 0.02 mm 时为供油始点(进油阀关闭)，停止盘车。记录柱塞上方千分表读数 s_1，此为无效行程，如图 3-11(c)所示，此时，飞轮上的刻度即为供油提前角。

C. 继续盘车至回油阀上方千分表读数为 0.02 mm 时为供油终点(回油阀开启)，停止盘车。记录柱塞上方千分表读数 s_2，如图 3-11(d)所示，飞轮处刻度即为供油结束角。

D. 柱塞有效行程 $s_e=s_2-s_1$。各缸喷油泵柱塞有效行程 s_e 的差值应小于 0.2 mm 才能保证各缸供油均匀。

如 s_e 值不符合规定值,应视供油始、终点的变化酌情调节进(回)油阀杆下方的调节螺钉 9,如图 3-10 所示。

综上所述,供油提前角检查需要在进油阀上方装一只专用千分表;零位(停车位置)检查需要在进油阀、回油阀上方各装一只专用千分表;供油均匀性检查需要在进油阀、回油阀、柱塞上方各装一只专用千分表。

3. 三种调节方法的比较与应用

如图 3-7 所示分别为回油孔调节式喷油泵三种调节方式的供油始点 A_1、A_2、A_3,供油终点 B_1、B_2、B_3,柱塞有效行程 s_1、s_2、s_3,几何供油提前角 β_1、β_2、β_3 的变化特点;如图 3-10 所示分别为回油阀调节式喷油泵三种调节方式下供油速度及有效行程 s_1、s_2、s_3 的变化特点。始点调节式、终点调节式和始终点调节式喷油泵各有其特点(如表 3-1 所示),分别适用于不同的场合。

根据分段燃烧理论,供油提前角对柴油机的燃烧质量有显著影响,而且最佳供油提前角应随柴油机转速的增高而相应加大,以保证燃烧前有足够的准备时间。由此,对船用发电柴油机因其负荷变化而转速基本不变,故采用终点调节式喷油泵较合理。此时,当负荷增加时,转速基本不变,供油定时不变,供油终点延后,供油量增加。对于变速、变负荷的船用主机,应采用始点调节式或始终点调节式喷油泵。此时,负荷增加,转速升高,供油始点提前(或终点延后),供油量增加,既满足了负荷对供油量的要求,又满足了转速对供油定时的要求。

表 3-1　三种调节方法的比较

	始点调节式	终点调节式	始终点调节式
供油始点	可调	不可调	可调
供油始点速度	低	高	较高
供油终点	不可调	可调	可调
供油终点速度	高	低	较高

当代船用柴油主机采用高增压后,通常均采用减小供油提前角的调整措施。此时在标定负荷时供油提前角已经很小,如仍采用始点调节式喷油泵,则在低负荷时供油提前角会进一步减小,无法保证柴油机仍然有一个正常的燃烧过程。由此,应采用始终点调节式较为合理。但在使用中发现,如较低负荷时固定始点(即不与油门手柄连接)仅使用终点调节更好,由此现代高增压船用主机以采用终点调节式居多。

五、出油阀的作用及卸载方式

出油阀也叫排油阀,多数喷油泵在其出口处装有出油阀。出油阀与阀座是一对精密偶件。出油阀偶件有蓄压、止回和减压(卸载)作用。

蓄压作用是指在柱塞供油行程中使供油压力逐渐累进。止回作用指柱塞吸油行程中出油阀自动落座，可防止高压油管内燃油倒流，缩短喷射延迟阶段，也有利于排除系统中的空气。减压作用指通过出油阀的卸载容积可有效地控制喷射结束后高压油管中的剩余压力，消除因高压油管剩余压力过高而引起的重复喷射现象。出油阀按卸载方式可分为等容卸载式和等压卸载式两种。

（1）等容卸载式出油阀

图 3-12(a)所示为等容卸载式出油阀。图中 h 为出油阀的卸载行程，阀在落座前 h 距离时刚好把高压油管与油泵的工作空间隔断。因阀在落座前又下行距离 h，高压油管中的容积增大，使管中燃油压力因容积增大而迅速降低，从而能缩短燃油喷射过程的尾喷阶段。

等容卸载式出油阀结构简单，可以通过选择适当的结构形式和参数来修正供油特性，以适应柴油机工作的需要，因此得到广泛应用。由于等容卸载式出油阀卸载体积一定，高压油管中的剩余压力会随柴油机工况而变化，尤其在低负荷运转时容易因卸载过度引起空泡和穴蚀。

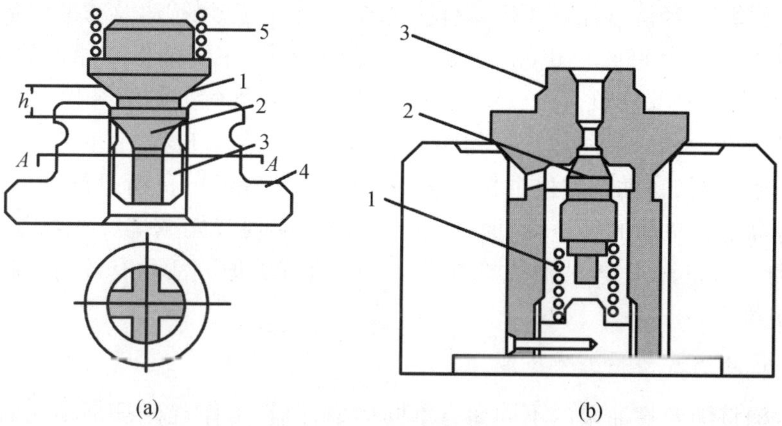

图 3-12 出油阀偶件

（a）等容卸载：1—密封锥面；2—阀尾；3—导向凸缘；4—阀座；5—弹簧

（b）等压卸载：1—卸载弹簧；2—卸载阀；3—出油阀

（2）等压卸载式出油阀

图 3-12(b)所示为等压卸载式出油阀。在出油阀上无减压环带，但在其内部设有一个由卸载弹簧 1 控制的锥形卸载阀 2。在出油阀关闭后，如果高压油管中的油压高于卸载阀的开启压力，卸载阀就开启，燃油便倒流入喷油泵的工作空间，直到同卸载阀的关闭压力相等时为止。高压油管中燃油的回流速度可由卸载弹簧的张力和卸载阀的尺寸来控制。等压卸载式出油阀不存在卸载体积，而是利用卸载阀开启对高压油管中的燃油降压，使高压油管中压力波的幅值减小。如卸载阀开启压力调节适当，既可避免重复喷射，又可避免穴蚀的发生。

MAN 公司某些大型柴油机的喷油泵出口处未装出油阀偶件，而在泵腔顶部装进油阀。显然，此种结构在供油结束时高压油管中的压力可迅速降低，避免重复喷射的发生，而且借助于较高的进油压力（约为 0.7 MPa），保证泵腔及高压油管始终充满燃油，并可实现对喷油器的循环冷却。但此种结构在柱塞回油时,将使进油空间产生较强烈的压力波动。为了缓和此压力波动,通常在泵体进油空间处装设弹簧缓冲器。

六、可变喷油正时(VIT)机构的特点和作用

近些年来,船用主柴油机在节能减排方面采用了多种措施,取得了巨大的成效。在这些措施中,最重要的是提高最高爆发压力 p_z 和 p_z/p_e。通常 p_z 与燃油消耗率 b_e 密切相关,p_z 上升,则 b_e 下降,柴油机经济性提高,排放污染物也相对较少。但 p_z 是柴油机机械负荷的主要外力,如 p_z 太高,则柴油机部件尤其是燃烧室部件机械负荷会增大,影响到运行可靠性。因此,单独依靠提高 p_z 来提高柴油机经济性是受限的,而柴油机较高负荷运行时通过提高 p_z/p_e 既可提高经济性,也可保证可靠性,效果更好。传统的有凸轮轴的船用超长行程柴油机如不装配可变喷油定时机构(Variable Injection Timing Unit,VIT 机构),只有在标定负荷时才能达到设计的 p_z,而在部分负荷时,由于供油量减少,p_z 也随之降低,经济性相应下降。作为船舶主机,考虑到航速及功率储备,其在标定转速下的功率一般为 85%~90%的标定功率,也就是说,主柴油机在船上的常用负荷并不是标定负荷,而是部分负荷,这就意味着主机在常用负荷下的经济性会下降。为此,当代传统的有凸轮轴的船用超长行程柴油机均配备了 VIT 机构,保证柴油机在部分负荷遥控正车运行时,自动调整供油提前角,使得柴油机在部分负荷运行时具有较高的 p_z 和 p_z/p_e,提高部分负荷的经济性,保证运行可靠性,实现节能减排。随着电子控制柴油机的问世和不断完善,电控柴油机具有了比 VIT 机构更加灵活和有效的控制方式,已取消了 VIT 机构。

1. VIT 机构的类型和工作原理

VIT 机构将随着喷油泵的不同而有不同类型,但其工作规律都是相同的,即该机构受柴油机调速器输出轴的控制,在调节喷油泵供油量的同时,自动地按最高爆发压力的要求调节其供油定时。目前,船用低速柴油机的 VIT 机构主要有以下三种。其中,MAN MC 型柴油机 VIT 机构主要有双斜槽型和升降套筒型两种类型;Wärtsilä RTA 型柴油机使用 VIT 凸轮机构。

(1)柱塞头部的特殊线形(双斜槽型)

在 L-MC 系列缸径最小的两种柴油机上(L35MC 和 L42MC),因结构所限,没有采用单独的 VIT 机构,而在柱塞头部上边缘使用特殊双斜槽,使得在转动柱塞调节供油量的同时改变供油定时,以满足 VIT 机构的需求,如图 3-13 所示。这种 VIT 机构也为其他一些中小型回油孔式喷油泵所采用。

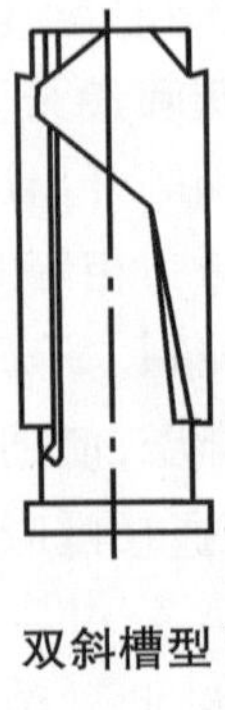

图 3-13 双斜槽型 VIT 机构

(2)MAN B&W MC/MCE 柴油机使用的定时齿条机构(升降套筒型)

MC 大缸径系列低速柴油机通常使用升降套筒型。该机构主要由位置传感器、位置伺服器和定时齿条组成,如图 3-14 所示。回油孔终点调节

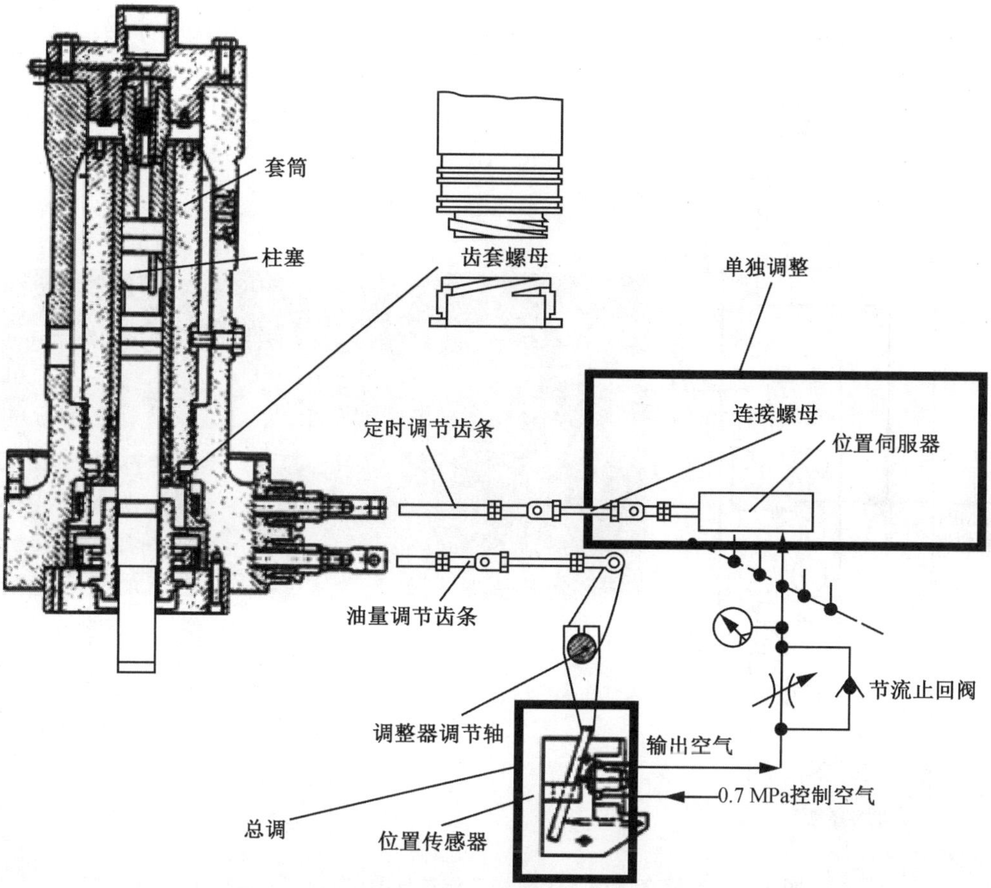

图 3-14　升降套筒型 VIT 机构

式喷油泵上有两根齿条:①油量调节齿条,控制供油终点;②定时调节齿条,控制供油始点。这两根齿条均由调速器调节轴控制。调速器调节轴随主机负荷变化而相应动作时,在拉动油量调节齿条调节供油量的同时,改变位置传感器的控制空气输出压力,继而利用控制空气通过位置伺服器(每缸一个)拉动定时调节齿条,通过升降套筒方法改变各缸供油始点。定时调节齿条与喷油泵下部的齿套螺母外部啮合,齿套螺母内有梯形螺纹与喷油泵套筒下部的梯形螺纹啮合。因此,在定时调节齿条移动的同时,通过齿套螺母使喷油泵套筒上升或下降,从而改变供油定时。图 3-15 所示为升降套筒型 VIT 机构工作过程图(左)和布置图(右)。51 为压力表。阀 45 和 59 都是调压阀,设定压力为 0.5 MPa,分别用于控制机旁操纵/停车和倒车各缸供油始点。阀 40 是电磁气控阀,停车或倒车时通电动作,来自阀 59 的 0.5 MPa 的控制空气通过该阀到达位置伺服器 52,继而通过定时调节齿条使套筒位置最高,供油提前角最小,固定不变。52 是位置伺服器,是 VIT 机构的放大元件。阀 53 是位置传感器阀,主机遥控正车运转时根据主机负荷输出相应的 0~0.5 MPa 的控制空气压力,通过阀 54 和阀 40 到达各缸的位置伺服器 52,以控制各缸供油始点。阀 54 受机旁操纵控制,机旁操纵主机时来自阀 45 的

0.05 MPa 控制空气通过该阀、阀 40 到达位置伺服器 52,继而通过定时调节齿条使套筒位置最高,供油提前角最小,固定不变。

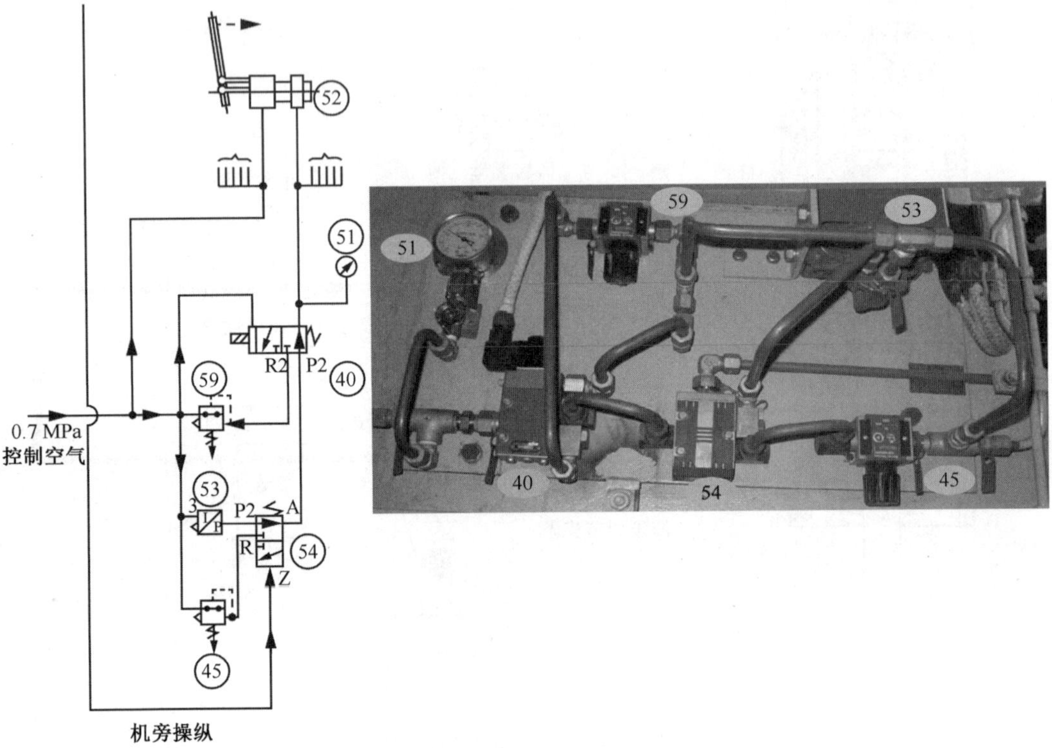

图 3-15　升降套筒型 VIT 机构工作过程图(左)和布置图(右)

40,54—电磁气控阀;45,59—调压阀;51—压力表;52—位置伺服器;53—位置传感器阀

主机遥控正车运转时 VIT 机构调节过程由调速器调节轴、传动杆、位置传感器、节流止回阀、位置伺服器、定时调节齿条、齿套螺母等完成。图 3-16 为设置在机旁操纵台上的位置传感器的布置图和调整图。主机遥控正车运转时调速器调节轴随主机负荷不同而处于不同的位置,从而传动杆 1 和 3 便处于不同的位置,位置传感器输出不同压力的控制空气给位置伺服器。各缸位置伺服器按照输入气压的大小输出一个对应的位移信号,拉动定时调节齿条,调整套筒的升降,使供油始点随着主机负荷的变化相应提前或滞后。传动杆 3 与支点螺钉 4、5 共同确定了位置传感器的三种工作模式,如图 3-17 所示。主机在约 50%标定功率以下的低负荷运行时,位置传感器探头 9 与传动杆 3 相距远[如图 3-17(a)所示],0.7 MPa 控制空气输入后,输出控制空气压力为 0~0.05 MPa。此压力太低,位置伺服器无动作输出,定时调节齿条不动,套筒在最高处不动,供油提前角保持最小,VIT 机构不起作用(如图 3-18、图 3-19 所示)。当主机负荷在约 50%标定功率以上运行时,随着油门的增加,位置传感器探头 9 与传动杆 3 相距越来越近,至转折点 78%标定功率(MK-Ⅰ型机)或 85%标定功率(MK-Ⅱ型机)处,传动杆 3 与支点螺钉 4、5 完全接触[如图 3-17(b)所示],传感器探头 9 与传动杆 3 相距最近,0.7 MPa 控制空气输入后,输出控制空气压力在 0.5 MPa。0.05~0.5 MPa 的控制空气

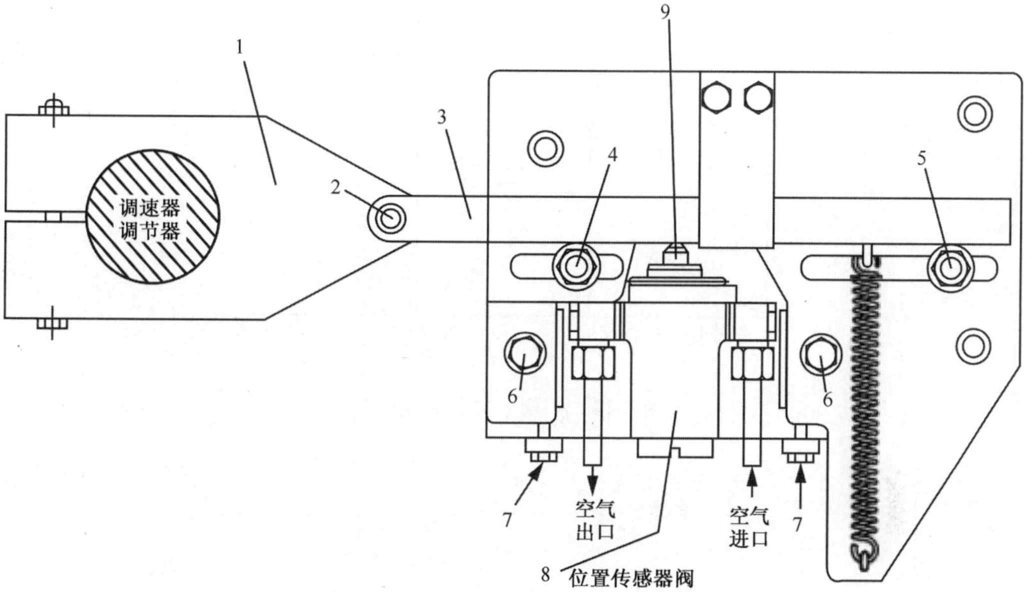

图 3-16　位置传感器的布置图和调整图

1,3—传动杆;2—铰接点;4,5—支点螺钉;6—锁紧螺栓;7—调节螺栓;8—位置传感器阀;9—传感器探头

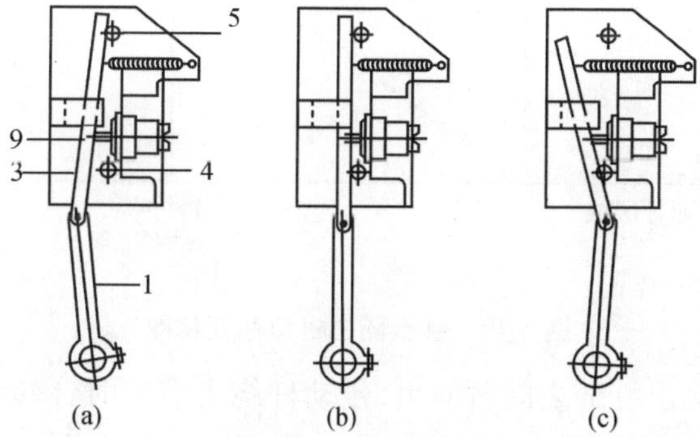

图 3-17　位置传感器工作模式

1,3—传动杆;4,5—支点螺钉;9—传感器探头

的控制位置伺服器的气动活塞朝外移动,通过定时调节齿条、齿套螺母降低套筒高度,使供油提前角增大,提高 p_z。在转折点处套筒位置最低,供油提前角最大,p_z 最大,燃油消耗率最小(如图 3-18、图 3-19 所示)。主机负荷由转折点继续增加至 100%标定功率(高负荷)过程中,传动杆 3 在支点螺钉 4 的作用下转动,传感器探头 9 与传动杆 3 相距越来越远[如图 3-17(c)所示],位置传感器的输出压力开始减小,位置伺服器的气动活塞开始朝内部移动,通过定时调节齿条、齿套螺母升高套筒高度,使供油提前角减小,以控制 p_z 保持最大值不变(如图 3-18、图 3-19 所示)。

图 3-20 所示的位置伺服器是伺服放大元件,按力平衡原理工作,用来实现压力/位移信息变换。随着位置传感器来的控制空气压力增大(0.05 MPa 开始动作),内部的伺

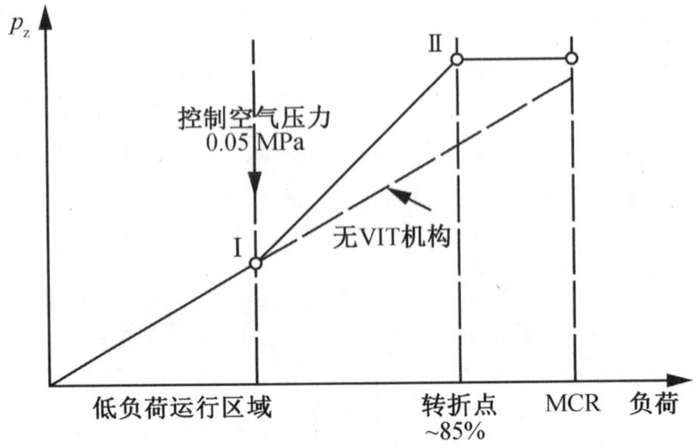

图 3-18　p_z 随主机负荷变化图

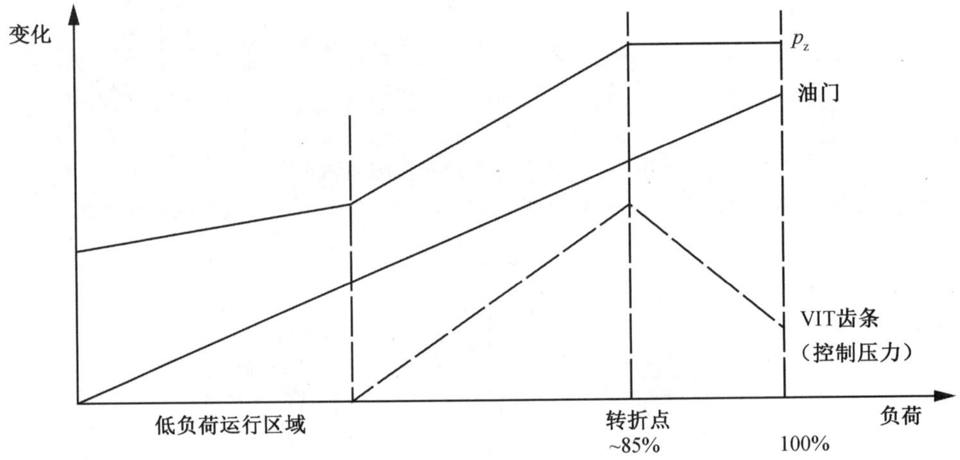

图 3-19　参数随主机负荷变化图

服器活塞向右移动,输出杆随之向右伸出,传动杆绕支点顺时针转动,推动定时调节齿条向左移动,喷油定时提前;反之,若压力减小,则喷油定时滞后。主机停车、倒车、机旁操纵、50%以下标定功率运行以及50%以上标定功率遥控稳定运行时,位置伺服器内部的切换控制阀片左面同时同伺服器活塞和控制活塞紧密贴合,该阀关闭。控制活塞左侧受到来自位置传感器输出的控制空气的推压作用,右侧受到复位弹簧的顶推。主机在50%以上标定功率加负荷遥控运行工作过程中,随着来自位置传感器的控制空气压力增大(超过0.05 MPa),控制活塞右移。由于伺服器活塞暂时不动,切换控制阀片随之右移打开,切换控制阀片左面与伺服器活塞出现间隙,0.7 MPa的控制空气通过该通道进入伺服器活塞左侧。由于伺服器活塞左侧气压作用面面积大于右侧,因此0.7 MPa的控制空气将伺服器活塞向右推动,输出杆向右伸出,传动杆绕支点做顺时针转动。伺服器活塞右移同时减小了与切换控制阀片之间的开度,直到紧密贴合,伺服器活塞稳定在当前位置,此后呈现一个新的稳定工况。来自位置传感器的每一个控制空气压力对应一个确定的伺服器活塞位置和VIT调节齿条位置,即对应预先设置好的供

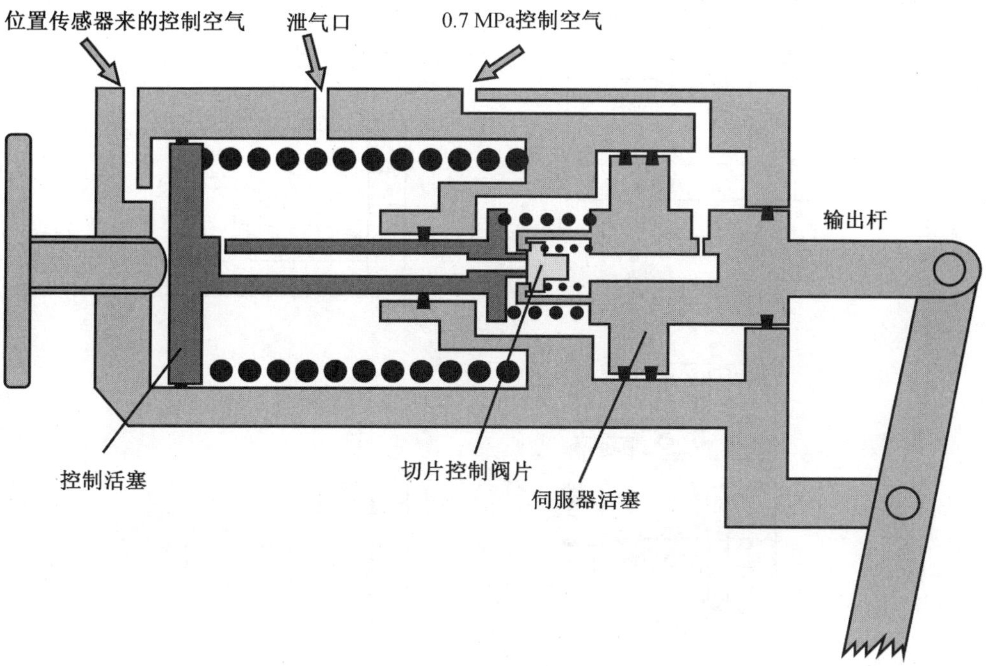

图 3-20　位置伺服器

油定时。如果主机负荷降低，来自位置传感器的控制空气压力降低，控制活塞左移。由于伺服器活塞暂时不动，切换控制阀片也不动，于是切换控制阀片左面与控制活塞出现间隙，伺服器活塞左侧的控制空气通过该通道进入控制活塞内部的泄气通道，然后经泄气口向大气排放。于是，伺服器活塞右侧 0.7 MPa 的控制空气将伺服器活塞向左推动，输出杆向左移动，传动杆绕支点做逆时针转动。伺服器活塞左移同时切换控制阀片随之左移，减小了与控制活塞之间的开度，直到紧密贴合，伺服器活塞稳定在当前位置，此后呈现一个新的稳定工况。

图 3-14 中的节流止回阀可以阻断对定时控制的干扰，其作用是：(1)主机在转折点以上高负荷运行时，如遇到恶劣海况负荷突降情况，防止 p_z 过高。(2)如调速器调节轴轻微振荡，能够保证 VIT 调节齿条稳定。设计要求是在油门开度有±2 格变化的情况下不影响供油定时控制。

主机运转期间，可以对 p_z 进行单独调整（每个喷油泵）和总调（所有喷油泵）。单独调整可以通过改变位置伺服器和定时调节齿条之间的连接螺母的位置来实现（如图 3-14 所示），而总调可以通过操作位置传感器来实现（如图 3-14、图 3-16 所示）。

图 3-21 所示为 VIT 机构总调原理图。总调的基本方法是改变图 3-16 中传动杆 3 与位置传感器探头 9 的位置。两者相距近了，位置传感器输出控制空气压力升高，使供油提前角增大，p_z 增大；相距远了，位置传感器输出控制空气压力降低，使供油提前角减小，p_z 减小。改变图 3-16 中 2 的位置，将改变主机 0～100%标定功率之间的 p_z，顺时针方向移动，p_z 将产生图 3-21 中曲线 5 所示变化；逆时针方向移动，p_z 将产生曲线 6 所示变化。改变图 3-16 中 4 的位置，将改变主机转折点至 100%标定功率之间的 p_z，向探头

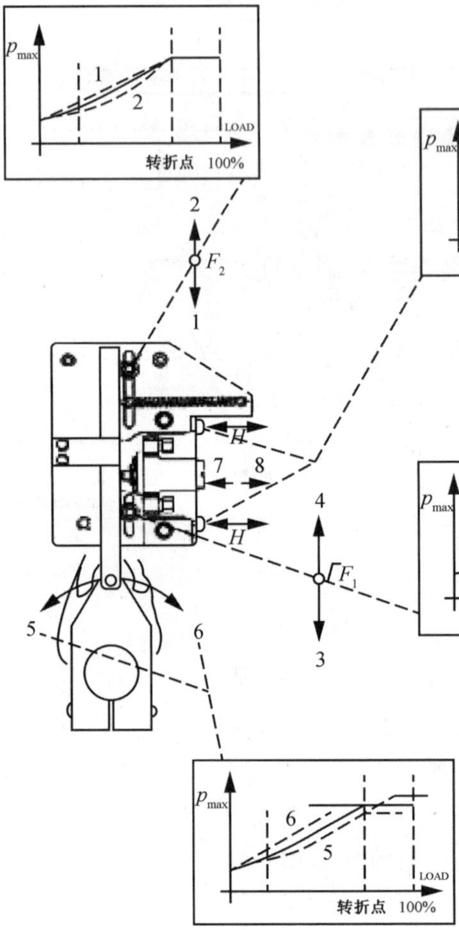

图 3-21　VIT 机构总调原理图

方向移动,p_z 将产生图 3-21 中曲线 4 所示变化;远离探头方向移动,p_z 将产生曲线 3 所示变化。改变图 3-16 中 5 的位置,将改变主机转折点以下负荷的 p_z,向探头方向移动,p_z 将产生图 3-21 中曲线 1 所示变化;远离探头方向移动,p_z 将产生曲线 2 所示变化。松开图 3-16 中螺栓 6,转动调节螺栓 7,就能改变位置传感器阀 8 和探头 9 的位置,将改变主机 0~100%标定功率之间的 p_z。探头 9 与传动杆 3 相距近了,p_z 将产生图 3-21 中曲线 7 所示变化;相距远了,p_z 将产生图 3-21 中曲线 8 所示变化。

(3) Wärtsilä RTA 型柴油机使用的 VIT 凸轮机构

该机型使用始终点调节回油阀式喷油泵。其 VIT 机构主要由 VIT 凸轮和燃油质量调定杆组成,如图 3-22(a)所示。VIT 凸轮设在以喷油泵进油阀偏心轴单臂端为支点的十字摇臂的一端。十字摇臂的另外三个端点分别与调速器油量调节轴、喷油泵回油阀偏心轴、拉伸弹簧相接。VIT 凸轮设有精心设计的曲线槽,凸轮的工作位置取决于调速器油量调节轴和固定在燃油质量调定折角摇臂上且控制凸轮曲线槽的导销的位置。柴油机负荷改变时,调速器油量调节轴带动十字摇臂转动,使喷油泵进、回油阀偏心轴同步转动,从而使供油始、终点受到叠加控制。当由全负荷降低负荷时,在降低循环供油量的同时,通过 VIT 凸轮使进油阀提前关闭,即供油定时提前,且供油终点大幅度提前,保证循环供油量减少,以适应负荷变化的需要。当负荷降低至 $85\%p_b$ 时,供油提前角最大。此后负荷再降低,供油提前角相应减小。当柴油机使用劣质燃油时,手动调节燃油质量调定杆,通过折角摇臂上的导销改变 VIT 凸轮的工作位置,以达到改变供油定时的目的。

RTA58T 型柴油机采用 VIT 机构前后的性能对比如图 3-22(b)所示。从图中看到,随着负荷的增加,采用该机构的 RTA 系列柴油机其爆压 p_z 上升得较快。当 $p_e = 85\%p_b$ 时,p_z 已达 $100\%p_{zmax}$,但此后 p_z 不再增加。p_z 上升较快的原因就在于随着 p_e 的增加而加大了喷油提前角。提高爆压又限制爆压是改善柴油机经济性和可靠性的重要措施。由于 RTA 系列柴油机采用了该机构,明显地改善了部分负荷的经济性,尤其在常用负荷 $85\%p_b$ 下运行时,可获得最好的经济性。

2. VIT 机构典型故障处理

(1)换用更劣质的燃油后,各缸 p_z 降低,排温升高

对于装配升降套筒型 VIT 机构的主机,当换用劣质燃油时,如不对 VIT 机构进行调整,通常滞燃时间会增加,导致燃烧滞后,p_z 降低,排温升高。因此,主机换用更劣质的燃油后,应该对 VIT 机构进行总调,增大供油提前角。主机运转期间,松开图 3-16 中螺栓 6,转动调节螺栓 7,使探头 9 更靠近传动杆 3,增大位移传感器输出的控制空气压力至主机当前负荷对应的压力,便能增大供油提前角与说明书或试航报告一致(p_z 将产生图 3-21 中 7 所示变化)。

(2)喷油泵柱塞偶件过度磨损,导致 p_z 降低,排温降低

喷油泵柱塞偶件过度磨损后,供油压力会降低,供油量将减小,致使供油提前角和喷油提前角减小,喷油量减小,p_z 降低,排温降低。对于各缸喷油泵柱塞偶件过度磨损的主机,应该对 VIT 机构进行总调,增大供油提前角。方法是:主机负荷稳定在转折点。松开图 3-16 中铰接点 2,调整调速器调节轴和传动杆 3 位置,使传动杆 3 与支点螺钉 4、5 完全接触,然后上紧调速器调节轴,再上紧铰接点 2。p_z 便能达到最大,与转折点一致。主机继续增大负荷至标定功率稳定运行。向探头方向移动支点螺钉 4 的位置,直至 p_z 与转折点相等。对于单缸喷油泵柱塞偶件过度磨损导致该缸 p_z 降低情况,应按照图 3-14 通过连接螺母进行单独调整,相对增长 VIT 调节齿条,以增大供油提前角。

(3)主机停车时某缸位置伺服器活塞仍然伸出,而其余气缸的位置伺服器活塞都已缩回

主机停车时,各缸 VIT 机构的位置伺服器活塞应该缩回,从而各缸喷油泵的套筒置于最高处,供油提前角最小。某缸位置伺服器活塞仍然伸出,属于该缸位置伺服器单独的问题。分析图 3-20 所示位置伺服器,故障原因可能是控制活塞复位弹簧断裂或泄气口堵塞。因此,应在主机停机后拆检该缸位置伺服器,确定原因后更换复位弹簧或疏通泄气口。

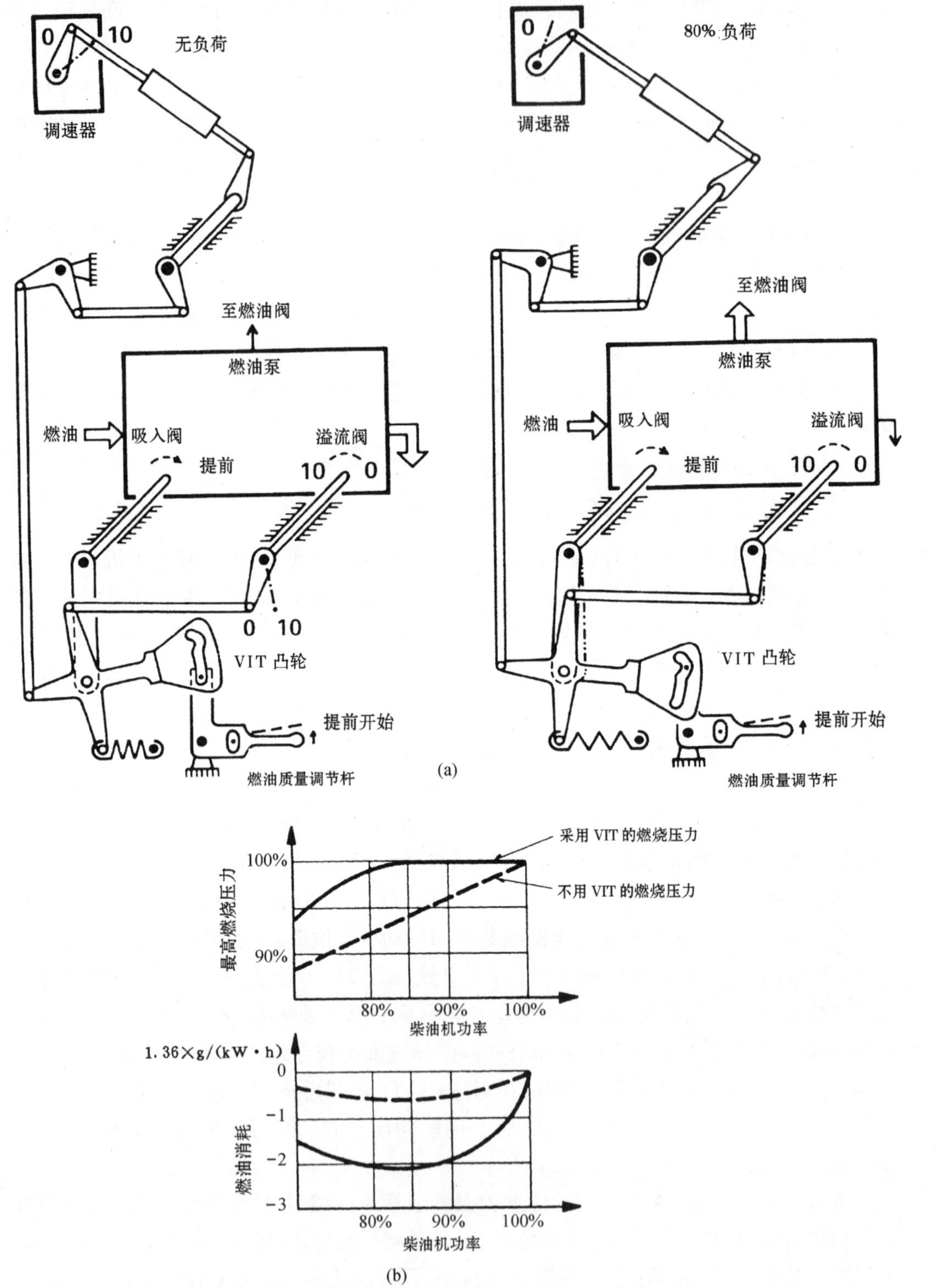

图 3-22 RTA 型柴油机的 VIT 机构及调节特性

七、喷油泵的检查与调整方法

喷油泵在喷射过程中的作用是定时、定量供油以及产生高压，因而对喷油泵的检查与调整也主要包括这三项内容。

1. 密封性检查与要求

喷油泵密封性检查包括柱塞偶件、出油阀偶件及进回油阀偶件的密封性检查。如其中之一密封不良，就会影响喷油泵的高压供油性能及供油量。通常，密封性检查可按以下顺序进行：

(1)综合检查

在喷油泵高压油管接头处安装压力表，手动泵油至达到说明书规定的泵油压力时停止泵油，按住泵油手柄不动，观察压力表指针。此压力读数若能在说明书规定的时间(一般不小于30 s)内保持不降，则认为密封性良好。若压力下降速度很快，对回油孔调节式喷油泵，说明柱塞和套筒间密封不严；对回油阀调节式喷油泵，则可能是柱塞和套筒密封不严或进(回)油阀密封不严。

(2)出油阀密封性检查

操作过程基本同上，区别在于停止泵油时应放松泵油手柄。由于泵油手柄松开，柱塞自然下行，此时出油阀的阀体应落座，从而封闭出油阀和压力表间的密闭空间。这时若压力表读数基本不变，则认为出油阀密封性良好；否则，出油阀应予换新或取出出油阀。

(3)进(回)油阀密封性检查

对于回油阀调节式喷油泵，在进行第(2)项检查时，如果压力下降很快，则可能是出油阀或进(回)油阀密封不严引起的。因此应取出出油阀后重复第(1)项检查。若压力下降很快，则说明进(回)油阀或柱塞偶件漏油。鉴别方法是在研磨进(回)油阀并取得满意效果后再重复此项检查，若密封性明显改善，则说明原进(回)油阀密封性不良；若密封性仍无改善，则说明柱塞偶件密封性不良，柱塞偶件应予换新。

喷油泵供油正时检查微课

通常，阀偶件密封不良可用研磨法修复；出油阀座和套筒之间的配合面如密封不良，可分别在水平的玻璃板或平台上研磨，恢复密封性。此外，套筒与泵体之间的密封性可通过检查泵体下部是否有漏油来确定。

2. 供油定时的检查与调整

(1)供油定时的检查方法

供油定时的检查方法因机型而异，在柴油机说明书中均有专门说明。以下介绍几种在船舶上使用的方法：

①冒油法

将柴油机盘车至喷油泵供油点附近，拆下喷油泵上的高压油管，接上有助于清晰观察液面变化的玻璃管接头。然后将燃油手柄置于标定供油位置，手动喷油泵柱塞使燃油在玻璃管中上升到一定可见高度。缓慢盘车同时注视玻璃管中液面位置。液面刚上升的时刻即为供油时刻,此时停止盘车。曲轴飞轮上的指示刻度即为相应的供油提前角(几何供油始点)。对多缸机可按发火顺序依次检查。

②照光法

对于大型回油孔终点调节式喷油泵,若套筒上的进、回油孔高度相同时,可拆下泵体上与进、回油孔相对的螺钉(一般为防腐螺钉)后缓慢盘车,并在对侧的螺孔处用手电筒照明,从油孔中观察柱塞的运动,如图3-23、图3-24所示。当柱塞上行到刚刚将回油孔封住而看不到光线时立刻停止盘车。此时飞轮上的刻度为该喷油泵的几何供油始点。

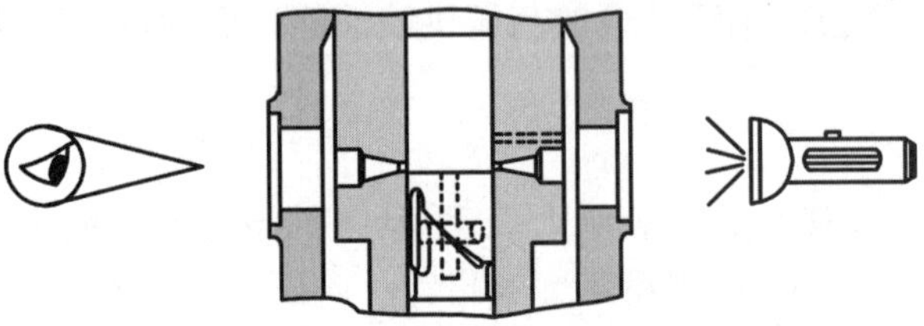

图 3-23 照光法检查供油定时

③标记法

有些柴油机喷油泵的泵体上有上下两条固定刻线,而柱塞导筒上有一条滑动标线。盘车时滑动标线与泵体下标线重合时刻为柱塞在凸轮基圆时刻,如图3-24所示。柱塞导筒上的标记线4与泵体上的标记线3重合的位置所对应的飞轮刻度即为该喷油泵的几何供油始点。

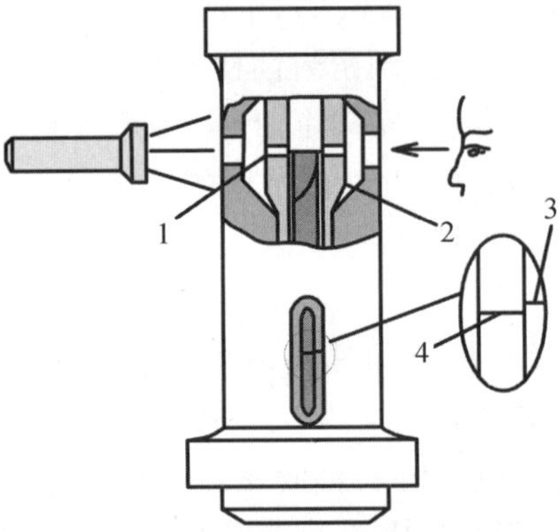

图 3-24 照光法、标记法供油定时检查

1—进(回)油孔;2—套筒;3—泵体上的标记线;4—柱塞导筒上的标记线

④上行程法

某些MAN B&W柴油机采用该法检查供油定时。方法是:用专用测深千分尺测量喷油泵柱塞相对套筒在最低位置到柱塞上行刚刚关闭回油孔上边缘时上升的行程(mm)。

⑤专用千分表法

回油阀调节式喷油泵供油定时的检查按照说明书规定,应在其进油阀上方安装一只专用千分表进行检查(详见回油阀调节式喷油泵供油提前角的检查与调整)。

(2)供油定时的调整方法

根据喷油泵的工作原理和喷油泵的传动机构,改变喷油泵供油定时的调整方法一般有下列三种:

①转动凸轮法

各种类型柴油机的凸轮轴与曲轴按固定传动比(1∶1或1∶2)传动。无论是齿轮传动还是链传动,只要改变两轴的相位,即改变燃油凸轮的相位,喷油泵的供油定时也发生改变。

对于大中型柴油机采用的装配式凸轮轴,调节单缸的供油定时时,可直接转动燃油凸轮以改变其相对凸轮轴的安装相位（又称为单调）。沿凸轮轴正车方向转动凸轮，定时提前；反之定时滞后。如图 3-25 所示，凸轮 1 是由两半凸轮组合而成的，两半凸轮的锥面与凸轮轴上的锥面 B 靠止动螺钉 2 紧密地贴合以传递扭矩。在凸轮 1 和凸轮轴 3 上均有安装标记 K，且在凸轮轴 3 上还划有刻度。当需要调整凸轮位置时，只需要松开止动螺钉 2，使锥面 B 脱离接触，转动凸轮后重新紧固止动螺钉 2 即可。

对于小型柴油机采用的整体式凸轮轴，调节整机的供油定时时，可松脱油泵凸轮轴连接法兰盘，转动好调节角后再重新连接（总调）。此做法的规律是：凸轮轴相对曲轴超前转动（沿正车方向），供油提前；反之则滞后。

②升降柱塞法

此法多用于中小型柴油机回油孔调节式喷油泵。柱塞上升时定时提前；反之则滞后。柱塞的升降是通过调节顶动柱塞的顶头螺钉高度来实现的：顶头调节螺钉旋入时，柱塞相对套筒位置降低，供油定时滞后；反之供油定时提前。调节顶头螺钉前后需松动或紧固锁紧螺母。

③升降套筒法

此法多用于大中型柴油机回油孔调节式喷油泵。套筒上升时定时滞后；反之定时提前。套筒的升降有三种途径：

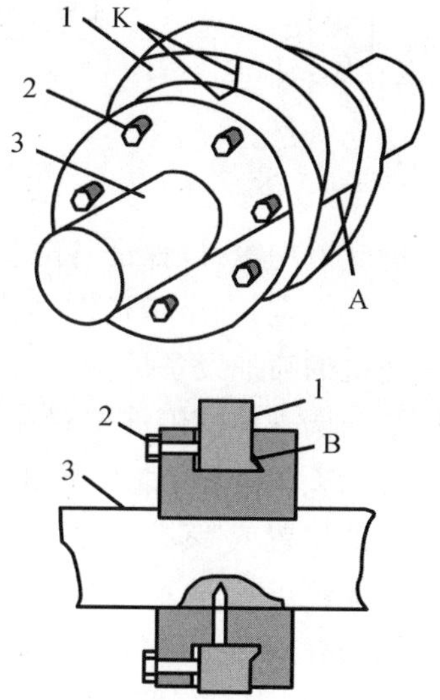

图 3-25 转动凸轮调整供油定时

1—凸轮；2—止动螺钉；3—凸轮轴；A—凸轮接缝；K—安装标记；B—锥面

A. 套筒与喷油泵盖靠螺钉紧固，在套筒上端和泵盖结合面处设有一组调节垫片。减少垫片则套筒升高，供油定时滞后。

B. 泵体下端与套筒底部结合面设置多个调节垫片。增加垫片或增厚垫片则套筒升高，供油定时滞后。

C. 套筒下部设螺旋套，用定时齿条拉动螺旋套，从而使套筒产生升降动作。例如，MAN B&W MC 系列采用 VIT 的喷油泵，如图 3-14 所示。

上述三种供油定时的调节方法均未改变柱塞的有效行程，这也是供油定时调节的基本原则。但它们对凸轮有效工作段的影响不同：转动凸轮法未改变凸轮的有效工作段，如图 3-26（a）所示；而升降柱塞法和升降套筒法均相应改变了凸轮的有效工作段。柱塞升高后的定时变化情况如图 3-26（b）所示，此时凸轮的有效工作段由 ab 变为 cd，供油提前，供油提前角增大，由 β 变为 β_1；升降套筒后的定时变化情况如图 3-26（c）所示，套筒升高，供油滞后，供油提前角由 β 变为 β_1。由于升降柱塞和升降套筒均改变了凸轮的有效工作段，因此供油规律也相应改变。除了转动凸轮法适用于所有类型的喷油泵以外，另两种方法应根据不同类型喷油泵并参照其说明书进行。

3. 供油量的检查与调整

在多缸柴油机中，当油门手柄置于某固定位置时（通常为标定供油量位置），各缸

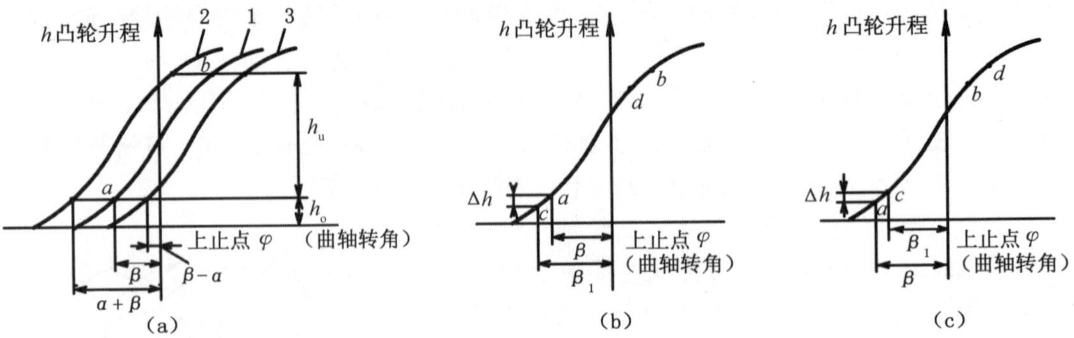

图 3-26 供油定时调节方法原理图

供油量应该均等,以保证各缸负荷均匀。此要求已在柴油机出厂调试中予以保证。按我国有关规定,在全负荷时各缸供油量的不均匀性应小于 5%。当柴油机长期运转后或柴油机的喷油设备拆检后,各缸供油均匀性将发生变化,需进行调整。通常,供油量的检查与调查包括停油位置和供油均匀性检查与调整。

(1)停油位置检查与调整

停油位置或“零”位检查时油门手柄应处在停车位置,各缸喷油泵的供油量为零,以保证能够可靠停车。

回油孔式喷油泵的油量调节齿条上有刻度,表示供油量多少。只要喷油泵安装正确,当齿条在小于刻度位置“2”时,就能保证喷油泵供油量为零。因此,当燃油手柄放在停车位置时,各缸喷油泵齿条都应处在刻度为“0~2”。如齿条刻度不符合要求,可通过转动齿条与油量调节杆连接处的调节螺钉调节。

回油阀调节式喷油泵零位检查应首先测定进、回油阀的关闭和开启时刻,然后再检查其零位,具体如图 3-11 所示。

(2)供油均匀性检查与调整

供油均匀性检查是指当燃油手柄置于标定供油量位置时,测量并保证各泵柱塞的有效行程相等并符合说明书规定。

回油孔式喷油泵齿条刻度相应地表示柱塞有效行程的大小。将燃油手柄置于标定位置,检查并调整各泵齿条刻度,使之与说明书规定值相等。中小型柴油机所使用的组合式喷油泵,应在油泵试验台上测定各泵连续泵油规定次数(如 100 次)时在专用计量筒中的累计供油量,然后酌情进行调整。此种测定方法准确,但需使用专用喷油泵试验台。

回油阀式喷油泵按说明书规定,以测定各泵柱塞的有效行程 s_e 来检查其供油均匀性。需要在进油阀、回油阀、柱塞上方各装一只专用千分表辅助检查,具体如图 3-11 所示。

八、喷油泵的拆卸与装配方法

喷油泵拆装及检修微课

1. 从柴油机上拆下喷油泵总成

(1)拆卸前的检查测量

检查供油定时及进油孔开启量并记录,检查方法详见上述有关内容。检查的目的是了解喷油泵目前的技术状态，为检修及修后的验收提供依据。

(2)喷油泵总成拆卸

①关闭低压燃油截止阀，清洁泵体，拆下低压进、回油管及高压油管，放掉残油，用布将接口包好，以防落入异物。

②盘车至滚轮位于燃油凸轮基圆上。拆开齿条与油门拉杆的连接。对角均匀地拧下泵座固定螺母，将喷油泵从柴油机上取下。

2. 喷油泵总成分解

中型喷油泵可在钳台上分解，如图 3-27 所示。

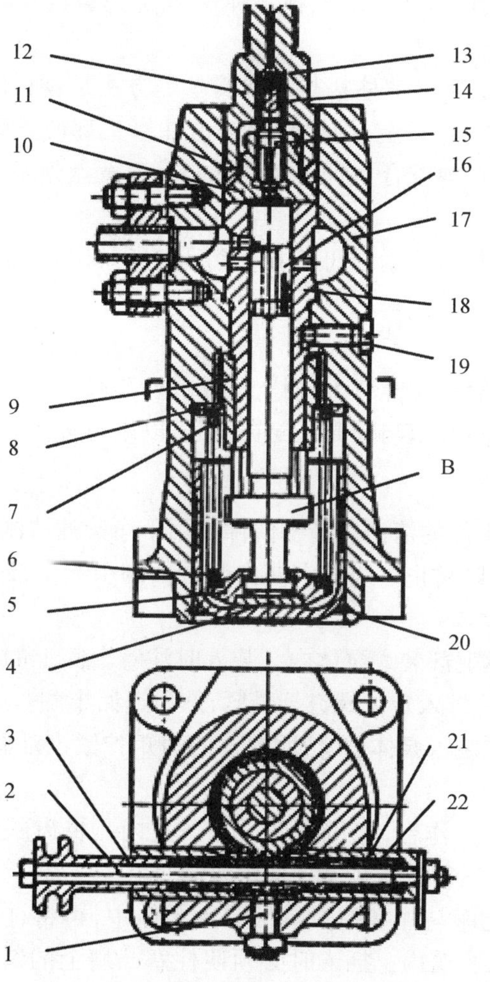

图 3-27 喷油泵总成分解

1—齿条限位螺钉；2—调节螺栓；3—拨叉；4—硬块；5—下弹簧盘；6—导向套筒；7—柱塞弹簧；8—上弹簧盘；9—齿圈；10—出油阀座；11—密封环；12—螺纹接头；13—限程支柱；14—出油阀弹簧；15—出油阀；16—柱塞；17—泵体；18—套筒；19—定位螺钉；20—弹簧锁圈；21—齿条；22—弹簧

(1)拆下油泵出油口接头

将泵座夹持于垫以铜钳口的钳台上,用扳手旋下螺纹接头 12,依次取出限程支柱 13、出油阀弹簧 14。

(2)拆出出油阀座

将专用工具拧在出油阀座 10 上端的外螺纹上,用专用工具将出油阀 15、出油阀座 10 及密封垫片一起拉出。

(3)拆出柱塞等零件

将泵倒置,用杠杆工具将导向套筒 6 压下,用螺丝刀将弹簧锁圈 20 挑出,然后松开杠杆,依次取出:导向套筒 6、柱塞 16、柱塞弹簧 7、上弹簧盘 8 以及齿圈 9,并检查核对齿圈与齿条的配合标记。

如需要更换柱塞,必须分解柱塞与下弹簧盘。方法是:将柱塞正置,使其下弹簧盘 5 支撑于开启适度的钳台钳口上;用橡胶锤轻击柱塞头部使下弹簧盘中间的硬块 4 脱出(硬块与下弹簧盘为过盈配合),即可将柱塞与下弹簧盘分解开。

(4)拆下齿条

将齿条限位螺钉 1 的锁紧螺母旋松,然后将齿条限位螺钉 1 旋出足够多,抽出齿条。

(5)拆出套筒

将泵体横放,使套筒定位螺钉 19 朝上,用螺丝刀旋出套筒定位螺钉 19。由泵体顶部小心取出套筒,随即将柱塞与套筒装配在一起,以避免碰伤。

3. 喷油泵装配

装配时必须注意零件的清洁。精密偶件应用干净柴油清洗。清洗后的偶件工作面禁止用棉纱或布擦拭,以防止纱线进入偶件配合面内引起卡滞。检修后的喷油泵装配顺序如下:

(1)将套筒从泵体上部装入泵体内。装入时注意套筒上的定位槽与泵体上的定位螺钉孔应对正。确认后拧入定位螺钉至最紧,然后退回半圈。

(2)将出油阀总成装入泵体内,依照要求的力矩拧紧出油阀紧固座,随后将套筒定位螺钉拧至最紧。

(3)将泵体倒置于工作台,把齿条插入齿条孔内。将齿圈装配标记对正齿条装配标记后装入泵体孔中,然后拧入齿条导向螺钉。

(4)将柱塞弹簧上座与柱塞弹簧依次装入泵体中,再将柱塞弹簧下座套在柱塞尾端上,然后小心地插入套筒内。插入时必须使柱塞凸肩上的装配记号对正齿圈上的装配记号。

(5)将导程筒装入泵体中,用杠杆工具压下导程筒,然后将卡簧装入。

(6)如有放气螺丝,拧到喷油泵体上。

(7)清洁喷油泵体表面,用布将喷油泵的进(回)油口及高压油出口包好以备用。

九、喷油泵的失效形式与修理方法

1. 主要失效形式

(1)柱塞与套筒

柱塞与套筒是一对精密偶件。柱塞在套筒中既做往复运动,也做回转运动,要求在高压下保持良好的密封性,但允许有微量漏油,以润滑其配合面。柱塞套筒偶件在工作中会受到燃油的腐蚀作用和燃油中所含杂质的擦伤,所以要求制造柱塞套筒偶件的材料硬度高,耐磨、耐腐蚀,加工尺寸稳定性高。这些要求可通过正确选用材料(镍钢、镍铬钢),进行热处理(如淬火、表面氮化、表面渗碳等)以及精密的加工工艺(配合间隙可达0.002~0.003 mm)等来保证。此偶件不能互换,如需更换,应成对换新。

柱塞套筒偶件的主要失效形式有:过度磨损、拉毛、卡紧、咬死以及穴蚀等。

过度磨损使偶件密封性下降,造成偶件漏油,供油压力下降,使喷油器喷射雾化不良,以致使各缸供油不均、转速不稳等。过度磨损除与偶件材料及加工有关外,主要取决于燃油质量,如黏度、硫分和机械杂质含量等。当硬质杂质进入偶件配合面时,容易造成偶件拉毛。过度磨损及拉毛多发生在柱塞头斜槽上部配油部位及套筒进(回)油孔附近。

卡紧和咬死会引起该喷油泵停止供油而使该缸停止燃烧。卡紧和咬死的主要原因是使用劣质燃油时燃油中所含杂质太多或燃油温度突变。

穴蚀使柱塞表面的金属受到破坏,外形改变,使柴油机性能下降,甚至柱塞损坏。柱塞穴蚀多发生在斜槽的上方,而且以在常用负荷时与回油孔相对的柱塞表面处最严重。发生穴蚀的机理与前述的缸套外表面穴蚀相同。柱塞的斜槽打开回油孔的瞬时,柱塞上方的高压燃油与回油孔外的低压燃油相通,此时燃油以极高流速冲入回油孔,过大的压力降使燃油气化形成气泡。此气泡在随后压力升高时发生破裂,从而在柱塞表面和套筒表面产生穴蚀。穴蚀现象还可能发生在出油阀偶件、高压油管内表面以及喷油器针阀偶件表面。

防止喷油设备穴蚀的主要措施有:

①选择具有合适形式与参数的出油阀,如采用等压卸载出油阀或优化等容卸载出油阀的结构。

②合理控制卸载速度,如提高低压腔进油压力,或在喷油泵回油系统中设置缓冲器,以吸收回油系统中的压力波。

(2)阀与阀座

喷油泵中的阀与阀座偶件有两种:一种是出油阀偶件,另一种是进(回)油阀偶件。阀与阀座偶件除应保证密封外,阀应能在阀座中自由滑动,以保证及时启闭。阀与阀座在工作中除受到落座时的强烈冲击外,还受到燃油的腐蚀与冲刷作用,因而要求阀件有足够的表面硬度和抗冲击性能。一般选用优质合金钢并进行渗碳或氮化表面处理。

阀偶件的密封面应进行配对研磨,不允许互换。其密封带宽度不应大于0.4~

0.5 mm。阀与阀座的主要失效形式有密封面磨损、阀杆卡紧或咬死。

进、回油阀磨损漏泄时,供油压力降低,影响雾化和燃烧并使供油量减少;出油阀漏泄时,将使循环供油量减少和喷油延迟。密封面磨损可通过研磨修复。进、回油阀杆卡紧或咬死其后果因阀的种类及卡紧或咬死的位置而异。如阀杆在开启位置咬死,则进、回油阀不能关闭而导致喷油泵停止供油,单缸熄火。如进油阀阀杆在关闭位置咬死,则进油阀关闭,不能进油而导致喷油泵停止供油,单缸熄火。如回油阀阀杆在关闭位置咬死,则回油阀不能及时打开,导致该缸喷油泵供油量增大,可能致使单缸超负荷。阀杆卡紧或咬死可能由润滑不良,受热不均或阀杆、导套变形所致。

2. 检验方法

喷油泵各种损坏形式中最常见的是磨损失效。精密偶件极为精密,难以用测量尺寸变化量来掌握磨损程度,同时一些部位也难以进行测量,可通过密封性检验来了解其磨损程度,并判断能否继续使用。

检验前,偶件应仔细拆卸和清洗。偶件不具有互换性,因此不能分开乱放。

(1)偶件清洗

采用轻柴油或煤油清洗偶件,并应注意以下几点:

①偶件配合面应使用软毛刷或软布进行擦洗。清洗干净后用清洁纸或丝绸擦干,不可用棉纱头或破布擦,以免灰尘或棉纱毛头粘在偶件工作表面上。

②清洗后的偶件应放于清洁的专用容器中保存。

(2)一般性检查

偶件清洁后,可借助低倍放大镜对偶件工作表面进行观察,检查有无明显的、严重的磨损、腐蚀、裂纹等缺陷。柱塞直槽、斜槽边缘有无剥落和锈蚀;柱塞、套筒有无裂纹。出油阀主要检查减压环带、锥形面有无严重磨损痕迹,出油阀体和座面有无裂纹。如发现有裂纹,应依实际情况决定修复或报废。

(3)偶件的磨损检验

偶件配合面磨损会使配合精度下降,燃油泄漏,压力降低。可以通过检查偶件的密封性来了解偶件的磨损部位与磨损程度。

①滑动试验法

这是检查柱塞套筒偶件圆柱配合面密封性的最简便的方法。先用滤净的轻柴油清洗和润滑偶件,然后使偶件与水平面成45°倾斜放置,把柱塞抽出1/3配合面长度后,使其在自重作用下自由滑下,且柱塞在套筒内转至任何位置滑下时均不得有阻滞现象。

若下滑速度缓慢、均匀,则表明配合面无明显磨损,密封性较好;若下滑速度较快或很快,则表明配合面磨损较大或严重,密封性不良。若将柱塞转动90°再次试验,柱塞下滑缓慢、均匀,则表明偶件产生偏磨损。

②油液降压试验法

油液降压试验法或称燃油漏损定量法,也是检验偶件密封性的一种方法。此外,还有油液等压试验法。

油液降压试验法是通过偶件的油液压力下降一定值时所需要的时间或者是用在一

定时间内油液漏损量作为检验密封性的标准。

柱塞偶件油液降压试验法要求喷油泵在相当于额定供油量时，油压从 30 MPa 降至 5 MPa 的时间应不少于 20 s，表明柱塞偶件圆柱面密封性良好。

3. 修理方法

(1) 柱塞套筒偶件

柱塞套筒偶件圆柱配合面磨损后，一般采用以下方法修复：

①尺寸选配法

将一小批磨损报废的柱塞、套筒分别精磨和研磨，消除几何形状误差后按加工后的尺寸重新装配，在保证要求的配合间隙下互研成一对新偶件。

此法重新选配率较低，一般约为 20%，并且在零件数量较少和船上条件下不宜采用此法修复。但此法可使部分报废偶件重新获得使用。

②修理尺寸法

保留套筒，对其进行机械加工消除几何形状误差，按修理后的套筒尺寸配制柱塞，互研后达到要求的配合间隙。

③镀铬修复

采用镀铬工艺修复偶件，使偶件恢复要求的配合间隙。一般采用偶件之一进行镀铬，即将套筒内孔加工获得修理尺寸，使柱塞外圆面镀铬达到修理尺寸，互研成对，保证恢复要求的配合间隙和性能。此法效率高，可使 90% 以上的柱塞套筒偶件恢复使用。

套筒端面腐蚀密封不良时可在平板上按“8”字形研磨。

(2) 出油阀偶件

出油阀偶件清洗后借助放大镜进行检验，若存在下列情况予以报废：减压环带或密封锥面严重磨损；密封锥面有金属剥落或深的轴向划痕；出油阀体有裂纹；出油阀体及阀座面有锈蚀。出油阀导向面在阀体内有阻滞时可用研磨方法修理。研磨时为了不损伤减压环带，可先用研磨棒或旧的阀体进行研磨，然后再用研磨剂使出油阀偶件互研。研磨时应小心，在出油阀锥面上涂以少量研磨剂，使阀在阀体内来回转动研磨，每旋转若干次更换一个角度。研磨时注意不要将研磨剂沾到出油阀体的内孔表面上，以免将减压环带磨坏。研磨后要仔细清洗偶件。如套筒与出油阀体端面配合面密封不良，出油阀体端面研磨方法可与前述套筒端面研磨相同。

第三节　喷油器及检修

一、学习目标

1. 掌握喷油器的结构和工作原理。
2. 掌握喷油器的拆卸与装配方法。

3. 掌握喷油器的检查与调整方法。
4. 掌握喷油器的失效形式与修理方法。
5. 掌握喷油设备的管理。

二、学习任务

1. 喷油器的结构和工作原理。
2. 喷油器的拆卸与装配方法、检查与调整方法、失效形式与修理方法。
3. 喷油设备的管理。

三、环境设备

1. 四冲程柴油机。
2. 二冲程柴油机。
3. 四冲程柴油机喷油器。
4. 二冲程柴油机喷油器。
5. 喷油雾化试验台。

四、喷油器的结构和工作原理

喷油器的作用是把喷油泵供给的高压燃油以雾状喷入气缸,以利于形成可燃混合气。喷雾油束要与燃烧室形状匹配,以利于形成可燃混合气。喷油器头部与高温燃气接触,工作条件极为苛刻。对喷油器的要求主要有:保证良好的雾化质量和合理的油束形状;喷油开始和结束应利落,无滴漏和二次喷射等异常喷射现象。

喷油器分为开式和闭式两大类。开式喷油器结构简单,但雾化质量和喷射性能较差,目前已很少使用。闭式喷油器又称液压启阀式喷油器,利用液压启阀原理,当作用在喷油器针阀承压锥面上的油压超过针阀启阀压力时针阀开启,高压燃油经喷孔喷入气缸雾化。由此,闭式喷油器可保证良好的雾化质量,停油时又能迅速断油,防止燃油滴漏,因而船用柴油机多使用闭式喷油器。

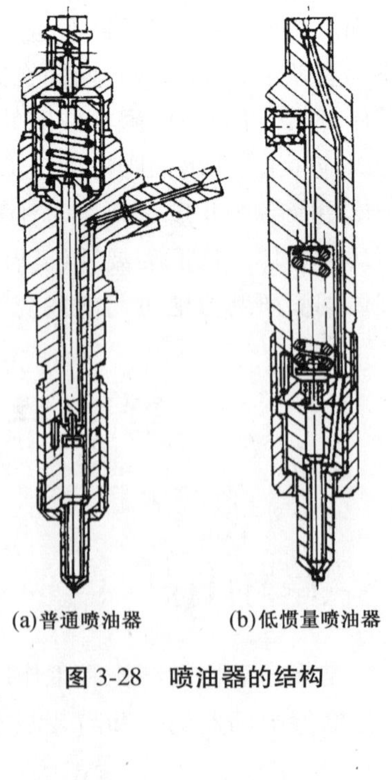

(a)普通喷油器　　(b)低惯量喷油器

图 3-28　喷油器的结构

1. 喷油器的结构及工作原理

喷油器的结构如图 3-28 所示。高压燃油经进油口引入本体的油道,进入针阀的油腔内,通过作用在针阀承压锥面上的燃油压力控制针阀的开启和关闭。针阀与针阀体圆柱配合面的漏油由回油管接头引出。

闭式喷油器形式繁多。按喷孔数目可分为单孔式和多孔式(2~9 个),喷孔直径为 0.25~1.25 mm;所有开式燃烧室柴油机均采用多孔喷油器。多孔喷油器也有许多不同的形式,如冷却式、非冷却式,弹簧上置式[如图 3-28(a)所示]、弹簧下置式[如图 3-28(b)所示]等。

喷油器的主要部件是针阀偶件,它由针阀和针阀体组成。针阀由弹簧预紧。当作用在喷油器针阀承压锥面上的油压超过喷油器针阀启阀压力时,针阀开启,高压燃油从喷孔喷入气缸雾化,此燃油压力称为启阀压力。当作用在喷油器针阀承压锥面上的油压低于针阀落座压力时,针阀关闭。喷油器针阀密封座面以下的容积为压力室容积。喷油结束时,针阀座关闭,但压力室中存有燃油,且此部分燃油靠高温蒸发在无喷射状态下进入燃烧室内燃烧,燃烧不完全,使柴油机经济性、排放指标恶化。因此,压力室容积应尽量小。

针阀结构如图 3-29 所示。图 3-29(a)所示为单孔式喷油器针阀;图 3-29(b)所示为多孔式喷油器针阀;图 3-29(c)所示为单孔轴针式喷油器针阀。单孔式喷油器因雾化质量较差,油束分布不均,一般只用于对喷射质量要求不高的分隔式燃烧室中。

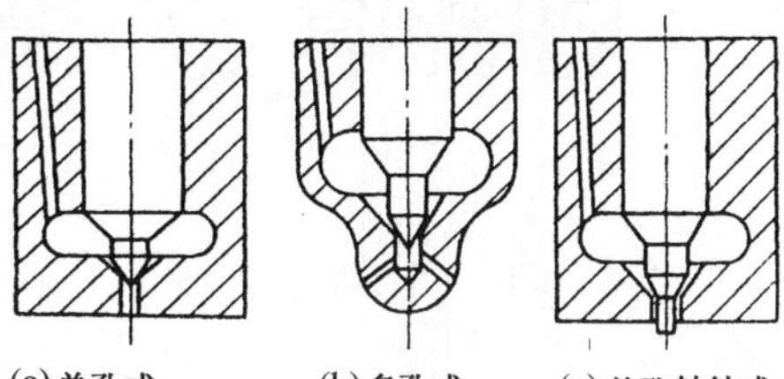

(a)单孔式　(b)多孔式　(c)单孔轴针式

图 3-29　针阀结构示意图

对于强化程度较高的中低速柴油机,大多使用冷却式喷油嘴。这种喷油嘴在针阀体内部布置冷却液通道用以冷却,称为内部冷却。冷却液通常采用淡水或燃油。淡水导热系数大,冷却效果好。用燃油冷却无须专门密封,系统较为简单。目前,新型大中型柴油机普遍采用燃油冷却。

2. 喷油器的调整参数

喷油器针阀由调压弹簧紧压在针阀体密封座面上,压紧力由预紧力和弹簧刚度决定,燃油压力作用于针阀的承压锥面上。当燃油压力达到开启压力 p_o 时,针阀上升开启。当喷油接近结束时,油压下降,针阀又在弹簧预紧力的作用下下行,针阀落座,停止喷油,此时的油压称为喷油器的关闭压力 p_s。开启压力 p_o 大于关闭压力 p_s。关闭压力越接近于开启压力,则喷雾质量越好。

在喷油系统其他参数一定的条件下,喷油器开启压力的大小决定了喷油系统油压的大小。p_o 越大,则高压油管内的峰值压力 p_N 越高,峰值压力 p_N 一般是 p_o 的 2~4 倍。中小功率柴油机用多孔喷油器,p_o 一般为 18~25 MPa;大功率柴油机用多孔喷油器,p_o 一般在 30 MPa 以上。

3. 典型结构介绍

图 3-30 所示是 MAN B&W MC 型柴油机使用的一种非冷却多孔式喷油器。这种喷油器可以使燃油系统中的燃油经喷油泵进入喷油器本体内循环冷却,最后排至混油柜。

MC柴油机喷油器的解体微课

在该缸喷射期间,高压的燃油首先使燃油循环回路中断,然后高压燃油进入针阀的油腔内,待达到启阀压力时针阀开启进行喷油。供油结束,油压降低,针阀落座。当油压降低至某规定值,上述燃油循环回路重新接通,喷油器本体的燃油循环重新恢复。这种结构不但省略了单独的冷却系统,而且燃油循环在柴油机备车期间可对喷油器进行预热,在运转期间对喷油器冷却并兼有驱气作用。

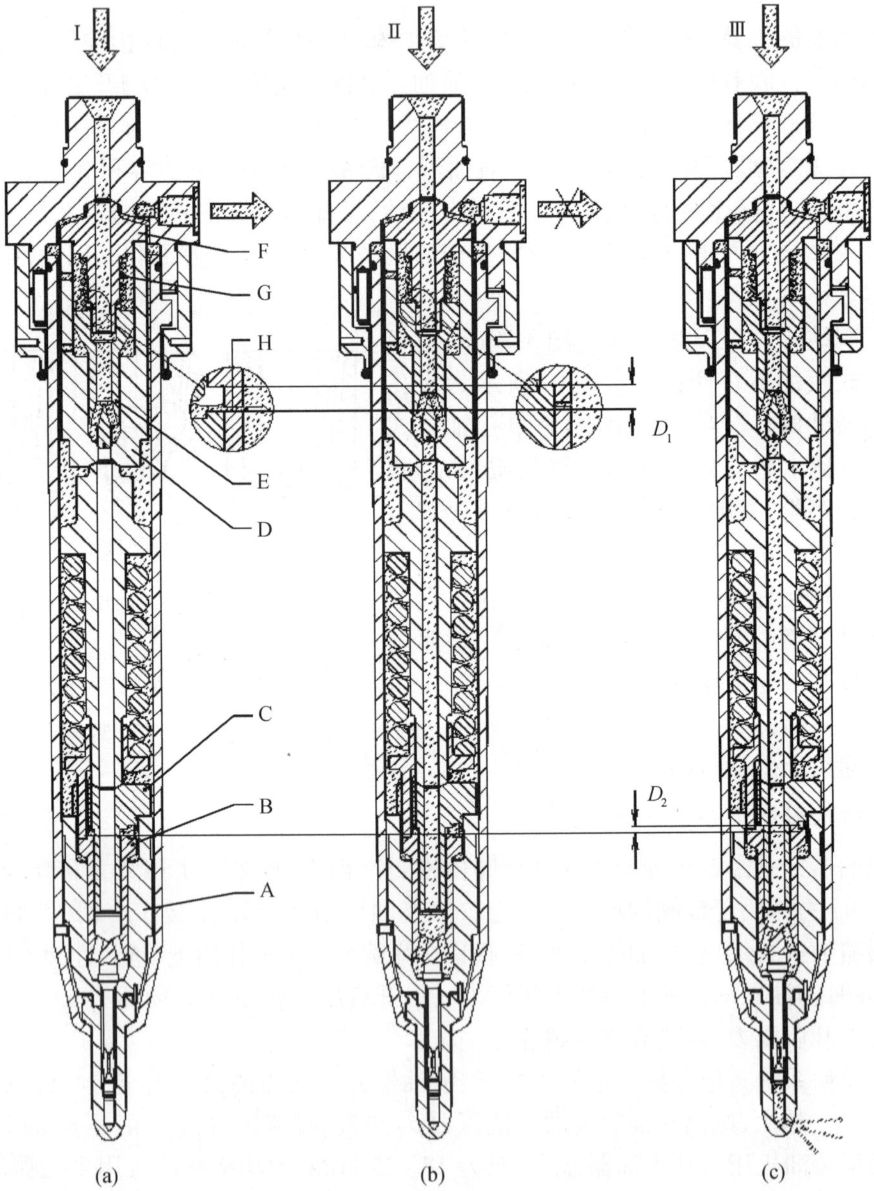

图 3-30　MAN B&W MC 型柴油机喷油器

A—针阀体;B—针阀;C—止推座;D—止回阀体;E—止回阀;F—止推座;G—压力弹簧;D_1—止回阀抬起高度;D_2—针阀抬起高度

喷油器内有两个阀，上部是止回阀，由止回阀体 D、止回阀 E、止推座 F 和压力弹簧 G 组成。下部是喷油针阀，由针阀体 A、针阀 B 和止推座 C 组成。当柴油机不喷射时，来自喷油泵的低压燃油由喷油器顶部进入，如图 3-30(a)所示。此时由于燃油压力较小，止回阀关闭，即其止回阀 E 封闭燃油下行通道，在止推座 F 的下部有一个旁通孔 H 开启，燃油经此旁通孔在喷油器体内循环后排出。在喷油期间，如图 3-30(b)所示，燃油由高压喷油泵供给，油压大于 1 MPa 时，止回阀被油压抬起 D_1，旁通孔 H 关闭，燃油向下进入下部针阀的油腔内。在燃油压力达到启阀压力时，针阀 B 被油压抬起 D_2，燃油喷入气缸，如图 3-30(c)所示。喷油器启阀压力由弹簧的安装预紧力和有关零件尺寸预先确定，使用中不能进行调节。如需调节，则应解体喷油器并换用专用弹簧垫片。

喷油器针阀的下部压力室采用小压力室结构，压力室的容积只有原来的 15%，可以有效地减少有害气体的排放和提高经济性。

五、喷油器的拆卸与装配方法

喷油器的状况直接决定柴油机的燃烧和功率输出，因此主管轮机员应根据说明书规定的检修时间进行检修。即使测试示功图证明柴油机燃烧良好，若喷油器使用时间已接近检修时间，主管轮机员亦应及时对其进行检修。喷油器中的针阀与针阀体是一对精密偶件，因此喷油器的检修主要针对针阀偶件。喷油器自气缸盖上拆下后首先应在喷油器试验台进行试验以核实其状况，然后根据试验结果有针对性地对喷油器进行分解并详细检修，最后将喷油器组装后在试验台进行相关检查和调整，以确保其符合使用要求。

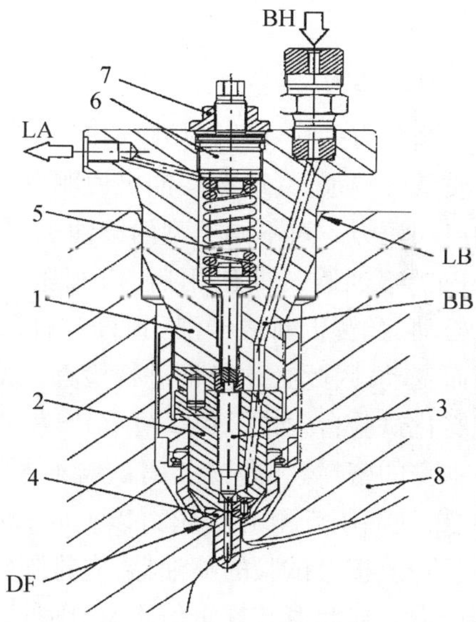

图 3-31 多孔闭式喷油器

1—喷油器本体；2—针阀体；3—针阀；4—喷油嘴；5—调压弹簧；6—调压螺栓；7—锁紧螺母；8—气缸盖；BB—进油通道；BH—进油管接头；DF—密封套；LA—回油；LB—喷油器安装孔

1. 喷油器分解

以如图 3-31 所示的多孔闭式喷油器为例，其分解过程为：

(1)清除喷油嘴积碳。喷油嘴浸入轻柴油中，泡软后用竹片刮除，然后用铜丝刷刷净。

(2)将喷油器正置夹紧于虎钳上，拆下进油管接头 BH，松开锁紧螺母 7 后旋出调压螺栓 6。松开虎钳，将喷油器倒置后取出调压弹簧 5、顶杆。

(3)将喷油器倒置夹紧于虎钳上，拆下喷油嘴螺母和密封套 DF 后，依次取下喷油嘴 4、针阀体 2 与针阀 3，将这些精密件置于垫有绸布的洁净油盘内。针阀偶件应成对放置。

2. 喷油器装配

装配顺序与分解顺序基本相反,其过程如下:

(1)将喷油器本体倒置夹紧于虎钳中,依次装复针阀偶件、喷油嘴、密封套、喷油嘴螺母,依说明书要求力矩拧紧喷油嘴螺母。

(2)将喷油器本体正置夹紧于虎钳中,依次装复顶杆(小端朝下)、弹簧、调节螺钉及锁紧螺母。调节螺钉应使弹簧稍有压缩,不要拧入太多。

(3)装复进油管接头,用布将进、回油口包好。

六、喷油器的检查与调整方法

根据柴油机的运行状况,对喷油器必须坚持进行定期的预防性检查和不定期的诊断性检查。检查中如发现有不适之处,必须随时加以维修和调节,以保证喷油器始终具有良好的喷油雾化质量。检查内容包括:启阀压力、针阀偶件的密封性和雾化质量。

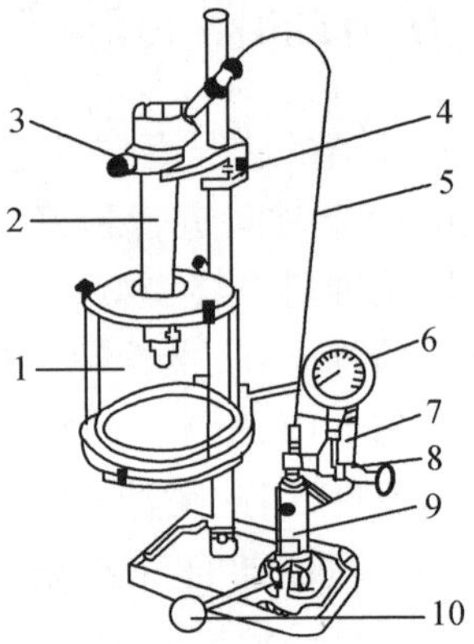

图 3-32 喷油雾化试验台

1—保护罩;2—喷油器;3,4—固定支架;5—高压油管;6—压力表;7—连接管;8—出口截止阀;9—油泵;10—泵油手柄

1. 启阀压力

启阀压力是喷油器开始喷射时的燃油最低压力,对雾化质量影响很大,所有柴油机说明书中都规定了喷油器的启阀压力。对不同类型的柴油机,其值一般为 20~35 MPa。喷油器长期使用后,启阀压力可能由于调节螺钉松动、弹簧折断或卡滞、顶杆与针阀磨损或卡滞等原因而变动,因此必须经常进行检查。检查所用设备是喷油雾化试验台(如图 3-32 所示)。检查前必须先检查设备本身的密封性,即当关闭试验油泵的出口,压动试验油泵,使油压升至启阀压力以上时,油压应缓慢降落而不骤降。接上试验的喷油器,先排除空气,然后缓慢泵油,观察开始喷油时的压力即启阀压力。如此值与规定值不符,则拧动调节螺钉,直到满意时为止。

2. 针阀偶件的密封性

喷油器针阀偶件的密封性检查包括针阀与针阀体圆柱面和针阀与阀座锥面两处密封性的检查。此项检查也在喷油器雾化试验台上进行。试验时泵油油压控制在略低或略高于启阀压力,停止泵油后观察油压降落的速度。如某机型要求泵压至启阀压力(调弹簧预紧力),在 5 s 内压力降不大于 5 MPa。若此速度大于规范,则说明针阀与针阀体圆柱面间隙大,因密封不良而产生漏油,致使压降较快。在检查圆柱面密封性的同时,亦可检查锥面的密封性,即在上述停止泵油时,若喷孔处只有轻度潮湿而无燃油滴漏,则锥面密封性良好;若有油滴,则锥面密封不良。

3. 雾化质量

利用喷油器雾化试验台手动泵油时，细心观察喷柱的形状、数目、油滴细度和分布情况，注意察看在启阀压力之前和喷射之后喷孔处是否有燃油滴漏。良好的雾化质量应是喷射符合要求，并且无油滴涌出或渗漏，整个喷射过程伴有清脆的“吱吱”声。对于雾化质量不佳的喷油器，如确系因针阀锥面密封性不良所致，可用少许研磨剂调和机油仔细涂在锥面处研磨。当喷孔堵塞时可先用煤油浸泡，然后用略小于喷孔直径的钢探针疏通，必要时换新喷油嘴。

七、喷油器的失效形式与修理方法

1. 主要失效形式

(1)针阀偶件

针阀与针阀体偶件是喷油器中的精密偶件。其工作条件除与喷油泵的柱塞偶件相同外，还受燃烧室高温及针阀落座时的撞击。针阀在针阀体中应能自由上下运动，并有可靠的密封性，允许针阀与针阀体之间有微量漏油以进行润滑。针阀偶件一般采用耐磨性好、韧性好、疲劳强度高以及高温下有足够硬度的材料制成，如滚珠轴承钢、低碳合金钢等。其加工工艺要求高，以保证精确的配合间隙(为 0.02~0.04 mm)。另外，针阀与针阀体之间也应有良好的密封性，其密封锥面上的密封环带宽度不宜太宽或太窄，通常以 0.3~0.5 mm 为最佳，而且环带应位于针阀锥面的上边缘[如图 3-33(a)所示]，以保证针阀升起时有足够大的燃油流通面积，避免节流损失。若针阀座使用中磨损下沉，则在针阀升起初期燃油从狭缝中漏出，节流损失大，雾化不良，此为不正确配合[如图 3-33(b)所示]，同时，阀座下沉也引起启阀压力下降、针阀升程增大(针阀升程一般为 0.4~1.3 mm)，使针阀落座时撞击增大。

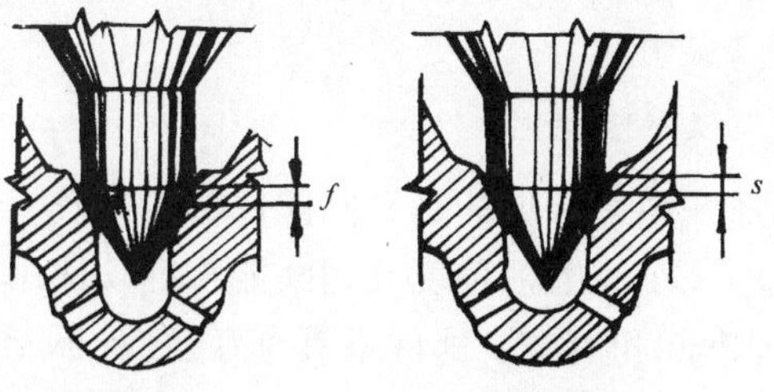

(a)正确配合　　(b)不正确配合

图 3-33　针阀与阀座的配合状态

针阀偶件的失效形式主要有密封面磨损、针阀卡紧咬死等。

针阀偶件的密封面有 4 个，即针阀与针阀体圆柱面、针阀与针阀体锥面、针阀体与喷油器本体端平面以及针阀体与喷油嘴配合平面等。针阀圆柱面磨损引起喷油压力降低、雾化不良、各缸喷油不均、转速不稳等。磨损主要由燃油质量不佳引起。有些大型柴油机的喷油器上端面有专设的回油管，管理中可通过此管的回油量判断针阀圆柱面的磨损程度。针阀密封锥面磨损将引起燃油滴漏,喷孔结炭。该密封锥面磨损原因与喷油泵出油阀磨损相同,在管理中可通过喷油器的雾化检查加以判断。针阀体与喷油器本体端平面磨损主要由冷却水腐蚀引起,此时高压燃油漏入冷却水引起雾化不良,管理中可通过喷油器冷却水箱中有无燃油加以判断。上述磨损除针阀圆柱面磨损外,其他各处磨损均可用研磨方法修复。

针阀在针阀体中卡紧或咬死时,针阀不能及时启闭或不能启闭,此时该缸发火不正常,甚至单缸熄火,转速下降。若针阀在关闭位置咬死,则喷射系统中油压剧增,高压油管脉动强烈,高压油管接头漏油或破裂,喷油泵发热并有异常响声。若针阀在开启位置咬死,则高压油管脉动微弱,燃油未经雾化喷入气缸。在管理中可通过上述迹象,尤其通过高压油管的脉动状态加以判断。针阀卡紧或咬死的主要原因有:燃油中含有机械杂质、油温突变、喷油器冷却不良而过热以及安装不良等。

(2)喷油嘴

喷油器下端钻有喷孔并伸入燃烧室的零件称为喷油嘴或称为雾化头。它不但受到燃油的冲刷、腐蚀,还受到缸内高温燃气作用。中小型柴油机喷油器的喷油嘴多与针阀体一体;大型柴油机的喷油嘴多与针阀体分开制造。喷油嘴中喷孔的数目与位置应与燃烧室匹配,以保证燃油雾化良好并与空气混合均匀。

喷油嘴的主要失效形式有喷孔磨损、堵塞、裂纹等。

喷孔在使用中将因燃油的冲刷及腐蚀使直径增大,此时将破坏油束与燃烧室的匹配。当孔径增加10%或喷孔变形严重影响油束几何形状,该喷油嘴应予以换新。喷孔堵塞大多由积碳引起。喷孔内外积碳的主要原因是喷油器冷却不良而造成喷油嘴过热。一旦喷油嘴过热,燃油流经喷孔时在孔内必生成积碳。喷孔积碳不仅破坏了油束与燃烧室的匹配关系,还会引起火焰逐渐移近喷孔并加速喷孔的堵塞,形成恶性循环,最后使喷孔内外积碳堵塞。喷孔堵塞会使喷射持续期加长,后燃严重并出现二次喷射。喷孔外喷油嘴表面(外或尖端)积碳大多与针阀密封不良或关闭不及时形成滴漏有关。

喷油嘴裂纹主要由高温引起。

2. 检验方法

喷油器的各种损坏形式中最常见的是针阀偶件磨损失效。喷油器针阀偶件可以通过密封性检验和雾化试验来了解磨损程度并判断能否继续使用。

检验前,偶件应仔细拆卸和清洗。偶件不具有互换性,不能分开乱放。

(1)针阀偶件的清洗

采用轻柴油或煤油清洗偶件,并应注意以下几点:

①针阀体或喷油嘴的外表面积碳采用钢丝刷清除。清除喷孔周围积碳时切勿损伤喷孔。如喷孔被积碳堵塞,应采用专用通孔工具或钻头疏通喷孔。通孔时,切勿用力过猛,以免通针或钻头断在喷孔内。

②偶件配合面应使用软毛刷或软布进行擦洗。清洗干净后用清洁纸或丝绸擦干,不可用棉纱头或破布擦,以免灰尘或棉纱毛头粘在偶件工作表面上。

③清洗后的偶件放于清洁的专用容器中保存。

(2)表面状况的一般性检查

借助放大镜仔细观察针阀锥面有无沟槽,喷孔有无变形,针阀锥部环形密封带的宽度及连续性,针阀体端面燃油冲刷痕迹等。

(3)针阀偶件磨损检验

①密封性检验

A. 滑动性试验

先用洁净的轻柴油清洗和润滑针阀偶件,然后使偶件与水平面成90°倾斜放置,把针阀抽出1/3长度后,使其在自重作用下自由滑下,且针阀在针阀体内转至任何位置滑下时均不得有阻滞现象。

若下滑速度缓慢、均匀,则表明配合面无明显磨损,密封性较好;若下滑速度较快或很快,则表明配合面磨损较大或严重,密封性不良;若将针阀转动90°再次试验,针阀下滑缓慢、均匀,则表明偶件产生偏磨损。

B. 油液降压试验

该法用于喷油器组装成总成后检查针阀与针阀体圆柱面和针阀与针阀体阀座锥面两处密封性。将组装后的喷油器置于喷油器试验台,缓慢泵油,待高压油管与喷油器接头处冒油时将紧固螺母拧紧,继续缓慢泵油,使油压升至稍低于喷油压力并保持泵油手柄不动,随即起动秒表计时。若在10 s内喷油嘴喷孔周围无滴油(允许有湿润),则针阀偶件锥面密封良好;若喷孔滴油,则针阀偶件锥面密封不良。继续观察压力表的压力下降值,当表压降至说明书规定的压力时停止秒表计时。若计时符合说明书的要求(一般不少于50 s),则针阀与针阀体圆柱面之间密封良好。若计时少于说明书的要求,则说明针阀与针阀体圆柱面之间密封不良。

②雾化试验

喷油器雾化试验是对针阀偶件密封性的综合检验,可与上述油液降压试验同时进行。

试验时,将启阀压力调至规定值,然后以40~80次/分的速度进行喷雾试验,喷雾质量应符合以下要求:

A. 喷出的燃油应成雾状,无肉眼可见的飞溅油粒的连续油柱和局部浓稀不均匀的现象。

B. 喷油开始和终了时声音清脆,喷油迅速、利落。

C. 喷油开始前和终了后不得有渗漏,允许喷孔周围有湿润现象。当针阀直径大于10 mm时,允许喷孔周围有油液聚集现象,但不得有油滴漏。

喷油器雾化试验十分重要,根据试验时燃油雾化的形状、数目、分布和油粒的细度等检验喷油器的质量和分析故障原因。如图3-34所示的雾化状况分别反映了不同的成因。图3-34(a)为喷油孔堵塞,是由于喷孔部分堵塞而产生的滴油现象;图3-34(b)为针阀动作不良产生喷雾方向偏单,油粒粗大;图3-34(c)为针阀锥面磨损,密封性差,在喷雾的同时有滴油现象;图3-34(d)为正常喷射,雾化良好,雾化均匀分布,喷孔周围无滴油现象。

3. 修理方法

针阀偶件圆柱配合面磨损可采用柱塞偶件的修复方法。若磨损严重或配合面上有较深的拉痕时,应报废换新。

锥面配合面磨损后,针阀锥面上的环形密封带出现变宽、中断或模糊不清等现象时,可采用研磨膏进行偶件的互研或不加研磨膏互研,使环形密封带恢复正常为止。清洗后,进行密封性检验。

有时针阀偶件经多次研磨修复,但每次又很快磨损失去密封性,可能是由于材质不佳或热处理不当造成的。

针阀体端面腐蚀亦采用平板研磨修复。

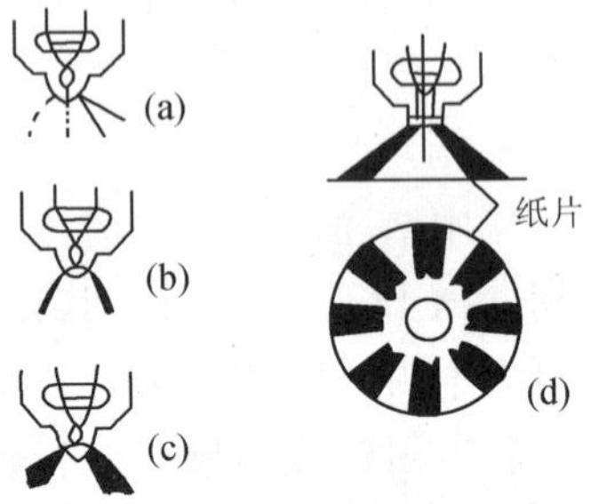

图 3-34 喷油器雾化试验

(a)喷油孔堵塞;(b)针阀动作不良;(c)针阀锥面磨损;(d)正常喷射

八、喷油设备的管理

应注意下列事项:

(1)对喷油设备需要适时进行拆检和试验,查出隐患和缺陷,及时排除。拆检时须注意清洁,清洗只准使用轻柴油(或煤油),擦拭时不得使用棉纱。装复时注意正确定位,注意各密封面处的结合,注意有关装配记号。

(2)备车时应对各缸喷油泵逐个进行手动泵油,以便润滑柱塞偶件,观察柱塞及其相关运动件的灵活性。此外,还应检查喷油泵油量调节机构动作的准确性和可靠性。

(3)长期停车之后或喷油设备经拆检重新装复之后,应注意喷油设备及燃油系统放气。喷油设备各处不得有燃油渗漏。

(4)运转中应注意高压油管的脉动状态。若脉动突然增强,喷油泵有异响发出,则多为喷油器喷孔堵塞或针阀在关闭位置咬死所致;若高压油管无脉动或脉动微弱,则多由柱塞卡死或针阀在开启位置咬死或喷油器弹簧折断所致;若脉动频率或强度不断变化,则柱塞有卡滞现象。

(5)在柴油机运转中如需单缸停油,则应使用喷油泵专门停油机构抬起该喷油泵下方滚轮机构。不可关闭喷油泵燃油进出口阀,以免由于断油缺乏润滑而使柱塞偶件卡死。

(6)应注意喷油器冷却系统的工作状况,确保喷油器可靠冷却,防止过热。定期检查喷油器冷却水循环柜内的水质变化,如水面有油花,则表示喷油器内有漏油现象。

(7)喷油器装入气缸盖前应检查与缸盖配合座面的密封性,必要时需清洁与研磨,以防止燃气漏出烧毁喷油器或严重积碳。喷油器在缸盖上的固紧螺母不可预紧过度,应按说明书规定的预紧力矩或按固紧螺母上的标线预紧。

(8)注意缸内燃烧过程的变化。可依据排烟颜色、排气温度、示功图等的不正常变化,判断喷油设备的工作状况。必要时应酌情进行调整。

第四节 船用燃油和可燃混合气形成与燃烧

一、学习目标

1. 掌握燃油的性能指标。
2. 掌握燃油的分类。
3. 了解劣质燃油的管理。
4. 了解可燃混合气的形成方法及其影响因素。
5. 了解各种不同类型的燃烧室形式、特点及提高混合气形成的管理措施。
6. 了解燃烧过程着火条件和燃烧过程的四个阶段。
7. 了解燃烧过程的影响因素及控制措施。

二、学习任务

1. 燃油的性能指标和燃油的分类。
2. 劣质燃油的管理。
3. 可燃混合气的形成。
4. 柴油机的燃烧过程。

三、环境设备

1. 四冲程柴油机。
2. 二冲程柴油机。
3. 四冲程柴油机活塞、气缸盖。
4. 二冲程柴油机活塞、气缸盖。

四、燃油的性能指标

柴油机的燃油大多来自石油产品。天然石油提炼燃油的工艺主要是蒸馏，其次是热裂化、催化裂化和加氢裂化。裂化过程剩余的渣油称裂化渣油。

燃油的基本组成元素是碳和氢，按重量计算为83%～87%的碳、11%～14%的氢，少量的氧、硫、氮等元素，总质量只占0.5%～5%。此外，石油中还含有其他微量元素，如氯、碘、磷、钾、钠、镁、钙、铜、铁、镍、砷、铅、钒等元素。

燃油按其分子结构不同,可分为脂肪烃、环烷烃与芳香烃三类。最适合柴油机使用的燃油应是以脂肪烃为主的各种烃的混合物。如果燃油中的芳香烃较多,则会引起燃烧不完全、燃烧室部件表面积碳等现象。环烷烃的燃烧性能介于脂肪烃和芳香烃之间。

燃油的质量以其理化性能指标来衡量。这些质量指标有多种,分别从不同方面反映燃油的质量。这些指标根据其对柴油机工作的影响大致可分为三类:(1)影响燃油燃烧性能的指标,如十六烷值、柴油指数、热值和黏度等;(2)影响燃烧产物成分的指标,如硫分、灰分、沥青分、残炭值、钒和钠含量等;(3)影响燃油管理工作的指标,如闪点、密度、凝点、倾点、浊点、水分和机械杂质、黏度等。

1. 十六烷值

十六烷值是评定燃油自燃性能的指标,是同标准燃料比较确定的。标准燃料由正十六烷(十六烷值为100)与α-甲基萘(十六烷值为0)的混合液组成,混合液中的正十六烷的容积百分比即为标准燃料的十六烷值。在标准的试验机上,将所试验燃油的自燃性(通常以滞燃期长短计量)同标准燃料相比较,即可以确定试验燃油的十六烷值。如某试验燃料在标准的试验机上所测得的滞燃期与含45%的正十六烷和55%的α-甲基萘的标准燃料的滞燃期相同,则十六烷值即为45。

柴油机对燃油的十六烷值有一定的要求。过低会导致燃烧粗暴,甚至起动或低速运转时难以发火;过高导致燃油费用高,而且因发火过快使燃油产生高温分解而生成游离碳,致使柴油机排气冒黑烟,经济性下降。但对于船舶柴油机,由于使用劣质燃料油,主要问题是燃油质量较差,十六烷值过低。通常,高速柴油机燃油的十六烷值为45~60;中低速柴油机为40~50;燃用重油的大型低速柴油机,只要不低于25,即可保证正常工作。

2. 柴油指数

柴油指数是衡量燃油自燃性的指标。它不必使用贵重实验设备而可以在实验室中用简单的方法测定燃油的相对密度和苯胺点,并按下式计算燃油的柴油指数($D.I.$):

$$D.I. = (1.8t + 32)(141.5/d - 131.5)/100$$

式中:d 为燃油相对密度(温度为60 ℉时同体积燃油与水重量之比);t 为苯胺点(℃)。苯胺点指同体积的燃油与苯胺混合加热成单一液相溶液,然后使之冷却,当混合液开始混浊(析出沉淀物)时的温度(℃)。

燃油中各族烃类在苯胺中有不同的溶解度,其中芳香烃最易溶于苯胺。燃油和苯胺越易溶解,则其苯胺点越低,自燃性越差。根据燃油的苯胺点可大致判断其十六烷值的高低。

柴油指数和十六烷值在数值上相近。一般地,柴油指数较十六烷值略高几个单位,二者换算公式为:

$$十六烷值 = 2/3 \times 柴油指数 + 14$$

3. 碳芳香指数(CCAI)

由于燃料油的自燃性能很差,用普通的方法测量其自燃性能比较困难。碳芳香指数(Calculated Carbon Aromaticity Index,CCAI)是专为衡量燃料油的自燃性能而提出来的一种计算方法,也称为计算碳芳香指数,如图3-35所示,它是燃油运动黏度和密度的函数,计算公式为:

$$CCAI = D - 140.7\,\mathrm{lglg}(v + 0.85) - 80.6$$

式中:D 为燃油密度,g/cm^3(15 ℃);v 为燃油运动黏度,mm^2/s(50 ℃)。

计算出的CCAI值小于850时可以得到满意的发火性能;若CCAI值大于875时,燃油难以发火。不同柴油机对CCAI值的要求略有不同,一般中小型柴油机要求值较小,而大型柴油机允许的CCAI值可略大。

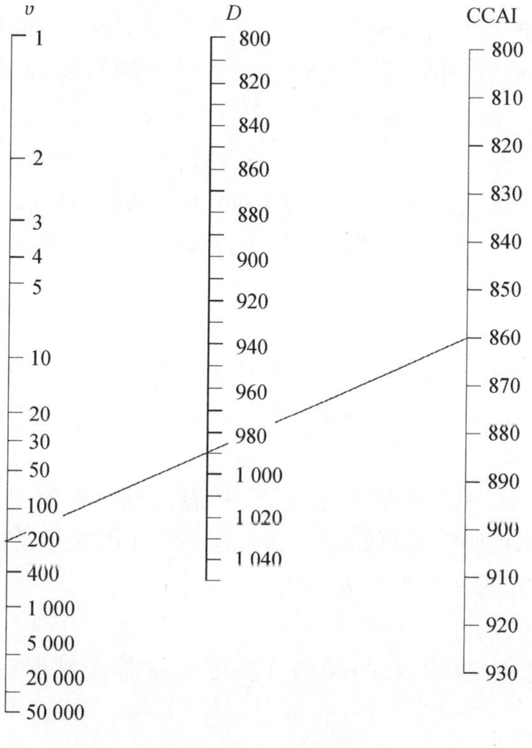

图3-35　CCAI指数

v—燃油运动黏度,mm^2/s(50 ℃);D—燃油密度,g/cm^3(15 ℃)

4. 馏分与馏程

馏分与馏程是燃油蒸发性的指标。把燃油放在蒸馏装置中蒸馏,蒸馏出第一滴油的温度称为初馏点,蒸馏最后达到的最高温度称为干点(或终馏点)。在一定温度范围内燃油所能蒸发的百分数称为馏分。每个馏分的初馏点和干点称为该油品的馏程。轻馏分(250 ℃以下馏出的成分)蒸发快,易与空气混合和发火。但轻馏分过多(超过15%)时易发生燃烧粗暴。从燃油燃烧质量出发,并不是轻馏分越多越好。重馏分(350 ℃以上馏出的成分)蒸发慢,燃烧不完全,且易积碳。品质好的燃油应是轻馏分与重馏分都比较少,而在250~350 ℃蒸发的中馏分较多。通常用50%馏出温度表示该油品的平均蒸发性能。

5. 热值

1 kg 燃油完全燃烧放出的热量称为燃油的热值,单位为 kJ/kg。其中不计入燃烧产物中水蒸气的汽化潜热者称低热值,用 H_u 表示。重油基准低热值 H_u = 42 000 kJ/kg;轻油基准低热值 H_u = 42 700 kJ/kg。

6. 黏度

黏度是评定燃油流动性的指标,是燃油最重要的特性之一。黏度是液体内分子摩擦的量度,即燃油流动时分子间阻力的大小。燃油在管路中输送的流量和压差,燃油在喷射时的雾化质量,燃油对喷油泵偶件的润滑能力等都与黏度有密切关系。

液体的黏度值有绝对黏度和条件黏度(又称为相对黏度)两种表示法。绝对黏度表示内摩擦系数的绝对值;相对黏度是在一定条件下测得的相对值,并因测定仪器而异。绝对黏度有动力黏度和运动黏度;相对黏度有恩氏黏度、赛氏黏度和雷氏黏度。

(1)动力黏度

动力黏度是两个相距为 1 cm、面积为 1 cm^2 的液层,相对运动速度为 1 cm/s 时所产生阻力的数值。工程单位制为泊(g/cm · s),国际单位制为帕 · 秒(Pa · s),1 Pa · s = 10 g/cm · s。

(2)运动黏度

运动黏度是动力黏度与同温度下液体密度之比。国际单位制为 m^2/s 或 mm^2/s。通常在实际中使用厘斯(cSt——工程单位),1 cSt = 10^{-6} m^2/s = 1 mm^2/s。

(3)恩氏黏度

恩氏黏度是 200 cm^3 液体在特定温度下,从恩氏黏度计流出所需的时间与蒸馏水在 20 ℃时流出相同体积所需的时间之比。它是一个无因次量,符号为°E。恩氏黏度曾是我国和部分欧洲国家常用的黏度表示法。

(4)赛氏黏度

赛氏黏度是液体在 37.8 ℃(100 ℉)温度下从赛氏黏度计流出 60 cm^3 所需的时间(s)。

(5)雷氏黏度

雷氏黏度是液体在 37.8 ℃(100 ℉)温度下从雷氏黏度计流出 50 cm^3 所需的时间(s)。

赛氏黏度和雷氏黏度是英国、美国常用的黏度表示法。各种黏度表示法的换算关系如下:

恩氏黏度(°E) = 0.132×运动黏度(mm^2/s)

雷氏黏度(s) = 4.05×运动黏度(mm^2/s)

赛氏黏度(s) = 4.62×运动黏度(mm^2/s)

ISO 规定,自 1977 年 10 月开始采用 50 ℃时的运动黏度值(mm^2/s)作为燃油的黏度值。

压力和温度对燃油的黏度有很大影响。燃油的黏度随压力的增大而增加,随温度的升高而降低。燃油的黏度随温度变化的特性称为黏温性能。图 3-36 所示为船用燃油的黏度特性曲线。

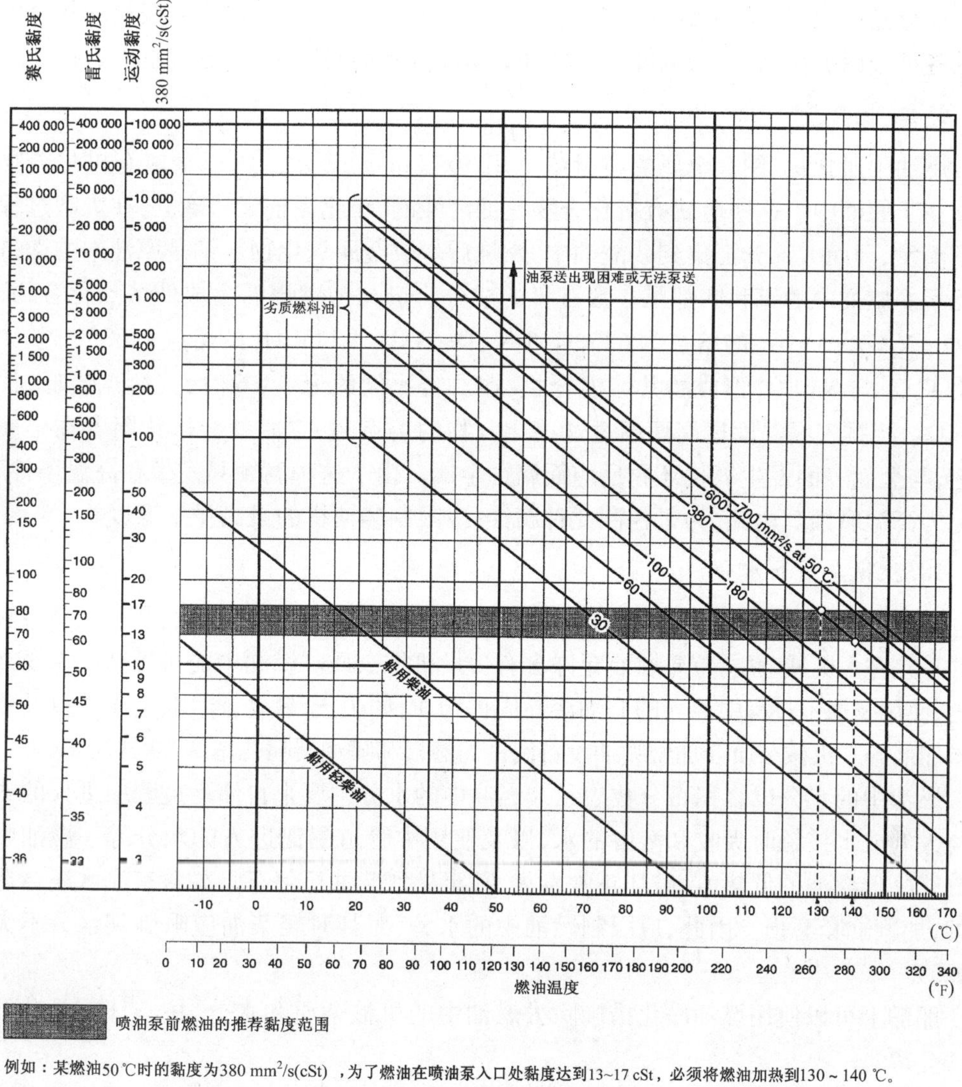

例如：某燃油50 ℃时的黏度为380 mm^2/s(cSt)，为了燃油在喷油泵入口处黏度达到13~17 cSt，必须将燃油加热到130 ~ 140 ℃。

图 3-36 船用燃油的黏温特性曲线

7. 硫分

燃油中所含硫的重量百分数叫作硫分。燃油中含硫的危害有:(1)液态的硫化物(如硫化氢等)对燃油系统的设备有腐蚀作用;(2)燃烧产物中的 SO_3 和水蒸气(H_2O)在缸壁温度低于其露点时,会生成硫酸附着在缸壁表面,产生强烈的低温腐蚀作用;(3)燃烧产物中的 SO_3 能加速碳氢化合物聚合而结炭,而且此结炭较硬,不易清除;(4)硫燃烧后产生的 SO_2 是柴油机排放的主要有害成分。

燃油中的硫分主要与原油产地有关,同时也受加工炼制工艺方法的影响。虽然可以通过燃油脱硫技术显著降低燃油中的硫分,但燃油的价格将大幅度上涨。目前,为了控制船舶 SO_x 排放,国际海事组织对于船用燃油的硫含量进行了严格的限制。

8. 灰分

灰分是在规定条件下燃油完全燃烧剩余物的重量百分比。燃烧后残存的灰分中含有的各种金属氧化物,可造成燃烧室部件高温腐蚀和磨料磨损,加剧气缸套磨损。

9. 钒、钠含量

燃油中所含钒、钠等金属的质量浓度用 10^{-6}(ppm)表示。钒以金属有机化合物形式存在于原油中。这些金属有机化合物是油溶性的,净化系统无法除去,在炼制过程中也不蒸发,因而大部分汇集到残渣油中,燃烧后生成金属氧化物。钠是原油中的微量金属元素。燃油中的钒和钠都是非常有害的成分。钒与钠燃烧后生成低熔点化合物,如 $Na_2O \cdot V_2O_4 \cdot 5V_2O_5$ 的熔点为625 ℃,5 $Na_2O \cdot V_2O_4 \cdot 11V_2O_5$ 的熔点为535 ℃。尤其是由 V_2O_5 与 Na_2SO_4 形成的共熔混合物,在二者比例约为 4 : 6 时,其熔点最低,仅为300 ℃。当排气阀温度过高而超过这些化合物的熔点时,它们就会熔化附着在金属表面上,与金属表面发生氧化还原反应而腐蚀金属。由于这种腐蚀只发生在高温条件下,故称为高温腐蚀。由此,为了控制此种腐蚀,应限制柴油机的最高排气温度。

10. 机械杂质和水分

燃油中所含不溶于汽油或苯的固体颗粒或沉淀物的重量百分数称为机械杂质。轻质燃油不允许含机械杂质,重质燃油允许含有少量机械杂质。燃油中的机械杂质主要来自储运、使用及加工过程中混入的非油溶性固体物质,如尘土、铁锈、漆皮、金属末以及残存的添加剂等。机械杂质会加剧喷油设备偶件的磨损和喷油器喷孔堵塞、滤器堵塞。

燃油中的水分以容积百分数表示。燃油中的水分主要来自储运过程中进入的或燃油与大气或水接触时吸收和溶解的水,以及使用中管道漏泄进入的水分等。燃油中的水分能降低燃油的低热值,破坏正常发火,甚至导致柴油机停车。如含有海水还会造成腐蚀,加剧缸套磨损。因此,应限制燃油中的水分,尤其对轻柴油应限制其水分不大于0.025%。

船舶上可以使用燃油净化措施除去燃油中的机械杂质和水分,核心环节是分油机离心分离。

11. 沥青分

沥青分表示沥青占燃油重量的百分数。沥青是多环的大分子量芳香烃,悬浮在油中呈胶状。沥青不易燃烧,导致滞燃期长,产生后燃,冒黑烟;使用中易形成沉积胶膜和结炭,增加磨损并使喷油器偶件咬死。

12. 残炭值

燃油在隔绝空气条件下加热干馏,最后剩下的一种鳞片状炭渣物称为残炭。残炭占试验油重量的百分数称为残炭值。残炭值表示燃油燃烧时形成积碳、结焦的倾向,并不表示形成积碳的数值。残炭值中包括机械杂质和灰分。当燃用残炭值较大的燃油时,将在燃烧室部件表面产生较多的积碳,使热阻增加,引起过热、磨损,缩短柴油机的维修周期。

13. 闪点

闪点是衡量燃油挥发成分产生爆炸或火灾危险性的指标。燃油在规定条件下加热到它的蒸汽与空气的混合气能同火焰接触而发生闪火时的最低温度称为闪点。根据测试仪器的不同,分为开口闪点和闭口闪点。闭口闪点低于开口闪点。按国内外船舶建造规范规定,船舶使用的燃油闭口闪点不得低于 60 ℃。从防火、防爆的观点出发,在低于燃油闪点 17 ℃的环境温度下倾倒燃油或敞开容器才比较安全。

14. 凝点、倾点和浊点

凝点、倾点和浊点都是燃油低温流动性和泵送性的重要指标。燃油在试验条件下冷却至液面不移动时的最高温度称为凝点。燃油的凝点取决于它的成分和组成结构。含石蜡较多的燃油在低温下由于石蜡结晶而形成网状晶架,从而使燃油失去流动性,称为结构凝固;含石蜡较少的燃油,在低温下由于黏度增大而失去流动性,称为黏度凝固。燃油尚能够流动的最低温度称为倾点,国外常使用倾点。燃油在低温下形成结晶,失去透明性,并开始变混浊时的温度称为浊点。

通常,燃油的浊点高于凝点 5~10 ℃;倾点高于凝点 3~5 ℃。燃油的温度低于浊点时将使滤器堵塞,供油中断。燃油温度低于凝点时,将无法泵送。从使用观点看,浊点比凝点更重要,燃油的使用温度至少应高于浊点 3~5 ℃。

15. 密度与相对密度

燃油在温度 t(℃)时单位体积的质量称为密度。其常用单位是 kg/m^3 或 g/cm^3。在 20 ℃时的密度称为标准密度 ρ_{20}。燃油在 20 ℃(国外为 15.6 ℃)时的密度与 4 ℃(国外为 15.6 ℃)时水的密度的比值称为相对密度。

燃油的密度与它的化学成分和馏分组成有关。烷烃的密度最小,环烷烃稍大,芳香烃较大,含硫、氧、氮的胶质和沥青质密度最大。燃油的密度随馏分温度的增高而增大。

燃油的密度随温度而变,通常,应按温度的变化对密度进行修正。燃油密度的温度修正公式为:

$$\rho_t = \rho_{20} - r(t - 20)$$

式中:ρ_t 为燃油在温度 t 时的密度,g/cm^3;r 为燃油密度温度修正系数,$g/(cm^3 \cdot ℃)$。

密度对燃油的使用有很大意义。其一,在装载燃油时应根据燃油的密度和油舱的舱容计算装载量(应按装油温度对密度进行修正)。其二,应根据燃油密度的变化正确选择分油机的比重环。一般的分油机允许的最高分离密度是 0.991 g/cm^3。其三,当换用不同密度的燃油时,油量调节机构不变而喷油泵的循环供油量不同,柴油机的转速将相应变化。

五、燃油的分类

1. 国内柴油机燃油的分类

根据我国有关国家标准,柴油机燃油分为轻柴油和船用燃油。

(1)轻柴油

国产轻柴油是由直馏(常压蒸馏)柴油馏分及二次加工的柴油馏分所制成的。其主要性能及质量指标取决于原油品质与炼制方法。轻柴油以其凝点数值作为柴油的牌号,有10、5、0、-10、-20、-35、-50七个牌号。轻柴油是质量最好、价格最高的柴油机燃料,在船舶上用作高速柴油主机、高速柴油发电机组、应急设备柴油机和救生艇柴油机等使用的燃油。轻柴油技术规格如表3-2所示。

表3-2　轻柴油技术标准(GB 252—2000)

项　　目	10号	5号	0号	-10号	-20号	-35号	-50号	试验方法
色度,号　(不大于)	3.5							GB/T 6540
氧化安定性,总不溶物mg/100 L(不大于)	2.5							SH/T 0175
硫含量(m/m)　(不大于)	0.2%							GB/T 380
酸度,mgKOH/100 mL　(不大于)	7							GB/T 258
10%蒸余物残炭(m/m)　(不大于)	0.3%							GB/T 268
灰分(m/m)　(不大于)	0.01%							GB/T 508
铜片腐蚀(50 ℃,3 h),级　(不大于)	1							GB/T 5096
水分(V/V)　(不大于)	0.025%							GB/T 260
机械杂质	无							GB/T 511
运动黏度(20 ℃),mm^2/s	3.0~8.0				2.5~8.0	1.8~7.0		GB/T 265
凝点/℃　(不高于)	10	5	0	-10	-20	-35	-50	GB/T 510
冷滤点/℃　(不高于)	12	8	4	-5	-14	-29	-44	SH/T 0248
闪点(闭口)/℃　(不低于)	55					45		GB/T 261
十六烷值　(不小于)	45							GB/T 386
馏程								GB/T 6536
50%回收温度/℃　(不高于)	300							
90%回收温度/℃　(不高于)	355							
95%回收温度/℃　(不高于)	365							
密度(20 ℃)/$(kg \cdot m^{-3})$	实测							GB/T 1884 GB/T 1885

(2)船用燃油(GB/T—17411)

为了与国际接轨,我国的船用燃油标准是根据国际标准化组织(ISO)1996年的船用燃料油标准ISO-8217:1996(E)来制定的,将船用燃油分为两种规格,船用蒸馏燃油和船用残渣燃料油,分别对应于ISO-8217的DM级、RM级船用燃料油。目前,国际标准化组织(ISO)燃油标准又经2001年、2005年、2010年修订,正在执行的标准为ISO-8217:2010(E)。我国船用燃油目前执行标准仍为GB/T—17411。

2. 国际柴油机燃油的分类与选用

长期以来,国外船用燃油基本上分为四类,主要包括:

轻柴油(Marine Gas Oil,MGO),常用于救生艇柴油机和应急发电柴油机。

船用柴油(Marine Diesel Oil,MDO),常用作发电柴油机和柴油机主机机动操纵时的燃料。

中间燃料油(Intermediate Fuel Oil,IFO),是渣油与柴油调制而成的掺和油,可用于各类大功率中速及低速柴油机。

船用燃料油(Marine Fuel Oil,MFO),也叫C级燃油,主要用于锅炉,也可用于最新型的大功率中速柴油机及大型低速柴油机。

燃油的品质很大程度上取决于原油产地以及所用的提炼技术和流程。由于世界各国所用的原油和炼油技术不同,因此各国对燃油分类和规格标准都有不同的规定,而且执行规定也不严格。

为了改变世界供油市场上的这种混乱状况,国际标准化组织(ISO)在1987年9月制定了船用燃料油标准,即ISO-8217。ISO-8217将船用燃料油分为DM(Marine Distillate Fuel)级、RM(Marine Residual Fuel)级两个大的等级。这一修订在黏度等级和含硫量限制方面普遍被国际海事组织认可。ISO-8217在1996年、2001年、2005年、2010年进行了4次修订,现在执行的是2010年修订的标准。

DM级是指蒸馏燃油,也称直馏油或船用柴油。在ISO-8217船用燃油标准中,将该类燃油分为四种规格,即DMX、DMA、DMZ和DMB。DM级船用燃料油的规格如表3-3所示。2010年修订版与2005年修订版在DM级油上的主要不同在于增加了DMZ级油,而将DMC级油降级为RMA10级油,同时增加了对硫化氢含量、氧化稳定性和润滑性的要求。

表3-3 DM级船用燃料油的规格 ISO-8217(2010年)

性能	单位	LIMIT	DMX	DMA	DMZ	DMB
运动黏度(40 ℃)	mm^2/s	max.	5.500	6.000	6.000	11.000
		min.	1.400	2.000	3.000	2.000
密度(15 ℃)	kg/m^3	max.	—	890.0	890.0	900.0
十六烷值	—	min.	45	40	40	35
硫分质量分数(%)		max.	1.00	1.50	1.50	2.00
闪点	°C	min.	43.0	60.0	60.0	60.0
硫化氢	mg/kg	max.	2.00	2.00	2.00	2.00
酸值	mg KOH/g	max.	0.5	0.5	0.5	0.5
热过滤总沉淀物	—	max.	—	—	—	0.10%
氧化稳定性	g/m^3	max.	25	25	25	25
10%蒸余物残炭质量分数(%)		max.	0.30	0.30	0.30	—

续表

性能		单位	LIMIT	DMX	DMA	DMZ	DMB
残炭质量分数(%)			max.	—	—	—	0.30
浊点		℃	max.	-16	—	—	—
倾点	冬季	°C	max.	-6	-6	-6	0
	夏季	°C	max.	—	0	0	6
外观				清澈透明			
水分		体积%	max.	—	—	—	0.30
灰分		质量%	max.	0.01	0.01	0.01	0.01
润滑性,修正磨痕直径(wsd1.4) 60 ℃		μm	max.	520	520	520	520

DMX 为船用应急柴油。该类柴油的自燃性指标即十六烷值较高,且浊点最高为 -16 ℃,因此,在环境温度低至-15 ℃时,也无须对其进行预热处理。此油品适用于救生艇柴油机、应急设备柴油机和高度自动化燃油锅炉。

DMA 为船用轻柴油,通常称为“轻柴油”(LIGHT DIESEL OIL,LDO)或(MARINE GAS OIL,MGO)。它是一种高品质蒸馏燃油,不含渣油成分,其主要性能指标(密度、黏度、倾点、水分)明显好于船用柴油 DMB 和船用重柴油 DMC。此油品适用于中高速柴油机和生活用炉灶。

DMZ 级油与 DMA 级油基本相同,只是最低黏度稍高。

DMB 为通用柴油,习惯称为船用柴油(MARINE DIESEL OIL,MDO)。此油品含有极少的渣油成分,其黏度与倾点的允许值已分别达 11.0 mm^2/s/(40 ℃)和 6 ℃/(夏季),因此,该油品在环境温度较低时,需要进行预热处理并采取沉淀、过滤、分离等方法,除去油品中的水分和机械杂质,减少危害程度。

RM 级是指残渣燃料油,也称船用渣油或重油。其中 RMA 10 是以前的 DMC 级油,为船用重柴油,也称掺和(船用)柴油。该油品的主要成分仍然是直馏油,但含有一定比例的燃料油。其他 RM 级燃料油的主要成分有:蜡(WAX),沥青质(ASPHALTENES),树脂(RESINS),油(OIL)。2010 年修订版 ISO-8217 对 RMF、RMG、RMH、RMK 级的燃料油进行了重新分级,定为 RMG 和 RMK 两级。RMG 级油的密度为 991 kg/m^3,RMK 级油的密度为 1 010 kg/m^3,对这两级燃油的黏度进行了细化。船用燃料油主要用于中低速柴油机和辅助锅炉。ISO-8217 船用燃料油的规格如表 3-4 所示。

RM 级燃油中的硫分应符合有关法规如 MARPOL 公约附则Ⅵ的要求,所以在 ISO-8217 中不再提及。但为了保护小型高速柴油机,仍然给出了 DM 级燃油的硫分要求。

表3-4 ISO-8217 RM 级油的规格（2010年）

性能	单位	LIMIT	RMA	RMB	RMD	RME	RMG				RMK		
			10	30	80	180	180	380	500	700	380	500	700
运动黏度(50 ℃)	mm^2/s	max.	10.00	30.00	80.00	180.0	180.0	380.0	500.0	700.0	380.0	500.0	700.0
密度(15 ℃)	kg/m^3	max.	920.0	960.0	975.0	991.0	991.0				1 010.0		
CCAI	–	max.	850	860	860	860	870				870		
硫分质量分数(%)		max.	法规要求										
闪点	°C	min.	60.0	60.0	60.0	60.0	60.0				60.0		
硫化氢	mg/kg	max.	2.00	2.00	2.00	2.00	2.00				2.00		
酸值	mgKOH/g	max.	2.5	2.5	2.5	2.5	2.5				2.5		
总沉淀物质量分数(%)		max.	0.10%	0.10%	0.10%	0.10%	0.10%				0.10%		
残炭质量分数(%)		max.	2.50%	10.00%	14.00%	15.00%	18.00%				20.00%		
倾点 冬季	℃	max.	0	0	30	30	30				30		
倾点 夏季	℃	max.	6	6	30	30	30				30		
水分体积分数(%)		max.	0.30	0.50	0.50	0.50	0.50				0.50		
灰分体积分数(%)		max.	0.040	0.070	0.070	0.070	0.100				0.150		
钒	mg/kg	max.	50	150	150	150	350				450		
钠	mg/kg	max.	50	100	100	50	100				100		
铝	mg/kg	max.	25	40	40	50	60				60		
使用过滑油(ULO)钙和锌，或钙和磷	mg/kg	–	燃油中应没有使用过滑油，当下列条件中有一条被满足，可认为滑油中含有用过滑油(ULO) 钙 > 30 和 锌 >15，或 钙 > 30 和 磷 >15										

六、低质燃油的管理

1. 低质燃油的特点

现代船舶广泛使用低质燃油,其有下列突出特点:

(1)密度大。密度可高达 0.94~1.06 g/cm^3。由此造成燃油净化和雾化困难,同时油滴燃烧时易产生热裂,导致机件结炭增多。

(2)黏度高。黏度为 50~2 000 mm^2/s。由此造成燃油储存、输送、净化和雾化困难。

(3)成分复杂。含有较多的水分、灰分和硫、钒、钠、硅、残炭等杂质。加剧柴油机燃烧室部件和喷油设备元件的腐蚀和磨损。

(4)发火性差。CN 值很低(一般为 25 左右),滞燃期长,燃烧持续期长,排气温度偏高,且因燃烧不完全,其燃油消耗率和烟度均有所增加。

2. 柴油机使用低质燃油后的影响

使用低质燃油时,如果处理不当,会产生以下不良后果:

(1)影响喷油设备正常工作。增加喷油设备的机械负荷和热负荷,引起喷油设备偶件过度磨损、腐蚀、喷孔结炭、变形等故障。

(2)恶化燃烧性能。低质燃油雾化困难,自燃性差,使燃烧性能恶化,最高爆发压力降低,后燃严重,排气温度增高,排气烟度增加,缸内结炭严重。

(3)损坏主要部件。低质燃油中的灰分、机械杂质、结炭以及燃油裂化使用的含硅、铝的催化剂等都会使气缸套和活塞发生异常颗粒磨损。低质燃油中的高硫分和高钠、钒含量所产生的低温腐蚀与高温腐蚀将使气缸套、轴承、排气阀与阀座、涡轮增压器等发生严重的腐蚀磨损,加剧部件损坏。

(4)加速曲轴箱内滑油变质。含硫氧化物的燃气漏入曲轴箱,将使曲轴箱滑油迅速变质并腐蚀轴承。

3. 使用低质燃油时的管理技术要点

(1)低质燃油的预处理

预处理指低质燃油进入喷油泵之前所进行的预热、净化、添加有关添加剂等技术措施。预处理的目的是改善低质燃油的储存、驳运和使用性能,以满足柴油机工作的需要。

①预热

采用分级预热方案,保证低质燃油在输送、净化和雾化等环节中的不同使用要求。预热温度应以满足其不同黏度要求为准,因而对不同黏度的低质燃油,其预热温度不同。表 3-5 所示为燃油系统中各部位的预热温度推荐值。如重油储存舱中的预热温度以满足泵送要求为准,为 30~38 ℃。为保证雾化质量,喷油泵处的燃油黏度应为 12~25 mm^2/s,据此可从重油的黏度曲线上查出相应的预热温度值。按我国有关规定,燃油预热应使用饱和蒸汽（蒸汽压力不应超过 0.8 MPa）作为预热热源，以防重油中的焦炭析出沉淀在加热器中。小型船舶上也可采用电加热。目前，船用柴油机使用的低质燃油其雾化加热温度的上限为 150 ℃。为防止预热温度高使燃油汽化中断供油，在现代船用柴油机中采用加压式燃油系统（提高燃油输送泵压力达 1.6 MPa）。

表 3-5 燃油系统中各部位的预热温度推荐值

名 称	预热温度/℃	
	180 mm^2/s	400 mm^2/s
重油储存柜	30	38
重油沉淀柜	60	60
重油日用油柜	70~80	80
分油机加热器	85	90
雾化加热器	90~120	110~140

②净化

燃油的净化包括沉淀、滤清和分离。沉淀应在燃油沉淀柜中沉淀 12 h，定期从安装在沉淀柜底部的放残阀排污，以达到初步净化的目的。滤清是保证燃油净化的重要环节，由分布在燃油系统中的粗、细滤器完成。喷油器入口处还可设置高压缝隙式滤器，对燃油进行最后滤清。离心分油是净化燃油最主要、最有效的手段，燃油中的大部分杂质通过分油机分离出来。一般采用并联方式净化燃油，也可采用两台分油机串联的方式净化燃油（第一级为分水机，第二级为分杂机）。

③添加剂

低质燃油中加入各种添加剂可以改善低质燃油的有关性能，如表 3-6 所示。

表 3-6 低质燃油使用的添加剂

种 类	成 分	作 用
助燃剂	铜、铁、铝的金属盐，钡的有机化合物，磷系化合物	助燃并中和硫化物，减轻烟度，剥离炭渣
分散剂	高分子化合物、各种界面活化剂	分散油中的炭渣和沥青，防止油中的海水在油水分界面产生氧化作用
抗蚀剂	氢氧化镁悬浊液、碱土金属盐悬浊液	防止硫酸的低温腐蚀，防止钠、钒的高温腐蚀
十六烷值增长剂	亚硝酸戊酯、过氧化丙酮	提高燃油的十六烷值
降凝剂	烷基萘、高分子化合物	降低凝点

④乳化

在燃油中掺水并使之成为油包水的乳化液，可以改善低质燃油的燃烧性能，减少缸内积碳。燃油乳化可采用均质器，使油中的水和杂质颗粒细化与均质化，以改善燃烧状况,减轻磨损。但此项均质技术因各种杂质颗粒在燃烧中的聚合而加速磨损,未能广泛使用。

(2)柴油机的运行管理

①燃油管理

加强对低质燃油质量的检查(如加油时留样、送检等),尤其应防止不同牌号的燃油或相同牌号而不同港口的燃油混舱,以避免由于燃油的不相容性造成两种油品中悬浮的沥青分发生凝聚,生成油泥沉淀物。如果燃油变质并产生大量的油泥沉淀物将影响柴油机正常工作,如供油管路堵塞、分油机油泥过多、喷油设备咬死、排气冒黑烟等。

②调整喷油设备

适当增大喷油提前角,保证在上止点附近发火以及最高爆发压力的数值及相位正常。适当提高喷油器启阀压力以保证雾化质量。

③气缸润滑

选用碱性气缸油以中和硫酸。气缸油的总碱值(TBN)应与燃油的硫分相适应,正确调整气缸油注油率。

④冷却水温度的调节

注意调节并控制各冷却部位的冷却温度,防止因过热引起高温腐蚀,因过冷而引起低温腐蚀。低负荷运转时应适当提高进气温度和淡水冷却温度。

⑤增压系统、换气系统的管理

排气阀与阀座易因高温腐蚀而迅速损坏。废气涡轮增压器的喷嘴环、工作叶轮以及压气机叶轮等易发生结炭堵塞、烧损、腐蚀,应定期检查与清洗。空冷器、扫气箱与气口易发生污染、堵塞,应定期检查与清洗。

七、可燃混合气的形成方法及其影响因素

1. 可燃混合气的形成方法

柴油机采用过多种可燃混合气形成方法,但基本上分为两大类,即空间雾化混合和油膜蒸发混合。

(1)空间雾化混合

空间雾化混合是指可燃混合气是在燃烧室空间形成的。因此,燃油必须喷射到燃烧室空间,并与燃烧室形状相适应。不允许燃油喷射到燃烧室壁面上,否则会冒黑烟和结炭。显然,燃烧室中的油束蒸发、混合的状况主要取决于燃油的喷雾特性(雾化质量和油束的几何形状)和缸内空气的运动状态两方面因素。不同类型的柴油机对这两方面因素的依赖程度不同。船用大中型柴油机和低速机可燃混合气的形成主要依赖于燃油的喷射雾化质量(称为油雾法),而较少依赖空气运动,所以这种方法对喷射设备的工作要求较高,如要求高压喷射、多孔喷射等。对于某些中小型高速柴油机,采用涡流室或预燃室式燃烧室,可燃混合气形成主要依赖于空气涡动(称为涡动法),而较少依赖于燃油喷射雾化质量,可采用较低压力的单孔喷射喷油器。

(2)油膜蒸发混合

油膜蒸发混合与空间雾化混合不同。这种混合方法要求把大部分燃油(约占95%的循环喷油量)喷到燃烧室部件表面(如活塞顶部表面)并形成一层薄油膜。油膜受热蒸发汽化,在燃烧室中强烈的空气涡流作用下,油膜逐层蒸发并与空气混合形成可燃混合气。这种混合方法除了要求按一定方向把燃油喷到燃烧室部件壁面上以及存在强烈空气涡流外,还需严格控制燃烧室部件表面的温度,而且要求上述三方面因素应有最佳匹配。这在实践中存在较大困难,因而仅用在某些小型高速柴油机上(球形燃烧室),到目前为止尚未得到广泛使用。

2. 影响可燃混合气形成的主要因素

(1)燃油喷射质量。良好的雾化质量是形成可燃混合气的重要条件,油雾的细度、均匀度以及油束与燃烧室形状的配合是形成可燃混合气的关键。船用大中型和低速柴油机可燃混合气的形成主要依赖于燃油喷射质量。

(2)燃烧室内空气的涡动状态。空气涡流对任何一种混合方法都是有利的,尤其对于中小型高速柴油机,这是关键性影响因素。通常,空气的涡流状态主要取决于燃烧室的形状。

(3)压缩终点的缸内状态,即气缸的热状态。压缩终点缸内的压缩压力、压缩温度以及空气涡动状态既影响燃油的雾化质量,也影响可燃混合气的形成。如果压缩终点缸内状态不正常,将直接影响混合气的形成。

(4)燃烧室形式。燃烧室的形式不同,其形成的空气涡动强弱和涡动方式也显著不同,因而在形成可燃混合气的方法上差异很大。例如,分开式燃烧室空气涡流是形成可燃混合气的关键因素;而开式燃烧室几乎不组织空气涡动,其可燃混合气的形成主要靠燃油的雾化质量。

八、各种不同类型的燃烧室形式、特点及提高混合气形成的管理措施

柴油机中,燃烧室设计与混合气形成和燃烧有着密切的关系。缸内气体的流动是根据燃烧室的特点,促进燃烧过程中空气与燃料的混合,提高柴油机的油气混合速率和燃烧速率。缸内气体的流动主要有进气涡流、挤压涡流、燃烧涡流、压缩涡流等。燃烧室中空气的涡动能加速混合气形成,提高燃烧完善程度,具体表现在:(1)可促使油束分散,增大混合范围。空气的涡流可使油束外围的细小油粒偏向空气涡流轨迹,从而使油粒分散到更大的空间去。涡流越强,气流对油束的吹散作用越大,即加速燃前混合。(2)热混合作用。发生燃烧之后,燃烧室中空气的旋转涡流可使新鲜空气与燃气在密度差的作用下发生分离运动。密度较小的燃气趋向燃烧室中心运动,而把密度较大的新鲜空气由燃烧室中心挤向燃烧室外缘,以此促进空气与未燃燃油混合,这种混合作用称为热混合。但是,强烈的空气涡流会加快热损失,造成柴油机起动困难、经济性差。

1. 各种不同类型的燃烧室形式、特点

根据混合气形成及燃烧室结构特点,柴油机燃烧室基本上分为两大类:直接喷射式燃烧室(燃油直接喷射到燃烧室中)和分隔式燃烧室(燃油不直接喷射到主燃烧室中)。直接喷射式柴油机,按燃烧室结构特点又可分为开式燃烧室和半开式燃烧室。分隔式燃烧室又分为涡流室式燃烧室和预燃室式燃烧室两种。

(1)开式燃烧室

开式燃烧室是由气缸盖底面、活塞顶面及气缸套内壁面形成的统一空间,如图 3-37 所示,在大中型柴油机及船用低速柴油机中得到了广泛使用。图 3-37(a)和图 3-37(b)为倒锥形气缸盖,用于二冲程柴油机,其中图 3-37(a)用于二冲程弯流扫气式柴油机;图 3-37(b)用于二冲程直流扫气式柴油机;图 3-37(c)和图 3-37(d)分别为浅盆形和浅 ω 形活塞顶、平底气缸盖,用于大中型四冲程柴油机。

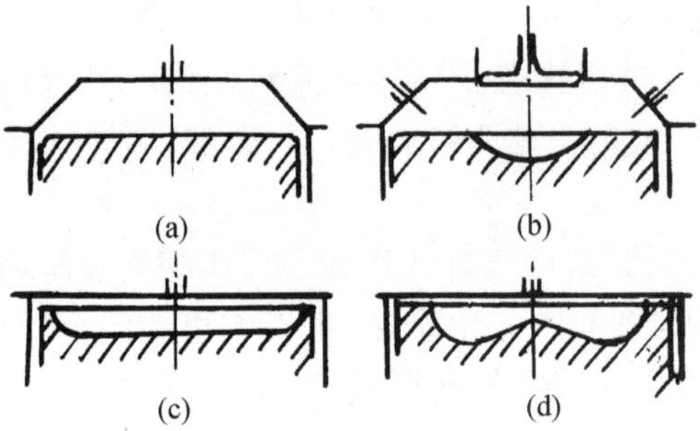

图 3-37 开式燃烧室

开式燃烧室燃油直接喷入气缸,混合气形成是空间混合,其特点是:

①燃烧室基本上是一个统一空间,形状简单、结构紧凑、相对散热面小、热损失小。由于气缸内气流涡动小,气流流动损失小,柴油机具有良好的起动性和经济性。

②混合气的形成主要依靠燃油的喷射雾化,对喷雾质量要求较高,要求油束与燃烧室形状相匹配,为此多采用多孔喷嘴,喷孔直径较小,针阀开启压力较高,通常为 20~40 MPa。

③由于是均匀的空间混合,在滞燃期内形成的可燃混合气较多,因此最高燃烧压力及压力升高率较高,容易工作粗暴。燃烧直接在活塞顶上进行,使活塞直接承受较大的热负荷和机械负荷。燃烧温度高也容易冒黑烟和产生较多的 NO_x。

④由于混合气的形成主要依靠燃油雾化质量,为保证燃油充分燃烧,需要较大的过量空气系数 α。由于相对散热面积较小,为减轻热负荷,也需要较大的过量空气系数 α。

(2)半开式燃烧室

小型高速柴油机转速高(有的高达 4 000 r/min),混合气形成和燃烧的时间极短,单靠雾化混合,喷孔必须很小,喷油压力必须很高,使燃油喷射系统制造困难。由于转速高,为了获得较好的性能指标,要求在较小的过量空气系数时有较好的燃烧过程。显然,开式燃烧室达不到上述要求,于是出现了半开式燃烧室。

半开式燃烧室由活塞顶面到气缸盖底面之间的余隙容积以及位于活塞顶部或气缸

盖底部的凹坑容积两部分组成，而且两者以较大的通道相连，如图 3-38 所示。

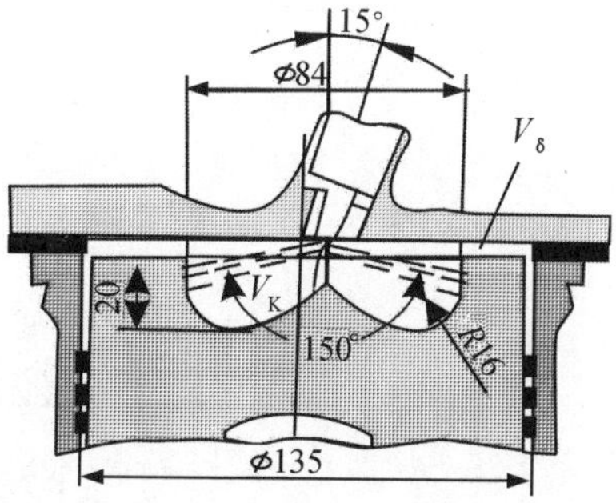

图 3-38　半开式燃烧室

半开式燃烧室中混合气的形成一方面依靠燃油喷射雾化质量，另一方面依靠挤压涡流促进混合气的形成和燃烧。与开式燃烧室相比，半开式对喷雾的要求有所降低，但对空气涡流的要求明显增强。

半开式燃烧室的经济性、起动性较好，过量空气系数 α 要求较小，不同程度地克服了开式燃烧室工作粗暴、机械负荷大的缺点。半开式燃烧室多用在小型高速柴油机中。

半开式燃烧室的形状很多，但应用最多的是 ω 形燃烧室，其中又有各种变形。

(3) 涡流室式燃烧室

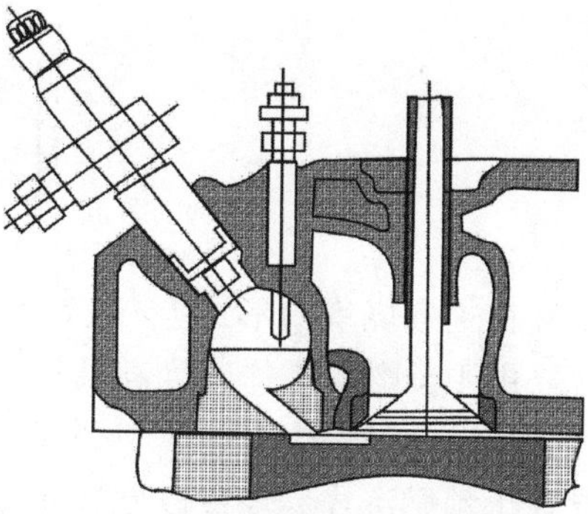
图 3-39　涡流室式燃烧室

涡流室式燃烧室由主、副两室所组成，主燃烧室在气缸盖与活塞顶之间，副燃烧室（即涡流室）在气缸盖内，呈球形或圆柱形。两者之间以切向通道连通，通道面积远小于半开式燃烧室，如图 3-39 所示。

这种燃烧室所形成的混合气主要依赖于空气扰动（压缩涡流）。柴油机压缩行程中主室中的空气被压缩并沿切向通道进入涡流室，形成强烈旋转的气流，而燃油则在压缩行程末期顺着气流方向全部喷入涡流室，使喷入涡流室中的燃油与空气混合，加速形成可燃混合气。当涡流室中的少量可燃混合气燃烧后，其压力、温度升高，带着涡流室中未燃烧的大部分燃料、空气以及燃气一起经过通道喷入主燃烧室（即二次涡流），并与主燃烧室中的空气进一步混合燃烧。

涡流室式燃烧室对喷雾质量要求不高，一般多采用轴针式喷油嘴，喷油压力也较低。由于压缩涡流随转速升高而加强，所以更能适应小型柴油机的高速化。另外，这种燃烧室有工作平稳、有害气体排放少等优点。但因涡流室式燃烧室的热损失、节流损失和流动损失较大，存在着起动困难、经济性差等缺点。为了改善起动性能，涡流室中装有电热塞和保温块，以提高燃烧室的热状态。

(4) 预燃室式燃烧室

预燃室式燃烧室构造如图 3-40 所示。整个燃烧室由位于活塞上方的主燃烧室和位于气缸盖内的预燃室所组成，两者之间以单孔或多孔通道相连，通道面积远小于涡流室式燃烧室。由于连接通道不与预燃室相切，所以在压缩行程期间并不产生强烈涡流，但空气流过通道后在预燃室中会产生一定湍流。燃油在压缩行程末期全部喷入预燃室，借助空气湍流作用形成少量可燃混合气。可燃混合气燃烧后，预燃室中的气体压力、温度升高，利用这部分能量将预燃室中的混合气、燃料、空气、燃气高速喷入主燃烧

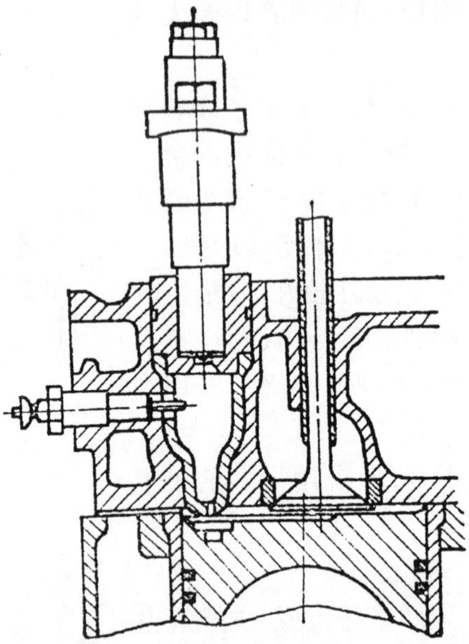

图 3-40　预燃室式燃烧室构造

室并在主燃烧室内形成空气运动(即燃烧涡流),促使大部分燃料在主燃烧室混合燃烧。由于预燃室工作温度高,影响使用寿命和可靠性,导致这种燃烧室应用较少。

预燃室和涡流室同属于分开式燃烧室,二者在混合气形成方式上是相同的。其差异在于预燃室式燃烧室以燃烧涡流为主,涡流室式燃烧室以压缩涡流为主,其他工作特点和优缺点均相仿。

2. 提高混合气形成的管理措施

为提高可燃混合气的形成质量,应着重采取下述管理措施:

(1)保证良好的换气质量,如进气压力和温度的检查与调节、进排气管道的清洁、进排气阀定时的检查与调整等。

(2)保证良好的气缸热状态,如压缩压力的检查、活塞环工作状态的检查、气缸冷却的调节等。

(3)保证良好的喷油质量,如油品的检查与正确处理、喷油设备的检查与调整等。

(4)保证良好的燃烧室条件,如定期进行吊缸检查和清洁、气缸盖密封性检查、冷却空间水垢的清除等。

九、燃烧过程着火条件和柴油机燃烧过程的四个阶段

自压缩行程末期燃油喷入气缸,直到在膨胀行程燃烧结束的整个燃烧过程中,缸内燃油经历了以内部混合形成可燃混合气,以压缩发火方式形成自燃发火,以及火焰扩散形成燃烧的全部过程。这一过程是一个极为复杂的相互渗透的物理与化学变化过程。由于柴油机短暂的燃烧过程和复杂的情况,研究人员虽然对柴油机燃烧过程进行了长期的研究,但至今对其中的许多细节问题仍缺乏明确的解释,在某些理论问题上尚存在

一定争议。

1. 可燃混合气的着火

燃油喷入燃烧室后，分散成许多细小油粒，这些细小油粒经过加热、蒸发、扩散与空气的混合等物理准备及分解、氧化等化学准备阶段后，即自行着火。

着火需要具备两个条件：一是混合气的浓度要在一定范围内（称为着火范围或着火界限），超过这一界限将不能着火；二是混合气一定要达到某一临界温度，低于这一温度也不能着火。

柴油机中的可燃混合气着火要比上述情况复杂得多。因为燃油喷入气缸分散成大小不同的油粒，油粒与空气有相对运动，各点处的温度也不同，各油粒具备的物理与化学条件不同，相邻油粒形成的混合气相互干扰、渗透，在油束外围直径很小的油粒附近，虽因其蒸发快而使浓度适当，但其温度较低或化学准备不足而不会着火。油束核心处又因其浓度太大也不会首先着火。首先着火的部位是在油束核心与外围之间混合气浓度适当（通常该局部 $\alpha\approx1$）和温度适当处。由于在缸内符合此要求的部位不止一处，所以可能是多点同时着火，而且各循环的着火点也不尽相同。

当火焰核心形成之后，火焰即向四周传播形成稳定的燃烧。传播路径与速度仍然取决于可燃混合气形成的状态以及空气的扰动。如果个别火焰中心在传播途中遇到不合适的可燃混合气（如浓度过浓或过稀），则火焰传播中断，同时其他部分的混合气可能形成火焰核心并向四周传播。

2. 柴油机的燃烧过程

柴油机的燃烧过程可以用不同的方法进行研究，但最简便、最实用的方法是通过展开的 $p-\varphi$ 示功图和 $T-\varphi$ 曲线分析。因为可燃混合气燃烧后，气缸中压力和温度不断升高，它们是反映燃烧进行情况的重要参数。典型的 $p-\varphi$ 图和 $T-\varphi$ 图如图 3-41 所示。根据燃烧过程的进展特点，一般可把燃烧过程人为地划分为四个阶段。第Ⅰ阶段为滞燃阶段（自喷油始点 A 至着火点 B）。第Ⅱ阶段为速燃阶段（自着火点 B 至最高压力点 C）。第Ⅲ阶段为缓燃阶段（自最高压力点 C 至最高温度点 D）。第Ⅳ阶段为后燃阶段（自最高温度点 D 至燃烧终点）。

（1）滞燃阶段

燃油从 A 点喷入气缸，这时虽然气缸的温度一般高于在当时压力下燃油的燃点，但燃油并不能立刻燃烧。从 A 点至 B 点，气缸内的压力基本与压缩线重合，直到 B 点因压力急剧上升才离开压缩线。B 点是发火点，因此从 A 点至 B 点称为燃烧过程的滞燃期。滞燃期的长短可用滞燃角 φ_i（°CA）表示，亦可用滞燃时间 τ_i 度量。两者的关系是：

$$\varphi_i = 6n\tau_i$$

式中：n 为柴油机转速，r/min。

一般柴油机 $\tau_i=0.001\sim0.005$ s，在有些情况下甚至可缩短到 $\tau_i=0.0005$ s，但不可能使 $\tau_i=0$。

滞燃期中，燃油进行着一系列发火前的物理和化学准备。此间喷入气缸的燃油量

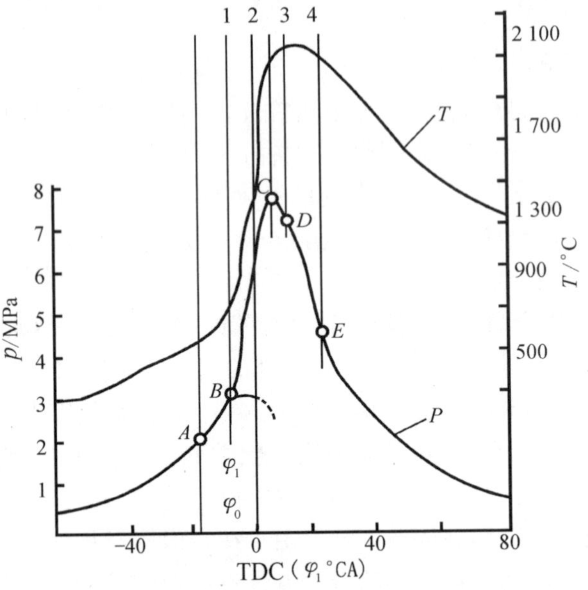

图 3-41 燃烧过程 $p-\varphi$ 和 $T-\varphi$ 曲线

称为滞燃量 Δ_i。一般低速机的 $\Delta_i=(15\%\sim30\%)\Delta g_i$，而有的高速机可使 $\Delta_i=(80\%\sim100\%)\Delta g_i$（$\Delta g_i$ 为循环喷油量）。燃油在滞燃期内没有产生明显的燃烧，焰前氧化反应的放热量与物理准备的吸热量基本相等，因此气缸内的压力和温度与压缩压力和温度基本相同。滞燃期气缸内的压力和温度取决于压缩终点的状态。

滞燃期内形成的可燃混合气的数量决定了后续速燃期燃烧的急剧程度。当滞燃期结束时，滞燃量将立即全部投入燃烧，而且这时活塞接近上止点，气缸容积很小，致使气缸内压力偏离压缩线并迅速达到最高爆发压力。τ_i 愈长，Δ_i 愈多，一旦发火燃烧，压力就会突然增高，致使柴油机工作粗暴，表现在曲线 BC 段上特别陡峭，而且 C 点格外地高，严重时会造成敲缸和机件损坏。

τ_i 是柴油机运转的重要参数。τ_i 应愈短愈好，以避免敲缸和减轻机件负荷。但是 τ_i 必须有一个最小限度，当 τ_i 过短时也会发生不正常燃烧。因为当 τ_i 过短时，燃油喷束刚离开喷油器就立即燃烧，使油气和火焰过分集中在喷油器附近，进而造成混合气不均匀而无法实现完全燃烧，严重时造成部分燃油分子在高温下热裂生成碳烟，致使柴油机发不出标定功率。理想的滞燃期应是至少允许燃油喷束在混合气发火前有穿过燃烧室空间到达(或接近)燃烧室壁面的时间。一般滞燃期过长是引起柴油机燃烧过程恶化的通病，应尽可能缩短柴油机的 τ_i 值。

(2)速燃阶段

从气缸内可燃混合气发火燃烧到出现最高压力为止的这段时期称为速燃期。此阶段亦称预混合燃烧阶段。柴油机的发火点一般在上止点前几度曲轴转角，而最高爆发压力点约为上止点后 10°～15°CA。这一燃烧时期的特点是气缸中的压力迅速上升至最高爆发压力 p_z。压力之所以迅速上升，一是由于燃烧急剧进行，二是由于活塞的位移极微。速燃期中，不但烧掉了滞燃期形成的可燃混合气，还烧掉了速燃期喷入气缸并已完成了燃烧准备的部分燃油，燃烧近乎在等容状态下进行。评价速燃期的重要参数是平均压力增长率 $\Delta p/\Delta\varphi$，它表示本阶段内气缸内相应于单位曲轴转角的平均压力增长量。此值决定了柴油机燃烧过程的柔和性。$\Delta p/\Delta\varphi$ 值小，则柴油机工作柔和，燃烧平稳，无敲击声；$\Delta p/\Delta\varphi$ 值大，则柴油机工作粗暴，常伴有敲击声。此种敲击是由于 τ_i 过长，Δ_i 过多，气缸中积累了过多的已完成燃烧准备的可燃混合气而瞬间同时燃烧的缘故。这种燃烧在气缸内产生激波并传向气缸套四壁，往复反射产生的敲击声，称为燃烧敲缸。敲缸对柴油机的可靠性和寿命构成了威胁。虽然敲缸时柴油机的经济性较好，但仍须竭力避免。通常，为保证柴油机运转平稳性与经济性，其平均压力增长率 $\Delta p/\Delta\varphi$ 不宜超过 0.4 MPa/°CA。

速燃期的燃烧速率很难直接用控制该燃烧期燃油与空气混合速度的办法来控制，故亦称不可控燃烧期。由于速燃期的可燃混合气主要是滞燃期喷入气缸的燃油所形成的，为了使柴油机工作平稳，应通过滞燃期来影响速燃期，力求缩短滞燃期、减少滞燃量、控制可燃混合气的形成量。滞燃期对燃烧质量起决定作用，因此控制滞燃期是影响燃烧过程的重要手段。

(3)缓燃阶段

从气缸内工质出现最高压力到出现最高温度这段燃烧期称为缓燃期。该燃烧期的燃烧速度取决于喷入气缸的燃油分子寻找氧分子的速度，故亦称扩散燃烧阶段。最高温度一般出现在上止点后 20°~35°CA。缓燃期中燃烧速度仍然很快，工质温度可迅速上升至最高温度(瞬时温度 1 700~2 000 ℃)。由于燃烧室内已充满燃烧产物和正在燃烧的火焰，燃油油滴喷入气缸即自行蒸发燃烧。但此时由于活塞已离开上止点下行，气缸容积迅速扩大，故燃烧燃油量虽多而工质压力却缓慢下降(近似于等压燃烧)。

缓燃期之所以比速燃期的燃烧速率变缓，是由于此时燃烧室中的废气和燃烧中间产物增多而氧分子变少，燃油分子与氧分子进行反应的机会减少的缘故。这一时期中燃油分子有可能在氧分子不充分的条件下进行燃烧，容易发生燃油分子的热裂而产生黑烟，影响燃油燃烧的经济性和排气净化问题。缓燃期的主要矛盾是油气得到氧分子的速度赶不上燃烧速度的需要而发生不完全燃烧。此燃烧期的长短主要取决于负荷大小，亦称可控燃烧期。

据试验资料，缓燃期燃烧的燃油量为(40%~60%)Δg_i，连同速燃期燃烧的燃油量总计为 80%Δg_i 左右。速燃期和缓燃期构成了明显燃烧时期，故称为主燃期。

(4)后燃阶段

后燃是燃烧过程在膨胀行程中的继续。其原因有二：一是在缓燃期中难免有一部分燃油因遇不到足够的氧分子而来不及燃烧或燃烧不完全；二是部分燃烧产物在高温下发生逆化学反应，这些燃烧产物只能在活塞下行、气缸内温度下降后才能重新进行燃烧。因此完全消除后燃现象是不可能的，但应设法使之减轻。后燃期的终点很难确定，随柴油机负荷和燃烧过程进行的情况而异，一般在上止点后 80°~100°CA。

后燃期因气缸内温度开始下降，活塞下行，工质膨胀比减小，致使燃油燃烧的热效率较低，还会使排气温度提高，并使柴油机机件的热负荷增加。因此，后燃阶段愈短愈好。缩短后燃期的措施是加强燃烧室内的空气运动,改善混合气的形成。一般柴油机在低负荷运转时后燃期将缩短,低速机的后燃期短于高速机。喷油器雾化不良、滴漏、气缸漏气、换气不良、喷油太晚等均使后燃增加。

3. 完善的燃烧过程的特点

根据上述对燃烧过程的分析可以看出,一个完善的燃烧过程应具有以下特点:控制滞燃期内的喷油量以保证柴油机燃烧柔和;燃烧在上止点附近发生,燃烧压力应迅速升高到限定的最高爆发压力,同时基本以此不变的压力按等压过程燃烧;燃烧持续时间不应过长(通常,燃烧持续期不超过 40°CA);主燃期燃烧完全,后燃最少。

上述的完善燃烧过程的特点也是一种理想燃烧过程的特点。实践中柴油机各性能对燃烧过程的要求往往发生矛盾。例如,为保证柔和的燃烧和减少污染,要求降低平均压力增长率及最高爆发压力;而欲提高柴油机的热效率,则要求燃烧压力尽可能快地升高到最高爆发压力并保持定压燃烧。由此,柴油机的平稳运转与运转经济性两者彼此矛盾,保证柴油机既平稳又经济地运转是设计者和管理者所要解决的主要问题之一。

近代柴油机放热率(单位曲轴转角的放热量)的研究从另一个侧面揭示了一个完善燃烧过程的特点。其燃烧放热率应先缓后急,即开始放热要适中以满足柔和运转的要求,随着燃烧加快,加速扩散燃烧阶段的放热率,使燃烧在上止点后附近(一般为 40°CA)结束,以满足经济运转的要求。实际运行管理中,管理者应善于综合各种因素来调整柴油机的燃烧过程,抓住主要矛盾并兼顾各方面的不同要求。

十、燃烧过程的影响因素及控制措施

1. 影响柴油机燃烧过程的因素

(1)燃油品质

燃油的性能指标中十六烷值(CN)对燃烧过程影响最大。十六烷值高,自燃性能好,滞燃期短,燃烧过程平稳;十六烷值低,自燃性能差,滞燃期长,燃烧过程粗暴。因而当柴油机使用的燃油品质发生变化时,必将影响燃烧过程,喷油定时需要进行调整。另外,燃油的挥发性也影响滞燃期。燃油挥发性好,既可缩短着火前的物理准备时间,又有利于着火前的化学准备。加入某种添加剂(如助燃剂等)可改善燃油的燃烧性能。

(2)缸内工质状态

工质状态的主要参数是压缩终点空气温度、压力和扰动,其中温度对燃烧过程的影响最大。压缩终点温度愈高,滞燃期愈短,柴油机工作愈平稳。压缩比过小、气缸严重漏气的柴油机将丧失起动能力。程度较轻者也将出现排气冒黑烟的不良后果。空气的扰动有加速燃前和燃烧过程中混合气形成的积极作用,同时也影响燃油喷射的穿透距离。

(3)喷油定时

喷油定时显著影响燃烧过程。喷油提前角过大,将因喷油时刻缸内工质状态不利于着火,使滞燃期增长,导致最高爆发压力过高,燃烧粗暴,如图 3-42 中曲线 1 所示。

供油提前角演示动画

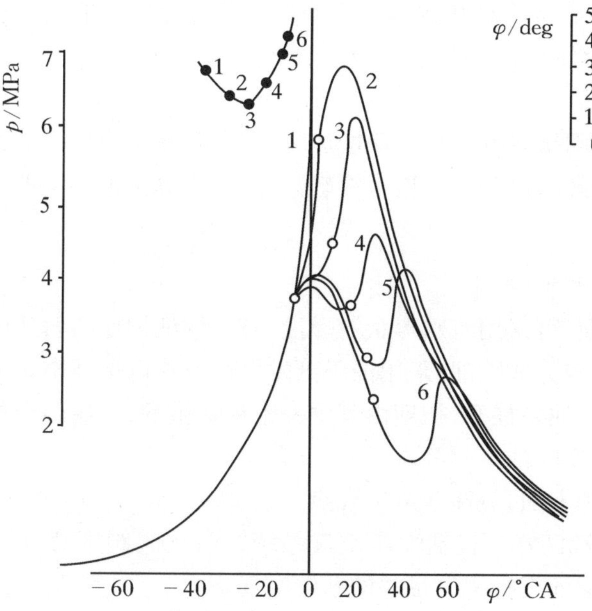

图 3-42　喷油提前角对燃烧过程的影响

●喷油始点标记　○喷油后 30°CA 标记

由图中左上角喷油始点标记曲线可知，曲线 1 喷油提前角约为上止点前 40°CA，相应的滞燃角 φ_i 约为 30°CA；反之，若喷油提前角过小，将因着火前缸内温度与压力已下降，而使滞燃期也增长，但活塞已下行致使最高爆发压力降低，后燃增加，排气温度上升，如图中曲线 6 所示。图中曲线 6 喷油提前角为上止点前 10°CA，相应的滞燃角 φ_i 约为 40°CA。由此可知，柴油机均有一个最佳喷油提前角，在该喷油提前角工作时，柴油机燃烧平稳，最高爆发压力适中（符合设计要求）且相位正确（通常在上止点后 10°～15°CA），经济性高。

（4）雾化质量

雾化质量好将使滞燃期 τ_i 缩短，柴油机工作平稳，同时油粒能与空气均匀混合，使燃烧完全。船用大中型柴油机燃油的雾化质量主要取决于喷油设备。若喷油设备不正常，则将直接影响柴油机的燃烧质量。

（5）换气质量

换气质量好，进入气缸的新鲜空气量增多，燃油燃烧时有足够的氧气与之混合，燃烧完全。影响换气质量的因素主要有气阀定时，气口（阀）、气道的清洁程度，增压系统（如增压器、空冷器等）的工作状态等。

（6）运转工况

柴油机的转速和负荷是反映柴油机运转工况的两个主要参数。转速和负荷对整个燃烧过程都有影响。

转速升高，气缸漏气的散热损失减少，压缩终点的空气压力和温度升高。与此同时，喷油压力提高，空气扰动也加强。这些因素使滞燃期 τ_i 缩短，有利于燃烧。但转速的升高却使滞燃角 φ_i 增大，从而使速燃期的爆压和压升增大，不利于燃烧。这种不利影响对涡流室式燃烧室要比对开式燃烧室小些。此外,转速的升高使喷油过程(以曲轴转角计)延长,从而使后燃期加长。这种不利影响将因气缸内扰动的加强而得以减轻。

负荷对滞燃期有间接影响。当负荷增加时,由于循环喷油量的增加,气缸内总发热量增加,燃烧室壁温提高,使滞燃期稍有缩短,与此同时,燃烧持续期成比例地增长,爆压提高,后燃加剧。

2. 改善燃烧质量的措施

首先,从设计方面,可采用特殊形状的燃油凸轮,保证初期喷射速度低,而后期喷射速度增加并在短时间内完成喷油;采用油膜蒸发燃烧方式以保证燃烧柔和;采用分级喷射,即同一气缸有两个油泵柱塞,初期由其中一个柱塞供油,随后两个柱塞同时供油;采用变压缩比活塞以及变喷油定时等。

其次,从运转管理方面,应注意以下几点:

(1)确保换气质量良好。包括增压空气系统,气口、气阀定时,活塞环工作状态等均应处于正常状态,保证气缸中有足够的新鲜空气量。

(2)燃油品质。燃油的质量应满足使用要求;燃用劣质燃油时,应重视燃油使用前的预处理(预热与净化)质量。

(3)保证气缸压缩温度。可燃混合气形成和压缩发火需要足够的气缸温度,因此气缸密封性应良好,气缸的冷却应适当等。

(4)确保喷射系统正常工作。喷油泵应有正确的供油定时和均匀的供油量;喷油器有正确的启阀压力和良好的雾化质量,避免出现不正常喷射。大中型柴油机的燃烧过程对喷射系统的工作状态很敏感,更应重视喷射系统的工作。

(5)日常例行管理。注意观察排气颜色,重视各缸排气温度的测量与分析;定期测取气缸示功图,计算各缸指示功率并分析各缸的燃烧状态;测取各缸最高爆发压力的数值,以便大致判断各缸供油定时的变化;测取各缸压缩压力,以判断各缸密封性等。

第四章

换气机构、废气涡轮增压器及检修

知识目标

1. 了解二冲程柴油机的换气过程,掌握四冲程柴油机的换气过程。

2. 掌握气阀机构和气阀传动机构的结构形式、功用和工作条件,掌握凸轮轴及其传动机构的结构形式及作用,掌握换气机构的故障和管理。

3. 掌握废气涡轮增压器的工作原理和典型结构特点,了解增压系统的维护和管理、主要零件的损坏形式及检修,了解增压器拆装和校中测量。

能力目标

1. 能够根据柴油机换气机构和增压器的工作原理和结构特点对其工作状况进行分析判断。

2. 能够对柴油机换气机构和增压器常见故障的原因进行分析判断。

3. 能够对换气机构和增压器进行日常维护和保养。

素质目标

1. 自觉践行社会主义核心价值观,具有深厚的爱国情感和中华民族自豪感。

2. 遵纪守法、诚实守信、敬畏生命、热爱劳动,具有社会责任感和社会参与意识。

3. 具有质量意识、环保意识、安全意识、集体意识和团队合作精神。

4. 具有健康的体魄、心理和健全的人格,养成良好的健身与卫生习惯和良好的行为习惯。

第一节　柴油机的换气过程

一、学习目标

1. 了解二冲程柴油机的换气过程。
2. 掌握四冲程柴油机的换气过程。

二、学习任务

1. 二冲程柴油机的换气过程。
2. 四冲程柴油机的换气过程。

三、环境设备

1. 二冲程柴油机。
2. 四冲程柴油机。

四、背景知识

换气过程的质量直接影响柴油机的动力性、经济性、可靠性和排放性能，是柴油机良好工作的先决条件。如果换气过程终了时，气缸内残留的废气量少且新鲜空气量多，这就利于燃油及时、完全的燃烧。燃油及时而完全的燃烧不但可使柴油机发出更大的功率，提高其动力性，使柴油机有较高的热效率，提高经济性；而且，燃油完全燃烧意味着结炭减少，柴油机的排放性能改善，减少排气污染；另外，燃油完全燃烧还意味着柴油机有较低的循环平均温度，从而提高可靠性。换气过程进行的好坏不仅取决于换气过程的设计状况，也与柴油机的日常管理密切相关。

柴油机的一个工作循环是由进气、压缩、燃烧、膨胀和排气等五个过程组成的，在柴油机的工作过程中，每完成一个工作循环都必须排出废气和充入新气。从排气过程、扫气过程到进气终止的整个气体更换过程称为换气过程。它的作用是更换工质，为下一个循环的工作提供必要的条件，也就是将已燃气体排出、吸入新鲜空气，为下一循环的燃油燃烧提供充足的空气。二冲程柴油机和四冲程柴油机的最大差别就是换气过程。

二冲程柴油机和四冲程柴油机的换气过程不同，四冲程柴油机具有独立的进气和排气行程，二冲程柴油机取消了独立的进气和排气行程，把进气和排气过程融合在膨胀行程的末期和压缩行程的初期完成，这也是两者在工作过程中的最大差别。

五、四冲程柴油机的换气过程

图 4-1 所示是四冲程柴油机在换气过程中，气缸压力、排气管中的压力随曲轴转角的变化情况以及相应的示功图（p-V 图）。从图中可以看出，排气阀开启后，废气从气缸急速流入排气管，气缸压力很快下降，直到换气上止点后的某一位置排气阀关闭为止。进气阀在上止点前开启，新鲜空气流入气缸，直到下止点后的某一位置关闭为止。在换气上止点附近，进、排气阀同时开启。四冲程柴油机的换气过程可分为自由排气、强制排气和进气三个阶段。

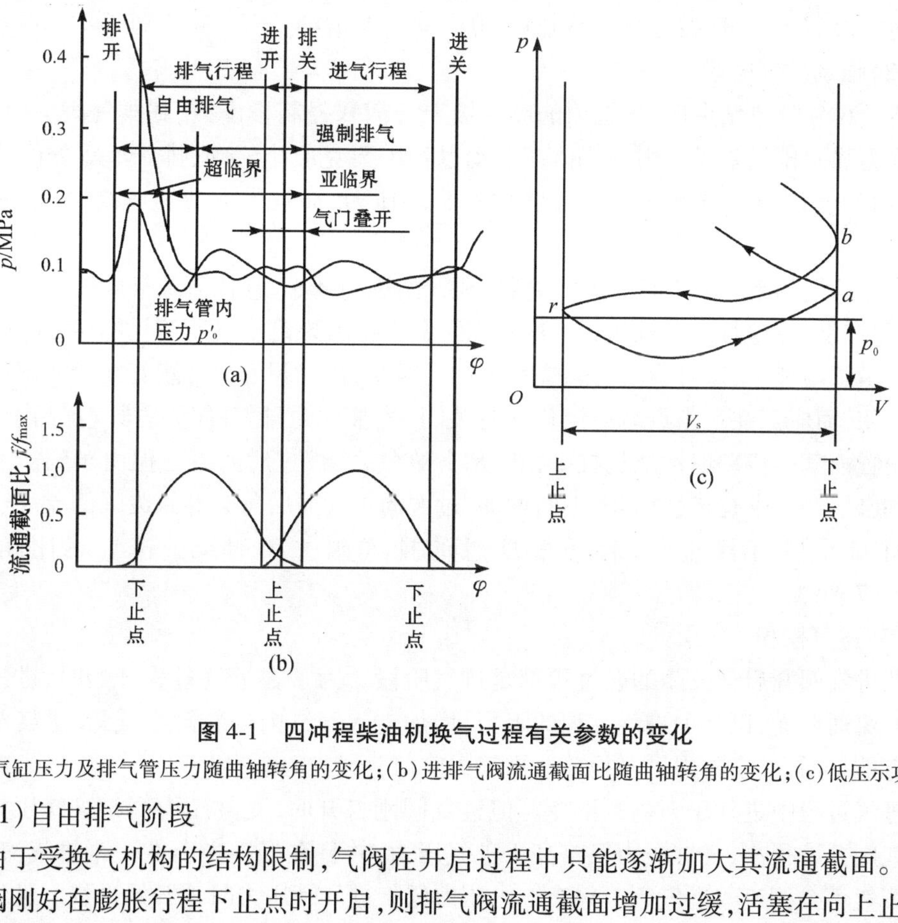

图 4-1　四冲程柴油机换气过程有关参数的变化

（a）气缸压力及排气管压力随曲轴转角的变化；（b）进排气阀流通截面比随曲轴转角的变化；（c）低压示功图

（1）自由排气阶段

由于受换气机构的结构限制，气阀在开启过程中只能逐渐加大其流通截面。如果排气阀刚好在膨胀行程下止点时开启，则排气阀流通截面增加过缓，活塞在向上止点回行时造成较大的反压力，增加排气行程所消耗的功。所以，柴油机的排气阀往往都在膨胀行程到达末期前，即活塞到达下止点前的某一位置提前开启，称为排气阀提前开启角，简称排气提前角。排气提前角的大小由于柴油机类型的不同而有不同的数值，在 30°～80°CA。一般情况下，增压柴油机大于非增压柴油机，高转速柴油机大于低转速柴油机。

当排气阀在下止点前打开时，气缸内压力远远高于排气管压力，废气在很大的压力差作用下排出气缸。随着排气阀开度的增大，大量废气由气缸排到排气管，使气缸内压力急剧降低，排气管压力迅速升高，直到下止点后气缸内压力接近排气管压力为止。

在这一阶段，缸内压力与排气管压力始终存在较大的压差，气缸内废气主要在这个正压差的作用下排出，故称为自由排气阶段。根据排气管压力和缸内压力比值的大小，自由排气阶段可分为超临界阶段与亚临界阶段。如果排气管压力与气缸压力比值小于临界值，则为超临界状态，废气以当地音速排出气缸。随着排气的进行，排气阀流通截面积逐渐加大，气缸压力下降，排气管压力上升，使气缸压力与排气管压力的压差减小。当排气管压力与气缸压力比值大于临界值时，气流的流动状态转为亚临界状态（废气以亚音速排出气缸）。

自由排气阶段虽然占整个排气时间的比例不大，但由于废气流速很高，排出的废气量可达60%以上，一般持续到下止点后10°～30°CA结束。

（2）强制排气阶段

自由排气阶段结束后，气缸内的废气被上行活塞强制排出，直到排气阀关闭，这一过程称为强制排气阶段。由于气体在流动过程中要克服排气阀、排气道等处的流动阻力，缸内的气体压力要略高于排气管内的平均压力，而且气体流速越高，压力差也就越大。

排气后期随着活塞上行，排气阀截面积开始逐渐减小，气体流经气阀的节流作用加强，因而在上止点附近，气缸压力再次升高。其直接后果是排气所消耗的功与缸内的残余废气量都增加了，这对换气与燃烧都不利。因此，排气阀不允许刚好在活塞到达上止点时关闭，而应当在上止点后一定角度时关闭，这被称为排气滞后。排气滞后期间，可以利用缸内气体流动惯性从气缸中抽吸部分废气，实现过后排气。但由于到达上止点后活塞已经开始下行，气缸容积不断增加，过大的排气滞后角会导致废气倒流。当废气从气缸流出刚好停止时，就是最理想的排气阀关闭时刻。排气迟闭角一般为10°～70°CA。

（3）进气阶段

从进气阀开启至关闭的全过程都是进气阶段。为了在进气过程开始时，进气阀有一定的流通截面，以减少进气过程的阻力，增加进入气缸内的新鲜空气量，进气阀也在上止点前提前开启，称为进气提前。进气提前角一般为10°～40°CA。

进气过程中进气压力基本不变。但进气阀刚打开时，气缸压力高于进气压力。由于进气阀开度很小，气缸压力只略高于进气压力，并且在气缸中存在一个排气流，所以一般废气不会倒流入进气管。只有缸内压力低于进气管压力时才开始进气。进气过程刚开始时，由于活塞的下行造成气缸内体积的膨胀，加上气阀开启还不充分，缸内压力在短时间内会迅速降低，这为新鲜空气的顺利流入创造了条件。随着进气阀流通截面积加大，进入气缸的新鲜空气不断增加，气缸压力逐渐升高。为了利用在吸气过程中形成进气管内气流的流动惯性，实现气缸的过后充气，进气阀不在下止点关闭，而是在下止点过后的一定角度关闭，即进气迟闭。这样有可能在进气过程终了时，缸内压力等于或略高于进气管压力。进气迟闭角一般为20°～60°CA。

尽管利用过后充气可以有效地增加进入气缸的空气量,但过大的进气滞后角可能会导致新鲜空气倒流,进入进气管,并且使有效压缩比减小。因此,合理的进气定时非常重要。

六、二冲程柴油机的换气过程和特点

1. 二冲程柴油机的换气过程

二冲程柴油机换气过程的工作顺序是:在膨胀行程的末期,活塞下行,首先打开排气口(阀),开始排气,而后扫气口开启,具有一定压力的新鲜空气由扫气口流入气缸并强迫废气由排气口流出,进行充分交换,然后活塞到达下止点后又上行,依次将扫气口和排气口(阀)关闭,换气过程结束。图 4-2 所示是二冲程柴油机换气过程示意图。为分析问题方便起见,假设排气管中的压力不变。

根据换气过程中气缸的压力变化特点,通常把二冲程柴油机换气过程分为三个阶段,即自由排气阶段、强制排气和扫气阶段以及过后排气阶段。

(1)自由排气阶段(*B*—*R*)

从排气口的开启点 *B* 到开始进气的点 *R*(此时气缸内的压力与扫气压力相等)为止称为自由排气阶段。在这一阶段,气缸内的废气借助于缸内与排气管中的压力差经开启着的排气口高速流入排气管中,使气缸内的压力急剧降低。这一阶段十分重要,直接影响着后面扫气过程的进行。一般来说,当活塞下行到点 *D* 开启扫气口时,气缸内的压力仍略高于扫气压力。但因扫气口的节流和排气的流动惯性,不会发生废气经扫气口倒冲至扫气箱去。但若因排气口堵塞而使气缸内的压力超过扫气压力很多时,则有可能发生废气倒冲现象,甚至引起扫气箱着火。

(2)强制排气和扫气阶段(*R*—*C*)

当气缸压力下降到稍低于扫气压力时,新鲜空气经扫气口进入气缸,直到活塞下行到下止点后再上行将扫气口关闭为止,即是强制排气和扫气阶段。此阶段主要靠新鲜空气与缸内废气的压力差实现进气,同时利用新鲜空气清扫废气把废气从气缸中强制排出。这一阶段也可以分为前后两段,在 *P* 点以前,主要是以自由排气为主,废气依靠压差和惯性冲出气缸,由于排气的速度大大高于扫气的速度,所以虽然有新鲜空气进入,但缸内压力仍然继续下降至最低压力。在 *P* 点之后,进入缸内的新鲜空气量开始大于排气量,缸内压力开始升高,主要依靠新气将废气挤出气缸,显然,在此阶段新鲜空气与废气发生掺混,并有部分新鲜空气经排气口排出。

(3)过后排气阶段(*C*—*E*)

这一阶段是扫气过程的最后阶段,按照换气形式及配气正时的不同,如果在 *C* 点时先关闭扫气口而到 *E* 点时再关闭排气口称为过后排气。对于弯流扫气的柴油机,当活塞上行时,必然先关闭扫气口,再关闭排气口。在这一阶段,缸内的部分新鲜空气将经仍开启着的排气口排至排气管,是一个新气损失阶段,因此越短越好。对于直流扫气的柴油机,因为排气阀的关闭可以受到控制,使它与扫气口同时关闭或早于扫气口关闭,则可避免过后排气损失或实现过后充气。E 点后,气缸内开始压缩过程。

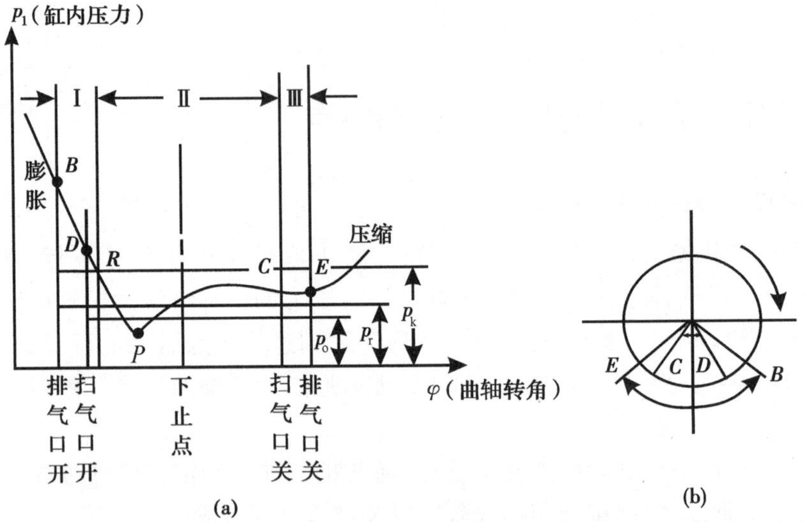

图 4-2　二冲程柴油机的换气过程示意图

2. 二冲程柴油机和四冲程柴油机换气过程的特点比较

二冲程柴油机的换气过程和四冲程柴油机相比有很大的不同,主要表现在:

(1)二冲程柴油机的换气时间较短。二冲程柴油机用于换气的时间大大小于四冲程柴油机,整个换气过程为 120°~150°CA,而四冲程柴油机则在 450°CA 以上。由于换气角度小、时间短,从而二冲程柴油机中完全清除废气比较困难。

(2)二冲程柴油机的换气质量较差。二冲程柴油机的换气主要是依靠扫、排气口(阀)之间的压差,用新鲜空气驱赶废气的扫气方式,新鲜空气的进入和废气的排出过程同时进行。由于新鲜空气和废气之间没有明确的界面,必然在缸内发生掺混,而且气缸内部还存在着扫气空气达不到的死角,以及新鲜空气的短路流动。因此,二冲程柴油机在换气终了时缸内残留的废气较多,换气没有四冲程柴油机干净。

(3)二冲程柴油机的耗气量较大。二冲程柴油机在扫气过程中新气和废气的掺混和短路,会造成二冲程柴油机需要更多的扫气空气量,而且为了控制柴油机的热负荷,也需要较高的过量空气系数,这都使得二冲程柴油机的耗气量增加。一般来说,对于二冲程柴油机,其空气消耗量是 8. 5 kg/(kW · h);对于四冲程柴油机,其空气消耗量是 6. 5 kg/(kW · h)。

(4)二冲程柴油机的气缸容积不能充分利用。二冲程柴油机由于气缸下端开有气口,因此,并不是整个气缸工作容积都能用来容纳空气。活塞行程中气口高度所占的部分称为失效行程。通常以行程失效系数 ψ_s 来表示,即活塞在下止点位置时的活塞上平面到气口上边沿的距离与活塞行程之比。为了保证扫气空气在合适的压力下通过气缸,扫气口和排气口应具有足够的流通能力。因此,它必须具有一定的总宽度、高度和开启时间。

第二节　柴油机的换气机构

一、学习目标

1. 掌握气阀机构的结构形式、功用和工作条件。
2. 掌握气阀传动机构的原理、结构形式及功用。
3. 掌握凸轮轴及其传动机构。
4. 掌握换气机构的故障和管理。

二、学习任务

1. 气阀机构的结构形式、功用和工作条件。
2. 气阀传动机构的原理、结构形式及功用。
3. 凸轮轴及其传动机构。
4. 换气机构的故障和管理。

三、环境设备

1. 四冲程柴油机。
2. 二冲程柴油机。
3. 已经拆解的各种相关换气机构的零部件。

四、背景知识

保证柴油机按规定顺序和时刻完成进、排气过程的机构称为换气机构，又叫配气机构。

四冲程柴油机采用气阀式换气机构。现代船用低速二冲程柴油机大都采用气口-气阀式换气机构。换气机构的任务是保证柴油机在工作过程中按规定的时间开启或关闭各气缸的进气阀（或扫气口）和排气阀（或排气口），使尽可能多的新鲜空气进入气缸，并使膨胀终了的废气从气缸排净，保证柴油机工作过程连续和完善。换气机构工作的状况直接影响柴油机的换气质量，进而影响柴油机的燃烧过程和做功能力。因此，正确地设计和维护管理好换气机构，对于保证柴油机良好的工作性能和使用寿命具有重要意义。

气阀式换气机构主要包括气阀机构和气阀传动机构两部分。

五、气阀机构的结构形式、功用和工作条件

在气阀机构中,气阀和阀座是工作条件最恶劣的零件。气阀阀盘和阀座底面是燃烧室壁面的一部分,受到燃气高温、高压的作用。特别是排气阀,由于受到排气气流的加热,温度很高,而进气阀由于进气流的冷却作用温度低一些。对于船用增压柴油机,排气阀阀盘的平均温度可高达650~800 ℃,阀杆温度为150~250 ℃;进气阀阀盘的平均温度可高达450~500 ℃,阀杆温度为100~120 ℃。气阀在关闭时与阀座发生撞击和磨损。在撞击中,由于阀盘和阀座的弹性变形、气阀弹簧的振动及气阀弹簧螺旋线的扭转作用,会使阀面和阀座产生楔入性和扭转性滑移。这种滑移使阀面和座面间产生干摩擦,阀面和座面上剥落的金属颗粒、灰分、炭粒又变成磨料加重了磨损。燃烧产物对气阀和阀座有腐蚀作用。特别是燃用重油时,由于重油中含有较高的硫及钒、钠等,燃料燃烧后生成硫、钒、钠的氧化物及这些氧化物生成的盐和聚合物。这些钒、钠的盐,氧化物及聚合物有的熔点低(低至535 ℃),有的熔点较高(高达900 ℃)。排气时一部分会沉积到气阀和阀座上,使气阀和阀座接触不良,并对金属起腐蚀作用,使阀面和座面上出现凹坑,造成漏气和烧损。

由于气阀和阀座在高温、撞击、磨损、腐蚀的条件下工作,气阀都采用耐热合金钢材料(如镍基耐热合金钢),阀座则采用合金铸铁或耐热合金钢。为了使阀面和座面耐磨、耐腐蚀,高增压和燃用重油的柴油机气阀还在阀面和座面上堆焊钴基硬质合金,如司太立(stellite)合金。在阀头接近燃烧室侧覆盖耐热耐蚀的铬镍铁合金。阀座采用钻孔水冷,并在阀座密封面附近开有空气槽,内存有扫气空气,当密封面漏气时,可避免产生高温排气的烧蚀,如图4-3所示。为了使阀杆耐磨,常采用氮化、镀铬、滚压、抛光等工艺。

气阀的阀面与阀座的配合有三种方式,如图4-4所示。图4-4(a)为全接触式,阀面与座面锥角相等;图4-4(b)为外接触式,阀面锥角小于座面锥角;图4-4(c)为内接触式,阀面锥角大于座面锥角。全接触式接触面大、耐磨、传热好,但易结炭,敲击产生麻点。它多用在小型高速柴油机上。阀线宽度一般为1.5~2.5 mm。外接触式的阀面锥角比座面锥角小0.5°~1.0°。这种方式使接触面小,密封性好,阀面与座面内侧不与燃烧时的气体接触。阀盘在高压燃气作用下发生拱腰变形会使内侧阀面与座面接触,减小了接触应力,增加了散热。它多用在强载中速机中。内接触式的阀面锥角比座面锥角大0.2°~0.5°。这种方式接触面小,密封性好。接触面因离燃烧室远些,温度低,钒、钠的腐蚀小。阀盘在高温和高压燃气作用下会发生周边翘曲的热变形和机械变形,向外接触式发展,使外侧阀面与座面接触。这样,既减小了接触应力,又增加了阀盘散热。内接触式常被用在长行程低速柴油机中。

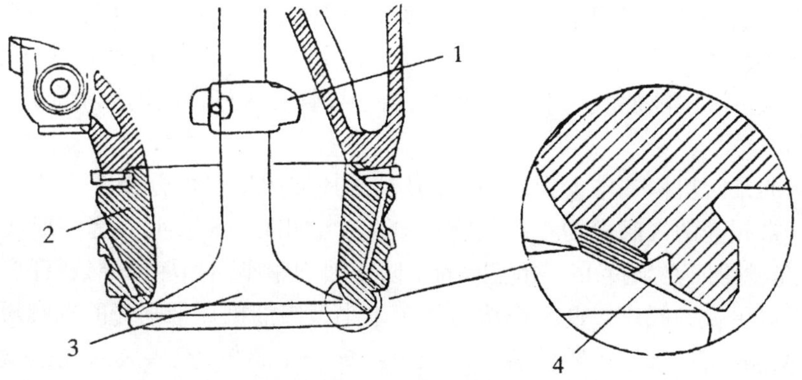

图 4-3　MC 型柴油机排气阀座

1—转翼；2—阀座；3—排气阀；4—空气槽

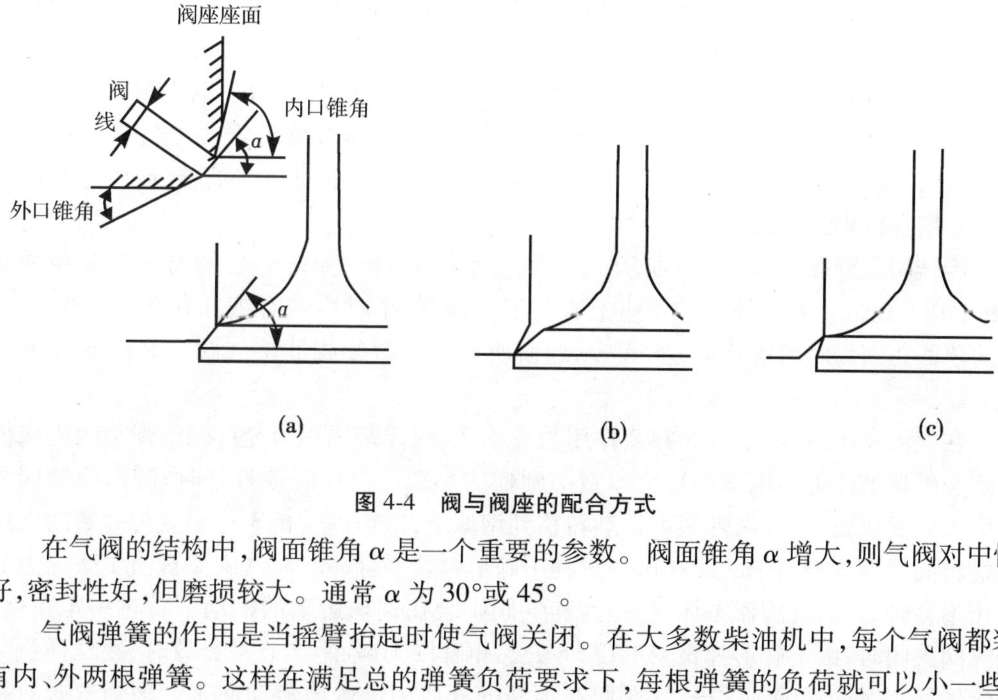

图 4-4　阀与阀座的配合方式

在气阀的结构中，阀面锥角 α 是一个重要的参数。阀面锥角 α 增大，则气阀对中性好，密封性好，但磨损较大。通常 α 为 30°或 45°。

气阀弹簧的作用是当摇臂抬起时使气阀关闭。在大多数柴油机中，每个气阀都装有内、外两根弹簧。这样在满足总的弹簧负荷要求下，每根弹簧的负荷就可以小一些，使之尺寸小、应力低，提高抗疲劳能力。此外，两根弹簧由于自振频率不同，互相干扰，可以起到减振的作用。为了防止一根弹簧断裂后卡进另一根弹簧中，两根弹簧的旋向应当相反，这还可以减少阀在开关时由于弹簧产生扭转而发生的自动研磨。此外，采用两根弹簧还可以增加工作的可靠性。

除机械弹簧外，目前超长行程直流扫气柴油机的排气阀普遍采用空气弹簧。

气阀导管是气阀的导承。它承受着摇臂所引起的侧推力,还起着气阀散热的作用。一般经导管的散热量占气阀总散热量的25%。导管与阀杆之间的间隙有一定要求。间隙过小,气阀的动作迟滞甚至咬死;间隙过大,则散热不良,横向振动和漏气加剧,甚至可能引起烟灰进入间隙使气阀卡住。此外,由于导管和阀杆之间的润滑条件较差,导管很容易磨损。

柴油机的气阀机构基本上大同小异,但根据其结构特点可分为不带阀壳和带阀壳两大类。不带阀壳的气阀机构直接装在气缸盖上,如图 4-5 所示。这种形式的气阀构造简单,但是检修时必须拆下气缸盖。为了防止因阀座座面损坏而导致气缸盖报废,一般都装有可以更换的阀座。此种结构多用于中小型柴油机。带阀壳的气阀机构是将气阀及气阀弹簧、导管、阀座等零件装在阀壳上形成一个整体,然后装入气缸盖的阀壳孔中。若阀壳式气阀出现断裂、过度磨损等故障,修理时可不必拆卸气缸盖,只需拆下阀壳进行维修,使用管理比较方便。在结构上,阀壳中有润滑阀杆的油道和强制循环冷却水腔,简化了气缸盖的结构。大功率中速、低速柴油机,尤其是排气阀,广泛采用带阀壳结构。

在强载、燃用重油的柴油机中,除了对排气阀和阀座进行冷却外,还装设旋阀器使排气阀在开关过程中慢慢转动。气阀在开关过程中慢慢转动,可以减少阀面与阀座上的积碳,使磨损减小,贴合严密;可以使阀盘均匀地接收热量和散热,以改善阀盘的热应力状态;消除阀杆与导管之间的积碳,防止卡住。旋阀器有旋转帽式、推进器式、棘轮式、杠杆式多种。现代船用低速二冲程柴油机大都采用推进器式旋阀器,而中速柴油机主要采用旋转帽式旋阀器。

旋转帽式旋阀器如图 4-6 所示,由旋阀器本体 1、碟形弹簧 2、旋阀器环 3、复位弹簧 5 和钢珠 6 组成。在本体 1 的周边上有若干个槽,每个槽内装有钢珠 6 和复位弹簧 5,槽的顶面是圆弧状或锥状的,如 A–A 剖面所示。平时旋阀器被气阀弹簧压紧在弹簧盘上。

在气阀关闭时,由于气阀弹簧作用力较小,气阀弹簧作用力经过碟形弹簧内边缘传送到旋阀器本体上。钢珠被复位弹簧推到槽的一端。当气阀被打开时,碟形弹簧因受力增大而变成扁平,气阀弹簧力逐渐转移到钢珠上,钢珠因受挤压克服复位弹簧的作用力沿斜面滑动到槽的中间。在这一过程中碟形弹簧、旋阀器环、气阀弹簧由于摩擦力的作用不会转动,而旋阀器本体、弹簧盘和气阀则会在钢珠运动的推动下转过一定角度。当气阀关闭时,由于碟形弹簧变形逐渐恢复,钢珠受力减小,当它被释放时,复位弹簧又把它推回到槽的一端。这样,气阀便在不断的开启中慢慢地转动起来。因为气阀只在开启过程中转过一个角度,所以不会造成阀与阀座的磨损。

推进器式旋阀器在气阀的阀杆上装有转翼。柴油机运转中排气阀打开时,排气流作用在转翼上,使转翼带动阀杆绕其轴线转动,使排气阀旋转。旋转角速度随柴油机负荷而变。

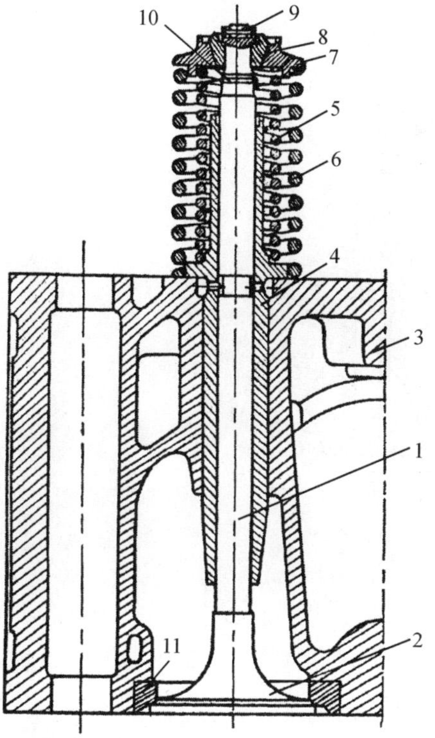

图 4-5　不带阀壳的气阀机构

1—阀杆;2—阀盘;3—气缸盖;4—气阀导管;5,6—弹簧;7—弹簧盘;8—卡块;9—撞击块;10—卡环;11—阀座

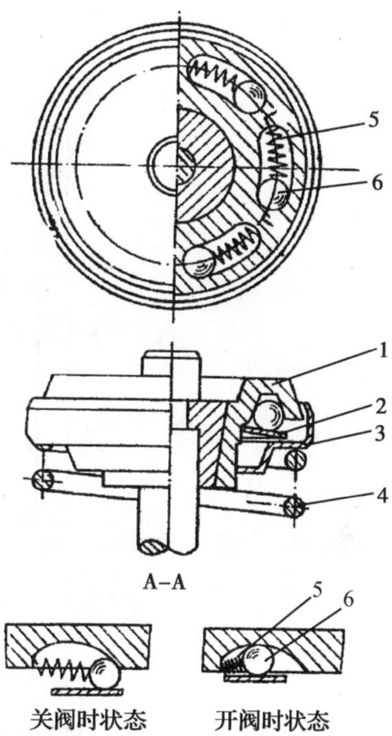

图 4-6　旋转帽式旋阀器

1—本体;2—碟形弹簧;3—旋阀器环;4—气阀弹簧;5—复位弹簧;6—钢珠

六、气阀传动机构的原理、结构形式及功用

气阀传动机构的作用是把凸轮的运动传给气阀。当凸轮顶升气阀传动机构时,气阀及时开启。当凸轮转过之后,在气阀弹簧的作用下气阀及时关闭。机械式气阀转动机构是传统的气阀传动机构,广泛用于各型柴油机上。新型低速柴油机均采用液压式气阀传动机构。

1. 机械式气阀传动机构

图 4-7 所示是中小型柴油机中常见的一种机械式气阀传动机构。它由滚轮顶头 D、顶杆 C 和摇臂 B1 等组成。摇臂经轴销安装在摇臂支座 B2 上,摇臂支座固定在气缸盖上。凸轮在转动中将顶头、顶杆顶起,从而使摇臂绕摇臂轴转动,克服气阀弹簧的弹力将气阀打开。当滚轮沿凸轮的型线下降时,在气阀弹簧的作用下气阀逐渐关闭,因而凸轮的形状与安装位置决定了气阀的启闭时刻。

对于机械式气阀传动机构,在柴油机冷态时,滚轮落在凸轮的基圆上,摇臂与气阀之间应留有间隙,此间隙称为气阀间隙。其目的是保证在柴油机热态时,气阀和气阀传

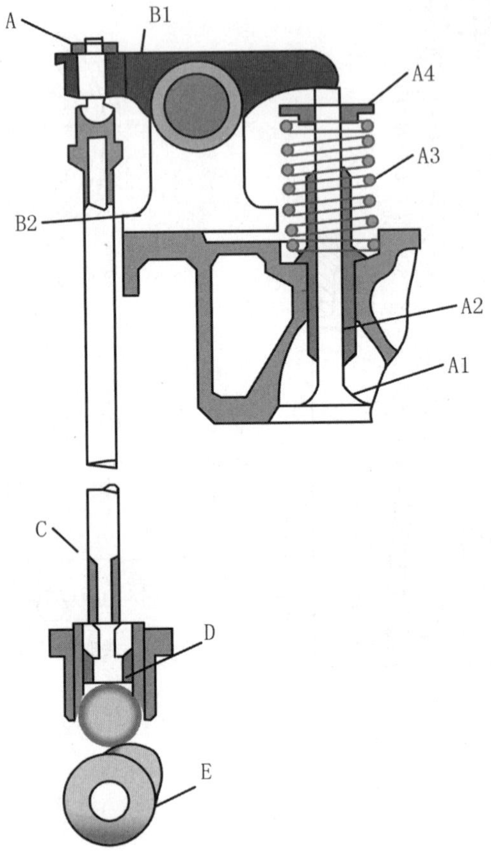

图 4-7　机械式气阀传动机构

A—调节螺钉;A1—气阀阀盘;A2—气阀阀杆;A3—弹簧;A4—弹簧盘;B1—摇臂;B2—摇臂支座;C—顶杆;D—滚轮顶头;E—凸轮

动机构受热膨胀后仍能完全关闭。如果不留气阀间隙,气阀在工作时将向下膨胀关闭不严,造成气阀漏气并可能引起其他故障。气阀间隙可以通过调节螺钉 A 调整。调整气阀间隙时,要求滚轮落在凸轮的基圆上,摇臂、顶杆和顶头之间保持接触。

2. 液压式气阀传动机构

液压式气阀传动机构是在气阀、顶头的上端各设液压传动器,两者之间通过油管连通。开阀靠液压传动器产生的油压,关阀靠“空气弹簧”的气体压力来实现。这种气阀传动机构具有尺寸小、重量轻、利于布置、气阀不承受侧推力、噪声小、拆装方便等优点,但存在着调试困难与密封困难等缺陷。目前,普遍用于超长行程低速柴油机的排气阀中。图 4-8 所示为这种液压式气阀传动机构和气阀机构简图。图 4-8 中顶头处的液压传动器由顶头 3、顶杆 4、套筒 5、柱塞 6、安全阀 7、补油阀 8 等组成。气阀处的液压传动器由缓冲销 10、柱塞 11、套筒 12 等组成。空气弹簧装置由活塞 13、气缸 14 等组成。由

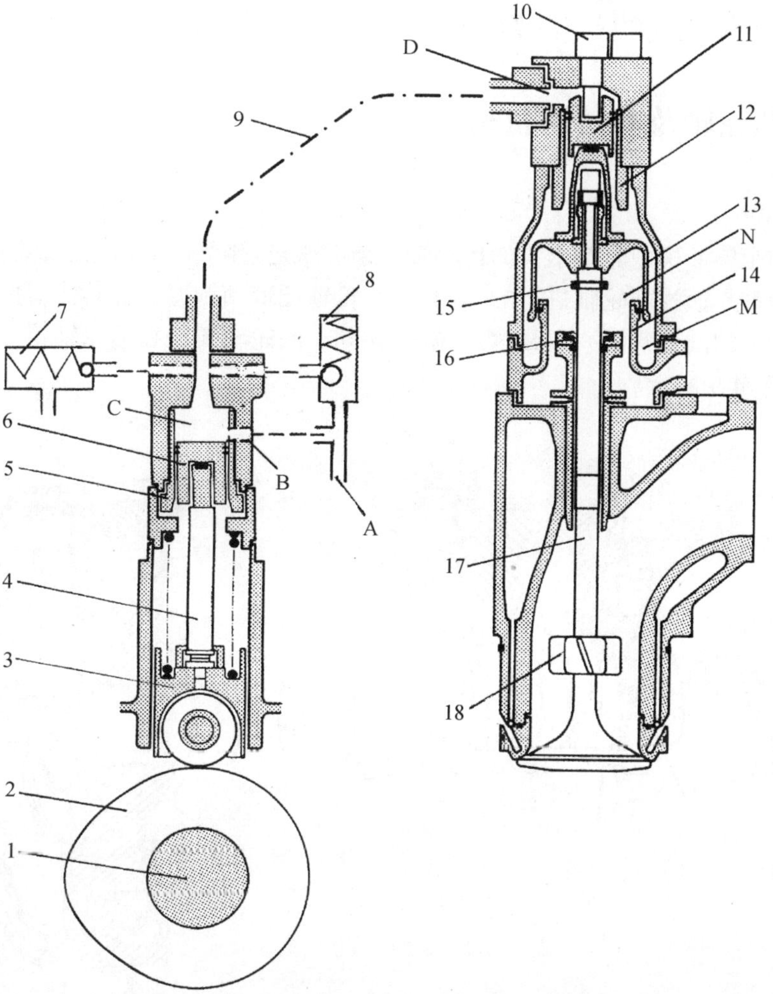

图 4-8 液压式气阀传动机构和气阀机构简图

1—凸轮轴;2—凸轮;3—顶头;4—顶杆;5,12—套筒;6,11—柱塞;7—安全阀;8—补油阀;9—油管;10—缓冲销;13—活塞;14—气缸;15—卡环;16—弹簧板;17—气阀;18—转翼;A—补油管;B—补油孔;C,D—油空间;M,N—气空间

空气瓶来的经减压的空气通过止回阀进入气空间 N。

当凸轮 2 通过顶头 3、顶杆 4 顶起柱塞 6 时,油空间 C 的油被压缩建立起油压并经油管 9 泵入油空间 D,作用在柱塞 11 上面。油压力推动柱塞 11 下行并推动活塞 13 下行,将气空间 N 内的空气压缩,并把气阀 17 打开。当凸轮作用把顶头放下时,柱塞 6 重新下行,油压下降,D 空间的油流回到 C 空间。气阀 17 在气空间 N 内气体压力(空气弹簧)的作用下关闭。气阀 17 关闭时,液压柱塞 11 上行,缓冲销 10 进入柱塞 11 上面孔内将油挤出。由于油的阻尼作用,减小了气阀与阀座的撞击。液压传动机构在运行时经柱塞和套筒间隙漏泄的油由补油管 A 和补油阀 8 补充。机构中的油由十字头轴承润滑系统经减压后供给。当机构中的油压过高时,油由安全阀 7 泄掉。当 N 空间没有压缩空气时,柱塞 11 会在油压作用下下移,气阀被打开。但当卡环 15 落在弹簧板 16 上时便不再下移,避免气阀与活塞发生撞击。

七、凸轮轴及其传动机构

1. 凸轮轴

凸轮轴是柴油机中非常重要的传动轴。柴油机进、排气阀的启闭、喷油泵和空气分配器的驱动都是通过凸轮轴进行的。此外,凸轮轴还带动调速器及其他附件的传动轮。装在凸轮轴上的凸轮每缸一组,组数与缸数相同。凸轮轴要放在凸轮轴箱内,由多个轴承支撑,如图 4-9 所示。

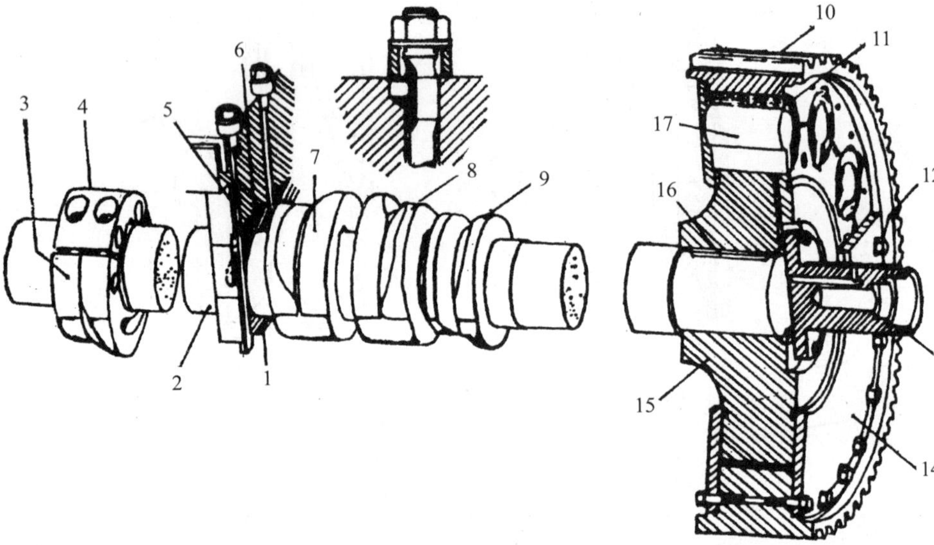

图 4-9 凸轮轴及传动齿轮

1—轴承盖;2—轴;3,4—喷油泵凸轮;5—螺栓;6—轴承座;7—进气凸轮; 8—排气凸轮;9—起动凸轮;10—齿圈;11—筒状弹簧;12—螺栓;13—支持轴;14—环板;15—轮毂;16—键;17—止动栓

凸轮轴的结构有整体式和装配式两大类。整体式用于小型机,装配式用于大型机。整体式凸轮轴的凸轮与轴本体锻成或铸成一体。装配式凸轮轴的凸轮和轴分别制造,然后根据定时的要求将凸轮紧固在轴上。这种凸轮轴上的凸轮是可调的,以便进行定时调节,并且任何一个凸轮损坏时都可以单独更换。由于大型柴油机的凸轮轴很长,故都是分成几段组装而成的。为了使柴油机结构简单,控制进、排气阀和喷油泵的凸轮一般都装在同一根轴上。但近年来,为了更好地控制柴油机的进、排气过程和燃烧过程,满足日益严格的排放法规,某些新型柴油机采用了两根凸轮轴的结构。

凸轮在顶动滚轮过程中,在工作表面上会发生摩擦和产生很高的接触应力。当接触应力过高时,工作面会发生疲劳损坏,产生麻点或金属剥落。因此,凸轮要有很好的耐磨、耐疲劳性能。凸轮轴材料一般是碳素钢、合金钢和球墨铸铁。凸轮工作表面应渗碳或表面淬火,以提高硬度。

2. 凸轮轴的传动机构

凸轮轴由柴油机的曲轴带动,两者保持准确的相对位置。按照柴油机工作循环的要求,由凸轮控制的机构每工作循环必须动作一次。由于四冲程柴油机曲轴回转两周完成一个工作循环,因此其凸轮轴与曲轴的转传动比应该是 1∶2。同理,二冲程柴油机则应该是 1∶1。

曲轴与凸轮轴之间的传动方式与柴油机的类型、凸轮轴位置以及附件的传动等因素有关。一般采用齿轮传动或链进行传动,所以,凸轮轴的传动机构分为齿轮传动机构和链传动机构。四冲程柴油机通常采用齿轮传动。大型低速二冲程柴油机根据凸轮轴的位置有两种传动方式:一种是凸轮轴布置在机架中部,因曲轴与凸轮轴距离较近,采用齿轮传动,通常是 Wärtsilä RTA 系列二冲程柴油机采用;另一种是凸轮轴布置在气缸体中部,因曲轴与凸轮轴的距离较远,采用链传动,通常是 MAN B&W MC 系列二冲程柴油机采用。无论采用何种传动方式,其传动机构必须保持正确的定时关系。此外,还应尽量减小扭振及凸轮轴扭转变形引起的定时偏差。

(1)齿轮传动机构

四冲程柴油机采用齿轮传动轮系,称之为正时齿轮。为了减小曲轴扭振对柴油机定时的影响,凸轮轴传动机构都安装在飞轮端。定时齿轮包括主动轮、从动轮和两者之间的中间齿轮。图 4-10 所示为某大型四冲程 V 形柴油机的凸轮轴齿轮传动机构。曲轴 4 上的曲轴正时齿轮 5,经过中间齿轮 3 和 2 传给凸轮轴正时齿轮 1 带动凸轮轴 6。经过两级齿轮减速后,凸轮轴正时齿轮 1 与曲轴正时齿轮 5 的传动比为 1∶2。三个齿轮互相啮合的轮齿上均有啮合记号以保证配气、喷油定时正确。在拆、装凸轮轴传动机构时必须严格注意装配记号。

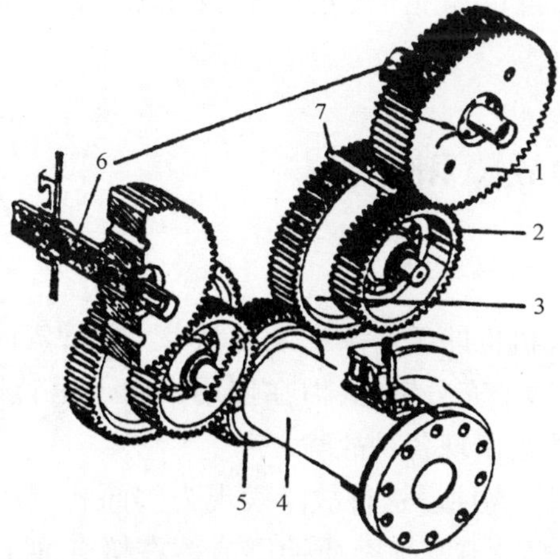

图 4-10 某大型四冲程 V 形柴油机的凸轮轴齿轮传动机构

1—凸轮轴正时齿轮;2,3—中间齿轮;4—曲轴;5—曲轴正时齿轮;6—凸轮轴;7—张紧弹簧

(2)链传动机构

图 4-11 所示为凸轮轴链传动机构简图。链传动装置结构简单、紧凑,而且在柴油

机换向时可以避免齿轮传动中可能产生的齿间间隙累积误差,因而在正、倒车运转时都能得到准确的定时,对于轴线的不平行度与中心距的误差都不敏感。此外,还可以通过链轮、链条驱动往复惯性力矩平衡装置,因而在大型低速柴油机中广泛使用。但链条传动装置的润滑不如齿轮传动装置,其磨损快,容易松弛,需经常检查。

链条传动机构由曲轴链轮 1、凸轮轴链轮 4、链条 5、中间轮 6、链条张紧臂 2、张紧轮 3、张紧弹簧 7 等组成。曲轴链轮 1 由两个半块组成,用螺栓紧固在曲轴上。凸轮轴链轮 4 为整体式,用键连接在凸轮轴上。曲轴与凸轮轴之间采用一级链传动,传动比为 1∶1。链条 5 选用双排套筒滚子链。导轨(未画出)由导轨板和装在导轨板上的特种耐油橡胶块组成,以防止链条的横向抖动和敲击,使之工作平稳。由于链传动装置链条磨损较快,容易松弛,这就影响了凸轮的定时并引起链条振动。故在链条传动装置中设有中间轮 6 和链条张紧装置,用以减少链条的振动和调节链条的松紧程度,保证链条与链轮啮合良好,传动平稳。张紧弹簧 7 的弹力通过张紧臂 2、张紧轮 3 作用到链条 5 上将它拉紧。为了保证定时正确,链条按啮合记号装在链轮上。张紧轮可位于正车转动时链条的紧边或松边。通常较老机型多位于紧边,而新机型为方便张紧链条,多位于松边。张紧链条时要边盘车边张紧。盘车时要使张紧轮一侧的链条为松边。值得注意的是,链条、链轮磨损后,链条会松弛,再度张紧时,定时会发生变化。若链条长度增加 1.5%,则需换新。

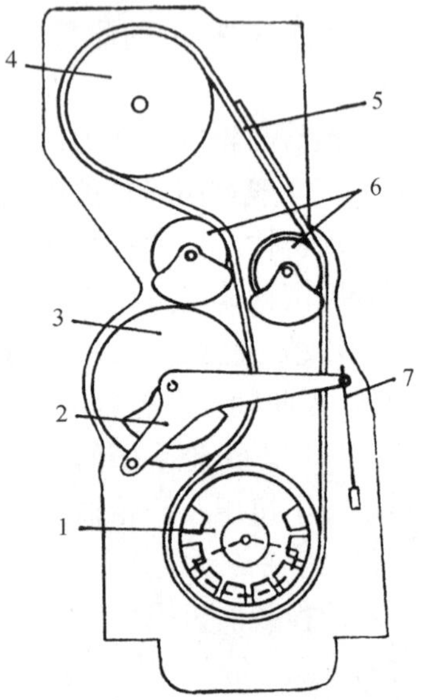

图 4-11　凸轮轴链传动机构简图

1—曲轴链轮;2—张紧臂;3—张紧轮;4—凸轮轴链轮;5—链条;6—中间轮;7—张紧弹簧

八、换气机构的故障和管理

1. 气阀机构的故障

在换气机构中,气阀机构的工作条件最为恶劣。尽管气阀机构在设计、制造和材料方面根据其工作条件已做了充分考虑,但在使用中由于运转情况经常变化或因维护保养和使用管理不当,仍然会出现各种故障。

(1)阀面和阀座磨损、腐蚀。这种故障表现为阀面和阀座密封面上有伤痕和麻点。前者主要是由燃气中的炭粒或其他杂质冲刷或落在接合面上时阀与阀座撞击造成的。后者主要是由燃油中的硫、钒和钠的腐蚀造成的。这会使气阀的密封性变差,引起漏气,使柴油机功率下降,各缸功率不均,起动困难,甚至不发火。因此,必须经常检查气阀的工作情况,发现漏气后应及时对气阀进行研磨,使之恢复密封性。

(2)阀面与阀座烧损。阀座扭曲、偏移、倾斜和失圆都会造成大面积烧损。阀盘翘曲时，关闭不严处如同喷管流道，会被严重烧损。气阀阀杆卡阻、弯曲，都使阀盘不能落座，使密封面发生均匀烧损。此外，阀面和座面也会因麻点、伤痕处漏气而发展到烧损。

(3)阀杆卡紧。阀杆在导管中往复运动，气阀导管间隙过小会使阀杆卡阻；气阀导管间隙过大可使导管中滑油结焦，沉积物增多，阀杆也会卡住；还可能由于中心线不正，致使阀杆卡死在导管中。这将使气阀与阀座关闭不严而发生漏气，甚至影响气阀的启闭。为此，必须注意阀杆与导管之间的间隙、对中性和润滑情况。滑油量必须适中，最好使用滑油和柴油的混合油。

(4)阀杆和阀头断裂。这种断裂大多是由于频繁撞击引起金属疲劳以及高温下金属的机械强度降低造成的。断裂通常发生在阀头与阀杆的过渡处或阀杆上端支承弹簧盘的圆槽处。气阀断裂后掉入气缸，将引起柴油机立即停止工作，并可能将活塞、气缸盖、气缸套击碎，甚至会卡住活塞，造成曲轴红套滑移。

(5)气阀弹簧断裂。气阀弹簧断裂多是因为振动，也可能是因为材质、热处理不符合要求或在保管中锈蚀所致。

(6)阀壳产生裂纹。阀壳裂纹通常是由于安装时将固定螺栓拧得太紧造成的。因为这样会使阀壳在柴油机工作时因受热膨胀而产生很大的应力。阀壳裂纹将会使冷却水喷入排气管中。因此，固定螺栓不宜拧得过紧。

2. 气阀间隙测量和调整、气阀定时的检查

船舶柴油机气阀正时测量微课

(1)气阀间隙的测量和调整。冷车时在机械式气阀传动机构中，要在摇臂端和气阀阀杆之间留有一定的间隙，以便柴油机运转时气阀机构受热后有膨胀的余地。若气阀间隙过小，则气阀受热后会关闭不严；间隙过大，则除影响气阀定时外(晚开、早关)，还会使摇臂与阀杆顶端撞击严重，造成大的噪声和磨损。因为温度高、尺寸大时，气阀膨胀的数值也大，所以排气阀比进气阀、增压机比非增压机、大型机比小型机的气阀间隙大。气阀间隙的具体数值见柴油机使用说明书。用厚薄规测量气阀间隙，测量气阀间隙时要注意顶头的滚轮一定要落在凸轮的基圆上。

(2)气阀定时的检查。气阀定时的测量只有在气阀间隙符合要求时才能进行，以消除气阀间隙不同时对定时的影响。测量气阀定时的方法随柴油机而异，一般在说明书中均有规定。通常的做法是：在气缸盖上放磁性表架，将千分表的触头压在气阀弹簧盘上，然后按正车方向缓慢盘车。千分表指针刚刚移动或回到原位的时刻就是气阀开启或关闭的时刻。这时，飞轮上相应的角度就是气阀开启或关闭的角度。

凸轮、滚轮等传动件磨损，链轮、链条再度张紧，拆装机器时凸轮轴安装不正确，都会使定时与给定数值不符。大型低速柴油机排气阀定时可以调整。现代大型低速柴油机的凸轮轴与凸轮轴联轴器、凸轮轴与排气凸轮多采用液压安装的过盈配合连接，能够改变它们之间的装配角度。

3. 气阀和阀座的研磨与更换

小型柴油机阀座座面损伤时，要用专用工具铰刀修整。气阀阀面损伤时要用专用磨床研磨，然后再用细研磨砂对研。研磨后阀面上应研出暗色连续等宽度阀线。磨损过大无法修复的气阀应换新。中大型柴油机的阀座和气阀都配有专用研磨工具。在阀

座换新使用新的或修理的阀、阀座面损伤时,要用专用工具研磨阀座。气阀阀面因磨损、腐蚀受到损伤时,要用专用工具磨削,同时用专用工具测量阀座与气阀磨损量,超过规定者应予换新。磨削要保证规定的锥角。为防止研磨面上出现颤痕,磨具或阀壳下要垫橡胶块。

第三节　废气涡轮增压器及检修

一、学习目标

1. 掌握废气涡轮增压器的工作原理。
2. 掌握轴流式废气涡轮增压器的结构特点。
3. 掌握径流式废气涡轮增压器的结构特点。
4. 了解增压系统的维护和管理。
5. 了解增压器主要零件的损坏形式及检修。
6. 了解增压器拆装和校中测量。

二、学习任务

1. 废气涡轮增压器的工作原理。
2. 轴流式废气涡轮增压器的结构特点。
3. 径流式废气涡轮增压器的结构特点。
4. 增压系统的维护和管理。
5. 增压器主要零件的损坏形式及检修。
6. 增压器拆装和校中测量。

三、环境设备

1. 轴流式废气涡轮增压器。
2. 径流式废气涡轮增压器。
3. 增压器检修工具。
4. 增压器拆装与校中工具。

四、背景知识

增压技术始于19世纪末,在20世纪初得到初步应用。随着材料科学及制造技术的进步，柴油机的涡轮增压技术在 20 世纪中期开始走向大规模商业应用。目前，船用大功率柴油机的绝大部分、车用柴油机的半数以上均采用了增压技术。增压柴油机的比功率（以平均有效压力表示）较之非增压柴油机增加了 4~5 倍。涡轮增压利用排气能量来增加充气量以提高功率，不仅工作效果得到了改善、燃油耗量下降，排放也得到了改善。由此可见，采用涡轮增压技术以后，柴油机的性能得到了全面的、大幅度的提高。

根据对废气能量利用方式的不同，柴油机的废气涡轮增压可分为定压涡轮增压和脉冲涡轮增压两种基本形式，其他的增压方式都是由这两种形式演变和发展而来的。

1. 定压涡轮增压

定压涡轮增压的特点是进入废气涡轮增压器的废气压力基本上处于稳定状态。柴油机各缸的排气管连接到一根共用的容积足够大的排气总管上，涡轮就装在排气总管后面，如图 4-12 所示。由于排气管容积足够大，各缸排出的废气进入其中后迅速膨胀、扩散并很快稳定下来，只引起微小的压力波动。排气总管实际上成了一个集气箱，具有稳压作用。正因为废气以基本不变的速度和压力进入涡轮，所以这种增压方式涡轮工作稳定、效率高。

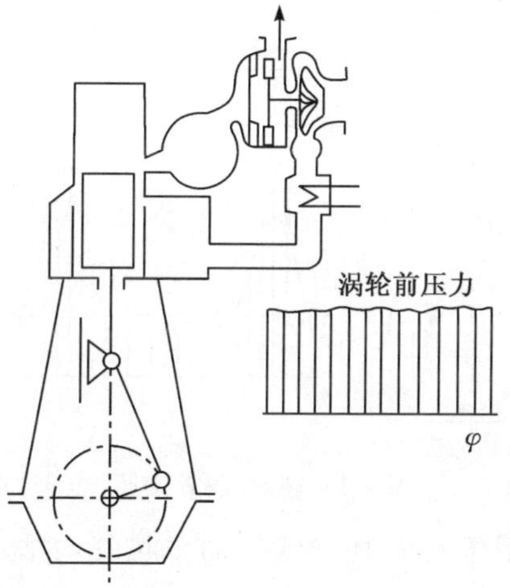

图 4-12　定压涡轮增压

定压增压只利用了废气能量中的定压能 E_2，而没有利用废气中的脉冲动能 E_1。脉冲动能 E_1 在排气流动中由于排气阀（口）的严重节流和在排气管中膨胀涡旋，大部分损失掉，只有小部分脉冲动能转化为热能，使排气管中的废气温度略有升高。由上述可知，在定压涡轮增压系统中，脉冲动能 E_1 没有直接在涡轮中得到利用，虽然其小部分能量可以在涡轮机中得到利用，但它比 E_1 总量小得多。因此定压涡轮增压不能有效利用脉冲动能，所能利用的废气能量就少些，尤其是当柴油机在低负荷运行或起动时，因排气管压力低、废气的能量少，使涡轮机发出的功率满足不了压气机所需的功率，因此船舶柴油机必须另设辅助风机来满足低负荷时的扫气需要。

2. 脉冲涡轮增压

脉冲涡轮增压的特点是进入废气涡轮增压器的废气压力为脉动状态。在结构上把各缸排气管经过分组直接与一个或几个废气涡轮相连,排气管短而细,如图 4-13 所示。由于排气管容积相当小,因此排气阀或排气口开启后,排气管中的压力因废气冲入而迅速提高,瞬间接近气缸的压力。此后,由于气缸和排气管的压差迅速减小,废气进入排气管的流速降低,加上排气管中的废气不断流入涡轮机,排气管中的压力又随之下降。这样就形成了所谓的脉冲压力波,这就是涡轮机中利用的脉冲动能。因此,脉冲增压系统不仅排气管应短而细,而且弯头要少、通道要光滑、呈流线型,并且使涡轮机尽量靠近排气口。脉冲增压除了可以利用脉冲动能 E_1 外(可利用 E_1 的 40%~50%),还能较好地利用废气的定压能 E_2,故废气的能量利用增多。这有利于涡轮机和压气机之间的功率平衡。此外,扫气阶段正好处于排气管中的低压阶段,扫气箱与排气管间压差较大,故有利于扫气,即使柴油机低负荷时也是如此。但由于涡轮机在不稳定工况下工作,效率较低。

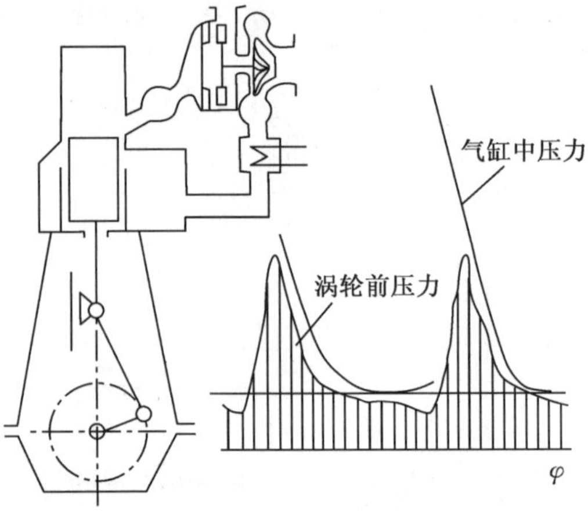

图 4-13　脉冲涡轮增压

在多缸柴油机的脉冲增压系统中,如果各缸的排气均排入一根排气管,那么就会产生扫气与排气的相互干扰,即当某缸进行扫气而相邻缸正好在排气时,排气压力波就会传到扫气缸的排气口处,使该缸排气背压升高,从而严重影响该缸扫气的正常进行。如果每缸各自向单独的排气管排气,虽然消除了各缸间的排气干扰,但是会使涡轮机供气间断,效率降低。这一问题必须依靠对排气管进行合理分组来解决。分组的原则是避免同组内各缸的排气与扫气互相干扰。排气管分组是脉冲增压所必须采取的措施[在等压增压中,由于排气管很大,各缸废气排入总管时不会产生脉冲压力波,不会产生排气干扰,无须分组,如图 4-14(a)所示]。

根据上述分组原则,对于二冲程柴油机,完成一个工作循环需要 360°CA,而扫、排气延续时间可近似认为是 120°CA。因此,为使同一组内各缸扫、排气不重叠,必须保证排气间隔(即发火间隔)为 120°CA。这样,同一组的最多允许气缸数为 $i=360°/120°=3$。在四冲程柴油机中,完成一个工作循环需 720°CA,排气时间约为 240°CA。同样,同

组的最多允许缸数 $i=720°/240°=3$。由此可见，无论是二冲程柴油机还是四冲程柴油机，每组最多只能是 3 个气缸。如果多于 3 个气缸，排气就会重叠而产生干扰。若少于 3 个气缸，虽然不会发生排气干扰，但是因为废气不能连续供给，涡轮机工作不稳定，损失较大，所以脉冲增压最适合于气缸数是 3 的倍数的柴油机。例如，某二冲程 6 缸柴油机发火顺序为 1—6—2—4—3—5，各缸发火间隔角为 60°，则可把 1、2、3 缸分为一组，4、5、6 缸分为另一组，如图 4-14（b）所示。

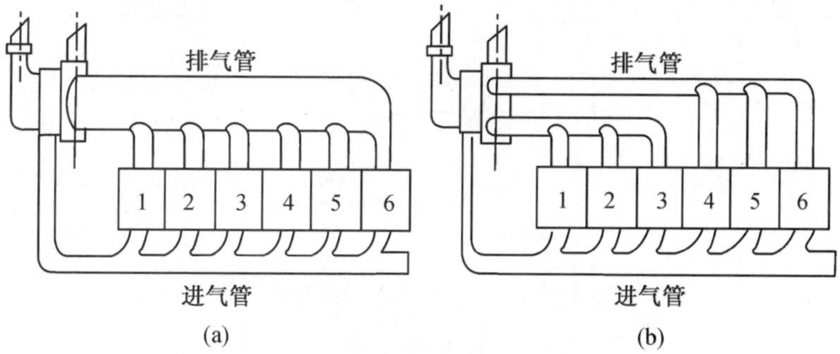

图 4-14　定压增压和脉冲增压系统的布置

一般来说，大型低速二冲程柴油机的脉冲增压系统采用多台增压器，而四冲程柴油机为使结构布置紧凑，往往只采用一台脉冲涡轮增压器。为了防止排气干扰，往往将废气涡轮的喷嘴环分隔开，采用多进口的布置方案。

定压增压和脉冲增压这两种增压方式各有利弊，在不同的增压压力下应当采用不同的增压方式。在中低增压时，采用脉冲增压可以更多地利用废气能量。虽然脉冲增压在结构、管理、涡轮机效率等方面有缺点，但是与其优点相比还是属于第二位的。因此，在这个增压压力范围内的柴油机绝大多数采用脉冲增压。随着增压压力的提高，定压能的比例也随之增大，脉冲增压在废气能量利用方面的优势不存在了，而在结构、布置、涡轮机效率等方面的问题上升为第一位。因此，在高增压时均采用定压增压，如目前 Sulzer RTA 系列柴油机、MAN B&W MC 系列柴油机均采用定压涡轮增压。定压增压也是目前大型低速柴油机增压系统的发展方向。

目前，船用柴油机普遍采用废气涡轮增压技术以提高柴油机的功率。废气涡轮增压器已成为柴油机换气系统中增压环节的基本配备。

废气涡轮增压器工作原理视频

五、废气涡轮增压器

1. 离心式压气机的基本工作原理

废气涡轮增压器的压气机一般都采用单级离心式压气机。离心式压气机工作原理如图 4-15 所示。它由进气道、工作轮（也称压气机叶轮）、扩压器和排气蜗壳组成。1-1、2-2、3-3、4-4 分别为上述各部件的交界面。当压气机工作时，新鲜空气经进气道轴向进入压气机叶轮。由于通道的导流作用，气流能在最小的损失下均匀进入压气机叶轮。进气道是渐缩流道,在进气道中,压力、温度略有降低,流速提高。正是因为压力降低,空气才被吸入工作轮。空气进入压气机叶轮后,随叶轮高速回转,因而产生离心力。这样,空气在叶轮叶片间随叶轮做圆周运动的同时,在离心力的作用下向叶轮外缘流动并被压缩。在叶轮中气体的流速、压力、温度都升高了,其中流速提高了很多。这是由于叶轮对气体做功,把叶轮的机械能变成了气体的动能和压力能。气体被压缩时也提高了温度。在扩压器中,由于流道逐渐扩大,使空气的动能转换为压力能,流速降低,压力升高。排气蜗壳中的通道也是渐扩的,因而空气流过时继续将动能转换为压力能。

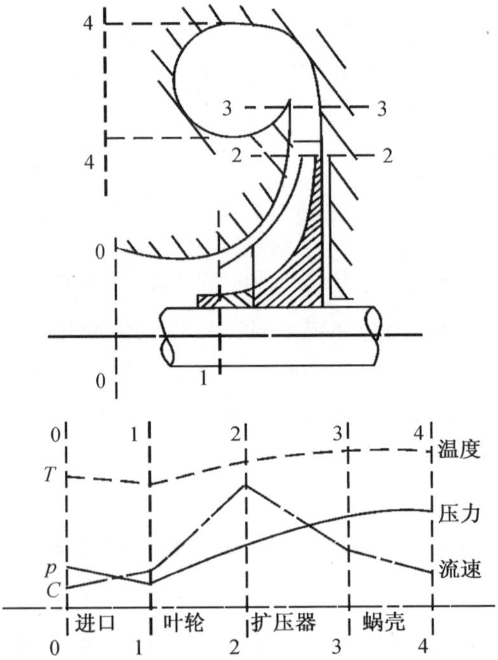

图 4-15　离心式压气机工作原理

2. 单级轴流式涡轮机的基本工作原理

单级轴流式废气涡轮的基本工作原理如图 4-16 所示。它的主要元件是固定的喷嘴环和旋转的工作叶轮。一列喷嘴叶片和其后的一列工作叶片组成了涡轮机的一个级。图 4-16 中上部为喷嘴环和工作叶轮的局部剖视图。中部的叶形断面是用一个通过 1–1 的圆柱面切割涡轮,将所得切面展开在平面上,称为平面叶栅。喷嘴环的各叶片间和叶轮各叶片之间构成了废气流道。废气流经喷嘴和叶轮时,其参数(压力 p、温度 T、流速 c)沿流道的变化情况如图 4-16 中下部所示。

具有一定压力 p_0 和温度 T_0 的废气以速度 c_0 流入喷嘴。在喷嘴收缩形的流道中膨胀加速,其压力和温度降低到 p_1 和 T_1,而流速升高到 c_1,部分压力能转变为速度能。从喷嘴出来的高速气流进入叶轮叶片间的流道时,气流被迫转弯。由于离心力的作用,迫使气流压向叶片凹面而企图离开叶片凸面。使叶片的凹凸两面产生压力差,此压力差的合力即为作用在叶片上的冲动力。作用在所有叶片上的冲动力对转轴产生一个冲动力矩。此外，叶轮叶片的通道也是收缩的，废气在其中继续膨胀加速，其流出叶轮的相对速度大于流入叶轮的相对速度。当气流在旋转的叶轮中流动时，因膨胀加速而给涡轮以反作用力，使得涡轮又得到一个反作用力矩（或称反动力矩）。冲动力矩和反动力矩的方向是相同的，叶轮就在这两个力矩的共同作用下回转。由于工作轮在高速气流作用下旋转并做机械功，故气流的温度、压力和绝对速度在工作叶片中从进口的 T_1、p_1、c_1 下降到出口的 T_2、p_2、c_2。

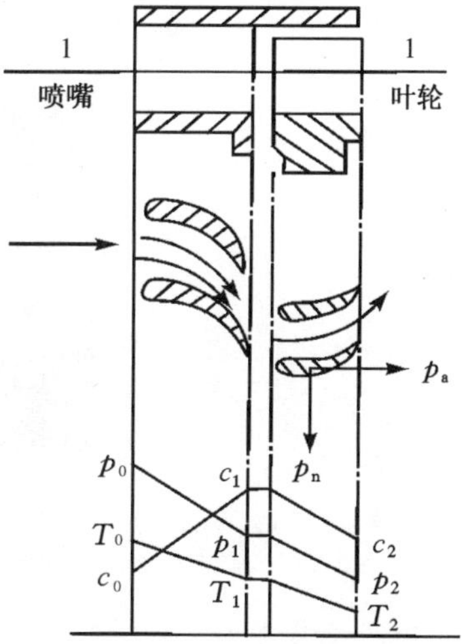

图 4-16 单级轴流式废气涡轮基本工作原理

废气涡轮所做的轮周功的大小主要取决于燃气的流量和热状态。燃气在涡轮中的流动损失主要有流动摩擦损失、叶轮摩擦鼓风损失、漏气损失和叶片进口撞击损失等。在涡轮不全进气的情况下，摩擦鼓风损失很大；涡轮在偏离设计工况下工作，气流进入叶片时就会产生撞击，偏离越大，撞击损失越大。

气流在叶片流道中流动时除了产生旋转力 p_n 外，还产生轴向推力 p_a，使轴朝压气机方向窜动，因此必须在压气机端装设止推轴承。

六、轴流式废气涡轮增压器的结构特点

废气涡轮增压器结构形式繁多。船用柴油机中较著名的品牌主要有 ABB 公司制造的 VTR、TPS 和 TPL 系列增压器，MAN 公司制造的 NA、NR 系列增压器和近年来新开发的 TCA、TCR 系列增压器，以及日本三菱公司生产的 MET 系列增压器。

废气涡轮增压器的发展包括提高增压压比和增压器效率两个方面，在 1978 年以前以前者为主，而在 1978 年以后以后者为主。目前，单级轴流式增压器的总效率已达 76%，压比已达 5 以上。

1. 废气涡轮增压器总体结构

废气涡轮增压器由废气涡轮和压气机两部分组成。从增压器的外部来看，压气机部分主要由进气消音器和排气蜗壳组成，废气涡轮部分由废气的进气箱和排气箱组成。新型增压器壳体的典型特点是采用非冷却式壳体。采用非冷却式壳体可以减轻增压器的重量，制造方便，不须连接冷却水管和清洁冷却水空间，同时也避免了增压器壳体可能出现的低温腐蚀，并且提高了废气能量的利用率。图 4-17 所示为 MAN 公司生产的 TCA 系列增压器的外部结构。

废气涡轮增压器的压气机都采用离心式压气机，而废气涡轮有轴流式涡轮机和径流式涡轮机两种，故可依据所采用的涡轮机类型把废气涡轮增压器分为两大类：轴流式涡轮增压器和径流式涡轮增压器。在轴流式涡轮机中，废气在涡轮叶片中的流动方向是和涡轮机轴平行的；而在径流式涡轮机中，废气在涡轮叶片中的流动是从涡轮的外部

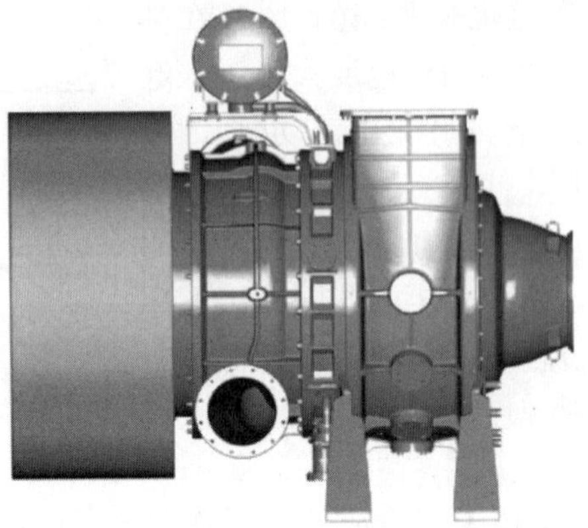

图 4-17　TCA 系列增压器的外部结构

向中心流动的。

船用大中型柴油机均采用轴流式涡轮增压器,径流式涡轮增压器多用于中小型柴油机,但近年来也有向大型化发展的趋势。ABB 公司制造的 VTR 和 TPL 系列增压器,MAN 公司制造的 NA 和 TCA 系列增压器为轴流式涡轮增压器,而 ABB 公司制造的 TPS 系列增压器,MAN 公司制造的 NR 和 TCR 系列增压器则是径流式涡轮增压器。

2. 离心式压气机

离心式压气机主要由进气消音器、压气机叶轮、扩压器、排气蜗壳等组成。空气从消音器滤网处进入。消音器中的空气滤网、导流罩对空气起滤清、导流、消音(导流罩由吸音材料制成)作用。工作叶轮是压气机的主要部件,它由前弯的导风轮和半开式工作轮组成。导风轮的扭曲方向和角度应适应气流进入叶轮的相对流动方向,使气流平顺地从轴向转到径向,以减少进气流动损失;在工作轮上沿径向布置着直叶片,各叶片间形成气流通道。过去这两部分是分别装在转轴上的,而现在压气机的工作叶轮一般都不是分开制造的,如图 4-18(a)所示。扩压器叶片间的气流通道呈扩张形,将压缩空气的动能变成压力能,以提高空气的排出压力。叶片环一般比圆环形平板圈窄一些,无叶片的圆环段同样起扩压作用,通常称为无叶扩压器,如图 4-18(b)所示。一个工作

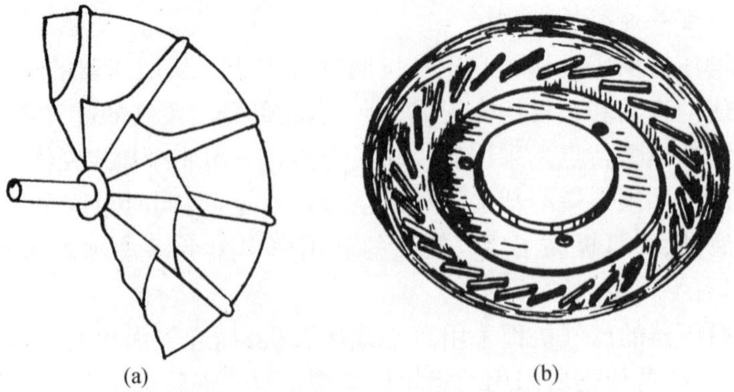

(a)　　(b)

图 4-18　压气机的工作叶轮和扩压器

轮与相邻的扩压器组成一个级。压气机排气箱的主体是一个蜗壳状的管道，其流通截面由小到大。它一方面收集从叶片扩压器流出的空气，另一方面继续起着扩压作用。空气从蜗壳排出后经空气冷却器进入二冲程柴油机的扫气箱或四冲程柴油机的进气总管。

3. 废气涡轮

废气涡轮由涡轮进气箱、喷嘴环、工作叶轮、排气箱等组成。柴油机排出的废气经进气箱送至喷嘴环。

对于轴流式涡轮机，喷嘴环由喷嘴内环、外环和喷嘴叶片组成。喷嘴叶片形成的通道从进口到出口呈收缩状，其作用是将柴油机排出的废气的压力能部分转变为动能，并使气流具有工作叶片所需要的方向，如图 4-19(a)所示。工作轮由轮盘和工作叶片组成，工作叶片轴向安装在轮盘边缘的槽口中。叶根有枞树形和球形两种，如图 4-19(b)所示。叶身为叶片的工作部分，其形状由气体流动情况决定，它沿着高度逐渐扭转。这是因为废气通过喷嘴进入叶轮时，气流的参数如压力和速度的大小和方向等均沿叶片的高度而变化。为了减少气流流过叶片时的能量损失，要求叶片的形状与气流参数与叶片的变化相适应，以提高涡轮效率。高速流动的气流进入工作轮的叶片通道，其中一部分能量转变为机械功，最后经排气箱排往大气。

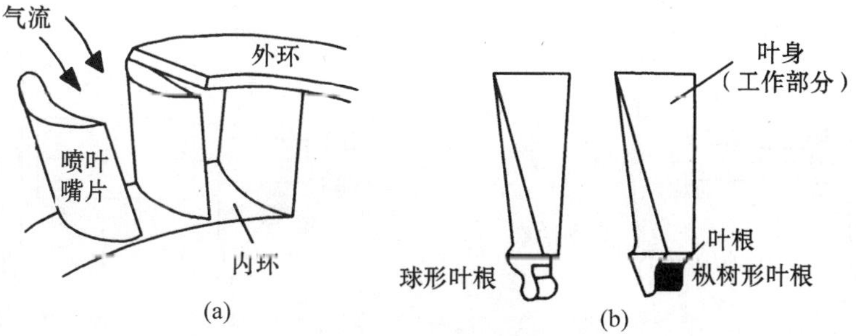

图 4-19 喷嘴环与工作叶片

径流式涡轮机工作原理正好和离心式压气机相反，废气经进气蜗壳从外侧进入涡轮机，喷嘴环是一个渐缩流道，将废气的压力能转化为动能，使气流具有工作叶片所需要的方向。在工作叶轮中，气流膨胀做功，推动叶轮旋转，如图 4-20 所示。

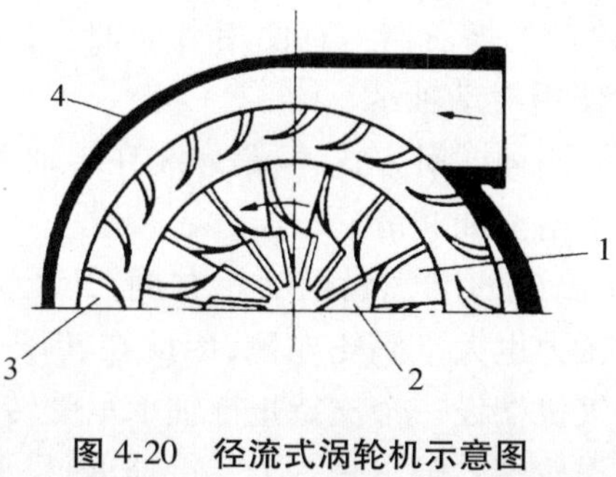

图 4-20 径流式涡轮机示意图

1—工作叶轮；2—叶片；3—喷嘴环；4—进气蜗壳

为了提高废气利用率和保证在低负荷时增压器的工作效果,目前部分增压器的喷嘴环是可变的,即可以根据柴油机和增压器的工作情况调整喷嘴环的工作面积,使增压器更高效地工作。

4. 转子

涡轮机、压气机叶轮安装在同一根轴的两端,构成了增压器的转子,如图 4-21 所示。转子的工作转速很高,一般大型增压器转子的转速在 10 000 r/min 左右,而小型增压器转子可高达数万转,因此,转子的平衡非常重要。

图 4-21 增压器的转子

5. 轴承

转子由轴承支承。轴承的支承方式有两种,一种是内支承式,另一种是外支承式,如图 4-22 所示。内支承式的主要优点是增压器的结构简单,转子的重量轻、刚性好、对中性好,工作叶轮的可接近性好,清洗容易。外支承式具有转子稳定性好、轴承受高温气体影响较小、便于密封、有利于增加轴承寿命等优点;但也存在着涡轮增压器结构复杂,重量、尺寸增大,清洗涡轮增压器困难等问题。

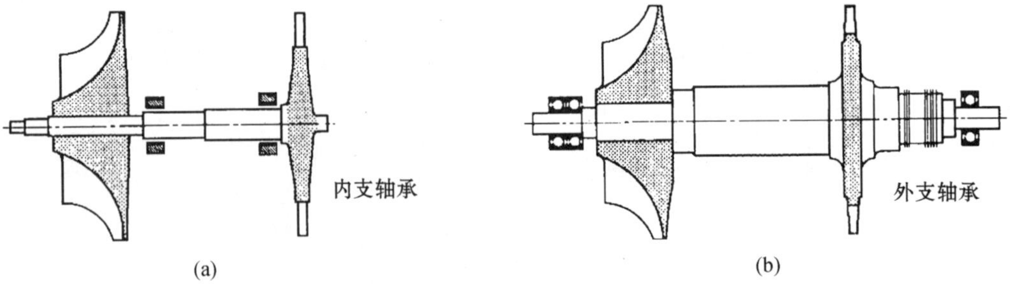

图 4-22 内支轴承和外支轴承

增压器的轴承可以采用滚珠轴承,也可以采用滑动轴承。采用滚珠轴承的摩擦损失小,加速性能好。但采用滑动轴承可以直接使用曲轴箱油进行润滑,具有轴承对转子的不平衡敏感性低、振动噪声小、工作寿命长等优点,因此,现代新型增压器普遍采用滑动轴承。例如,MAN 公司生产的增压器一直使用滑动轴承,而 ABB 公司新开发的 TPL 和 TPS 系列增压器也开始使用滑动轴承。

增压器的轴承一般采用两种润滑方式:一是靠装在转轴上的甩油盘进行飞溅润滑;二是由柴油机的润滑系统供给滑油润滑。

在压气机端,由于叶轮出口的空气漏至叶轮右侧,其压力大于叶轮左侧的空气压力;在涡轮端,涡轮右侧的压力也大于涡轮左侧,因此在转子上作用着一个指向压气机侧的轴向推力。必须在压气机端设一个支持止推轴承承受转子的径向和轴向负荷并起着转子轴向定位的作用。涡轮端的轴承是一个支持轴承,只承受转子的径向负荷,允许产生一定的轴向位移以保证转子的热膨胀。

6. 气封与油封

为了防止燃气、空气和滑油漏泄，压气机和涡轮机的叶轮都要装有气封和油封，气封一般还要引入增压空气提高气封效果，如图 4-23 所示。

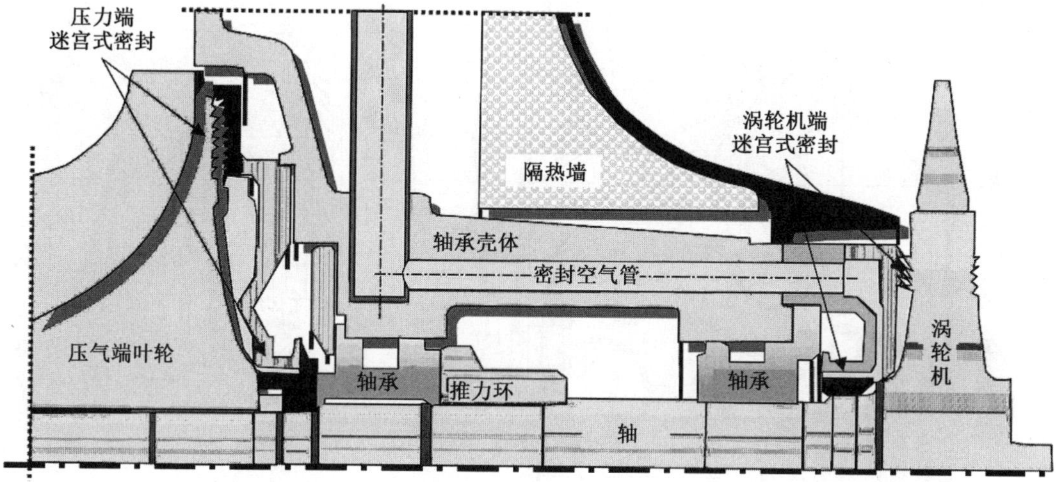

图 4-23　油封和气封

7. 典型增压器介绍

(1) VTR-4 系列增压器

ABB 公司生产的 VTR 系列增压器在船舶柴油机中得到广泛应用，VTR 系列增压器有 0、1、4、4A、4D、4E 及 4P 等系列产品。图 4-24 所示为 VTR-4 系列增压器剖视图。它由右侧的单级轴流式废气涡轮和左侧的单级离心式压气机组成。废气涡轮的叶轮和压气机的叶轮装在同一根轴上构成废气涡轮增压器的转子，由两端的轴承支承。

废气涡轮由涡轮进气箱 51、喷嘴环 56、涡轮机叶轮 29、隔热墙 23、排气箱 61 等组成。进、排气箱内腔用水冷却。进气箱与排气箱之间用螺钉紧固。进气箱右侧布置着轴承箱。排气箱下侧装有增压器支架。柴油机排出的废气由进气箱 51 下侧引入涡轮，由排气箱上侧排出。隔热墙 23 用绝热材料制成，避免废气对压气机叶轮和空气加热。

柴油机排出的废气经进气箱 51 送至喷嘴环 56。喷嘴环将柴油机排出废气的压力能部分转变为动能，使气流具有工作叶片所需要的方向。高速流动的气流进入工作轮的叶片通道，其中一部分能量转变为机械功，最后经排气箱排往大气。

压气机主要由进气消音器 81、进气箱 82、压气机叶轮 25、扩压器 79、排气蜗壳 74 等组成。空气从消音器滤网处进入。工作叶轮是压气机的主要部件。它由前弯的压气机导风轮 26 和压气机叶轮 25 组成。气体被工作叶轮带动高速回转，速度和压力都大幅度升高。扩压器 79 叶片间的气流通道呈扩张形，使气体的动能变成压力能，以提高空气的排出压力，最后由排气蜗壳 74 排出。

转子轴的两端由滚动轴承 32 和 33 支承。这种支承为外支承式，滚动轴承 32 是双排滚珠轴承，是一个支承止推轴承。滚动轴承 33 是单排滚珠轴承，只承受转子的径向

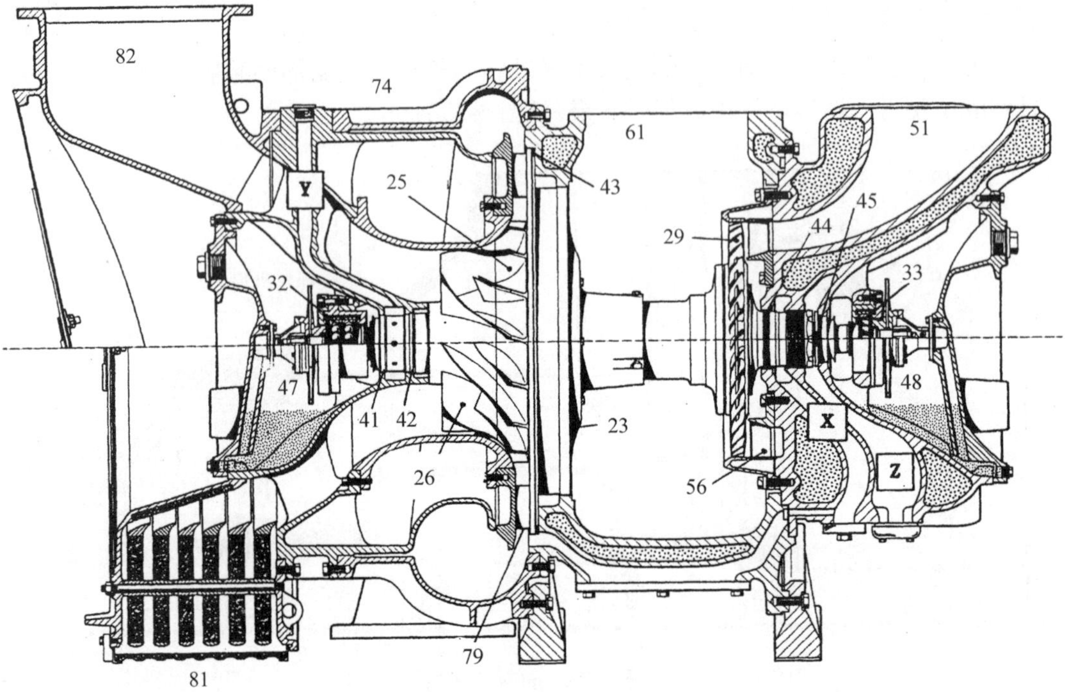

图 4-24　VTR-4 系列增压器剖视图(节选)

23—隔热墙;25—压气机叶轮; 26—压气机导风轮;29—涡轮机叶轮;32,33—滚动轴承;41,45—油封;42,43,44—气封;47,48—滑油泵; 51—进气箱; 56—喷嘴环;61—排气箱;74—排气蜗壳;79—扩压器;81—消音器;82—进气箱;X,Y,Z—气封通道

负荷。轴承封闭在轴承箱中,由涡轮增压器的专门油泵润滑。

为了防止燃气、空气和滑油漏泄,在轴承箱的内侧装有油封 41、45,在叶轮两侧装有气封 42、43、44。气封 44 处由排气蜗壳经气封通道 X 引入增压空气提高气封效果。在转子左右两端的油气封之间通过通道气封 Y、Z 与大气相通。

(2)TPL 系列增压器

TPL 系列增压器如图 4-25 所示。这是 ABB 公司在 20 世纪 90 年代后期开发的用于大功率船舶柴油机的增压器。与 VTR 系列增压器最大的不同是该增压器开始使用了内支承滑动轴承结构,由曲轴箱油进行润滑。万一润滑系统发生故障,可以使用应急滑油箱 2 中的滑油供增压器。

(3)NA 系列增压器的特点

图 4-26 所示为 NA/S 系列增压器的结构图。NA/S 系列增压器是 MAN 公司开发的轴流式废气涡轮增压器。与 VTR 系列增压器相比,NA/S 系列增压器的结构特点主要是:

①轴承位置在压气机叶轮和涡轮机叶轮之间的转轴上,属内支承式。这样的结构可使涡轮增压器结构简单、轴径尺寸小、重量轻,改善了增压器的加速性能。另外,内支承结构使得清洗增压器更方便。采用滑动轴承,构造简单、制造成本低、对振动不敏感、运转噪声低、使用寿命长。轴承的润滑由柴油机的润滑系统提供润滑油。

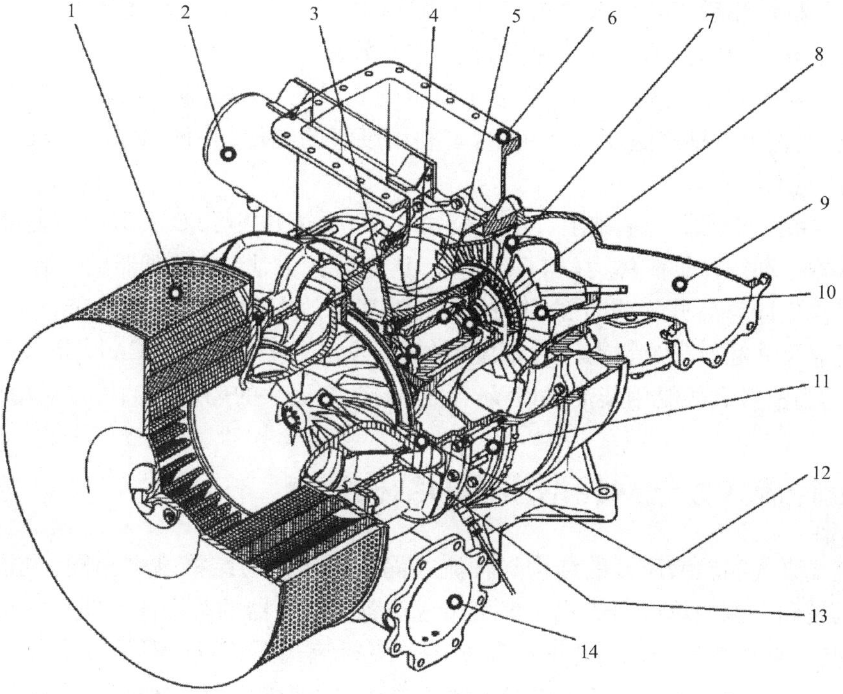

图 4-25 TPL 系列增压器

1—消音器;2—应急滑油箱;3,8—支承轴承;4—止推轴承;5—轴套;6—废气排气箱;7—喷嘴环;9—废气进气箱;10—涡轮机叶轮;11—轴承箱;12—扩压器;13—压气机叶轮;14—排气蜗壳

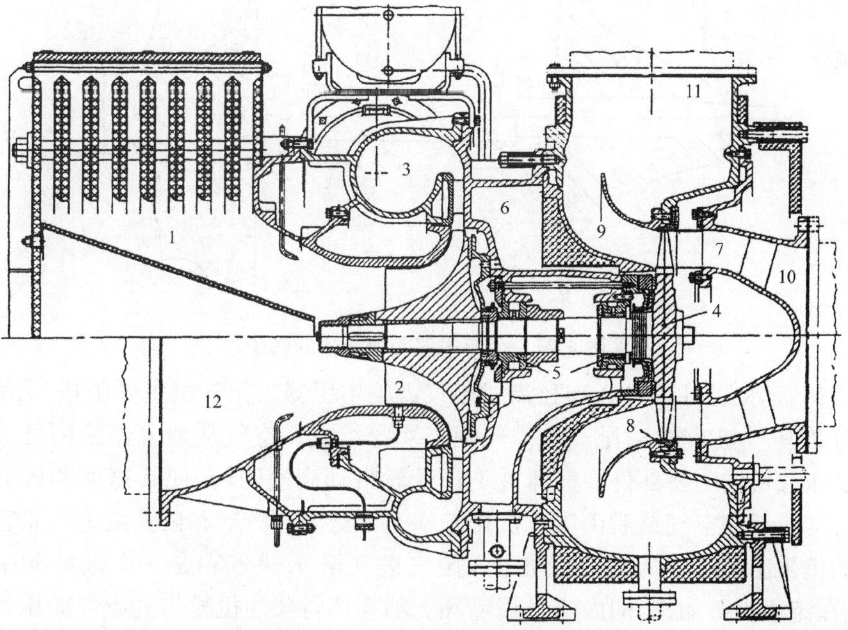

图 4-26 NA/S 系列增压器的结构图

1—消音器;2—压气机叶轮; 3—排气蜗壳;4—涡轮机转子;5—轴承;6—轴承箱;7—喷嘴环;8—封口环;9—废气扩散器; 10—涡轮机进气壳;11—涡轮机排气壳;12—压气机进气壳

②压气机连续后弯叶片可使压气机在宽广的压比范围内保持高效率。

③最新设计的加长涡轮机叶片提高了叶片效率。

④增压器为非冷却式,这样既省去了笨重的双层夹套及冷却水装置,又减轻了增压器的重量,涡轮出口排气温度升高,有利于利用废气的能量,并且消除了排气蜗壳的低温腐蚀,减轻了热应力。

在 NA 系列增压器的基础上,MAN 公司在 2001 年开发了 TCA 系列增压器。TCA 系列增压器是利用计算流体力学(CFD)和 3D 有限元方法,对增压器的工作叶片和零部件进行优化计算后开发设计的,因此具有更高的效率和更优异的性能。此外,TCA 系列增压器尺寸和设计流量有了大幅度增加,开发出了 TCA88 和 TCA99 超大尺寸的增压器,可为当前最大的船用柴油机以及开发中的功率更大的船舶柴油机提供增压保证。

七、径流式废气涡轮增压器的结构特点

径流式废气涡轮增压器的结构与轴流式涡轮增压器的结构基本相同,也是由右侧的废气涡轮和左侧的单级离心式压气机组成。各种增压器的单级离心式压气机是一样的,所不同的是径流式废气涡轮增压器采用单级径流式涡轮机。径流式涡轮增压器的转子如图 4-27 所示。目前,径流式涡轮增压器在中小型柴油机上得到了广泛应用。

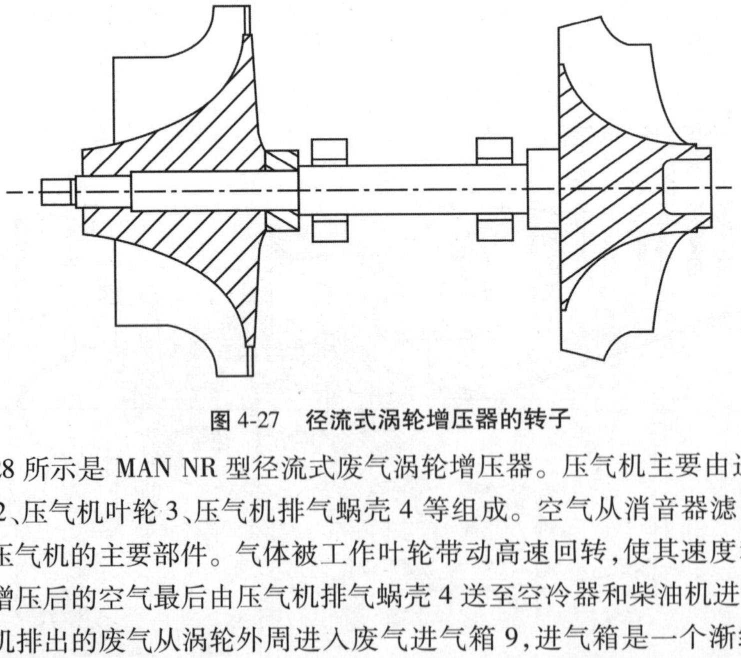

图 4-27　径流式涡轮增压器的转子

图 4-28 所示是 MAN NR 型径流式废气涡轮增压器。压气机主要由进气消音器 1、进气流道 2、压气机叶轮 3、压气机排气蜗壳 4 等组成。空气从消音器滤网处进入。工作叶轮是压气机的主要部件。气体被工作叶轮带动高速回转,使其速度和压力都大幅度升高。增压后的空气最后由压气机排气蜗壳 4 送至空冷器和柴油机进气总管。

柴油机排出的废气从涡轮外周进入废气进气箱 9,进气箱是一个渐缩的蜗壳形流道,废气在流道内被加速,向内流过喷嘴环。喷嘴环将柴油机排出的废气的压力能部分转变为动能,然后向内流入涡轮机并驱动涡轮机回转。高速流动的气流在工作叶轮做功后,从增压器右侧中心的废气排气箱 8 排往大气。

径流式废气涡轮增压器一般都采用内支承式滑动轴承,采用柴油机的曲轴箱油润

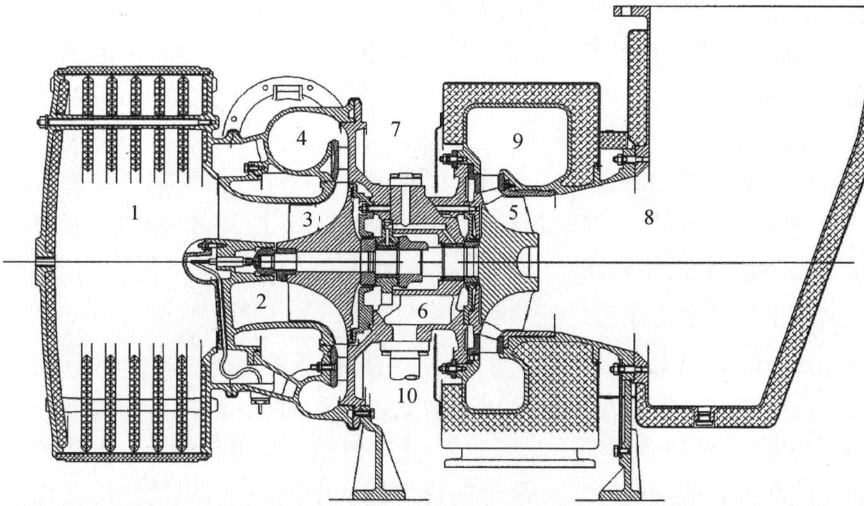

图 4-28　MAN NR 型径流式废气涡轮增压器

1—消音器;2—进气流道;3—压气机叶轮;4—压气机排气蜗壳;5—涡轮机叶轮;6—轴承箱;7—滑油进口;8—废气排气箱;9—废气进气箱;10—滑油出口

滑。柴油机的曲轴箱油经滑油进口 7 进入轴承箱 6 润滑增压器的轴承,完成任务后,经滑油出口 10 泄回到曲轴箱。

八、废气涡轮增压器日常维护管理和故障检修

废气涡轮增压器工作的主要特点是:转子转速高,气流流速高,涡轮工作温度高。废气涡轮的转速可高达几千转甚至几万转,增压器的尺寸愈小,工作转速愈高。大尺寸增压器的最高转速在 1×10^4 r/min 左右,较小尺寸增压器的转速可达$(4\sim5)\times10^4$ r/min;增压器的气体流量很大,对于一台 1×10^4 kW 的柴油机,增压器每秒需供应 20 m^3 的空气,涡轮和压气机中的气流速度可达每秒数百米;涡轮端的废气温度很高,涡轮进口温度高达 500~600 ℃。因此增压器在运转中,应保持转子良好的静平衡和动平衡,轴承要有良好的润滑,流道要清洁并保证可靠的冷却。在拆装管理时应保证安装间隙,防止部件变形和安装不正。

1. 增压器的日常管理

(1)在运行中应测量和记录下列主要运行参数:各缸排烟温度,涡轮前后温度,增压器的转速,空气滤器和空冷器的压降,扫气箱中的压力,空冷器前后的温度与冷却水的进出口温度及轴承润滑油的油位、温度和压力等。根据检查的参数判断涡轮增压器的工作状态,以确定必要的检查、调节和检修方案。

(2)涡轮增压器运行时,应经常用金属棒或其他专用工具细心倾听增压器中有无异常声响和运转是否平稳。转子不平衡时会发出钝重的"嗡嗡"声。

(3)增压器是高速回转机械,应特别注意轴承的润滑。轴承为外部供油润滑时,要注意检查重力油柜的油位及滑油进口压力和出口温度。轴承为自身供油润滑时,应注

意检查油池中的油位,油量不足时应及时补充。

(4)如果柴油机停车时间较长(超过一个月),应将增压器转子转动一个位置,以防止轴弯曲变形。增压器再次投入使用前,应通过起动空气吹动使之短时转动,用金属棒倾听运转是否平稳、有无杂声和阻滞现象。

(5)拆装增压器时,应事先阅读说明书以了解其内部结构、拆装顺序和所需的专用工具。拆卸时,应注意各可拆零件的相对位置。组装时,应注意装配间隙及间隙的调整方法,对一些重要间隙要严格控制。

2. 废气涡轮增压器的清洗

增压器在运行时其内部流道会被灰尘、油雾和炭粒所脏污,这会使流阻增大,增压器效率下降,增压压力降低,脏污严重时还会引起增压器喘振;污物在叶轮上分布不均还可能使转子的动、静平衡不良而引起振动,因此要对增压器进行清洗。增压器的清洗有运转中的清洗和拆开清洗两种。经常定期进行运转中的清洗,以清除旋转件上的灰尘和疏松的积碳,使增压器处于良好的工作状态,但运转中的清洗不能代替定期拆检和清洗。

运转中清洗废气涡轮有水洗法和干洗法。涡轮水洗时要在低负荷下进行,进水管装在涡轮保护格栅前的排气管上,清洗水的流量通过接头中的孔板和水压来控制。喷入的水雾通过水对污垢的溶解作用和水滴对污垢的机械冲刷作用将流道中附着不牢固的污垢洗掉。在涡轮排气箱的下部装有排泄阀,以便将清洗下来的污垢和未蒸发成蒸汽的水排出。清洗约需 10 min,排泄阀流出的水应变清。清洗后,应在低负荷下运转 5~10 min。如果清洗后发生振动,则应重新清洗。图 4-29 所示为 ABB 涡轮的水洗系统。水洗时,要求柴油机在 50%标定功率的转速下运转。转动旋塞管使 1 与 3 路相通,以排除污物。关泄水旋塞 B、开进水管截止阀 C,以使清洗水经接头中的孔板喷入排气管。缓慢开启供水阀 D,把压力调到 0. 25 MPa,则清洗水由阀 C 流入,污垢与水由管 1 泄至舱底。洗完后,关阀 D、C,开阀 B 将管路中的水放掉。转动旋塞 A,使 2 路与管 1 相通,少量压缩空气吹扫排泄管道和排气箱,使管 1 畅通。

干洗是从涡轮进气道喷入一定数量的已被粉碎的核桃壳或其他类似物体,颗粒直径尺寸约为 1.5 mm,用冲击式的方法清除积碳等污物。干洗在全负荷时效果最好,负荷低于 50%时不可干洗。如果装有干洗设备时,应按说明书的指示使用。

压气机在运转中清洗时,要在柴油机全负荷运转下进行。方法是将一定量的水在短时间内喷入压气机。清洗前后 30 min 内应将气缸滑油供给量提高 50%~100%,以保护气缸套免受腐蚀。图 4-30 所示为 ABB 增压器压气机的清洗系统。进水管装在压气机进气箱上,水经管道送至压气机叶轮前的进气道中。清洁水盛在容器中,以确保每次清洗只给一定数量的水。容器除有水管与压气机进气箱连接外,还有气管与压气机排出管连接。清洗时按下容器上的按钮,水便在增压压力和进气道压力差的作用下,在 4~10 s 时间内喷入压气机。喷水后,柴油机要在全负荷下运转一段规定的时间,以使增压器和柴油机完全干燥。如果清洗后增压压力和排气温度变化不大,可进行重复清洗。清洗压气机后,一有机会就应清洗空气冷却器,以洗去从压气机冲洗来的积垢。

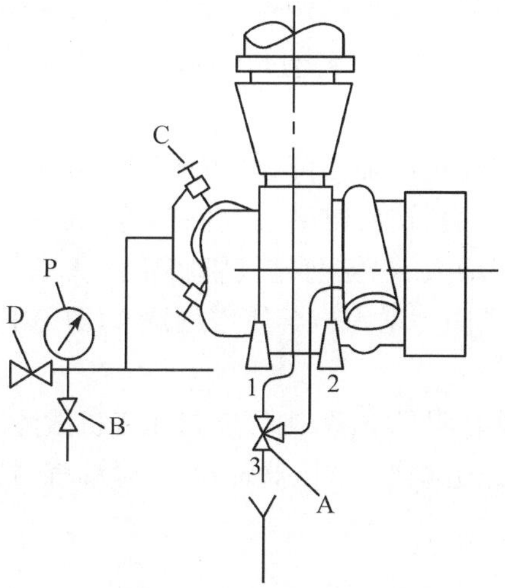

图 4-29 ABB 涡轮水洗系统

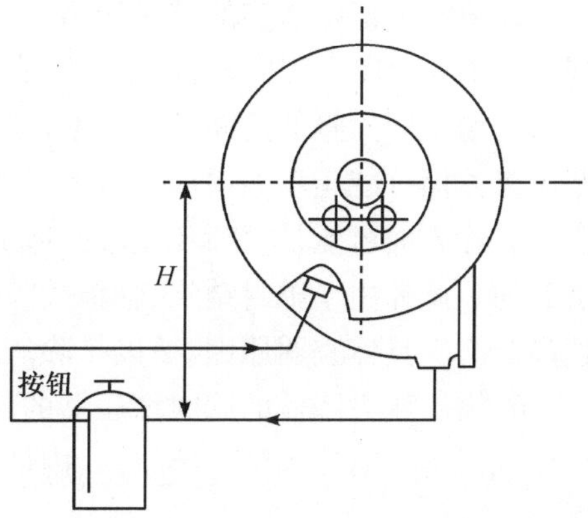

图 4-30 ABB 增压器压气机的清洗系统

3. 增压器运行故障及排除

涡轮增压器在使用过程中，由于各种因素的影响，会产生异常现象。下面介绍增压系统除喘振以外的其他常见故障和处理方法。

(1)轴承烧损

轴承烧损大多是由于滑油压力过低、油量不足或断油及滑油过脏和油中混入金属屑等造成的。轴承烧损时往往表现为增压器转速急剧下降，滑油出口温度升高，增压压力降低并出现异常的声音。若在管理中发现增压器转速急剧下降、运转声音异常时，应立即停车检查增压器轴承；否则可能造成严重事故，甚至整台增压器报废。若轴承轻度烧损，轴封和叶片均未损伤，可更换轴承；若转子严重损伤无法修复时，只好停止增压器运转。

(2)增压器强烈振动

排除喘振的原因，增压器的强烈振动还可能是由于涡轮叶片上有结炭和附着燃烧产物、涡轮叶片折断、压气机叶轮损坏、转子与固定件碰擦、轴承减振弹簧片损坏等原因引起的。

柴油机烧重油和长期燃烧不良会在涡轮喷嘴环和叶轮上结炭和附着氧化物。这些结炭和氧化物在叶片上分布不均，会引起增压器的剧烈振动。结炭和氧化物用水不能洗掉，必须打开增压器进行专门清洗。

叶片断裂大多是由外来物引起的，也可能是由于叶片共振引起的疲劳断裂。叶片断裂的应急处理方法是把与断叶对称的叶片切掉，使叶轮保持大致平衡，仍可将叶轮装复使用。若叶片大量损坏，则只好停增压器运行，厂修时更新叶轮。

对于因装配调整不当使转子与固定件发生摩擦或轴承运转磨损引起增压器强烈振动的，应重新装配或更换轴承。此外，应注意检查轴承减振弹簧片的状态，及时更换。

(3)增压压力下降

废气涡轮和压气机通流部分脏污是引起增压压力下降的重要原因，这里包括进口滤器、消音器、空冷器等。运行中应按说明书的要求按时清洗增压器。此外,还必须定时拆开清洗以清除坚实的结炭和污垢。当空气滤器压降超过 0.98×10^{-3} MPa、空冷器压降超过 1.96×10^{-3} MPa 时,也要进行清洗。

若增压压力降低的同时发现增压器的转速也明显下降,则说明废气能量不足。在柴油机方面可能是喷油提前角过大、排气阀开启较晚、缸套活塞漏气等原因引起的;在废气涡轮方面可能是喷嘴环变形使通流面积增大、涡轮前排气管膨胀接头漏气等原因引起的。此外由于轴封结炭、轴承故障使转子阻力增大也会使增压器增压压力下降,转速降低。应具体查明原因,予以排除。

若增压压力降低的同时增压器的转速没有明显下降,则可能是压气机故障引起的。如压气机进口滤器和消音器堵塞,内部气流通道积垢,增压器轴封、气封漏气,扫气箱漏气等。

(4)增压压力升高

增压压力升高主要是由柴油机引起的。如柴油机负荷过大或喷油系统故障使燃烧不良、后燃严重,导致废气能量增加,涡轮转速提高,增压压力升高。排气阀漏气、开启过早也会产生类似的情况。

(5)轴承箱中滑油很快变黑和漏失

滑油变黑是因为排气漏入轴承箱。这是由于涡轮机端的轴封损坏、密封衬套间隙过大、密封空气的通道被阻塞。滑油漏失是因密封平衡空气失去作用、密封衬套间隙过大、轴承箱压力过高、轴承箱盖板螺栓松动漏油造成的。

4. 增压器损坏后的应急处理

航行中,当废气涡轮增压器发生严重故障时,既不能修理又无法继续使用,这种情况下只能停止增压器运转。但是废气涡轮增压器与柴油机是联合装置,工作密切相关,增压器停止工作后必须采取相应措施保证柴油机的可靠运转。根据柴油机废气涡轮增压方式、增压器的数量和损坏程度的不同,所采取的应急措施也不一样。具体做法可依增压器说明书的规定进行。一般原则如下:

(1)航行中主机增压器损坏时的处置原则

①为避免事故继续扩大,在海况、海域等情况允许时应立即停车进行检修。

②在海况及海域等情况恶劣时,如风浪太大或航行在狭水道等不允许停车的特殊情况下,应使主机转速降至较低水平保持船舶航行。

(2)对损坏增压器的应急处理

①允许短时停车时,锁住转子。当主机增压器损坏停止工作时,主柴油机仍要继续运转,以保证船舶继续航行。为了防止废气冲击转子,应将转子锁住。

定压增压系统中的增压器损坏时,只需锁住转子的压气机端;脉冲增压系统中的增压器损坏时,需锁住转子的两端,因为废气脉冲压力使转子产生过大的扭矩,仅锁住一端是不够的。

一般原则:当柴油机的平均有效压力大于 0.5 MPa(或平均指示压力大于 0.57 MPa)时,就应锁住转子两端。

当柴油机设有旁通排烟管时为最佳，废气由此排放大气不再流经增压器；当柴油机无此设施时，废气不断地流经锁住的转子后排至烟囱。废气不断地加热转子，热量传至压气机端使叶轮有过热的危险。为此需要一定量的空气循环流过压气机进行冷却。对于仅设一台增压器的四冲程柴油机，吸入的空气流经停用的增压器，自然进行冷却。对于具有两台增压器的二冲程柴油机，当一台增压器损坏停用时，为防止扫气箱的新气倒灌而漏损，在锁住转子的增压器空气出口安装封闭的盖板，在盖板上开一小孔，使由此小孔漏过的空气冷却压气机叶轮。封闭盖板上的通气小孔随增压器型号不同而异。例如，VTR400 型增压器通气小孔直径为 25 mm；VTR500 型小孔直径为 40 mm。

利用随机专用工具锁住转子，按说明书操作。转子锁住后，增压器壳体继续冷却，但应停止其轴承润滑。增压器损坏后锁住转子的应急措施，具有简便、缓解故障和防止事故扩大的优点，但转子受到高温废气和自重作用，短时间尚可，长时间作用将会引起转子变形。

②允许长时间停车时，可拆除转子。增压器损坏后由于时间充裕，可采用拆除转子和在增压器壳体两端和中间加装封闭盖板的措施，如图 4-31 所示。此法不仅能防止事故扩大，而且使转子受到较好的保护，但工作量较大，需要较长的工作时间。

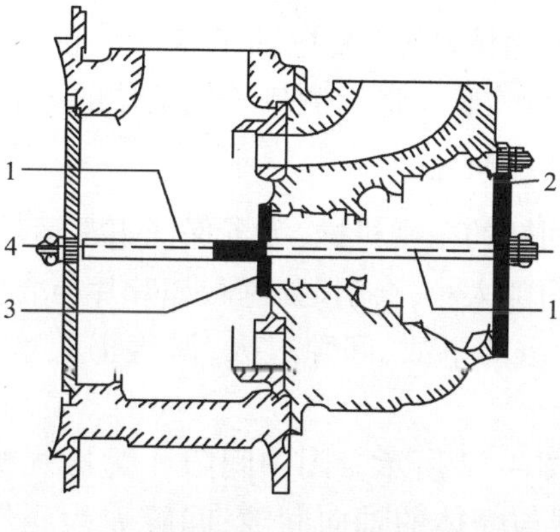

图 4-31　增压器转子拆除后加装封闭盖板

1—拉杆；2，3，4—盖板

九、增压器的拆装与校中

1. 拆装增压器的要求

（1）认真阅读增压器说明书，结合实际掌握增压器内部结构：压气机和涡轮的结构形式、轴承的结构形式、润滑方式、叶轮与转子轴的联结方式、密封装置的形式与位置、各零部件的相对安装位置、配合间隙等。在掌握内部结构和明确要求的前提下，才能进行增压器的拆装，拆装时才能做到心中有数。

（2）拆卸时正确使用随机专用拆装工具，才能保证顺利地拆装。按照规定的拆卸顺序和要求进行，不可破坏零部件原有的精度与表面粗糙度，尤其是轴承和轴颈工作表面，应清洁、上油、防止生锈。在拆下的相关零件的相对位置必要时要打上记号，以免安装错误。

(3)安装时应严格按照说明书的安装顺序和要求、规定的装配间隙进行增压器的组装,按照一定的方法进行间隙检验与调整,以保证转子与壳体的对中性,保证增压器能够可靠地运转。

2. 增压器拆装顺序

在对增压器结构了解、拆装要求明确的基础上进行拆装作业。在船上拆装,不必拆下增压器壳体,只需拆下转子进行检修。下面以 VTR400 型增压器为例简要说明拆装转子的顺序。

(1)拆卸压气机端:拆开放油旋塞,放出润滑油;拆下轴承端盖;拆下油泵(自带油泵式);拆下整个轴承组并用蜡纸包好,以免弄脏。

(2)拆卸涡轮机端:拆下放油旋塞放出轴承箱中的润滑油;拆下轴承端盖;拆下油泵(自带油泵式)。

(3)把轴承零件用蜡纸包好,以免弄脏。

(4)拆下压气机端的空气进气壳。

(5)把转子从压气机端抽出并用两个木墩支承使之立放。

在重新安装前应把轴承箱清洁干净,把轴承备件准备好,对自带油泵轴线进行检查,按与拆卸相反的顺序进行安装。最后测量压气机端的 K 值并应符合要求。

3. 涡轮增压器的主要装配间隙

增压器是高温下高速回转的精密机械,为了保证正常运转,必须严格控制运动件与固定件之间的配合间隙。间隙太小,会引起碰擦,如叶片与壳体、密封装置与壳体相碰,轻者损坏零件,重者造成严重的事故;间隙过大,漏气损失增大,使增压器的效率大大降低。

增压器的装配间隙如图 4-32 所示。图中间隙 A 为压气机端导风轮与壳体的径向配合间隙;间隙 B 为扩压器与壳体的轴向间隙;间隙 L 为压气机叶轮与壳体之间的间

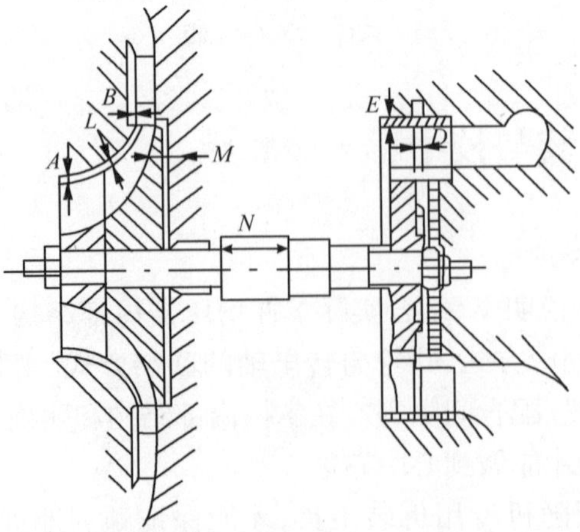

图 4-32　增压器的装配间隙

隙;间隙 M 为压气机叶轮背面与气封板之间的轴向间隙;间隙 D 为轴流式涡轮叶片与喷嘴叶片之间的轴向间隙;间隙 E 为轴流式涡轮叶片与喷嘴外环之间的径向间隙;N 为转子轴向窜动量或者说是转子轴向热膨胀量。

以上各间隙随机型而异,具体数值在增压器说明书中均有明确规定。

注意:拆装时,转子轴上的运动件均有确定位置,不可改动,轴上的零件也不允许随便更换,以免破坏动平衡精度和与固定件的配合间隙。

4. 增压器的校中

增压器重新安装后应检查运动件(转子)与固定件(增压器壳体)之间的相对位置关系,即进行校中检验。但只有在增压器检修更换零件后才进行,一般分为粗检和精检。

粗检是手动增压器转子使之回转,倾听转动时有无碰擦声音。如果有碰擦,则说明转子对中不良,应查明原因予以消除。

精检是在粗检合格后采用测量方法进行校中检验。

(1)主要测量间隙

①间隙 N:N 为压气机端推力轴承与转子轴端面之间的轴向间隙,即转子的轴向窜动量。其使在保证转子轴向热膨胀的情况下不会产生压气机叶轮或气封与增压器壳体相碰。

②间隙 L:L 为压气机叶轮前方与壳体之间的间隙。

③间隙 M:M 为压气机叶轮背面与气封板之间的轴向间隙。

(2)测量方法

①测量 N:测量前首先取下增压器两端的轴承端盖,分别在转子轴的左、右端施以轴向推力,使转子轴分别处于左、右两个极端位置,分别测出转子轴端面至压气机壳体端面之间的距离 K_3、K_4 值,则止推轴承处的轴向间隙 $N=K_3-K_4$。例如,VTR630 型增压器的止推轴承轴向间隙 $N=0.17\sim0.23$ mm。

②测量 K:为了测量压气机叶轮前后的间隙 L 和 M,先使转子轴恢复到不受轴向力作用的状态,然后测量出转子轴左端面至压气机壳体端面的距离 K,如图 4-33(a)所示。

③测量 L:旋出压气端的连接螺钉 2 的长度约为 5 mm,在涡轮端转子轴上施一轴向推力,使转子轴向左移动,此时间隙 L 消失,测量转子轴左端面至压气机壳体端面的距离 K_1,则压气机叶轮前方与壳体之间的间隙 $L=K-K_1$,如图 4-33(b)所示。VTR631 型增压器 $L=1.055\sim1.665$ mm。

④测量 M:将螺母 4、5 及甩油环 6 拆下,在转子轴右端装一支吊环螺钉,将转子轴向右拉动,使间隙 M 消失,测量转子轴左端面至压气机壳体端面的距离 K_2,则压气机叶轮背面与气封板之间的间隙 $M=K_2-K$,如图 4-33(c)所示。VTR631 型增压器 $M=0.275\sim1.185$ mm。

当各间隙值符合要求时说明增压器转子与壳体对中性良好;否则应查明原因,调整后再度测量。

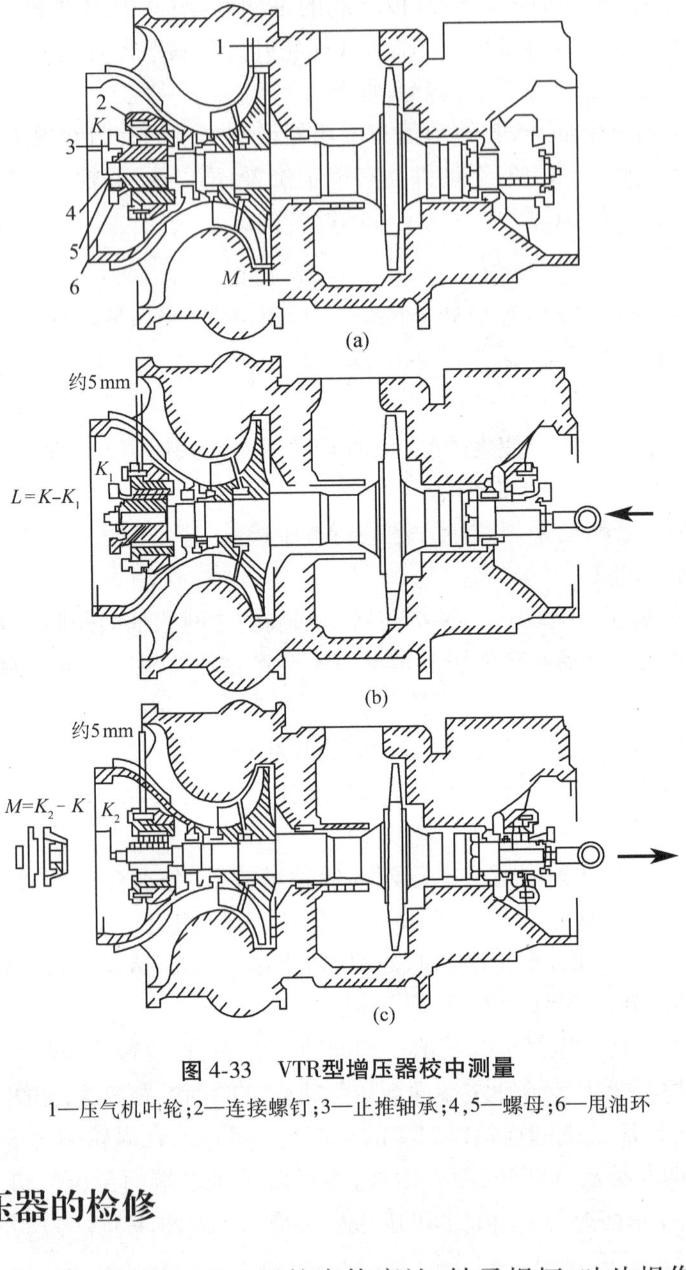

图 4-33 VTR型增压器校中测量

1—压气机叶轮;2—连接螺钉;3—止推轴承;4,5—螺母;6—甩油环

十、增压器的检修

船舶废气涡轮增压器容易发生涡轮壳体腐蚀、轴承损坏、叶片损伤、振动等故障。轮机员日常维护管理工作良好,可减少这些故障的发生。

1. 涡轮壳体的腐蚀

废气涡轮增压器涡轮壳体是由废气进气壳与排气壳(即废气经过涡轮叶片后排出的部分)组成。进气壳与排气壳通常采用合金铸铁制成,分为冷却式和非冷却式。冷却式壳体为双层,形成水夹层。进气壳与排气壳内表面经常与具有腐蚀性的高温废气和水接触。壳体内部水夹层(冷却水腔)的冷却水自底部引入,经上部排出。为了防止电化学腐蚀，除用淡水冷却外，还在淡水中加防锈剂和在壳体上安装防腐锌块等。

(1)涡轮壳体腐蚀部位

涡轮壳体内表面与废气接触发生腐蚀，特别是在排气壳的底部常发生腐蚀烂穿，通常由于对涡轮壳体腐蚀缺乏认识和应有的重视，不能及时发现腐蚀，以致故障突然发生，造成增压器不能继续运转，需停航修理。因此，突然故障需临时紧急订购备件，会造成很大的经济损失。

(2)壳体腐蚀原因

①硫酸腐蚀

柴油机燃用含硫较多的重油产生含有 SO_2、SO_3 和水蒸气的废气。废气进入涡轮端进气壳的温度可达 400~500 ℃，自排气箱壳排出的温度为 300 ℃左右。排气壳体内壁面温度为 150 ℃左右，低于硫酸露点(170 ℃)。所以，当废气与排气壳内壁面接触时在壁面上生成亚硫酸或硫酸并顺壁面流至底部，聚集排气壳底的硫酸溶液使铸铁壳体受到强烈的电化学腐蚀，甚至烂穿。

废气涡轮增压器压气机部分受到空气灰尘等污染，涡轮端喷嘴、叶片及通道受到废气严重污染、积碳堵塞通道。这不仅使增压器工作性能受到影响，而且影响转子动平衡性。为此两端采用喷水清除污垢。涡轮端是在低负荷下喷水清洗，一般每周一次，约 10 min，喷水量随机型而异。由于废气温度较低，会产生更多酸附在壁面上，同时喷水后若未彻底清除排气壳底部积水，会使腐蚀更加严重。

②高速气流引起的腐蚀

柴油机排气以高速流入增压器进气壳。排气中含有未燃尽的炭粒与壳体壁面接触造成对壁面的侵蚀，特别是在气流方向改变处，离心力使炭粒冲击壁面。受到侵蚀的壁面裸露在气流中受到更大的腐蚀作用。涡轮端进气壳进气道附近壁面的穿孔大多属于这种腐蚀。

③冷却水腔腐蚀

增压器采用海水冷却时，冷却水腔壳体壁面受到电化学腐蚀。

(3)涡轮壳体腐蚀的修理

①防止腐蚀的方法

提高冷却水进口温度防止硫酸腐蚀；彻底清除涡轮端喷水清洗后的残水；选用非冷却式增压器等。在进、排气壳内表面容易腐蚀部位钎焊一层耐热耐蚀 M 合金的非冷却式增压器可使其壳体寿命从 3~6 年延长至 10 年以上。

②修理

壳体腐蚀使其最小壁厚不小于设计壁厚的 50%，壳体冷却水腔经 1.5 倍工作压力(不少于 0.4 MPa)水压试验，合格后可继续使用。

壳体腐蚀使其最小壁厚超过设计壁厚的 50%或破损时，允许焊补或者用无机胶黏剂修补，1.5 倍工作压力水压试验，合格后可继续使用。

壳体腐蚀使壁厚很薄或已烂穿时，采用低温焊补厚度适宜的钢板，经水压试验合格后方可使用。

2. 轴承的检修

轴承在涡轮增压器中居重要的地位,它不仅保证转子安全、可靠地高速回转,还必须保证转子固定在准确位置上。所以,轴承的可靠性对增压器和柴油机正常运转关系极大。涡轮增压器轴承分为滚动式和滑动式,船用增压器多采用滚动轴承,另外还有止推轴承。滚动轴承摩擦系数小,产生热量小,润滑油消耗最小,可使润滑系统简化,一般采用涡轮机油只需要设置油池和自带油泵。滚动轴承拆装方便,起动性能好,效率高。但受其使用寿命限制,规定的使用寿命期满必须更换。

滑动轴承结构简单、造价低,可与柴油机使用同一个润滑系统或专门设置一套外供油装置,所以使增压器整体结构复杂化,并且维护管理要求高。

废气涡轮增压器轴承是在高温、高速和轻负荷条件下工作的。要保证轴承在此工作条件下可靠运转,除轴承本身的结构设计、材料、制造精度等外,在使用中维护管理也是至关重要的,如运转中的转子的动平衡精度、轴承的润滑和冷却,以及定期检验和滚动轴承的使用寿命期等。

(1)滚动轴承的检修

压气机端轴承采用成对双列向心推力球轴承,除起支承转子外还起止推作用;涡轮端轴承采用单列向心球轴承或单列向心短圆柱滚子轴承,起支承作用,如图4-34所示。

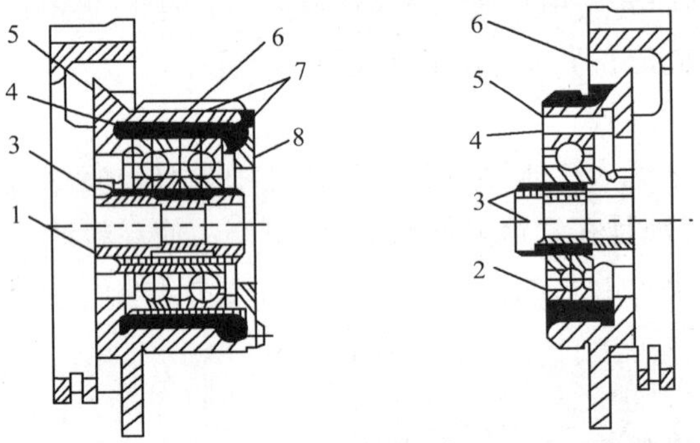

(a) 压气机端轴承　　(b) 涡轮端轴承

图4-34　增压器滚动轴承

1—成对双联向心推力球轴承;2—单列向心球轴承;3—轴承内套;4—轴承外套;5—弹簧片;6—轴承座;7—调整片;8—轴承盖

①轴承使用寿命期

一般轴承运行8 000 h左右进行检修,压气机端轴承和涡轮端轴承应全套更换。

②减振弹簧片

压气机端的轴承中装有两组弹簧片。径向减振弹簧片安装在轴承外圆和轴承座之间,弹簧片间有0.25~0.55 mm的间隙,以减小振动;轴向减振弹簧片用以减振和调整、确定转子的轴向位置。弹簧片由数个薄钢片叠成,彼此之间有0.13~0.18 mm的间隙。涡轮端轴承中只有径向减振弹簧片。

轴承运转期间,弹簧片容易磨损或损坏。在船上无法更换弹簧片,只能换新轴承。

(2)油泵和润滑

增压器的转子两端轴承均有自带油泵。应根据增压器使用说明书定期进行油泵检查。例如,VTR 型增压器每隔 12 000~16 000 h 对油泵检查一次,以掌握其磨损和漏泄情况。一般应由生产厂专门维修。在重新安装油泵时应检查油泵的轴线是否与转子中心线同轴,偏差应在 0.01 mm 以内。注意润滑油的使用和管理。

3. 叶片与气封装置的检修

(1)叶片损伤与检修

涡轮叶片和压气机叶片的损伤形式主要是碰撞引起的叶片变形、裂纹和断裂。

涡轮叶片变形主要是异物撞击所致的。常见异物如吊缸检修时由于粗心使工具等物品特别是尺寸不大的工具或螺帽等遗落在气缸中,或者活塞环折断后的碎块,甚至由于安装不良使喷油头落入气缸中等。当柴油机运转时,这些异物被排气自排气口吹至排气管和增压器涡轮进气壳,高速飞来的异物冲破废气进口处的金属隔栅进入涡轮,与高速回转的涡轮叶片相撞击,轻者使叶片变形、裂纹,重者造成叶片折断,随之碰撞其他叶片导致涡轮叶片的大部分乃至全部损坏。

对损伤较轻的叶片仔细观察有无裂纹,必要时进行无损探伤检验,如有裂纹或断裂应换新叶片。海上条件下更换叶片不便时,可将断叶取出并将其对称位置的叶片取下,以保持转子的动平衡性,减小增压器的振动。如叶片有轻微变形,可进行冷校。

压气机叶片损伤是由于轴承严重磨损、吸入硬质颗粒、增压器振动等因素,或者发生碰撞破坏了转子与壳体间的正常间隙等造成碰撞或摩擦,使叶片擦伤、变形或裂纹。

增压器的转子或叶片经修理或换新后均应进行动平衡试验,并使之符合要求。涡轮叶片凹面上的撞击伤痕等少量缺陷允许修磨,磨去的深度不得超过相应部位叶片厚度的 1/6,磨去的面积符合规定要求。叶片上的上、中部区域内的一定缺陷允许焊补修复(详见 GB/T 3563—1994)。

(2)密封装置的检修

密封装置的损坏大多是在增压器拆装过程中不慎碰伤密封带,或增压器运转中的剧烈振动,或者安装间隙不符合要求等造成。密封带顶部有较轻的弯曲变形时,可用平嘴钳将其夹直矫正;若损伤严重,则应换新密封带和压紧丝。在船上更换新的密封带可按增压器说明书中规定的要求和步骤进行。

第五章

分油机检修与操作

知识目标

1. 掌握分油机的工作原理和典型结构。
2. 掌握分油机的结构,各部件的名称、功能,掌握分油机的拆装步骤和主要零部件的检查和测量。
3. 掌握分油机的操作步骤和运行管理注意事项。

能力目标

1. 能够根据分油机的工作原理和结构特点对其工作状况进行分析和判断。
2. 能够对分油机常见故障的原因进行分析和判断。
3. 能够正确操作分油机,能够对分油机进行日常维护和保养。

素质目标

1. 自觉践行社会主义核心价值观,具有深厚的爱国情感和中华民族自豪感。
2. 遵纪守法、诚实守信、敬畏生命、热爱劳动,具有社会责任感和社会参与意识。
3. 具有质量意识、环保意识、安全意识、集体意识和团队合作精神。
4. 具有健康的体魄、心理和健全的人格,养成良好的健身与卫生习惯和良好的行为习惯。

第一节　分油机工作原理和典型结构

一、学习目标

1. 掌握分油机的工作原理。
2. 掌握分油机的典型结构。

二、学习任务

1. 分油机的工作原理。
2. 分油机的典型结构。

三、环境设备

1. 国产 DZY-50 型自动排渣分油机。
2. ALFA-LAVAL S 分油机。

四、背景知识

通过对前面内容的学习,我们了解到燃油中如果含有硬质固体颗粒会影响燃油的雾化和燃烧,同时,这些硬质固体颗粒会加剧缸套和活塞环的磨损、引起排气系统的堵塞等。柴油机系统润滑油在润滑过程中会产生、进入各种杂质和水分。因此,油料必须经过净化处理,除掉固体颗粒物和水分。

船上对油料净化处理的主要措施有沉淀、过滤和离心分离。沉淀是在沉淀柜中静置一定的时间后,油中大部分的水分和杂质分层,从油中分离出来。滤器过滤可以分离出油中悬浮的固体颗粒;但是沉淀分离时间较长,分离效果不佳,滤器过滤不能分离其中的水分。油料净化处理的核心环节是离心分离,离心分离的最主要设备是离心式分油机。

五、分油机的结构和类型

分油机根据其传动方式可分为蜗轮蜗杆传动和皮带传动。在分油机的传统设计中,都采用蜗轮蜗杆传动机构,如图 5-1(a)所示,下部安装着分离筒的传动机构。马达 A 经摩擦离合器 E、蜗轮蜗杆机构 D、驱动立轴 B 高速旋转,立轴上部安装分离筒本体

C,这样分离筒和立轴同时高速旋转。但近年来,分油机普遍采用皮带传动,如图5-1(b)所示。皮带与蜗轮蜗杆传动机构相比,省去了复杂烦琐的传动齿轮箱,结构更加简单、紧凑,工作可靠,解体检修时更方便、快捷,而且可以得到更高的分离筒转速和提高分离效率。

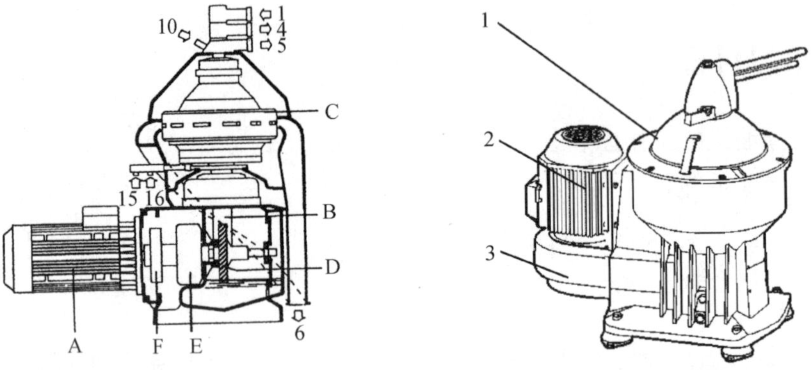

(a) (b)

图 5-1 分油机的不同传动方式

(a):1—油进口;4—净油出口;5—水出口;6—排渣口;10—水封水/置换水进口;15—开启水进口;16—密封工作水进口;A—马达;B—驱动立轴;C—分离筒本体;D—蜗轮蜗杆机构;E—摩擦离合器;F—弹性联轴器

(b):1—分离筒; 2—电机; 3—传动皮带

分油机的核心部件是分离筒,其结构如图5-2所示。分离筒本体2由立轴带动高速旋转(转速一般在6 000 r/min以上),分离筒内有若干不锈钢分离盘3,盘厚为0.4~1.5 mm,盘间距为0.5~1.0 mm,叠套在盘架(有孔)10,14上。盘架与分离筒活动底盘15、分离筒本体2间彼此有销固定,一起旋转。分离盘呈伞状,其中心角为60°~100°。分水机的分离盘靠外边缘附近开有若干分配孔。

分油机根据用途不同可分为分水机(purifier)和分杂机(clarifier)。分水机主要用来分离两种密度不同的液体(也能分离出大颗粒的杂质),当待分油中所含水分较多时,使用分水机分离油中的水分及杂质;分杂机主要用来分离液体中的固体杂质和少量水分,当待分油中所含水分较少时,使用分杂机,分离出的杂质和少量水分从排渣口排出。这两种分油机在结构上的区别仅仅在于分离筒中的几个部件,只要更换这些部件,即可互换使用。如图5-2(a)和图5-2(b)所示分别为分水机和分杂机的分离筒。分水机的分离盘架(有孔)10有分配孔,而分杂机的分离盘架(有孔)14没有孔;分水机上部安装具有排水功能的重力环(比重环)9,而分杂机上部没有比重环,只安装没有排水功能的分杂盘8。只要将图5-2(a)中的10和9分别换成图5-2(b)中的14和8,便可将分水机改装为分杂机;反之,可将分杂机改装成分水机。

分油机离心分离原理和结构组成微课

六、分油机的分离原理

我们知道,燃油、水和机械杂质的密度是不同的,纯油的密度最小,水的密度居中,

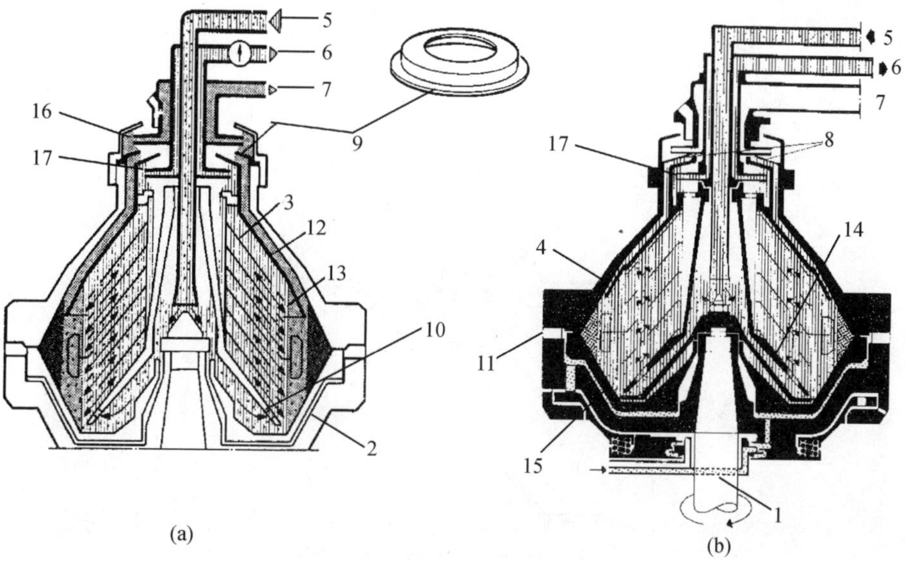

图 5-2 分油机分离筒简图

1—立轴;2—分离筒本体;3—分离盘; 4—分离筒盖;5—进油管;6—出油管;7—出水管;8—分杂盘;9—重力环(比重环);10,14—盘架(有孔);11—排渣孔;12—分离盘上盖;13—油水分界面;15—活动底盘;16—向心水泵;17—向心油泵

机械杂质的密度最大。燃油若在沉淀柜中静置,让它们依靠本身的重力沉淀,则纯油浮在最上层,水在油下面,机械杂质则在沉淀柜的底层。但是,燃油是黏性液体,水滴和固体小颗粒在其中运动时受到黏滞阻力,所以只依靠自身的重力来分离水和杂质所需的时间很长,效果也不好。为了提高分离速度,我们可以把污油置于高速回转的分离筒中,让污油与分离筒一起高速回转,也就是说把污油置于一个离心力场中。由于油、水和杂质所产生的离心惯性力各不相同,它们就会沿转动轴的径向重新分布。受离心惯性力最大的杂质被甩到最外圈,纯油的离心惯性力最小,汇聚在转轴附近,水则位于两者之间。由于杂质和水所产生的离心惯性力要比本身的重力大几千倍,因此用分油机净化油料就能缩短净化时间和提高净化效果。根据混合液体的这一特性,船上通常采用叠片式(亦称转盘式)分油机净化燃油。

如图 5-2 所示,待净化油从进油管 5 进入分离筒,通过分离盘外周的分配孔(如果为分杂机,分离盘的外周无孔,待分燃油从分离盘的外边缘)进入分离盘间。待净化的燃油进入分离盘之间后,被分隔成若干层,并随分离盘一起高速回转,这时分离筒内的燃油就会按油、水、杂质的不同密度分隔成三层。因为燃油不断进入,所以上述现象连续进行,最后被净化了的燃油经分油机上部的向心油泵 17 经出油管 6 排出,被分离出的水由位于分油机上部的向心水泵 16 经出水管 7 排出,机械杂质被甩到分离筒的内壁上,通过分油机的排渣操作,经排渣孔 11 排出,从而达到燃油净化的目的。

为了进一步了解燃油分离原理,现对分杂机和分水机的工作情况进行分析。

1. 杂质在分离筒内的运动轨迹分析

如图 5-3 所示,设燃油中有某一杂质颗粒 A 被分离筒带动高速回转时受到离心惯

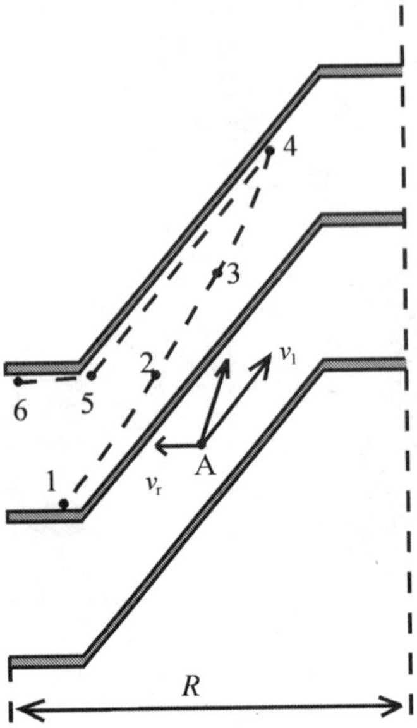

图 5-3　杂质分离原理

性力的作用,在克服了液体对它的黏滞阻力之后,产生了向外运动的分离速度 v_r,可用下式表示:

$$v_r = \frac{\Delta\rho d^2\omega^2 R}{176.4\gamma} \quad (\mathrm{m/s})$$

式中:$\Delta\rho$ 为杂质和纯油的密度差($\mathrm{kg/m^3}$);d 为杂质的直径(m);ω 为分离盘的旋转角速度(1/s);R 为分离盘的半径(m);γ 为燃油的动力黏度(Pa·s)。由此可见,分离速度 v_r 与杂质和油的密度差、杂质颗粒大小的平方、分离盘旋转角速度的平方以及分离盘的半径成正比,与油的动力黏度成反比。

分离速度 v_r 与油沿盘片运动的速度 v_1 的合成速度方向即为杂质颗粒运动的方向,v_1 在靠近盘片的位置基本等于零,所以杂质颗粒运动的轨迹为1—2—3—4—5—6。

2. 油水分界面

在高速旋转的分离筒中,由于杂质、油和水的密度不同,大颗粒的杂质和水滴在进入分离盘空间后,在离心惯性力作用下被甩向外边;一部分杂质和水滴被燃油液流带向转轴中心,经过与分离杂质相同的运动轨迹,沿分离盘的下表面被分离出来;干净的燃油由于分离速度小则沿分离盘的上表面流至转轴中心处,再由排出口离开分离筒。三种物质分离后的位置和走向如图5-4所示。

分离后的净油和污水两种液体之间出现的分层面称为油水分界面。分界面以内的空间被油占据,分界面以外的空间为水和杂质。由于分油是一个连续的过程,因此,待分离的燃油会不断地从中心进入,分离后的净油和污水从各自的通道不断引出,油水分界面实际上是一个动态的压力平衡面。油水分界面的位置十分重要,它直接影响燃油的分离效果,在分油过程中,应保持油水分界面处于分离盘的外边缘与顶盘的外边缘之间。若油水分界面向内(转轴中心方向)移动进入分离盘组件,则分离半径减小,水滴

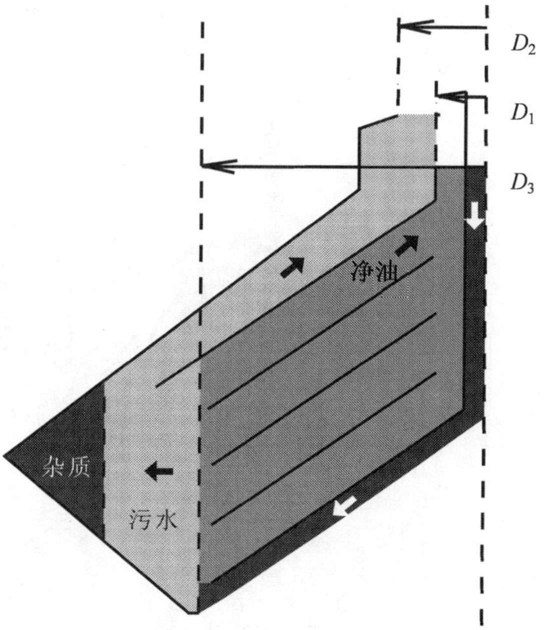

图 5-4　离心分离原理

和细小杂质颗粒受的离心力减小,会被油携带从净油出口跑出,降低了分离效果,俗称“油中带水”。若分界面向外移动,会降低从水中分离油的效果,从而造成“水中带油”,若外移严重会造成燃油由出水口流出,即“出水口跑油”。

目前,分油机油水分界面的位置由两种方式控制。一种是由被称作“重力盘”(比重环)的内径来确定的,比重环的形状及其在分油机中的位置如图 5-2 (a)中 9 所示。从图 5-4 中可以看出,在分离筒中,油和水构成了一个连通器。若油水分界面水侧的压力大于油侧的压力,则分界面要内移;反之则外移。只有当两者压力相等时,分界面才保持稳定,可以得到以下关系式:

$$D_2 = \sqrt{D_3^2 - \frac{D_3^2 - D_1^2}{E}}$$

式中:D_1 为出油口直径(mm),固定不变; D_2 为出水口直径(mm),同时是重力盘的内径,可以选择;D_3 为油水分界面的直径(mm);E 为分离状态下水的密度与油的密度的比值。

由上式可知,为了使油水分界面总是处在最佳位置(即保持 D_3 值基本不变),当待分离的油发生变化时(E 值发生变化),可以求出重力盘的内径 D_2。在船上每台分油机均配有一套不同内径的重力盘,根据所求 D_2 的值更换适当的重力盘。根据 D_2 与 E 的关系可知,所用燃油的密度愈大,所选用的重力盘的内径应愈小。一般选取重力盘的原则是:在不破坏水封的前提下,应尽量选用内径大一些的重力盘。

影响油水分界面位置的因素除重力盘的内径外,还有油的密度、分油温度、分油速度等,其中重力盘的内径影响最大。

另一种分油机不设比重环,如图 5-5 所示,在分油机工作时,分离筒后排水管路上安装的排水阀2是关闭的,分离出的水在水空间3集聚。分油机净油出口1装设水浓度监测器,连续检测净油中水的含量,检测值被送到控制器中。随着被分离油中水分不

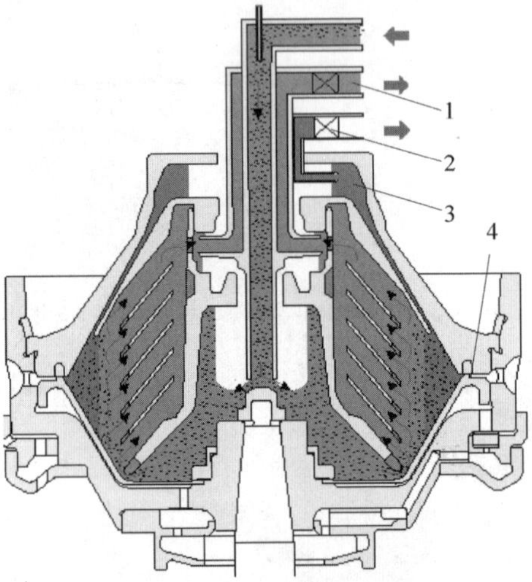

图5-5　无比重环的分油机

1—净油出口;2—排水阀;3—水空间;4—排渣口

断被分离出并聚集在分离筒外围,油水分界面逐渐向中心移动,当油水分界面到达分离盘组边缘后,少量的水滴会随净油排出。水浓度监测器检测净油中水分浓度的变化,当检测到净油中水含量变化超过设定值时,由控制器发信号到排水阀,在不停止分油机的情况下,短时间打开排水阀,执行排水操作,排出分离筒内部的水。

另外,两种分油机(有比重环和无比重环)被分离出并聚集在分离筒外围的水,在排渣期间,与杂质一同经排渣口4排出分离筒。

如图5-5所示,这种无比重环的分油机同时具有分水机和分杂机两方面的功能,应当说,现代新型的分油机已不存在分水机和分杂机的区别,一台分油机可用于轻柴油、船用柴油、重油和润滑油的分离而不需要进行任何改装。

3. 水封水

由于燃油中含有的水极少,一般只有1%~2%。如果靠燃油离心分离产生的水来形成油水分界面,显然是不现实的,特别是刚开始进油时便会从出水口跑油。因此在分离筒密封以后,分油机进油之前,需往分油机中通入一定量的淡水,这些水便是水封水。水封水在离心力的作用下首先占据分离筒的外围空间,阻止燃油在离心力作用下进入油水分界面的外部空间,亦即起密封燃油的作用。当分油机开始分油以后,燃油产生的压力与水封水的压力会找到新的平衡位置,也就是前面讲到的油水分界面位置。之后,从油中分离出来的水不断进入水封水的空间,把原来的部分水挤出分油机;分离出来的杂质则可以穿过水封水跑到分离筒的最外围;分离后的净油则被水封水堵在油水分界面内部空间,不断被向心油泵经出油管排出。

七、分油机的排渣原理

最早的离心式分油机是容渣式分油机，在工作一定时间之后，必须拆开分离筒并对内部进行清洗，在给管理人员带来了大量的额外工作的同时，也降低了分油机的工作可靠性及使用寿命。为了解决这些问题，出现了不用打开分离筒可进行排渣的分油机，这种分油机亦称为自清式分油机（自清式分油机如果使用带比重环分油机，一般应是分水机）。其排渣过程无须拆开分油机人工清洁分离筒，而是在分油机运转过程中，通过打开分离筒四周的排渣孔，靠分离筒高速旋转产生的离心力甩出聚集在分离筒内的杂质。其结构特点是在分离筒的下部安装可上下移动的活动底盘，如图 5-2(b) 中 15 所示。当活动底盘工作在上位时，排渣孔被关闭；当活动底盘工作在下位时，排渣孔被打开，分油机进行排渣。根据排渣孔被打开的持续时间不同，分油机每次排渣的程度（分离筒内油、水、杂质是否被全部排出）也不同，可将自清排渣分油机的排渣方式分为全部排渣和部分排渣两类；根据排渣孔被打开实现方式的不同，可将分油机排渣分为自动排渣方式和手动排渣方式两种。

1. 全部排渣式分油机

此种排渣的持续时间较长，也就是在排渣期间排渣孔被打开的持续时间较长，分离筒内存留的所有物质（杂质、油、水）将完全由排渣孔全部排出。其操作步骤如下：

(1) 停止进油。当分油机准备排渣时，首先停止向分离筒内进油。进入分离筒的待净化油一般由三通阀控制，通过改变三通阀阀芯的工作位置（上位、下位）可使油进入分离筒或通过三通阀循环返回。

(2) 进置换水。停止向分离筒供油后，应向分离筒内部供应具有一定压力的水（称置换水），置换水进入分离筒后，会使油水分界面向内移动，驱赶分离筒内的油从出油口排出，减少分离筒内残油的数量，从而减少排渣时油的损失。

(3) 排渣操作。通过一定的控制方式（配水盘）向滑动圈 11（如图 5-6 所示）的上方通入开启水，克服复位弹簧 12 的弹力，压下滑动圈 11，塑料堵头 10 下移，分离筒本体 9 上的泄水孔 G（一般有 3～5 个）打开，泄放掉活动底盘 8 下部的工作水，使活动底盘落下，打开排渣孔，实现排渣操作。

(4) 密封操作。当要重新进行分油作业时，待滑动圈 11 在复位弹簧 12 作用下上移复位，塑料堵头 10 也复位后，活动底盘 8 的下部重新通入密封水，活动底盘 8 在水向上托力的作用下被重新托起，关闭排渣口 L，实现分离筒的密封操作。在分油过程中，活动底盘 8 下部的工作水由于蒸发、漏失等原因可能会越来越少，当水量减少到一定程度时，可能导致活动底盘 8 的再次落下，因此为保持分离筒的密封状态，活动底盘下部流失的工作水在密封期间应不断得到补充，此时称为补偿水。

排渣操作和密封操作一般通过安装在分油机上的一套配水系统控制完成。不同的分油机其配水系统不尽相同。但一般有两路工作水：一路是密封水，其作用是补充活动底盘下部流失的工作水（保持分离筒密封，一般压力较低）；另一路是开启水，其作用是通过泄放活动底盘下部的工作水开启排渣口(实现排渣操作,一般压力较高)。

(5)进水封水。在完成分离筒密封后,首先把水封水引入分离筒,水封水充满分离筒的四周,并不断向回转中心方向移动,对于有比重环的分油机,当水环向内移动一定距离后就不会再向内移动,再引入的水封水经分油机排水口排出(水封水超过规定压力的情况下,如果长时间引入,水封水会由排油口进入净油柜中),进出水达到平衡;对没有比重环的分油机,一般是分杂机工作,无须引入水封水建立水封操作。

(6)恢复进油。在分离筒内完成水封后,通过改变进油三通阀的工作状态,把油引入分离筒内,开始分油操作。一般情况下,油进入流量是由小到大变化的,可防止油流过猛破坏水封,引起出水口跑油。

下面以国产 DZY-50 型手控自动排渣分油机为例说明全部排渣式分油机的排渣过程,如图 5-6 所示。

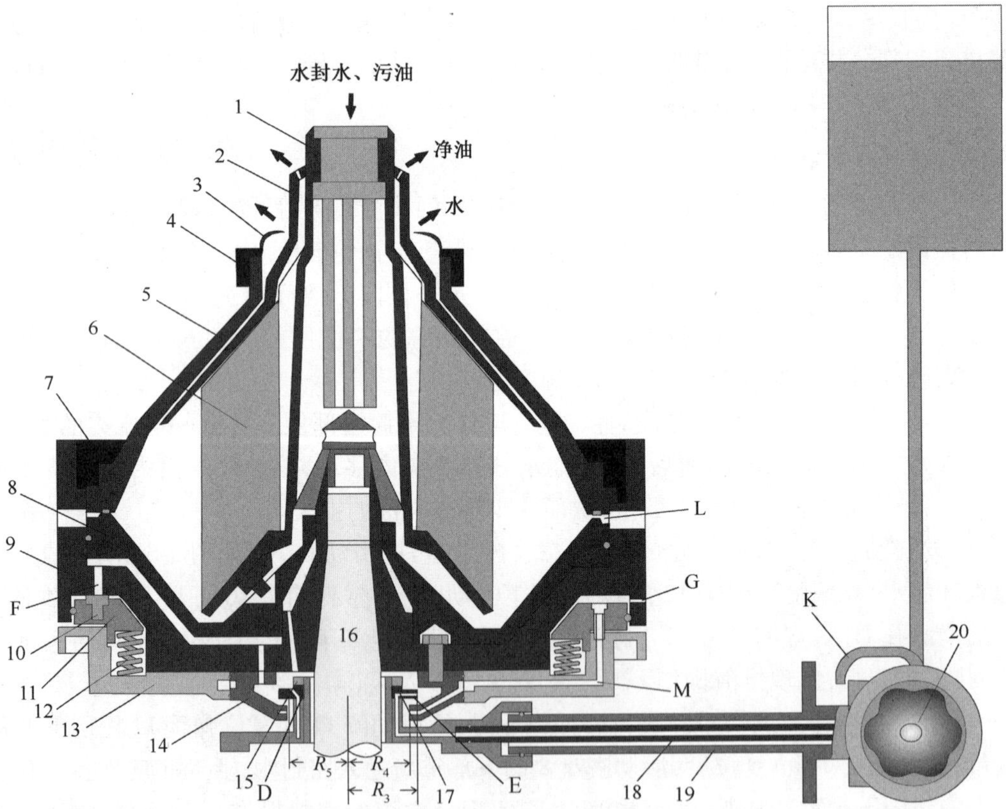

图 5-6　国产 DZY-50 型手控自动排渣分油机

1—盘架;2—颈盖;3—重力盘;4—小锁紧环;5—分离筒盖;6—分离盘;7—主锁紧环;8—活动底盘;9—分离筒本体;10—塑料堵头;11—滑动圈;12—复位弹簧;13—弹簧座;14—分流圈;15—固紧螺母;16—立轴;17—配水盘;18—内管;19—外管;20—控制阀;D,E—出水孔;F—泄水通道;G—泄水孔;K—指示管;L—排渣孔;M—通道

图 5-6 所示为国产 DZY-50 型手控自动排渣分油机的分离筒和手控自动排渣系统

的结构图。由图可见,这种分油机的基本结构、分离原理和非自动排渣分油机基本相同。下面介绍手控自动排渣动作原理。

在分离筒高速转动的情况下,活动底盘下部的工作水作用半径大于上部油水的作用半径,同时水的密度大于油的密度,因此底盘下方的压力大于底盘上方的压力,从而使活动底盘可以紧压在分离筒盖上,保持分离筒的密封(见图 5-6 左半部),这种状态为分油作业状况。当需要排渣操作时,把活动底盘下部空间的工作水放掉,则在上部水封水的压力下,活动底盘下移打开排渣孔,污渣和水封水就靠离心惯性力的作用自动从排渣孔中甩出(见图 5-6 右半部)。

为了控制分离筒的开启和封闭,设有由滑动圈 11、配水盘 17,内管 18 和外管 19 以及控制阀 20 等组成的配水系统。工作水由一个专设的高位水箱供给,水箱应置于控制阀 20 上面 1.5~3.0 m 高处。控制阀的表盘上刻有“开启”“空位”“密封”“补偿”四个位置(DE-LAVAL 型分油机相应的是 1、2、3、4 四个位置),现在按这四个位置来说明配水系统的构造和工作原理。

(1)分油机停止不用时,控制阀 20 处于“空位”位置。此时分离筒已经打开,活动底盘 8 在最低位置,控制阀 20 切断了通往内管 18 和外管 19 的工作水,整个分离筒内无水,滑动圈 11 在复位弹簧 12(共 16 只)的作用下上移,并用它上面的塑料堵头 10 封住装在分离筒本体 9 上的三个泄水通道,从而将通道 F 堵死。

(2)进行分油作业时,起动分油机,待达到额定转速后,将控制阀 20 按逆时针方向转到“密封”位置,此时工作水通入内管 18。工作水由内管 18 经导水座和配水盘 17 上的四个孔 E 进入分流圈 14 中,在离心惯性力的作用下经分离筒本体 9 上的一个孔进入活动底盘 8 的下部空间。在工作水因离心惯性力形成的压力下,活动底盘 8 上移,压紧分离筒盖 5 并封闭分离筒。随着工作水的不断进入,水环的内缘逐渐向转轴中心靠拢,在充满活动底盘的下部空间后,分流圈 14 中的水环内缘先到达配水盘 17 圆周上的孔 D,通过内管 18 从指示管 K 中流出,这就表示分离筒已密封好,此时应迅速将控制阀 20 转至“补偿”位置开始分油作业。

(3)“补偿”位置就是进行分油作业的位置。这时,工作水经由控制阀 20 通入内管 18 和配水盘 17 上的一个孔 D。在分油过程中,若活动底盘 8 下部空间的工作水因漏泄而减少,工作水就能自动从孔 D 流入底盘下方进行补充,以保持分离筒的有效密封。在正常情况下,分流圈 14 中的水环内缘停留在配水盘 17 的外边缘处(见图 5-6 中半径 R_3),向里直到立轴 16 的空间内则无水。这是因为高置水箱中工作水的静压力与配水盘 17 孔 D 外线处因离心惯性力而形成的压力相平衡,因此,虽然水的通道已经沟通,但工作水却不会流入分流圈 14。当活动底盘下方的工作水减少时,水环的内缘就离开孔 D 的边缘向外移动,于是工作水经孔 D 自动补给。工作水不能从船上的淡水压力柜直接补充,因此,保持高置水箱所要求的高度(1.5~3.0 m)很重要。

(4)当要排渣时,先关闭分油机的进油阀,向分离筒内充入置换水将油排光,待分离筒中的燃油全部排光后,再把控制阀 20 转到“开启”位置。此时,工作水经控制阀 20 与外管 19 和配水盘上的四个孔 E 相通。孔 E 的出口在配水盘 17 的上表面,距离转轴中心最近(即半径 R_5 最小)。水从孔进入后,就使分流圈 14 中的水环内缘从配水盘的外边缘向里移至孔处。这样,工作水就能沿配水盘 17 的下表面溢过分流圈 14 底面的边缘(到达半径为 R_4 处)而进入通道 M,并在离心惯性力的作用下到达滑动圈 11 的上部空间。分离筒本体 9 上有小孔 G,它因直径甚小而有节流作用,因此到达滑动圈 11 上部的工作水不能迅速经由孔 G 排掉,于是也从外向里逐渐形成水环。当水环的内缘向里到达进水孔 M 的节圆半径处时,水环因离心惯性力而形成的压力已足以克服滑动圈下部的弹簧力而将滑动圈 11 压下。这样,三个通道 F 同时被打开,活动底盘 8 下部空间的工作水经孔 F 到达滑动圈上部,再靠离心惯性力从本体 9 上的孔 G 甩出。活动底盘下部空间减小,在分离筒内水封水的压力下,底盘下移并打开本体壁上的一圈排渣孔 L,积聚在分离筒内的污渣即连同水封水一并从排渣孔排出。这时可听到排渣的冲击声,通过排污管观察镜亦能看到有污渣排出。

(5)排渣完毕后,将控制阀 20 转到“空位”位置。这时,控制阀 20 切断了全部工作水的通道。残存在滑动圈 11 上部的工作水经过小孔 G 逐渐排出,滑动圈在下部弹簧 12 的作用下上移,又重新封住本体 9 上的三个通道 F,为下一次密封分离筒做好准备。在操纵时,应使控制阀 20 在“空位”位置至少停留 5~6 s,使工作水全部放空,再转到“密封”位置。停机不用时,应将控制阀 20 放在“空位”位置。

必须指出的是,孔 G 直径甚小,很容易被人们忽视,它若被堵死,滑动圈 11 上部的残水就无法排光,滑动圈无法恢复原位,分离筒也就无法封闭;同时,工作水应保持洁净,以防生成水垢或混入泥沙、铁锈或其他杂物,这对分油机的正常运行也是非常重要的。

2. 部分排渣式分油机

此种排渣的时间较短,即排渣口的开启时间较短,通过排渣口排掉的仅是分离筒总容量的一部分,并且排渣期间分油机不停止分油操作,因此叫作部分排渣分油机。排渣量的多少取决于排渣口开启时间的长短,并且开启时间是可以调整的。

(1)进置换水。进置换水的目的是避免或减少排渣期间油的损失。在部分排渣期间,分离筒外围空间范围内的杂质、水和油将被排出分离筒,为确保排出物中没有油,应保证分离筒外部有效排渣空间被杂质或水充满。对于燃油分油机,由于其中水分含量较大,一般在排渣前无须注入置换水也可满足其要求;但对于滑油分油机来说,由于其中水分含量一般较低,因此在排渣前,系统将检测水传感器的数值,根据需要引入适量的置换水,确保在排渣期间不损失润滑油。

(2)排渣和密封操作。在部分排渣期间,活动底盘的开启和密封是相关联的,部分排渣的关键是精确地控制分离筒活动底盘的打开时间。由于在部分排渣期间,分油机没有停止分油工作,如果开启时间过长会导致大量的油损失。一般通过严格控制阀的开启时间和工作水的流量两种方式实现部分排渣控制。

(3)进水封水。在部分排渣后一般向分离筒内补充一定量的水,可尽快建立起最佳的油水分离界面。

自动排渣式分油机有两种排渣控制方式:定时式自动排渣和触发式自动排渣。

（1）定时式自动排渣

此种排渣方式是分油机常用的一种排渣控制方法，尤其在早期的自动排渣分油机中，其排渣方式几乎都是定时控制的。最早的自动排渣分油机都是靠人工实现的，每到排渣时间，由船员到机旁执行排渣操作。实际上，分油机的工作过程是一个时序控制过程，而且是一个有一定周期的循环操作过程。后来，随着控制技术和电子技术的发展，相继出现了由“机械时序控制器”控制的自动排渣分油机和由“电子时序控制器”控制的自动排渣分油机。此种控制方式的优点是简单实用，可根据不同的油品设定不同的排渣周期。一般来说，滑油分油机的排渣时间间隔较长，燃油分油机的排渣时间间隔较短。

（2）触发式自动排渣

此种排渣方式是在定时式自动排渣基础上发展起来的。一般以净油中水含量的变化率为触发对象，当净油中水含量的变化率超过某一设定值时，触发排水或排渣操作。在触发式自动排渣操作中一般需设定两个定时值，分别为最小排渣间隔和最大排渣间隔。触发时如果距上次排渣时间间隔大于设定的最小排渣间隔，排渣循环将被触发；但如果小于设定的最小排渣间隔，将仅触发排水操作；如果距上次排渣间隔已经超过设定的最大排渣间隔还未触发操作，系统将起动定时排渣程序，执行定时排渣操作。下面以ALFA-LAVAL FOPX/MFPX 分油机为例说明其触发式自动排渣分油机的排渣控制原理。

FOPX/MFPX 分油机基本上按分杂机工作，净油从净油出口连续排出。分离出的油渣和水积聚在分离筒周围，当油水分离界面接近分离盘外边缘时，一些水滴开始同净油排出。在净油中，水分的少量增加会被净油出口的水传感器检测到。实际上，净油中水分的增加也标志着分油机对固体杂质分离效率的降低。来自水分传感器的信号连续地传给并被 EPC-400 控制单元判断。应注意，它只测量出水含量的变化值，而不涉及水含量的绝对值。它测出的是一个非标准参考值的水分传感器信号的偏差，允许偏差范围是触发范围。

当净油中的水分达到触发点时，EPC-400 控制单元将开始排出积聚在 FOPX/MFPX 分离筒中的水。排水有两种情况：一是通过分离筒周围的排渣口和油渣一起排出；二是通过排水阀排出。

是执行排渣操作还是排水操作，还取决于两个设定的时间间隔，即最小排渣间隔和最大排渣间隔。其触发情况如图 5-7 所示：当触发时的时间间隔小于最小排渣间隔时，如图 5-7 中 A、A_1 点情况，EPC-400 控制单元发出排水信号到排水阀执行排水操作；当触发时的时间间隔大于最小排渣间隔并小于最大排渣时间间隔时，如图 5-7 中 B、A_2 点情况，EPC-400 控制单元执行触发排渣操作；如果达到了最大排渣时间间隔，但还没有达到触发值，如图 5-7 中 C 点情况，EPC-400 控制单元将执行定时排渣操作。

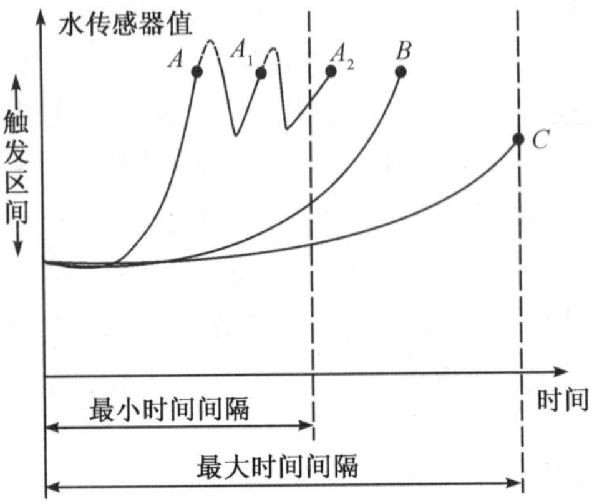

图 5-7　排渣触发操作

S分油机演示动画视频

八、ALFA-LAVAL S 系列分油机

ALFA-LAVAL S 系列分油机是 ALFA-LAVAL 公司推出的最新一代分油机,其结构和工作方式与以往的分油机相比都有了重大改变。首先,在传动方式上,摒弃了传统的蜗轮蜗杆传动机构改为目前的皮带传动机构,使分油机结构更加紧凑,分离筒转速提高,分离效率提高;其次,在活动底盘的设计上采用了新型的弹性结构,活动底盘的下部中心是固定的,当进行排渣时,依靠活动底盘本身的弹性使其端部运动,打开排渣口;第三,其滑动圈的下部不再设弹簧,滑动圈的运动完全靠其上下两面的压力差控制;第四,其排渣方式从部分排渣又重新改为全部排渣,只是在拆装后的第一次运行时对分离筒内的进水量进行精确标定,既避免了老式的全部排渣分油机在排渣时造成过多的油损失,也避免了部分排渣分油机由于排渣时间过短可能造成的部分油渣卡在活动底盘和密封圈之间,致使分离筒无法封闭的问题。此外,该分油机的排渣孔从传统的方形孔改为圆形孔,使排渣更加顺畅,噪声更低。

S 系列分油机的结构原理如图 5-8 所示,该分油机由传统分油机的双向心泵(下部为排油向心泵,上部为排水向心泵),改为下部有一个具有向心功能的固定不动的向心泵 12(Parting Disc),它能把分离出来的净油从净油出口 2 排出。上部使用向心管 4(Parting Tube)能把分离出来的水从出水口 3 排出。向心管是活动的,在支撑臂及弹簧的作用下将其向外张开,使其保持与水腔内的水界面接触,需要时可把水腔内的水向外泵出。实际上,不论是向心泵还是向心管,都是把高速旋转的液体流动能转变成位能(压力能),这种改进使能耗降至最低。待分油从进油口 1 连续进分油机,经旋转分离叠片组外边缘上的垂直缺口进入分离叠片组,油经分离叠片之间形成的通道上升,油在上升的过程中继续被分离,水分和杂质被离心力甩向分离叠片的外侧,净油被推向分离叠片的内侧,当净油向内离开分离叠片后,流过分配器油孔进入油腔,通过向心泵 12 扩压,油被泵出油腔。在净油出口 2 所接的管路上装手动背压调节阀和一台 MT50 型水分传感器,它能精确地检测净油中的含水量。当分离出来的水很少时,其油水分界面在分离盘外侧较远处，这时装在排水出水口 3 管路上的排水电磁阀关闭，封住出水口 3 不向外排水。从净油出口 2 排出的净油中基本不含水分或含水量极少。随着分离过程的进行，油水分界面不断向里移动，水分传感器会感受到净油中含水量的增大。当油水分界面移动到接近分离盘外边缘时，净油中的含水量会增加到一个触发值。这个触发值将被送到 EPC-50 型监控装置，由该装置决定是打开排水电磁阀向外排水，还是打开排渣口 X 进行一次排渣。如打开排水电磁阀排水，油水分界面会迅速外移，净油中含水量也会迅速减少，当降低到一定值时停止排水。

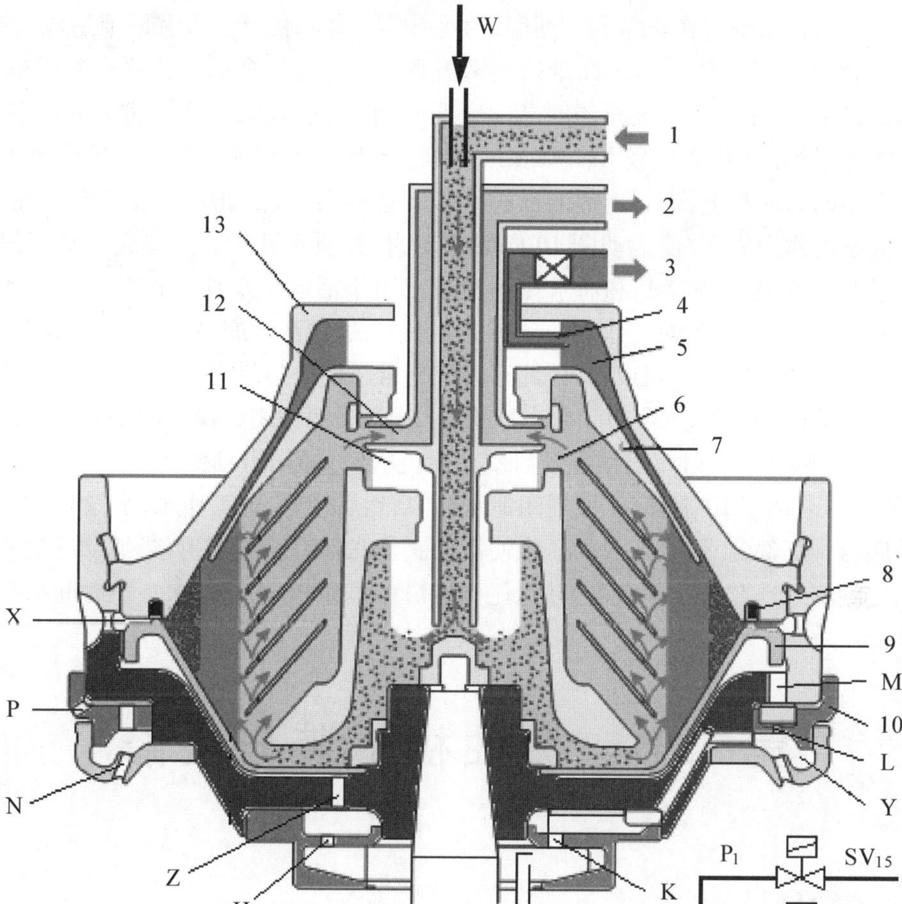

图 5-8 S 系列分油机的结构原理图

1—待分油进口；2—净油出口；3—出水口；4—向心管；5—水腔；6—分配器孔；7—顶盘；8—密封环；9—活动底盘；10—滑动圈；11—分离油腔；12—向心泵；13—分离筒盖；H—密封水孔；K—开启水孔；L—丝堵；M，N—泄水孔；P—喷嘴；X—排渣口；Y—开启室；Z—进水孔；P_1，P_2—工作水管；SV_{15}，SV_{16}—电磁阀

当待分油中含水量极少时，从上次排渣算起，又已达到最大排渣间隔时间，而油水分界面仍离分离盘外侧较远，此时尽管净油中基本不含水分，但 EPC-50 型控制装置也要进行一次排渣操作。为减少排渣时油的损失，首先停止向分油机供待分油，在排渣前要从水管的 W 口供置换水，关闭出油阀，油水分界面会向里移动，为了使更多的油在排

渣前从分油机内被赶出,以减少油的损失,当出油口压力传感器检测到的压力达到 0.02 MPa 时,打开出油阀,当置换水供给到量时(置换水的体积是根据分油机首次起动时对水流量标定后自动设定的),打开排渣口进行排渣。

S 系列分油机分离筒在结构上也有较大的改变,操作滑动圈 10 取消了托顶弹簧,活动底盘 9 不再利用上下运动使分离筒封闭,而是靠活动底盘 9 下部的工作水形成的压力使活动底盘 9 下部的平面部分向上变形,使活动底盘 9 外边缘向上移动与分离筒盖上的密封环 8 紧密结合,从而使分离筒的排渣口 X 密封。分离筒盖的锁紧由以前的锁紧螺母改为锁紧环。在正常分油期间,为了补偿工作水由于蒸发和漏泄造成的缺失,由管 P_2 断续供水,使其工作水面维持在 Z 孔附近(少量多余的工作水会经喷嘴 P 泄放),这时管 P_1 断水。当需要排渣时,管 P_1 进水,水面向里移,经孔 K 进入开启室 Y,在室 Y 充满水后(由于进水量较大而喷嘴 P 来不及泄放),水压分别作用到操作滑动圈 10 上下两个不同的面积上,由于上边的面积大于下边的面积,因此水压会对滑动圈 10 产生一个向下的作用力,致使滑动圈 10 向下移动,打开泄水孔 M,活动底盘 9 下面的工作水通过泄水孔 M 经喷嘴 P 和泄水孔 N 泄放。由于活动底盘 9 下面的工作水泄放出去,作用在活动底盘 9 下面工作水的动压头会消失,这样活动底盘 9 下部平面部分是由具有记忆功能的特殊材料制成的,因此这时恢复常态使外边缘向下移动,打开排渣口 X 进行排渣。这样操作滑动圈 10 上面的水会很快泄完,而作用到操作滑动圈 10 的下面,孔 N 径向以外的水泄不掉,仍留在开启室 Y,而且会对操作滑动圈 10 产生一个向上的推力,使操作滑动圈 10 上移,从而封闭泄水孔 M,然后管 P_2 进工作水,水经 H 和 Z 孔进入活动底盘 9 下部,工作水形成的压力使活动底盘 9 外边缘变形上移,活动底盘 9 与分离筒盖上的密封环 8 再次紧密贴合,封住排渣口 X。管 P_2 连续进水一段时间后恢复断续进水。

第二节　分油机拆装与检修

一、学习目标

1. 掌握分油机的结构,各部件的名称、功能。
2. 掌握分油机的拆装步骤。
3. 掌握主要零部件的检查、测量技术。

二、学习任务

1. 分油机的拆装步骤。
2. 主要零部件的检查、测量技术。

三、环境设备

ALCAP FOPX 型分油机。

四、拆装分油机的要求

(1)要正确使用专用工具进行拆装,不能蛮干。

(2)要按次序进行拆装,不能盲目乱拆乱装。

(3)对拆下的部件按照顺序排好。

(4)有接合面、配合面及光加工面的零部件拆卸后应保持清洁并放置在木板上,以免碰伤或损坏。

(5)仔细清洗分离筒内的所有零件,检查各密封环的工作状态是否完好并疏通各通道和小孔,特别是分离筒本体上的小孔 M。

(6)分离筒内部件标有记号的,重新装配时,必须对准原来的装配记号。

(7)除分离筒底部的平衡块不得移动和修正外,颈盖上的去重或加重部分也不允许随便更换。

(8)分离筒上的零件不能互换;否则分离筒的动平衡会受到破坏,分油机工作时将产生强烈振动。

五、拆卸前的准备工作

(1)人员准备。解体分油机一般需两人。

(2)技术准备。通过观看实物和图纸,熟悉结构,拟定拆装顺序。阅读随机拆装说明书,了解技术要求。

(3)工具备件准备。准备好所需专用工具,包括放置分油机部件的工作台(或木板)和小木箱。

(4)对象准备。通过一系列工作将被拆对象——分油机准备好,使之处于可拆状态。这些工作包括:

①确认分油机处于停机状态,机体温度接近常温。

②切断电源并在开关上挂上“禁用牌”。

③确认分油机进、出口阀处于关闭状态。

④确认控制阀处于停止位。

⑤如有必要,拆掉有关管子。

⑥用油性记号笔或钢字码等工具在各部件配合处标上号码和接缝记号,以保证装配时能按原来的顺序和位置装复(已有记号者除外)。

分油机拆卸与工作原理微课

六、分油机拆解顺序

MMPX 型分油机不能实现连续分油，而且当用作分水机时，所净化的燃油密度极限为 991 kg/m^3（15 ℃）。当燃油的密度超过这一极限值时，水就不能依靠重力盘分离出去。ALCAP FOPX 型分油机取消了传统分油机中的重力盘，待净化的燃油密度的极限值可以增加到 1 011~1 013 kg/m^3（15 ℃）。

现以 FOPX 型分油机为例加以说明（如图 5-9 所示）。分油机的拆解主要是指分离筒的拆解，步骤如下：

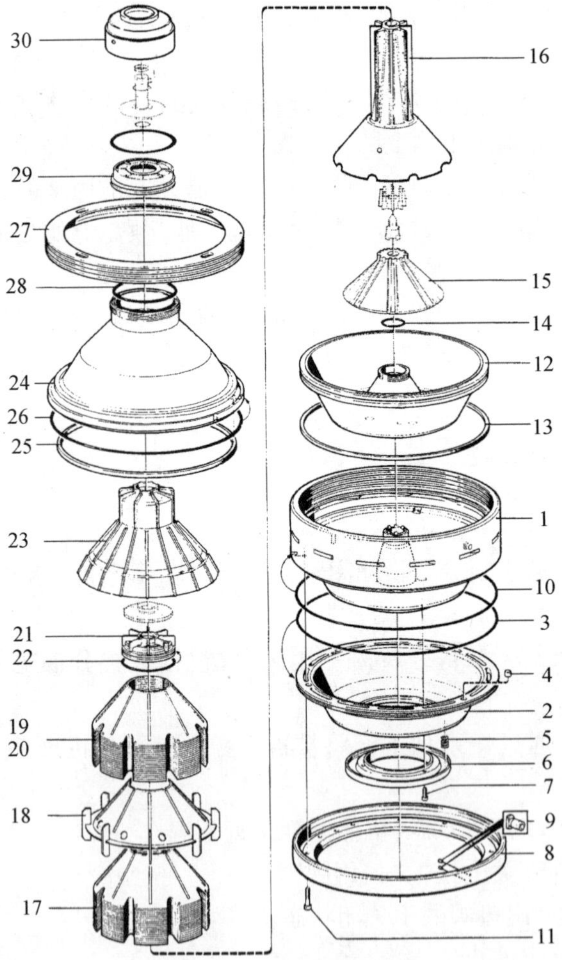

图 5-9　分离筒分解图

1—分离筒；2—滑动圈；3，10，13，14，22，25，26，28，32—密封环；4—泄水阀；5—弹簧；6—弹簧座；7，11—螺钉；8—定量环；9—喷嘴；12—活动底盘；15—配油锥体；16—分离片架；17—下分离片组；18—间隔架；19，20—上分离片组；21—向心油泵；23—颈盖；24—分离筒盖；27—主锁紧环；29—向心泵压盖；30—锁紧环

(1)松开顶盖锁紧螺丝,取下污油、净油及水的流通管路。
(2)上紧刹车装置,用专用工具顺时针旋出小锁紧环30,取出向心泵压盖29。
(3)用专用工具顺时针旋掉主锁紧环27。
(4)吊出分离筒盖24,拿掉颈盖23。
(5)取出分离盘片,拿出盘架(也可将盘架及分离盘片一起吊出)。
(6)顺时针旋下立轴锁紧螺母(将军帽),取出配油锥体15。
(7)用专用工具取出活动底盘12。
(8)松开固定分流圈的3只螺栓,上紧专用工具首先顶松分离筒本体,然后吊出。
(9)将分离筒倒置,松掉定量环上的螺栓,拿掉定量环。
(10)松开弹簧座上的螺栓,拿掉弹簧座、复位弹簧、滑动圈。
分油机拆解完毕。

七、清洗、检修及有关间隙的测量和调整

(1)仔细清洗分离筒本体,特别是上部螺纹的积渣和各作用水道、水腔的水垢;清理排渣口、水孔。检查立轴配合锥面是否有划痕,若划痕较轻,可用油石轻轻打磨消除。

(2)消除积渣,检查活动底盘外部密封环是否完好。

(3)分离盘片外锥面上的间隙片(筋条)剥落或有裂纹时应更换。分离盘片键槽产生轻微卷边,平整后可继续使用。产生卷边的情况多发生于分离盘组上面几片,其原因是分离片过少,分离片组没有被分离筒盖压紧,分油机起动时产生冲击所致。因此,在使用一段时间后,如发现主锁紧环旋至装配记号时变轻松,可适当增加1~2片分离片。

(4)本体下部的3只阀面(即导水套的密封面),如有轻微伤痕,可经研磨消除后使用。

(5)主锁紧环螺纹内的积渣污物要清理干净,确保其上紧至规定位置。

(6)检查配水盘各水管和水孔,保证畅通。

(7)检查机体上部和内部各排渣、排水孔是否畅通。

(8)检查控制阀芯上的各水孔是否通畅。

(9)复位弹簧损坏、锈蚀、腐蚀严重或弹力不足而影响密封时应换新(允许单件更换)。

(10)摩擦离合器的检查。检查摩擦离合片的磨损、活动情况,确认是否可以继续使用。应避免摩擦面被油脂污染,造成摩擦片打滑而发热受损,致使分油机达不到额定转速。

(11)根据不同的结构形式采取正确的方法拆换摩擦片,安装时应注意摩擦片的安装方向。

分油机拆卸结束后,应检查、调整立轴的高度。使用的工具为立轴量板和专用内六角扳手。方法如下:将立轴量板与立轴圆柱面靠平(如图5-10所示)。当量板上有“min”标志一边与立轴顶端面搁平时,在量板上固定螺母之间应留有间隙 a;当量板下

端搁在固定螺母上时,量板上有“max”标志一边与立轴顶端之间应留有间隙 b。达到上述要求表明立轴高度已调好。若不合适,可用内六角扳手转动底部的调整螺柱来进行。立轴高度调整好后,调整螺柱上的锁紧螺母必须拧紧,以免螺柱松动,立轴下降,损坏机器。

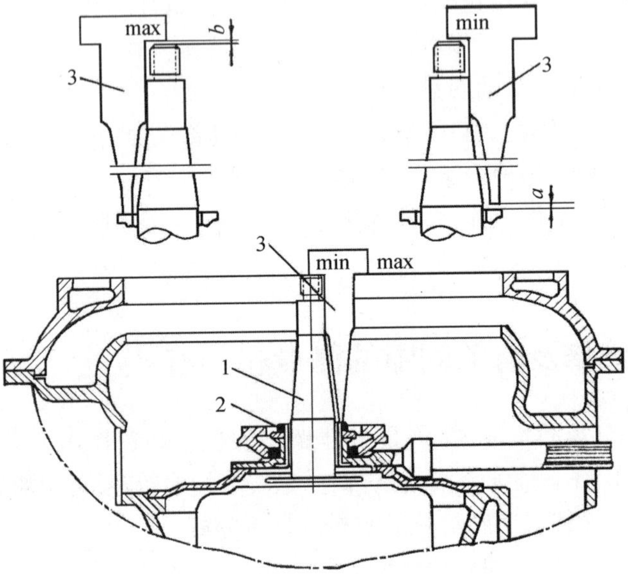

图 5-10 立轴高度的调整

1—立轴;2—锁紧螺母;3—量板

八、装复

(1)在分离筒本体上装滑动圈、弹簧座、定量环。

(2)用专用工具装上分离筒本体,注意与甩水盘上的 3 只螺栓孔对齐,然后上紧螺栓。

(3)上紧刹车装置,用专用工具装上活动底盘。在装配活动底盘时注意其与分离筒本体上的定位销对正。

(4)按标记装好配油锥体,上紧锁紧螺母。

(5)将分离片装于盘架上,然后共同装入。安装时注意将盘架支脚上的销孔和底盘上定位销对正。

(6)按标记装好颈盖、分离筒盖,分离筒盖边缘有定位销。

(7)松开刹车装置,逆时针旋紧主锁紧环到标记处。

(8)装向心泵压盖,逆时针旋紧小锁紧圈。

(9)转动分离筒,检查有无摩擦、卡阻。如正常,则盖上顶盖并锁紧。

(10)对正位置,装好控制阀芯,连同指示盘共同用螺钉上紧,装顶盖及管路。

至此,分油机拆装、检修完毕。

九、常见故障和处理

1. 分离筒达不到规定转速

常见原因有:(1)制动器未松开;(2)摩擦离合器内混入油脂,摩擦片打滑或损坏;(3)电动机或电气设备故障。

2. 不能进油或分油过程断油

分油机供油泵一般为齿轮泵,它不能供油的原因通常有以下几类:

第一类是由于泵或管路的问题不能产生足够低的吸入压力,原因是:(1)油泵传动齿轮锥销折断;(2)泵严重磨损,间隙太大;(3)泵转速太低;(4)吸入管漏气;(5)油柜用空。

第二类原因是泵吸入压力过低。属于这类的原因有:(1)油柜油位太低;(2)供油泵前滤器堵塞或管路不通;(3)油温太低,黏度太大。

3. 出水口跑油

第一类原因是水封未能建立或受到破坏:(1)起动时水封水未加或加得太少;(2)进油阀开阀速度太快,水封被破坏;(3)油温太高,水封水被蒸发,水封被破坏;(4)转速不足使水封压力不够;(5)分离盘片间脏堵。

第二类原因是油水分界面外移至分离盘外。属于这类原因的有:(1)比重环内径过大;(2)油未加热至要求值,密度大。

4. 排渣口跑油

这是由于排渣口未能封闭。排渣口跑油的原因有以下几类:

第一类原因是滑动圈不能上移堵死密封水腔泄水口,可能是:(1)分离筒盖下端面主密封;(2)滑动圈下方弹簧失效;(3)滑动圈上方塑料堵头失严。

第二类原因是滑动底盘下部缺密封水,可能是:(1)高置水箱无水;(2)工作水系统管道或控制阀堵塞或严重漏泄;(3)活动底盘周向密封圈失效漏泄。

第三类原因是活动底盘与分离筒盖不能贴紧,可能是:(1)分离筒盖下端面主密封;(2)传动齿轮和轴承过度磨损使立轴下沉。

5. 不能排渣

不能排渣的原因是缺少压下滑动圈的开启工作水,可能是:(1)高置水箱无水;(2)工作水系统管道或控制阀堵塞或严重漏泄;(3)有关工作水孔脏堵不通;(4)滑动圈周向密封圈失效。

6. 出现异常振动或噪声

出现异常振动或噪声的原因可能是:(1)分离筒安装不正确、紧固件松动或与机盖、配水盘擦碰;(2)传动机械因缺油或油质差而损坏;(3)轴承过度磨损而使立轴下沉;(4)供油泵卡阻或损坏;(5)摩擦离合器损坏或过度磨损,质量不均匀;(6)排渣不净,分离筒内积渣不均。

第三节 分油机操作

一、学习目标

1. 掌握分油机的操作步骤。
2. 掌握分油机的运行管理注意事项。

二、学习任务

1. 分油机的操作步骤。
2. 分油机的运行管理注意事项。

三、环境设备

1. DE-LAVAL 分油机。
2. ALFA-LAVAL S 系列分油机。

四、背景知识

DE-LAVAL 分油机可以改装成全自动排渣分油机,其工作的各个步骤是由系统时序控制的,各时序的时间可以进行设定。

图 5-11 所示为该自动排渣分油机装置系统图。用电磁阀 $V_{1\text{-}1}$、$V_{2\text{-}1}$、$V_{3\text{-}1}$ 分别控制外管进水、内管进水及水封水和冲洗水,这些电磁阀都是通电打开、断电关闭。电磁阀 V_0 通过控制进入三通气动活塞阀(三通阀)V_S 中的控制空气来控制待净化油进入分油机,VC 为单向节流阀。阀 V_{T-1} 用于控制加热油温。在正常分油的情况下,阀 V_{T-1} 断电,阀芯下落,控制空气与大气相通,温度调节器 T(f 为油温度检测元件)输出的控制信号经阀 V_{T-1} 控制蒸汽阀的开度,对燃油进行恒温控制。在起动前油未进入分油机的情况下,阀 V_{T-1} 通电,阀芯吸上,切除温度调节器的工作,蒸汽阀上的控制空气管路通大气,蒸汽阀全开,快速对油加热。

五、分油机起动前的检查

(1)检查各运转部件的灵活性,看是否有卡阻现象,包括打开机盖检查分离筒有无卡死、刹车装置是否已脱开、电动机轴是否卡死等。

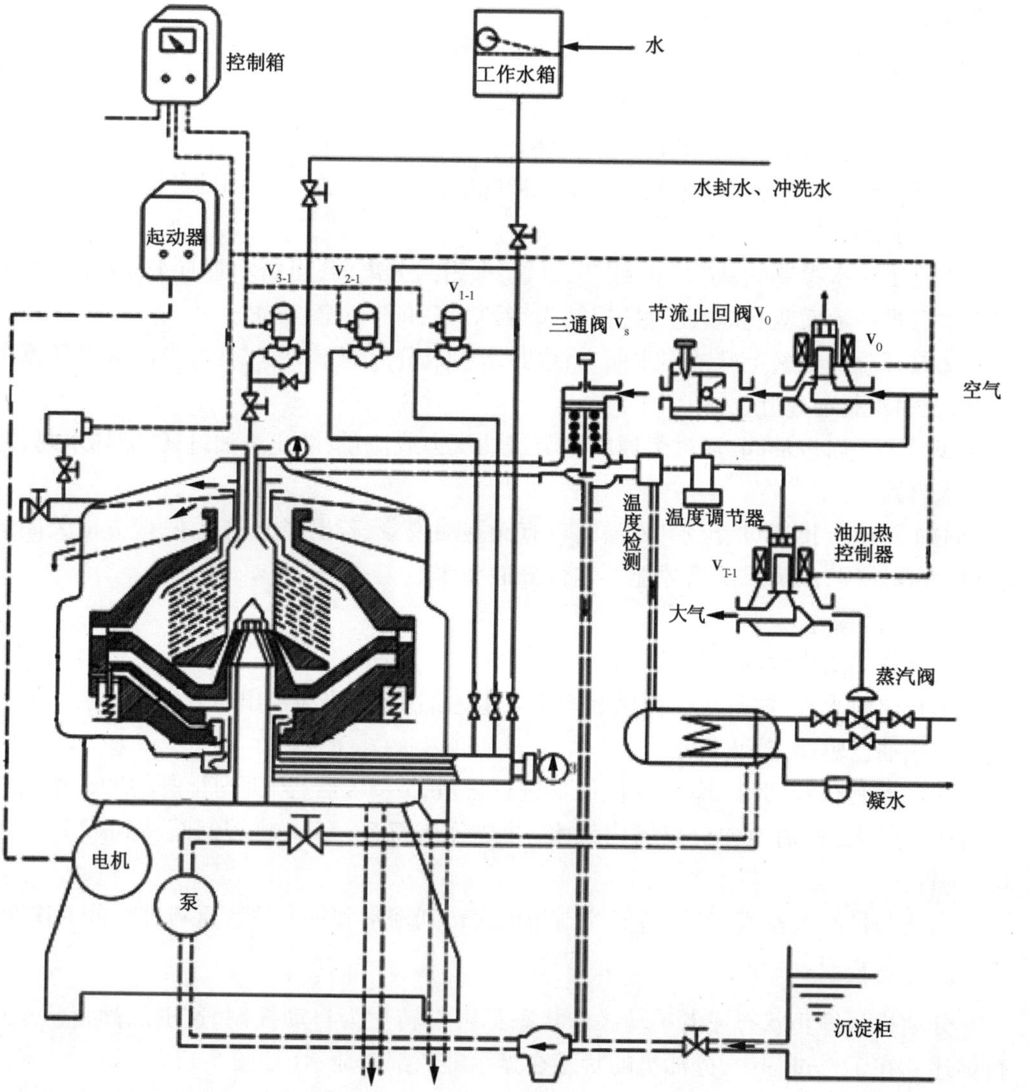

图 5-11 DE-LAVAL 自动排渣分油机系统图

(2)检查齿轮箱内的油位和油质。油位应保持在正常范围内(一般在观察镜上的刻度线中间)、油泵处的油杯润滑油脂是否加足、滑油是否变质。

(3)检查高置水箱的水量是否合适,各种阀件的开关位置是否符合要求,加热器、空气气源是否正常,各设定参数是否符合要求等。以上准备工作完成后,可以进行起动操作。

六、起动与运行操作

1. 手动操作

对于全自动排渣分油机均保留手动操作功能,此时首先将手动/自动转换开关 S1

转换至手动位置。

(1)起动操作

①接通电源,按下起动按钮,起动分油机。

②起动分油机后,应观察分油机运转声音及电流情况,分油机加速过程约需 5 min,当达到正常转速、油温加热到所要求的温度后,才能进行下面的分油操作。

(2)分油操作

①将工作水控制阀从“2”转到“3”位置,即密封分离筒,当指示管有水流出时,表示密封水已把活动底盘托起,此时把控制阀转到“4”,即“补偿”位置。

②打开分油机最上端的引水阀,将水封水引入分离筒形成水封区,当污水出口流出水时,表明水封已建立,关闭引水阀。

③缓慢开启进油阀,通过旁通阀调节进油压力或流量,防止进油过猛,破坏水封,造成出水口跑油。

④注意检查排渣口、出水口、溢流口有无跑油现象,若出现上述现象,应立即关闭进油阀,查找原因,故障排除后才能再进行分油操作。

(3)排渣操作

①首先关闭进油阀,停止进油。

②开启引水阀,向分离筒内供置换水赶走内部剩油,当净油出口管中无油流出时表明内部燃油已驱净,停止进水。

③将控制阀转到“1”即“开启”位置进行排渣,3~5 s 后,当听到排渣的冲击声时即表明排渣结束,然后再向分离筒内供水,冲洗分离筒 5~15 s,将控制阀转到“2”即“空位”位置。

当认为排渣过程满意后,再把控制阀依次转到密封和补偿位置重新进行分油作业。

2. 自动控制

分油机从静止状态或者手动操作状态都可以转化为自动控制,这里从静止状态进行描述。在工作过程中,分油机的状态在显示屏上都有显示(如图 5-12 所示)。

(1)将手动/自动转换开关 S1 转换到自动位置,打开电源,起动分油机,系统的时序控制投入工作,经过一段时间的延时后(本系统为 5 min),分油机转速达到稳定状态。这个过程在显示屏上如图 5-13 所示。

(2)延时时间到达后自动进入密封时序,整个密封时序共 30 s。

(3)然后自动进入水封时序,此时“水封/冲洗”电磁阀打开,水封水进入分离筒形成水封,整个水封时序共 25 s,以确保分油时不发生跑油。

(4)水封时序结束后“水封/冲洗”电磁阀关闭,然后系统自动进入分油作业时序,分油时序开始后延时 5 s“进油”电磁阀打开,待分油液缓慢进入分油机开始正常分油作业,直至等到排渣定时器动作,实船工况下排渣定时器一般都为 1~2 h。

(5)正常分油过程中按下排渣按钮 B1、按下试验按钮 B2 或排渣定时器时间到,系统会自动进入冲洗时序。此时“进油”电磁阀关闭,停止进油,同时“水封/冲洗”电磁阀打开,冲洗水把大部分剩油排出,以免在排渣时浪费掉这部分分油液。整个冲洗过程共

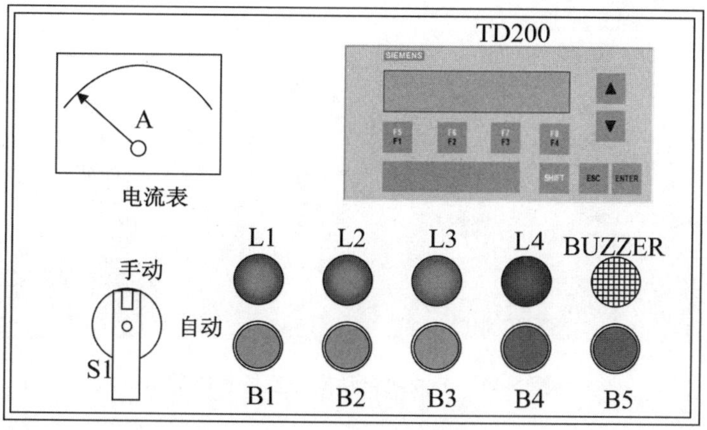

图 5-12 控制系统操作面板

L1—排渣指示灯(绿色);L2—试验灯(绿色);L3—起动指示灯(绿色);L4—停机指示灯(红色);S1—手动/自动转换开关;BUZZER—报警蜂鸣器;B1—排渣按钮(点动,绿色);B2—试验按钮(点动,绿色);B3—起动按钮(点动,绿色);B4—停机按钮(点动,红色);B5—报警消音按钮(点动,红色)

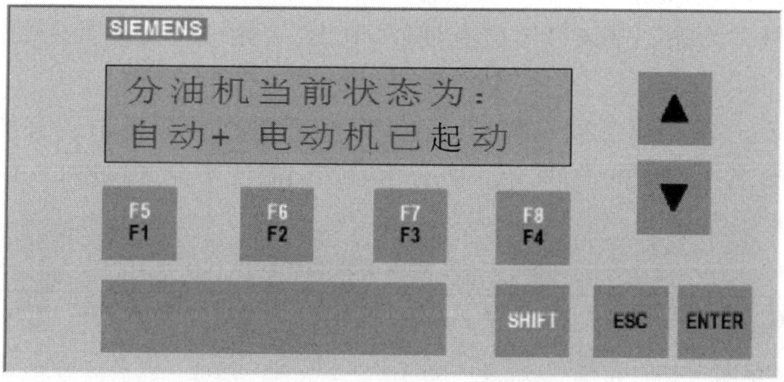

图 5-13 分油机自动操作起动状态显示

25 s,冲洗时序结束后“水封/冲洗”电磁阀关闭,系统自动进入排渣时序,整个排渣时序共 15 s。

(6)排渣时序结束后,系统自动进入空位放水时序,屏幕显示如图 5-14 所示。

空位放水时序共 15 s,此后重复前边的密封、形成水封、正常分油、冲洗、排渣等过程,直至按下停机按钮 B4,再进行一遍冲洗、排渣过程后停机。

3. 其他说明

如果出油口压力低,系统会发出跑油报警,按下消音按钮 B5 应答。

如果系统内部的程序出错,则屏幕显示“系统时序错误”,同时发出报警,请按下消音按钮 B5 应答。

如果正在进行自动控制时切换到手动控制,则系统停留在切换前的时序步骤;如果正在进行手动控制时切换到自动控制,则系统以当前时序步骤开始投入自动工况。

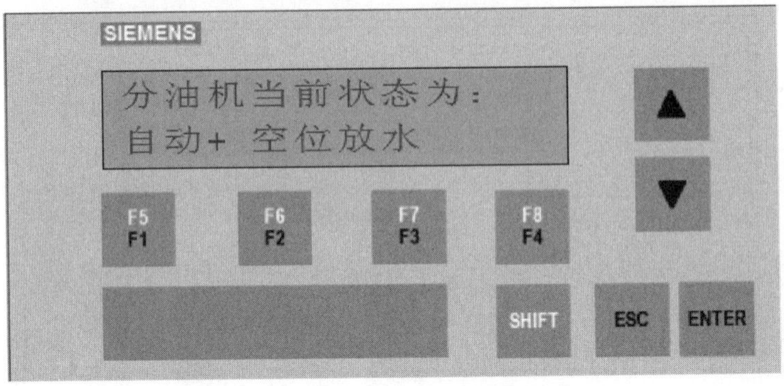

图 5-14　分油机自动操作空位状态显示

七、运行管理注意事项

(1)在分油机正常工作过程中,应该常查看各油、水、渣观察孔,以便从观察镜监视液流情况。通过出水观察孔查看有无“跑油”或通过溢油观察孔查看有无溢油现象,如有,应及时调整并消除。排渣口不应有油、水流出;否则说明分离筒密封不良,须停机检修。

(2)保持适宜的加热温度以降低黏度。各种油进入分油机的适宜加热温度如表 5-1 所示。对于含水量多的燃油,第一级分水时加热温度不允许超过 85 ℃,第二级分渣时可提高到 90~95 ℃。

表 5-1　分油机加热温度简表

油料名称	轻柴油	重柴油	滑油(无添加剂)	燃料油
加热温度	40 ℃	40~60 ℃	65~75 ℃	75~95 ℃

(3)保持最佳分油量。燃油一般取分油机的额定分油量的 1/2 为最佳分油量;对润滑系统的滑油,通常取实际分油量为额定量的 1/3 为佳。

(4)除此之外常做的检查项目还有:

①检查高置水箱水位是否正常,检查齿轮箱油位和油质,如已变质应予更换。

②查看分油机的转速是否正常。

③查看电动机的工作温度是否正常。

④检查齿轮油泵填料函处的密封是否良好,有无漏油现象。

⑤查看分离筒运转是否稳定,有无异常振动或噪声,如有应立即停车检查。

(5)选择最佳的工作方式

分油机在船上工作时,工作方式有三种:

①单机工作:用一台分水机处理全部流量。

②并联工作:两台分水机并联工作,各处理总流量的 50%。

③串联工作:两台分油机串联,前一台为分水机,后一台为分杂机,每台都要处理全

部流量。这种方式效果最好,即使分水机油水分界面太靠内,分离效果差些,因还有分杂机,仍能保持较好的分杂效果。

八、停机操作

对全自动排渣型分油机,只需按下控制箱上的 B4(如图 5-12 所示)即“停机”按钮即可完成全部的排渣程序,并自动切断电动机电源使分油机停车。

分油机的手动停车步骤如下:

(1)关闭污油进口阀(必要时应首先转分轻油冲洗管路)。

(2)开引水阀,回收分离筒中净油,当出油口有水流出时将阀关闭。

(3)将控制阀转至“1”停 3~5 s,开启引水阀冲洗分离筒,必要时可反复冲洗,排渣数次。

(4)听到排渣声后,将控制阀转至“2”位。

(5)按下停止按钮。当分离筒转速降至 2 000 r/min 以下时,可使用止动器使分油机迅速停转。

(6)关闭有关油、水、气系统的截止阀,切断电源。

九、ALFA-LAVAL S 系列分油机操作要点

目前,ALFA-LAVAL S 系列全自动分油机在船舶上得到了越来越广泛的应用,现简要介绍其操作管理要点。此分油机除配有一个 EPC50 控制单元、一些控制和检测辅助元件外,还配有供油泵和加热器等辅助设备,它们共同构成一个分油机的工作系统,如图 5-15 所示。

该系统由压缩空气阀块、水阀块、燃油供应和加热系统及分油机组成。压缩空气阀块由控制空气瓶经压缩空气进口 501 供给压缩空气,根据控制单元 EPC50 的信号控制电磁阀 SV1、SV4、SV5 的启闭,继而控制气动阀 V1、V4、V5 的状态。淡水压力柜的淡水经淡水进口 371 供入水阀块,根据电磁阀 SV10、SV15、SV16 的启闭控制分油机的水封水、开启水、密封水。燃油经供给泵首先送至加热系统被加热到 98 ℃,然后进入气动三通阀 V1。在起动或排渣期间,三通阀控制燃油经回油口 209 返回沉淀柜。若工作条件满足,燃油则进入分油机。分油机排出的净油经水浓度监测器 MT、背压阀 RV4 后由净油出口 220 供给日用柜。若水浓度高,则排水阀 V5 开启排水,油渣经排渣(水)口 221、222 以定时的方式排往油渣舱。

1.起动前的检查

在起动前除应检查分油机滑油油位、刹车装置、分离筒和摩擦离合器、各种阀件的开关位置是否符合要求外,还应检查加热器、空气气源是否正常,各设定参数是否符合要求。以上准备工作完成后,可以进行起动操作。

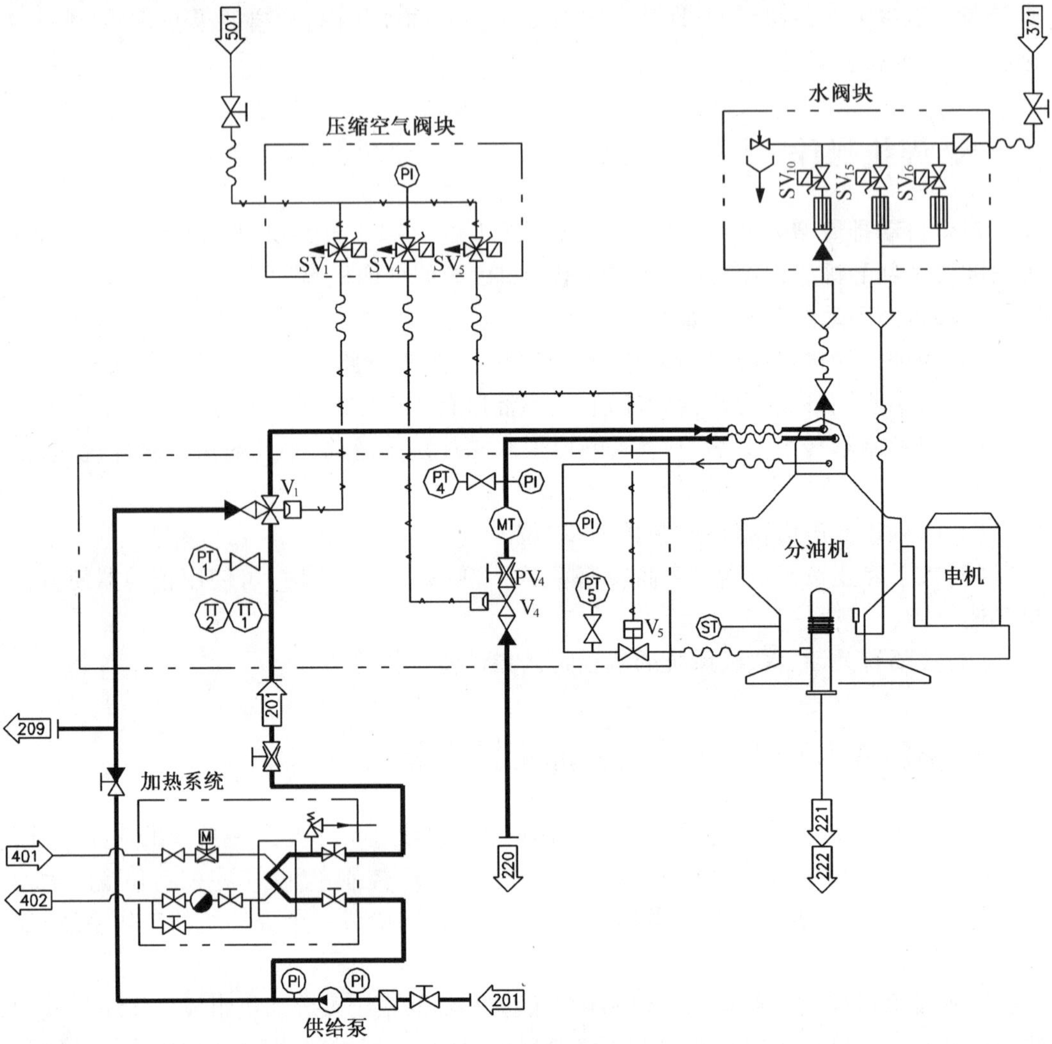

图 5-15　S 系列分油机工作系统

201—燃油进口;209—回油口; 220—净油出口;221, 222—排渣(水)口;401—蒸汽进口;402—凝水出口;371—淡水进口; 501—压缩空气进口;PI—压力表;PT—压力传感器;TT—温度传感器;MT—水浓度监测器; ST—转速传感器;SV—电磁阀

2. 起动和运转

首先起动供油泵,起动分油机加热器,然后起动分油机。分油机加速过程约需 5 min,在此期间要注意观察分油机起动器上的电流表指针变化是否正常,应确保无不正常噪声或振动发生。待分油机达到正常转速、油温加热到所要求温度后,便可按下控制单元上的程序开关按钮,进行分油作业。

分油期间应经常注意出水口和排渣口是否跑油,齿轮箱滑油油位,日用油柜和沉淀油柜油位,高置水箱水位(或高、低压水减压阀工作情况),分油机和供油泵的运转情况等。注意分油机各种故障报警,消除警报并排除故障。

3. 排渣

当运行到选定的时间时，由程序自动引发进行排渣，排完渣后又恢复正常分油作业；也可在巡回检查时手动激活排渣操作，观察排渣过程是否正常，发现可能存在的问题并提前排除掉。

4. 停止分油机运转

当需要停止分油时，只要再次按下程序开关按钮，分油机便自动先执行排渣操作，然后自动停止分油机并将其起动开关锁住 3 min，即在停机后 3 min 内分油机不能再起动。

人工关闭分油机加热器，在油温下降后再停供油泵。

由上述内容可见，全自动分油机需要人工起动的设备依起动的先后顺序为供油泵、加热器和分油机，停止分油时的停止顺序与起动顺序相反，而且一定等油温下降后才能停止供油泵。

下面以青岛远洋船员职业学院实训室 S921 分油机为例来介绍该系列分油机的操作规程。

1. 起动前的检查

(1)检查实训室控制箱内电源开关状态，合上总开关及该台分油机电源开关。

(2)检查空压机状态，连接空压机空气管与分油机控制空气管路，打开截止阀，将空压机转换至自动起动位置，检查压缩空气压力为 0.5~0.8 MPa。

(3)打开工作水管路截止阀，检查工作水压力为 0.2~0.8 MPa。

(4)检查油底壳油位及油质，如需要通过加油管加油至正常位置(刻度中间位置)。

(5)检查沉淀柜和日用柜液位，根据需要开关相应的截止阀。

2. 起动操作

(1)打开控制柜上的电源开关，起动 EPC-60 控制面板，其控制面板如图 5-16 所示。

在运行处理的任何时间，要想进入 Operation List(运行列表)，可通过重复按“返回”按钮来实现。

Operation List(运行列表)给出装置的如下信息：

分油量

离排渣所剩的时间

速度(SS)，r/min

压力：PT1(进油口压力)，PT4(出油口压力)，PT5(出水口压力)

温度：TT1(进油口温度 1)，TT2(进油口温度 2)，偏差应小于 2 ℃

水分传感器值

按“箭头”按钮可在列表中上下浏览，在运行过程的任何时间，操作人员可以按“STOP”按钮发起停止指令。

(2)按下“START(起动)”按钮，如果切断过电源且/或打开过分离筒盖，显示

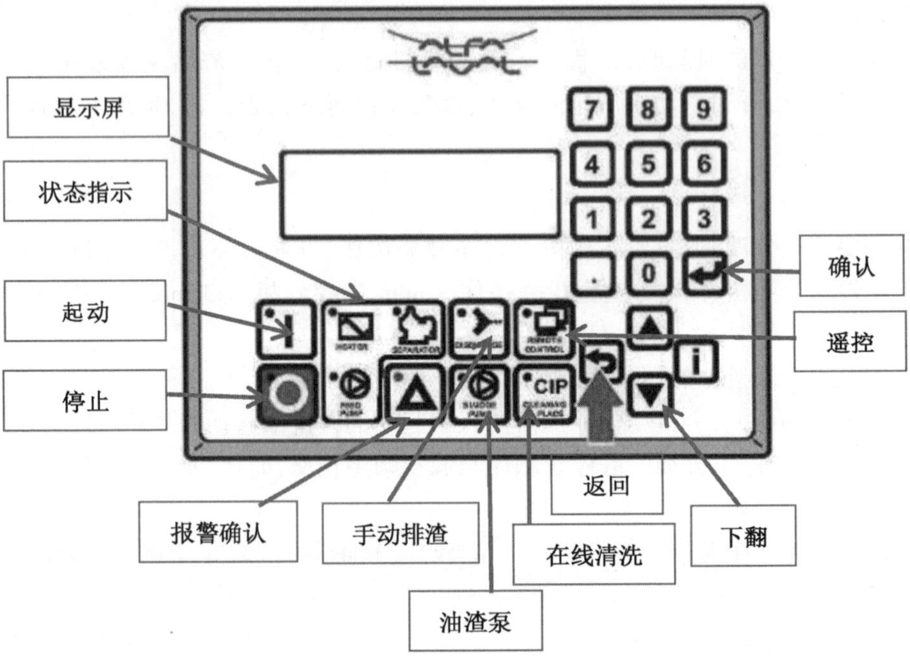

图 5-16　EPC-60 控制面板

器上会显示下列问题,必须先回答这些问题后系统才能被起动,起动序列如图 5-17 所示:

①分离筒是否被拆卸? Has the bowl been dismantled?

选择后,按"ENTER"按钮。如选择 YES,只能进行手动起动;如选择 NO,会显示 Process without calibration 不校准继续,可进行分步/自动起动(使用参数 P130)。

②是否依照说明书装配? Assembled according to manual?

选择后,按"ENTER"按钮。如选择 NO,系统将进入 STAND STILL(停止运转)状态。

③分离筒清洁? Bowl cleaned?

选择后,按"ENTER"按钮。如选择 YES,只能进行手动起动;如选择 NO,会显示 Process without calibration 不校准继续,可进行分步/自动起动(使用参数 P130)。

(3)根据提示,按下分油机"START(起动)"  按钮,起动燃油供给泵(如需要调节流量,调节燃油进机阀)。

(4)根据提示,按下分油机"START(起动)"  按钮,起动燃油加热器(可通过 P249 进行设置,建议温度:MDO 30℃,HFO 98℃)。

(5)根据提示,按下分油机"START(起动)"  按钮,起动分油机(起动时电流约为 12 A,正常运转时为 5~7 A),分油机转速逐渐升高,加速至 12 000 r/min。

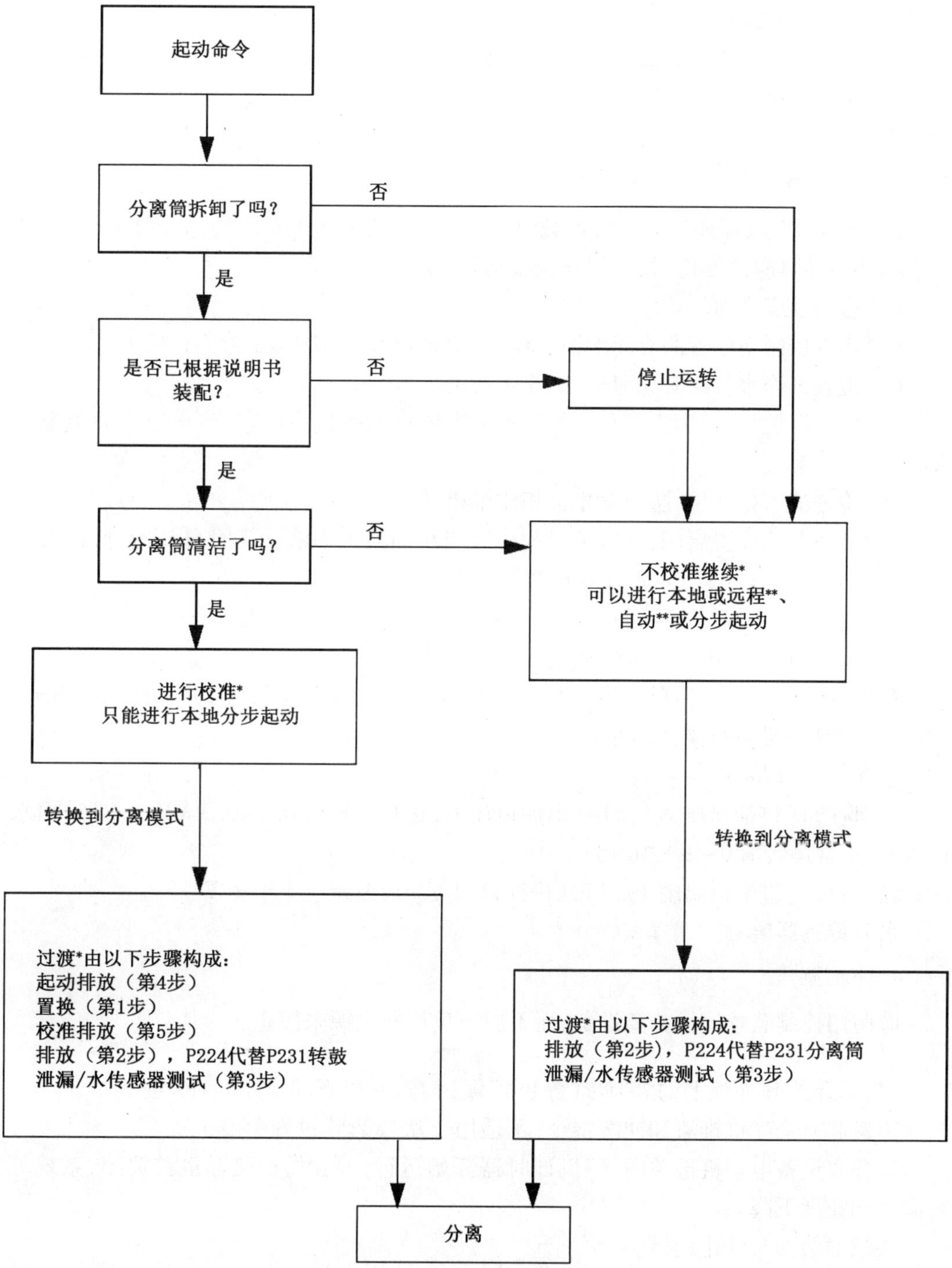

图 5-17　ALFA LAVAL S 型分油机起动序列

(6)当分油机达到额定转速并且油温适合，根据提示，按下分油机“START(起动)”

按钮，起动分油程序(如分油机检修后第一次起动，会进行分油机校准程序，起动时间稍长,为 10~20 min)。

(7)分油机进入正常分油程序,显示器显示 Operation List 运行列表,显示下一次排渣剩余时间(排渣时间间隔可通过 P220 进行设置,建议值:MDO 120 min,HFO 60 min)。

3. 运行管理

设备运行期间,需要对各运转参数进行监控,保证设备正常运转,如发现异常振动等故障,可通过“应急停止”按钮停止设备运转。

(1)检查油底壳油位。

(2)检查控制空气管路有无泄漏、空压机运转情况,检查压缩空气压力。

(3)检查工作水管路有无泄漏、工作水压力。

(4)检查沉淀柜/日用柜液位,检查燃油管路截止阀开关状态,防止发生油柜溢油事故。

(5)检查油渣柜液位,防止发生油柜溢油事故。

(6)油渣泵如设置启用,在排渣过程中或当小油渣柜中液位高时自动运行,也可以按控制面板上的“Sludge Pump(油渣泵)”按钮手动起动。

(7)通过 Operation List(运行列表)查看如下信息,如需要,则进行调整:

分油量(如需要,通过调节燃油进机阀调节流量)

离排渣所剩的时间[排渣操作按预置的时间间隔自动运行,也可以按“Discharge(排放)”按钮手动运行排渣操作]

速度(SS),r/min

压力:PT1(进油口压力),PT4(出油口压力,正常运转值 0.1~0.3 MPa),PT5(出水口压力,正常运转值 0~0.5 MPa)

温度:TT1(进油口温度 1),TT2(进油口温度 2),偏差应小于 2 ℃

水分传感器值

4. 停机操作

应使用控制装置停止分离设备,而不应通过切断电源来停止。

(1)按下操作面板上的“STOP(停止)”按钮,以下动作序列将发生:

①发起一个停机排渣和冲洗指令(不适用于从“起动”过程中停止)。

②分离设备电动机被关闭,停机计时器开始运行。同时,加热器也被关闭,系统等待温度和速度下降。

③燃油给油泵停止运转。

(2)关操作水总阀。

(3)停掉空压机,关空气瓶出口阀,关控制空气进机阀,取下压缩空气管。

(4)如需要,开、关燃油管路相应截止阀。

大约 20 min 后分油机完全停止,显示 STAND STILL。

第六章

柴油机系统和装置

知识目标

1. 掌握燃油系统的组成,燃油的驳运、净化和供给。

2. 掌握润滑系统的组成、主要设备和维护管理;了解润滑和润滑油;了解气缸润滑;了解不同机型对曲轴箱油和气缸油的要求;了解曲轴箱油的变质与检验。

3. 掌握冷却系统的组成和类型、主要设备和作用;了解中央冷却水系统和冷却系统的维护管理。

4. 掌握调速的必要性和调速器的类型;了解调速器的性能指标;掌握机械调速器的工作原理和特点、液压调速器的工作原理以及表盘式液压调速器的结构特点;掌握液压调速器的调节方法和维护管理。

5. 掌握柴油机的起动方式;掌握压缩空气起动装置的组成、工作原理和起动条件;掌握压缩空气起动装置的主要设备、起动装置常见故障及处理方法。

6. 了解换向装置的基本原理、换向方法和要求;了解双凸轮和单凸轮换向装置的换向原理和特点;了解换向装置的常见故障及处理方法。

7. 了解柴油机操纵系统的要求和典型操纵系统。

能力目标

1. 能够根据柴油机燃油、润滑和冷却系统的组成、主要设备对船舶主要管路系统进行操作和管理,能够对各组成部分进行日常维护和保养。

2. 能够根据柴油机起动、换向和操纵系统的组成、主要设备对其进行操作和管理,能够对各组成部分进行日常维护和保养。

3. 能够对柴油机各系统的常见故障发生的原因进行分析并排除故障。

4. 能够根据柴油机调速器的工作原理和结构特点对其工作状况进行分析判断。

5. 能够对柴油机调速器常见故障发生的原因进行分析并排除故障,能够对调速器进行日常维护和保养。

素质目标

1. 自觉践行社会主义核心价值观,具有深厚的爱国情感和中华民族自豪感。

2. 遵纪守法、诚实守信、敬畏生命、热爱劳动,具有社会责任感和社会参与意识。

3. 具有质量意识、环保意识、安全意识、集体意识和团队合作精神。

4. 具有健康的体魄、心理和健全的人格,养成良好的健身与卫生习惯和良好的行为习惯。

第一节　柴油机燃油系统

一、学习目标

1. 掌握燃油系统的组成。
2. 掌握燃油的驳运和净化。
3. 掌握燃油系统的供给。

二、学习任务

1. 燃油系统的组成。
2. 燃油的驳运和净化。
3. 燃油系统的供给。

三、环境设备

1. 燃油驳运泵、供给泵、循环泵。
2. 燃油油柜、燃油分油机、燃油集油柜、燃油雾化加热器、自清反冲洗滤器。
3. 燃油单元。

四、燃油系统的组成

燃油系统是柴油机重要的动力系统之一,其作用是把符合使用要求的燃油畅通无阻地输送到喷油泵入口处。该系统通常由加装、储存、驳运、净化处理和供给五个基本环节组成。

根据各环节间的相互关系,可将其分为燃油的加装和测量、燃油的驳运和净化以及燃油的供给三个基本单元,各个单元的相互关系如图 6-1 所示。

主机燃油供给系统与喷油设备微课

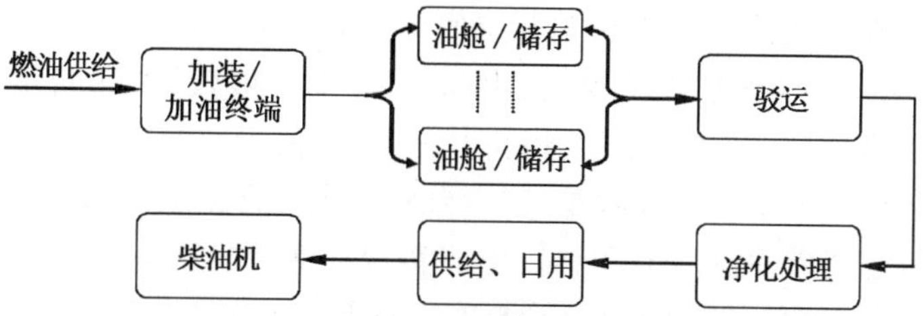

图 6-1 燃油系统各单元相互关系

加油站一般位于船舶主甲板上，由燃油注入法兰、集油盘和燃油输送管系组成。注入法兰分重油和轻油两个，而且船舷两侧分别布置功能相同的法兰接口。燃油的加装是通过加油驳船的燃油注入法兰接头进行的。这样，从两舷均可将轻、重燃油直接注入各油舱。各舱有透气管通至上甲板，加装燃油时须将透气孔开启，以便驱气。注入管应有防止超压设施，如安全阀作为防止超压设备，该阀的溢油应排至溢油舱或其他安全处所。注入接头必须高出甲板平面，并加盖板密封，以防风浪天甲板上浪时海水灌入油舱。注入法兰下安装有集油槽。图 6-2 所示为某船舶的燃油加装系统，各油舱的进出口阀采用液压阀，可以远距离进行控制。现代化的船舶除特定的手动截止阀要手动操作外，所有液压阀都可以在集控室的装载屏上操作完成。

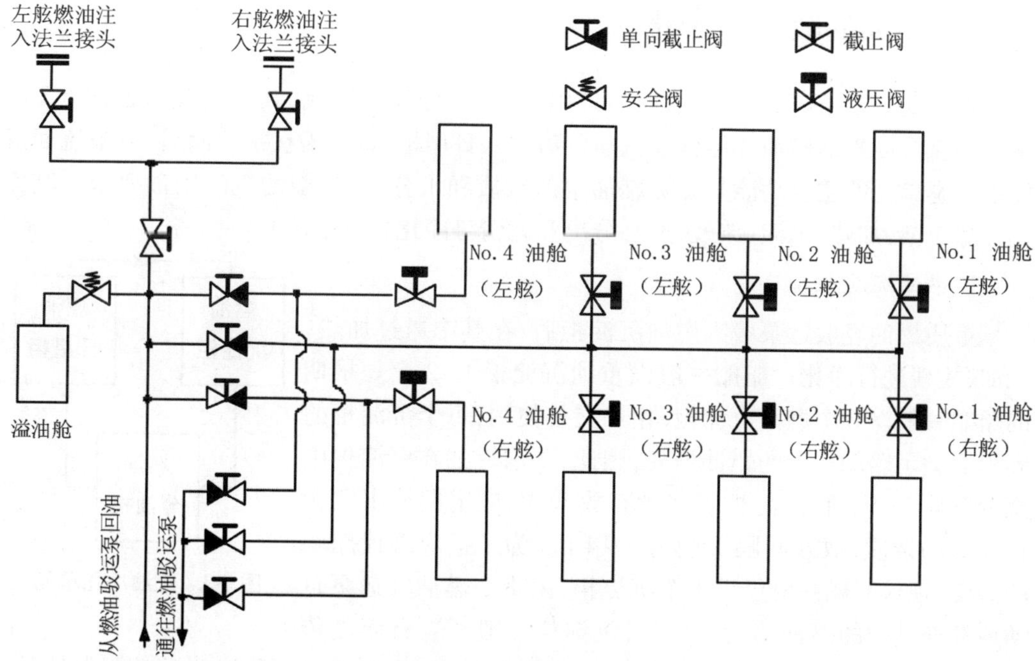

图 6-2 燃油加装系统

燃油的测量可通过各燃油舱柜的测量孔进行。若燃油舱柜装有测深仪表，也可以通过测深仪表测量。测出液位高度后，对照舱容表并经过船舶吃水差修正，可查出燃油的体积。

加装的燃油储存在燃油舱柜中。船舶的燃油舱一般有多个。油舱分为双层底和深舱(边舱)两种。双层底油舱位于船舶双层底中,因此,其高度一般小于 2 m,但自由面却相对较大;深舱一般位于船舶两侧,自由面较小,但一般较深,和船舶吃水深度相仿。重油舱都装设加热盘管,以加热重油,保持其流动性,便于驳油。

燃油的驳运环节主要由调驳阀箱、驳运泵和相应的管路系统组成,其主要作用是将燃油从燃油舱驳运到燃油沉淀柜,同时,也能实现各油舱柜之间的燃油相互驳运操作。一般船舶有两台驳运泵,通常使用齿轮泵或螺杆泵,分别用于 F. O. 和 D. O. 的驳运工作,并互为备用。特殊情况下可把重油舱中的重油驳至舷外。

重油的净化通常采用沉淀、分离和滤清等净化处理措施。沉淀需在专设的沉淀柜(沉淀柜应设置两个)中进行,按有关规定至少沉淀 12 h。为提高净化效果,沉淀柜中的重油应预热至 50~60 ℃,并可酌情加入泥渣分散剂和疏水剂,以使油中悬浮杂质易于沉淀。沉淀柜应定期放水排污。滤清由系统的多个粗、细滤器完成。净化处理的核心环节是离心分离,其主要设备是离心分油机。

燃油供给单元由燃油供给泵、燃油循环泵、燃油集油柜、雾化加热器(包括黏度控制器或温度控制器)和燃油自清滤器等组成,其主要作用是向柴油机提供黏度和温度符合使用要求的燃油,保证燃油的喷射和雾化。

五、燃油的驳运和净化

本单元主要由燃油沉淀柜、燃油日用柜、燃油分油机组成,其相互关系如图 6-3 所示。来自沉淀柜的燃油在经分油机净化后注入日用柜,日用柜在被注满后,可溢流回沉淀柜。本单元的主要功能是去除燃油中的杂质和水分,满足柴油机的用油要求。其净化方法包括:加热、沉淀、放残、离心分离和滤清等净化处理措施。

1. 燃油沉淀柜

重质燃油经驳运泵驳入燃油沉淀柜后,在其中通过加热、沉淀、放残进行净化。船舶一般设重油沉淀柜 1~2 个。早期的船舶一般设 2 个燃油沉淀柜,相互交替使用,每个沉淀柜的容积能满足船舶一天的燃油消耗,因此,要求燃油在沉淀柜中至少沉淀 12 h。在沉淀柜下部设有放残阀,应定期放出沉积在底部的杂质,放残间隔一般为 2~4 h。为了适应现代船舶的需要,现代船舶一般仅设 1 个沉淀柜,由 1 个燃油驳运泵自动地补充其中的燃油消耗。另外,沉淀柜一般还装有温度传感器(高低温)、液位传感器(高低位),可发出高温、低温、高位、低位、溢流等报警信号。

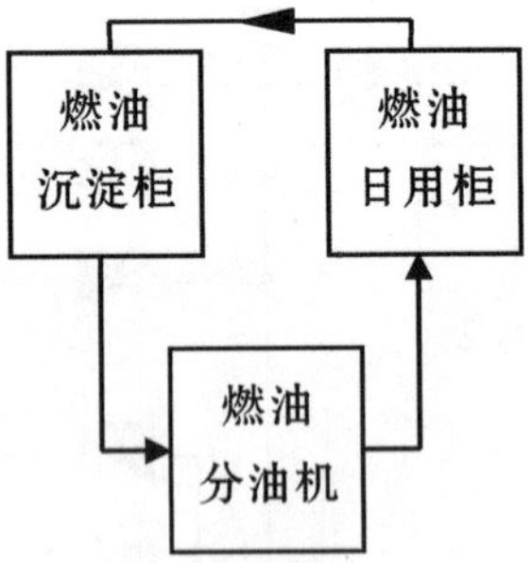

图 6-3 燃油净化单元

2. 分油机

重质燃油从沉淀柜经分油机净化后注入日用柜。离心分油机是燃油净化处理的核心环节。船舶根据燃油的日消耗量和分油机的排量配置分油机数量,一般至少配备两台。

3. 燃油日用柜

重质燃油(F. O.)经分油机净化后注入日用柜,在其中通过加热、沉淀、放残进行进一步净化。日用柜的功能与沉淀柜的基本相同。只不过其预热温度一般为70~80 ℃,且沉淀柜注满后一般溢流到专用的溢流柜,而日用柜一般溢流到沉淀柜中。

船上一般仅有一个轻油(D. O.)日用柜。图6-4是目前大多数船舶使用的重质燃油净化系统,现以此为例说明本单元各组成部分的功能。

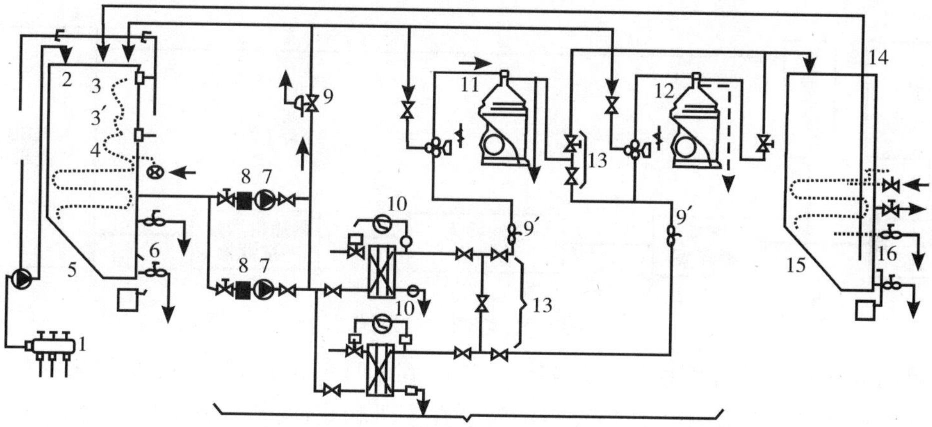

图6-4 重质燃油净化系统

1—调驳阀箱;2—沉淀油柜燃油进口;3—高位报警;3′—低位报警;4—温度传感器;5—沉淀油柜;6,16—水位传感器;7—供油泵;8—滤器;9—气动恒压阀;9′—流量调节阀;10—温度控制器;11,12—分油机;13—连接管;14—日用油柜溢流管;15—日用油柜

从图6-4中可以看出,通过调驳阀箱1,燃油从油舱被驳运泵泵入沉淀油柜5,驳运泵的起、停分别由高位报警3与低位报警3′控制。当沉淀柜中的液位降到低位报警3′对应的高度时,系统起动驳运泵,开始泵入燃油,沉淀柜中的液位开始上升,当液位上升到高位报警3对应的高度时,系统停止驳运泵的工作,每次补油量为沉淀柜在高位报警3与低位报警3′之间对应的油量。自动调节蒸汽流量的加温系统,加速油的沉淀分离,并且可使沉淀油柜提供给供油泵7的油温变化幅度很小。供油泵后设气动恒压阀9和流量调节阀9′,以确保平稳地向分油机输送燃油,有利于提高净化质量。燃油进入分油机前,通过分油机加热器加温,加热温度由温度控制器10控制,使进入分油机的燃油温度尽量保持恒定。系统设有两台分油机、两台供油泵和两台加热器,相互之间互为备用,提高了系统的可靠性。分油机能分别按并联和串联工作,提高了系统的适应性。分油机的净油注入日用油柜15,日用油柜设溢流管14,溢流管出口被引入燃油沉淀柜。在船舶正常航行的情况下,分油机的分油量将比消耗量大,溢流管吸入口从日用柜的上部延伸到日用油柜下部,可使日用油柜下部温度较低、杂质和水含量较多的燃油引回沉淀柜,既实现循环分离提高分离效果,又使分油机起、停次数减少,延长分油机使用寿命。沉淀柜和日用柜分别设有水位传感器6、16,以提醒及时放残。

六、燃油的供给

1. 燃油供给系统

燃油供给系统主要由燃油供给泵、燃油循环泵、燃油集油柜、燃油雾化加热器(包括黏度控制器或温度控制器)和燃油自清反冲洗滤器等组成,其相互关系如图 6-5 所示。

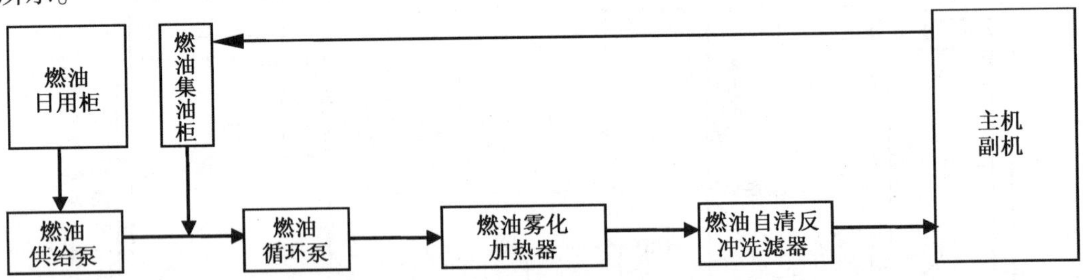

图 6-5　燃油供给系统

供给泵将燃油从日用柜泵出并加压后供给到循环泵的进口,循环泵使来自供给泵和集油柜的燃油经过雾化加热器和自清滤器在主机和集油柜之间循环。供给泵的输出量大于主机的消耗量(忽略系统漏泄)。本系统的主要功能是提供符合柴油机燃油喷射系统要求并具有一定压力和黏度的燃油。燃油供给系统中各部件的功能如下:

(1)燃油供给泵

燃油供给泵一般是螺杆泵或齿轮泵,其从日用柜吸入燃油并加压后供到燃油循环泵的吸口。其输出压力一般为 0.4 MPa,一般由压力调节器和三通阀组成的压力调节系统控制。当柴油机负荷降低使燃油消耗减少时,多余的燃油在供给泵吸、入口间循环。供给泵的吸口通过一个三通阀与重油和轻油日用柜相连。早期的柴油机一般在机动航行期间主机燃用轻油,定速航行后主机燃用重油,通过三通阀实现重油与轻油间的转换。现代的柴油机已实现在全工况范围内全部燃用重油,仅有当船舶进厂大修时才换用轻油。供给泵一般设有两台,互为备用。

(2)燃油集油柜

柴油机的回油在进入集油柜后又供给到燃油循环泵的吸口,使由燃油供给泵泵出的燃油在主机和集油柜间形成了一个封闭的循环,适应了柴油机的不同工况的燃油供应需求。燃油集油柜还可以排除燃油,在循环及泵送过程中析出的气体,确保燃油平稳和连续地供应给柴油机。在轻、重油转换期间,燃油集油柜能使两种油更充分混合,避免燃油黏度突变,可防止油温突变而导致燃油喷射系统故障。

(3)燃油循环泵

燃油循环泵一般是螺杆泵或齿轮泵，其吸口与燃油供给泵和燃油集油柜相连，能确保主机燃油的供给压力，防止燃油汽化，实现燃油在主机与集油柜之间的循环。燃油循环泵一般设两台，互为备用。

(4)燃油雾化加热器

重油使用前的预热处理是保证柴油机正常运转的重要措施，通常采用分段预热的办法。按有关规定应采用饱和蒸汽作为加热源。预热蒸汽压力不应超过 0.8 MPa(相当于饱和蒸汽温度 170.44 ℃)，以防止重油中的焦炭析出沉淀在加热器中。

雾化加热器是一个重要的预热设备。根据良好雾化的要求，重油进入喷油泵时其黏度应降低到 12~25 mm^2/s。在根据此雾化黏度确定雾化加热器的预热温度时，还应再提高 10~15 ℃，以抵偿喷油压力及散热对黏度的影响。为避免加热后迅速积垢，预热温度不得超过 150 ℃。

通常，雾化加热器应确保供给柴油机燃油的黏度满足获得良好雾化的需要。比较普遍的是直接的黏度控制，即在出口装设燃油黏度发信器，去测量燃油黏度的变化，并通过某种调节机构(如气动薄膜调节阀)调节蒸汽阀的开度，保证燃油黏度与设定的雾化黏度相符；现代的一些船舶也有采用温度控制，即在出口装设温度传感器，去测量燃油输出温度的变化，确保燃油的供给温度满足设定要求。燃油的供给温度值一般通过对加装燃油的取样化验，由专业的燃油实验室通过化验给出。

(5)燃油自清反冲洗滤器

燃油自清反冲洗滤器是确保满足要求的燃油供应给主机的最后一道屏障，它能过滤出燃油净化单元漏掉的固体杂质，确保燃油喷射系统各偶件不易过度磨损。现在的燃油自清反冲洗滤器一般采用燃油自身反冲洗，反冲洗后的燃油一般回流到燃油溢流柜(也有反冲到油舱的)，由燃油驳运泵重新泵送到沉淀柜再次净化。在老式的燃油供给单元中经常采用压缩空气实现反冲洗。反冲洗控制一般采用压差和定时两种方式。

燃油供给系统安装有压力、温度等传感器，再与各自的调节机构相配合，实现稳定、可靠的燃油供给。图 6-6 所示为现代船舶普遍采用的加压式主机燃油日用系统，下面就以此系统来简述其工作过程和功能实现。

如图 6-6 所示，净化后的燃油经过轻重油转换三通阀供给到燃油供给泵的进口，经过燃油供给泵的加压作用，压力可达 0.4 MPa，其供给压力可通过压力调节阀调整。燃油循环泵的输出在经过燃油雾化加热器和燃油自清滤器后供给主机，主机的回油通过回油选择三通阀，可返回到集油柜或重油日用柜。一般在正常情况下，燃油返回到集油柜，在出现主机故障导致突然停车的情况下，可通过转换此阀使主机回油到重油日用柜，可回流系统内的重油，避免故障停车后造成重油堵塞燃油管系的情况发生。由于高黏度劣质燃油的使用，燃油供给的预热温度大大提高。供应到主机高压油泵处的燃油压力一般为 0.8 MPa(循环泵出口压力为 1.0 MPa)，循环油路(回路)中压力为 0.4 MPa，防止燃油系统在高预热温度(150 ℃)时发生汽化和空泡现象。

加压式燃油供给系统动画

2. 燃油单元

现代船舶都将燃油供给系统中的主要设备集成为一个模块，称为燃油单元。燃油

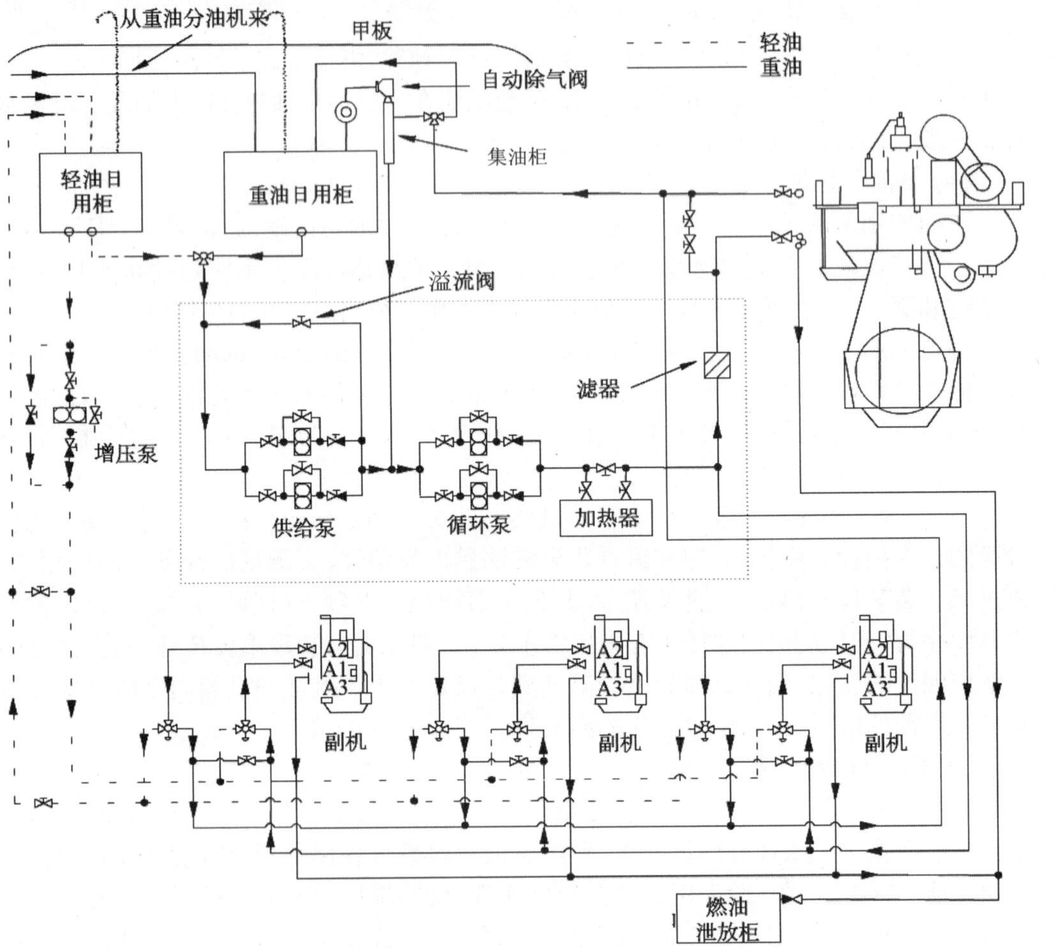

图 6-6　加压式主机燃油日用系统

单元包括从轻重油转换阀到主机的燃油系统设备。燃油单元一般由某一厂家成套提供并整体安装,采用燃油单元可节约工时,节省空间,但也会由于结构过于紧凑而使得管理人员的检修变得不太方便。图 6-7 所示为某船主机的燃油单元。

该燃油单元由轻/重油三通转换阀 1、双联粗滤器 2、燃油供给泵 4、自清滤器 6、流量计 8、集油柜 9、燃油循环泵 12、雾化加热器 14、黏度计 15、缓冲器 16 以及控制箱构成。从轻、重油日用柜来的燃油,经燃油单元加压加热后,通过进机细滤器进入主机高压油泵的吸入管,主机燃用不了的燃油可以经回油管返回燃油单元或直接回到轻、重油日用柜。正常情况下,主机不论运转或停车,系统中只有重油。只在主机大修或长时间停航时才换用轻油,轻油在燃油单元中不需加热。

轻油或重油经三通转换阀,首先通过供给泵进口粗滤器。粗滤器为双联滤器,一般单个工作,互为备用,滤器自带压差计。当压差计表盘翻红时,表示滤器脏堵,需要先转换到备用,再清洗脏堵的滤器。

燃油通过粗滤器后,由燃油供给泵吸入加压。供给泵为两台螺杆泵,互为备用,当

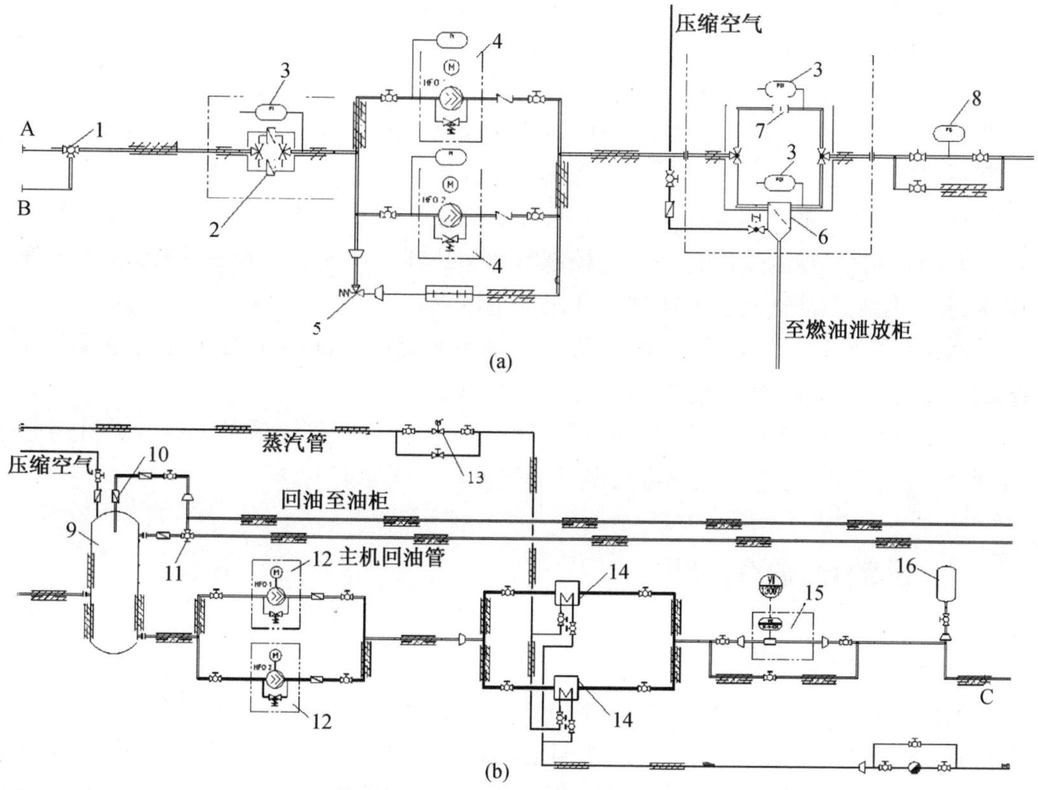

图 6-7 某船主机燃油单元

1—轻/重油三通转换阀；2—双联粗滤器；3—压差计；4—燃油供给泵；5—调压阀；6—自清滤器；7—旁通滤器；8—流量计；9—集油柜；10—除气阀；11—回油三通阀；12—燃油循环泵；13—蒸汽流量自动调节阀；14—雾化加热器；15—黏度计；16—缓冲器；A—重油管；B—轻油管；C—燃油单元至主机油管

运行的供给泵出现故障，燃油单元控制箱自动转换备用泵。供给泵工作压力为 0.4 MPa。

经供给泵加压的燃油进入燃油自清滤器。自清滤器能够定期或超压差时，用压缩空气自动反向冲洗滤器，无须人工拆洗。当自清滤器功能失灵时，可以转换到其自带的旁通滤器。自清滤器也带有压差计。

从自清滤器出来的燃油进入流量计。流量计可以准确地测量主机燃用燃油数量。流量计有旁通管路，出现故障燃油可以旁通。

流量计后连着集油柜。从集油柜出来的油再经过循环泵加压、雾化加热器加热进入主机，部分燃油从主机返回集油柜循环。集油柜顶部带有除气阀，可以放出燃油中混入的空气。此外，集油柜还有一个很重要的作用，即当主机进行轻重油转换时，两种油在集油柜中混合，可以避免油温突变。

循环泵将燃油进一步加压到 1.0 MPa，送入加热器。加压后的重油，进入雾化加热器可以加热到较高的温度而不会汽化，同时满足主机高压油泵的进油压力要求。循环泵同样为两台螺杆泵，互为备用。

雾化加热器为两个立式加热桶,采用蒸汽加热重油,可以单独使用,也可以并联使用。蒸汽加热进汽管安装自动控制阀,可以控制进入加热器的蒸汽量,从而自动调整燃油加热温度。重油进入主机前,需加热使其黏度降为 10~15 mm^2/s,才能满足良好雾化的要求。以主机燃用 180 号重油为例,通常要加热到 120 ℃左右。不论哪种重油,加热温度不能超过 150 ℃,否则燃油会在加热器表面结焦。

重油加热后,进入测黏计及其并联管路。测黏计测量燃油黏度,将黏度信号送入燃油单元的控制箱,控制箱依程序自动控制雾化加热器蒸汽加热阀开度,增加或降低燃油温度,从而控制燃油进机黏度维持在要求的范围内。

燃油最后经过缓冲器的缓冲后,流出燃油单元。缓冲器的作用是通过容器内部形成的气垫保持燃油压力的稳定。

燃油从燃油单元出来,流经双联进机细滤器,进入主机高压油泵入口。进机细滤器有两个,互为备用,对进机燃油进行最后的过滤。

七、燃油系统的管理

1. 燃油加热温度的选择

对燃油(尤其是重油)进行加热是一项十分重要的工作。海船上大多用蒸汽加热,为确保安全规定使用饱和蒸汽。加热温度随燃油使用黏度要求而异,一般采用分段加热法。燃油舱中加热是为了便于驳运,因此应确保油管出口附近燃油不发生凝固为原则,将油舱加热至 15~20 ℃,出口附近为 35~40 ℃即可。在沉淀柜中,要加热到 50~70 ℃(要比闪点低一定温度),以提高沉淀效果。为了提高分离效果,分油温度不能太低,也不能太高,对于重油,最高温度不准超过 98 ℃。在日用油柜中,重油温度应保持在 70~80 ℃。为使喷入气缸中的燃油有合适的温度以确保燃烧完善,对喷油泵前的燃油加热十分重要。对中低速柴油机而言,雾化加热器的加热温度应使重油黏度降至 12~25 mm^2/s。考虑到压力增高会使黏度增大,以及经管路到喷油器存在温度降,加热温度应再提高 10~15 ℃,一般加热到 100~150 ℃。以上各处的加热温度可以通过蒸汽量来调节。

2. 确保燃油清洁

确保燃油清洁主要是在营运中认真掌握好沉淀、分离、过滤等净化环节。定期对沉淀柜和日用油柜进行排污放水,保证油柜清洁。定期清洗燃油滤器,特别是风浪天,要增加放残和燃油滤器的清洗次数。可根据燃油流经滤器前后的压力差来判断滤器的工作情况:若压差增大至超过正常值,表明滤器已变脏堵塞,需立即清洗;若无压差或压力差变小,则表明滤网破损或滤芯装配不对,需立即拆卸检查。

3. 系统放气

燃油系统中容易积气,气往往聚集在系统的高处。系统有气后供油压力波动,甚至因无法供油而停车。油柜上都有透气管,燃油供给系统又是封闭系统,在正常运转中一般不会有空气进入燃油供给系统。系统中的积气大部分是清洗滤器时和维修管路时进入的，也可能是在停机过程中由喷油泵偶件间隙进入的。因此，清洗完滤器和管路后应注意充油驱气。

4. 换油时的正确操作

当船舶需要较长时间停泊或燃油管系中某些设备需要拆卸时，应在柴油机停车前改用轻柴油，以便把管系和设备中的重油冲净。此外，当柴油机处于机动操纵状态时，为使柴油机具有机动性能（特别是起动性能），最好也使用轻柴油，而船舶正常航行后应使用重油，以提高经济性。这种在柴油机运行中进行的轻、重油转换操作称为换油。换油操作的基本原则是防止油温突变，以避免喷油泵柱塞卡紧或咬死。由重油换为轻油时：首先关闭燃油雾化加热器的加热阀，关掉黏度计，随后切断燃料油，同时接通柴油。在集油柜中将原来的燃料油和新注入的柴油逐步混合稀释。由于稀释黏度比油温下降得快，所以不需再加温。最后燃油管道、低压燃油输送泵、燃油雾化加热器、回油管充满柴油，以供下次起动。由轻油换为重油时：首先，必须将燃料油日用柜加热至使用状态，同时稍开燃油雾化加热器使柴油温度上升至 40 ℃以上，随后再切断柴油，接通燃料油。要在消耗完系统内柴油的时间内将燃油温度加热至燃料油雾化要求的温度。

近年来推出的船舶中速、低速柴油机在燃油系统中都采用了能够使燃油经过喷油泵、喷油器循环流动的设计。柴油机通常使用重油，除非柴油机预计停车较长时间，否则不必换用轻油。

第二节 柴油机的润滑和润滑系统

一、学习目标

1. 掌握润滑系统的组成、主要设备和作用。
2. 掌握润滑系统的维护管理。
3. 了解润滑和润滑油。
4. 了解气缸润滑。
5. 了解不同机型对曲轴箱油和气缸油的要求。
6. 了解气缸注油器的结构。
7. 了解曲轴箱油的变质与检验。

二、学习任务

1. 润滑系统的组成、主要设备和作用。
2. 润滑系统的日常管理工作。

3. 润滑和润滑油的性能指标。
4. 气缸润滑。
5. 不同机型对曲轴箱油和气缸油的要求。
6. 曲轴箱油的变质与检查。

三、环境设备

1. 滑油泵。
2. 滑油冷却器。
3. 自清滤器。
4. 气缸注油器。

四、润滑系统的组成、主要设备和作用

柴油机润滑系统通常由气缸油润滑、曲轴箱强制润滑和曲轴箱油分油净化等系统组成。其作用是保证供给柴油机动力装置各运动部件的润滑和冷却所需的润滑油。

1. 柴油机中润滑作用

(1)减磨作用。在相互运动表面保持一层油膜以减小摩擦,这是润滑的主要作用。

(2)冷却作用。带走两运动表面因摩擦而产生的热量以及外界传来的热量,保证工作表面的适当温度。

(3)清洁作用。冲洗运动表面的污物和金属磨粒,以保持工作表面清洁。

(4)密封作用。产生的油膜同时可起到密封作用。例如,活塞与缸套间的油膜除起到润滑作用外,还有助于密封燃烧室空间。

(5)防腐作用。形成的油膜覆盖在金属表面使空气不能与金属表面接触,防止金属锈蚀。

(6)减轻噪声作用。形成的油膜可起到缓冲作用,避免两表面直接接触,减轻振动,减小噪声。

(7)传递动力作用。如推力轴承中推力环与推力块之间的动力油压。

2. 曲轴箱强制润滑和曲轴箱油净化系统的主要组成设备

(1)滑油泵

滑油泵常设有两台,其中一台备用。为保证滑油压力稳定和流动均匀,常采用螺杆式油泵。在泵的吸入端管上一般装有真空表,真空度不超过 33.3×10^{-3} MPa (250 mmHg)。泵的排出管上装有安全阀和调节压力、流量的旁通阀。

(2)滤器

滑油泵的进口端和出口端分别设有粗、细滤器,滤器一般为双联式。装在进口端的一般为粗滤器(有时还用磁性粗滤器),装在泵出口端的为细滤器,其前后装有压力表。

(3)滑油冷却器

滑油冷却器通常采用管壳式热交换器[如图 6-8(a)所示]和板式热交换器[如图 6-8(b)所示]。

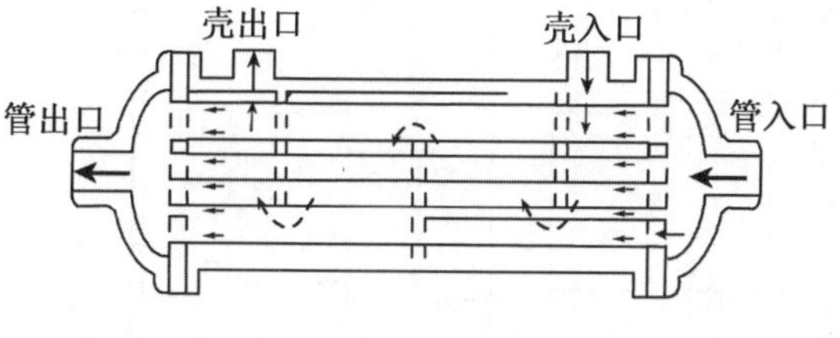

(a)管壳式热交换器

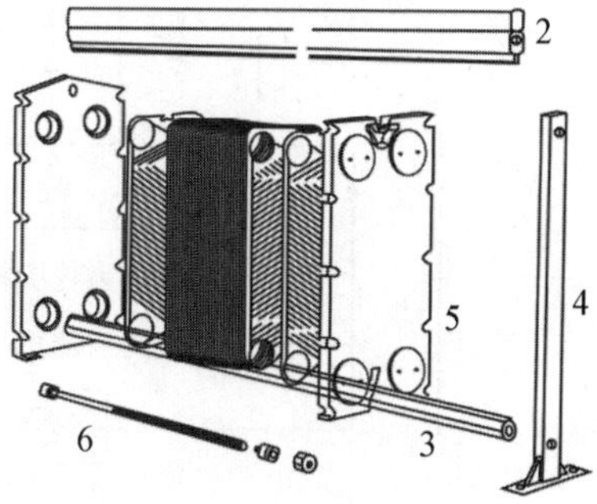

(b)板式热交换器

图 6-8 冷却器

1—板架;2—承载杆;3—导板;4—支柱;5—压力板;6—螺杆

(4)滑油分油机

滑油分油机一般采用离心分离,它是曲轴箱油净化系统最重要的设备。

3. 曲轴箱油系统的形式

曲轴箱油强制润滑系统组成形式依柴油机结构不同分为湿油底壳式滑油系统和干油底壳式滑油系统。

(1)湿油底壳式滑油系统

湿油底壳式滑油系统的滑油存放在柴油机油底壳中,柴油机正常运转时,由其所带的滑油泵抽吸油底壳滑油,经滑油冷却器送至各润滑部位,润滑后流回油底壳,构成独立的润滑系统。此种滑油系统的特点是结构简单,柴油机带滑油泵,管路依附于机体上,油底壳存油量少。但该系统的缺点是油底壳中的滑油将经常受到燃烧室泄漏的高温燃气的污染,容易变质,故滑油的使用寿命短。这种系统经常用于小型柴油机动力装置。

图 6-9 所示为湿油底壳式滑油系统。副机滑油储存于油底壳内。柴油机备机时,电动预润滑泵 02 运转,维持滑油在系统中循环。当柴油机起动后,机带滑油泵 01 工作,作为压力润滑的动力源,此时预润滑泵自动停止。油泵排出的滑油首先进入滑油冷却器 03,然后进入自清滤器 05。自清滤器反冲出的油渣进入离心滤器 06 被进一步分离净化。离心滤器采用油泵的排油作为动力,靠离心力的作用将油渣分离并储存于滤器内部,洁净的滑油则排至油底壳循环使用。自清滤器后的滑油则分别供到柴油机的主油道、传动齿轮机构和增压器 08 等处,完成润滑任务的滑油则回流至油底壳循环。

(2)干油底壳式滑油系统

干油底壳式滑油系统的滑油存放于单独设置的滑油循环舱(柜)中,有以下两种形式:

干式滑油系统工作示意动画

①单泵系统。滑油循环舱(柜)设置于柴油机油底壳之下,滑油泵自其内吸油,经滑油冷却器冷却后送至各润滑部件,润滑后借助重力流回柴油机底部,最后流回滑油循

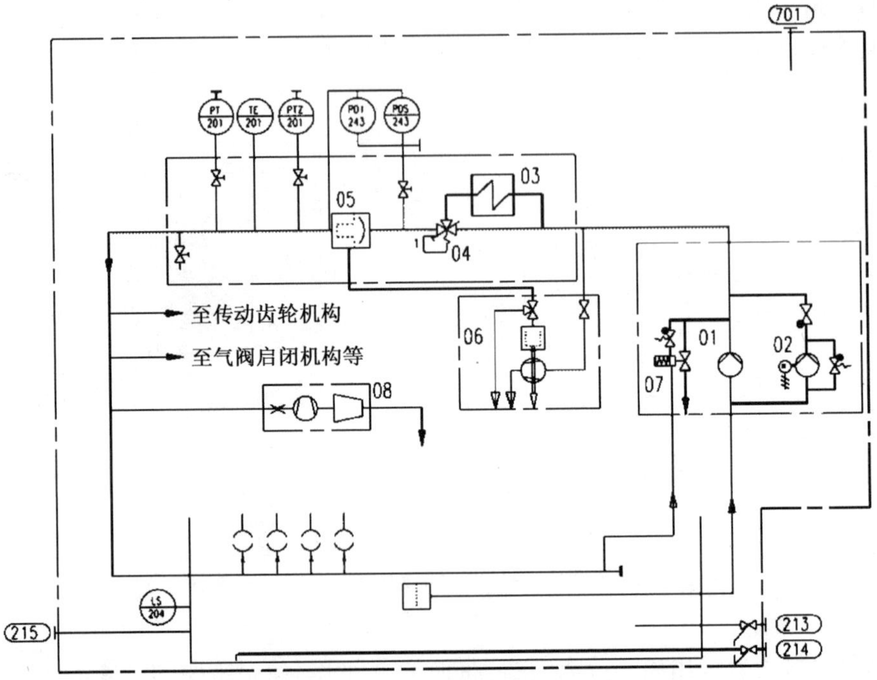

图 6-9 湿油底壳式滑油系统

01—滑油泵;02—预润滑泵;03—滑油冷却器;04—恒温阀;05—自清滤器;06—离心滤器;07—调压阀;08—增压器;213—滑油泵(自分油机或储存柜);214—滑油出口(至分油机或泄放舱);215—加油口;701—透气口

环舱(柜)中。

②双泵系统。该系统有两台滑油泵,其中一台具有单泵系统中的吸油和泵送功能;另一台则专门用于抽吸柴油机油底壳中的滑油,将油泵至循环舱(柜)中。该系统的循环舱(柜)与管路布置不受柴油机位置限制,滑油不存于油底壳中,改善了滑油工作条件,延长了使用寿命,但需增加一台滑油泵。

在柴油机滑油系统中以单泵干油底壳式滑油系统居多,其特点是储油量大,滑油沉淀与净化处理方便,冷却充分和滑油使用寿命长。但其所占位置较大,管路较为复杂。此种系统适用于大中型柴油机,图 6-10 所示为 RTA 系列柴油机曲轴箱油强制润滑系统。

这是一种典型的干式润滑系统。主滑油泵 04 自循环油柜吸油,经滑油冷却器 05 冷却,滑油冷却器是由温度自动调节阀 06 控制的,其中一部分滑油在冷却器内流过,而另一部分滑油旁通,以保证进机的滑油温度,然后经过滑油滤器,滑油滤器 07 可以是普通的双联滤器,也可以是自动反冲滤器。滑油经过滤后分两路输出:一路经十字头滑油泵 09 将压力提高到 1.1 MPa,通过十字头滑油和排气阀驱动装置滑油进口 10 送入十字头;另一路滑油压力为 0.4 MPa,送至主轴承和推力轴承等处。各轴承润滑回油经油底壳流入滑油循环油柜。

滑油滤器应尽可能靠近主机,如果采用双联滤器,每个滤器在给定的工作温度下都

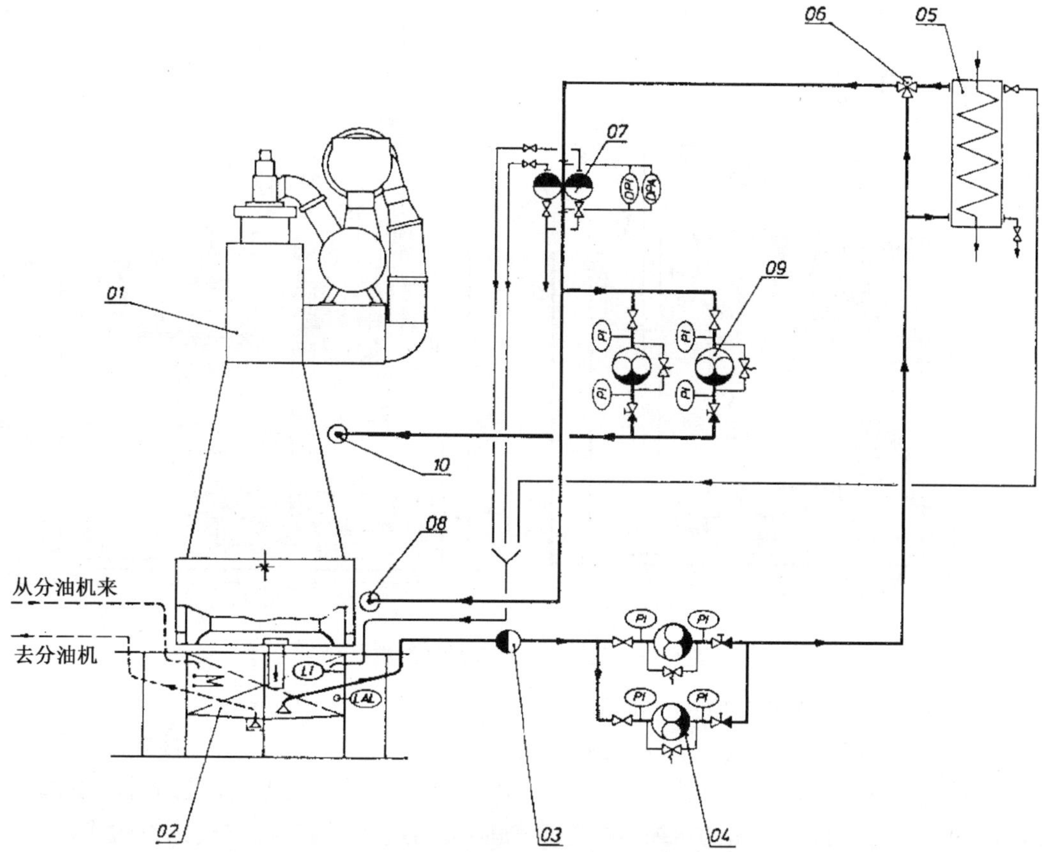

图 6-10　RTA 系列柴油机曲轴箱油强制润滑系统

01—主机；02—循环油柜；03—滤器；04—主滑油泵；05—滑油冷却器；06—温度自动调节阀；07—滑油滤器；08—轴承润滑油进口；09—十字头滑油泵；10—十字头滑油和排气阀驱动装置滑油进口

应当有足够的流通能力，工作时滤器的最大压降不要超过 20×10^{-3} MPa。如果采用反冲滤器，必须考虑到反冲工作时对过滤的影响，保证个别滤器反冲清洁时进出口压差不要太大并保证足够的流通能力。

由于滑油细滤器极易脏堵，从而使柴油机不能正常运行。为了避免对滤器频繁地人工清洗，甚至停车清洗，目前船舶上普遍采用自动清洗滤器，不仅可以节省人力和减少滑油的消耗，而且保证了船舶的航行安全。

图 6-11 所示是一种较常用的压缩空气自动反冲滤器，是一种可用于过滤滑油和燃油的自动滤器，有多个过滤腔室，其中有一个为备用腔室，每个腔室内有多个滤芯元件，中间为一个由伺服电机带动的转轴阀。此外，该系统还配有专用的压差显示器和压缩空气（0.4~1.0 MPa）反冲系统。过滤过程如图 6-11（a）所示，待过滤的介质由进口经转轴阀，流入滤器进口腔室，进入滤芯部件。当介质通过滤芯后，介质中的杂质就留在了滤芯的滤网上，清洁的介质则流出滤器。来自空气瓶的压缩空气通过电磁阀使杂质泄放阀关闭，同时准备下一次的自清循环。随着过滤过程的进行，在滤芯上滤出杂质的增加使得进出口的压差不断增大。这会在压差显示器上显示出来，当压差达到设定的

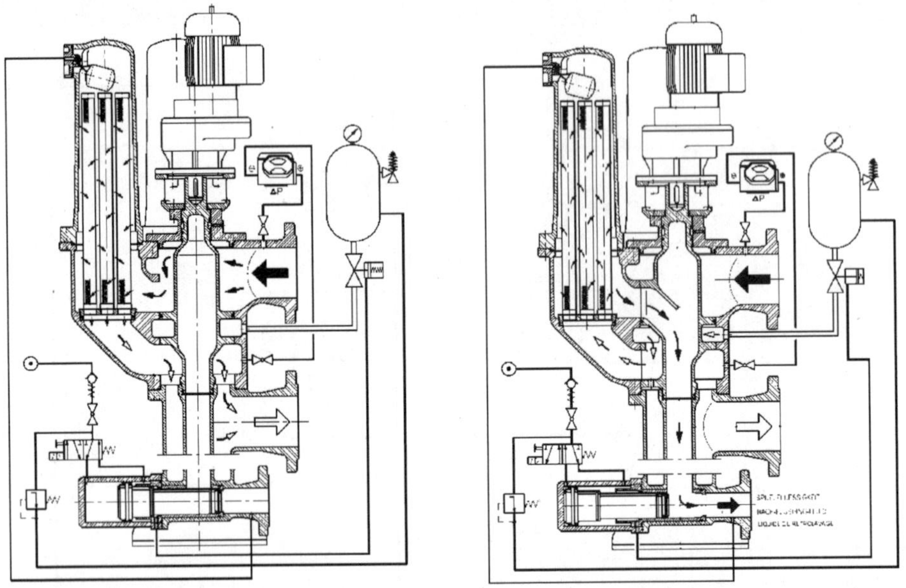

(a) (b)

图 6-11　压缩空气自动反冲洗滤器

值时,将自动运行反冲洗程序。

反冲洗过程如图 6-11(b)所示,当反冲洗程序起动的时候,在电气接触器的控制下,伺服电机带动转轴阀至反冲洗位置,介质不再进入反冲洗腔室,而是通过转轴阀进入备用的腔室,来自空气瓶的压缩空气经转轴阀反向进入滤芯,在空气压力的作用下,将附着在过滤元件上的杂质冲下,同时,通过电磁阀打开泄放阀,将冲洗出的污物通过开启的泄放阀排出。

自清过程的空气冲洗只持续很短的时间,就会通过电磁阀关闭泄放阀,同时也通过控制系统切断反冲空气,停止对滤器的冲洗。然后将清洁过的过滤腔室重新充满洁净的介质,并达到正常的工作压力。此时电控的延迟被取消,准备下一次的自清运转。自清滤器还备有旁通滤器,可以在自清滤器工作不正常时投入使用。

4. 曲轴箱油净化系统

曲轴箱油净化系统在柴油机运转中可连续对滑油循环柜中的曲轴箱油进行分离净化处理,去除曲轴箱油使用中混入的各种杂质和氧化沉淀物。图 6-12 所示是某大型柴油机曲轴箱油的净化系统。滑油分油机经污油吸管 2 从滑油循环柜中吸入曲轴箱油,经加热器预热后送至分油机进行净化处理,被净化的净油重新返回循环柜。滑油中分离出的水分和污渣分别由水出口 14 和污油出口 15 排出,污渣可由污油泵排出。其净化速率能保证在一天内净化油量为循环柜储油量的 2~5 倍为宜。

除上述净化措施外,尚可在停港期间把全部滑油泵至滑油处理柜中,再视情况进行有关处理,如预热、沉淀、放水、放残、投放添加剂等,处理完毕后再用分油机送回循环柜。如需进行水洗法处理,需在滑油分油机入口处加入相当于 1%~2%滑油量的淡水进行水洗。水洗法不仅可洗掉无机酸,还能浸湿小颗粒杂质,使之便于分离。因某些滑

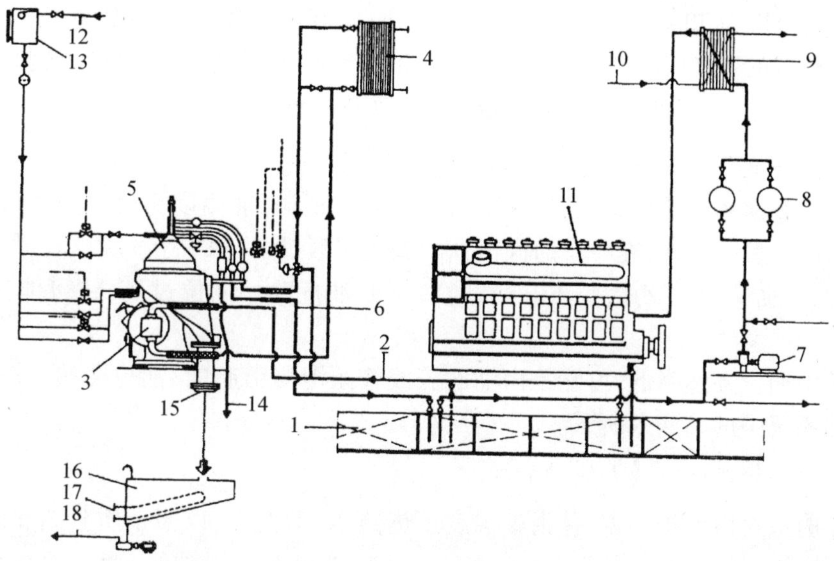

图 6-12　某大型柴油机曲轴箱油的净化系统

1—滑油循环柜;2—污油吸管;3—泵;4—加热器;5—分油机;6—净油;7—滑油泵;8—滤器;9—冷却器;10—冷却水进口;11—柴油机;12—冷水;13—工作水箱;14—水出口;15—污油出口;16—污油箱;17—加热管;18—污油泵出口

油添加剂也溶于水,故对滑油水洗时,应征得供油厂商的同意。

对中小型柴油机的曲轴箱油,因其油量有限,一般采用全部滑油换新法。

五、润滑系统的维护管理

1. 正确选用滑油

根据要求合理地选用润滑油,并把质量合格的润滑油输送到各需润滑的部件,保证其正常运转。

2. 确保滑油的工作压力

滑油的工作压力应按说明书规定进行调节,一般应保持在 0. 15~0. 40 MPa。滑油的压力应高于海水和淡水压力,以防止冷却器泄漏时冷却液漏入滑油中。滑油的压力可由滑油泵的旁通阀来调节。

滑油的压力过高时,滑油会向四处飞溅,结合面易漏油,在曲轴箱中容易受热氧化变质,也增加了滑油的消耗。滑油压力过低时,将会因轴承供油不足而使机件磨损加剧,严重时,会发生重大机损事故和安全事故。

3. 确保滑油的工作温度

滑油温度过低,黏度增大,摩擦阻力损失增大,同时滑油泵功耗增加;滑油温度过高,黏度降低,润滑性能变差,零部件磨损增大,同时滑油易氧化变质。

通常,滑油进口温度应保持在 40~55 ℃(中高速机取上限);最高温度不允许超过

65 ℃(中高速机为 70~90 ℃);进出口温差一般为 10~15 ℃。滑油温度一般可通过调节滑油冷却器的旁通阀来实现,有手动调节和自动调节两种方式。现代船舶广泛采用自动调节方式,通过改变调节器的设定温度来实现不同的滑油进口温度。

4. 保证正常的工作油位

经常检查循环柜油位,保证正常油位。油位过低,滑油温度将会升高,容易使滑油在曲轴箱中挥发。另外,在单位时间滑油的循环次数过多,油中杂质无法在循环油柜中充分沉淀,均加速滑油氧化变质,严重时将有断油危险。油位过高,将可能造成溢油危险。

运转中油位突然降低,可能是由油底壳或管系泄漏引起的;油位突然升高,则可能是由冷却系统中的水漏入所致。

5. 备车和停车时滑油系统的管理

备车时应对滑油柜加温,使滑油温度预热到 38 ℃左右,以便杂质分离和防止油泥沉淀在管壁上,并可减轻滑油泵的负荷。加热后即可开动滑油泵,使滑油在系统中循环,防止柴油机起动时干摩擦。停车后,应继续让系统运转 20 min 左右,使柴油机各润滑表面继续得以冷却。

6. 定期检查和清洗滑油滤器和冷却器

检查滑油冷却器的冷却水管,防止被海水腐蚀烂穿,清洗冷却器以提高冷却效果。在日常巡回检查中应经常检查滑油滤器的进出口压差,以防止影响柴油机的正常运转。清洗滤器时可采用清洗剂或煤油浸泡、软刷清除污垢和压缩空气吹净等,切勿损伤其零件。对于自动反冲洗滤器,应按说明书要求拆装和用专用工具清洗。另外,在船舶靠离码头时,由于船舶吃水较浅,会有过多的泥沙被海水泵吸入,易引起滑油冷却器的脏堵,因此如果操作时间较长,可适当停止海水泵的运转,以减少滑油冷却器脏堵现象的发生。

六、润滑和润滑油

1. 润滑分类

在柴油机润滑中,按表面的润滑情况可分为以下几种润滑形式。

(1)边界润滑

两运动表面被一种具有分层结构和润滑性能的薄膜所分开,这层薄膜厚度通常在 0.1 μm 以下,称为边界膜。在边界润滑中,其界面的润滑性能主要取决于薄膜的性质,其摩擦系数只取决于摩擦表面的性质和边界膜的结构形式,而与滑油的黏度无关。相对于无润滑的干摩擦来说,边界润滑的摩擦系数较低,能有效减少零件磨损,可大幅度提高表面的承载能力。其润滑边界膜可由滑油中的极性分子吸附在零件表面形成(吸附膜),或由滑油添加剂中的某些元素,如硫、磷、氯等,与摩擦表面的化学反应所形成(反应膜)。在滑油中加入油性添加剂可提高形成吸附膜的能力;加入极压添加剂可提高形成反应膜的能力。

(2)液体润滑

两运动表面被一层一定厚度(通常为1.5~2 μm)的滑油液膜完全隔开,由液膜的压力平衡外载荷。此时两运动表面不直接接触,摩擦只发生在液膜界内的滑油膜内,使表面间的干摩擦变成液体摩擦。其润滑性能完全取决于液膜流体的黏度而与两表面的材料无关,摩擦阻力低、磨损少,可显著延长零件的使用寿命。这是一种理想的润滑状态。

(3)混合润滑

摩擦表面上同时存在着液体润滑和边界润滑(称半液体润滑)或同时存在着干摩擦和边界润滑(称半干摩擦)都叫混合润滑。在柴油机中多指前者,如气缸润滑即属此类。

2. 润滑油的性能指标

润滑油的性能指标主要有黏度、黏度指数、闪点、凝点、残炭、灰分、酸值(总酸值与强酸值)、腐蚀性、抗氧化安定性、热氧化安定性、总碱值、抗乳化度、机械杂质和水分等十余种。这些指标均按国家规定的试验方法进行测定。它们基本上反映出滑油品质的优劣,在选择和使用滑油时有着重要作用。上述指标中有些与燃油性能指标相同,以下仅介绍滑油特有的一些指标。

(1)黏度和黏度指数(VI)

黏度是滑油最重要的指标。它在很大程度上决定着两个摩擦表面间楔形油膜的形成。长期以来,国外广泛使用按滑油的黏度进行分类的SAE分类法,把发动机用滑油按黏度分成10个等级,如表6-1所示。ISO(The International Standardization Organization)把滑油按40 ℃时的运动黏度cSt(mm^2/s)的数值分成18个等级:ISOVG(Viscosity Grade),如表6-2所示。

表6-1　滑油的SAE分类法

SAE黏度等级	最大动力黏度/(MPa·s)(相应温度℃)	边界泵出温度/℃	100 ℃时运动黏度/(mm^2/s)	
			最小	最大
0W	3 250(-30)	-35	3.8	—
5W	3 500(-25)	-30	3.8	—
10W	3 500(-20)	-25	4.1	—
15W	3 500(-15)	-20	5.6	—
20W	4 500(-10)	-15	5.6	—
25W	6 000(-5)	-10	9.3	—
20	—	—	5.6	小于9.3
30	—	—	9.3	小于12.5
40	—	—	12.5	小于16.3
50	—	—	16.3	小于21.9

表 6-2 ISO 黏度分类表

黏度等级	中点运动黏度/(mm²/s,40 ℃)	运动黏度限/(mm²/s,40 ℃)		黏度等级	中点运动黏度/(mm²/s,40 ℃)	运动黏度限/(mm²/s,40 ℃)	
		最小	最大			最小	最大
ISO-VG2	2.2	1.98	2.42	ISO-VG68	68	61.2	74.8
3	3.2	2.88	3.52	100	100	90.0	110
5	4.6	4.14	5.06	150	150	135	165
7	6.8	6.12	7.48	220	220	198	242
10	10.0	9.00	11.00	320	320	288	352
15	15.0	13.50	16.50	460	460	414	506
22	22.0	19.80	24.20	680	680	612	748
32	32.0	28.80	35.20	1 000	1 000	900	1 100
46	46.0	41.40	50.60	1 500	1 500	1 350	1 650

滑油的黏度随温度的升高而降低,这种性能称为滑油的黏温特性。对于航行在不同季节和不同纬度的船舶,柴油机在冷车起动和正常运转时,滑油的工作温度不同,其黏度的大小也不相同,这对保证可靠的润滑影响极大。因而仅以测定温度下的黏度来判断滑油的品质是不够的,还必须注意黏度随温度的变化规律。研究表明,不同滑油的黏温特性是不同的,如有的滑油温度每升高 10 ℃,黏度能减小 3/4,有的滑油则减小不到一半。若滑油的黏度随温度变化程度小,那它就能在比较大的温度范围内满足使用要求,这种滑油的黏温特性就好。

在国外,通常用黏度指数来说明滑油的黏温特性。它是通过与两种标准油相比较而得出的。

黏度指数的物理意义表明,黏度指数大者,温度变化时其黏度变化小。一般黏度指数在 80 以上者称为高黏度指数,小于 35 者为低黏度指数,35~80 者称为中间黏度指数。最好的石蜡黏度指数可达 124,加入增黏剂(后述)后可高达 200 以上。

我国曾用黏度比来评定黏温特性。它是该滑油在 50 ℃和 100 ℃时的运动黏度的比值。黏度比小,表明它在规定温度范围内黏度变化小、质量好。如已知滑油的黏度比,可用曲线法求出相应的黏度指数。

(2)酸值和水溶性酸或碱

滑油中的酸可分为有机酸和无机酸两种。新鲜滑油中的有机酸来源有二:一是原存于石油中的进行精制时没有全部除去;二是有意识加入的呈酸性的抗氧、抗腐添加剂。使用中滑油的有机酸主要来自自身氧化而产生的有机酸。有机酸含量较少时,对金属无多大腐蚀作用,反而能增加滑油的油性以保持较好的边界润滑性能。当其含量较多时,它就会对一些轴承材料(有色金属及其合金,特别是铅)产生腐蚀作用。无机酸指硫酸,它对金属有强烈的腐蚀作用,滑油中一般不允许有硫酸存在。新鲜滑油中可能含有的硫酸是在精制过程中经酸洗和中和后残留下来的,使用中的滑油由于含硫燃油的燃烧产物漏入曲轴箱而可能形成硫酸。

我国用“酸值”表示滑油中的有机酸含量,用“水溶性酸或碱”表示无机酸或强碱的有无。“酸值”用中和 1 g 滑油中的酸所需要的氢氧化钾毫克数来表示,单位为 mg KOH/g。“水溶性酸”指能溶于水的无机酸(强酸)及低分子有机酸,这种酸几乎对所有金属都有腐蚀作用;水溶性碱是在油品加工时的碱洗剩余物或储存中污染而生成的,它对铝有腐蚀作用。“水溶性酸或碱”只说明油品呈酸性或碱性,仅用于定性检查。

国外用总酸值 TAN(Total Acid Number)表示有机酸和无机酸的总和,用强酸值 SAN(Strong Acid Number)单独表示无机酸的含量,单位均为 mg KOH/g。

(3)抗乳化度

海水或淡水漏入滑油经搅拌后使滑油形成乳浊液并生成泡沫,这个过程叫作乳化。乳浊液影响润滑性能,加速滑油变质,并在两相界面上吸附机械杂质,污损摩擦表面,加剧部件磨损。滑油的抗乳化度指滑油在乳化后自动分层(油层和水层)所需的时间(以分计),即滑油的破乳化时间。破乳化时间短,抗乳化度就好;反之则差。

(4)热氧化安定性和抗氧化安定性

这两个指标都用来衡量滑油在使用条件下抵抗空气氧化的能力,只是试验方法和应用对象不同。前者,属于薄油层在高温条件下氧化试验,用氧化形成漆膜所需时间(以分计)来表示。我国国家标准规定使用的“巴包克法”,系指在规定的高温(250 ℃)条件下,空气自由流过薄油层试验油,测定试验油由氧化而生成 50% 的漆状物所需时间(min),用此时间来评定试验油的热氧化安定性。这种试验方法是模拟气缸壁上的油膜工作条件,适用于柴油机润滑油。抗氧化安定性属于较低温度条件下的厚油层氧化试验,用氧化后生成的沉淀物和酸值来表示。按我国规定系指在 125 ℃条件下,向试验油中通入一定流速的空气或纯氧 4 h 或 8 h 分别测定试验油氧化后生成的沉淀物(百分比)和酸值(mg KOH/g)。如氧化后沉淀物少、酸值小,则试验油的抗氧化安定性好。这种试验方法模拟液压系统中滑油的工作条件,故用于液压油和增压器油等品种。

(5)腐蚀度

腐蚀度用来衡量高温条件下工作的滑油在与氧气充分接触时,对金属(铅)腐蚀的程度。它是柴油机润滑油的一个重要指标。现代柴油机中的铜、铅等合金轴承材料对腐蚀十分敏感,只要滑油中有少量酸就能严重腐蚀轴承。我国标准规定腐蚀度试验用“品克维奇法”,即把试验油加热到 140 ℃,用特制的一定面积的金属片以每分钟 15~16 次的速度交替地浸在油中和露置在空气中,经过 50 h 后,测定金属片减少的质量(g/m^2)。金属片减少质量越大,滑油的腐蚀性越强,品质越差。

(6)碱值

碱值 BN(Base Number)表示滑油碱性的高低。它的单位与酸值相同,也用 mg KOH/g 表示,但意义相反。碱值表示 1 g 滑油中所含碱性物质相当于氢氧化钾的毫克数。天然矿物油本身无碱性,只有加入碱性添加剂后才呈现碱性。在使用过程中,由于添加剂的损耗,碱值会逐渐降低。

(7)浮游性

浮游性表示含添加剂滑油清洗零件表面胶质炭渣,使之分散为小颗粒而悬浮携带的能力。通常是在专用试验机上在规定条件下进行一定时间的试验,然后根据活塞上的漆膜情况,按0~6七个级别进行评定。0级为活塞非常清洁,没有漆膜形成;6级为严重脏污,活塞完全被漆膜覆盖。

(8)抗泡沫性

抗泡沫性表示在规定试验仪器内以专用泡沫并通入一定数量的空气,测量试验油的起泡体积和消泡时间。滑油在运转时受激烈搅动,使空气混入油中形成泡沫。泡沫过多,除损失滑油外,还会使油泵和轴承引起空泡腐蚀,润滑效能降低,造成轴承烧毁。

3. 滑油添加剂及作用

随着柴油机强化程度的提高和劣质燃油的使用,滑油的工作条件愈来愈差,直链纯矿物油不再能满足柴油机的工作需要。近几十年来,随着化学工业的发展,多种添加剂被加入纯矿物油(基础油)中,形成了一种由基础油和添加剂组成的新型油品。

添加剂系指凡是能改善和提高石油产品的质量和给予新的性质,以满足使用及储存性能的要求而添加的少量物质。石油添加剂的种类很多,用途也很广泛。其主要作用是:

(1)减少发动机部件上有害沉积物的形成和聚积。

(2)中和酸性物质,减少其对设备的腐蚀。

(3)防止设备及部件受到锈蚀。

(4)减少设备及部件的摩擦和磨损,延长设备及部件的使用寿命。

(5)使润滑剂的氧化和热分解延缓,延长其使用寿命。

(6)改变润滑剂的物理性质,如提高其黏度指数,改善黏温性;降低其倾点,改善低温使用性能;减少泡沫形成等。

目前,常用的添加剂按其使用性能大体分为如下几类:

(1)清净分散剂(清净浮游添加剂)

防止高温时生成漆膜的添加剂称为清净性添加剂;防止低温时生成油泥沉淀物的添加剂称为分散剂,在我国统称为清净分散剂。它的作用有二:其一是洗涤作用,能够使沉积在部件上的碳烟颗粒和沥青树脂状物呈分散悬浮状态,减少积碳和油泥,保持部件清洁和防止系统堵塞。其二是中和酸性物质。这种添加剂为碱性,既可以控制油因氧化而形成的有机酸,又可以中和进入曲轴箱的燃烧产物形成的无机酸,起到抑制锈蚀的作用。它是气缸油中重要的添加剂。

(2)油性剂、极压剂(抗磨剂)

油性剂、极压剂都能在边界润滑条件下起到减磨作用,但它们的作用机理不同。油性剂是带有极性基团的活性物质,它能定向地吸附在金属表面上形成不易破坏的边界吸附薄膜,以降低磨损。常用的油性剂有硫化鲸鱼油、硫化棉籽油等。极压剂能在高温和高负荷下分解产生活性化合物,在金属表面生成低熔点化合物,形成反应薄膜,有减少摩擦、防止擦伤、降低磨损、加强油膜承载能力的作用。其主要组成为含氯、硫、磷的有机化合物,如硫氯化石蜡、磷酸酯等。

(3)黏度指数改进剂和增黏剂

这类添加剂可提高基础油的黏度,改善其黏温特性,提高其黏度指数。加入这类添加剂的滑油称稠化机油。对于户外使用的柴油机(如救生艇用)冬季起动温度为-30 ℃,正常运转后气缸温度可达200 ℃。稠化机油在低温时可使黏度增加不多,而在高温时变稠,以满足柴油机冬夏两季的不同需要。增黏剂不仅起到改进润滑剂的流体力学特性的作用,还用来改进润滑剂的吸附能力。其组成多为油溶性的链状高分子有机化合物,如聚甲基丙烯酸酯和聚异丁烯等。

(4)消泡剂

消泡剂可以降低泡沫的表面张力,抑制泡沫的发生并使形成的气泡破裂和消失,防止生成稳定的泡沫,如二甲硅油等。

(5)降凝剂(降倾点剂)

降凝剂并不改变石蜡析出的温度,只改变石蜡结构。它吸附在油中石蜡结晶表面上,使之仅能生成微小结晶,防止形成结晶网,从而改变低温流动性,降低油品的凝点,如长链烷基萘等。

(6)防锈添加剂和抗腐蚀剂

防锈剂的作用是依靠其自身具有的极性,吸附在金属和油的界面上形成保护层,防止水与金属接触生锈。抗腐蚀剂保护有色金属如轴承合金表面,使其不受油氧化和燃气产生的酸的腐蚀,并能中和这些酸。

4. 滑油的质量等级

润滑油的质量等级是根据滑油的性能特点和工作状态划分的。比较通用的是美国SAE、ASTM和API三方联合公布的一种质量分类方法,称为API分类法。这种分类方法按油品质量和适用机型特点对润滑油进行分级。目前,这种分类法已经得到国际上的承认和使用。API分类对柴油机滑油规定了严格的发动机试验方法和标准,滑油必须通过规定的评定项目并合格后才算符合某一级别。从20世纪70年代到现在,润滑油被划分为CA、CB、CC、CD、CD-2、CE、CF-4、CF-2、CF、CG-4、CH-4、CI-4、CJ-4共13个质量等级,其中前6种已经淘汰使用,不再拥有API许可,这里不再赘述。

CF-4——重负荷,用于高速四冲程自然吸气和涡轮增压柴油机,适于使用含硫量低于0.5%的柴油,适于四冲程柴油机,有效防止高温、低温沉淀物的形成,特别是新型的发动机,可代替CD、CE润滑油。

CF-2——重负荷,适于中等增压、燃烧含硫燃料的二冲程柴油机。具有抗高温、洁净性能,保持发动机清洁;具备抗磨性、润滑性,可降低磨损,延长发动机的使用寿命;具备防锈、防腐及酸中和性能,对发动机提供最好的保护。

CF——重负荷,适于涡轮增压四冲程柴油机,可抗高温沉淀物形成,并耐腐蚀。用于非道路非直喷式柴油机,以及其他使用含硫质量分数低于0.5%燃料的柴油机,可代替CD润滑油。

CG-4——重负荷,用于涡轮增压四冲程柴油机,可有效防止高温、低温沉积物的形成,应用于 1994 年以来的低排放发动机,使用低硫燃料(含硫质量分数小于 0.05%)的发动机,可代替 CD 级、CE 级、CF-4 级油品。

CH-4——重负荷,用于涡轮增压四冲程柴油机,严格控制高温、低温沉积物和磨损,尤其是控制高烟灰引起的黏度增加和配气机构的磨损,在改善烟灰控制、降低发动机排放、延长换油期方面比 CG-4 级、CF-4 级更为优越。

CI-4——重负荷,满足美国 1998 年排放要求并兼顾高低硫含量燃料的使用。2002 年 10 月推出,专门为带有低温废气再循环(EGR)系统的高速四冲程柴油机研发,符合欧Ⅲ排放要求。亦可与含硫量高达 0.5%的柴油一起使用,可代替 CD、CE、CF4、CG-4 和 CH-4 润滑油。

CJ-4——重负荷,2006 年推出,用于高速四冲程柴油机,符合 2007 年美国高速公路废气排放标准。由合成精制基础油添加优质黏度指数改进剂及多性能复合添加剂特殊合成,可以和含硫量最高达 500 ppm (质量分数 0.05%)的柴油一起使用。但使用含硫量大于 15 ppm(质量分数 0.0015%)的柴油时,会影响废气后处理系统的耐久性和换油期,在与含硫量高于 15ppm 的柴油一起使用时,需要咨询柴油机制造商,了解保养周期。可以用于带有柴油微粒过滤器等尾气后处理装置的柴油机,同时具有优良的抗磨性、高温抗氧性、低温泵送性、低油耗等,性能优于 CI-4、CH-4、CG-4 和 CF-4 润滑油。

此外,船用气缸油和大功率中速机两用油仍由各油公司自行研制,自行评定,尚无统一规格标准。

七、气缸润滑

1. 工作条件

柴油机气缸润滑是一个复杂而重要的问题。在大型十字头式柴油机中,气缸润滑系统是一个独立的润滑系统,其润滑设备、滑油品质以及运转管理均需特殊考虑。在当代柴油机高强化、燃油劣质化的发展中,对气缸润滑提出了更加苛刻的要求。

首先,气缸润滑的特殊性体现于较高的工作温度。通常,气缸套上部表面温度为 180~220 ℃,下部表面温度为 90~120 ℃,活塞环槽表面温度根据测量点位置和活塞顶的设计设定为 100~200 ℃。高温会降低滑油黏度,加快滑油氧化变质速度,并使缸壁上的部分油膜蒸发。

其次,活塞在往复运动时的速度在行程中部最大,在上、下止点处为零。因此,只有在活塞行程中部才有可能实现液体动压润滑,而在上、下止点处则不可能。特别在上止点处,温度最高,活塞环对缸壁的径向压力最大,即使滑油能承受住这里的高温,也只能保证边界润滑条件。

柴油机使用劣质燃油后对气缸润滑带来了新的问题。这主要是由劣质油的高硫分、高灰分、高残炭值和沥青值引起的。如前所述,此时会对气缸造成低温腐蚀、固体颗粒磨损、结炭增多,以至引起活塞环胶着和气口堵塞等故障。另外,活塞顶与环带部分变形也使气缸润滑的难度增加。

由于上述原因,气缸套,特别是它的上部,很难形成连续完整的油膜,因而一般在气缸套的上部磨损特别严重。图6-13所示为二冲程直流扫气柴油机的气缸套磨损量随行程变化的规律。该柴油机使用劣质含硫燃油。上限曲线表示使用低碱性气缸油,下限曲线表示使用高碱性气缸油。由图可见,气缸套的最大磨损量均发生在缸套上部。高碱性气缸油可大大降低缸套腐蚀量,上、下限曲线间的影线部分可认为系由酸性腐蚀引起的磨损。

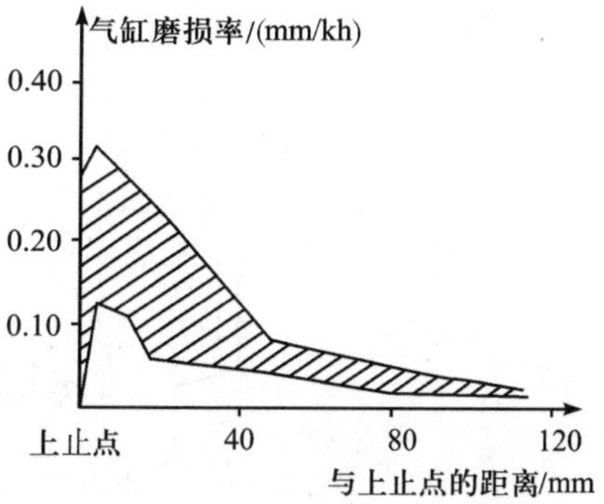

图6-13 二冲程直流扫气柴油机的气缸套磨损量随行程变化的规律

气缸油的作用如下:

减少摩擦损失和防止气缸套及活塞的过度磨损;带走燃烧残留物和金属磨粒等杂质;帮助密封燃烧室空间;在金属表面形成油膜,可防止燃气与金属接触,以免产生腐蚀;减小噪声。

2. 气缸润滑方式

气缸润滑一般可分为飞溅润滑和气缸注油润滑两种方式。

(1)飞溅润滑

飞溅润滑靠从连杆大端甩出并飞溅到气缸壁上的滑油来润滑,一般不需要专门的润滑装置。气缸滑油与曲轴箱滑油属同一油品且循环使用,在活塞裙部需装设刮油环,以便把飞溅到缸壁上的多余滑油刮回曲轴箱。此种润滑方式仅适用于中小型筒形活塞式柴油机。

(2)气缸注油润滑

气缸注油润滑使用专用的润滑系统及设备(气缸注油器、注油接头),把专用气缸油经缸壁上的注油孔(一般均布4~12个)喷注到气缸壁表面进行润滑;其注油量可控,喷出的气缸油不予回收,国外称"一次过润滑"(Once Through)。这种润滑方式能保证可靠的气缸润滑,而且可选择不同质量的气缸油以满足缸内润滑的不同要求。因而这是一种较合理的气缸润滑方式。目前,在十字头式柴油机(均装设横隔板)中均使用此种润滑方式。如图6-14所示系某柴油机的气缸注油润滑系统图。

气缸油注油器工作演示动画

在某些中速筒形活塞式柴油机中,气缸润滑除采用飞溅润滑方式外,有的机型也采用注油润滑作为气缸润滑的辅助措施。

3. 气缸油的种类

根据机型和运转状态的不同要求,有如下几种:

(1)SAE50黏度等级,此类气缸油使用广泛,总碱值可覆盖10~100。燃用不同硫分的燃油应选用不同总碱值的气缸油,如表6-3所示。

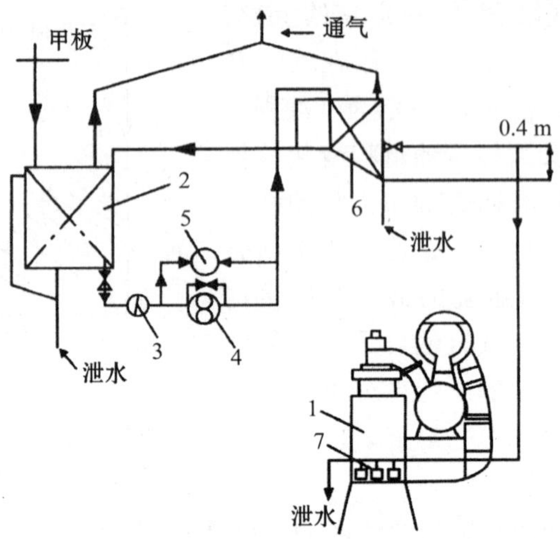

图 6-14　气缸注油润滑系统图

1—主机;2—气缸油储存柜;3—气缸油滤器;4—气缸油输送泵;5—手动泵;6—气缸油日用油柜;7—气缸油注油器

表 6-3　气缸油总碱值选用范围

选用值＼机型	MAN B&W				Wärtsilä RL/RND/RTA				
含硫质量分数(%)	<0. 8	1~2	2~3	>3	<0. 5	0. 5~1. 0	1. 0~1. 5	1. 5~2. 5	>2. 5
碱值 mg KOH/g	5~7	10~40	40~70	>70	<5	5~10	10~20	20~40	40~70

(2)SAE40 黏度等级,总碱值为 40。

(3)黏度等级大于 50,总碱值有 70、85、100,用于长冲程高负荷柴油机。

(4)不含添加剂的 SAE50 高黏度气缸油,也称为纯矿物油,用于新发动机及新换缸套磨合使用。

4. 气缸油、注油定时和注油率的选择

(1)气缸油的选择

选择气缸油时,一般应根据所使用燃油的硫分来选择气缸油的总碱值。根据使用经验,使用高硫分(含硫质量分数大于 2. 5%)的燃油,气缸油的 TBN 应为 65~70;含硫质量分数小于 2. 5%者,TBN 约为 40;使用船用柴油时,TBN 为 10~14。近代有些工作条件严酷的柴油机已采用 TBN100 的气缸油。一些柴油机制造厂曾根据燃油的硫分,推荐出理论上的气缸油总碱值,但这种匹配关系在实践中却不易执行。其主要原因在于远洋船舶需要在世界不同港口加装燃油,在决定加装燃油时,习惯上均以黏度等级为准,而相同黏度等级的燃油硫分随产地不同又有较大差别。对这种差别船方事先无法获得有关数据,无法根据燃油硫分的变化来改变气缸油的总碱值。在多数情况下,船方只备有某一总碱值的气缸油,因而在实践中总碱值与燃油硫分的匹配比较粗糙。只是在长期使用低硫分燃油时才酌情选用总碱值低(10~14)的气缸油。如此时仍使用高碱性气缸油,则有可能在缸内出现由过量碱性添加剂所形成的大量灰白色沉淀物(通常为含钙盐类)。为了检查运转中柴油机使用的气缸油碱性是否足够,可以对从气缸中刮下的残油(在活塞杆填料函取样)进行化学分析,若残油仍呈现一定碱性(TBN 大于 10),则说明气缸壁上的油膜有足够的碱性储备。此外,还可以用直观法加以判断。注进气缸的滑油,由于活塞的往复运动,油滴容易迅速分布到注油孔上、下部的狭窄表面上,而沿圆周方向的扩散速度较低。因此若气缸油碱性较低,则在各注油点之间的缸套表面上会出现漆状沉积物,使铸铁缸套表面被腐蚀发暗(镀铬缸套则出现白斑),如图 6-15 所示。

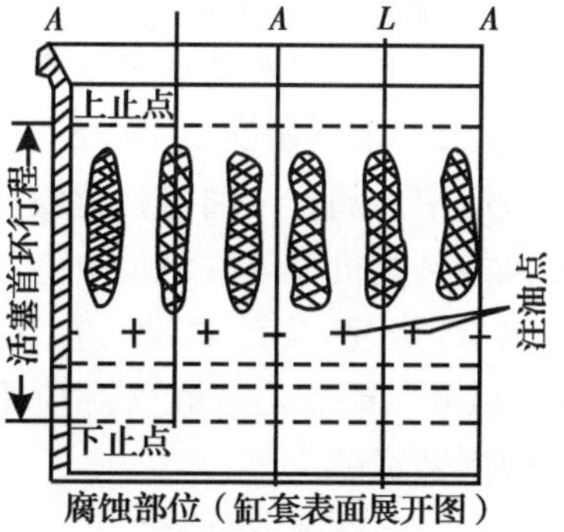

图 6-15　气缸腐蚀部位(缸套表面展开)

A—横向;L—纵向

(2)气缸注油孔的数量与位置

气缸注油孔的数量与油孔两侧“八”字形布油槽的形状对注油润滑有很大影响。在正常情况下,气缸注油孔(4~12 个)沿缸套圆周均匀分布。如油孔数太多,则易引起各注油孔注油不稳定。一般来说,缸径较小的柴油机气缸注油孔数也较少,如 MAN B&W S35MC 型柴油机每缸只有 4 个注油孔,而大型柴油机每缸的注油孔多达 12 个。

气缸注油孔的位置因机型而异。通常,现代大型柴油机注油孔多分布在缸套中上部(高位注油孔),而某些四冲程柴油机的注油孔多分布在缸套下部。

(3)注油定时选择

通常认为,注油定时应选择在活塞上行使注油点位于第一、第二道活塞环之间时向缸内注油。但机械注油设备难以做到准确地定时向气缸注油。对于蓄压式注油器,通常只有在缸内压力低于注油管中的油压时,气缸油才会注入缸内。在柴油机曲轴回转一转中,这种机会一般有两次:一次是活塞上行到上止点附近,活塞的下边缘打开注油孔;另一次是活塞在下止点附近,缸内正在扫气时。对于现代电子注油器,则可以很容易地控制注油定时。

为了确保缸套的可靠润滑,每个注油点并不是柴油机每转都向缸内注油,注油次数随机型而异,一般每个注油点间歇注油,通常为 2~4 转注油一次,每次的注油量足以使气缸油在油孔两侧“八”字形布油槽内良好分布。

(4)注油率的选择

气缸油的注油率应当适宜。注油率太高,不但浪费,而且会使活塞顶面、环带区、气口和排气阀处的沉积物增多,引起活塞环和排气阀黏着,使气流通道部分堵塞,同时多余的气缸油还会沉积在活塞下部空间、扫气箱中,导致扫气箱着火;注油率太少,则难以形成完整的油膜,而使活塞环与缸套磨损加剧和漏气增多,漏泄的燃气又会破坏缸壁上的油膜导致发生咬缸事故,因而存在一个最佳注油率。不同类型柴油机的注油率在不同工况下各不相同,最适宜的注油率应根据推荐的注油率并综合考虑活塞环的状态、缸套磨损率的大小以及柴油机部件的拆检周期来确定。如缸套内壁表面湿润、干净,首环半干半湿,其余环湿润,活塞环在环槽内活动灵活,环外圆表面光亮,倒角尚在,则气缸注油率适中。随着柴油机强化程度的提高,气缸注油率也随之有所提高,如 MAN B&W 柴油机的某些机型气缸注油率曾高达 1.6 g/(kW·h)。但随着近年来电子注油器的使用和对燃烧室设计的改进,目前新型柴油机的气缸注油率一般可控制在 0.6 g/(kW·h)左右。在实际应用中,一般的趋势是注油率过高,这主要是由管理者的主观因素造成的。

5. 气缸注油率的计算

气缸注油率通常是按柴油机标定功率来确定的,但柴油机实际使用中一般并不在此功率下运行,这样气缸注油率会随柴油机负荷的降低而变化。

如气缸注油器属"随负荷调节"式(参见后述),当计算负荷变化后的注油率时,可以实际平均有效压力为依据。柴油机的功率、平均有效压力和转速的关系为 $P=Cp_e n$;设标定工况气缸注油率为 A_b g/(kW·h),如果柴油机定速运行,则柴油机的气缸注油率不变;如果柴油机按推进特性工作,则 $P \propto n^3$,其平均有效压力与柴油机转速的平方成正比;当柴油机转速下降时,其气缸注油率 $A=(G_b/P_b)(n_b/n)$[g/(kW·h)] $=A_b(n_b/n)$[g/(kW·h)],气缸注油率会有所上升。

若气缸注油器属"随转速调节"式,如果柴油机按推进特性工作,$P \propto n^3$,则当转速变化后其气缸注油率应按下式计算:

$$\text{气缸注油率 } A = G_b/P_b \cdot (n_b/n)^2 [\text{g/(kW}\cdot\text{h)}] = A_b(n_b/n)^2 [\text{g/(kW}\cdot\text{h)}]$$

式中:G_b——标定工况下柴油机气缸油消耗量,g/h;

P_b——标定功率,kW;

n_b——标定转速,r/min;

n——实际转速,r/min。

柴油机在低转速(低负荷)运行时,单位功率的气缸油耗量大大增加。

任何负荷下,若要保持气缸注油率不发生变化,最合理的调节方式是根据功率来改变气缸注油量,这种方式也最为经济。传统的机械式注油器由于受凸轮控制,每转注油一次(每次注油量基本固定),注油频率是根据转速 n 变化的,在低负荷下会造成气缸油的严重浪费。

采用现代的电子注油器,可以通过改变频率来调节气缸注油量,从根本上解决在低负荷下气缸油注油过多的问题,实现注油量随功率而调节。为了适应不同燃油中含硫量不同,对于不同碱值的气缸油可通过改变注油因子加以调整。

处于磨合期的气缸活塞组件,为了加速磨合,通常采用无添加剂的精炼润滑油,其牌号应与所用燃油含硫量相匹配。因为该滑油具有较强的承载能力而又不阻碍硫分对工作表面的腐蚀(一定的腐蚀有利于磨合)。在任何条件下均不应使用高碱性气缸油,那样会使磨合期加长且无法控制剧烈的磨损和擦伤。在整个磨合期的各个不同阶段,还应适时换用不同碱值的气缸油。磨合期的气缸注油率目前尚无一致的标准,比较公认的做法是增加20%~100%的注油率。随着负荷的提高,逐渐减少过量滑油。通常认为在磨合期使用硫分大于1%的燃油对磨合有利。在这方面各造机厂家的具体做法不同。图6-16所示为一种磨合期气缸注油率调整规范。

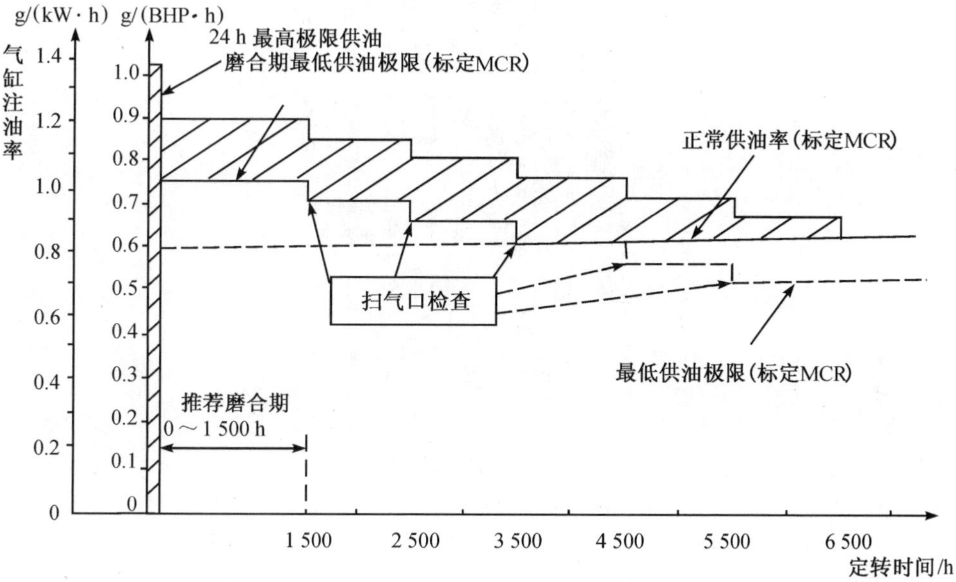

图6-16　磨合期气缸注油率调整规范

6. 气缸注油器的结构、工作原理和调整方法

气缸注油润滑的主要设备是气缸注油器和注油器接头。

气缸注油器由多个柱塞式油泵单元组成,按其驱动方式可分为机械式和液压式两种。机械式由凸轮轴或其他运动部件带动,结构简单可靠,曾得到广泛使用。注油器注油量的调节方式一般是"随转速调节"(等速率调节),也就是说注油量与柴油机转速成正比。因此,当柴油机在低负荷运转时,存在注油量过大的问题。

图6-17所示为随转速调节的HJ型气缸注油器。注油器每缸设置一个,每个注油器由若干油泵单元组成,各油泵单元分别将滑油供给各缸的注油点。滑油储存在储油箱15中,油泵柱塞8由凸轮轴13上的凸轮驱动,凸轮轴13则由驱动轴11经一对齿轮带动。驱动轴11的转速为柴油机曲轴转速的一半,即曲轴每转两转,各油泵单元分别向各注油点供油一次。柱塞8动作时,滑油由泵体下部的吸入阀7吸入,经排出阀6排入玻璃管4,然后经止回阀1送至注油点。玻璃管内有一浮动钢球,可随滑油的不同流量而升至不同的高度。根据钢球的高度,即可监测注油器的工作。若各钢球均位于同一高度,则表明各注油点的注油量相同。

油泵单元的供油量由柱塞8的行程来确定,各柱塞的行程既可以通过转动偏心轴14同时调整,又可以通过调节螺钉3单独调整。当注油器停用一段较长时间后,可能有空气漏入油泵单元中,松开放气螺钉5即可将空气放出。

液压式气缸注油器使用较少,仅用于RLB型和RTA型柴油机,如图6-18所示。注

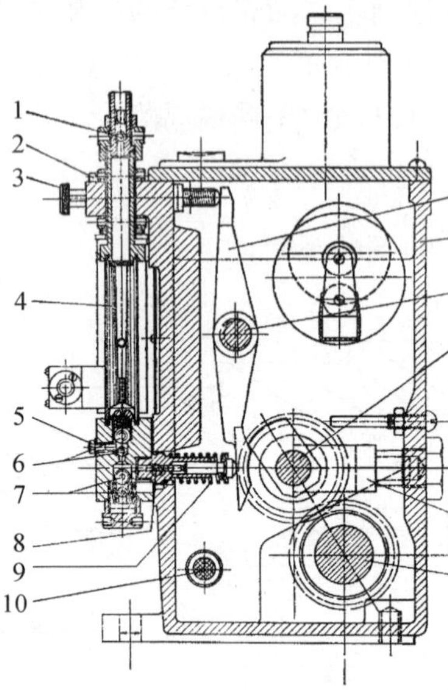

图 6-17　HJ 型气缸注油器

1—止回阀;2—锁紧螺钉;3—调节螺钉;4—玻璃管;5—放气螺钉;6—排出阀;7—吸入阀;8—柱塞;9—弹簧;10—电加热器;11—驱动轴; 12—轴承;13—凸轮轴;14—偏心轴;15—储油箱;16—摇臂

油器 5 由液压马达 4 驱动,液压马达 4 的滑油由凸轮轴 7 带动齿轮泵 6 供应,但油量由燃油负荷指示轴 3 根据调节手柄 2 的位置通过流量调节阀 1 决定,也就是说,液压式气缸注油器的供油量是“随负荷调节”的。由于这种气缸注油器可改善随转速调节式注油器在低负荷运转时注油量过大的弊病,因而在一些新机型中被采用。

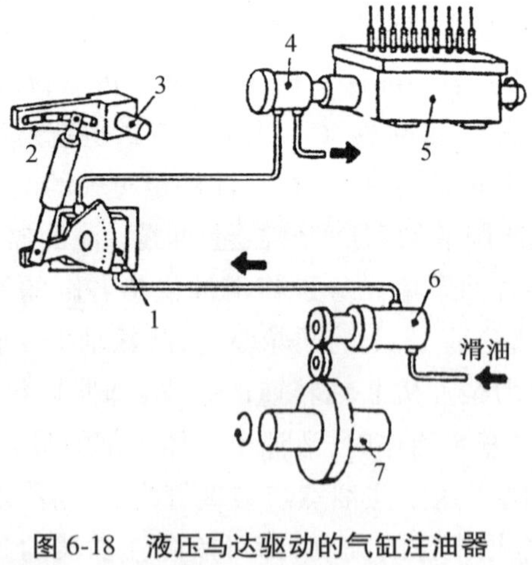

图 6-18　液压马达驱动的气缸注油器

1—流量调节阀;2—调节手柄;3—燃油负荷指示轴;4—液压马达;
5—注油器;6—齿轮泵;7—凸轮轴

气缸注油润滑有脉动式和蓄压式两种。

在脉动式注油方式中,注油器中柱塞泵的柱塞在加压行程中向气缸注油接头压送滑油。为了保证活塞上行通过注油点时能定时供油,柱塞与活塞的运动是相对应的。

实际上，只有当气缸内压力低于注油器出口管内压力时，注油接头处的止回阀才开启并向气缸内注油。

在蓄压式注油方式中，柱塞泵出口的油进入各注油接头处的蓄压器内，在该压力与气缸内压力差作用下自动注入气缸，如图 6-19 所示。

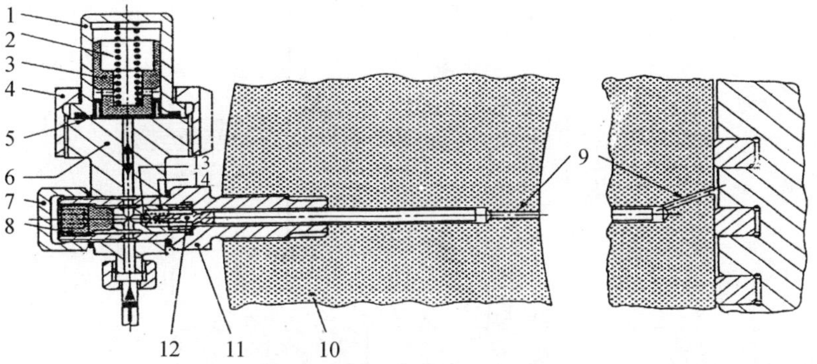

图 6-19 蓄压式注油接头

1—蓄压器缸套；2—弹簧；3—活塞；4—螺帽；5—膜盒；6—蓄压器座；7—螺帽；8—缓冲螺栓；9—注油管；10—主机缸套；11—接头；12—顶销；13—止回阀；14—止回阀座

气缸注油接头穿过气缸冷却水空间，安装在气缸套各个注油孔内。蓄压器储存气缸油并使注油接头内维持一个恒定压力。注油器每次排油量很小，仅使系统内压力升高 0.15~0.20 MPa。止回阀防止缸内燃气倒冲入注油接头。当缸内压力低于蓄压器内压力时，止回阀开启，气缸油自动注入气缸。

随着电子技术的发展，目前船上大量采用电子注油器系统，如图 6-20 所示，它由气缸油日用柜、油泵、控制单元和各缸电控气缸油注油器和蓄压器组成。气缸油经油泵加压到 4.5 MPa 左右后送至各个气缸注油器。气缸油泵有两个，一个工作，另一个备用并可自动起动，整个系统由计算机控制。它根据柴油机负荷以及每个气缸油注油量反馈信号控制气缸注油量。另外，当柴油机工作时，能够通过传感器给主控单元发送一个曲柄位置信号，主控单元根据上述信号，在最佳的注油定时时刻给气缸注油器的电磁阀发送开、关信号，控制气缸注油定时和注油量。

八、不同柴油机类型对曲轴箱油和气缸油的要求

1. 筒形柴油机对曲轴箱油的要求

曲轴箱油又叫柴油机油或系统油。通常，曲轴箱油润滑主要指对柴油机曲轴箱内各轴承的润滑。筒形活塞式柴油机曲轴箱油除了润滑曲轴箱内各轴承外，还要兼作气缸润滑油使用。此外，绝大多数中速强载柴油机还兼作活塞冷却液，故其工作条件比较恶劣，正常消耗率为 1.07~1.60 g/(kW·h)。这种润滑方式的最大特点是润滑油循环使用，因而它在使用中将逐渐污染变质。

从保证轴承润滑的角度，一般对于曲轴箱油的要求如下：

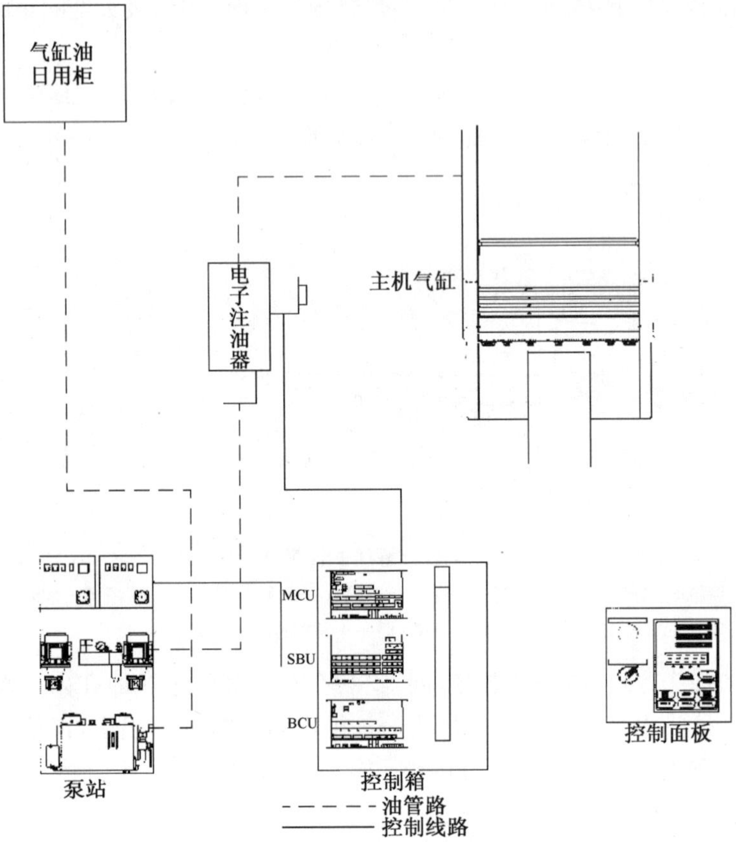

图 6-20　气缸油电子注油器系统

(1)适宜的黏度。曲轴箱油必须具有适宜的黏度,不仅要保证轴承油膜的建立,还要保证气缸的润滑。

(2)较高的黏度指数。对于曲轴箱油的工作温度要考虑三个方面的要求:其一是船舶在不同的季节和海域运行,环境温度变化也较大;其二是船用柴油机从停车到稳定运行时滑油温度的变化;其三是轴承的工作温度和气缸壁温度的不同。因此,为了保证滑油能在较宽广的温度范围内可靠地工作,要求曲轴箱油具有较好的黏温特性。

(3)良好的抗氧化安定性和热氧化安定性。轴承润滑与空气接触机会多,易发生氧化变质,而曲轴箱油用于活塞冷却时的工作温度较高,因此,应具有在较高温度下的抗氧化性能,要求曲轴箱油抗氧化安定性好,而气缸润滑则要求有较好的热氧化安定性。

(4)良好的抗腐蚀性能。抗腐蚀性能对轴瓦有重要意义。抗腐蚀性能差,可能引起轴承合金腐蚀或铅锡和铅铟等镀层剥落。曲轴箱油必须加有抗氧化、抗腐添加剂。

(5)良好的清净分散性。对用于轴承润滑的油品只要求能使炭粒或各种颗粒油泥等分散成微小粒子并悬浮在油中,以便滤掉;而对用于活塞气缸润滑的油品,则必须要保证在高温下各种沉淀物不黏附在机件上而应悬浮在油中,即具有高温工作时的清净性。

(6)足够的碱性。要求能中和劣质燃油燃烧后生成的硫酸。一般要求 TBN 为 22~34 mg KOH/g。

(7)此外，还要求曲轴箱油具有抗乳化性能、抗泡沫性能、高闪点等性能。

尽管某些中速筒形活塞式柴油机采用注油润滑作为气缸润滑的辅助措施，但一般不使用专用气缸油。目前，更普遍的方法是在活塞的裙部开油孔，利用活塞冷却油进行气缸润滑。

2. 十字头式柴油机对曲轴箱油和气缸油的要求

十字头式柴油机的曲轴箱与气缸是隔开的，所以曲轴箱油的工作条件比较好。正常消耗率为 0.1~0.3 g/(kW·h)。它主要用来润滑各轴承和导板等，在某些柴油机中还用来冷却活塞或兼作操纵机构液压控制油使用。对这种油的要求如下：

(1)黏度和黏温性能：曲轴箱油必须具有适宜的黏度，以保证油膜的建立。由于船用柴油机经常在变工况下工作，环境温度变化较大，所以要求它能在较宽的温度范围内可靠地工作，即具有较好的黏温特性。根据使用经验，这种油的黏度应采用 100 ℃时为 11~14 mm^2/s(相当于 SAE30)、黏度指数 80~95 为宜。

(2)抗腐蚀性能：抗腐蚀性主要是保证轴承合金不受滑油中酸的腐蚀。一般曲轴箱油加抗氧、抗腐添加剂。

(3)清净分散性：油品能使炭粒或各种颗粒油泥等分散成微小粒子并悬浮在油中，以便滤掉。

(4)抗氧化安定性：曲轴箱油应具有在较高温度下抗氧化性能(冷却活塞)，轴承润滑用曲轴箱油与空气接触机会多，易氧化变质，要求抗氧化安定性好。通常，应控制油温不超过 82 ℃，以控制氧化速度。

(5)其他：如抗乳化性能、抗泡沫性能、闪点等。

3. 对气缸油的要求

气缸的工作条件非常恶劣。为了保证气缸的正常工作，良好的气缸油应具有如下性能：

(1)润滑性

气缸油必须在活塞与气缸壁之间形成适当厚度的油膜，并能良好地湿润金属，以减少滑动摩擦和磨损。鉴于气缸润滑处于边界润滑条件，因而要求气缸油应具有良好的油性。

(2)黏度及黏度指数

气缸油在较高温度下应有适当的黏度，能迅速分布到整个工作表面，而在起动时黏度又不致太高。即要求气缸油有适当的黏度(通常在 100 ℃时为 14~20 mm^2/s)和较高的黏度指数(75~95)。

(3)清净分散性

气缸油应能抑制在活塞和活塞环上形成漆膜和沉积物；应具有良好的蔓延扩散性；具有能使炭渣变成微小颗粒悬浮在油中的能力。

(4)中和性能

气缸油应能中和燃用劣质高硫燃料时生成的硫酸。要求气缸油具有一定的碱性(TBN 为 40~100 mg KOH/g)。

(5)抗氧化性

气缸油应在气缸内高温下有良好的抗氧化性,防止生成积碳沉积物,使活塞环区及气口处沉积物减至最少,使缸壁上的油膜得以保持。

(6)其他

气缸油燃烧后生成的灰分应尽可能少,且不属于硬颗粒的磨料物质,应具有良好的密封性和储存稳定性等。

从上述要求来看,纯矿物油无法完全满足这些要求。现代柴油机的气缸油都是选用优质的矿物润滑油作为基础油,再加入各种添加剂制成。在各种添加剂中碱性添加剂占有最重要的地位,从某种意义上讲,劣质燃油能否使用,在很大程度上取决于这种添加剂的效能。20 世纪 50 年代的碱性添加剂多为水溶性,由此类添加剂制成的气缸油属乳化气缸油;之后发展了一种虽不溶于油但能以极细颗粒分散到基础油中的添加剂,制成分散型气缸油。当前使用的碱性添加剂均属于油溶性,由于具有良好的储存稳定性而得到广泛应用。

九、曲轴箱油变质与检验

1. 曲轴箱油变质的原因及带来的危害

曲轴箱油在循环使用中其性质不可避免地会发生变化。当它变化到不能满足使用要求时需进行处理或更换。在正常使用条件下,滑油变质的速度较慢,如管理不当、操作失误或柴油机长期工作不良,滑油变质速度就会加快。

滑油变质的原因很多,主要原因是外来物混入和滑油本身氧化。

(1)外来物混入

混入的外来物主要有淡水和海水,灰尘、各种金属磨料、焊渣等硬质颗粒,油漆、石棉和棉纱等软质杂物,燃油和气缸中的燃烧产物等。

海、淡水混入会使滑油乳化,破坏其润滑性能,腐蚀金属表面,加速部件磨损,同时还能加速滑油的氧化,使滑油过早变质。

燃油的漏入会降低滑油的闪点,使滑油难以形成油膜,也会使曲轴箱内存积大量油气,易引起曲轴箱爆炸。

燃烧产物漏入滑油中将使滑油的酸值和炭渣增加,燃烧产物中的硫酸与滑油反应生成含硫和氧的固体沉淀物,加速滑油的变质,这一现象在筒形活塞式柴油机中尤为明显。

(2)自身氧化

滑油在使用条件下与空气接触将逐渐氧化而生成漆膜、树脂和有机酸等不溶于油的沉淀物。此时滑油的颜色变得深暗,总酸值增加,黏度和密度增加。滑油的氧化速度随温度的升高而增大。正常使用温度(不超过 65 ℃)下,氧化并不明显。但若由于工作不正常,如燃气大量漏入或轴承过热等使滑油温度升高,则滑油的氧化速度将大幅度提高。此外,铁锈和涂漆对滑油会起到催化作用,从而加速滑油氧化。

2. 曲轴箱油的检验方法

为了能及时掌握滑油变质规律以便相应采取有效的措施,需对曲轴箱油进行定期检验,通常有以下几种方法:

(1)经验法

根据轮机人员的使用经验,通过对曲轴箱油的直观检查,如摸(黏性)、嗅(气味)、看(颜色),以及检查滑油分油机中的沉积油泥,观察溅在曲轴箱壁面上的滑油颜色、活塞冷却腔内的积垢等,可定性判断滑油的变质情况。

(2)油渍试验法

这种方法把待检滑油滴在特殊试纸上,待该油滴干燥后,根据其扩散状况和颜色的变化与提供的标准图像(或新油的扩散和颜色)比较,可大致判断滑油的变质情况。如油渍中心黑点较小,颜色较浅,四周黄色油渍较大,则表明滑油仍可使用;如黑色较大,且黑褐色均匀无颗粒,则表示滑油已变质。

(3)化验法

采用化验法可对滑油进行定量分析。根据使用要求可分为船上简易化验和实验室化验两种。船上简易化验可在船舶现场进行现场化验,所使用的化验设备均由油品供应商提供。应根据其规定的方法进行化验,可得到诸如黏度、水分、盐分、总碱值、强酸值、不溶物等性能指标的数值,从而可较准确地及时判断滑油的变质情况。实验室化验应由轮机人员在船舶上取出油样,送交陆地实验室(通常为油品供应商)进行定量化验分析,轮机员可根据化验分析单进行综合分析并决定处理措施。通常,化验分析单上已有对滑油的分析结论及相应的处理措施。曲轴箱油应在使用中每隔 3~4 个月取油样化验一次。所取油样应有代表性,一般应在滑油分油机前取样,而且最好在进港前运转中取样。取样时应使用专用取样瓶并放掉两倍于取样旋塞管路中的存油,以消除旋塞管路中的杂质。取样瓶应加以密封并注明使用累计小时等项参数。

3. 曲轴箱油化验项目和要求

目前,化验项目及各指标允许限值还没有统一标准,一般多由各油公司拟定。化验项目和允许各指标变化限值大致为:

(1)黏度

使用中的滑油黏度可能降低(混入柴油)或增高(混入重油或自身氧化)。一般认为,滑油黏度变化不得超过初始值的 25%或 20%。

(2)总酸值

滑油自身氧化和燃烧产物中的酸性产物漏入均使总酸值增高。总酸值的变化速度比其绝对值更为重要,因为它可以说明滑油是否有迅速恶化以及产生沉淀物和变黑的倾向。总酸值有一个缓变时期,缓变后期总酸值可能增加很快。通常,若总酸值变化迅速增高,则此值不允许超过 2.5 mg KOH/g;若总酸值变化缓慢,则可允许高达

4 mg KOH/g;但若出现强酸值,则只允许总酸值达到2.5 mg KOH/g。

(3)强酸值

燃烧产物中的酸性物质漏入将造成强酸值增加。正常使用的滑油不允许出现强酸值。如出现强酸值,则应引起足够重视,立即查明原因,采取有效措施(如水洗等)。

(4)总碱值

滑油在使用中,随着碱性添加剂的消耗,总碱值逐渐降低。不允许总碱值为零或出现强酸值。

(5)水分

滑油中的水系由冷却系统漏泄引起。当含水体积分数超过0.5%时,应查明原因,同时用滑油分油机予以处理。

(6)盐分

海水漏入滑油会出现盐分,盐分具有腐蚀作用。应查明原因,采取处理措施。水洗法可排除盐分,但应考虑滑油中的添加剂是否溶于水。

(7)沉积不溶物

滑油中的沉积不溶物包括燃烧产物、磨屑、铁锈和氧化物等。这些污染物会使滑油黏度增加并生成泥渣。使用纯矿物滑油并具有连续分离净化设备的十字头式柴油机,沉积不溶物一般不超过0.5%,若超过1%,则说明滑油污染严重。使用添加剂滑油的筒形活塞式柴油机,其滑油的沉积不溶物允许高达3%,因为此种滑油具有悬浮携带固体微粒的能力。

沉积不溶物中的氧化物溶于苯而不溶于正庚烷,因而分别用正庚烷和苯测量沉积不溶物的数量,其差值即为氧化物重量。一般沉积物多指正庚烷不溶物。

(8)闪点

燃油漏入将降低滑油闪点。一般情况下,当闪点降低40 ℃或更多时,应查明原因。

在分析以上化验指标时,应综合分析各指标的变化,不应只强调某一指标的变化。

第三节　柴油机冷却系统

一、学习目标

1. 掌握冷却系统的组成和类型、主要设备和作用。
2. 了解中央冷却水系统。
3. 了解冷却系统的维护管理。

二、学习任务

1. 冷却系统的组成和类型、主要设备和作用。

2. 中央冷却水系统。
3. 冷却系统的日常维护管理工作。

三、环境设备

1. 二冲程柴油机冷却系统。
2. 四冲程柴油机冷却系统。

四、背景知识

在柴油机中燃油燃烧放出的热量有 30%~33%要经过气缸、气缸盖和活塞等部件散向外界。为了能散出这些热量,需要有足够数量的冷却介质强制连续流经受热件,通过冷却保证这些受热部件的正常工作温度,因而在多数柴油机中均设置冷却系统,保证足够而连续的冷却介质流量以及适当的冷却介质温度。

从能量利用观点来看,柴油机的冷却是一项应予避免的能量损失,但从保证柴油机正常工作考虑它又是必需的。柴油机冷却有以下作用:(1)冷却可以确保受热件的工作温度不超过材料所允许的限值,从而可保证在高温状态下受热部件的足够强度。(2)冷却可以保证受热件内外壁面适当的温差,减少受热件的热应力。(3)冷却可以保证运动部件如活塞与缸套的适当间隙、缸壁工作面滑油膜的正常工作状态。冷却的这些作用通过冷却系统来实现。在管理中应兼顾柴油机在这两方面的要求,既不使柴油机因过分冷却而过冷,也不使柴油机因缺乏冷却而过热。从尽量减少冷却损失以充分利用燃烧能量出发,国内外正在进行绝热发动机的研究,相应发展了一批耐高温的材料,如陶瓷材料等。

目前,柴油机的冷却方式分强制液体冷却和风冷两种。绝大多数船用柴油机使用前者。

五、冷却系统的组成和类型、冷却系统的主要设备和作用

柴油机强制液体冷却系统中的冷却剂通常有淡水、海水、滑油三种。淡水的水质稳定,传热效果好,可采用水处理解决其腐蚀和结垢的缺陷,因而它是目前使用广泛的一种理想冷却介质。柴油机对淡水水质的要求一般为不含杂质的淡水或蒸馏水。若为淡水,要求其总硬度不超过 10(德国度)、pH 值为 6.5~8.0、氯化物含量不超过 50 ppm。当使用蒸馏水或离子交换器产生的完全脱离子水作为冷却淡水时,必须特别注意对淡水进行水处理并定期化验,确保水处理剂的浓度达到规定范围;否则由于浓度不够而产生的腐蚀比使用一般硬水还严重(因无一般硬水所形成的石灰薄膜沉淀物的保护)。海水的水质难以控制,腐蚀和结垢问题比较突出。为减少腐蚀和结垢应限制海水的出口温度不宜超过 45 ℃,因而目前很少使用海水直接对柴油机进行冷却。滑油的比热

小,传热效果较差,高温状态易在冷却腔内产生结焦,但它不存在因漏泄而污染曲轴箱油的危险,因而适于作为活塞的冷却介质。

一般柴油机冷却系统用淡水强制冷却柴油机,然后用海水强制冷却淡水和其他载热流体(如润滑油、增压空气等)。在系统布置上,前者属闭式循环,后者属开式系统。

1. 闭式淡水冷却系统

闭式循环冷却系统演示动画

由于受热件工作条件不同,所要求的冷却液温度、压力和基本组成也各不相同,因而各受热件的冷却系统通常由几个单独的系统组成。一般分为主柴油机气缸套和气缸盖、活塞、喷油器三个闭式淡水冷却系统。发电柴油机一般有单独的淡水冷却系统。

在缸套水冷却系统中,淡水流动路线可以有两种方案:

(a)主机(→膨胀水箱
→淡水冷却器)→淡水泵→主机

(b)主机(→膨胀水箱
↓
→淡水泵)→淡水冷却器→主机

两者的区别在于淡水泵供应的淡水在(a)方案中首先进主机,然后再去淡水冷却器;在(b)方案中则首先去淡水冷却器,然后再去主机。淡水泵供应的淡水如首先进主机,水的压力则会较高,可以防止缸套穴蚀和冷却水的汽化。但由于目前冷却水压力较高,两者实际区别不大。

图 6-21 所示为 MAN B&W MC 系列柴油机缸套冷却水系统。当港泊时,该系统利用发电柴油机 2 冷却水对主机 1 进行预热。缸套冷却水泵经造水机和淡水冷却器冷却后,由缸套水进口总管进入各缸套下部,沿气缸套→气缸盖→排气阀路线进行冷却。各缸出水管汇总后,去气液分离器 8,重新进入缸套冷却水泵进口;另一路进入淡水膨胀水箱。在淡水膨胀水箱和缸套冷却水泵之间设有平衡管 7,用于给系统补水或膨胀并保持淡水泵吸入压头。系统中有温度传感器检测冷却水出机温度的变化,并通过温度控制阀控制其进口温度。通常,缸套冷却水泵设有两台,皆为离心泵。缸套冷却水系统中均设高位膨胀水箱 6,其作用有:膨胀,使系统中的淡水受热后有膨胀的余地;补水,补充系统中因蒸发和漏泄而损失的水量,保证淡水泵有足够的吸入压头;排放系统中的空气;投药,可在此投放化学药剂,以对冷却水进行化学处理;加热,可对冷却水加热以暖缸(如在其中设置加热装置)。

如喷油器采用淡水冷却,其冷却系统的组成和原理与缸套冷却系统基本相同。目前,大中型柴油机普遍采用燃油经喷油器循环的措施,利用燃油冷却喷油器,不设专门的冷却系统。

如活塞采用淡水冷却,其冷却系统的组成和原理与缸套冷却系统基本相同。目前,柴油机活塞普遍采用滑油冷却,不设专门的冷却系统。

2. 开式海水系统

开式海水系统是用海水作为冷却剂冷却淡水、滑油、增压空气和空气压缩机等。系统的基本组成是海底阀和大排量海水泵,其冷却系统如图 6-22 所示,使用过的海水排

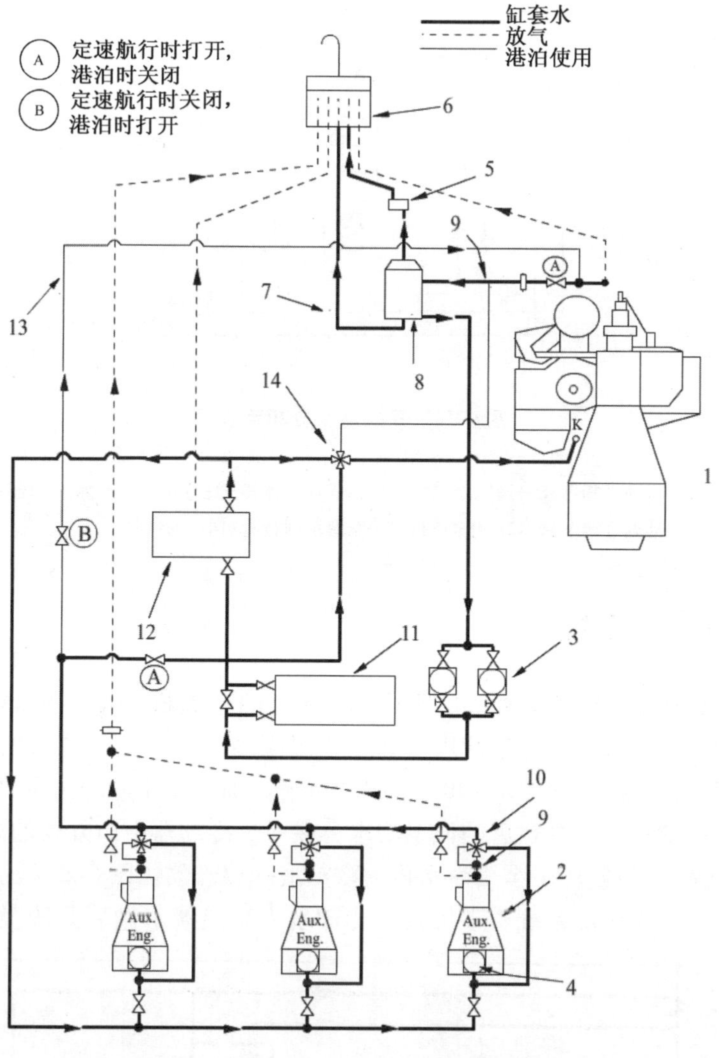

图 6-21　MAN B&W MC 系列柴油机缸套冷却水系统

1—主机；2—发电柴油机；3—主机缸套水泵；4—发电柴油机轴带淡水泵；5—报警器；6—高位膨胀水箱；7—平衡管；8—气液分离器；9—温度传感器；10—发电柴油机温控阀；11—造水机；12—缸套水冷却器；13—暖缸水管；14—缸套水冷却器温控阀

至舷外。在系统中装设感温元件 6 和自动温度调节阀 11，使部分使用过的海水回流至海水泵进口，保证进冷却器的海水温度不低于 25 ℃。

一般设两个以上海底阀，分高位和低位，分设在船舶的两侧舷旁。高位海底阀（门）位于空载水线下约 300 mm 处，低位海底阀（门）设在舱底（靠双层底附近）。船舶进港后，由于水面下泥沙污物较多，多采用高位海底阀。在海上航行时，为防止因风浪造成空吸，多使用低位海底阀。当船舶在码头停靠时，一般停止使用靠近码头一侧的海底阀，而改用外侧海底阀，以防污物阻塞。

海水泵一般设两台，一台备用。海水泵一般采用大排量离心泵。通常在吸入管接应急舱底吸口，用于机舱进水时应急排水。

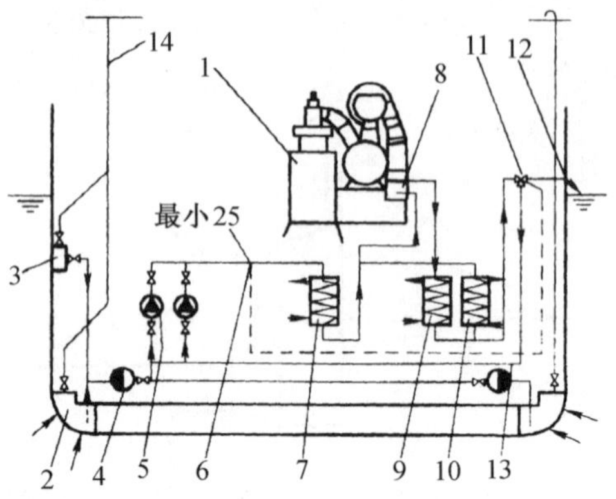

图 6-22 开式海水冷却系统

1—主机;2—低位海底阀;3—高位海底阀;4—海水滤器;5—海水泵;6—感温元件;7—滑油冷却器;8—增压空气冷却器;9—活塞水冷却器;10—缸套水冷却器;11—自动温度调节阀;12—出海阀;13—温海水回行管;14—通气管

六、中央冷却系统

从 20 世纪 70 年代初期开始,出现了一种新型的柴油机冷却系统,即中央冷却系统。这种冷却系统的基本特点是使用不同工作温度的两个单独的淡水循环系统:高温淡水(80~85 ℃)和低温淡水(30~40 ℃)闭式系统。前者用于冷却主机,后者用于冷却高温淡水和各种冷却器。受热后的低温淡水再在中央冷却器中由开式的海水系统进行冷却。由此,可保证只使用一个用海水作为冷却液的冷却器。图 6-23 所示为 RTA-T 系列柴油机使用的中央冷却系统。主机缸套冷却水为高温淡水循环系统,发电副机缸套

图 6-23 RAT-T 系列柴油机中央冷却系统

1—中央冷却器;2—各种冷却器;3—发电副机;4—高温空冷器;5—低温空冷器;6—滑油冷却器

水为低温淡水系统。低温淡水由中央冷却水泵泵出，分别冷却主机空气冷却器的低温循环、各台发电副机及其他冷却器，并且部分低温淡水通过混水阀进入高温淡水系统，以调节高温淡水系统温度。高温淡水系统主要用来冷却主机缸套和空冷器的高温循环。在港泊期间，发电副机缸套冷却水可用来给主机暖机。受热后的低温淡水可在中央冷却器中由主海水泵泵出的海水进行冷却。由此，简化了船舶海水管系，使海水管系最短。此外在系统中有多个温度传感器以及相应的热力控制阀，可根据水温的变化调节旁通水量大小。

中央冷却系统较前述传统的冷却水系统有以下优点：

(1)海水管系及中央冷却器的维修工作减至最低限度。

(2)气缸冷却水温度稳定，不受工况变化的影响，因而使主柴油机始终在最佳冷却状态下运转。

(3)淡水循环可多年保持清洁，维修工作量极少。

中央冷却系统同时也存在以下缺点：

(1)增加了中央冷却器及其辅助设备与管系，因而投资费用较高。

(2)由于附加管系的阻力损失，使泵送耗功也有所增加。

现代化船舶大多采用中央冷却系统。

七、冷却系统的维护管理

首先，调整冷却系统的工作参数并确保正常，主要内容为：

(1)淡水泵出口压力应调整在正常工作范围。通常淡水压力应高于海水压力，防止冷却器泄漏时海水漏入淡水中，引起其变质。

(2)淡水温度应根据说明书的规定调整至正常工作范围。勿使淡水出口温度过低(会造成热损失增加、热应力增大、低温腐蚀)或过高(会使缸壁滑油膜蒸发、缸壁磨损加剧、冷却腔内发生汽化、缸套密封圈迅速老化)。对于中高速柴油机，一般出口温度可控制在70~80 ℃(不烧含硫重油时)，低速机可控制在60~70 ℃；进、出口温差不大于12 ℃。一般淡水出口温度以接近允许上限为宜。

(3)海水出口温度不应超过50 ℃，以免盐分析出而沉积成垢，影响传热。

(4)调节淡水温度可以利用海水管路上的旁通阀来调节进入淡水冷却器的海水量，或者利用淡水管路上的旁通阀来调节进入淡水冷却器的淡水量或海水温度。现代船舶多装设淡水和滑油温度自动调节装置，调节阀多装在淡水和滑油的管路中，以控制进入冷却器的淡水量和滑油量。

(5)检查各缸冷却水的流动情况，如需调整冷却水流量，应调整淡水泵的出口阀，同时注意调节速度应尽量缓慢。淡水泵的进口阀应始终处于全开位置。

(6)当发现气缸冷却水压力波动而调节无效时，通常是由于系统中有气体存在造成，应尽快查明原因并消除。

其次，定期检查膨胀水箱和淡水循环柜的水位变化。如水位降低过快，应迅速查明原因,加以排除。

备车时应开动淡水泵进行冷却系统驱气,一般使淡水在系统内循环 15~30 min。需要时,还应同时进行暖缸,使水温达到 45 ℃左右。暖缸有利于缸内发火,易于起动,还可使滑油均匀布散,防止缸套严重磨损,并可降低缸壁的热应力。

进出港机动操纵时,要控制海水系统,保证淡水温度不产生过大波动,应提前关掉海水泵或控制器流量。停车后,应让冷却水继续在系统内循环 20~30 min,使气缸温度逐渐下降,防止缸壁表面的滑油膜蒸发或结炭,又可减少热应力。

经常检查海水滤器和海水阀是否被杂物堵塞。在寒冷地区航行时,应加强对海水管系的管理,防止海底阀被冰块卡死并应保证海水进入冷却器的温度(25 ℃)。

应定期(最好每周一次)检查冷却水质量,水处理添加剂(如缓蚀剂)的浓度应在其说明书规定范围内,pH 值在 20 ℃时应为 7~10,氯化物浓度不大于 50 ppm。通过这些指标的变化可大致判断冷却系统的工作状态。如氯化物浓度增加,则表示有海水漏入;pH 值降低,则说明有排气漏入。

第四节　柴油机调速装置

一、学习目标

1. 掌握调速的必要性和调速器的类型。
2. 了解调速器的性能指标。
3. 掌握机械调速器的工作原理和特点。
4. 掌握液压调速器的工作原理以及表盘式液压调速器的结构特点。
5. 掌握液压调速器的调节原理与方法。
6. 掌握调速器的维护管理。

二、学习任务

1. 现代船舶柴油机调速的必要性及调速的原理。
2. 现代船舶典型调速器的结构组成、工作原理及调节方法。
3. 调速器的维护管理。

三、环境设备

1. 机械调速器。
2. UG8、PGA 液压调速器。

四、背景知识

柴油机的不同转速是通过改变循环喷油量来获得的。改变柴油机的油量调节机构，使其转速调节到规定的转速范围内称为柴油机调速。为此必须装设专门的调速装置，以便根据柴油机负载的变化自动调节供油量，维持其规定的转速范围，这种装置称为调速器。

五、调速的必要性和调速器的类型

1. 对船舶主机和发电柴油机进行调速的必要性

船舶推进主机与发电柴油机的运转条件和工作特性不同。当外界负荷变化时，柴油机自身的适应能力也不同，因此对调速的要求也不同。

(1)船舶主机

船舶主机的工作特性为推进特性。它与螺旋桨的配合工作特性曲线如图 6-24 所示。图中线 1 为柴油机的部分负荷速度特性曲线，线 4 为柴油机推进特性曲线，柴油机与螺旋桨在转速 n_1 下功率相等，因此柴油机在转速 n_1 下稳定运转，此时柴油机的输出功率 P_{e1} 与外界负荷相适应。若外界负荷不变，则增加柴油机的循环喷油量，使其速度特性曲线变为线 2，则在喷油量增加的瞬时，柴油机发出的功率 P_{e2} 大于原转速 n_1 下的阻尼功率 P_{e1}，柴油机的转速升高，当达到转速 n_2 时，柴油机的输出功率 P_{e3} 与阻尼功率达到新的平衡，即柴油机重新在较高的转速 n_2 下稳定运转；反之，在外界负荷不变的情况下减小柴油机的循环喷油量，使其速度特性线变为线 3，则柴油机重新在较低的转速 n_3 下稳定运转。可见，在外界负荷不变的情况下，改变柴油机的循环供油量可以有效地对柴油机进行调速。

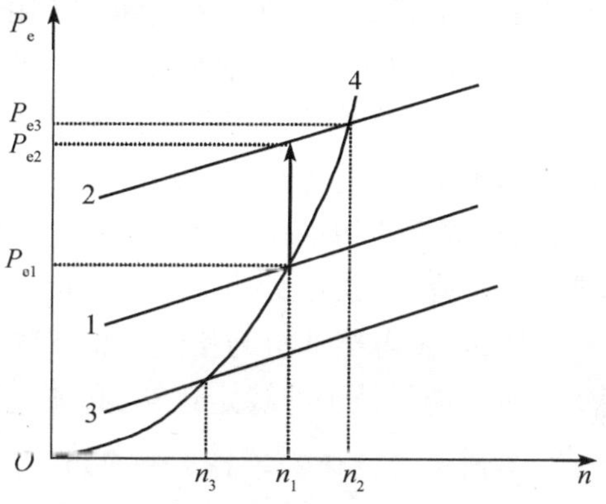

图 6-24　主机改变供油量的自调速特性

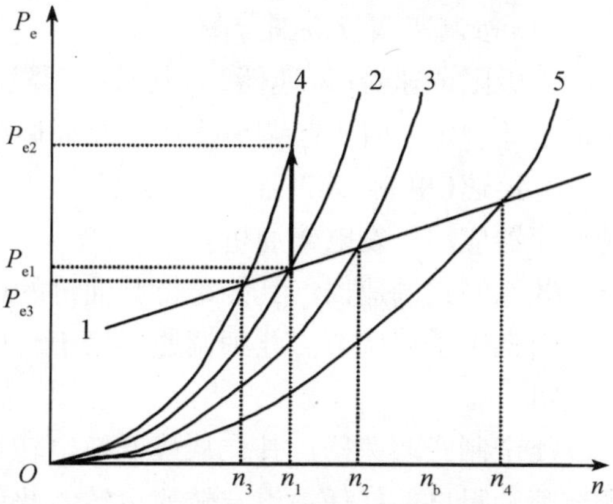

图 6-25　主机外负荷改变时的自调速特性

在柴油机喷油量不变的情况下，外界负荷(如装载、海面状态等)变小，柴油机就会增速，如图 6-25 所示。柴油机的速度特性线为线 1，当外界负荷所对应的螺旋桨特性线为线 2 时,柴油机维持在转速 n_1 下稳定运转,此时柴油机的输出功率与外界阻尼功率相等。若外界负荷减小,螺旋桨特性线变为线 3,在负荷减小瞬间,转速 n_1 下柴油机的输出功率大于外界的阻尼功率,则柴油机会加速,增速后使螺旋桨耗功增加,当到达转速 n_2 时,柴油机的输出功率与外界阻尼功率相等,则柴油机在一较高转速 n_2 下稳定运转;反之,若喷油量不变而外界负荷增加,螺旋桨特性线变为线 4,则柴油机就会在一个较低转速 n_3 下稳定运转。可见,船舶推进主机具有自动调节转速以适应外界负荷变化的能力。所以,如不要求柴油主机恒速运转,则无须装设调速器。但为保证推进主机在特殊航行条件下的安全,如螺旋桨出水、断轴、掉桨等使螺旋桨特性线变为线 5 时,转速就会大幅度上升到达转速 n_4 下运转,此时已远远超过了标定转速 n_b,造成柴油机飞车,因此根据我国有关规定,必须装设限速器,使主机转速不超过 115% 标定转速。但是现代船舶主柴油机为避免外界负荷变化所引起的转速波动以及由此对柴油机工作的不良影响(如可靠性、经济性等),通常多装设全制式调速器。

(2)发电柴油机

船舶发电柴油机要求在外界负荷(用电量)变化时能保持恒定的转速运转,以保证发电机的电压和频率恒定,即要求柴油机按负荷特性工作。若在喷油量不变情况下,外界负荷减少,则柴油机的功率就会大于外负荷而使转速升高,转速升高后又进一步加剧了功率的不平衡,使转速继续升高,以致发生飞车;若在喷油量不变的情况下,外界负荷增加,则柴油机的功率就会小于外界负荷而使转速下降,转速降低后会导致柴油机的功率进一步下降,使柴油机功率和外界负荷更加不平衡,转速会继续下降,直至最终导致停车。所以,发电柴油机与推进主机不同,它自身没有自动调速性能。为保证在外界负荷变化时仍能保持恒速稳定运转,必须装设定速调速器。

2. 不同类型调速器的特点和应用

调速器因用途、结构、原理不同,形式多种多样,船用柴油机调速器按如下方法分类:

(1)按调速调节范围分类

①极限调速器(限速器)。其只用于限制柴油机的最高转速不超过某规定值,在转速低于此规定值时不起调节作用。此种调速器仅用于船舶主机,目前已很少单独使用。

②定速(单制)调速器。其在负荷变化时能使柴油机转速保持在规定范围内。此种调速器应用于发电柴油机。

③双制式调速器。其能维持柴油机的最低运转转速,并可限制其最高转速,其中间转速由人工手动调节。此种调速器用于对低速性能要求较高或带有离合器的中小型船用主机。

④全制式调速器。其在从最低稳定转速到最高转速的全部运转范围内,均能自动调节喷油量以保持任一设定转速运转。此种调速器广泛用于船舶主机及发电柴油机。

(2)按执行机构分类

①机械式(直接作用式)调速器。它的执行机构是依靠转速感应元件直接移动油量调节机构。其主要特点是结构简单可靠、维修方便,常与高压喷油泵组合在一起。其

工作能力较小,在结构上还存在不能进行恒速调节的缺点。该类型调速器主要应用在小功率船用柴油机上。

②液压式(间接作用式)调速器。它通过液压伺服器将飞重产生的离心力加以放大,使用放大后的动力去移动油量调节机构。这种调速器的转速感应元件很小,但能得到很强的工作能力。其主要特点是调节精度高,通用性强,便于系列化生产,能满足很大功率范围的柴油机需要。液压调速器都是全制式的,一般还设有负荷限制器、稳定调速率调节机构、遥控电机、气动或电磁停车阀等装置。该类型调速器广泛用于船用柴油机。

③电子调速器。转速信号监测或执行机构采用电气方式的调速器。其常见的有三种类型:a. 全电子调速器,即信号探测部分和执行机构均为电气式的调速器,其工作能力小,只适用于小型柴油机;b. 电-液调速器,即信号感测部分采用电气式,而执行机构为液压伺服器,伺服器工作能力分成不同档次,以满足各种功率柴油机的要求;c. 液-电双脉冲调速器,即它是在普通的液压调速器上加装电气式的负载信号感测装置,当电气部分发生故障时,能自动转为液压调速器工作。电子调速器动作灵敏,静态与动态调节精度都很高。能实现恒速并联运行,是目前有良好发展前景的新型调速器。

六、调速器的性能指标

调速器的性能好坏直接影响着柴油机运转的稳定性和可靠性,调速器装机后要对柴油机进行突变负荷试验,同时通过仪器记录柴油机的转速随时间变化的曲线,以此来分析调速器性能。

如图 6-26 所示的曲线是对柴油机进行突变负荷试验时测得的。将操纵手柄(轮)放在标定供油位置不变,先让柴油机处于空载状况,以最高空载转速 n_{0max} 运行(有微小波动),再突增全负载,转速立即下降,最低瞬时转速达到 n_{min},以后经过几次收敛性波动后,经过 t_s,在标定转速 n_b 下稳定运行(仍有微小波动);然后突卸全部负载,转速又立即上升,最高瞬时转速达到 n_{max},再经过几次收敛性波动后,经 t_s 在最高空载转速 n_{0max} 运行(仍有微小波动)。曲线清楚地反映出柴油机的调速器在突卸和突增负载时转速调节过渡过程。

调速器性能指标分为动态指标和静态指标。下面分别介绍这些工作指标的意义。

1. 动态指标

由调速器与柴油机组成的调速系统稳定工作时,如果外负荷突然变化,调速器起作用进行相应的油量调节后,会有一段时间产生较大的转速波动,然后才能达到新的稳定状态。我们把这种由一个平衡转速过渡到另一个平衡转速之间所反应的调速系统的特性,称为调速器的动态特性。它是评定调速系统过渡过程稳定性的指标。

如图 6-26 所示,一个良好的调速系统,在负荷突变调速器起调节作用的过渡过程中,应满足以下三个条件:一是过渡过程转速的波动是逐渐收敛的,即转速波动的幅度随时间增长而减小;二是过渡过程转速瞬时波动幅度不应过大,以免影响柴油机可靠性;三是过渡时间不应过长,转速应尽快达到稳定。用作评定调速系统调节过渡过程性能的动态指标,分为以下两项。

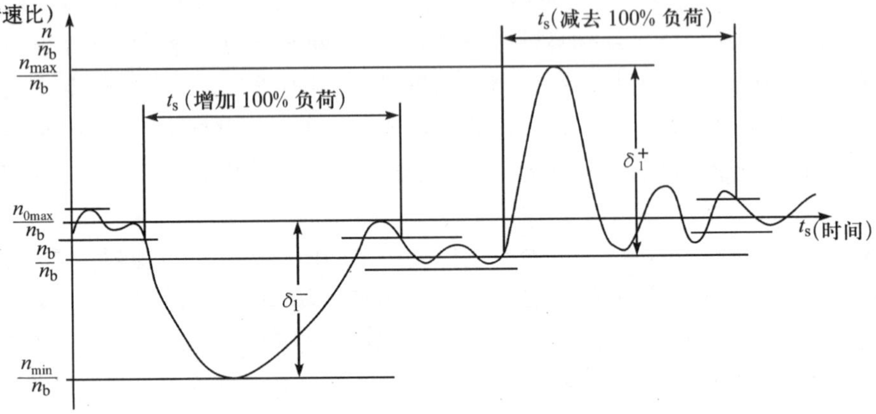

图 6-26　突加、突卸负荷时的转速调节过程

(1)瞬时调速率 δ_1

根据试验时负荷的突卸与突加,可分为突卸(减)负荷瞬时调速率 δ_1^+ 和突加负荷瞬时调速率 δ_1^- 两种。

①突卸负荷瞬时调速率 δ_1^+:指柴油机在标定工况下稳定运行,然后突然卸去全部负荷,所测得的最高瞬时转速 n_{max} 与标定转速 n_b 之差同标定转速 n_b 比值的百分数,即:

$$\delta_1^+ = \frac{n_{max} - n_b}{n_b} \times 100\%$$

②突加负荷瞬时调速率 δ_1^-:指当柴油机在最高空载转速 n_{0max} 下稳定运行时,突加全部负荷,所测得的最低瞬时转速 n_{min} 与最高空载转速 n_{0max} 之差同标定转速 n_b 比值绝对值的百分数,即:

$$\delta_1^- = \left| \frac{n_{min} - n_{0max}}{n_b} \right| \times 100\%$$

我国有关规范要求发电柴油机的 δ_1^+ 不大于 10%;δ_1^-(突加 50%后再加 50%全负荷)不大于 10%。船用主机 δ_1^- 不大于 10%~12%。

瞬时调速率 δ_1^- 反映了在柴油机负荷突变,调速器调节过渡过程中,转速瞬时波动幅度的大小,δ_1^- 越小,表明调速器的稳定性越好。

(2)稳定时间 t_s

过渡过程的稳定时间是指突卸(或突加)全负荷后,转速开始波动到转速达到新的稳定范围(指转速波动率 Φ 不大于规定值)为止的时间,表明消除过渡过程中波动现象的快慢,以秒(s)计。

稳定时间 t_s 越短,说明转速波动消除得快,调速器的稳定性越好。

我国有关规范规定,交流发电柴油机 t_s 不大于 5 s,船舶主机 t_s 不大于 10 s 。

2. 静态指标

柴油机在运转过程中,由于某种原因使原来的平衡转速被破坏,在调速器的作用下,经过一段时间后又在新的平衡转速运行。调速器起作用前和起作用后,在稳定转速状态下所反应的调速系统特点称为调速器的静态特性。调速器的静态指标分为以下三项。

(1)稳定调速率 δ_2

调速器标定工况下的稳定调速率 δ_2 是根据标定工况突卸全部负荷求得的。它是指当操纵手柄在标定供油位置不变,柴油机在标定工况稳定运行时突卸全部负载,调速器起作用使柴油机重新稳定运行后,其最高空载转速(空车稳定转速)n_{0max} 与标定转速 n_b 之差同标定转速 n_b 比值绝对值的百分比,即:

$$\delta_2 = \left|\frac{n_{0max} - n_b}{n_b}\right| \times 100\%$$

例如,某柴油机在标定转速 1 000 r/min,标定功率 100 kW 工况下稳定运行,固定操纵手柄后突卸全部载荷,其稳定后的空车转速为 1 050 r/min,则此台柴油机的稳定调速率为:

$$\delta_2 = \frac{1\,050 - 1\,000}{1\,000} \times 100\% = 5\%$$

稳定调速率 δ_2 用来衡量调速器的准确性。调速器存在一定的稳定调速率(也称速度降),说明当外界负荷变化时,调速器进行调速,柴油机重新稳定运转后,转速会有少量波动,其 δ_2 值较小,表明调速器的准确性好;如果 δ_2 过大,不仅对被带动的工作设备的稳定工作不利,即便对空转时柴油机零件的磨损也是有害的。

稳定调速率的大小应根据柴油机的用途和要求而定。我国有关规范规定,船用主机调速器的稳定调速率 δ_2 不大于 10%,船用发电柴油机调速器的稳定调速率 δ_2 不大于 5%。对于单台柴油机允许 $\delta_2=0$,它表示柴油机的转速不会随外界负荷变化而保持恒速运转。但在几台柴油机并联工作时,为了按比例均衡分配负载,各柴油机的稳定调速率 δ_2 必须相等且不为零。

(2)转速波动率 Φ 或转速变化率 φ

柴油机在稳定运转时,转速也会产生微小的波动,如图 6-27 所示,波动范围为 $n_{cmin} \sim n_{cmax}$,平均转速为 n_m。这主要是由于柴油机回转力矩不均匀引起的。用转速波动率 Φ 和转速变化率 φ 来表示,如下列二式所示:

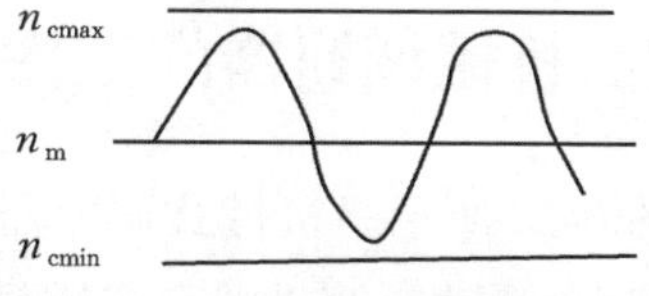

图 6-27 柴油机稳定运转时的转速波动

$$\Phi = \left|\frac{n_{cmax}(n_{cmin}) - n_m}{n_m}\right| \times 100\%$$

$$\varphi = \frac{n_{cmax} - n_{cmin}}{n_m} \times 100\%$$

转速波动率 Φ 表征稳定工况下转速波动的大小,转速变化率 φ 表征其转速变化的大小。为保证柴油机可靠运转,一般规定在标定工况时,Φ 不大于 0.25%~0.50%,φ 不大于 0.5%~1.0%。如果超过规定范围,就表示调速系统的工作不正常。

(3)不灵敏度 ε

调速器在工作时,因为调速器内部的运动元件之间存在摩擦阻力,从调速器到喷油泵之间的传动件(如拉杆、杠杆、销轴等)之间有间隙,各部件移动时有摩擦阻力和惯性力。因此,当柴油机外界负荷变化并引起转速微量增加或减少时,调速器不会立即做出反应去改变供油量,而要到转速变化量足够大时,调速器才开始起到调节喷油量的作用。这种现象称为调速器的不灵敏性,通常用不灵敏度 ε 来表示不灵敏性的大小,如下式所示:

$$\varepsilon = \frac{n_2 - n_1}{n_m} \times 100\%$$

式中:n_2——柴油机转速增加,调速器开始起作用的转速(r/min);

n_1——柴油机转速减小,调速器开始起作用的转速(r/min);

n_m——柴油机的平均转速,$n_m = (n_1 + n_2)/2$ (r/min)。

例如,某柴油机在 1 000 r/min 稳定运行,当外界负荷有变化时,转速在 1 020~980 r/min 范围内,调速器未起作用。这台柴油机的调速器在 1 000 r/min 时的不灵敏度为 $\varepsilon = (1\,020-980)/1\,000 \times 100\% = 4\%$。

不灵敏度过大会引起柴油机转速不稳定,严重时会导致调速器失去作用,甚至产生飞车事故。不灵敏度 ε 随柴油机转速高低会有差异,当柴油机转速较低时,因调速器预紧力较小,产生张力也小,而传动机构的阻力反而增大,造成不灵敏度加大。

一般规定在标定转速时 ε 不大于 1.5%~2.0%,在最低稳定转速时 ε 不大于 10%~13%。

从以上分析可知,柴油机对调速器的调速性能的要求是:有尽可能小的瞬时调速率、稳定时间、转速波动率及不灵敏度。有合适的稳定调速率,其值越小,表示调节过程的静态精度越高;应能在一定的转速范围内进行调节。

机械式调速器动画

七、机械调速器的工作原理和特点

图 6-28 所示是机械式调速器的工作原理图。飞重架 2 与转轴一体,飞重 3 铰接在飞重架上,滑动套筒 4 滑套在转轴的上段,其下端压在飞重推脚上,上端受调速弹簧 5 的张力压制。9 为直角形杠杆,左端活动地插入滑动套筒的环槽内,可随套筒上下移动而摆动,其上端与油量调节杆 8 相铰接。

柴油机运转时,曲轴通过齿轮传动驱动转轴 1 旋转。飞重架和转轴一同旋转,飞重便产生离心力,通过推脚向上作用在滑动套筒下端。滑套的上端受调速弹簧向下的张力作用。当柴油机发出的功率与外界负荷刚好平衡时,其转速稳定,飞重的离心力与弹簧张力相等,柴油机稳定运转。

当外界负荷减小时,柴油机发出的功率会大于外界负荷而使转速增加,这时飞重离心力将大于弹簧的预紧力而使滑动套筒上移，通过直角形杠杆迫使油量调节机构向减油方向（右）移动（如图6-28中虚线所示）。随着喷油量减少，柴油机转速便下降，飞重离心力也减小了，直到其离心力与调速弹簧张力又平衡为止，此时柴油机又重新稳定运行。从图6-28中虚线可以看出，新的滑动套筒位置稍高于原来位置，调速弹簧又稍被压缩。说明：外负荷减小后，在新的稳定位置，飞重的离心力比原先的大，经调速器自动调速后的转传动比原来稍高，出现“转速差（速度降）”。这是机械式调速器所固有的特性，原因在于油量调节机构与转速感应机构之间是刚性连接，当油量发生变化时，飞重的离心力和弹簧弹力也将随之改变，所以机械式调速器不能实现恒速调速，即机械式调速器的稳定调速率 δ_2 不能为零，但可以通过更换不同刚度的弹簧改变 δ_2 值。

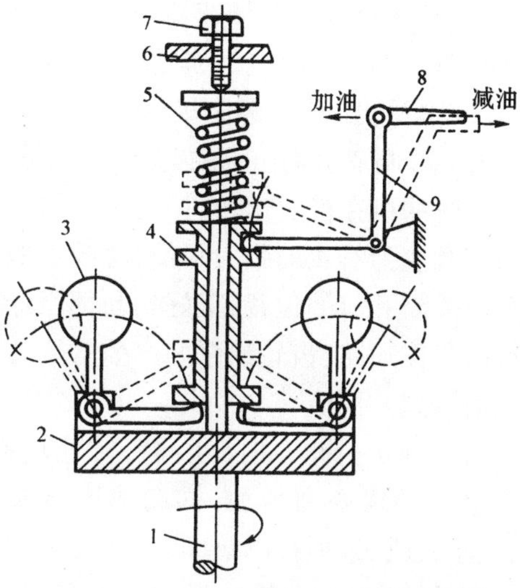

图6-28 机械式调速器工作原理

1—转轴；2—飞重架；3—飞重；4—滑动套筒；5—调速弹簧；6—本体；7—转速调节螺钉；8—油量调节杆；9—直角形杠杆

同理，当外界负荷增加时，调速器的动作与上述相反，飞重离心力与弹簧作用力在彼此都减小的情况下重新稳定的转传动比原转速稍低。

另外，可以通过调整转速调节螺钉7的位置改变柴油机的稳定运转转速。如向下旋转螺钉，会使调速弹簧5的张力增大，从而使油量调节机构左移加油，稳定运转的转速就会加快。同理，也可向上旋转螺钉使柴油机稳定运转的转速降低。

由于机械调速器利用感应机构所产生的离心力直接去移动油量调节机构，因而其工作能量较小，一般只适用于中小型柴油机。

八、液压调速器

1. *液压调速器的工作原理*

对于大功率柴油机，由于调速器和油量调节机构的摩擦阻力较大，移动油量调节机构所需要的力也较大，因而需要调速器有更大的工作能力。如果使用机械式调速器，则必须增加飞重的质量，并在结构上加强有关零件，这便增加了调速器的尺寸和重量，使调速器变得更加笨重；另外，机械式调速器只能做有速度降的调节，而无法做到恒速调节。为此在感应元件和油量调节机构之间插入一个液压放大元件（液压伺服器），利用放大了的动力去移动油量调节机构；为了改善调节性能，在感应元件和驱动机构之间还设有“反馈装置”，使其既能做有速度降的调节又能做恒速调节。这种液压调速器在近代大中型柴油机上得到广泛的应用。

(1)无反馈液压调速器

无反馈液压调速器动画

图 6-29 所示为无反馈液压调速器的工作原理图。组成部分为驱动机构(驱动轴 11、齿轮及转盘 1),感应机构(飞重 3、弹簧 4、速度杆 2),伺服放大机构(滑阀 7、液压伺服器 6),调节机构(油泵齿条 10)及液压系统(齿轮油泵 8、溢流阀 9、油池)。

柴油机在稳定运转时,飞重 3 的离心力和调速弹簧 4 的张力平衡,滑阀 7 处于图示关闭孔口的位置,正好切断伺服器油缸的工作通路,齿轮油泵 8 产生的压力油经溢流阀 9 回流。

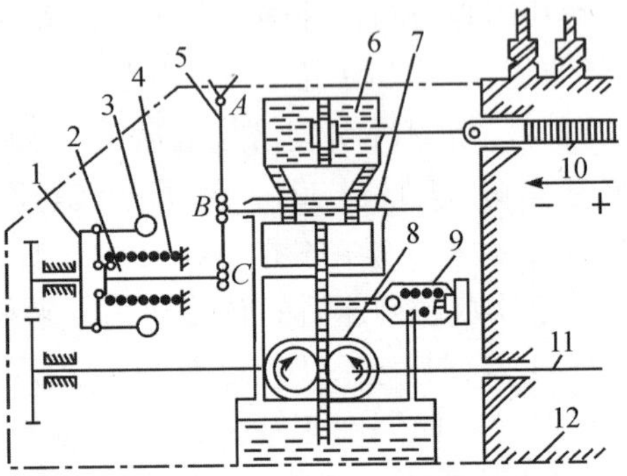

图 6-29　无反馈液压调速器工作原理简图

1—转盘;2—速度杆;3—飞重;4—弹簧;5—连接插杆;6—液压伺服器;7—滑阀;8—齿轮油泵;9—溢流阀;10—油泵齿条;11—驱动轴;12—喷油泵

当外负荷减小时,柴油机转速增高,飞重 3 的离心力增加,推动速度杆 2 右移,于是连接插杆 5 以 A 点为中心做逆时针摆动,使节点 B 带动滑阀 7 右移,控制孔打开,压力油进入液压伺服器 6 的右腔;同时液压伺服器 6 的左腔与低压油路相通,在压差作用下,伺服活塞带动油泵齿条 10 左移,减少供油,使柴油机转速回降至原来转速。速度杆 2 和滑阀 7 又回到原来平衡(中央)位置,切断伺服油缸的工作油通路。此时,动力活塞停止在新的位置,调节过程结束。

当外负荷增加时,柴油机转速降低,调节过程按相反方向进行。

这种无反馈装置的调速器,在调速过程中,由于惯性使转速的变化总是滞后于动力活塞的位移,即当动力活塞减(加)油到位时,滑阀不能及时复位,因而其油量的减增不可能根据负荷的变化而做到“适可而止”,如调节总是位移过度,而又总是企图维持原速,最终使转速连续波动而不能稳定工作,甚至有可能发生急剧波动而根本不能工作。

(2)刚性反馈液压调速器

刚性反馈液压调速器动画

如前所述,在调速器中仅仅加一个液压放大元件(伺服器)还是不能满足使用要求。要想使液压调速器能稳定调节,在调速器中还要加一个“反馈机构”(又称“补偿装置”),其作用是:在伺服活塞移动的同时,对滑阀产生一个反作用力,使其向平衡位置方向移动,防止油量调节过度,使增减油“适可而止”,提高调速系统的稳定性。

图 6-30 所示是刚性反馈液压调速器结构简图。与前述无反馈液压调速器不同的是,杠杆 AC 上端 A 不安装在固定的铰链上,而是改为用销轴与伺服活塞 3 的活塞杆相连。这样动力活塞的位移就通过杠杆反馈至滑阀 6 上,反馈环节采用机械连接,故称为“刚性反馈”。

当柴油机稳定运转时,飞重 2 产生的离心力与调速弹簧 7 的张力相等,滑阀处于关闭孔口的位置,其喷油泵调节杆 5 停留在图示位置。

当外负荷减小时,柴油机转速增加,飞重离心力增大压缩弹簧 7,使速度杆 1 右移,以反馈杠杆 AC 的上端 A 暂作定点,使杠杆 AC 绕 A 点做逆时针摆动,通过 B 点带动滑

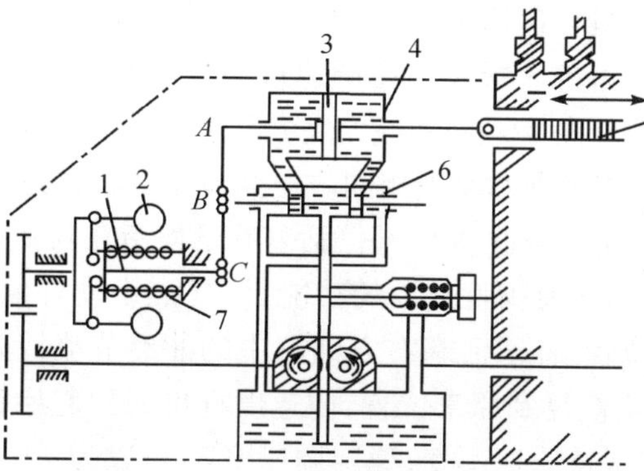

图 6-30 刚性反馈液压调速器结构简图

1—速度杆;2—飞重;3—伺服活塞;4—伺服器;5—喷油泵调节杆;6—滑阀;7—调速弹簧

阀 6 右移,打开控制孔,高压油便进入伺服器 4 油缸的右腔(左腔此时与低压油路相通),伺服活塞 3 在压差下带动喷油泵调节杆 5 左移减油。在伺服活塞 3 左移的同时,杠杆 *AC* 绕 *C* 点向左摆动,并带动与 *B* 点连接的滑阀 6 也向左移动,从而使滑阀向相反方向移动。这时由于柴油机减油使转速下降,也使滑阀向左移动,在这两个力的共同作用下,滑阀就能迅速回复至原来的切断油路位置。

但是这种调速器调速终了时,滑阀回到原位,伺服活塞(连同油量调节杆)移到了一个新的平衡位置,故 *A* 点已不在原位随着外负荷大小而变动。与滑阀 6 相连的 *B* 点在任何稳定工况下均回到原来位置,因而 *C* 点就稳定在新的位置,此时调速弹簧新的张力就不同于原来的张力,故柴油机不能回复到原有的转速。从图 6-30 的情况分析可知:当外负荷减小时(弹簧又稍被压缩),新的稳定转速将比原来转速升高;反之,当外负荷增加时,新的稳定转速将比原速稍有降低。其结论是:刚性反馈液压调速器不能实现"无差调速",其稳定调速率 δ_2 不能为零。

(3)弹性反馈液压调速器

如果要求负荷变化,既要调速过程稳定,又能保持柴油机转速恒定不变(即 $\delta_2=0$),则必须采用带有弹性反馈系统的液压调速器,其工作原理如图 6-31 所示。

弹性反馈液压调速器动画

这种反馈形式是在刚性反馈的基础上增加了一个弹性环节,它由缓冲器 5、补偿活塞 6、补偿弹簧 7、节流针阀 8 组成。缓冲器油缸内充满了工作油,左右两空间通过管道及节流针阀 8 接通。当缓冲器 5 受力后左右移动时,缸内液体从一个空间经针阀流到另一个空间,由于针阀的节流使补偿活塞 6 的移动比缓冲器 5 的移动滞后,起到缓冲作用。

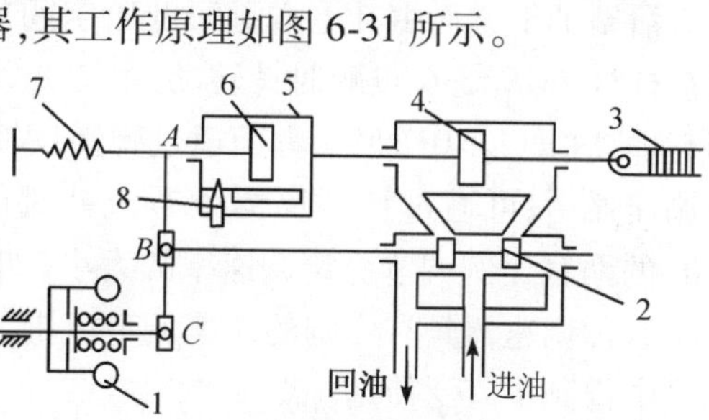

图 6-31 弹性反馈液压调速器原理图

1—飞重;2—滑阀速度杆;3—油泵齿条;4—伺服活塞;5—缓冲器;6—补偿活塞;7—补偿弹簧;8—节流针阀

稳定运转时,飞重产生的离心力与调速弹簧的张力相等,滑阀处于关闭孔口的位置,油泵齿条稳定在图示某喷油量位置。

当外负荷减小时,柴油机转速增加,飞重 1 的离心力增大,使滑阀速度杆 2 右移,伺服活塞 4 则左移,拉动油泵齿条 3 减油。在调速过程一开始,随着伺服活塞 4 的左移,缓冲器 5 的油缸、补偿活塞 6 及 *AC* 杆的上接点几乎以相同速度同步左移,使补偿弹簧 7 受压。至此,调速器的动作与刚性反馈相同。但当调速过程接近终了时,滑阀速度杆 2 已回到原位封堵了油路,此时缓冲器 5、补偿活塞 6 已停留在与新负荷相应的位置上。

由于被压缩的补偿弹簧 7 有弹性复原的功能,使 *A* 点带动补偿活塞 6 在缓冲器油缸内向右移动,回到原来位置,补偿活塞右方油缸中的油经节流针阀 8 回流至左方,最后补偿弹簧 7 及杠杆 *AC* 均恢复到原来位置,使速度杆也回到起始位置。这样,调速过程结束后的柴油机转速能保持原速不变,稳定调速率 δ_2 可以为零。

当外负荷增加时,转速先降低,按上述相反的动作过程可以使柴油机转速重新稳定在原来的转速下运转。

(4)双反馈液压调速器

当发电柴油机并车运行时,除了要求调速器具有良好的稳定性外,还要求其按正确的比例分配各柴油机承担的负荷。由此,调速器应具有弹性反馈机构以保证调节稳定性;同时还应具有刚性反馈机构以使调节过程具有一定的稳定调速率,保证各柴油机按比例分配负荷。这种具有双反馈的液压调速器的结构示意图如图 6-32 所示。图 6-32 中刚性反馈杠杆 *EGF* 和弹性反馈机构(缓冲器 K、补偿弹簧 S、节流针阀 C)由动力活塞杆带动。当外界负荷降低,柴油机转速升高时,飞重向外飞开,带动杠杆 *AB* 以 *A* 点为支点逆时针转动,使滑阀杆 *BD* 上移,工作压力油进入伺服器动力活塞的下方而由其上方泄回低压空间。由此,动力活塞上行减油。一方面使刚性反馈杠杆 *EGF* 绕 *G* 点顺时针转动,由 *F* 点增加弹簧预紧力,使其稳定后转速较原转速稍有提高(即 $\delta_2>0$);另一方面通过弹性反馈机构保证恒速稳定调节。通常在这种双反馈调速器中,可通过弹性反馈中节流针阀的开度大小调节其稳定性。通过刚性反馈 *EGF* 的两臂比例调节稳定调速率的大小,如使 *F* 点与 *G* 点重合,则 $\delta_2=0$。

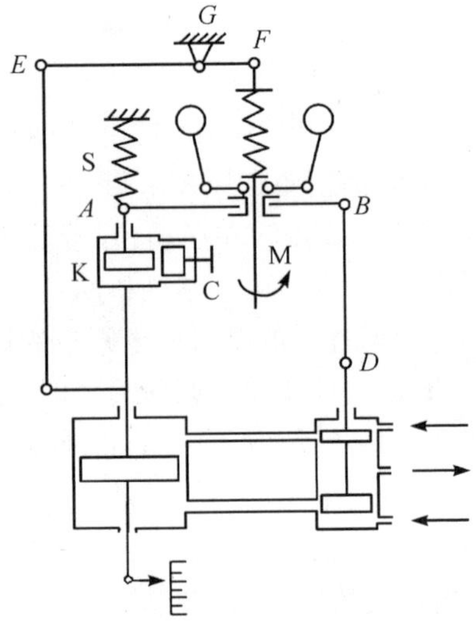

图 6-32 双反馈液压调速器的结构示意图

AB—浮动杠杆;C—节流针阀;*BD*—滑阀杆;K—缓冲器;S—补偿弹簧;*EGF*—反馈杠杆

这种调速器具有广阔的转速调节范围,稳定性好,调节精度高,灵敏度高,在船用柴油机中得到了广泛使用。

2. 表盘式液压调速器的结构特点

船用柴油机使用的液压调速器大多为双反馈全制式。其中以 Woodward UG 型和 Woodward PGA 型液压调速器应用最普遍。其 UG 型分为杠杆式和表盘式两种;PGA 型为气动遥控式,多用于遥控主机。对于这些型号均可按使用者要求附加某些辅助装置以完成控制或安全等方面的额外要求,如配置扫气压力燃油限制装置及扭矩限制器等。

国产全制式双反馈液压调速器如 TY-111 或 TY-555,在结构与性能上与 Woodward UG 型基本相似。

(1)UG8 表盘式液压调速器的结构

表盘式也称旋钮式,它将需要调节的机构以旋钮的形式集中在调速器的表盘上,可以方便地在调速器外部进行调节。大多数在顶盖上装有一个直流或交流的伺服电机,用于遥控和微量调节。它不但可以用来升降柴油机的转速,而且当多台柴油机并车或多台柴油机与大电网并电使用时,工作人员在配电板处能随时调节柴油机的转速,使之负荷分配均匀。通过蜗轮蜗杆变速,伺服电机从 2 000 r/min 降到 5 r/min。这种调速器多用于带交流或直流发电机的发电柴油机上。

图 6-33 所示为 Woodward UG 型表盘式液压调速器的外形,在其正面的表盘上有四个旋钮:静速差旋钮 8、负荷限制旋钮 9、调速旋钮 3、转速指示器 1。

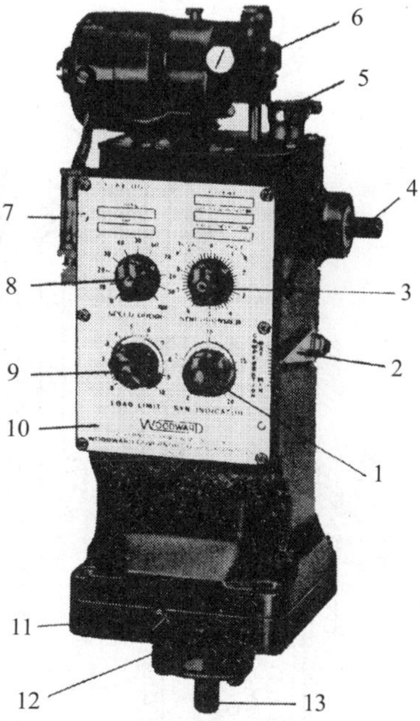

图 6-33　Woodward UG 型表盘式液压调速器外形图

1—转速指示器;2—反馈指针;3—调速旋钮;4—输出轴;5—加油盖;6—调速电动机;7—油位表;8—静速差旋钮;9—负荷限制旋钮;10—表盘;11—节流针阀;12—放油塞;13—驱动轴

它的结构如图 6-34 所示,主要由以下九部分组成。

①驱动机构。驱动轴 28 由柴油机凸轮轴经伞形齿轮传动,通过油泵齿轮 22、弹性轴 37、传动齿轮和飞架等使飞重 39 等转动,从而将柴油机的转速信号传给转速感应机构。

②转速感应机构。其主要由飞重 39、调速弹簧 8、调速杆 38 组成,用以感受和反映转速的变化。锥形调速弹簧 8 的下端作用在调速杆 38 上,调速杆的下端与浮动杆 35 相铰接。浮动杆的右端与小反馈活塞铰接,中间与滑阀 36 的杆端铰接。这样,当转速变化时飞重张开或合拢并通过调速杆和浮动杆使滑阀上下移动。

③伺服放大机构。它由滑阀 36、控制阀套筒 34、动力活塞 23 以及有关油路组成,用来放大感应机构的输出能量。控制阀套筒 34 由驱动轴 28 带动回转。柴油机稳定运转时,滑阀正好将控制阀套筒 34 的控制孔 27 封闭。当转速升高时,飞重张开,滑阀上移,伺服活塞下部空间通过控制孔 27 与低压油路沟通,动力活塞 23 下移;转速降低时,上述动作相反,伺服活塞上移。

④调节机构。它主要由动力活塞 23、输出轴 12 及油量调节杆 13 等组成。伺服活塞上下运动,通过杠杆机构转动输出轴 12,操纵油量调节杆,以调节供油量。

⑤恒速反馈机构。它主要由大反馈活塞 33、小反馈活塞 30、反馈弹簧 29、补偿针阀 31、反馈杠杆 40 和 45、活动支点 47、反馈指针 46 以及反馈油路等组成,其作用是保证调速过程中转速稳定。反馈杠杆 40、45 连接在调速器的输出轴 12 上,由其驱动。动力

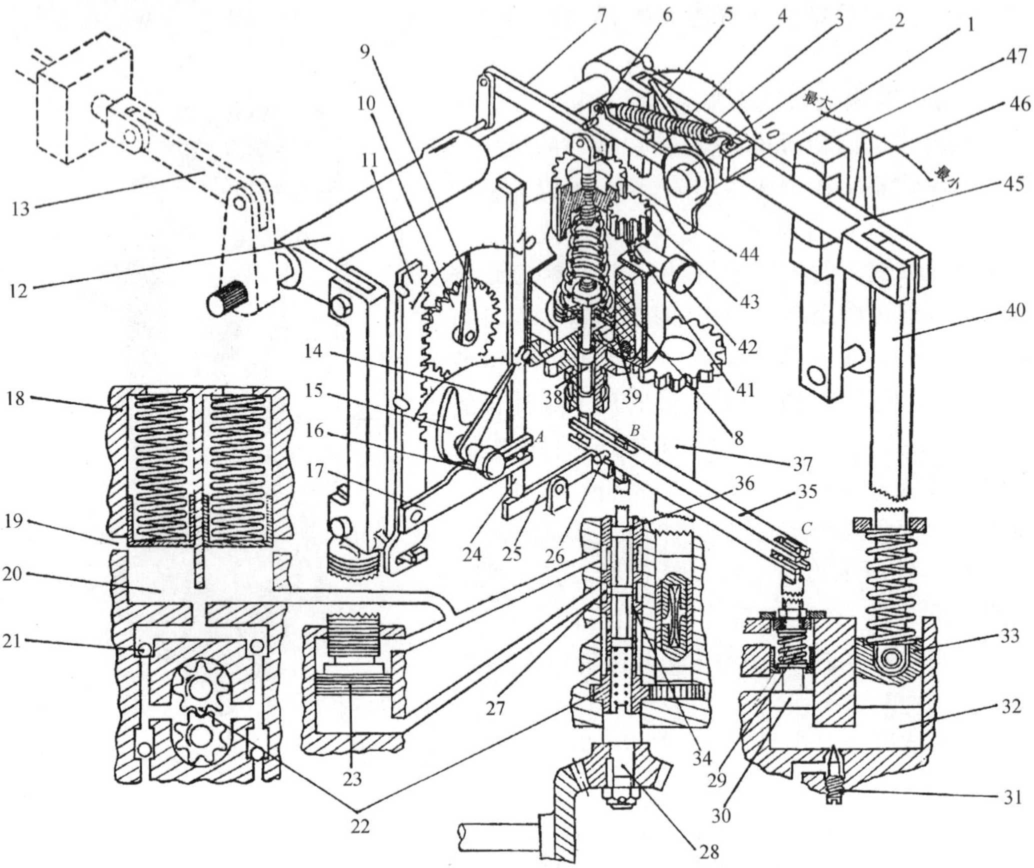

图 6-34　UG-8 表盘式液压调速器原理图

1—静速差凸轮;2—静速差旋钮;3—拉紧弹簧;4—顶杆;5—静速差指针;6—支持销;7—静速差杆;8—调速弹簧;9—负荷指针;10—齿轮;11—齿条;12—输出轴;13—油量调节杆;14—负荷限制指针;15—负荷限制凸轮;16—负荷限制旋钮;17—控制杆;18—稳压油缸;19—溢油孔;20—蓄压室;21—球阀;22—油泵齿轮;23—动力活塞;24—紧急停车杆;25—限制杆;26—限制销;27—控制孔;28—驱动轴; 29—反馈弹簧;30—小反馈活塞;31—补偿针阀;32—补偿空间;33—大反馈活塞;34—控制阀套筒;35—浮动杆;36—滑阀;37—弹性轴;38—调速杆;39—飞重;40,45—反馈杠杆;41,43—传动齿轮;42—调速旋钮;44—调速齿轮;46—反馈指针;47—活动支点

活塞 23 在转动输出轴 12 的同时,经过反馈机构使浮动杆 35 绕 A 点摆动,从而使控制滑阀 36 上下移动,提前回复至中央位置。

⑥静速差机构(速度降机构)。它是由静速差旋钮 2(如图 6-33 中所示的 8)、静速差凸轮 1、顶杆 4、拉紧弹簧 3、支持销 6、静速差杆 7 和静速差指针 5 等组成的。它是一种刚性反馈机构,不仅能使调节过程稳定,而且能调节稳定调速率 δ_2,使调速器能产生一定的静速差,以满足柴油机稳定性和并联工作的需要。该机构将伺服活塞的调油动作反作用到调速弹簧 8 上,并根据支持销 6 的位置按比例地改变调速弹簧的预紧力。预紧力不同,与之平衡的转速也不同,对应不同的负荷,柴油机的稳定转速不同。支持销 6 在不同位置便可得到不同的 δ_2。支持销可以人工调节,当支持销 6 与调速弹簧轴线重合时,刚性反馈作用消失,即 $\delta_2=0$,柴油机可以恒速调节。

⑦速度设定机构。该机构可通过改变调速弹簧 8 的预紧力来改变柴油机的稳定转

速。它是由两部分组成的。一部分是由调速旋钮 42(如图 6-33 所示中的 3),传动齿轮 41、43 和调速齿轮 44 组成的。当转动表盘上的调速旋钮 42 时,通过传动齿轮使调速齿轮 44(即上弹簧盘,带内螺纹)转动并同时沿中心螺杆上下移动,以改变调速弹簧预紧力,从而改变柴油机的设定转速,达到全制调速的目的。另一部分是装在调速器盖上的调速电动机(如图 6-33 所示中的 6),经过蜗轮减速机构和摩擦离合器驱动传动齿轮 43,以改变调速弹簧的预紧力。调速电机由配电板上的开关进行控制。表盘上右下方的转速指示旋钮(如图 6-33 所示中的 1)用于指示柴油机设定的转速,自身不可调节。

⑧负荷限制机构。它由负荷限制旋钮 16(如图 6-33 所示中的 9)、负荷限制指针 14、负荷限制凸轮 15、控制杆 17、紧急停车杆 24、限制杆 25、限制销 26、齿条 11、齿轮 10、负荷指针 9 等组成。在图示位置中,负荷限制指针 14 位于表盘刻度“10”处。动力活塞 23 的位置由齿条 11 和齿轮 10 传动的负荷指针 9 指示为“5”。此时,在控制杆 17 和负荷限制凸轮 15 之间具有间隙,所以当外界负荷继续增大时,滑阀 36 的下移不受限制,动力活塞也可继续上行增加供油量。当动力活塞上移到最大供油量位置时,负荷指针 9 也转到刻度“10”。此时控制杆 17 与负荷限制凸轮 15 刚好接触,限制控制滑阀 36 继续下移,动力活塞(即供油量)也被限制在刻度“10”处。同理,若把负荷限制指针 14 分别置于刻度为“8”“6”“4”处,则柴油机的供油量亦被限制在“8”“6”“4”位置。

如需紧急停车,按下紧急停车杆 24 即可。这时限制杆 25 通过限制销 26 把控制滑阀 36 抬起,动力活塞便下移把供油量减为零。此紧急停车杆 24 在调速器试验中使用,并非在柴油机运转中使用,但可在其上方安装某个安全停车辅助装置(如停车电磁阀等)以保护柴油机。当把负荷限制旋钮 16 手动转至零位处,则通过负荷限置凸轮 15、控制杆 17 而将紧急停车杆 24 压下,柴油机自行停车。柴油机起动时为防止加速过快,应将负荷限制旋钮 16 置于刻度“5”左右;待起动之后,运转正常再逐渐将负荷限制旋钮 16 转至刻度“10”或所规定的其他位置。

⑨液压系统。它由低压油池、齿轮泵、稳压油缸 18 及油缸中的稳压活塞和有关油路组成。液压系统用来产生推动动力活塞 23 运动的高压油。齿轮泵从油池中吸油加压后排送到稳压油缸 18 和有关空间。稳压油缸、稳压活塞、弹簧和溢油孔 19 等用于保持系统中稳定的油压(约为 0.8 MPa)。当油压过高时,稳压活塞升起,液压油从溢油孔 19 流回油池,从而保持系统中油压稳定。

(2)UG-8 表盘式液压调速器的工作原理

当柴油机在某一负荷下稳定运转时,飞重 39 的离心力与调速弹簧 8 的预紧力相平衡,调速杆 38 处于图示中间位置将控制孔 27 封闭,使动力活塞 23 下方空间封闭。由此动力活塞固定不动,输出轴 12 和油量调节杆 13 等均固定在某一位置,使柴油机有一个相应于外负荷的供油量。柴油机在由调速弹簧 8 所设定的转速下稳定运转。

当柴油机负荷增大时,转速下降,这时飞重的离心力小于调速弹簧的弹力,使飞重向内收拢,调速弹簧推动调速杆 38 向下移动,使浮动杆 35 以右端 C 为支点向下摆动,推动滑阀 36 下移并打开套筒上的控制孔 27,让高压油进入动力活塞 23 的下腔。由于动力活塞下部面积为上部面积的两倍,即为差动式,高压油向上的作用力大于向下的作用力,使动力活塞向上移动,带动输出轴 12 朝加油方向(逆时针方向)旋转,使柴油机供油量增加,转速回升。当动力活塞上移转动输出轴 12 的同时,使反馈杠杆 45 左端上移,右端下移,带动大反馈活塞 33 下移,压缩反馈油路中的液压油,迫使一部分滑油从补偿针阀 31 的小孔流出。由于针阀的节流作用,反馈油路中的油压仍有上升,克服反馈弹簧 29 的弹力,使小反馈活塞 30 上移。这时浮动杆 35 以左端 A 点为支点逆时针转动,带动滑阀 36 上移,使其提前返回原来的平衡位置,重新封闭控制孔 27,切断压力油,使动力活塞 23 停止加油。此后,由于反馈弹簧 29 的作用,使小反馈活塞 30 逐渐下移复位,多余的液压油经补偿针阀 31 排出。此下移速度与调速杆 38 的上行速度相适应,使滑阀 36 处在中央位置不动,柴油机恒速转动。这一恒速反馈机构的作用是防止调速器加油过量。上述一系列动作并非一次完成,而是要反复多次,一直持续至油量增加到与负荷增加相适应,而且使柴油机恢复到原来的工作转速时为止。此时,飞重 39、调速杆 38、滑阀 36 和小反馈活塞 30 回到原先的平衡位置,而动力活塞 23、输出轴 12 和大反馈活塞 33 就停在对应于负荷增加后所需的供油量位置上,柴油机在原先的转速下稳定运转,获得新的平衡,这样实现了恒速反馈调节。为了保证调速过程有一定的静速差,即调速器具有一定的稳定调速率 δ_2,调速器中设有静速差机构(即刚性反馈机构)。当外负荷增加时,输出轴 12 向加油方向(逆时针)转动的同时,静速差杆 7 绕支持销 6 也按逆时针方向转动,其右端上移,调速齿轮 44 和中心螺杆随即一起上移并将调速弹簧 8 稍微放松。由于调速弹簧的预紧力减少了,要使飞重、滑阀回复原来位置就必须降低柴油机的转速,即存在"静速差"。也就是当负荷增加时,使柴油机在稍低于原来的转速下运转;反之,当负荷减小时,则稍高于原来转速。

当柴油机负荷减小时,调速器的调节过程与上述相反,在此不再赘述。

3. PGA 液压调速器

PGA 液压调速器是由原 PG 型调速器与遥控气动速度设定机构组合而成的一种调速器。它是一种双反馈、气动速度设定的全制式液压调速器。它的速度降由刚性反馈机构实现,而弹性反馈机构改用一种阻尼补偿系统(由阻尼活塞、弹簧和针阀组成)。显然,这种调速器主要用于气动遥控系统的主柴油机。这种调速器通常均具有某些辅助装置,如扫气压力燃油限制器(保证增压器在加大负荷时其循环供油量与增压空气压力同步增长,以防匹配不当而冒黑烟)、电磁阀切断装置等。

PGA液压式
调速器动画

PGA 调速器的结构由调速器主体部分、速度设定部分和速度降机构三部分组成,其原理如图 6-35 所示。

(1)调速器主体部分

调速器主体部分包括齿轮油泵 4、蓄压器 1、调速弹簧 29、飞重组件 30、推力轴承 31、滑阀柱塞 8、套筒(转动)9、阻尼补偿系统(由 10 和 12 构成)、伺服油缸 17 等。伺服油缸内的动力活塞杆通过输出转轴(选配)16 与柴油机燃油调节机构连接。

当柴油机的输出功率与外负荷平衡时,柴油机以恒速运转,此时飞重产生的离心力与调速弹簧 29 的预紧力平衡,飞重处于图示垂直位置,滑阀柱塞 8 的控制环带 6 封闭套筒 9 上通向阻尼活塞 12 左方的油路,伺服油缸 17 内的动力活塞固定不动,输出转轴

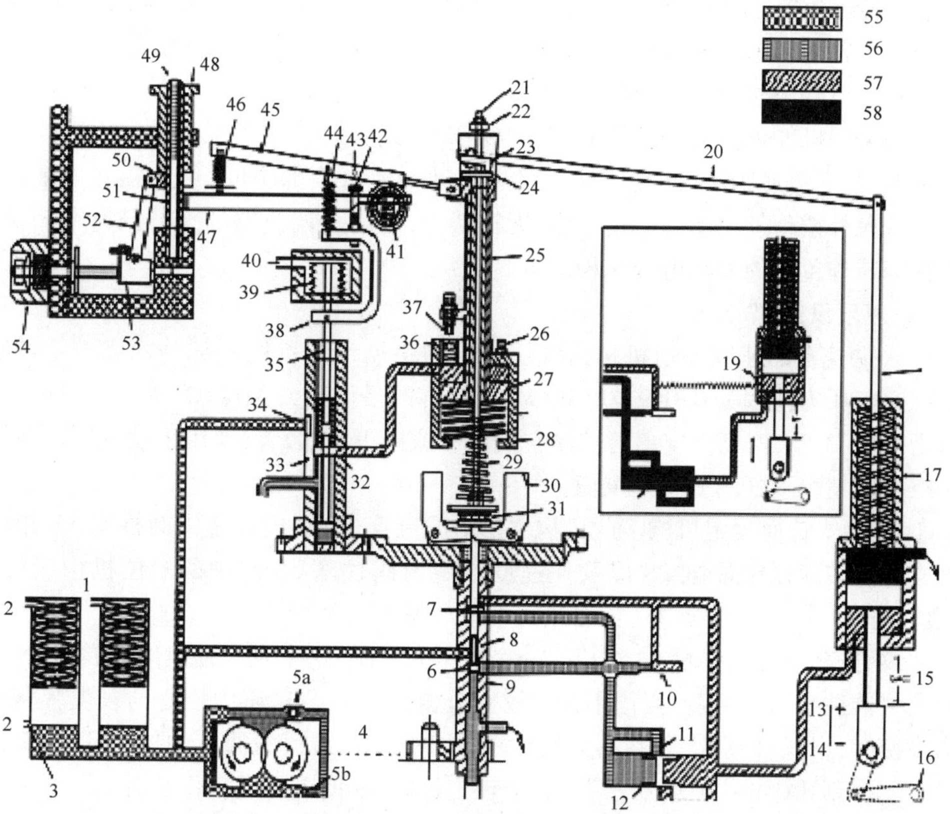

图 6-35　PGA 调速器结构原理图

1—蓄压器；2—储油箱；3—溢油孔；4—油泵；5a—止回阀（开启）；5b—止回阀（关闭）；6—控制环带；7—补偿环带；8—滑阀柱塞；9—套筒（转动）；10—补偿针阀；11—旁通阀；12—阻尼活塞；13—加油；14—减油；15—间隙；16—输出转轴（选配）；17—伺服油缸；18—尾杆；19—选配的补偿切除孔；20—速度降杆；21—停车杆；22—停车螺帽；23—速度降凸轮；24—速度降柱塞；25—活塞杆；26—活塞止动调整螺钉；27—转速设定伺服活塞；28—转速设定油缸；29—调速弹簧；30—飞重组件；31—推力轴承；32—控制环带；33—套筒（转动）；34—断续供油口；35—速度设定滑阀柱塞；36—最高转速限制阀；37—限制阀调整螺钉；38—“C”形框；39—波纹管；40—控制空气；41—可调支点架；42—低速调整螺钉；43—停车销；44—复位弹簧；45—复位杆；46—负荷弹簧；47—速度设定螺丝组件；48—速度设定螺帽；49—手动高速停车调整螺钉；50—滑环；51—高速停车销；52—连杆；53—引导螺帽；54—手动速度调节旋钮；55—调速器油泵供油压力；56—调速器中间部分油压；57—封闭油和伺服油缸中的油压；58—储油箱油压

（选配）16 固定。柴油机稳定恒速运转。

当柴油机的外负荷增大时，柴油机转速下降，飞重产生的离心力减小，滑阀柱塞 8 下行。其控制环带 6 开启通向阻尼活塞 12 左方的油路，压力油进入阻尼活塞左侧并推动它向右移动，并将右侧的油压入伺服油缸 17 内动力活塞的下部，推动动力活塞上行，加大油门使柴油机加速。与此同时阻尼活塞 12 左右两侧的油压同时作用在位于滑阀上部的补偿环带 7 的两侧，且作用在下侧的油压大于上侧的油压，产生向上的补偿力，使滑阀柱塞 8 上移提前复位，即由补偿力产生负反馈作用。由此，滑阀柱塞 8 可在柴油机转速达到原转速之前提前回复至中央位置，关闭控制孔，避免了因调速系统的惯性而形成的过分加油。在此后柴油机的加速过程中，此补偿力将由阻尼活塞的缓慢左移复位而通过补偿针阀进行调节，使之逐渐减小。如果补偿针阀开度适当，则可使此补偿力的减小速度与飞重离心力的增加速率相同，使滑阀在中央位置不动。最后当转速恢复至原设定转速稳定运转时,补偿力消失,飞重回复至垂直位置,滑阀与阻尼活塞均回复到原中央位置,而动力活塞稳定在新的位置上。柴油机在增大的供油量下稳定运转。

当外负荷减小时,调速过程与上述相反。

如果柴油机外负荷大幅度增减,滑阀柱塞 8 移动较大,则阻尼活塞 12 迅速移向其极端位置,开启旁通阀 11 使高压油直接进出动力活塞下部空间,可大幅度加减油量。而且此时在补偿环带上下不产生压差,无补偿力,可减少调速器的瞬时调速率 δ_1,使调速过程能与外负荷的大幅度变化相适应。

(2)速度设定部分

PGA 调速器的速度设定机构由气压设定与手动设定机构两部分构成。前者使用的控制空气压力范围为 0.049~0.500 MPa,允许的最低压力为 0.021 MPa,允许的最高压力为 0.71 MPa,速度设定值与控制空气压力值成正比;后者,使用手动旋钮可在切断控制空气的情况下任选一个速度值。

① 气动式转速设定机构。此机构主要由波纹管 39、速度设定滑阀柱塞 35、单作用弹簧支承的转速设定油缸 28 以及使速度设定滑阀柱塞 35 回中的复位机构(活塞杆 25、复位杆 45、可调支点架 41、复位弹簧 44 等)等组成。

波纹管 39 与复位弹簧 44 组成了一个力平衡系统,这个系统通过“C”形框 38 与速度设定滑阀柱塞 35 连接。当作用在波纹管外侧的控制空气压力恰好与复位弹簧向上的力平衡时,滑阀柱塞 35 处在套筒转动 33 中的中央位置,滑阀上的控制环带 32 封闭套筒上的控制孔(如图 6-35 所示)。转速设定油缸 28 的上方无工作油流出与流入。转速设定伺服活塞 27 固定不动,调速弹簧 29 的预紧力不变,即柴油机的设定转速不变。

当输入到波纹管 39 外侧压力室的控制空气压力增高时,波纹管被压缩向下的力大于复位弹簧向上的力,波纹管被压缩使速度设定滑阀柱塞 35 下移,高压工作油进入转速设定伺服活塞 27 的上方推动设定伺服活塞 27 向下移动,增加调速弹簧 29 的预紧力,即设定转速增高。同时活塞杆 25 相应下移,带动复位杆 45 以可调支点架 41 为支点顺时针转动,增大了复位弹簧 44 与负荷弹簧 46 向上的拉力,并与波纹管向下的作用力相互平衡。同时通过“C”形框 38 向上拉动速度设定滑阀柱塞 35 使它回复到中央位置,即封闭速度设定活塞的压力油路,速度设定活塞固定不动,从而给出一个增加了的转速设定值。

当欲降低设定转速而降低控制空气压力时,上述速度设定机构按相反过程动作,最后转速设定伺服活塞 27 停在某一上移位置不动,设定转速相应降低。

当控制空气中断或降至最低值以下时,柴油机的运转状态可按要求不同或立即停车或维持在某低速下运转。此种不同要求可通过调节低速调整螺钉 42 的不同位置来保证。前者(停车要求)可在控制空气中断及柴油机停车状态时调节低速调整螺钉 42 的高度使它与复位杆上的停车销 43 之间有一固定的间隙。此时,当控制空气中断或在最低值以下时,转速设定伺服活塞 27 的上行降低设定转速并不会引起复位杆推动低速调整螺钉 42 下行而使速度设定滑阀柱塞 35 回中,从而转速设定伺服活塞 27 可继续上行而停车。当控制空气压力和柴油机转速都处于它们正常运行的最低值时,低速调整螺钉 42 的高度应调节到正好与停车销 43 相接触。如此，则限制了转速设定伺服活塞 27 继续上行。

② 手动转速设定机构。本机构主要由手动速度调节旋钮 54、引导螺帽 53、连杆 52、滑环 50、速度设定螺帽 48、手动高速停车调整螺钉 49 及高速停车销 51 和"T"形带有滚珠轴承支架的速度设定螺丝组件 47 等组成。在没有控制空气时，借助于本机构可在机旁任意设定柴油机的工作转速。在无控制空气作用时，低速调节螺钉 42 在复位弹簧 44 的作用下上移至与停车销 43 接触。此时，负荷弹簧 46 使复位杆 45 压在可调支点架 41 上，并将速度设定螺丝组件 47 一同压下。若需提高设定转速，可顺时针转动手动速度调节旋钮 54，引导螺母 53 左移，通过连杆 52、滑环 50 拉动速度设定螺母 48 下移并带动螺丝组件 47 和可调支点架 41 一起下移。相应于速度设定螺母 48 下移的某一位置，负荷弹簧 46 拉下复位杆 45 并通过低速调节螺钉 42、C 形框 38 等使速度设定滑阀柱塞 35 下移离开中央位置。压力油进入转速设定伺服活塞 27 的上方使其下移，增加调速弹簧 29 的预紧力，从而提高了设定转速值。随着活塞杆 25 的下移，复位杆 45 顺时针转动并通过复位弹簧 44 提起柱塞回复到中央位置，切断压力油，速度设定活塞固定不动，柴油机在较高的设定转速下稳定运转。

同理，如需降低设定转速，则逆时针旋转手动速度调节旋钮 54，调节过程同上述相反。速度设定活塞上升至某一较低转速位置固定不动，使设定转速降低。

此外，调速器上还设有正常切断和最高转速限制。正常切断装置由停车杆 21、停车螺帽 22 组成。当气动操作气压信号消失后，活塞杆 25 上移超过正常低速位置，活塞杆上端的支座接触停车螺帽 22 的下螺帽，把停车杆 21 和滑阀柱塞 8 提起，动力活塞下移切断燃油供给。最高转速限制是由装在转速设定油缸 28 上部的最高转速限制阀 36 和安装在活塞杆 25 上的限制阀调整螺钉 37 来完成。当调速器设定转速超过最大转速（约高 5 r/min）时，活塞杆 25 下移到最大转速位置，限制阀调整螺钉 37 顶开最高转速限制阀 36，设定转速设定伺服活塞 27 上部压力油排至油池，设定活塞不再下移，从而转速不致超过最大转速设定值。

（3）速度降机构

本机构即为前述双反馈中的刚性反馈机构。该机构可在增加燃油量的同时，使柴油机的稳定转速成比例地降低以补偿负荷的增加。其反馈作用的实质是在负荷增加的同时，稍微降低调速弹簧的预紧力。本调速器的速度降机构由动力活塞上的尾杆 18、速度降杆 20 以及速度降凸轮 23 等组成。当动力活塞上移增加供油量时，尾杆 18 上行推动速度降杆 20 通过速度降凸轮 23 的锁紧螺钉使速度降凸轮转动，从而速度降柱塞 24 稍微上移放松调速弹簧 29 的预紧力，以保证一定的稳定调速率；反之，当动力活塞下行减油时，速度降凸轮稍许增大调速弹簧的预紧力。显然，调节凸轮的安装位置可调节稳定调速率的大小。

九、液压调速器的调节

1. 并联工作的柴油机对稳定调速率的要求

调速器的稳定调速率可用图 6-36 中调速特性曲线的斜率来表示：

如图 6-36(a)表示稳定调速率 $\delta_2=0$ 的调速特性,为恒速无差调节,调速前后无论工作点在 1、2、3 点,其转速均为 n_b。

如图 6-36(b)表示稳定调速率 $\delta_2>0$ 的调速特性,为有差调速,特性线斜率越大,调节后转速的差别也越大。

如果两台标定功率相同并联运行的发电柴油机其稳定调速率 δ_2 均等于零时,其调速特性如图 6-36(a)所示,是一根垂直于 n 轴的直线。此时总功率虽然一定为(0~1),但两台柴油机之间的负载分配却是任意的,能随时自动地改变,可以是(0~3)与(3~1)的分配,也可以是(0~2)与(2~1)的分配,等等。这样两台柴油机的工况均不稳定,显然这种 δ_2 均为零的两台发电柴油机不能并联运行。

若让它们均具备一定的稳定调速率 δ_2,使它们进行有差调速,就能满足多台发电柴油机的并联运行要求。

对于并联运行的多台发电柴油机,要求每台机承担的负荷份额与其标定功率(或转矩)之比均相同。若标定功率相同,则每台机承担的负荷亦相同。若彼此的标定功率不同,则承担的负荷与标定功率之值成比例,即标定功率大者多承担负荷,小者少承担负荷。当总负荷增加至全负荷时,大小两者应同时达到全负荷。

如图 6-37 所示表示两台标定功率相等的柴油机并联运行,其 δ_2 值相等并都大于零。两台机有重合的调速特性,$M_合$为两台机合成的调速特性线。当 $n=n_1$ 时,每台机都在 2 点运行,合成工作点为 1,两机负荷均匀分布。当外负荷增加时,两机同时加油,但两者转速也同时下降到 n_2,每台机运行点为 2′,合成工作点为 1′,其负荷分配仍然均匀。

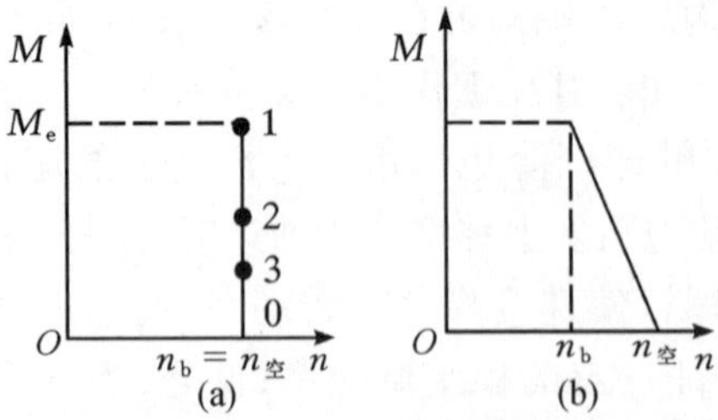

图 6-36 柴油机的调速特性曲线

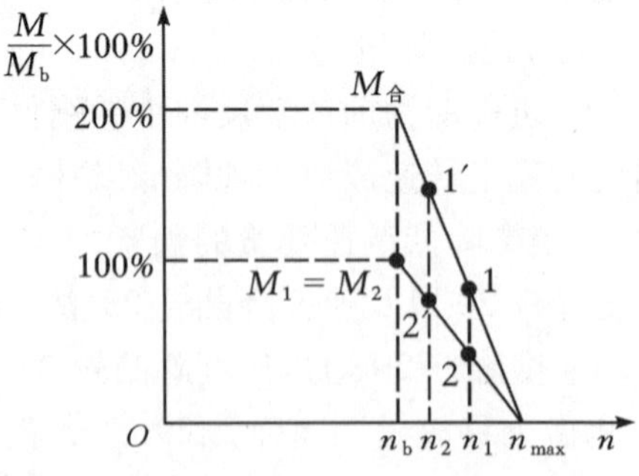

图 6-37 δ_2 相同负荷均匀分配

若两台机的 δ_2 不等,设$(\delta_2)_1<(\delta_2)_2$(如图 6-38 所示),两条调速特性曲线具有不同的倾斜度,δ_2 小者陡峭。当转速为 n_a 时,两机的运行点分别为 1 和 2,其负荷分配占各自标定功率的份额不等,即负荷分配不均匀,δ_2 小者(陡峭)多承担负荷。若此时调

节调速器的设定转速,使两台机同时运行在点 2(如图 6-39 所示),即让其调速特性曲线沿 n 轴平移后的两线交点 2,这时两机负荷虽然相同,但这种均衡只是暂时的,只要外负荷一有变化,均衡即遭破坏。如外负荷增加,转速降为 n_c,则两机的工作点就分别为 3 和 4,负荷分配又不均匀了,严重时会因一台机超负荷导致全船失电。

综上所述,调速器的 δ_2 决定了并联运行的发电柴油机间的负荷分配情况。单台运行的发电柴油机 δ_2 可以为零;但并联运行的各台发电柴油机的 δ_2 值必须相等且均大于零,在满足调速系统稳定性要求的前提下,尽量选用小的 δ_2 值。

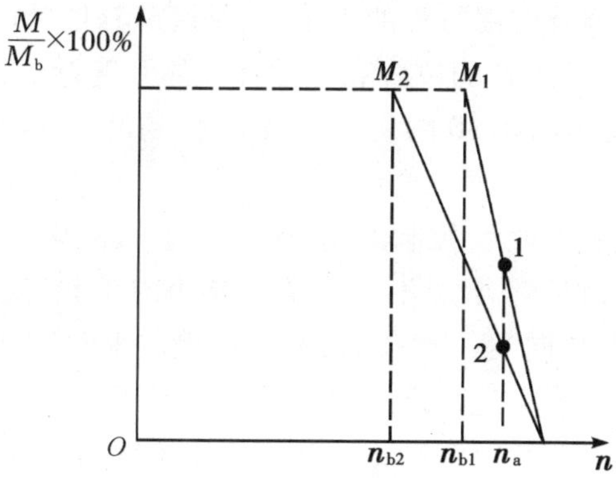

图 6-38 δ_2 不同负荷分配不均匀

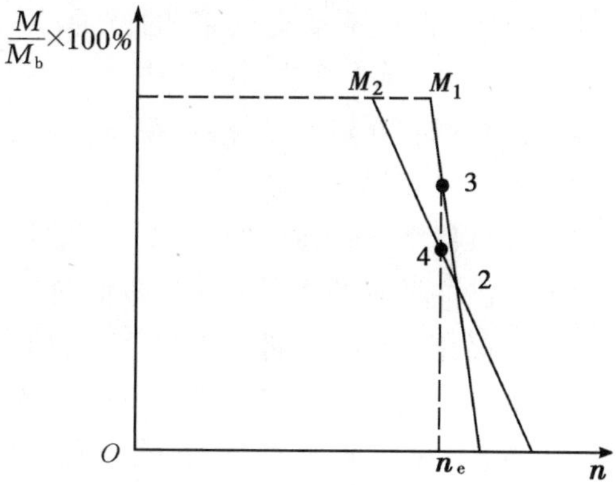

图 6-39 并联运行负荷分配的特性曲线

2. 稳定调速率的调整方法

机械式调速器由于本身的结构特点,其调速的准确性差,只能进行有差调速,它的稳定调速率 $\delta_2 \neq 0$。δ_2 值与其结构参数有关,除非更换调速弹簧(刚度)或飞重等零件,一般是不可调整的。若调速弹簧换用刚度小者,则其 δ_2 变小,准确性提高,但稳定性降低。

配有弹性反馈装置的液压调速器,具有很高的调速准确性,可以实现恒速无差调速。不仅可使柴油机转速非常稳定,在单机运行时也可以采用。

为了柴油机并联运行的需要,在液压调速器内人为地增设一套速度降机构,使它具有可调节的静态速度差(稳定调速率 δ_2),满足在加油的同时稍稍降速的要求。通常是通过调节其刚性反馈作用的大小来获得所需的 δ_2 值。

液压调速器的稳定调速率 δ_2 可通过速度降机构(刚性反馈机构)进行调节。Woodward 液压调速器通常有两种调节方法。

(1)表盘式调速器可通过静速差旋钮(如图 6-33 所示中的 8)进行调节。如将旋钮刻度旋转至“30~50”,则表示相应的 δ_2 值为 3%~5%。实践中应通过并联运行发电柴油机的负荷分配比例进行调节,如果并联机承担负荷小,则应减少该机的 δ_2 值。

(2)杠杆式 PGA 型调速器其外部无 δ_2 调节机构。如需调节 δ_2 值,应打开调速器顶盖旋松速度降凸轮(如图 6-35 所示中的 26)上的锁紧螺钉,则速度降凸轮可沿支持销 L 的槽道滑动。若将速率降凸轮沿槽道向右移动,即朝动力活塞尾杆的方向移动凸轮,则 δ_2 值增加;反向移动凸轮,则 δ_2 值减小;若使凸轮中心线与支点销中心线重合,则 δ_2 值为零。绝不允许使速度降凸轮移动超过“0”稳定调速率的位置,因为此时发生负的速度降而使调速器动作非常不稳定。调速器 δ_2 的调节值为 0~12%。

3. 稳定性调节

为了保证调速过程稳定,在液压调速器中设有反馈系统,以使调速器具有良好的稳定性。通常在调速器换新或修理后装机时应对反馈系统进行综合调节,以获得尽可能小的瞬时调速率 δ_1 和尽可能短的稳定时间 t_s。

表盘式调速器反馈系统调节的环节主要有两个(如图 6-34 所示):一是扳动反馈指针 46,借以改变活动支点 47 的位置,用以调节反馈行程的大小;二是调节补偿针阀 31 的开度,用以调节反馈速度的快慢。如果反馈指针的位置和补偿针阀的开度调节得正确,控制滑阀 36 提前复位后,在飞重和小反馈活塞 30 的复位过程中,控制滑阀 36 在中央位置上一直保持不动。

若将反馈指针指向“最大”位置,反馈行程过大,控制滑阀 36 则会过早地提前复位而产生供油量调节不足现象(即负荷增加时油量增加不足或负荷减小时油量减少不足),此时柴油机转速波动幅度大;反馈指针指向“最小”位置,反馈行程过小,产生供油量调节过度的现象。以上两种情况导致调速器产生严重的速度波动,稳定性变差。

若将补偿针阀开得过大,就会失去节流作用,反馈动作无法到达小反馈活塞 30,使反馈作用过分减弱,造成供油量调节过度;将针阀开得过小甚至关闭,反馈作用过分增强,造成供油量调节不足,转速恢复时间长,即 t_s 过长。

PGA 型调速器没有反馈指针,因而其稳定性调节比较简单,只需从全开针阀到逐步关小针阀进行调节即可,最后仍需使针阀开度符合 1/16~2 转的要求,应尽量使针阀有较大的开度,以保证调速器调节迅速。如在针阀几乎关死的情况下,柴油机仍不能恢复稳定运转,则需换用一个刚度较大的阻尼弹簧(如图 6-35 所示中阻尼活塞 12 处)。

因此,调速器稳定性调节,应在调节反馈指针位置的同时调节补偿针阀的开度。其原则是,在尽可能小的反馈指针刻度下,保证针阀开度符合相应说明书的要求。如 UG-40 调速器要求 1/4~1/2 转;UG-8 调速器要求 1/8~1/4 转(1955 年前产品)、1/2~3/4 转(1955 年后产品);PGA 调速器要求 1/16~2 转。在任何情况下均不得把补偿针阀全部关死。

稳定性调节步骤(以 UG 型为例):

(1)调整前的准备。首先使柴油机在无负荷下空车运转,这时须有专人守住燃油杆,以备人工切断供油,当柴油机转速和调速器的滑油温度上升到正常值时,方能进行调节。

(2)调速器滑油驱气。将反馈指针放在最大位置,补偿针阀旋出几圈,使柴油机处于游车状态。松开调速器上的透气塞,使柴油机转速波动 1.0~1.5 min,使调速器各油路中的空气从放气塞逸出来,直至空气全部放光后上紧放气塞。

(3)无负荷调节。其方法是:将反馈指针置在刻度 3 处,人为地使发动机转速波动并逐渐关小补偿针阀 31,直至柴油机转速波动刚好消失为止,检查此时针阀的开度。先将针阀慢慢地完全关死,然后再回到原来的位置,记住转动的圈数是否符合要求。若开度合适，调节至此完成。

如果调节中波动不停或开度不正确，则说明反馈小了，应将反馈指针向“最大”方向增加两格，重复上面调节。

如果反馈指针达到 7 格时还不稳定，那就应该调节静速差机构，以增大静态速差（即增加稳定调速率 δ_2），再重复调节，直到满意为止。

经过上述调节，转速波动会很快停止。如果针阀开度合乎要求，就可试验在各种转速下柴油机能否在转速一旦波动后就会迅速停止。如果认为满意，无负荷反馈调节即告完成。

（4）有负荷调节。常有这样的情况，在无负荷时反馈调节是满意的，然而在有负荷时可能又出现转速波动。所以无负荷调节正确了并不表明有负荷时也一定正确，还要进行有负荷调整：使柴油机承受负荷，在所需要的各种转速下，检查调速器的稳定性。调整的步骤与无负荷时相同，一般只要稍稍调节一下反馈指针或补偿针阀即可达到满意的效果。

调节完毕后，记下反馈指针位置、针阀开度和静速差的数值。反馈指针的位置应锁紧，不要随便移动。在清洗调速器、更换液压油时，只需重新调整针阀的开度即可，一般无须更改反馈指针的位置。

4. 速度设定的调节（PGA 调速器）

速度设定的调节主要包括气动低速设定值调节，控制空气压力与相应转速范围调节，以及手动设定旋钮的最高转速调节。通常，此种调节应按下列顺序进行（如图 6-35 所示）。

（1）调节的准备工作

起动柴油机，使调速器油压、油温正常。

①如调速器装置有停车电磁阀或压力停车装置，应使它们处在不致使柴油机停车的状态。

②逆时针转动手动速度调节旋钮 54（见图 6-35 中）直至最低速度为止。

③使手动高速停车调节螺钉 49（见图 6-35 中）的上端与 T 形速度设定螺丝组件 47 的顶部平齐。

④调节活塞止动调整螺钉 26，使其在转速设定油缸 28 顶部伸出长度约 13 mm。

（2）气动低速设定值调节

①接通控制空气并调至与所要求低速（空车）相应的最低空气压力值。

②逆时针转动速度设定螺帽 48，直至在最低控制空气压力下达到所要求的低速为止。

（3）控制空气压力与相应的调速范围的调节

①缓慢增加控制空气压力至所需的最大压力值（注意防止超速飞车）。

②如果在控制空气压力到达最大值前，柴油机已达到要求的高速，则应向转速设定油缸 28 方向移动可调支点架 41；如相反，在控制空气压力到达到最大值而柴油机尚未达到要求的高速时，则向相反方向移动可调支点架 41。

在进行此项调节之后应重新调整低速设定值。

③控制空气压力达最大值,使柴油机稳定运转。顺时针转动限制阀调整螺钉 37 使柴油机转速刚刚开始下降,然后逆时针方向转动限制阀调整螺钉 37 为 1/4~1/2 转并锁紧,防止柴油机超速。

④控制空气压力降至最低值,顺时针转动活塞止动调整螺钉 26 直至刚接触伺服活塞为止,然后逆时针返回 3 转并锁紧。由此可在柴油机起动时能迅速打开油门,减少起动时间。

(4)手动速度设定的最大速度设定值调节

①关闭控制空气,顺时针转动手动速度调节旋钮 54,使柴油机达到所要求的高速。

②顺时针转动手动高速停车调整螺钉 49,直至其刚好与高速停车销 51 接触为止。

最后,把手动速度调节旋钮 54 逆时针转至最低速度位置处,以恢复气动速度设定控制。

十、调速器的维护管理与故障排除

调速器是柴油机的重要组成部分,它直接影响柴油机的运转性能。一旦调速器发生故障,就会使柴油机转速不稳,甚至发生熄火或“飞车”等故障,因此对调速器及其系统应细心、正确地加以管理和维护。

1. 调速器的维护管理

调速器是极其重要的机件,各种调速器的具体结构不相同,故调速器的维护管理应按说明书的规定和要求执行。

(1)注意调速器内部液压油情况。

①选用合适的液压油:液压油应严格按说明书要求选用。一般可使用 22 号汽轮机油;若工作场合温度较高,可选用 30 号汽轮机油。理想的液压油应不含杂质、不起泡沫、不产生泥渣或胶状物、不溶解空气、无腐蚀作用,并具有较高的黏度指数。

②注意液面高低:要经常注意调速器内的液压油量。加油时超过规定刻线,活动元件会把空气卷入油中,液面过低油道内也会混进空气。若液面下降过快,则说明调速器漏油或渗油,应立即仔细查找和处理。

③注意调速器油道内是否有空气:调速器经过拆检或换油,液面过高、过低等都会使油道内掺混空气。油道内一旦有空气就会影响油流连续性和降低补偿作用的敏感性,引起柴油机转速不稳定。

排除空气的方法是使柴油机怠速运转,将补偿针阀旋出几圈,让柴油机产生较大的转速波动约 2 min,以迫使油道中空气排出,再仔细关小补偿针阀直至满意。

④确保液压油质量:使用过的液压油会逐渐变质,正常情况下,每半年应换油一次。换油时可将调速器拆下,倒净旧油并用柴油清洗后,换入新油再装复。若不拆下调速器,则应趁液压油热时,将旧油从放油塞处放掉并充入清洁柴油;把补偿针阀开大 2 圈以上,起动柴油机让调速器波动工作 30 s,利用柴油自行清洗,然后停车放掉柴油换入

新油，调整好补偿针阀即可。最好待柴油机短时间运转后，把新换的液压油再放掉，重新注入新油。

(2)检查调速器输出轴到喷油泵之间的拉杆、杠杆等传动件的连接情况：有否卡阻或间隙过大现象，若发现应及时处理，否则会引起油泵齿条动作不及时造成柴油机转速不稳定。检查各连接处的开口销和保险销有否断落倾向，一旦保险件失落，柴油机将会失控。

(3)定期检查调速器有关机件，并根据检查情况及时处理：

①补偿针阀螺母有否松动。

②弹簧的各部分尺寸及弹力是否正常。

③各阀与套筒、活塞与缸体及其他机件有否过度磨损情况。

2. 调速器的常见故障与排除

柴油机转速不理想的原因是多方面的，要仔细观察，认真分析。在未找到确切原因之前，不要轻易断定是调速器的问题，不要急于拆检调速器。有条件的话，可以用一台同型号的正常调速器换装试验，便可帮助得出结论，判断故障是调速器本身的问题还是由于调速器以外的原因造成的。

(1)转速持续波动或油量调节机构不停地摆动。

①调速器以外的原因

A. 负荷激烈的变化，超出柴油机的功率范围。

B. 各个气缸负荷严重不均或个别气缸熄火。

C. 调速器与喷油泵之间的油量调节机构卡阻或松动。

D. 调速器驱动轴传动齿轮啮合不良，过紧或过松。

E. 调速器负荷指针的零位与喷油泵的零位不一致。

②调速器本身故障

A. 调速器油脏污变质：这是最常见的故障原因，应清洗调速器及更换新油。

B. 调速器反馈系统发生故障：表现在外负荷发生变化时，柴油机转速大幅度波动且需长时间才能恢复正常转速，应对调速器进行稳定性调节。

C. 调速器其他零部件故障：如轴承磨损、控制滑阀与套筒、伺服活塞与油缸、补偿活塞与缸体的配合间隙不合适等都会造成故障。应仔细检查，调换元件或送厂修理。

(2)外界负荷降低时，柴油机的转速增高幅度超过了规定范围。

①调速器与喷油泵之间的传动杆件卡阻，使喷油量减不下来。

②稳定调速率 δ_2(速度降)调节过大，在外负荷降低时，调速弹簧的压缩量随之增大过多，使柴油机调速时产生的转速增高量过大。

③调速弹簧预紧力过大，使供油量增大。

(3)调速器不能使柴油机达到全速运转。

①调速器与喷油泵之间的传动杆件卡阻或间隙过大出现空动使喷油量加不上去。

②喷油泵的“零位调节”负值过大，调速器输出轴供油量已达全速需要值时喷油泵达不到相应的供油量。

③调速器调速弹簧预紧力调节不足,未达到设定转速的要求。

第五节 柴油机压缩空气起动装置

一、学习目标

1. 掌握柴油机的起动方式。
2. 掌握压缩空气起动装置的组成、工作原理和起动条件。
3. 掌握压缩空气起动装置的主要设备。
4. 掌握柴油机的起动故障及处理。

二、学习任务

1. 现代船舶柴油机起动系统的组成与工作原理。
2. 现代船舶柴油机起动系统主要部件的结构及工作过程。
3. 柴油机起动装置的维护与管理及故障判断分析处理。

三、环境设备

1. 气缸起动阀。
2. 主起动阀。
3. 空气分配器。

四、背景知识

静止的柴油机必须借助于外力的作用,使柴油机获得第一个工作过程的条件,即柴油机在外力作用下进行进气、压缩、燃烧、膨胀、排气,自行运转,这一过程称为柴油机起动。柴油机起动方式很多。实现柴油机起动运转必须借助一定的装置,满足必要的条件。

五、柴油机的起动方式

为了保证柴油机起动,驱动柴油机的外力(矩)必须在克服阻力(矩)的条件下,使柴油机达到一定的转速。柴油机转速过低时,压缩过程进行缓慢,被压缩的空气对气缸壁的散热以及通过活塞环的泄漏都较大,致使柴油机压缩终点温度较低,达不到燃油自燃发火的要求，柴油机也不可能自行转动起来。通常称柴油机起动所要求的最低转速为起动转速。

起动转速的大小与柴油机的类型、柴油机的技术状态、燃油品质、环境条件等有关。起动转速是表征柴油机起动性能的重要标志。起动转速的一般范围是：高速柴油机 80~150 r/min；中速柴油机 60~70 r/min；低速柴油机 10~30 r/min。

柴油机起动所用的外来能源通常有人力、电力、气力或液压。根据所采用的外来能源形式，柴油机的起动方式可分为：

(1)借助于加在曲轴上的外力矩使曲轴转动起来，如人力手摇起动、电马达起动、气马达起动或液压马达起动等。

(2)借助于加在活塞上的外力推动活塞运动使曲轴转动起来，如压缩空气起动。

一般小型柴油机，如救生艇柴油机、驱动应急消防泵和应急空压机的柴油机，采用电力或手摇起动，船舶主机和发电柴油机通常采用压缩空气起动。

柴油机的起动性能除了与柴油机的构造特点和工作条件有关外，也与起动装置有关。柴油机起动装置应保证柴油机迅速、可靠地起动，使消耗的能量尽可能少，易于实现机舱自动化和遥控。对于船舶主机，还要求当曲轴处在任何位置和机舱温度不低于 5~8 ℃时，不需暖机就能迅速和可靠地起动。

六、压缩空气起动装置的组成、工作原理和起动条件

压缩空气起动就是将具有一定压力的压缩空气，按柴油机的发火顺序在膨胀行程初期引入气缸，代替燃气推动活塞，使柴油机达到起动转速，完成自行发火。其主要优点是起动能量大，起动迅速可靠，在倒顺车运转时还可以利用压缩空气来刹车和帮助操纵；但该装置构造较复杂，重量较大，故不适用于小型高速柴油机。

1. 起动装置简介

图 6-40 是一种压缩空气起动装置简图。压缩空气起动装置的主要组成部分包括：空气压缩机，空气瓶 6，主起动阀 3，空气分配器 2，起动控制阀 7 和气缸气动阀 1 等。

起动前，空气压缩机先向空气瓶 6 充气达到规定压力(2.5~3.0 MPa)。当接到备车命令时，应打开空气瓶出气阀 5 和截止阀 8，使空气瓶中空气经截止阀 8 沿管路通至主起动阀 3 和起动控制阀 7 处等候。

起动时，将操纵手柄 4 推到“起动”位置。此时，起动控制阀 7 开启，控制空气进入主起动阀 3 的活塞上面，推动活塞下移，使主起动阀开启。于是，起动空气分成两路：一路经空气总管通至各缸的气缸起动阀 1 下方空间等待；另一路为控制用的压缩空气，被引至空气分配器，按照柴油机的发火顺序到达相应的气缸起动阀的上部空间，轮流将气缸起动阀打开，使等待在此阀下方空间的起动空气进入气缸，推动活塞运动从而使曲轴旋转。当柴油机达到起动转速时，随即将操纵手柄推至起动供油位置。待柴油机起动后，即通过操纵手柄 4 关闭起动控制阀 7，切断起动空气，主起动阀 3 随即关闭，气缸起动阀上部空间的控制空气也经空气分配器泄放，气缸起动阀关闭。至此，起动过程结

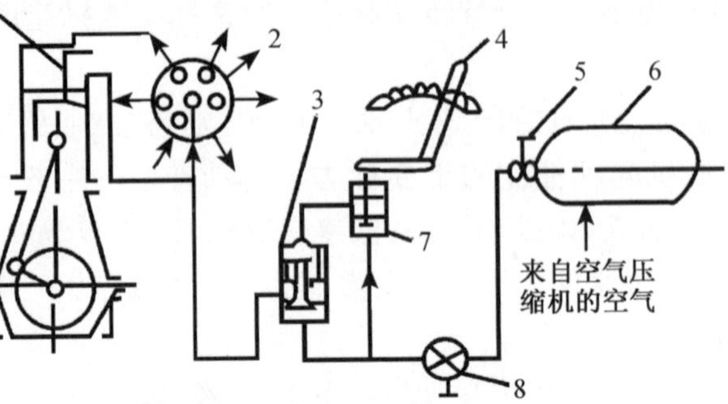

图 6-40　压缩空气起动装置原理图

1—气缸起动阀;2—空气分配器;3—主起动阀;4—操纵手柄;5—出气阀;6—空气瓶;
7—起动控制阀;8—截止阀

束。然后可逐渐调节供油量,使柴油机在设定转速下运转。当主机定速航行时,可将截止阀 8 和出气阀 5 先后关闭。

按照中国船级社《钢质海船入级规范》的要求,用压缩空气起动的主柴油机至少应设有两台充气设备,其中一台应由主柴油机以外的动力驱动。这些充气设备的排量应在 1 h 内将空气瓶的压力由大气压力升到规定的连续起动所要求的压力。空气压缩机应装设压力表和安全阀,安全阀的开启压力应不大于工作压力的 1.1 倍。大型低速柴油机的起动空气总管上应装有安全阀,安全阀的开启压力为最高起动压力的 1.1 倍。在通往柴油机的起动空气管路上应设有截止止回阀或等效措施,以保证压缩空气管路不受气缸内高温高压燃气的影响。供主机起动用的空气瓶至少有两个,空气瓶的容量必须能保证在不充气的情况下,冷车、正倒车交替连续起动不少于 12 次(不可换向主机为 6 次)。

2. 保证起动的条件

为了保证柴油机迅速、有效、可靠地起动,必须具备三个条件:

(1)压缩空气必须具有一定的压力和一定的储量。

空气瓶的容量应满足船舶规范的要求。在起动空气瓶容量一定的情况下,压缩空气所具有的能量由其压力决定,起动空气瓶内的压力应保持在 2.5~3.0 MPa。压缩空气必须具有足够的压力才能使柴油机在较短时间内达到起动转速。柴油机起动的空气压力并不一定需要 3.0 MPa;在中速、低速柴油机中,此压力为 1.5~3.0 MPa;新型柴油机的起动空气压力约为 1.0 MPa。

(2)要有一定的供气定时并有一定的供气延续时间。

起动时用压缩空气代替燃气膨胀做功,推动柴油机活塞运动使曲轴转动,因此压缩空气必须在活塞处于膨胀冲程之初的某一时刻开始送入气缸并持续一段时间。这个供气时刻即为起动定时(空气分配器定时),与柴油机的类型、气缸数目、标定转速以及起动空气压力等因素有关。合适的起动定时应以既有利于起动又节省空气耗量为原则。理论上,船用大型低速二冲程柴油机空气分配器在上止点前 5°曲轴转角开始给气缸起动阀供气,在上止点后 100°~120°曲轴转角结束供气。实际上,因气缸起动阀不是瞬时开大的,起动空气进入气缸的时刻要延后些,在开启的初期由于开度极小对空气起到节流作用,压缩空气并未真正进入气缸,只有气缸起动阀的开度较大时,压缩空气才进入气缸起动柴油机。气缸起动阀开启的延续时间因受气口开启时刻的限制,一般不超过120°曲轴转角。中高速四冲程柴油机空气分配器通常在上止点前5°~10°曲轴转角开始给气缸起动阀供气,这主要是由于转速高的柴油机,气缸起动阀从充气到开启所占的曲轴转角要比低速机大些。与二冲程柴油机相同,四冲程柴油机的气缸起动阀开启的延续时间因受排气阀开启时刻的限制,一般不超过140°曲轴转角。

(3)要保证最少气缸数。

对于船舶主机而言,必须保证曲轴在任何位置都能起动,即柴油机的曲轴在任何位置时至少有一个气缸处于起动位置。因此,柴油机必须有一定的气缸数。因为二冲程柴油机起动持续角是100°~120°,故只有当曲柄夹角小于120°时,才能保证各气缸中必有一个处于起动位置,气缸数要大于360°/120°,显然,相邻曲柄夹角小于120°的气缸数最少为4个。同理,四冲程柴油机起动持续角是140°,最少气缸数要大于720°/140°,应为6个。若气缸数少于上述数值,则起动前必须盘车,使某缸正好处于膨胀行程开始后的某一时刻。

3. 气缸起动阀和空气分配器的结构原理

在压缩空气起动装置中起关键作用的是气缸起动阀和空气分配器,其结构原理如图6-41所示。

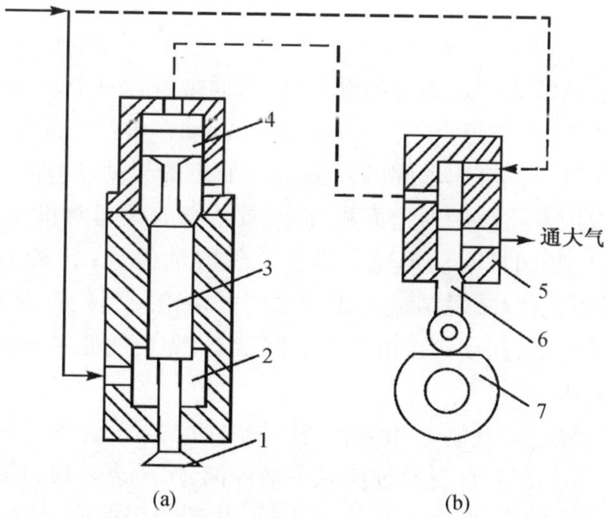

图6-41　气缸起动阀和空气分配器结构原理

1—起动阀阀盘;2—进气腔;3—导杆;4—启阀活塞;5—阀体;6—滑阀;7—起动凸轮

图6-41(a)所示是单气路气缸起动阀。由于气缸起动阀阀盘1的直径等于或近似等于导杆3(平衡活塞)的直径,因此在进气腔2中,起动空气作用于上述两部分投影面上的力基本相等,而方向相反,互相平衡,对气缸起动阀的开启不起作用。起动阀上端有启阀活塞4,下设的压缩弹簧向上作用使阀关闭。当空气分配器将压缩空气送入启

阀活塞的上部空间将启阀活塞4压下时,气缸起动阀才被打开。

图6-41(b)为空气分配器。当控制空气(虚线表示)从阀体5上部的进气孔进入空气分配器后,其下端的滚轮落在呈凹状的起动凸轮7上,滑阀6的位置由起动凸轮7确定。

如图6-41所示,滑阀处于最低位置,阀体中间的出气口被打开,控制空气通过空气分配器到达气缸起动阀启阀活塞4的上部,打开气缸起动阀。当凸轮轴上的起动凸轮7转过一个角度后,滑阀6被抬起,使进气通道与出气通道隔断,同时使出气通道与下面的泄气通道连通。这时,启阀活塞上部的空气通过空气分配器泄入大气,气缸起动阀在弹簧的作用下关闭,起动空气停止进入气缸。由上述可知,这种气缸起动阀的开启是由空气分配器供给的控制空气来控制的,起动空气是由空气管道供给的,阀关闭则由弹簧控制。

空气分配器有组合式和单体式两种,图6-40所示为组合式,其特点是各空气分配器的滑阀由一个起动凸轮来控制,凸轮的安装位置保证了气缸起动阀定时开启,开启次序与发火次序相同。图6-41(b)所示为单体式,特点是空气分配器按各缸分开布置,各分配器的滑阀分别由各个凸轮来控制,起动阀的开启时刻和次序都是由凸轮的安装位置决定的。

七、压缩空气起动装置的主要设备

1. 气缸起动阀

气缸起动阀是起动装置中最主要的部件之一,通常每缸一个,装在气缸盖上。其下方与起动空气总管相连,上方与空气分配器相连。其动作由空气分配器控制,按发火顺序使起动空气进入气缸。气缸起动阀的性能对柴油机的起动、制动和反转有很大的影响。气缸起动阀不仅应有足够的通道面积,而且要能够兼顾起动和制动两方面的要求。

在起动方面,为使柴油机起动迅速并减少空气的消耗量,要求气缸起动阀开关迅速,但落座速度要求缓慢,以减轻阀盘与阀座之间的撞击。当气缸内发火后,即使启阀活塞上有控制空气的作用,起动阀也应保持关闭状态,防止气缸内的燃气倒流入起动空气管引起爆炸而导致事故。

柴油机的制动过程由能耗制动和强制制动两个阶段组成。为了使高速回转的柴油机迅速停车并及时开出倒车,首先通过操纵手柄停油,然后通过换向机构以换向转速或应急换向转速进行换向操作,而这时柴油机曲轴、凸轮轴仍按原来方向转动。此时,如将操纵手柄置于起动位置,空气分配器按换向后的定时打开气缸起动阀。当某个气缸的气缸起动阀处于开启状态时,该缸活塞正处于压缩行程,这是由于曲轴仍按换向前的转向回转的缘故。气缸内被压缩的空气从开启的气缸起动阀放掉,从而减少了行程末了留在燃烧室空间的空气数量和压力,减少了压缩空气在膨胀行程做功的能力,使柴油机转速下降。这个过程为能耗(减压)制动。从开启的气缸起动阀放掉的压缩空气进入起动空气总管,如果压力超过安全阀的设定压力,则起动空气总管安全阀开启泄压;

当空气压力低于设定的数值时，安全阀会自动关闭。柴油机在能耗制动后转速已经降低但仍按原方向转动，在压缩行程将压缩空气送入气缸，利用压缩空气的高压阻止活塞运动，迫使每个处在压缩行程的活塞上行速度迅速降低直至柴油机停车，这一过程称为强制制动。强制制动成功后活塞转而下行，柴油机进入倒车起动过程。

在制动方面，为了保证制动的效果，当气缸内压力稍高于起动空气压力时，要求气缸起动阀仍能保持开启状态，故从起动和制动两方面对气缸起动阀提出的要求是矛盾的。起动方面要求当气缸内的气体压力大于起动空气压力时起动阀应保持关闭，而制动方面则要求当气缸内的压力稍高于起动空气压力时起动阀应保持开启状态，只是当缸内气体压力超过起动空气压力太多时，起动阀才能自动关闭，以免起动空气总管安全阀开启损失大量的压缩空气。这两种要求是通过气缸起动阀的不同构造实现的，并非所有的起动阀都能满足上述要求。根据起动阀启闭气路的不同，气压控制式气缸起动阀分为单气路和双气路控制式两种。

单气路控制式气缸起动阀为简单的单向阀。单气路控制式气缸起动阀的构造如图6-42所示。它的工作原理与图6-41所示相同，属平衡式气缸起动阀。开启依靠控制空气的作用，关闭则由气阀弹簧控制。单气路控制式起动阀的主要特点是：启阀活塞为单级平面式，面积大，开关迅速，起动空气消耗少，而且结构简单，因而被许多类型的柴油机所采用。

图6-42所示为MAN B&W 8S60ME-C型柴油机的单气路控制式气缸起动阀。这种起动阀关闭时的落座速度快，致使阀盘与阀座撞击严重，磨损快，容易损坏，影响起动阀的密封性和可靠性，严重时将导致柴油机起动失灵。此外，由于这种阀的启阀活塞面积大，故当缸内压力超过起动空气压力时仍有可能开启而发生燃气倒灌。MAN B&W L-MC型柴油机在每个气缸起动阀进气管均装有一个安全保护帽，就是为了防止起动空气管因燃气倒灌而发生事故。因此该型阀不能兼顾起动和制动两方面的要求。

双气路控制式气缸起动阀的构造如图6-43所示。它也属于平衡式起动阀。它的启阀活塞是分级活塞式，由面积不等、呈阶梯状连成一体的控制活塞K_1、K_2和K_3组成，来自空气分配器的两路控制空气控制该阀的开启和关闭。其动作原理如下：

起动时，控制空气由空气分配器经开启管H进入控制活塞K_1的上部空间T，下部空间N经关闭管J与空气分配器的出口相通，阶梯活塞2下行开阀。当控制活塞K_1下行打开控制口S时，控制空气立即从T空间进入控制活塞K_2上部的空间P。由于空气的作用面积突然增大，使阀迅速打开。当控制活塞K_3关闭管J的气口时，K_3下部空间N变小并被封闭形成气垫，使开启速度减慢，直到全开。由此可保证启阀速度快，但又避免控制活塞与缸底撞击。

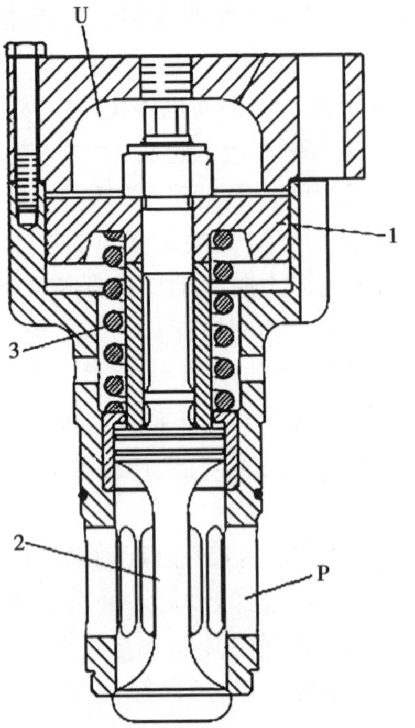

图 6-42　单气路控制式气缸起动阀(8S60ME-C)

1—启阀活塞;2—阀杆;3—弹簧;P—进气口;U—启阀空间

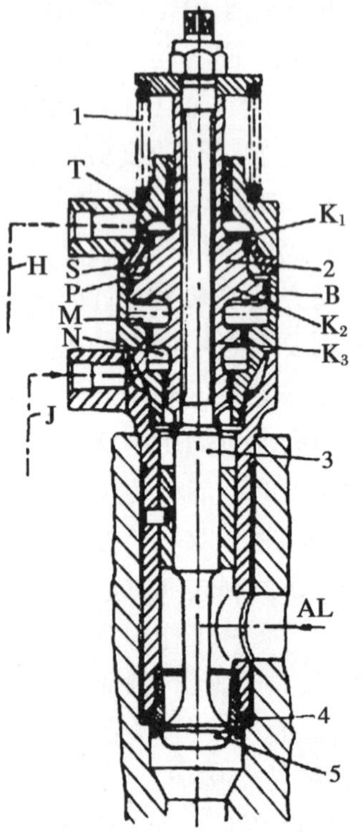

图 6-43　双气路控制式气缸起动阀

1—弹簧;2—阶梯活塞;3—阀杆;4—阀座;5—起动阀;K_1,K_2,K_3—控制活塞;T—上部空间;M—中部空间;N—下部空间;P—空间;S—控制口;B—连接槽;H—开启管;J—关闭管

当空气分配器经开启管 H 释放 K_1、K_2 活塞上部的控制空气并向关闭管 J 提供控制空气时,控制空气首先进入控制活塞 K_2 的中部空间 M,使阀迅速上行关小。阶梯活塞 2 上移过程中,控制活塞 K_3 随即关闭管 J 与中部空间 M 的通路,控制空气作用在活塞 K_3 的下表面使关阀速度减慢。当控制活塞 K_1 关闭控制口 S 时,空间 P 变成密闭空间并随活塞的上行形成气垫,使后期关阀的速度大大减慢,避免了关闭时的强烈撞击。待阀落座后通过连接槽 B 使空间 P 和中部空间 M 间的压力自动平衡。

这种起动阀由于启阀活塞采用上小下大的阶梯形状,控制空气进入上部空间 T 后首先作用在面积较小的控制活塞 K_1 上,所以当气缸内压力高于起动空气压力时阀不能开启,避免了燃气倒灌的危险,满足了起动方面对起动阀的要求:速开、速关,落座速度缓慢,气缸内发火时阀不会开启。当起动阀已处于全开状态时,控制空气作用在阶梯活塞 2 的全部工作面积上,向下作用力增大。因此,若在紧急制动时气缸内的气体压力已超过起动空气压力,起动阀仍能保持开启状态,从而满足制动方面对气缸起动阀的要求。

2. 空气分配器

空气分配器的作用是按照柴油机的发火顺序,依要求的起动定时将控制空气分配到相应的气缸起动阀并将它们逐个打开,让压缩空气进入气缸,起动柴油机。当柴油机起动完毕进入正常运转状态,要求分配器滑阀能与驱动凸轮自动脱离接触,以减少不必要的磨损。

按结构形式不同,空气分配器可分为回转式(分配盘式)和柱塞式两种。前者如图6-40所示,它是利用凸轮轴驱动一个带孔的分配盘与分配器壳体上的孔(与气缸数目相同)相配合,控制各缸气缸起动阀的启闭,一般多用于中高速柴油机。柱塞式空气分配器通过起动凸轮和滑阀来控制气缸起动阀的启闭,一般大中型柴油机多使用这种结构。

柱塞式空气分配器按其排列结构不同,分为单体式和组合式两种。单体式如图6-41(b)所示,每个气缸有一个空气分配器,分开布置,由各自的起动凸轮来控制,气缸起动阀的开启定时与次序均由各起动凸轮在凸轮轴上的安装位置来决定。组合式空气分配器集中由一个或一套起动凸轮控制,凸轮的安装位置和线型决定了各气缸起动阀的启闭时刻,空气分配器与起动管的连接管系布置决定了各气缸起动阀的开启次序。组合式空气分配器按其柱塞的排列形式可分为圆周排列式和并列排列式。

为与气缸起动阀相配,柱塞式空气分配器又有单气路和双气路两种形式。单气路式如图6-41(b)所示,它与单气路气缸起动阀相配;双气路式如图6-44所示,与双气路气缸起动阀配合使用。双气路控制式气缸起动阀有两路控制空气,因而控制它的空气分配器必须有两个供气点分别与气缸起动阀的开启管H和关闭管J相连接。

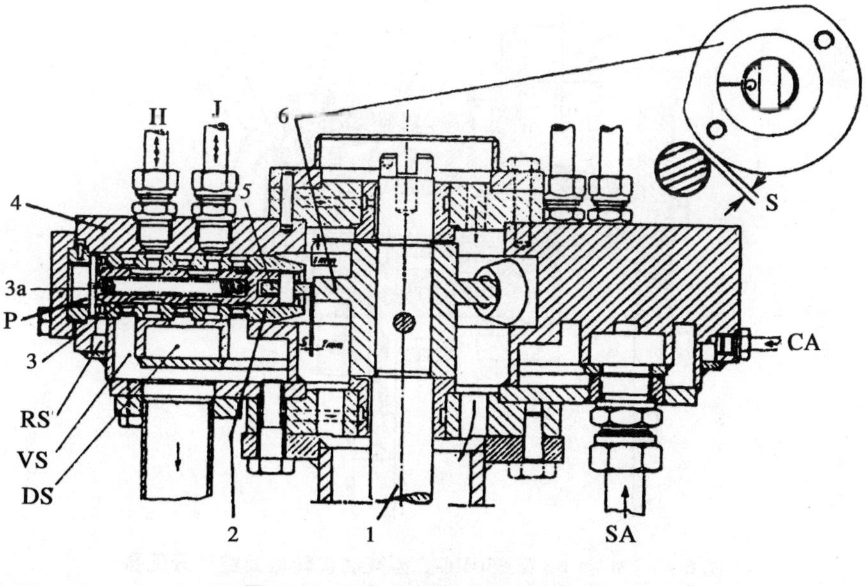

图6-44 双气路控制式空气分配器

1—凸轮轴;2—滑阀套;3—控制滑阀;3a—弹簧;4—外壳;5—滚轮;6—起动凸轮;H—开启管;J—关闭管;CA—控制空气管;RS—空腔;SA—供气管;DS—分配空腔;VS—放气空腔;P—压力空腔

图6-44所示为双气路空气分配器,各控制滑阀3按各气缸的发火次序绕凸轮轴中心线径向布置,各滑阀由一个起动凸轮6控制。空气分配器没有得到控制空气时,控制

滑阀受弹簧3a的作用与起动凸轮6不接触(如图6-44所示位置),此时,开启管H经放气空腔VS通大气,各缸气缸起动阀均处于关闭状态。

起动时,当主起动阀打开,来自起动空气瓶的空气经供气管SA充满分配空腔DS和关闭管J直至气缸起动阀。当按下起动按钮或把起动手柄推至“起动”位置时,一股先导空气通过控制空气管CA进入空腔RS和压力空腔P,将控制滑阀3连同滚轮5压向起动凸轮6。如果该缸处于可以起动位置,滚轮5就与起动凸轮6的基圆相接触。这时,滑阀内移,使开启管H经分配空腔DS与主起动阀相通,而关闭管J经放气空腔VS通大气。这样,气缸起动阀就被来自空气分配器的控制空气打开,起动空气进入气缸,推动活塞并通过曲柄连杆机构驱动柴油机曲轴转动。随着凸轮轴1的转动,起动凸轮6将控制滑阀3推向外端,滑阀将开启管H经放气空腔VS通大气,来自主起动阀的控制空气经分配腔DS和关闭管J相通,使气缸起动阀重新关闭。凸轮的基圆又转到另一个滑阀下面,开启按起动定时要求的下一个气缸的气缸起动阀。各缸轮流进气,柴油机很快达到起动转速。当起动按钮或起动手柄复位,起动完毕后,压力空腔P和空腔RS的先导空气经控制空气管CA泄放,各控制滑阀3又被弹簧3a拉回到原来位置,滚轮5离开起动凸轮6,空气分配器停止工作。

图6-45所示为MAN B&W S50MC-C型柴油机所使用的转盘式空气分配器。空气分配器安装在柴油机的一端,由凸轮轴驱动,主要由分配盘、换向盘、本体、轴和轴承等组成。在分配盘上与换向盘的接触面上,开有内外两圈圆弧槽,外槽用于正车起动,内

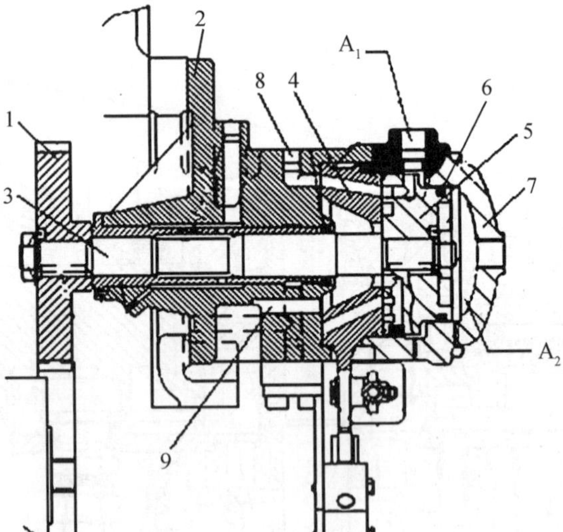

图6-45 MAN B&W S50MC-C型柴油机转盘式空气分配器

1—齿轮;2—本体;3—分配器轴;4—换向盘;5—分配盘;6—活塞环;7—盖;8—通向气缸起动阀的供气孔;9—泄气孔

槽用于倒车起动,每圈圆弧槽都分为短槽和长槽。控制空气由A_1、A_2空间经分配盘上钻孔供向短槽,由短槽经换向盘及本体上的孔轮流供向各气缸起动阀控制空气。结束进气的气缸起动阀的控制空气经换向盘上的孔进入长槽,长槽与轴和换向盘之间的空

间相通，由此空间再经本体上的孔泄放大气。换向盘上有两组孔，分别与分配盘上的内、外圆弧槽相对。换向盘在正车位置时，外侧一组孔与本体上通往气缸起动阀的供气孔相通，内侧一组孔被封闭；换向盘在倒车位置时，内侧一组孔与本体上通往气缸起动阀的供气孔相通，外侧一组孔被封闭。换向气缸装置通过换向盘上的臂拉动换向盘转动。正常运行时，分配盘和换向盘是不接触的，靠作用在轴肩上的滑油压力将轴及分配盘略向外推出。当有控制空气供向分配盘时，A_1、A_2 空间有压力空气，分配盘 7 被压靠到换向盘上。

3. 主起动阀

大中型柴油机一般都设有主起动阀。主起动阀是压缩空气系统的总开关，它位于空气瓶和起动空气总管之间，用来启闭空气瓶与空气分配器和气缸起动阀间的主起动空气通路。起动操纵时，来自空气瓶的压缩空气经主起动阀迅速进入起动空气总管，经总管分至各缸气缸起动阀和空气分配器，它既能满足起动所需要的压缩空气量，又可以使供气迅速、可靠并减少压缩空气的节流损失。起动完毕后，它能迅速切断进入起动总管的压缩空气，使总管中的残余空气经主起动阀放入大气。大型柴油机的主起动阀尺寸较大，通常采用气动控制，有时另装备手动机构。

主起动阀按动作原理可分为均衡式和非均衡式两种。均衡式主起动阀的开启是依靠加载于控制缸内启阀活塞上的控制空气破坏原均衡关闭状态来实现的。非均衡式的主起动阀的开启是依靠泄放控制缸内的空气来实现的。大型低速柴油机多使用后者。如图 6-46 是 Wärtsilä RTA 系列柴油机用的一种非均衡式主起动阀的结构图。这是一种带慢转阀的主起动阀，使曲轴缓慢转动的慢转阀和主起动阀壳体连接在一起，起动前通过它可使柴油机以 5~10 r/min 的速度转动。主起动阀既能用控制空气控制，也能用手轮进行手动控制。

图 6-46 右侧中部是主起动阀体 6，置于主起动阀壳上部的止回阀 9 用来防止燃气倒流，在阀壳左下侧设有主起动阀控制活塞 1，由起动控制阀控制。在阀壳左侧是慢转阀。

柴油机起动前，将主起动阀手轮置于“自动”位置。开启空气瓶出口阀，起动空气进入环形空腔 P 并通过阀体 6 上的孔 EB 进入空腔 P_1，继而通过芯轴 5 与轴套 4 之间的间隙 G 进入空腔 P_2。由此，作用在阀体 6 底面的力和弹簧 3 的弹力之和大于空气作用在阀体 6 上面的开阀力，使主起动阀关闭。空腔 P 的空气通过慢转阀活塞 17 的孔“E”进入空腔 P_4，活塞 17 在弹簧 14 的弹力作用下紧压在慢转阀阀座 18 上，压缩空气无法进入空腔 P_5，因而止回阀 9 和慢转阀的止回阀 10 关闭。当需要慢转操作时，来自慢转先导阀的控制空气通过进口 CA_1 和 CA_2 进入慢转阀，慢转阀控制阀活塞 16 上移顶开阀 15，使空腔 P_4 的起动空气经放气孔 V_1 泄出。与此同时从 CA_2 进入的控制空气推动活塞 17 上行直至与调节螺钉 13 接触为止。起动空气由空腔 P 进入空腔 P_5 并打开慢转阀的止回阀 10 进入空腔 P_3 通向气缸起动阀。由进口 CA_2 进入的控制空气还通过双止回阀 19 的出口至 SC 空气分配器，使起动空气柱塞处在工作位置。至此柴油机慢速转动起来，慢转转速由进入气缸的空气量决定，通过调整调节螺钉 13 的长度来实

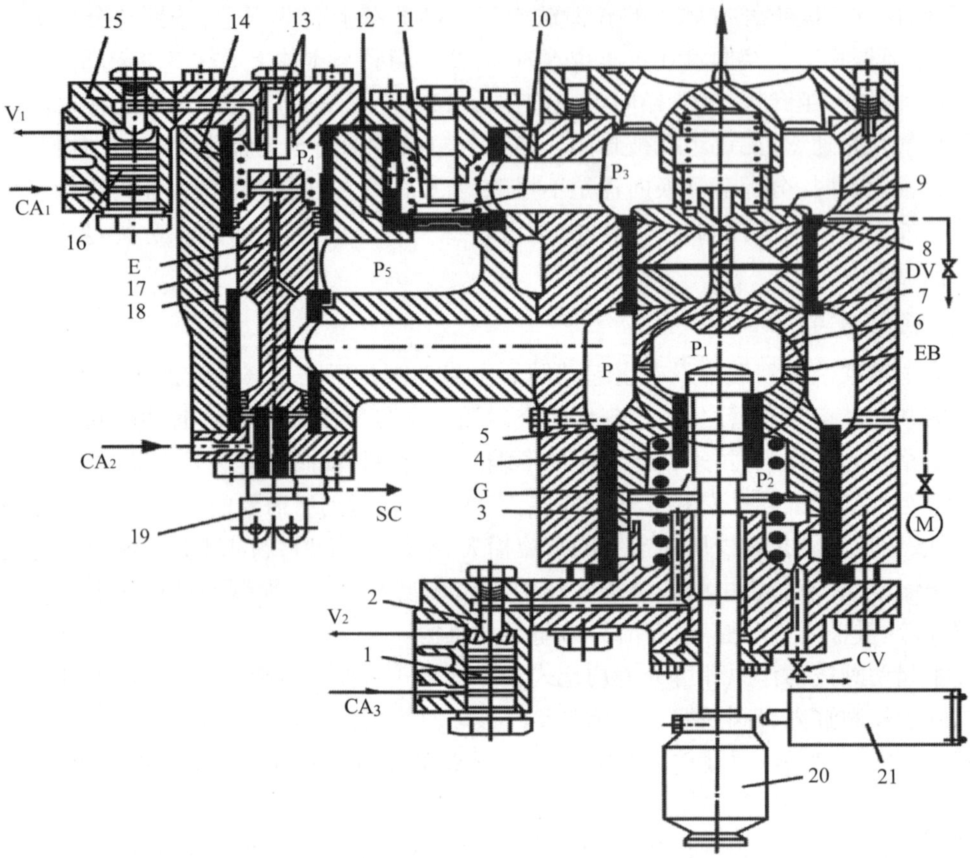

图 6-46　一种带慢转阀的主起动阀

1—主起动阀控制活塞;2—阀;3—弹簧;4—轴套;5—芯轴;6—阀体;7—阀座;8—止回阀座;9—止回阀;10—慢转阀的止回阀;11—弹簧;12—阀座;13—调节螺钉;14—弹簧;15—阀;16—慢转阀控制活塞;17—活塞;18—慢转阀阀座;19—双止回阀;20—联轴器/凸轮;21—三位四通阀;E—平衡孔;G—间隙;EB—平衡孔;M—压力表;DV—排水阀;P ~ P_5—空腔;CV—检查阀(排水阀);CA_1,CA_2,CA_3—控制空气口;SC—至空气分配器;V_1,V_2—放气孔

现。切断控制空气口 CA_1 和 CA_2 的控制空气,慢转阀关闭。起动时,按下起动按钮,使控制空气由控制空气口 CA_3 进入主起动阀控制活塞 1 的下方推动其上行并顶开阀 2,此时,空腔 P_1 和 P_2 内的压缩空气经放气孔 V_2 放入大气,阀体 6 在空腔 P 的开阀力作用下开启,空腔 P 的空气抬起止回阀 9 并通向气缸起动阀和空气分配器进行起动。起动完毕后切断通至控制空气口 CA_3 的控制空气,主起动阀控制活塞 1 落下,阀 2 关闭,待空腔 P_1 和 P_2 内逐渐充满起动空气后主起动阀自行关闭,止回阀 9 随即在弹簧作用下压紧在阀座上。

当主起动阀自动装置失灵时,可改由手动操作。手轮转到“手动开启”位置,即可通过芯轴 5 的头部凸缘将阀体 6 拉开。同理,转到“手动关闭”位置可将主起动阀关闭。止回阀 9 可以防止气缸内的高温燃气倒流入主起动阀或起动空气瓶里面引起爆炸。检查阀 CV 和排水阀 DV 用于放掉管路中的残余空气和冷凝水,检查阀 CV 还可以用来检查主起动阀的动作和密封性。每次定速或完车后应开启检查阀 CV 和排水阀 DV 放掉管路中的残余空气。压力表 M 用来监视起动空气总管是否有压力。

图 6-47 所示是 MAN B&W LMC/MCE 型柴油机中采用的一种球阀式主起动阀。它由一个主起动阀(大球阀)和与其并联旁通的慢转阀(小球阀)组成,两个球阀都由气动控制阀控制启闭。此外,还组合了一个单向阀用以防止起动管路中压力过高时倒灌。在单向阀前设有管路通向空气分配器。

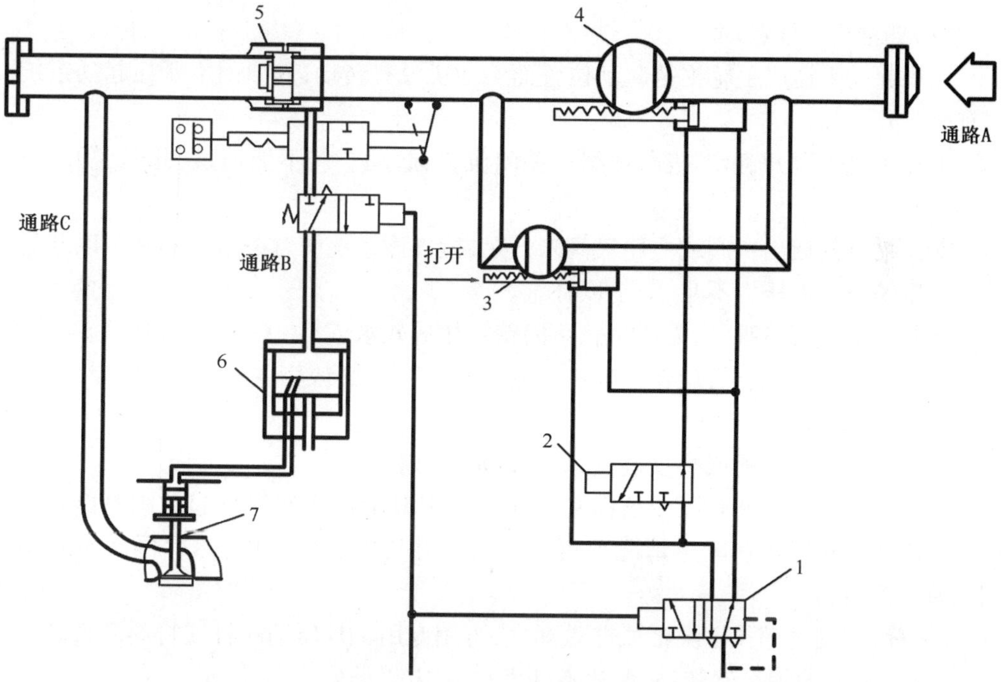

图 6-47 MAN B&W LMC/MCE 型柴油机球阀式主起动阀

1—起动控制阀;2—慢转电磁阀;3—慢转阀(小球阀);4—主起动阀(大球阀);5—止回阀;6—空气分配器;7—气缸起动阀

慢转时,按下操纵台上的慢转开关,通过电磁阀使主起动阀(大球阀)锁闭,慢转阀打开,起动空气进入空气分配器,依次打开各缸气缸起动阀,使主机慢转。正常起动时,由气动推动装置将主起动阀和慢转阀都打开,进行起动。如果柴油机停车超过 30 min,再次起动时,应操作控制台上的慢转开关,至少使主机慢转一圈后才能复位慢转开关,使电磁阀释放主起动阀的锁闭,在控制空气的作用下由气动推动装置打开主起动阀,继续进行起动。柴油机起动结束,在起动控制阀 1 的控制下,主起动阀和慢转阀都关闭。

主启动阀
工作演示动画

八、压缩空气起动系统的维护保养与故障排除

1. 压缩空气起动系统的维护保养

(1)系统中有关部件加强检查,对各阀件定期保养、清洁、润滑。起动空气中含有水分,如不注意保养,部件易锈蚀、卡住或漏气。检查时要注意各部件动作是否灵活,是

否气密。

(2)压缩空气瓶应定期放残。

(3)检修阀件时应关闭气源,以免发生事故。

(4)应特别注意对气缸起动阀的维护保养,保证其密封性。

(5)有关部件拆装、检修后应校对或调整相关间隙。

2. 压缩空气起动装置常见故障及排除

(1)柴油机不能起动。

如果起动手柄或手轮推至起动位置而柴油机没有转动,其原因主要在起动系统,具体有以下几方面:

①盘车机未脱开,盘车机联锁阀在关闭位置,起动空气不能通过,此时脱开盘车机即可。

②压缩空气瓶出口阀或主停气阀未开足,检查该系统中有关空气阀并予以开足。

③压缩空气瓶压力不足,应予以补气。

④起动空气管系脏污,需清洁管系内壁并排放残水。

⑤主起动阀卡死。可旋转手轮使主起动阀由“自动”改为“手动”,或用专用工具将阀撬起,必要时拆检。

⑥起动控制阀咬死或磨损过度,应予以拆检或换新。

⑦空气分配器柱塞咬死或磨损漏气或起动定时不对而使气缸起动阀不能开启,应查明原因予以排除。在紧急情况下可紧急换向并反向起动即停,然后再换向起动(个别柱塞咬死时)。

⑧气缸起动阀动作不灵活或严重漏气,可用专用工具压动阀杆或将阀芯换新。

(2)起动时曲轴虽然转动,但达不到发火所需的转速。

产生原因与解决办法如下:

①起动空气压力太低,应予以补气。

②柴油机暖缸不足,滑油黏度太大,应予以充分暖缸。

③个别气缸起动阀或空气分配器咬死或动作不灵活,应拆检清洗。

④起动操纵过快,应重新起动。

(3)某段起动空气管发热。

原因是该段管路上的气缸起动阀漏泄,应检修该气缸起动阀。

第六节　柴油机换向装置

一、学习目标

1. 了解换向装置的基本原理、换向方法和要求。

2. 了解双凸轮换向装置的换向原理和特点。
3. 了解单凸轮换向装置的换向原理和特点。
4. 了解换向装置的故障及处理。

二、学习任务

1. 现代船舶柴油机换向装置的基本原理、换向方法和要求。
2. 现代船舶柴油机单凸轮换向及双凸轮换向的原理、换向机构的组成。
3. 换向装置的故障判断分析与处理。

三、主要设备

1. 一般线型凸轮。
2. 鸡心形线型凸轮。
3. 液压差动换向装置。
4. 气动机械差动换向装置。
5. 双凸轮式起动凸轮。

四、背景知识

柴油机换向就是改变柴油机曲轴的旋转方向。可换向柴油机需配置专用装置,改变控制起动定时、喷油定时和气阀定时的空气分配器、燃油凸轮和排气凸轮相对于曲轴的位置,满足柴油机反向起动对定时的要求。

五、换向装置的基本原理、方法和要求

根据航行要求,如果船舶要从前进变为后退(或相反),一般有两种方法:其一是改变螺旋桨的旋转方向(直接换向);其二是保持螺旋桨转向不变而改变螺旋桨叶的螺距角使推力方向改变(变距桨换向)。目前,多数船舶使用第一种方法实现换向,即船舶的进、退主要依靠螺旋桨旋转方向的改变。改变螺旋桨转向的方法除了少数间接传动采用倒顺车离合器外,一般都直接改变柴油机的转向。因此,要求船舶主柴油机具有换向性能。

要使柴油机换向,首先应停车,然后将柴油机反向起动,再使柴油机按反转方向运转起来。为满足反向起动和反向运转的要求,必须改变起动定时、喷油定时和气阀定时,以满足反向起动和反向运转对定时的要求。由于上述定时均由有关凸轮控制,所以柴油机的换向就是如何改变空气分配器、喷油泵和进、排气凸轮与曲轴的相对位置,以适应换向后的工作要求。为改变柴油机的运转方向而设的改变各种凸轮相对于曲轴位

置的机构称为换向装置。

柴油机换向时需要改变其凸轮与曲轴相对位置的设备随机型的不同而异。二冲程直流扫气柴油机有空气分配器、燃油凸轮和排气凸轮的换向,二冲程弯流扫气柴油机只有空气分配器和燃油凸轮需要换向,而四冲程柴油机的换向则包括了空气分配器、喷油泵和进、排气阀的控制凸轮。

尽管换向装置种类繁多,但对换向装置的基本要求大体相同,主要有:

(1)应能准确、迅速地改变各种换向设备的定时关系,保证正、倒车的定时相同。

(2)换向装置与起动、供油装置间应有必要的联锁机构,以保证柴油机运行安全。

(3)需要设置锁紧装置,以防止柴油机在运转过程中各凸轮"定时"机件相对于曲轴上止点位置发生变化。

(4)换向时间必须满足《钢质海船入级规范》的要求。主机换向时间是指主机在最低稳定转速下从操纵开始到主机在相反方向开始工作为止所需的时间。规定主机换向时间应不大于 15 s。

六、双凸轮换向原理和特点

1. 换向原理

双凸轮换向的特点是对需要进行换向的设备配置两套凸轮,一套供正车时使用,另一套供倒车时使用。正车时正车凸轮处于工作位置,倒车时轴向移动凸轮轴让倒车凸轮处于工作位置,使柴油机各缸的有关定时和发火次序符合倒车运转的需要。以二冲程直流扫气柴油机为例来说明双凸轮换向的原理,如图 6-48 所示。

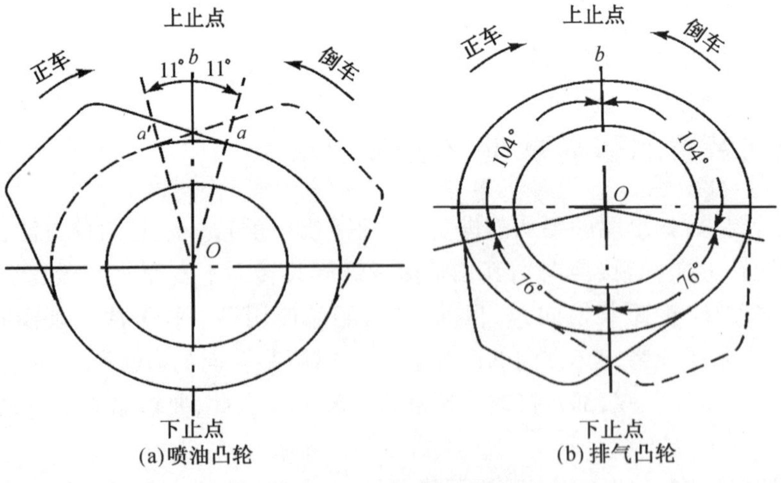

图 6-48 双凸轮换向原理

图 6-48 中实线表示正车凸轮,虚线表示倒车凸轮,正、倒车凸轮对称于曲柄上、下止点位置的纵轴线 Ob。当柴油机正转时,正车凸轮顺时针转动。凸轮的升起点 a 为供油始点,图示位置曲柄正处于上止点,则供油提前角为 11°。此后,气缸内处于燃油发

火燃烧和膨胀行程，直至曲柄按正车方向转到上止点后104°，即下止点前76°时，正车排气凸轮也转过104°曲轴转角，排气阀开始被顶起，排气过程开始。

当柴油机换向后从图示位置倒转时，喷油泵和排气阀改由倒车凸轮驱动（虚线所示）。这时倒车凸轮逆时针转动，同样保证供油提前角为11°（即供油始点为a'），并在下止点前76°使排气阀开启。

图6-48中未示出空气分配器凸轮，其正、倒车凸轮的布置原则与喷油泵凸轮相同。正车运转时，正车凸轮使活塞处于膨胀行程的某缸气缸起动阀开启。换向后，倒车凸轮使活塞处于正车压缩行程的某缸起动阀开启，压缩空气进入此气缸迫使活塞下行，曲轴因而倒转。对于多缸柴油机，换向后倒转的起动顺序和发火顺序与正转相反。例如，某二冲程六缸柴油机的正车发火顺序为1—6—2—4—3—5，则倒车发火顺序为1—5—3—4—2—6。

2. 换向装置

双凸轮换向装置根据移动凸轮轴所用的能量和方法不同而有不同的构造形式，一般有机械式、液压式和气压式。如图6-49所示换向装置为气力-液压式，这也是船用主机（MAN型柴油机）所采用的换向装置。当进行由倒车到正车的换向操作时，利用换向杆使换向阀开启，压缩空气进入正车油瓶，倒车油瓶中的气体经换向阀泄入大气。在压缩空气的作用下，正车油瓶中的滑油被压入油缸活塞的右侧，推动活塞带动凸轮轴向左移动。与此同时，油缸活塞左侧的油被活塞压入倒车油瓶。当活塞移到左侧极限位置时，各正车凸轮正好处于相应的从动件下面，换向过程结束。

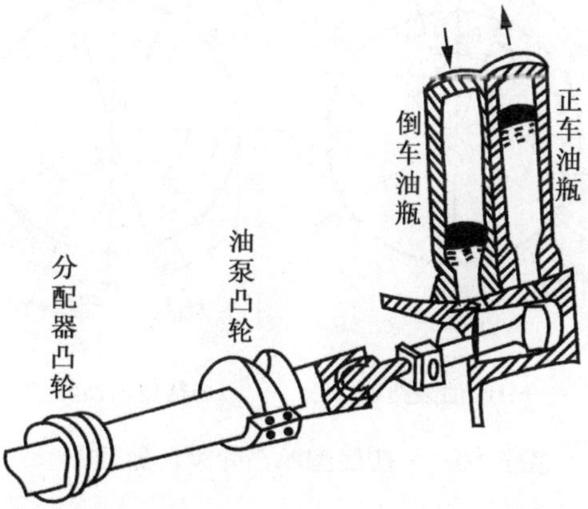

图6-49　气力-液压式双凸轮换向装置

七、单凸轮换向原理和特点

单凸轮换向的特点是每个需要进行换向操作的设备（如喷油泵、空气分配器、排气阀等）都分别由一个轮廓对称的凸轮来控制，正、倒车兼用。换向时不是轴向移动凸轮轴,而是将凸轮轴相对曲轴转过一个角度。柴油机换向时为改变定时,使凸轮轴相对于本缸曲轴转过一个角度的动作称为凸轮的换向差动,所转的角度称为换向差动角。差动方向如果与换向后的新转向相同,称为超前差动;差动方向如果与换向后的新转向相反,则称为滞后差动。

单凸轮换向装置所使用的凸轮线型有两种:一般线型和鸡心形线型。前者适用于各种柴油机的凸轮,后者仅适用于直流换气柴油机的喷油泵凸轮。

1. 一般线型的单凸轮换向原理

一般线型单凸轮换向原理如图 6-50 所示。图 6-50 中(a)所示为一台二冲程柴油机的喷油泵凸轮,凸轮轮廓在作用角 2φ 的中心线两边互相对称。凸轮转至图示位置时,对应气缸的曲柄正处于上止点,这时正车凸轮的对称线落后于曲柄一个角度 $\alpha_s=\varphi-\beta$,凸轮轴的这种布置保证了喷油泵有一个适当的喷油提前角。正车换为倒车时,为了保证有同样的喷油提前角,必须使倒车凸轮的对称线也落后于曲柄一个角度 α_s,如图中虚线所示位置。因此,在曲轴不动的前提下,必须使凸轮从原来的位置沿正车方向转一个角度 $2\alpha_s=2\varphi-2\beta$。或者,在凸轮轴不动的前提下,也可使曲轴沿倒车方向转一个差动角 $2\alpha_s$。喷油泵凸轮换向对于换向后的新转向来说相反,是滞后差动。图 6-50(b)所示为排气阀凸轮,换向方向是超前差动,换向差动角是 $2\alpha_s=2\beta-2\varphi$。因此,两者换向差动方向和换向差动角都不同,无法同轴差动。

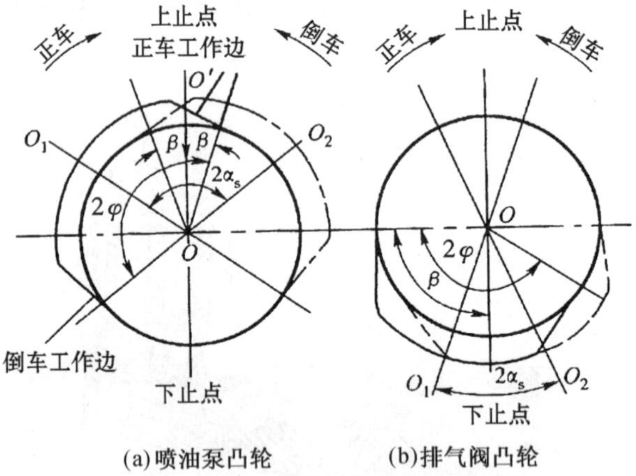

图 6-50 一般线型单凸轮换向原理图

2. 单凸轮鸡心凸轮换向原理

为了解决上述喷油泵凸轮和排气阀凸轮差动方向不同、差动角不同的矛盾,采用一种鸡心凸轮代替一般的喷油泵凸轮,这就可以使喷油泵凸轮和排气阀凸轮装在一个凸轮轴上实现差动换向。单轴鸡心凸轮差动换向必须满足下列三个条件:

(1)两组凸轮的差动方向相同。

(2)两组凸轮的差动角相同。

(3)差动前后同名凸轮的正、倒车定时基本相同。

为满足上述要求,MAN B&W MC 型柴油机采用鸡心凸轮代替一般线型的喷油泵凸轮。

鸡心凸轮如图 6-51(a)所示,排气阀凸轮如图 6-51(b)所示。图中实线为正车位置,虚线为倒车位置。鸡心凸轮外轮廓呈鸡心状,OO'为对称线。凸轮基圆 O_1O_2 处的半径最小,从 O_1、O_2 点向两侧伸展外廓按相同规律变化,至 a_1、a_2 点处半径最大并与顶圆衔接。正车(顺时针)运行时,a_1-O_1 为喷油泵的吸油段,O_2-a_2 为喷油泵的泵油段,供油提前角为 β。倒车(逆时针)运行时,其吸油段和泵油段正好相反。鸡心凸轮的对称线 OO'相对于该缸曲柄上止点的夹角为 15°。当由正车改为倒车时,只要把鸡心凸轮朝倒车方向(逆时针)转过 30°,到达虚线所示的位置,就可得到倒车时所要求的供油定时。差动方向对新转向(倒车、逆时针)而言为超前差动。这样,喷油泵凸轮的差动方向和排气阀凸轮的差动方向一致,满足了同轴差动的第一个条件。按照排气阀凸轮的定时关系,其换向差动角应为 18°×2=36°,但由于上述第二个同轴条件的限制差动角只能取 30°。因此,倒车时排气阀的定时稍有变化:排气提前角由正车的下止点前 91°变为 85°;排气滞后角由正车的下止点后 55°增大至 61°。由此,解决了差动方向和差动角度的矛盾。同时基本上满足了上述第三个条件,实现了喷油泵凸轮和排气阀凸轮装在同一根凸轮轴上的单轴换向差动。但该柴油机倒车时排气阀定时比正车滞后 6°CA,致使运转性能稍差。

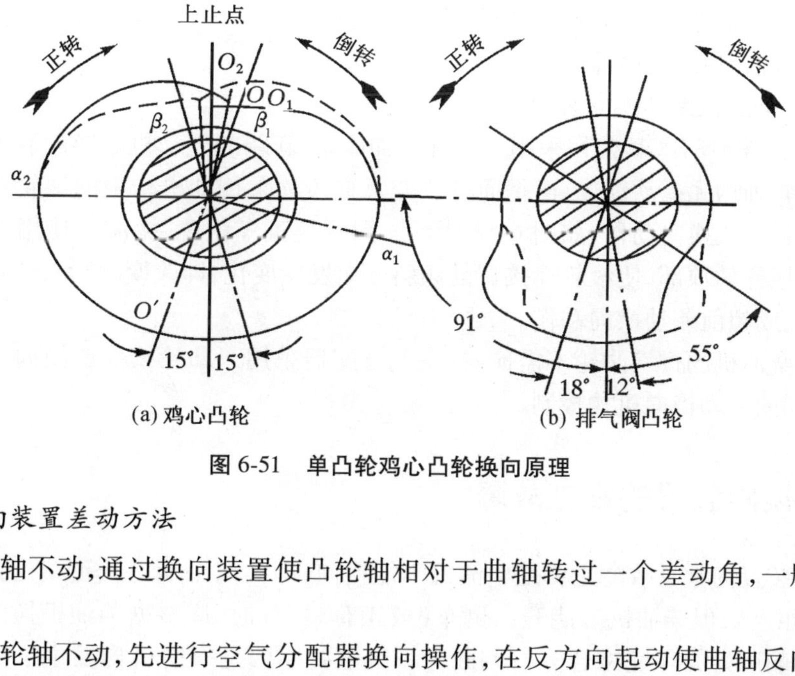

图 6-51　单凸轮鸡心凸轮换向原理

3. 换向装置差动方法

(1)曲轴不动,通过换向装置使凸轮轴相对于曲轴转过一个差动角,一般为滞后差动。

(2)凸轮轴不动,先进行空气分配器换向操作,在反方向起动使曲轴反向回转之初,曲轴相对凸轮轴转过一个差动角之后才带动凸轮轴一起转动。此种方法为滞后差动。

(3)先进行空气分配器换向操作,在反向起动之初,通过差动机构使凸轮轴与曲轴两者之间有一定的转速差,待完成差动角后,再同步转动。此种方法一般为超前差动。

4. 换向装置种类

按使用工质和能量不同,换向装置可以分为以下几种:

(1)液压差动换向装置

该装置采用液压差动换向伺服器并使用滑油系统中的中压滑油(0.6 MPa)作为工质实现差动换向动作。在凸轮轴上固定了一个转板,转板装在液压伺服器中,伺服器外壳通过链轮由曲轴驱动。转板把伺服器的内腔分隔成两个空间(正车和倒车空间),两个空间分别用滑油管与换向阀的有关油管相通。正车时,转板顶住在伺服器内两个对称布置的扇形止动凸块上,正车空间充满中压滑油,倒车空间释放油压。此时曲轴通过链条、链轮和转板带动凸轮轴旋转,柴油机按正车方向运行。换向时,曲轴不动,操作换向阀改变正、倒车空间滑油的进、排方向,使倒车空间进油,正车空间释放油压泄至油底壳,转板在滑油压力作用下相对曲轴转过一个差动角并带动凸轮轴从正车位置转至倒车位置,完成换向动作。这种装置使用在 RD、RND、RND-M 型柴油机上,为滞后差动。

RTA 型柴油机采用了一种新型的液压差动装置。该型柴油机每段凸轮轴都装配一个换向伺服器,其凸轮固定在换向伺服器的外缘,每个伺服器上装有两个燃油凸轮。凸轮轴与伺服器不是刚性连接,而是通过凸轮轴上的两个转翼带动换向伺服器按规定方向转动。换向时凸轮轴和曲轴都不动,通过控制滑油进、排伺服油缸的变化使伺服器相对曲轴差动来完成换向动作。排气凸轮不需换向。空气分配器凸轮采用双凸轮,通过控制空气轴向移动换向。

(2)气动机械差动换向装置

近年来,MAN B&W 公司采用了一种更加简易、新颖的气动机械换向装置。换向时曲轴与凸轮轴均无差动动作,而是通过改变每缸喷油泵传动机构中的滚轮在凸轮轴上的角度位置完成换向动作,如图 6-52 所示。图示为正车位置,换向时使用压缩空气拉动滚轮连接杆的顶部,使滚轮连接杆的倾斜方向发生变化,即改变滚轮与凸轮的相对位置,从而完成超前差动换向动作。

这种柴油机的排气凸轮不需换向,空气分配器采用双凸轮换向或换向盘换向等方式,由专门的气动换向机构控制。

八、换向装置的常见故障

换向装置的常见故障主要是柴油机不能换向,即换向手柄已从正车位置推至倒车位置(或相反),但柴油机未能开出倒车(或正车)。此时,应根据柴油机换向装置的特点以及船舶所处的环境综合分析判断。一般主要原因是换向机构发生了故障和操作不当。

1. 换向装置故障

(1)换向装置中有关阀件咬死或失灵。

(2)换向伺服器故障:如油管堵塞、泄漏,检修时控制油管装错使伺服器转板无法正常转动或伺服器转板在某极端位置咬死或不能到达另一个极端位置。

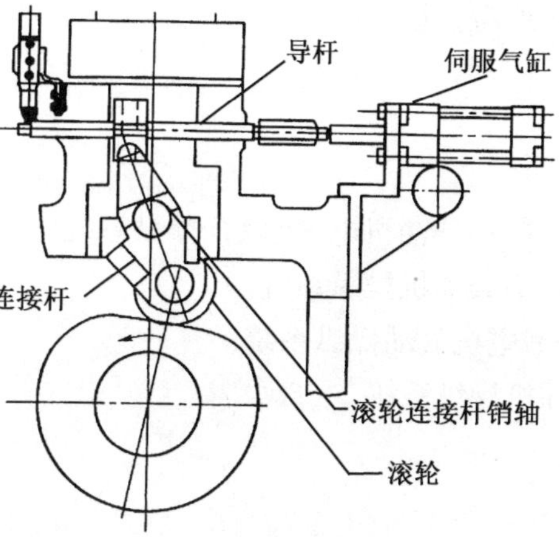

图 6-52　MAN B&W 新型换向装置

(3)拉动喷油泵滚轮连接杆的拉杆螺栓松脱或换向伺服气缸内的皮碗破损漏气(MAN B&W SMC/MCE 型柴油机),使个别缸喷油泵无法完成换向动作。此时其他已换向完毕的气缸仍可使柴油机按换向要求运转,柴油机则会发出错向警报。

(4)空气分配器不能换向。

(5)双凸轮换向装置中的"气力-液力式"换向装置的有关控制部件漏气、漏油,使凸轮轴无法轴向移动。

2. 操作不当

(1)换向手柄虽已到位,但因操作过快,凸轮轴尚未到位就急于起动,致使换向失败。

(2)换向手柄虽已到位,但由于水流作用使螺旋桨仍按原转向以较高转速转动,此时若急于起动,易造成换向失败。

(3)在紧急刹车时,过于性急,当主机转速未有较大降低时就强制制动,因时机不当而使换向失败。

第七节　柴油机操纵系统

一、学习目标

1. 了解柴油机操纵系统的要求。
2. 了解柴油机典型操纵系统。

二、学习任务

1. 现代船舶柴油机操纵系统的基本要求。

2. 现代船舶柴油机典型操纵系统。

三、环境设备

1. MAN B&W MC-C 型柴油机电-气联合操纵系统。
2. MAN B&W ME 型柴油机操纵系统。
3. RTA DENIS-6 型主机气动操纵系统。
4. RT-Flex 型柴油机操纵系统。

四、背景知识

操纵系统是将起动、换向、调速等各装置合成一个整体并可集中控制柴油机运行的系统。轮机人员在操纵台前,通过控制系统就可集中控制柴油机,以满足船舶操纵的各种要求。目前,主流的柴油机操纵系统有 MC-C 型、ME 型、RTA 型以及 RT-Flex 型柴油机操纵系统。

五、对操纵系统的要求

随着自动化和电子技术的发展及各种遥控技术的广泛应用,特别是计算机技术和微处理机越来越多地用于主机遥控、检测和工况监视等领域,不仅大大减轻了轮机人员的劳动强度,还避免了人为的操作失误,进一步提高船舶运行的安全性、操纵性和经济性。近些年船舶主机遥控技术水平日趋成熟,船舶正朝着全面自动化和智能化的方向发展。

操纵系统是船舶柴油机中最复杂的一部分,零部件多,排列复杂。遥控技术、自动化技术和计算机技术的应用,更增加了系统的复杂程度。为保证操纵系统工作可靠,它应满足下列基本要求:

(1)能够迅速而准确地执行起动、换向、变速、停车和超速保护等动作并应满足船舶规范上的相应要求。

(2)要有必要的联锁装置,以避免操作失误和事故。

(3)必须设有必要的监视仪表、安全保护与报警装置。

(4)操纵系统中的零部件必须灵活可靠,不易损坏。

(5)操作、调节方便,维护简单。

(6)便于实现遥控和自动控制。

六、操纵系统部位

操纵系统部位有:

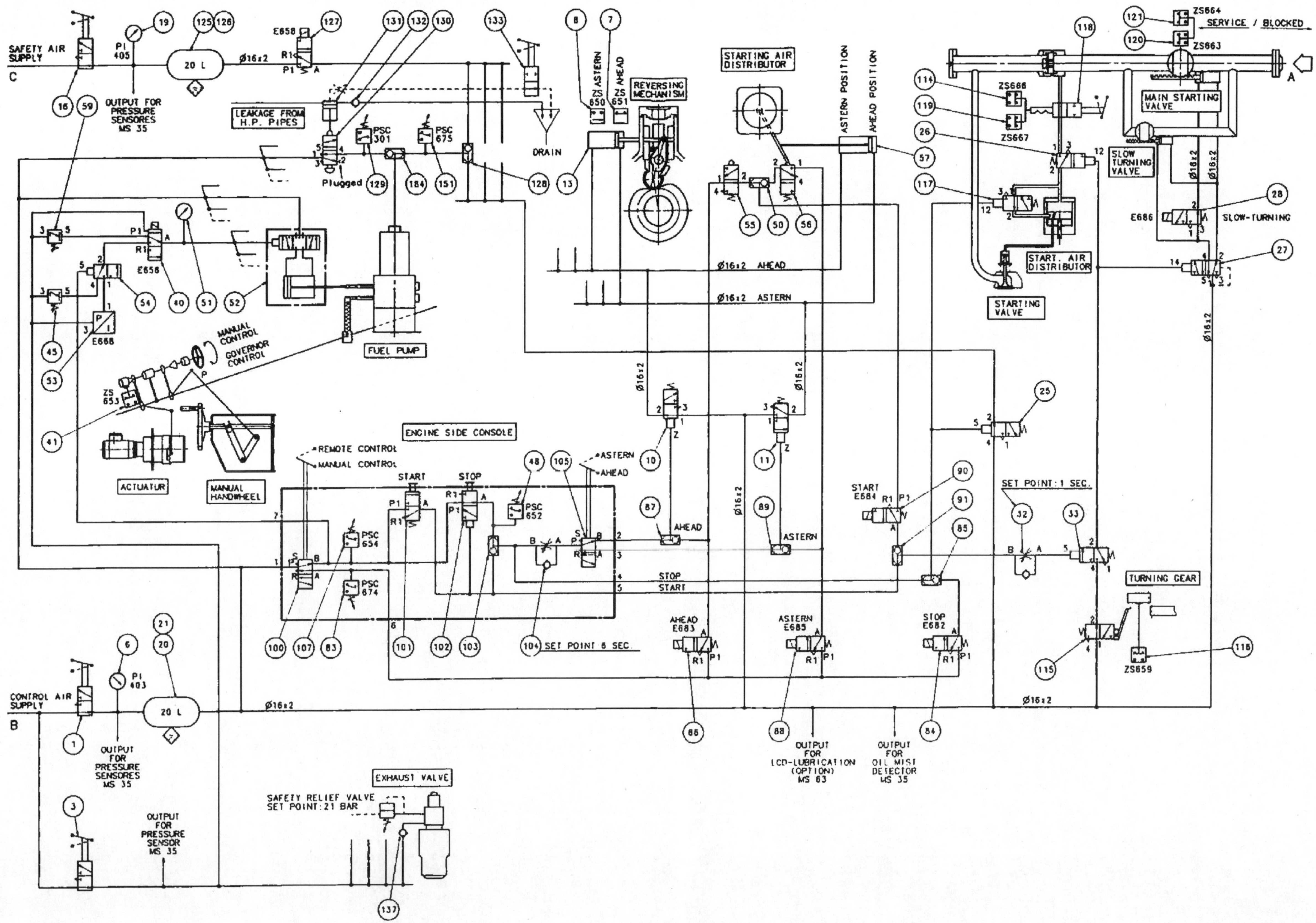

图6-53 MAN B&W MC-C型柴油机操纵系统

（1）机旁手动操纵。操纵台设在机旁，采用相应的控制机构操纵柴油机，使之满足各种工况下的需要。

（2）机舱集控室控制。在机舱的适当部位设置专用的控制室，以实现对柴油机的工况进行控制和监视。

（3）驾驶室控制。在驾驶室的控制台上由驾驶员直接控制柴油机。

这三个部位中，机旁手动控制是整个操纵系统的基础；机舱集控室控制和驾驶室控制统称遥控，即指远距离操纵主机。遥控系统是用各种逻辑回路和自动化装置代替原有的手动操作程序。近些年，电子计算机技术在船上有效地应用使柴油机的操纵系统提高到一个新的技术水平。机舱集控室设有遥控操纵部位转换开关，根据航行条件的需要将柴油机的操纵转换至集控室或驾驶台；机旁控制台设有机旁/遥控转换开关，如果主机遥控系统或气动操纵系统发生故障，如调速器故障、电磁阀故障、气动阀件故障等使驾驶室控制和集控室控制均失效时，则可通过转换开关直接转换到机旁操纵，在机旁操纵台上对主机进行应急操纵。在驾驶台、机舱集控室和机旁三个部位的操纵台上均设应急停车按钮，以便在紧急情况下根据需要立即停车。尽管主机遥控技术目前已相当成熟，但仍然必须保留机旁手动操纵系统，以保证对主机实施可靠控制。

七、典型的操纵系统

1. MC-C 型柴油机的操纵系统

（1）系统概述

MAN B&W MC-C 型柴油机的操纵系统是一种电-气联合操纵系统，如图 6-53 所示。它有以下几种控制方式：

①集控室或驾驶台遥控。

②机旁应急控制。

为了保证控制部位的转换，在机旁应急操纵台上设有遥控/机旁转换阀和应急操纵手轮，用于遥控和机舱应急操纵台的控制部位转换。

图 6-53 所示左侧下部为控制空气供给管路。系统控制空气的气源为 0.7 MPa 的压缩空气。分两路：一路送入排气阀作为空气弹簧气源，包括排气阀空气弹簧供气管路及止回阀 137；另一路经控制空气总阀后把控制空气送至下述控制部位。其一，经遥控/机旁转换阀送至起动、停车及正、倒车控制阀；其二，送到主起动阀控制阀；其三，送至盘车机联锁阀；其四，通至 VIT 系统控制阀和高压燃油泄漏保护阀。

左侧上部为燃油控制和安全系统，主要包括燃油泵、VIT 控制机构、高压燃油泄漏保护阀和应急停车阀。在停车系统或安全系统工作时，压缩空气被送到喷油泵顶部的空气刺破阀，使喷油泵内的燃油"泄压"，燃油流回到燃油系统，停止向喷油器供油。

中间部分为空气分配器和燃油凸轮换向控制部分，包括空气分配器换向机构和燃油凸轮换向机构。

右侧上部为起动空气系统，包括主起动阀、慢转阀及控制阀、电磁阀、空气分配器及控制阀、气缸起动阀。

该系统设有电子调速器,它由电子调速器本体、电源、执行器、转速传感器和扫气压力传感器组成。执行器、转速传感器和扫气压力传感器装在机旁。

(2)遥控

在遥控期间,控制空气经遥控/机旁转换阀(下部导通)送入遥控系统。它由起动、停车、正车和倒车四个电磁阀控制。

①停车:在停车状态时,控制空气通过停车电磁阀 E682,使气动控制阀 25 左位导通,等候在此的空气被送到喷油泵顶部的空气刺破阀,切断燃油。

②正车起动:当驾驶台发出正车起动命令时,正车电磁阀 E683 左位导通。控制空气通过阀 10 使空气分配器和喷油泵滚轮的换向机构换到正车位置。给出起动信号后使起动阀 E684 左位导通,使气动阀 33 左位导通。如果此时盘车机脱开,盘车机联锁阀 115 释放,则起动空气到达起动控制阀 27 和空气分配器控制阀 26 使它们导通。于是,主起动阀(如果配设,包括慢转阀)打开,将起动空气一路送至气缸起动阀下部等候,另一路经阀 26 送至空气分配器。空气分配器投入工作,在起动凸轮的控制下,按发火顺序依次打开各缸气缸起动阀。

③换向及倒车起动:当驾驶台发出换向及倒车起动命令时,倒车电磁阀 E685 左位导通。控制空气通过阀 11 使空气分配器和喷油泵滚轮的换向机构换到倒车位置,其他过程与“正车起动”相同。

④紧急停车:紧急情况下通过紧急停车电磁阀 127,可将压缩空气迅速通入各喷油泵的空气刺破阀而使各缸迅速停油。当主机转速降低到“换向转速”(取决于主机的规格和船型,为 20%~40%标定转速)后,可给出反向起动指令。反向起动指令给出后,起动空气进入气缸,使主机制动至停车。然后在起动空气作用下按指令反向运转到足够高的转速,再给出供油运转的指令。为防止可能发生的严重的船体振动,在进行强制换向起动的最初几分钟应让主机的转速维持在较低转速。

如果在试图进行应急制动时船速太高,给出起动空气的时间不要持续太长,要再给出停车信号,待转速进一步降低后再给出起动信号。

⑤机舱应急控制:通常气动操纵系统中调速器及电子设备发生故障时,可以在机旁应急控制台操纵主机。它主要由起动、停车按钮,正、倒车控制阀和应急手轮组成。工作过程基本同前。

2. ME 型柴油机操纵系统

MAN B&W ME 型柴油机取消了凸轮轴,通过电磁阀控制燃油喷射定时、排气定时和起动定时,因此操纵系统大为简化,操纵系统中各部件的作用如表 6-4 所示。

表 6-4 ME 操纵系统各部件作用

序号	作用
阀 1	控制空气进口截止阀
压力开关 2	控制空气入口压力监视传感器
压力开关 3	完车空气压力监视传感器
压力表 4	显示控制空气压力
气瓶 5	储存控制空气
阀 6(球阀)	用于气瓶放残水
阀 10(截止阀)	排气阀空气弹簧供气阀
压力开关 11	排气阀空气弹簧供气压力监视传感器
阀 20	盘车机-起动联锁阀
限位开关 28	显示盘车机脱开位置
限位开关 29	显示盘车机啮合位置
阀 30	控制主起动阀的电磁阀(首选)
阀 32	控制备用主起动阀的电磁阀(备用)
阀 34	双向止回阀
阀 35	控制主起动阀打开和关闭
阀 36	慢转电磁阀
阀 37	控制慢转起动阀打开和关闭
限位开关 38	显示主起动阀关闭状态
限位开关 39	显示主起动阀打开状态
压力开关 40	主起动阀起动空气入口压力监视(主)
压力开关 41	主起动阀起动空气入口压力监视(备用)
阀 51	气缸起动电磁阀(信号来自 CCU)
限位开关 58	去气缸起动阀的先导空气接通显示
限位开关 59	去气缸起动阀的先导空气关闭显示

(1)ME 型柴油机操纵系统的气路

如图 6-54 所示,气动操纵系统气源有两种,起动空气压力为 3.0 MPa,控制空气为 0.7 MPa。

从控制空气瓶 6 出来的控制空气分两路,一路到阀 37 和 35 等待,另一路经盘车机联锁阀 20 至阀 36 和阀 30、32 等待。

(2)ME 型柴油机操纵系统的主要功能

①起动控制包括正常起动和慢转起动。

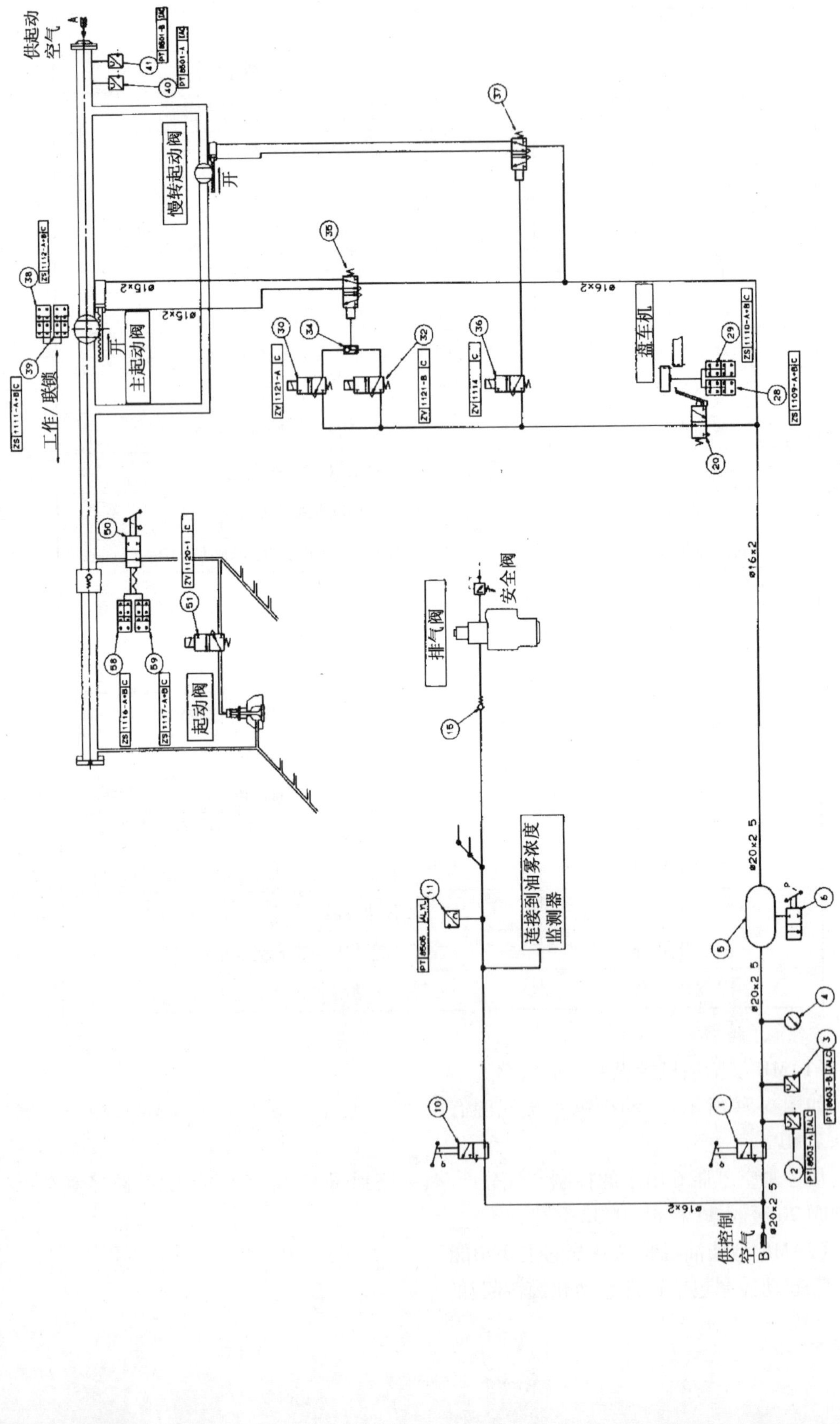

图 6-54　MAN B&W ME 型柴油机操纵系统

正常起动时，计算机送出的信号使得主起动电磁阀 30（或备用电磁阀 32）受控，控制空气经双向止回阀 34 后送至阀 35 的控制端，使阀 35 工作在右位，进而控制主起动阀开启，同时慢转起动电磁阀 36 也受控，控制空气经 36 的上位后使阀 37 工作在右位，等待的空气控制慢转起动阀开启。

慢转起动时，仅慢转起动电磁阀 36 受控，控制空气经慢转起动电磁阀 36 的上位使阀 37 工作在右位，控制慢转起动阀打开。

②阀 20 用来实现盘车机起动联锁。

③阀 10 和阀 15 用来向排气阀空气弹簧装置供控制空气，压力开关 11 用于低压报警。

④与 MC 型柴油机操纵系统相比，ME 型操纵系统简化了很多功能，主要区别在于：

A. 没有安全空气，停油（包括应急停车、SHUT DOWN 停车）由 FIVA 电磁阀控制燃油升压泵实现。

B. 没有空气分配器，由计算机通过电磁阀实现起动控制。

C. 没有正车、倒车控制电磁阀，由计算机通过对 FIVA 电磁阀的定时控制实现换向控制。

D. 没有 VIT 执行机构。

3. RTA 型主机气动操纵系统

（1）RTA DENIS-6 型主机气动操纵系统介绍

图 6-55 所示是 Sulzer RTA DENIS-6 气动操纵系统，与常规的 RTA 型主机气动操纵系统和 DENS-1 气动操纵系统相比，在完成主机的起动、换向、调速和各种联锁保护等所有功能的前提下省去了许多气动逻辑部件。这就使得控制气路得到了较大的简化，方便了对系统的维护管理和故障排查。

采用 RTA DENIS-6 气动操纵系统对主柴油机进行遥控操纵，可以分别在驾驶台和集控室操作，当遥控系统故障时，也可在机旁手动操纵主机；在调速器损坏的情况下，还可利用应急操纵方式操纵主机。DENIS 系统在起动回路中装设了大量压缩空气到位指示器，为故障的诊断和排除带来了极大的方便。本节以 RTA48T 主机所采用的 DENIS-6 气动操纵系统为例进行分析介绍。

（2）RTA DENIS-6 气动操纵系统中的主要阀组和阀件

DENIS-6 部件编号与名称对照表如表 6-5 所示，阀组、阀件名称编号对照表如表 6-6 所示。

①A 阀组（控制空气气源阀组）

该阀组由滤器、减压阀、单向阀等组成。阀组外部管接头 A1 ~ A6，其中 A1 是 0.8 MPa 控制空气气源入口，A2 是 3 MPa 动力气源入口，A3 是 0.8 MPa 主控制空气气源出口，A4 是 0.75 MPa 安保控制空气气源出口，A5 是 3 MPa 动力气源出口，A6 是 0.75 MPa 排气阀空气弹簧气源出口。

②B 阀组（用于调速器和油门拉杆连接的控制阀组）

该阀组由二位三通阀或门阀、压力开关等组成。阀组外部管接头 B1 ~ B9，其中 B1

是 3 MPa 动力控制空气入口,B2 是停油信号空气入口,B3 动力控制空气去调速器升压器的出口,B4 是调速器与油门拉杆连接的空气缸控制空气出口,B5 是主控制空气气源入口,B6 是错向联锁控制信号油入口,B7 是错向联锁控制空气出口,B8 是辅控制空气气源入口,B9 是机旁手动应急操纵联锁空气进口(脱开调速器)。

③D 阀组(换向联锁阀组)

该阀组由与主机气缸数相同的小阀组组成,每个小阀组皆由 1 个液控换向联锁阀、1 个或门阀和 1 个压力开关组成。阀组外部管接头 D1~D4,其中 D1 是控制空气气源入口,D2 是换向联锁(换向完成)信号输出口,D3 是各缸间换向联锁(换向完成)信号串接入口,D4 是换向联锁(换向完成)控制油压信号入口。

④E 阀组(起动、换向气动逻辑阀组)

该阀组由 3 个机械/空气双控二位三通阀、3 个二位三通电磁阀和 2 个机械控制二位三通阀组成。阀组外部管接头 E3~E10,其中 E3 是 3 MPa 起动控制空气出口,E4 是 3 MPa 正车换向控制空气出口,E5 是 3 MPa 倒车换向控制空气出口,E6 是 3 MPa 控制空气气源入口,E7 和 E8 分别是 0.75 MPa 和 0.8 MPa 控制空气气源入口,E9 是向 G 阀组供气的出口,E10 是机旁操纵停车控制空气出口。

该阀组中 3 个电磁阀分别是:起动电磁阀 130HC、正车换向电磁阀 130HD 和倒车换向电磁阀 130HE。

⑤G 阀组(操作部位转换及停机控制气动逻辑阀组)

该阀组由二位三通气控阀、二位三通电磁阀和或门阀以及压力开关等组成。阀组外部管接头 G1~G11,其中 G1 是向机旁/遥控操纵联锁阀 35HB 供气出口,G2 是机旁停车控制空气进口,G4 是控制空气气源进口,G5 是燃油凸轮换向联锁空气入口,G6 是停油控制空气出口,G7 是机旁手动应急控制联锁空气进口,G8 是停油信号空气去 B 阀组的出口,G9 是遥控气源入口,G10 是去转速设定阀组的遥控信号空气出口,G11 是错向联锁保护信号入口,G12 是越控信号空气气源入口。

⑥H 仪表板(压力指示仪表板)

该组件由若干压力指示仪表和手动截止阀等组成,阀组件外部管接头 P1~P8 均为压力引入接口。

⑦I 仪表板(压力开关、压力变送器和压力报警值与压力安全保护值设定仪表板)

该组件由若干压力开关、压力变送器和手动截止阀等组成,阀组件外部管接头 P1~P9 均为压力引入接口。

⑧P 阀组(空气分配器控制阀组)

该阀组由 2 个二位三通气控阀和 1 个二位三通电磁阀组成。阀组外部接头 P1~P3,其中 P1 是空气分配器控制空气和工作空气进口,P2 是起动信号空气进口,P3 是去空气分配器的控制空气和工作空气出口,此外还有一路空气分配器换向联锁空气,直接由换向气缸接到起动限制电磁阀 129HA 的 3 口。

⑨M 阀组(调速单元阀组)

该阀组由二位三通气控阀、或门阀和遥控转速设定阀以及手动转速设定阀组成。

阀组外部接头 M1~M4,其中 M1 和 M2 分别是 0.8 MPa 和 0.75 MPa 控制空气入口,M3 是遥控信号空气入口,M4 是去调速器的转速设定压力空气出口。

表 6-5 Sulzer RTA DENIS-6 部件编号与名称对照表

1.02	机旁手动转速设定阀	3.11	最大油量限位螺钉
1.03	PGA200 气动调速器	3.12	机旁燃油手柄
1.04	转速传感器	3.13	燃油安全阀
2.01	空气分配器	4.01	排气阀
2.02	空气分配器凸轮	4.02	排气阀液压驱动泵
2.03	主起动阀	4.03	排气阀驱动泵凸轮
2.04	主起动阀止回阀	4.04	排气阀传动油缸
2.05	主起动阀控制阀	4.05	空气弹簧
2.06	泄放和试验阀	4.06	空气节流阀
2.07	气缸起动阀	4.07	液压油安全阀
2.08	阻焰器	4.08	空气弹簧供气阀
2.09	安全阀		
2.10	主起动阀手轮	5.01	喷油泵凸轮换向伺服器
2.13	盘车机联锁阀	5.02	换向阀
2.14	调速器起动升压器	5.03	“起动/换向”手柄
2.15	起动联锁和慢转阀组	5.07	停车手柄
2.21	泄放阀		
2.22	空气分配器换向气缸	6.01	运转方向联锁装置
		6.02	滑动联轴器
3.01	喷油器	6.04	停油伺服器(安全切断装置)
3.02	喷油泵		
3.03	燃油凸轮	7.03	计数转速表
3.04	负荷指示器	7.07	负荷指示发信器
3.05	VIT 机构		
3.07	进油阀偏心轴	8.04	分配块
3.08	出油阀偏心轴	8.06	气缸注油器
3.09	燃油调节轴	8.07	视流器
3.10	调速器与调油轴连接空气缸	8.09	止回阀

(3)控制介质及有关设备

DENIS-6 气动操纵系统的控制介质是控制气源和压力油。

①控制气源

控制气源由三种压力级别的空气组成,分别是 0.8 MPa 的主控制空气、0.75 MPa 的排气阀驱动空气与安全保护控制空气(也作为辅助控制空气)和 3 MPa 的起动与动力控制空气。

A. 0.8 MPa 控制空气及有关阀件

主控制空气是由 3 MPa 的空气经减压阀减压至 0.8 MPa,然后经过滤除尘和脱水干燥后得到。该空气经过气源单元 A 的 A1 输入口和单向阀 112HA,再通过 A3 出口向气动逻辑和调速回路提供控制空气。287HA 为一个小气瓶,可以储压和泄放残水,在 287HA 上装有安全阀 270HA。PT4401A 是压力开关,对控制空气进行压力监视,在压力低于报警设定值时输出报警信号。

当 0.8 MPa 的控制空气由于故障无输出时,3 MPa 的动力控制空气经减压阀 19HB 减压后通过单向阀 112HB 提供备用控制空气。

B. 3 MPa 起动和动力控制空气及有关阀件

起动空气和动力控制空气都是 3 MPa 的压力空气。

表 6-6 Sulzer RTA DENIS-6 阀组、阀件名称编号对照表

A	**控制空气气源**	49HE	空气分配器和燃油泵凸轮倒车换向阀
19HA	减压阀	49HF	机旁停车阀
19HB	减压阀	130HC	起动控制电磁阀
23HA	减压阀	130HD	正车换向电磁阀
36HA	手动二位三通阀	130HE	倒车换向电磁阀
112HA	单向阀	M	**调速单元阀组**
112HB	单向阀	9A	气源选择阀
112HG	单向阀	11HA	遥控转速设定阀
112HH	单向阀	15HA	手动转速设定阀
270HA	安全阀	G	**操作部位转换及停机控制阀组**
270HB	安全阀	25A	驾/集遥控电磁阀
287HA	空气瓶	29B	越控气源阀
287HB	空气瓶	29D	遥控供气阀
342HA	单向阀	49HH	越控气控阀
342HB	单向阀	115HA	停车选择阀
351HA	气水分离器	115HB	停车选择阀
PT4401A	压力变送器(控制空气)	115HC	换向和错向联锁停油阀
PT4321A	压力变送器(空气弹簧)	126HB	应急停车电磁阀

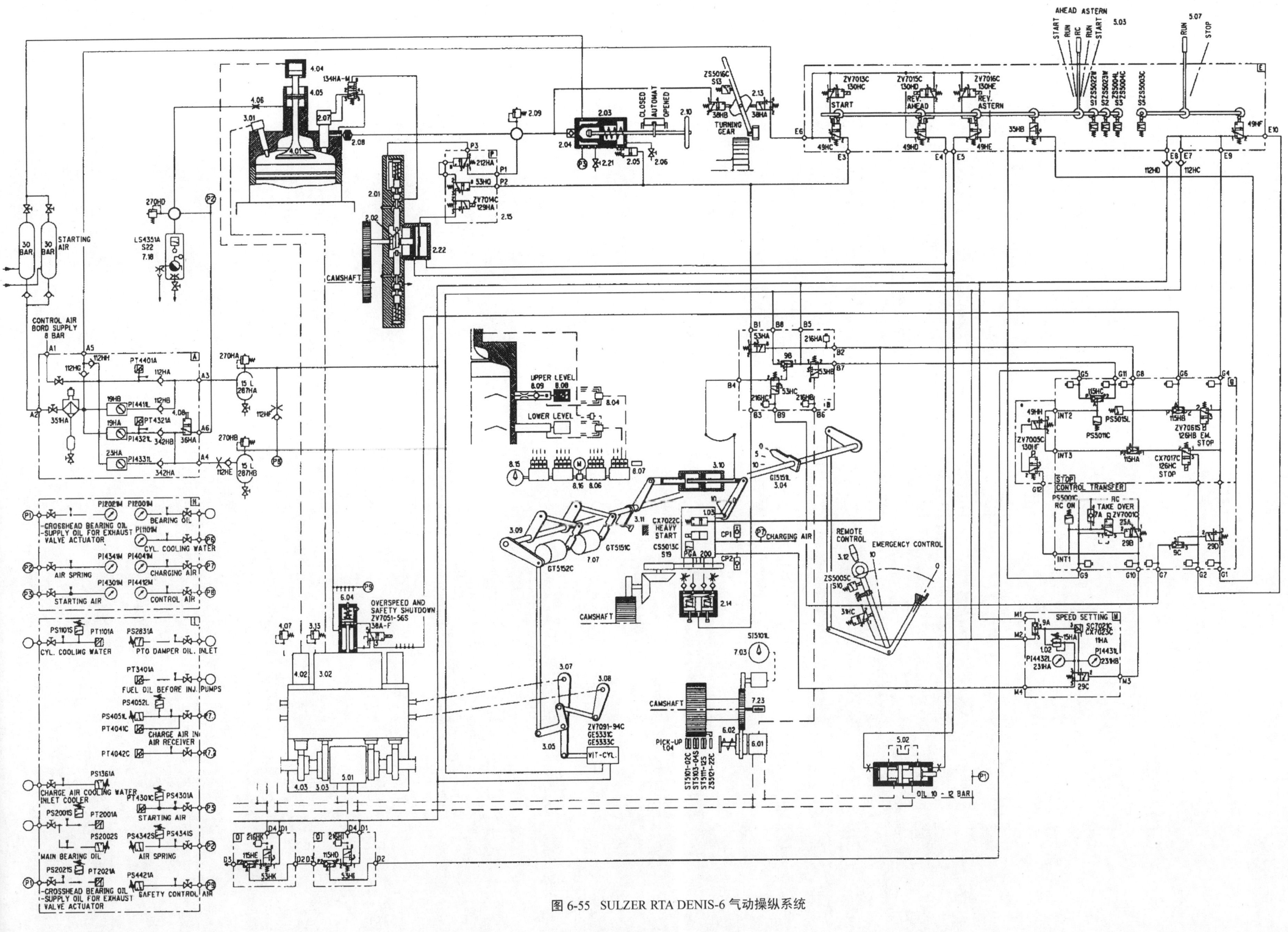

图 6-55 SULZER RTA DENIS-6 气动操纵系统

续表

B	调速器/油门杆阀组	126HC	遥控停车电磁阀
9B	气源选择阀	130HF	越控电磁阀
53HA	升压器供气阀	PS5001C	压力开关(遥控接通)
53HB	液控二位三通阀,运转方向联锁	PS5011C	压力开关
53HC	遥控接通阀	PS5015L	压力开关
D	换向联锁阀组	P	起动联锁和慢转阀组
53HI	喷油泵凸轮换向伺服器联锁阀	53HQ	起动信号联锁阀
53HK	同上	129HA	起动限制电磁阀
115HD	选择阀,各缸换向联锁总阀	212HA	空气分配器换向联锁阀
115HE	选择阀,各缸换向联锁分阀	29C	遥控/手动转换阀
216HI	油泵换向压力指示器		机旁阀
216HK	油泵换向压力指示器	31HC	机旁/遥控联锁阀
E	起动换向阀组	38HA	盘车机联锁阀
35HB	机旁/遥控联锁阀	38HB	盘车机联锁阀
49HC	主起动阀控制阀	134HA	气缸起动阀开关控制阀
49HD	空气分配器和燃油泵凸轮正车换向阀		

起动空气直接从主空气瓶上方输出,去主起动阀止回阀 2.04 提供主机起动时需要的压缩空气。

动力控制空气由主空气瓶下方输出,从 A2 口进入气源系统,经气水分离器 351HA 除水,经单向阀 112HG 后通过 A5 口输送至盘车机联锁阀 38HA,再经过阀 49HC、49HD、49HE 为主起动阀控制阀 2.05、燃油泵凸轮的换向阀 5.02 和空气分配器换向气缸 2.22 提供控制用的动力空气。

C. 0.75 MPa 排气阀驱动空气和安全保护控制空气及有关阀件

排气阀驱动空气为主机液压式排气阀的空气弹簧提供压缩空气,正常情况下由气水分离器 351HA 输出的动力控制空气经减压阀 19HA 减压为 0.75 MPa,通过单向阀 342HB 和手动二位三通阀 36HA 由 A6 口输出,经空气节流阀 4.06 到排气阀空气弹簧 4.05。如果 19HA 由于故障无输出或压力低时,压力开关 PT4321A 动作输出报警信号,同时 0.8 MPa 的控制空气经减压阀 23HA 减压后通过单向阀 342HA 向排气阀空气弹簧提供驱动空气。

安全保护控制空气由 0.8 MPa 的控制空气经减压阀 23HA 减压后通过单向阀 342HA 和出口 A4 输出。287HB 为一个小气瓶,可以储压和泄放残水,瓶上装有安全阀 270HB。安全保护空气用来为高压油泵停油伺服器(也称安全切断装置)6.04 提供控制空气,同时也为 VIT 机构、操纵系统和停车控制气路提供辅助控制空气。

②压力油

作为控制用的1.0~1.2 MPa的十字头轴承润滑油通往喷油泵凸轮的换向阀5.02、运转方向联锁装置6.01、喷油泵凸轮换向伺服器5.01以及各缸换向机构联锁阀53HI、53HK……在换向过程中,换向控制空气推动换向阀5.02的滑阀机构,控制压力油定向驱动喷油泵凸轮换向伺服器5.01进行换向动作。当各缸喷油泵凸轮全部换向到位后,各缸换向机构联锁阀53HI、53HK……全部受控,或门阀115HD无气压输出(相当于产生换向完成信号),或门阀115HB经115HA和115HC泄放,即泄放掉停油伺服器6.04的控制空气,断油装置由弹簧作用复位,解除换向停油联锁。如果有一个气缸的喷油泵凸轮换向不到位,联锁阀53HI、53HK……中必将有一个阀不受控,则或门阀115HB就有输出压气信号到停油伺服器6.04,实现换向停油联锁,同时,1.0~1.2 MPa的十字头轴承润滑油还用来驱动液压马达,带动气缸注油器向气缸注油;另外,还分出一支路向排气阀驱动泵供油(图6-55中未示出)。

(4)集控室"遥控"操纵主机

本系统在驾驶台和集控室遥控操纵主机时,气动控制回路相同。现以集控室遥控为例,介绍在遥控位置操纵主机时各气路的控制特点。

①机旁操纵台转"遥控"

A. 将机旁"起动/换向"手柄5.03放在"RC"位置,阀35HB工作在下位,为驾/集遥控电磁阀25A准备好气源(从G9接口进入G阀组),待集控室(或驾驶台)按下"遥控"按钮便可实现遥控转换(RC TAKEOVER)。

B. 将机旁停车手柄5.07置于"RUN"位置,机旁手动停车阀49HF工作在下位,经遥控停车电磁阀126HC将机旁停车空气信号泄放,126HC处在遥控停车的备用状态(遥控停车时,电磁阀126HC获电断油,起动时,主机达到发火转速其失电供油)。

C. 机旁"应急操纵"燃油手柄3.12置于"REMOTE CONTROL"位置,机旁/遥控操纵联锁阀31HC受控工作在右位,阀29D的控制空气经9C、31HC泄放,工作在右位,为遥控状态控制阀35HB提供气源;由于油门拉杆机构的遥控接通阀53HC调油轴控制端空气也经机旁/遥控联锁阀31HC放掉,工作在上位,控制空气通过9B、53HC进入调速器与油门拉杆机构的连接空气缸3.10,使气控液压调速器(PGA-200)1.03与油门拉杆3.09通过空气缸3.10相连。

当"应急操纵"燃油手柄3.12放在"EMERGENCY CONTROL"位置时,气动调速器1.03与燃油调节轴3.09脱开,油门拉杆3.09可直接由"应急操纵"燃油手柄3.12拉动。

②集控室操纵台置"集控"操纵

A. 按下集控室操纵台上的"遥控"按钮,"驾/集遥控"电磁阀25A获电上位通,29B受控左位通,在松开"遥控"按钮后,29B受控的状态经25A下位自锁,压力开关PS5001C保持给出遥控状态指示信号(RC ON)。

B. 将集控室"起动/换向"手柄放在"停车"位置,遥控停车电磁阀126HC有电,通过停油或门阀115HA和115HB、超速及故障停机电磁阀38A-F使停油伺服器6.04动作,实现停油。

C. 将集控室“调速手柄”放在“停车”位置。

③起动主机前的气路状态(如图 6-55 所示)

A. 主机操纵系统已经切换到遥控位置,处于正车停车状态,停车电磁阀 126HC 有电工作在下位,0.8 MPa 的控制空气经 126HC 下位、或门阀 115HA 和 115HB 和电磁阀 38A-F 使停油伺服器 6.04 工作在停油状态。

B. 备车时,已使 3 MPa 主起动空气经截止阀到主起动阀 2.03 待用;排气阀空气弹簧供气阀(4.08)36HA 已打开,0.75 MPa 的驱动空气已通至排气阀的空气缸;控制空气及安保空气也到位待用。

C. 当盘车机脱开后,3 MPa 的动力控制空气经盘车机联锁阀 38HA 右位到阀组 E 中的正、倒车换向阀 49HD 和 49HE 及起动控制阀 49HC 处待用。

④集控室“正车起动”

A. 先将调速手柄推到起动所要求的油门刻度。

B. 再将“起动/换向”手柄由“停车”位置推到“正车起动”位置,正车换向电磁阀 130HD 和起动控制电磁阀 130HC 同时有电受控,遥控停车电磁阀 126HC 持续有电。为便于理解起动过程,以下分四步进行叙述:

a. 燃油凸轮正车换向控制

正车电磁阀 130HD 有电,3 MPa 动力控制空气经 130HD 使“机械/气动”双控正车换向控制阀 49HD 受控工作在上位,3 MPa 动力控制空气经 49HD 上位分两路输出。其中一路送至喷油泵凸轮换向阀 5.02 右侧,将换向滑阀向左推到极端位置(图示位置),等候在换向阀 5.02 供油口(中间油口)处的 1.0~1.2 MPa 的十字头滑油经 5.02 的右侧油口进入到各缸喷油泵凸轮换向伺服器 5.01,使各缸高压油泵凸轮向正车方向换向,到达极端位置后,5.01 下方中间管输出换向完成油压信号,通过管接头 D4 使各缸换向联锁阀 53HI、53HK……受控,或门阀 115HC P1 口的空气信号通过或门阀 115HD 和换向联锁阀 53HI 泄放;从换向阀 5.02 供出的油有一路到运转方向联锁装置 6.01,因此时没有转向保护输出,故 6.01 输出油压信号到转向保护控制阀 53HB 的控制端,使其下位通,由于无空气信号到阀 115HC 的 P2 口,因此 115HC 无输出,115HA 的 P2 口泄压,为起动供油做好准备。

b. 空气分配器正车换向控制

从正车换向控制阀 49HD 输出的另一路 3 MPa 动力控制空气送至空气分配器换向气缸 2.22,使 2.22 的活塞右腔室气压增高(左腔室经阀 49HE 泄压),活塞左移;当活塞左移到正车位置后,如无起动限制信号,则起动限制电磁阀 129HA 不受控,工作在左位;起动时,阀 53HQ 工作在右位,动力控制空气经 2.22 活塞腔室的出气口、阀 129HA 左位和阀 53HQ 右位输出,使空气分配器换向联锁阀 212HA 受控;来自主起动阀的主起动空气经阀 212HA 左位进入空气分配器 2.01 后分为两路,一路使分配器的柱塞同空气分配器凸轮 2.02 相接触而投入工作,另一路为空气分配器去各缸气缸起动阀的输出口提供气源。

c. 主起动阀开启控制

起动控制电磁阀130HC有电,3 MPa动力控制空气经130HC使"机械/气动"双控于起动阀控制阀49HC受控工作在上位,等候的3 MPa动力控制空气经49HC到达主起动阀的控制阀2.05,使2.05受控工作在右位,主起动阀阀芯右部的空气泄放大气,阀芯在起动空气的作用下右移开启,等候在阀体内的3 MPa主起动空气通过主起动阀止回阀2.04,一路经阻焰器2.08到达气缸起动阀2.07及其控制阀134HA处等候,另一路经空气分配器换向联锁阀212HA到空气分配器。

如果此时某缸活塞处于起动位置,则动力空气就将通过空气分配器上与该缸对应的出口到达控制阀134HA,使其受控工作在上位,来自主起动阀的空气通过134HA打开气缸起动阀2.07,3 MPa的主起动空气进入气缸推动活塞使主机起动运转。

d. 油/气切换控制

当主机起动达到发火转速时,起动限制电磁阀129HA有电受控,切断空气分配器的控制空气,进而使134HA处于不受控状态,气缸起动阀停止工作,压缩空气起动停止,同时,遥控停车电磁阀126HC失电,停油伺服器6.04的停油空气通过或门阀115HB的P1口、115HA的P1口以及阀126CH和49HF泄放,解除停油联锁,同时,从阀49HC供出的3 MPa动力控制空气的一个支路到调速器升压联锁阀53HA,由于阀53HA的控制空气也经由49HF泄放而工作在左位,所以3 MPa的控制空气通过阀53HA到调速器起动升压器2.14使调速器快速供油,主机从空气运转过渡到发火运行。

C. 速度调节

起动成功后,将调速手柄推到车钟要求的油门刻度,主机遥控系统的调速单元将依据调速手柄所设定的转速信号,由遥控转速设定阀11HA按照最佳转速控制规律输出控制信号给PGA-200气动调速器1.03(遥控时,阀29C受控工作在右位),1.03输出转角位移信号,控制主机在车钟要求的转速下运行。

⑤集控室"慢转起动"

当主机停车超过30 min后,再次起动时应先慢转一周,以使主机的运动部件形成润滑油膜,也便于及早发现可能的故障。

主机进入慢转起动程序时,同正车起动基本相同,区别在于电磁阀129HA是用PWM(脉冲调制)信号控制亦即间断受控的,因而气缸起动阀也是间断打开的,故可实现主机慢转。待主机慢转1~2转后,阀129HA不受控,主机转入正常起动。

在集控室进行慢转控制时,需要按下集控台上的"慢转"按钮。在驾控方式下,慢转是在满足逻辑条件后自动进行的。

⑥集控室"停车"

主机的停车分为正常停车和应急停车两种情况。

正常停车是指通过车钟给出停车指令。当"起动/换向"手柄置于停车位置时,电磁阀126HC有电受控工作在下位,0.8 MPa的控制空气经126HC、115HA和115HB到达电磁阀38A-F,经过38A-F的左位使喷油泵的停油伺服器6.04动作,强行将进油阀打开,喷油泵停止供油,使主机停车。

应急停车是指在驾驶台或集控室按下应急停车按钮使主机停车。当按下应急停车按钮时，电磁阀 126HB 有电受控，工作在上位，0.8 MPa 的控制空气经过 126HB 和 115HB 到达电磁阀 38A-F，经过 38A-F 的左位使高压油泵的停油伺服器 6.04 动作，高压油泵停止供油，使主机停车。

另外，由于超速、滑油低压等原因实现故障停机保护时，安保系统将使安全保护断油电磁阀 38A-F 有电动作，安保控制空气直接经停油伺服器 6.04 内腔和电磁阀 38A-F 右位，进入 6.04 上部活塞下方，强行将进油阀打开，实现安保停车。

⑦集控室从"正车"到"倒车"的操纵控制

当主机在正车某转速下运行时，将"起动/换向"手柄由"正车"转换到"倒车"位置，电磁阀 126HC、130HC 和 130HE 获电受控。

停车电磁阀 126HC 有电，按前述停车过程实现主机停车。倒车换向电磁阀 130HE 有电，使阀 49HE 受控，3 MPa 的空气经阀 49HE 上位输出，一路送至喷油泵换向阀 5.02，使其工作在倒车位置，十字头滑油通过其倒车油路到达喷油泵凸轮，驱动凸轮换向到倒车位置；另一路送至空气分配器换向伺服器 2.22，使空气分配器实现换向而工作在倒车位置。

起动电磁阀 130HC 有电，当空气分配器和喷油泵凸轮换向完成后，其后的倒车起动、供油调速和停车过程同正车起动、供油调速和停车过程类似。

(5)机旁应急操纵

当主机遥控系统发生故障时，可在机旁进行应急操纵。在机旁应急操纵时，操纵系统中的所有电磁阀均处于失电状态。起动和换向操纵是由机旁"起动/换向"手柄 5.03 完成的，与 5.03 相连的传动轴上的控制凸轮直接压控双控二位三通阀 49HC、49HD 和 49HE；停机操纵是由机旁停车手柄 5.07 完成的；速度调节是由机旁燃油手柄 3.12 完成的。

现以机旁应急正车起动和停机操纵为例，来说明机旁操纵的操作程序。

①将机旁停车手柄 5.07 置于"RUN"位置。

②将机旁燃油手柄 3.12 置于起动所对应的油门刻度处。由于此时应急手柄 3.12 处于"EMERGENCY CONTROL"区域内，31HC 不受控，左位通，53HC 受控下位通，调速器与油门控制轴连接气缸 3.10 泄气，脱开连接，喷油泵的供油量调节由机旁燃油手柄 3.12 直接拉动燃油调节轴 3.09 来进行。

③将机旁"起动/换向"手柄 5.03 置于正车"RUN"位置，阀 49HD 受控，3 MPa 的动力控制空气经 49HD 上位分两路输出：一路到喷油泵凸轮换向阀 5.02，将换向滑阀向左推到极端位置（正车位置），十字头滑油进入喷油泵换向伺服器 5.01，控制喷油泵凸轮进行正车换向；另一路进入空气分配器换向气缸 2.22，控制空气分配器正车换向。5~7 s 后，喷油泵和空气分配器换向结束，将机旁"起动/换向"手柄 5.03 扳至正车"START"位置，阀 49HC、49HD 受控，空气分配器工作，主起动阀开启，主机进行压缩空气起动（此时为油气并进的起动过程）。

④主机在压缩空气作用下起动运转达到发火转速后，迅速将机旁"起动/换向"手

柄 5. 03 从正车“START”起动位置扳至正车“RUN”位置,使阀 49HC 不受控,但阀 49HD 继续受控,起动联锁阀 129HA 获电右位通,终止压缩空气起动过程,主机正车运转。

⑤主机起动成功进入正常运转后,通过操作机旁燃油手柄 3. 12 使主机在车钟要求的转速下运行。如果调速器正常可用,也可将机旁燃油手柄 3. 12 置于遥控位置,使连接空气缸 3. 10 有气接合,此时由于遥控/机旁转速信号输出阀 29C 不受控,工作在左位,故可使用机旁转速设定阀 15HA(1. 02)按车钟的要求来调节转速。

⑥如果需要在机旁停机,只要将机旁停车手柄 5. 07 扳至“STOP”位置,阀 49HF 受控上位通,控制空气经阀 49HF 上位、126HC 上位、115HA、115HB 和 38A-F 到停油伺服器 6. 04,断油停机。然后,将机旁“起动/换向”手柄 5. 03 扳至“RC”位置,燃油手柄 3. 12 置于起动所对应的油门刻度处,以便再次起动主机。如果完车,则应将“起动/换向”手柄 5. 03 扳至“RC”位置,机旁燃油手柄 3. 12 放于 0 刻度处或“REMOTE CONTROL”位置,以便下次机旁或遥控起动主机。如果使用机旁转速设定阀 15HA 控制转速,则应将该阀置于起动所对应的油门刻度处。

⑦倒车操作程序同正车操作相类似,只是要将机旁“起动/换向”手柄 5. 03 相应地推至倒车方向的“START”和“RUN”位置。

(6)联锁与安保控制

①盘车机联锁保护

如果盘车机未脱开,则盘车机联锁阀 38HA 受控左位通,截断去 E 阀组的动力控制气源,主机不能被起动。

②换向联锁保护

A. 空气分配器换向联锁保护

当 3 MPa 动力控制空气进入空气分配器换向气缸 2. 22 进行换向时,如果换向未完成,空气分配器换向气缸 2. 22 没有动力控制空气输出,换向联锁阀 212HA 不受控,工作在右位,起动空气进入空气分配器 2. 01 的通道被阻塞。此时即使主起动阀已打开,但气缸起动阀 2. 07 因空气分配器 2. 01 无输出、阀 134HA 不受控而不能开启,即空气分配器换向不到位不能起动主机,实现了空气分配器换向联锁保护。

B. 喷油泵换向联锁保护

当十字头滑油通过换向阀 5. 02 进入喷油泵凸轮换向伺服器 5. 01 进行换向时,如果某一缸的喷油泵凸轮换向未完成,液控二位三通阀 53HI、53HK……中就会有相应于该缸的那个阀的控制端因无液控信号而工作在下位,0. 8 MPa 控制空气就会经该阀的下位、115HD、115HC、115HA 和 115HB 使主机喷油泵 3. 02 的停油伺服器 6. 04 动作,进油阀打开,主机不能供油运转,即喷油泵换向不到位不能供油,实现了喷油泵换向联锁保护。

对于喷油泵的换向联锁,在应急情况下可以越控取消。此时,越控电磁阀 130HF 获电,上位通,越控控制空气使 49HH 工作在左位,则经阀 115HC 输出的 0. 8 MPa 的联锁信号被截止在 49HH 左位,而 115HA 的 P2 口泄放,停油伺服器 6. 04 复位,恢复供油,取消了喷油泵的换向联锁保护。

③错向联锁保护

错向运转保护是由主机运转方向联锁装置 6.01 来完成的。当主机错向运转(即车令转向与主机实际转向不一致)时,运转方向联锁装置 6.01 无液控信号输出,液控二位三通阀 53HB 不受控,工作在上位,0.8 MPa 控制空气经 53HB 上位、115HC、115HA 和 115HB 输出到停油伺服器 6.04,使主机不能供油运行,实现错向联锁保护。

运转方向联锁装置 6.01 输出的液控信号是换向阀 5.02 反馈出来的 1.0~1.2 MPa 压力的滑油。在主机正常运转及至停车状态时,运转方向联锁装置 6.01 一直保持有液控信号输出。当主机换向时,由于换向阀 5.02 反馈出来的压力油进入运转方向联锁装置 6.01 的进口改变,切断了液控信号的输出,只有待主机的实际转向与车令转向一致后,由凸轮轴传动齿轮带动装置 6.01 中的旋转阀(图 6-55 中未示出)向新转向方向转过一个角度,运转方向联锁装置 6.01 才会再输出液控信号。

错向运转联锁保护在应急情况下可以越控取消。此时,越控电磁阀 130HF 有电动作,使 49HH 工作在左位,则经 115HC 输出的 0.8 MPa 联锁信号被截止在 49HH 左位,而 115HA 的 P2 口泄放,停油伺服器 6.04 复位,恢复供油,取消了错向联锁保护。

④停车手柄与遥控操纵停车联锁和切换

在主机遥控操纵时,如机旁停车手柄 5.07 从"RUN"位扳至"STOP"位,49HF 受控,控制空气经 49HF 上位、126HC 上位、或门阀 115HA 和 115HB 使喷油泵停油伺服器 6.04 受控,主机断油停车。此外,控制空气经 9C 使 29D 受控,操作部位切换逻辑单元的控制空气经 29D 左位放大气,29B 不受控,工作在右位,PS5001C 压力开关释放,遥控操纵被切换为机旁应急操纵。

4. RT-flex 柴油机的操纵系统

RT-flex 型智能柴油机取消了凸轮轴、喷油泵、排气阀的高压驱动油泵以及空气分配器等部件,主机的起动和喷油、排气阀的开启与关闭均由电子控制系统(WECS-9500 或 WECS-9520)控制。由于工作机理不同,与前述的 DENIS-6 气动操纵系统相比,RT-flex 主机采用的 DENIS-9 操纵系统省去了更多的气动逻辑部件,使得气路大为简化,同时增加了伺服油共轨、燃油共轨和液压控制阀件等。现以 Sulzer RT-flex60C 柴油机操纵系统为例(如图 6-56 所示),简述 RT-flex 型智能柴油机的控制原理。

(1)系统阀组和阀件

①系统阀组

A	控制空气供气单元	F	排气阀驱动单元
B	燃油供应单元	H	仪表屏(板)
C	燃油喷射单元	I	压力开关、压力变送器
D	伺服油供油单元	K	机旁控制屏
E	用于起动的阀组		

②系统主要阀件

RT-flex60C 柴油机操纵系统的主要阀件如表 6-7 所示。

(2)控制介质及有关设备

①控制介质

控制介质为压缩空气和压力油,根据用途不同,后者又分为伺服油和控制油。

控制空气:0.65 MPa

起动空气:3 MPa

伺服油:10~20 MPa

控制油:20 MPa

主轴承和活塞冷却油:0.40~0.55 MPa

十字头轴承油:1.0~1.2 MPa

表 6-7　RT-flex60C 智能柴油机的操纵系统的阀件代号

1.	**转速设定系统**	3.43	执行器活塞
1.01	曲轴位置传感器单元	3.72-1、2	控制油油泵 1、2
1.04	测速探头	3.75	控制油共轨
2.	**起动系统**	3.76	燃油共轨阀
2.03	主起动阀	77-1、2;78	压力变送器
2.05	起动控制阀	4.	**排气阀驱动**
2.07	气缸起动阀	4.01	排气阀
3.	**燃油系统**	4.02	空气弹簧
3.01	喷油器	4.03	排气阀驱动装置
3.02	喷油控制单元	4.06	单向节流阀
3.03	油量传感器	4.08	空气弹簧排放管
3.04	中间蓄压器	4.10	排气阀执行机构
3.05	燃油共轨管	4.11	伺服油共轨管
3.06	燃油压力控制阀	4.15	伺服油泵
3.07	燃油应急切断阀	4.16	压力控制阀
3.08	燃油应急切断先导阀	4.20	自清滤器
3.14	共轨燃油泵	4.70-1	冲程(行程)传感器
3.15	燃油泵	4.70-2	冲程(行程)传感器
3.20	燃油泵拉杆	4.71	冲程(行程)测量装置
3.21	燃油泵执行器	4.72	排放阀
3.41	喷油控制阀	4.76	排气共轨阀
3.42	喷油量活塞	77-1、2	压力变送器

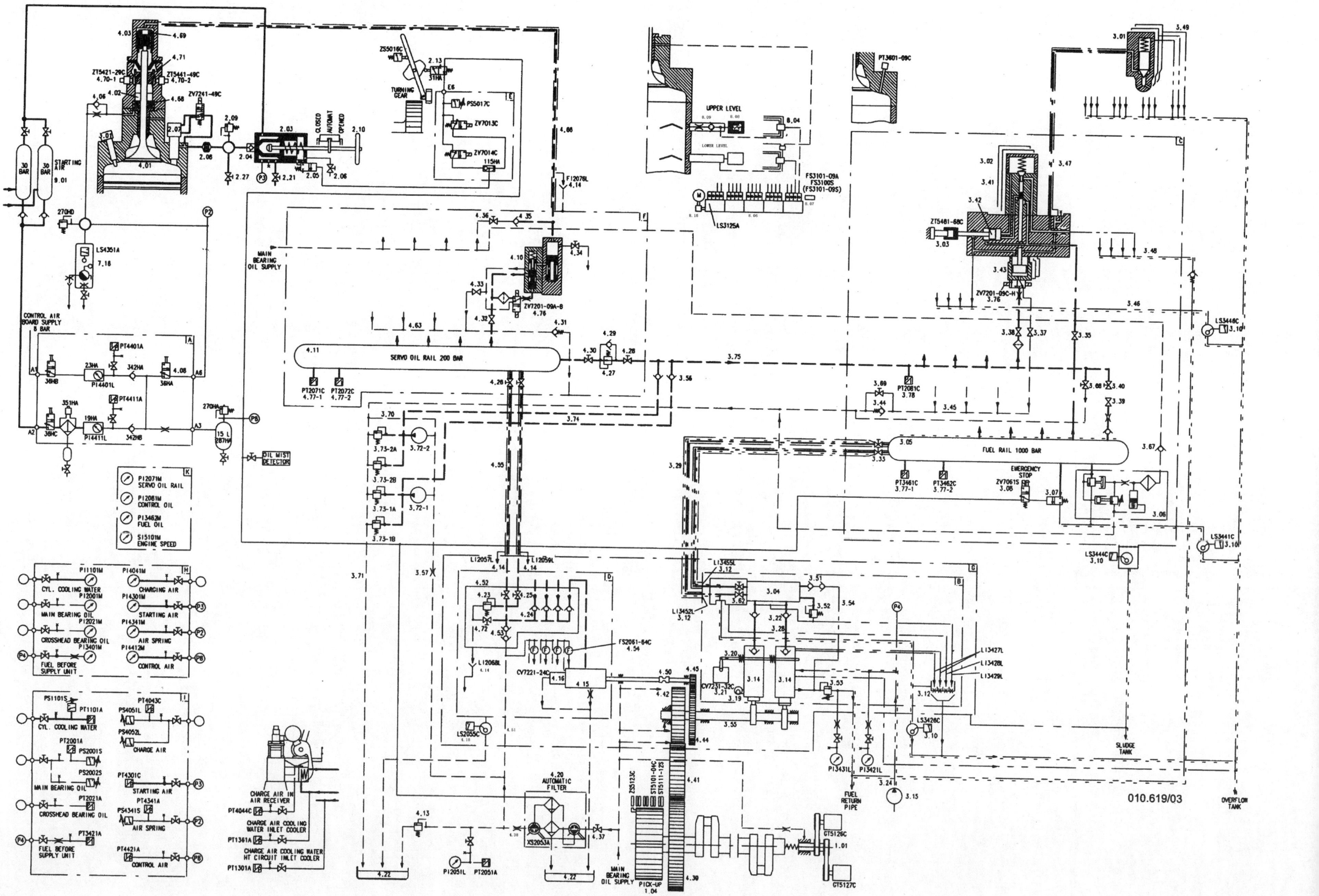

图 6-56 Sulzer RT-flex60C 柴油机操纵系统

②气源

由主空气瓶来的3 MPa压缩空气经减压阀减压至0.8 MPa的控制空气经过气源单元A的A1口输入后，经减压阀23HA减压至0.65 MPa，经单向阀342HA后分成两路，一路经手动截止阀36HA通过A6口去排气阀，作为空气弹簧空气；另一路经A3口输出到15 L的小气瓶287HA缓冲后又分为4路输出，分别送至起动控制回路(单元E)、油雾浓度探测器、自清滤器4.20和燃油应急切断先导阀3.08。

当来自A1口的控制空气由于故障无输出时，3 MPa的压缩空气经A2口后，由减压阀19HA减压至0.65 MPa，经单向阀342HB，提供备用控制空气。

③转速检测

系统采用若干个接近开关和一个测速探头1.04结合的方案，接近开关靠近飞轮安装。测速传感器分成三组，分别用于：主机遥控系统(RCS)、安保系统的超速(OVERSPEED)检测和电子调速器的转速检测。每组接近开关有三个感应式探头，两个用于转速测量和指示，另一个探头则和曲轴位置传感器一起用于确定第一缸活塞的上止点(TDC)。

曲轴位置传感器单元1.01共有两个探头(GT5126C和GT5127C)，通过皮带和主机曲轴相连。

(3)起动控制

备车时，打开主空气瓶顶部的出气阀，3 MPa的起动空气到主起动阀2.03阀腔内等待。脱开盘车机，则0.65 MPa的控制空气经盘车机联锁阀31HA右位和E6口，送至主起动电磁阀ZV7013C和备用电磁阀ZV7014C。有起动指令时，主起动电磁阀ZV7013C或备用电磁阀ZV7014C受控，控制空气经或门阀115HA去起动控制阀2.05，将主起动阀2.03打开。3 MPa的起动空气经主起动阀输出，顶开单向阀2.04后分为两路，一路到起动空气先导电磁阀ZV7241-49C，一路到各气缸起动阀2.07的下部空间等待。当电磁阀ZV7241-49C获电上位导通时，控制空气使气缸起动阀2.07开启，在其下部空间等待的起动空气进入气缸，起动主机。

先导电磁阀ZV7241-49C由计算机控制，可以实现精确的起动定时控制。它取代了传统的空气分配器和控制阀134HA(见前述DENIS-6操纵系统)的功能。

主机的换向控制也由电磁阀ZV7241-49C来完成。在需要换向时(例如由正车换倒车)，由WECS控制系统控制电磁阀ZV7241-49C按倒车定时和倒车发火顺序打开各缸的气缸起动阀，即可使主机倒车起动运转。

(4)排气阀驱动和空气弹簧

排气共轨阀ZV7201-09A(编号为4.76，每缸有一个)受计算机控制，主机每转过一圈，排气阀要开、闭一次，ZV7201-09A的两个电磁阀线圈分别要通电一次。当ZV7201-09A工作在下位时，来自伺服油共轨管4.11的伺服油(压力为20 MPa)进入排气阀执行机构4.10，在4.10输出的压力油作用下，通过排气阀驱动机构4.03打开排气阀4.01。当ZV7201-09A工作在上位时，在空气弹簧4.02作用下关闭排气阀。排气阀的位移通过冲程(行程)传感器4.70-1和4.70-2进行检测。

主轴承滑油经自清滤器4.20过滤后,由伺服油泵4.15升压至20 MPa送至伺服油共轨管4.11待用。

(5)燃油喷射

低压燃油经燃油泵3.15后进入共轨燃油泵3.14,共轨燃油泵3.14由主机曲轴经多级传动齿轮带动并受燃油泵执行器3.21的控制,燃油压力经中间共轨燃油泵3.14升压后达到100 MPa,再经中间蓄压器3.04后送至燃油总管(燃油共轨管)3.05。

和伺服油一样,控制油也来自主轴承滑油。过滤后的主轴承滑油经控制油油泵3.72-1和3.72-2升压后,送出压力为20 MPa的控制油。

燃油的喷射由喷油控制单元3.02来完成。在计算机控制下,共轨电磁阀ZV7201-09C(编号为3.76,每个缸有三个,每个电磁阀可以独立控制,也可以共同控制)受控工作在左位时,接通20 MPa控制油,在其作用下,推动执行器活塞3.43动作,打开喷油控制阀3.41,接通高压油路,将压力为100 MPa的燃油送至喷油器3.01(每个缸有三个)。当电磁阀ZV7201-09C受控工作在右位时,结束喷油。图中的传感器3.03通过检测喷油量活塞3.42的位移来获知燃油喷射量和喷油开始时刻的反馈信号并将信号送往WECS控制系统。

(6)安全保护控制

安全保护控制空气来自15 L气瓶(287HA)的输出,当出现故障自动停车(SHUT DOWN)和应急停车(EM STOP)的情况时,主机安保系统(如SSU 8810系统)发出信号使燃油应急切断先导阀3.08(ZV7061S)受控,进而使燃油应急切断阀3.07受控,燃油共轨管3.05中的高压燃油通过阀3.07泄放,共轨管的压力迅速下降,同时,来自计算机的电信号将燃油泵执行器3.21的位置设定为“0”。

(7)操纵位置

RT-flex型智能柴油机的操纵位置和传统操纵系统相同,操纵位置也有机旁、集控室和驾驶台三处。操纵位置的转换方法也和传统系统相似。

值得注意的是,机旁操纵也是经过WECS微机控制系统、由计算机处理和发送指令,通过相关的电磁阀和共轨系统予以实现的。换而言之,机旁、集控室和驾驶台操纵实际上都是“智能化”的,三者的区别主要是地点不同而已。因此,在系统投入运行之前,首先要在集控室接通WECS微机控制系统。

第七章

柴油机操作与应急处理

知识目标

1. 掌握主柴油机的备车、起动和机动操纵；掌握主柴油机运转中的管理、停车和完车操作。

2. 掌握发电柴油机起动程序、运转中的检查和管理、停车操作。

3. 掌握柴油机拉缸、敲缸、扫气箱着火、曲轴箱爆炸、烟囱冒火的现象和原因，熟悉预防和应急处理措施。了解柴油机封缸、停增压器运转及紧急刹车的操作和注意事项。

能力目标

1. 能够根据主柴油机和发电柴油机的操作程序对实船设备进行操作和管理。

2. 能够对主柴油机和发电柴油机常见故障进行分析判断并排除故障。

3. 船舶机舱发生较大事故时有应急反应能力和现场处理能力。

素质目标

1. 自觉践行社会主义核心价值观，具有深厚的爱国情感和中华民族自豪感。

2. 遵纪守法、诚实守信、敬畏生命、热爱劳动，具有社会责任感和社会参与意识。

3. 具有质量意识、环保意识、安全意识、集体意识和团队合作精神。

4. 具有健康的体魄、心理和健全的人格，养成良好的健身与卫生习惯和良好的行为习惯。

第一节　主柴油机操作

一、学习目标

1. 掌握主柴油机的备车过程、起动程序和机动操纵注意事项。
2. 掌握主柴油机运转中的管理。
3. 掌握主柴油机的停车和完车。

二、学习任务

1. 主柴油机的备车过程、起动程序和机动操纵注意事项。
2. 主柴油机运转中的管理。
3. 主柴油机的停车和完车。

三、环境设备

1. 二冲程或四冲程柴油机。
2. 自动化机舱。

四、背景知识

备车通常是指在开航前或机动航行前为保证船舶动力装置及相关设备处于随时可起动或改变运行状态的准备过程。备车完毕表明可随时执行驾驶台发出的用车指令。当船舶在特殊水域、特殊气象条件下以及过运河和关键航行设备发生故障时,根据船长或轮机长的指令也需要备车。

机动操纵是指船舶在开航后(至定速前)或抵达锚地和港口前(自接到驾驶台的通知和第一个车令后到完车)的各种操纵主机的过程。

备车和机动操纵是轮机技术管理工作中最重要的环节之一,它对柴油机动力装置的可靠性、经济性、维修性和使用寿命有直接影响。

五、开航前的备车

备车时间一般为 0.5~2 h。备车的目的是使船舶动力装置处于随时可起动或改变运转状态。备车工作主要包括:供电准备;校对时钟、车钟;校对舵机;暖机;各动力系统的准备;转车、冲车和试车。

1. 供电准备

备车时需要起动的大功率设备较多，如空压机、应急鼓风机、淡水泵、滑油泵等，因此，多数情况需要起动备用发电柴油机，然后并入船舶电网。

2. 暖机

暖机是指对柴油机冷却、润滑系统进行预热并开启冷却淡水泵、主滑油泵，对机体各部件加温，向各摩擦表面提供润滑油。暖机的目的是通过对柴油机各部件的预热，减小起动后由于温度突变而产生的热应力；改善起动性能和发火性能；减少气缸套的低温腐蚀。

暖机方式有：

(1)主机淡水系统：利用发电柴油机冷却系统中的淡水在主机淡水系统中循环(现代船舶多用)；在膨胀水箱或管路中安装蒸汽或电加热器对淡水系统进行加温。

(2)主机滑油系统：利用蒸汽管道直接加热主机滑油循环柜；利用滑油分油机进行分油加温，如主机在港时间短，可以不停滑油分油机。

3. 各动力系统的准备

(1)润滑系统的准备

检查滑油循环柜、涡轮机油柜、气缸油柜、艉轴承重力油柜、轴系中间轴承的油位和油质。起动滑油泵，调压至规定值，以便将滑油送到各摩擦面之间，使润滑油的杂质在开车前就有时间汇集到滤器中，减少起动及低速运转的摩擦和磨损。

柴油机在转车前应通过气缸注油器向气缸内注油，使气缸表面形成油膜，减少起动摩擦。采用油冷却的活塞，滑油泵起动后，要注意各缸回油及油温和温差。强制式涡轮增压器润滑系统要先起动涡轮机油泵，使油在增压器轴承中循环。

(2)冷却系统的准备

检查膨胀水箱水位和系统中各阀门的位置是否正常并起动淡水泵，让淡水在循环中驱逐系统中的气体，同时可进行暖机。对水冷却活塞需检查各缸冷却水量是否均匀和水柜水位。对独立冷却系统的喷油器，应起动喷油器冷却水泵，检查各缸回水情况是否正常，检查冷却水柜液位，必要时可对其加温预热。

(3)燃油系统的准备

检查轻油日用柜和重油日用柜的油温和油位，油位较低时应补油至规定油位并放残，重油柜需加温至规定温度。起动低压燃油泵，驱除系统中的空气，调至规定压力并使燃油在日用油柜和喷油泵间循环，对喷油泵预热。

(4)压缩空气系统的准备

按规定将所有空气瓶充气至规定压力并泄放气瓶内的残水和残油，打开空气瓶出口阀、主停气阀或使主起动阀处于“自动”位置。应将汽笛空气瓶充满并打开出口阀，以备随时使用。

4. 转车、冲车和试车

(1)转车

转车又称盘车。暖机后，确认示功阀在打开状态，利用盘车机带动主机转动几圈，其目的是检查各运动部件和轴系的回转情况及缸内有无大量积水。对于大型柴油机,要求正车和倒车转车 10~15 min,同时人工向气缸注油润滑,注油量适当加大,以便所有润滑表面都得到充分润滑。

(2)冲车

在转车确认正常后脱开盘车机,对柴油机只供气不供油,利用起动空气系统使主机转动。其目的是利用压缩空气将气缸内少量的杂质、残水和积油从示功阀中冲出,并检查起动系统工作是否正常。

冲车过程中,若有油或水等从示功阀中冲出,则应查明原因并排除后才能进行试车。冲车情况正常后,关闭示功阀。

(3)试车

试车时,先将车钟推至运转位置,待驾驶室回车令后进行主机正车(或倒车)起动,给油发火后在低速下运转数转后停车。然后换向,再进行倒车(或正车)起动,给油发火后低速运转数转后停车。因此,试车过程中对柴油机既供气又供油,以使其起动。

柴油机起动和换向过程中,应注意换向装置、起动装置、调速器及油量调节机构等动作是否灵活正常。检查各缸发火是否正常和运转中是否有异常声音。试车时若发现不正常情况,应及时查明原因并予以消除。对于直流扫气的二冲程柴油机,还应检查气阀机构等部件的动作是否正常。

值得注意的是,在转车、冲车、试车过程中必须按规定与驾驶台保持联系,而且都应在征得驾驶台同意和配合的情况下进行,驾驶台应有人值守,试车时运转时间切不可过长。试车检查一切正常后,应将车钟手柄放在停车位置,此时表明机电设备一切准备就绪,随时可用。此后机电设备应始终处在当值轮机员的监管之下,轮机员不应远离操纵台或集控室,应与驾驶台保持联系。如果主机采用驾控方式,要将遥控旋钮转至"驾控"位置并在驾驶台进行试车。

六、起动和机动操纵

船舶在进出港、靠离码头时运动状态变化比较频繁,必须保证船舶动力装置在船舶运动状态变化时,能够有效并安全运行。当值轮机员应严格准确地执行车令,正确操纵和管理主机。

1. 机动操纵时的操作

船舶主机转速控制微课

当机舱接到驾驶台机动操纵的指令时,轮机部立即备车并做好:

(1)主机若需要换油,应按规定的换油程序换油,避免油温突变损坏供油设备。传统船舶使用轻质燃油,以提高机动性和操纵可靠性。

(2)应保证供电,必要时增开发电机,满足高负荷和冲击负荷的需求。

(3)起动空气瓶、控制空气瓶应随时补足空气并保证汽笛用气。

(4)冷却水和滑油温度保持稳定,减少空冷器海水量。

(5)港内或浅水区航行时应换用高位海底阀,以防泥沙污物堵塞冷却系统。

(6)起动有油气并进和油气分进两种方式。油气并进缸内发火后切断起动空气;油气分进达到起动转速后切断起动空气。油气并进有利于起动。柴油机起动时应控制好油量,如给油过大会导致爆缸。柴油机加油门时应随油门格数增多而减慢加油速度。

机动操纵期间当值轮机员必须集中精力,使各运转设备的主要参数处在规定的范围之内,必要时进行适当调整。

2. 机动操纵时的安全事项

(1)主机起动操作时,应尽量做到一次起动成功,油门不能给得过大,防止柴油机发生冷爆损伤机件和增加不必要的磨损。

(2)在船舶起航和加速过程中,不应加速太快,以防柴油机热负荷、机械负荷过大。

(3)应快速越过转速禁区,防止柴油机发生剧烈振动。

(4)进行倒车操纵时,应控制好油门,避免主机超负荷。

3. 机动操纵管理

(1)机动操纵所设定的转速应当是机动操纵转速、港速或系泊试验转速。

(2)当值轮机员除处理紧急故障外,不得远离操纵台和离开集控室。

(3)轮机长应监督轮机员进行各种操作;监控各设备运行状态;及时与驾驶台取得联系;及时处理各种突发事件。

(4)机动操纵期间,船舶航行状态多变,要随时注意配电板各仪表显示的工作参数,注意观察和调节冷却水、滑油的温度和压力,保持空气瓶压力在允许范围,保持正常的扫气温度和压力和各缸排气温度值的变化和各主要设备的工作状态。

(5)机动航行时间不管多长,轮机长都必须始终监督机动操纵整个过程,直至机动操纵结束。

七、运转中的管理

船舶定速航行后,轮机管理人员应使柴油机及其他装置处于正常的技术状态。出现故障应在短时间内消除,恢复航行。在运转管理中,值班人员应集中精力,遵守操作规程,按要求进行巡回检查,使各种技术参数处在正常范围之内并做好值班和交接班工作。这样才能有效地保证动力装置及其附属设备工作可靠,使其处于最佳的运行状态。

柴油机稳定运转后,评价一台柴油机技术状态和运转性能的主要依据是燃料在气缸中的燃烧状况和各缸负荷分配的均匀程度,以及各零部件和系统的工作情况。为了保证柴油机及其装置始终处于正常技术状态,柴油机运转中应做好以下工作。

1. 航行值班的交接工作

交班前当值人员应做好运转设备的清洁工作,对运转设备做全面仔细的检查并将主要技术参数、本班所发生的问题及其处理方法和处理结果、轮机长的命令和专门指示、驾驶台的通知等记入轮机日志;将油舱、油柜的预热加温、驳运、净化分离,以及舱底水水位、污油水舱(柜)液位和防污设备的使用情况向接班人详细交代。

接班人员在进入机舱之前,首先应观察烟囱排烟颜色、舷外水的排出和海面情况。其次进入舵机间检查舵机及其附属设备,进入机舱后按最合理巡检路线检查各设备。最后查看轮机日志,听取交班人员的情况介绍。经接班人同意后,交班人员方可离开机舱。

2. 热力检查

热力检查的目的是检查和确定柴油机各缸燃烧情况及负荷分配的均匀程度,这是柴油机正常运转、可靠工作的必要保证,也是衡量柴油机运转性能和技术状态的主要内容之一。

热力检查主要是指热负荷和机械负荷的检查。热负荷检查的主要参数有柴油机冷却水温度、滑油温度和排气温度;机械负荷检查的主要参数有最高爆发压力、平均指示压力。热负荷可以通过直观方法检查。喷油泵、喷油器的工作状态可通过检查排气温度、观察排气颜色以及打开示功阀观看火焰喷射等方法来检查。机械负荷可以通过测取示功图来确定最高爆发压力、平均指示压力,依此分析、判断各缸负荷大小和分配情况。各缸平均指示压力是判断各缸负荷分配是否均匀的主要依据。测取 $p-V$ 示功图可计算出平均指示压力。另外,还可通过测取手拉示功图和手拉展开示功图来确定压缩压力、燃烧发火点、最高爆发压力和燃烧过程。

应注意喷油设备技术状态的变化,特别是喷油器性能不良常引起气缸燃烧恶化和各缸负荷分配不均。若某缸喷油器工作性能下降而欲维持柴油机原设定转速,则需要加大油门,这样必然将引起柴油机其他缸超负荷。

若发现燃烧不正常,应结合其他参数(如排气温度、冷却液温度等)综合分析。通常应首先检查喷油泵和喷油器,它们往往是引起不正常燃烧的根源。排气温度能大致反映出各缸燃烧情况和喷油设备的技术状态。各缸排气温度值要按说明书的要求限定,也可以参照试航报告在各负荷下所测得的数据与主机实际运行数据进行对比,找出排气温度异常的原因。各缸排气温度最大温差不应超过 15~20 ℃(或平均值的±5%),同时应检查各缸冷却水、活塞冷却液及废气涡轮增压器冷却水出口温度,将各缸冷却液出口温度与平均温度相比较,最大温差要小于 4~5 ℃。在柴油机状态良好的情况下,排气温度只能大致反映出各缸燃烧的状态及喷油设备的情况,了解负荷分配的大概状况。为了确认各缸负荷分配是否均匀,还应在适当时机测取各缸示功图,确定最高爆发压力和计算平均指示压力,分析和判断各缸负荷的大小和分配是否均匀。根据实测数值对各缸负荷做适当调节。为了保证热力检查准确可靠,应定期检查和校正各测试仪表。气阀、气口、进排气道、增压器等状态对气缸内工作过程也有很大影响,运行管理中应高度重视。增压空气的压力、温度和空冷器前后增压空气压差是判断柴油机燃油燃烧状况和排气温度异常升高的主要依据之一。许多船舶柴油机空冷器水侧、气侧脏堵(尤其是气侧)是引起排气温度升高及增压器喘振的主要因素。

影响最高爆发压力的因素很多,如喷油泵和喷油器的技术状态、压缩终点压力的大小、供油量的大小、喷油定时的早晚,等等。在柴油机喷油设备技术状态良好、燃烧质量符合要求、气缸密封性正常、进排气正常的情况下,若最高爆发压力偏离了正常值,基本上可从喷油定时和供油量两方面考虑。它们的关系是:①爆压偏高,而排温不高,则供油提前角过大;②爆压偏低,而排温偏高,则供油提前角过小;③爆压偏高,排温也偏高,则供油量过大;④爆压偏低,排温也偏低,则供油量过小。

为了更可靠地掌握柴油机的热力过程,最好在测示功图的同时进行油耗测定,作为衡量柴油机维护管理的依据之一。

3. 机械检查

机械检查的目的是保证柴油机各部件和系统均处于正常的技术状态。

看、听、摸、闻是管理者可采用的最直接又最简便的手段。优秀的轮机员通过人体的感觉器官就能判断出故障发生的苗头并及时排除,保证机械设备正常运行。不正常的运转声响可能来自零件的松动或系统的故障而导致机件受损。运转中应经常检查曲轴箱、气缸套底部和十字头导板等处是否有显著温差。异常温差往往反映出机器或系统内部存在问题。刺激性气味表明机械设备温度异常升高或滑油变质。运行中应经常边巡检边触摸机器外部机件,从温差、振动、频率等方面判断设备工作是否正常。若发现某运动机件运行不正常,应检查油、水系统的压力是否正常,系统有无泄漏之处。应注意气缸盖与气缸套结合处、喷油器四周和附设在气缸盖上的各阀件有无漏气。少量漏气旋紧螺母即可消除,若继续漏气,在未查明原因前,不得盲目旋紧螺母。

为了确保机器各部件处于正常的技术状态,除加强日常维护管理外,在航行中应加强各主要系统的管理。

(1)冷却系统的管理

巡回检查时,应注意主柴油机膨胀水柜、喷油器冷却水柜液位变化并注意水量的消耗,如发现水位上升或下降必须查明原因并及时排除故障。各缸冷却水出口温度应符合说明书规定,温差应符合要求,而且各缸应基本一致。如出现异常,应结合排气温度、喷油设备及增压系统的技术状态进行分析。水温调节应符合柴油机说明书的要求,水温过低不仅使柴油机热效率下降,增加低温腐蚀,而且受热部件因内外温差过大而产生热应力会导致裂纹故障发生。水温过高则橡胶阻水圈易老化、损坏甚至碳化,发生水腔漏泄,同时冷却水腔可能形成冷却水汽化,使冷却效果下降。

导致水温过低的原因:总体水温都低是因柴油机负荷太低或冷却水阀自动控制失灵;个别缸水温低可能是燃烧系统故障、负荷太低或操作失误等原因造成的。

导致水温过高的原因:总体水温都高是因柴油机超负荷工作或冷却水压力低、水量不足或冷却水阀自动控制失灵;个别缸水温高可能是单缸超负荷或燃烧不良,活塞润滑不良而产生干摩擦,也可能是操作失误等。

若某缸冷却水温度和排气温度都有相应的变化,而喷油设备和燃烧情况正常,则说明该缸超负荷或负荷过低。如某一缸由于冷却水量供应不足或中断供应而引起过热时,首先应降速运行并切断该缸燃油,缓慢增加冷却水量。绝不可骤然增加水量,以免气缸碎裂。

若活塞断水引起过热,切勿增加气缸冷却水,以避免活塞被咬住。应降速运行,待该缸过热情况好转后再恢复正常运行。

在潮湿的海域中航行时,应减少空气冷却器的冷却水量以防止扫气箱中出现大量凝水。空冷器出口的扫气温度不得低于 25 ℃,不得高于 45 ℃。系统中的自动调湿器应始终保持正常状态。各冷却器海水出口温度不应超过 45~50 ℃,以避免析盐结垢。

冷却水应按规定做好投药处理和化验。一般每周化验一次水质,按规定的标准对冷却水投药处理,必要时需化验淡水舱水质,分析冷却水质变化的原因。

(2)滑油系统的管理

滑油循环泵的出口压力、进出机温度、循环柜油位应保持正常。大型低速柴油机主滑油循环泵出口压力一般为 0.15~0.40 MPa。滑油冷却器前温度为 50~55 ℃,不得超过 60 ℃,冷却器前后温差为 10~15 ℃,中高速柴油机滑油压力与温度值均稍高些。

应定期检查循环油柜的油位、油冷却活塞的回油是否稳定以及油泵与滤器前后压差的变化。若油位降低过快,则表明有漏泄处;若油位反而升高,则表明有水或燃油漏入曲轴箱,应减速或停车检查并加以消除。

如果滤器前后压差过大,则表明滤器被脏物堵塞,应立即将管路旁通使滤器与管路脱离,以便进行清洗。清洗后将油充满,放掉空气,重新接入系统中恢复工作。如果滤器前后压差过小,则可能是由于滤网破损,应立即修理或直接换新。

还应检查气缸注油器和各注油点的工作情况,各处注油量、油温应正常。油量不足、中断或油温太高都可能导致活塞烧熔、拉缸、咬缸、轴承过热等现象发生。当发现注油量很小或中断时,应立即减速或停车并设法消除。注意查看气缸注油器接头是否有漏油现象。

导致滑油温度过高的原因有:滑油供量不足或中断;机件配合间隙太小;滑油本身冷却效果不佳或油温调节阀失灵;柴油机长时间超负荷工作;活塞环漏气燃气下窜等。

过滤和分离净化是滑油净化最有效的方法。应加强分油净化,保证滑油质量,每 3~4 个月定期取样化验,必要时全部滑油集中处理或更换。滑油的处理和更换可采用驳入污油柜加温沉淀、一次性分离处理、连续分离处理等方法。

应定期检查轴系中各轴承的温度和油位,对人工注油的进、排气阀阀杆应按时注油。排气阀杆应使用柴油(30%)与滑油(70%)的混合油润滑,以减轻结炭。对不采取压力循环润滑的各活动部件的油杯和加油孔也应按时加油。

(3)燃油系统的管理

应注意各燃油舱合理使用,保持船舶的平衡;注意燃油的加温、驳运、沉淀、净化、储存和计量,沉淀柜应驳满,沉淀至规定的时间后方能经分油机净化并驳至日用油柜;还应注意检查沉淀柜、日用柜油位和油温,按时放残水。

应定期清洗燃油滤器,清洗后要充满燃油并将空气排出。船舶在大风浪中航行时由于船舶摇摆,沉淀的脏物重新被搅起,燃油滤器容易被堵塞,故应特别注意燃油滤器前后的压差。当压差过大时,应更换滤器或清洗。

注意检查喷油泵、喷油器工作状态和高压油管脉动情况。综合考虑泵体发热、油管脉动及排温变化等情况,分析喷油泵和喷油器的工作状态。若高压油管脉动强烈同时油泵泵体和油管发热,而且排烟温度降低并伴随主机转速下降,则表明喷油器的喷孔堵塞或针阀卡死在关闭位置;若高压油管脉动微弱,而且排气温度和燃烧压力均较低,则可能是由于喷油泵密封不良而供油太少引起;若高压油管脉动虽微弱,但排气温度增高,则可能是喷油器针阀与阀座密封性不良、弹簧断裂或针阀在开启位置咬死所造成,这时应进一步检查针阀的跳动情况;如果高压油管无脉动、气缸不发火、排气温度很低,则可能是由于喷油泵柱塞在最高位置咬死所致。

燃油进入喷油泵进口前的运动黏度必须符合雾化和燃烧质量的要求。低速机一般为 12~25 mm^2/s (或 2.1~3.1 °E),中速机黏度上限不超过 20 mm^2/s。工作中应根据油品的黏温特性图正确选择加热温度。运行中可用人工调节或用黏度计自动调节蒸汽量来控制雾化加热器的温度,从而保证燃油达到要求的进机黏度值。

(4)排气系统的管理

排气温度能反映气缸热负荷情况。因此,正确调整喷油定时和供油量,使各缸负荷均匀,是柴油机可靠而经济地运行的重要条件。

排气温度过高的原因主要有:喷油定时过晚,后燃严重;燃油雾化质量差,滞燃期过长;排气阀开得过早或漏气;中冷器堵塞,扫气压力低;供油量太多;柴油机超负荷;柴油机在低转速大负荷下运行。

排温过低的原因主要有:喷油定时太早;喷油泵漏泄、喷油器油孔堵塞、弹簧断裂等故障,导致供油不足;柴油机负荷太低。

(5)增压系统的管理

运行中应检查增压器的运转是否平稳,有无异响;检查油柜的油位变化和油质情况;还应检查增压器的转速、增压压力、压差计的读数是否正常以及润滑和冷却情况。定期清洗压气机和废气通道,防止喘振发生。

主机增压器的润滑分为强制循环润滑系统和自带油泵润滑系统两种。其中强制循环润滑系统又包括独立的滑油系统和滑油来自主机滑油系统的润滑系统两种,检查时应注意其油柜的油位、循环油泵的运行情况、滤器前后的压差、观察镜中油流的情况以及滑油的压力和温度,并注意油质的检验与更换。对于自带油泵式涡轮增压器,其滑油存在于轴承箱油池内,由自带泵供油润滑,运行中要经常注意油位、油质和油泵排出管的射流情况,应及时加油,滑油变质时要及时更换。

空气冷却器水腔和气腔通道都很小,很容易堵塞。尤其是气腔,经常会因空气滤器效果欠佳而在管壁上附着一层油膜,一些类似棉线的物质极易黏着,影响冷却效果,使空气流量下降,导致燃烧恶化。化学剂冲洗与浸泡对解决空冷器脏堵是行之有效的。

空气通道脏堵的征兆:经过空冷器的空气温差减小,压差升高;扫气温度升高;排气温度升高。水腔堵塞则冷却液流量减小,除会使海水温度升高外,也同样会产生上述现象。因此当出现上述现象时,轻者用清水和清洗剂交替喷射方法冲洗(按说明书的操作程序),严重者必须解体清洗。

涡轮增压器污染较轻时,可按说明书要求定期水洗和“干洗”,但这样不能将严重污染的增压器洗净,因而不能代替增压器定期解体清洗。现在已有在清洗压气机时将水和特制的洗净液交替使用的方法,此法能除去空冷器中只用水难以去除的污染物。

废气涡轮水洗时柴油机一定要降负荷运行。为保证主机负荷稳定,现已研制出在全负荷时也能清洗的药剂并已经投入使用。

八、停车和完车

1. 到港前的准备

(1)到港前应确定主机是否需要换轻油。

现代船舶主机燃油系统及燃油喷射系统的设计一般都允许主机在使用重油状态下停车。船舶到港时一般在下列情况下需要换轻油:

停机后需要进行燃油系统和喷油设备检修;船舶需进坞修理;锅炉需要修理或燃油加热(或伴热)系统故障;停车时间过长,如不换油得不偿失时;当地环保法规要求使用低硫燃油时。

正常换油操作一般应在机动用车前 1 h 进行。如果不需要换油,应保证燃油加热或伴热系统正常工作,此时可适当提高循环燃油的黏度。

(2)到港前应进行主机换向操作试验,以确定起动系统和换向机构工作正常。

(3)机动操作前放掉起动空气和控制空气系统凝水。

(4)主机如果带有轴带发电机,到港前应从电网解除轴带发电机并与主机脱开。

2. 完车后的操作

当船舶进入停泊状态后,当值轮机员接到驾驶台"完车"指令时,表明主机不再用车,应按"完车"程序做好如下工作:

(1)停掉主机的辅助鼓风机。

(2)关闭起动空气系统的主停气阀、主起动阀和空气瓶出口阀并将空气瓶补气至规定压力。

(3)打开各缸示功阀,合上盘车机,盘车 15~30 min,驱动气缸注油器向气缸表面注油。

(4)关闭控制和安全空气系统并泄放系统中的空气。

(5)关闭主海水泵进、出口阀及冷却器进口阀。

(6)停燃油输送泵,关闭进、出口阀及日用柜出口阀。如使用重油停车,应保持燃油循环泵继续运行并对燃油进行加热保温,温度可低于正常使用温度 20 ℃,维持 30 mm^2/s 的黏度。如使用轻油停车,可停止燃油循环泵的运行。

(7)打开扫气箱和涡轮增压器涡轮机侧的放残旋塞。用防尘罩将压气机消音器滤网盖好,以防灰尘积存。

(8)主滑油泵、淡水泵继续运转 30 min,充分带走运动表面的热量并使机体各部件均匀散热,避免因应力过大而发生故障,同时可以避免活塞头结炭。待降温后再停泵,关闭进、出口阀。喷油器冷却水泵也应运转一段时间后关闭。

(9)采用发电柴油机循环冷却水暖机的主机,应在水温未降下来之前及时换接发电柴油机淡水管系,使主机与发电柴油机淡水组成循环回路对主机暖机。

(10)确认主机和其他设备正常后,航行班结束,轮机员应按规定开始轮值锚泊班或靠泊班。

如需长期停车,应定期转车,寒冷天气要注意防冻。

九、停车期间的日常检查

1. 油流检查

在停车后滑油没冷却、滑油泵没停的情况下,打开曲轴箱道门,检查滑油是否正常从各十字头轴承、曲柄销轴承、主轴承流出。检查滑油是否从链传动装置的轴承、喷管、喷嘴正常流出。通过活塞冷却油出口观察镜查看冷却油的供应情况。检查推力轴承和凸轮轴的滑油供应情况。

2. 油底壳和轴承间隙的检查

检查油底壳内是否有轴承合金碎片;用厚薄规检查十字头轴承、曲柄销轴承、主轴承以及推力轴承等各轴承的间隙。

3. 滑油系统滤器检查

打开滤器检查滤芯是否有损坏及滤器内是否有外来物,特别是金属碎屑。外来物表示柴油机内某处发生了故障。

4. 扫气口检查

通过扫气口检查活塞环、气缸套、活塞和活塞杆的状态,如图 7-1 所示。在扫气口检查期间柴油机应保持冷却水和冷却油流通,以查看是否有泄漏。清除扫气口和扫气箱的积碳和淤泥。

图 7-1　扫气口检查

5. 排气管检查(按照要求,如果认为有必要或发现异常情况)

打开排气管,检查堆积物和金属碎块,如有金属碎块,则表明可能有故障发生,应及时查明原因;检查废气进入涡轮的格栅是否脏堵和损坏,若有,应及时查明原因并修复或更换。

6. 曲轴检查

测量曲轴臂距差。

7. 润滑油质检查

取滑油油样,送到实验室化验分析。

8. 增压器检查

打开增压器壳体下部以及上部烟道泄水管上的泄放阀,防止雨水汇集腐蚀烟道,同时防止雨水冲掉涡轮部分积碳而造成转子转动不平衡;打开涡轮侧的检查盖(如安装)或废气进气管,检查涡轮叶片和喷嘴上的积碳情况。

9. 控制系统

检查系统的灵活性;脱开调速器与油门拉杆的连接,用手活动油门拉杆,检查活动是否正常;定期润滑系统轴承和拉杆连接部位。

十、MAN 6L28/32A 主柴油机安全操作规程

1. 油、水、气、电系统的检查、准备

(1)检查燃油、冷却水、压缩空气等各系统旋塞和阀是否处于正常工作位置。

(2)检查燃、滑油及调速器、齿轮箱、空压机油位以及高位膨胀水箱水位正常。

(3)主机滑油预润滑油泵起动箱通电,控制模式转至自动,预润滑油泵起动,向柴油机系统供滑油,检查表压力为0.06~0.08 MPa。

(4)检查燃油单元各泵及阀门开关状态,将燃油单元转至自动模式,按下起动按钮,系统将自动起动燃油供给泵及燃油循环泵。如转至手动模式,需手动起动燃油供给泵及燃油循环泵,燃油供给泵表压力为0.35~0.4 MPa,燃油循环泵表压力为0.75~1.0 MPa。

(5)起动1台主海水泵(外循环冷却水泵)向中央冷却器供水,调节压力使表压为0.2~0.3 MPa。

(6)起动1台水力测功器供水泵(电动变频泵)向水力测功器供水,调节压力使表压为0.05~0.15 MPa。

(7)起动1台低温淡水泵(内循环冷却水泵)向柴油机低温淡水系统及齿轮箱冷却器供水,调节压力使表压为0.2~0.3 MPa。

(8)起动缸套冷却水泵(高温水泵)向柴油机高温淡水系统供水,调节压力使表压为0.2~0.3 MPa。

(9)两台空压机1主1备,起动空压机(空压机在1.7~2.9 MPa区间自动起停),空气瓶进行充分放残并起动空气干燥器。

(10)调整盘车装置使棘爪同飞轮盘车齿圈啮合,使用盘车杆盘车2~3转,无异常后,脱开盘车装置使棘爪同飞轮盘车齿圈分离,检查盘车联锁状态。

(11)检查确认主机排烟管上电动阀门处于打开状态,两台发电机组排烟管上的电动阀门处于关闭状态(两台发电机组处于停机状态)。

(12)检查油门调节杆位于“停车”位置时,各喷油泵的齿条刻度均应在“0”供油刻度。

(13)检查齿轮箱处于脱排状态。

注:如冬天气温较低,起动柴油机之前需要对柴油机进行暖机操作:①开关柴油机预热管路阀门,起动柴油机冷却水预热加热器或者通过1号发电柴油机缸套水通过冷却系统对主柴油机进行暖机;②起动滑油分油机对滑油循环柜内滑油进行净化处理,同时进行加热,然后起动滑油预供泵通过滑油系统对柴油机进行暖机。

2. 机旁起动操作与正车、倒车操作

(1)检查起动空气压力至2.0 MPa以上,确认柴油机操作位置转至“机旁”,检查起动联锁,“备车完毕”指示灯亮。

(2)打开示功阀,按下紧急停机按钮,转动控制面板上的旋钮至“起动”后随即松开,让柴油机转动几圈,检查气缸内是否聚集油液,冲车后关闭示功阀,松开紧急停机按钮并在操作面板上复位报警信号。

(3)按住操作面板上“起动”旋钮直至柴油机发火起动成功,柴油机起动至怠速(约500 r/min)运转约10 min。

(4)柴油机起动后再次检查油底壳、调速器滑油液位;检查燃油、滑油、冷却水、压缩空气各系统管路及阀门有无泄漏。

(5)检查各运转参数是否正常,主要包括如下检查:

高温淡水进机压力、出机温度;低温淡水空冷器进口压力、温度;滤器前滑油压力、温度;滑油进机压力;滑油进涡轮机压力;燃油进机压力、温度;空冷器出口增压空气压力、温度;各缸排烟温度;涡轮机前后排烟温度;柴油机转速;涡轮机转速;起动空气压力。

(6)检查齿轮箱运转参数如滑油压力及温度是否正常;检查水力测功器排水阀处于全开状态。

(7)正车、倒车操作

整个轴系设备运行正常后,集控室操纵台上可进行正车、倒车模拟操作,正车、倒车手柄位置对应的转速、功率、扭矩、负荷如表7-1所示。

表 7-1　手柄位置对应的转速、功率、扭矩、负荷

手柄位置	转速/(r/min)	功率/kW	扭矩/kN·m	负荷/%	备注
进四	775	735	9.06	50	
进三	719	588	7.81	40	
进二	654	441	6.44	30	
进一	519	221	4.06	15	
空车	500	0	0	0	
倒一	519	221	4.06	15	
倒二	615	368	5.71	25	
倒三	688	515	7.14	35	

4. 运行管理

运转中每隔 0.5 h 检查温度、压力、烟色、燃烧、噪声等状况，通过机旁柴油机控制屏或集控室操纵台中监控系统进行参数监控，凡有不正常处均应停车或不停车消除之。

主要检查项目包括操作前准备中油、水、气、电系统的检查以及设备起动后各运转参数的检查，每班填写柴油机运行日志。

5. 完车操作

(1)停车前将柴油机负荷卸掉，此时水力测功器进水阀关闭，全开排水阀，柴油机在怠速状态下运行 5~10 min 后，机旁操作模式通过机旁“停止”旋钮或者遥控模式通过遥控操作面板“停车”按钮进行停机。

(2)停掉水力测功器供水泵。

(3)海水泵、淡水泵继续运转 20 min 后停泵。

(4)滑油预供泵继续运行 20 min 后停泵。

(5)手动盘车 2~3 转，确认无异常后，关闭所需关闭的阀及旋塞，断电。

(6)紧急情况下的停车操作：

①在集控室，当情况紧急时，可立即按下遥控操作面板“紧急停车”按钮进行停车。

②在机旁，当情况紧急时，可立即按下本地操作面板“紧急停机”按钮进行停车。

③紧急停车后，应对柴油机的故障部位认真仔细检查，并在排除故障之后且确有把握之时，才可按正常情况下的起动操作程序进行起动。

第二节　发电柴油机操作

一、学习目标

1. 掌握发电柴油机起动程序。
2. 掌握发电柴油机运转中的检查和管理。

3. 掌握发电柴油机的停车。

二、学习任务

1. 发电柴油机起动前准备工作和起动程序。
2. 发电柴油机运转中的检查和管理。
3. 发电柴油机的停车。

三、环境设备

1. 发电柴油机。
2. 自动化机舱。

四、背景知识

发电柴油机和主机一样重要。如果没有发电柴油机的正常供电,船舶所有动力装置就无法正常运行,船舶就会处于瘫船状态。通常每艘船舶配备两到三台发电柴油机,锚泊和航行中一般使用一台,船舶在靠离码头、狭窄航道航行或准备使用大功率设备时,需要起动第二台发电柴油机。

五、起动前的准备

1. 检查冷却水系统

检查膨胀水柜的水位,不足则应补足。

检查发电柴油机淡水泵的情况。如每机配置独立式水泵,应起动并调好压力。

检查发电柴油机海水泵的运行情况,以及其进、出口阀是否已开启。

淡水冷却器和滑油冷却器的海水进、出口阀应暂时关闭,待柴油机运行后,油、水温度升高时再开启和调节。

2. 检查燃油系统

检查轻油日用柜的油位,不足则起动分油机补充并放残。检查出口阀是否已开启(常开)。

检查燃油沉淀柜油位,不足应补充,加热并保持沉淀柜处于 50~60 ℃,放残。起动燃油分油机往日用柜分油,加热并保持日用柜处于 70~80 ℃,放残。

起动燃油低压输送泵,调整喷油泵前的压力,使之符合说明书要求。集油柜、雾化加热器适当加热,以使整个燃油系统保持一定的温度,防止柴油机运转时系统温度突变,造成喷油泵、喷油器偶件卡死。

检查燃油滤器前后压差,根据需要清洗滤器。

3. 检查滑油系统

检查循环柜(或油底壳)、摇臂注油箱、气缸注油器(并非每种机型都有)、调速器、增压器和发电机轴承的油位与油质,应确保油位在规定范围内。

向所有的手动注油部位加油。

4. 检查压缩空气系统

检查空气瓶压力是否正常,注意放残水。

打开空气瓶至发电柴油机的压缩空气截止阀。

六、起动操作

柴油机安装后初次起动以及柴油机拆卸检修后、长时间停止后再次起动时,除日常的检查准备以外,还须对以下事项充分检查:确认曲轴箱内无零部件、工具等遗留物;检查柴油机零部件是否齐全完整;油、水、气管路连接是否正确、牢固;机座固定及输出端连接是否牢固;飞轮等旋转运动部位附近不得有杂物。

一切检查正常后,按以下步骤起动发电柴油机:

1. 盘车

用手摇滑油泵泵油或起动电动预供油泵,使系统滑油压力达到 0.15~0.20 MPa。将盘车杆的前端插入飞轮中进行盘车,通常按柴油机正车方向旋转,盘车一到两圈,检查各运动部件和轴系是否转动灵活。盘车结束后必须让盘车手柄归位并插入联锁销。

2. 冲车

在转车确认正常后脱开盘车机,油门置零位。打开机旁的起动空气截止阀,按下起动手柄,用压缩空气驱除气缸内的积油、积水和积碳。冲车后立即松开或将起动手柄拉回至停车位。

在冲车时,若发现气缸内吹出大量的水雾,则应特别注意仔细检查水的来源,切不可忽视。冲车时还要注意观察气缸起动阀、空气分配器的工作是否正常,涡轮增压器的转子是否灵活。

3. 起动

关闭各缸示功阀。将油门置于起动位,按下起动手柄,当听到气缸发火声音时,松开起动手柄或置于运转位置(根据机型操纵方式)并关闭起动空气截止阀。

起动成功后,注意观察转速、滑油、燃油、扫气压力及冷却水压力和温度等参数指标。若发现不正常,应停车查明原因,排除故障。

4. 调速

调节油门先使柴油机在低速下运行一段时间。若柴油机已在起动前有暖机措施(如两台发电柴油机冷却水连通),应使其运行 10~15 min 后逐渐加速至空载额定转速。若无暖机措施,则应等待滑油和冷却水的温度升高到 35~40 ℃时,再调整至空载额定转速。

七、运行管理

为了保证柴油机及其装置处于正常工作状态,轮机人员在值班时应定期进行巡回检查并按规定时间将装置的各种技术参数记入轮机日志中。在交接班时,也应按巡回路线进行周密的检查。下列项目对发电柴油机尤为重要:

1. 冷却系统的管理及参数调整

(1)检查膨胀水柜

检查水位是否在规定范围内,不足则应补充淡水。

检查水量消耗是否正常。若发现水位下降速度超过正常值,必须立即查明冷却水泄漏的原因并予以消除。

检查水柜的透气管中是否有气泡逸出来,气体是否有烟气味。检查气缸盖的冷却回水视流器中有无气泡,如气味不正且气泡过多,表明气缸盖或气缸套可能有裂纹,应立即查找原因,采取措施。当水中夹杂气泡过多时,缸套水泵的压力表指针也会产生较大波动。

(2)检查和调整缸套水温度

检查各缸的缸套水温度是否在正常值之内。在正常情况下,冷却水温应该稳定,不应忽高忽低。冷却水温度过低不但使柴油机的热效率降低,还使气缸套内外温差增大,热应力增加,容易引起气缸裂纹。冷却水温度太高,则气缸橡皮阻水圈容易因受热而损坏,造成缸套漏水。

当某缸由于冷却水量不足而过热时,应首先停油,再慢慢地增加冷却水量,这样就可使过热情况好转。如果过热是由于缸套冷却水中断,则应减速运行并切断该缸燃油,绝不可以骤然加入冷水;否则,气缸会碎裂。

检查各缸的缸套水进出口温差是否控制在正常范围之内。冷却水温差过大或过小,则可能会造成冷却过度或不足。

要经常用手触摸各缸体和缸盖表面的温度是否正常。此方法可用来判断个别气缸是否因冷却水流动不畅而温度计又失灵,导致机器过热的情况。

用发电柴油机淡水冷却器的淡水或海水旁通阀来调节水温。当水温过高时应关小淡水或海水旁通阀,增加淡水或海水进入冷却器的流量来降低水温;反之亦然。一般淡水冷却的发电柴油机淡水出机温度是60~80 ℃;海水冷却发电柴油机缸套的海水出机温度应是40~50 ℃,最高不得超过55 ℃,以防止盐分析出。

(3)检查和调整缸套水压力

检查各管系及阀门连接处是否有漏泄。检查缸套水压力表读数是否正常,通常其压力应高于海水压力。若压力过高或过低,可通过发电柴油机淡水泵出口阀来调节。缸套水压力应按说明书的规定调整,不宜过高或过低。

(4)检查发电柴油机海水泵的工作情况

检查发电柴油机海水泵工作是否正常,轴封是否漏水过多,海水压力是否正常。海水压力应略低于发电柴油机冷却淡水的压力。

2. 滑油系统的管理及参数调整

(1)检查滑油循环柜(或油底壳)

检查油位是否在规定的范围之内,若不足应补充,但也不能超出上限。

检查油位是否有不正常升高或降低现象。循环柜油位下降很快,一般是由于滑油系统有漏泄或活塞的刮油环装反或失效,滑油进入气缸内烧掉或从滑油冷却器漏入海水中。此时,应结合排烟是否发蓝、滑油冷却器出口海水是否有油花来分析判断。循环柜油位上升的原因主要是冷却水漏入或燃油漏入,应结合膨胀水柜的水量消耗来判断,查明原因并加以消除。

(2)检查和调整滑油压力

检查滑油压力是否在规定的范围之内,滑油压力调整可通过滑油泵上的调压阀来调节,必须按照说明书的规定压力进行调节。滑油压力偏低时,在调整之前应首先查明是什么原因导致,若是滑油漏泄引起,则应尽快找出漏泄之处。滑油进机压力一般为0.15~0.40 MPa,且高于海水压力。

检查滑油过滤器前后压差是否正常。若超过 0.04 MPa,则应转换和清洗过滤器。对于刮片式滑油滤器则应每班旋转刮油一次。滑油滤器应定期清洗,清洗时要特别注意检查有无白合金碎屑,安装后要将油充满并放尽空气。如果滤器前后的压力都下降,要特别注意是否有燃油或水漏入滑油中。

(3)检查和调整滑油温度

检查发电柴油机滑油循环系统的油温是否正常,冷却器前的滑油温度为55~60 ℃,一般不超过65 ℃,冷却器后的油温为45~50 ℃或按照说明书规定执行。滑油温度可通过滑油冷却器的滑油旁通阀来调节,开大旁通阀则油温升高;反之则降低。也可通过滑油冷却器的海水调节阀来控制温度,增大冷却水量则油温下降;反之则升高。

检查滑油温度是否异常升高,若有,应尽快查明原因并消除。若滑油冷却器冷却效果不佳,则应在停机后清洗冷却器。此外,活塞环失效或磨损过度造成窜油、发电柴油机超负荷运行等都会造成滑油温度不正常升高。

(4)检查发电机两端的轴承油位是否正常,不足则应补充。调速器的油位要保持在指示玻璃管(镜)高度的1/2处。

3. 燃油系统的管理及调整

(1)检查和调整燃油压力

检查燃油压力值是否在规定的范围之内。发电柴油机燃油泵的输出压力一般已设定好,正常时不用调整。当燃油压力过低时应首先查明原因,如燃油输送泵工作是否正常、轴封是否泄漏和燃油系统中是否含有空气等。若空气含量过多,则压力表指针会明显摆动,可在燃油滤器处或高位处通过放气螺钉驱气。

检查燃油过滤器是否脏堵。当燃油过滤器前后压差达 0.04 MPa 时,应转换备用燃油滤器并清洗过滤器。安装滤器时要泵油驱气，以防止空气混入燃油系统造成燃油中断。当在大风浪中航行时，由于船舶摇摆，沉淀的脏物会重新浮起，燃油滤器很容易被阻塞，此时要特别注意滤器前后压差，及时清洗滤器。

对于带有调压阀的燃油输送泵，可通过调压阀调整燃油压力，必须按照说明书的规定值进行调节。

(2)检查和调整燃油温度

当使用重油时，应特别注意保证适当的燃油预热温度。

检查燃油温度是否正常。燃油的加热温度应使进机前的燃油黏度降到保证雾化良好的标准，这个范围为12~25 mm^2/s。

燃油预热常使用蒸汽加热，应调节好燃油加热器的蒸汽阀开度来调节燃油温度。

(3)检查喷油设备的工作状态

检查喷油泵工作是否正常。

检查喷油器工作是否正常。

检查高压油管脉动和温度是否正常。若高压油管发热，脉动增强，则说明喷油器堵塞；若高压油管脉动微弱，而且排烟温度和爆压均低，则可能是由于喷油泵漏泄太多使供油太少；若高压油管脉动虽微弱，但排温增高，则可能是由于喷油器针阀和阀座密封不良而滴油；若高压油管无脉动，泵体发热，则很可能是喷油泵柱塞咬死。

(4)检查燃油日用柜

检查油位是否补足。要定期进行燃油净化工作，用分油机分杂和分水。保证日用油柜有足够数量和高质量的净化油。

定期把沉积在日用油柜底部的杂质和水分通过放残阀排出。若长期不进行油柜放残，则沉积的水分可能进入燃油管系而造成停车事故。在船舶摇晃的情况下，这种事故特别容易发生，应当坚持每班放残一次。

4.增压系统的管理

(1)检查增压器冷却水温度，水温最高不得超过90 ℃。

(2)在柴油机运行过程中应检查增压器的转速，检查增压器的运转是否平稳、有无异响。要经常用金属助听棒细心倾听轴承和转子的运转声音是否正常。若转子平衡破坏，就会听到钝重的“嗡嗡”声，此时，就要停车检查，不得继续运转。

(3)检查增压器两端的油位是否正常(按规定保持在指示玻璃管高度的1/2处)；检查滑油油质情况，当发现滑油变黑或有乳化现象时，应查明原因及时处理。

(4)检查增压压力表、压差计的读数是否正常，定期清洗压气机和废气流道。空气冷却器空气侧脏堵后，影响冷却效果，使空气流量下降，压差升高，扫气温度提高，导致燃烧恶化，排气温度升高。出现上述现象时，轻者用清水和清洗剂交替喷射方法冲洗(一般说明书里都有操作说明)，重者必须解体清洗。

5.其他方面的管理及注意事项

(1)注意各缸排烟温度是否正常。排烟温度不要超过规范，各缸的排烟温差不得大于平均温度的5%。发现排温过高或过低要及早查明原因并排除额定值。要避免在各缸负荷严重不均的情况下运转。通常,为了更可靠地了解柴油机燃烧过程的进行状况,需定期或及时测取示功图,再结合其他热力参数(如排气温度、冷却水温度等)进行综合分析,给予必要的调整,以保证柴油机始终有一个良好的燃烧过程。

(2)必要时打开示功阀,观察各缸燃烧情况。利用爆压表测取爆发压力和压缩压力以判定工作状态是否良好。

(3)用手触摸各缸曲轴箱道门盖板的温度是否正常。此方法可检查判断轴承的温度,若发现个别道门的温度异常高,表明该缸轴承发热,应及时停车检查。

(4)检查增压柴油机进、排气管系的密封性,密封不良将影响柴油机的性能。应经常检查紧固螺母或螺栓是否松动,胶管夹箍是否夹紧,必要时应更换密封垫片。

(5)为保证柴油机在正常情况下可靠运转,应尽量避免柴油机在50%标定功率下(即低负荷下)长期运转。

(6)定期向人工加油部位加油、补油。

八、停车操作

(1)发电机解列后,先使柴油机空载运行约10 min,使其排气温度和气缸、活塞等零部件的温度逐渐降低。如果柴油机使用重油,在停车前,应当换用轻油并用轻油空载运转15 min,让燃油系统充分冷却,防止喷油设备偶件咬死。

(2)逐步降低柴油机转速,该过程应持续3~5 min,而后将操纵手柄(油门)置于"停车"位。注意:某些机型要求柴油机完全停止运转后手才能松开手柄。

(3)手摇手动滑油泵或起动滑油预供泵,打开示动阀,用压缩空气冲车。

(4)关闭滑油冷却器的海水进、出口阀。

(5)气缸套冷却水阀不要关闭,要保持常开,这样可以利用正在运行的发电柴油机缸套水循环暖机,以备随时起动。

(6)若柴油机配置独立式海水泵和独立式淡水泵,则应停掉其海水泵并关闭海水阀。而独立式的淡水泵则应继续运行一段时间(至少20 min)方可停泵。

(7)打开进气总管的放水考克,放残。

九、MAN 5L16/24发电柴油机安全操作规程

1. 油、水、气、电系统的检查、准备

(1)检查燃油、冷却水、压缩空气等各系统旋塞和阀是否处于正常工作位置。

(2)检查燃油、滑油及调速器、发电机轴承箱、空压机油位以及高位膨胀水箱水位是否正常。

(3)起动预润滑油泵,转至自动,向柴油机系统供滑油,检查表压力为0.06~0.08 MPa。

(4)检查燃油单元各泵及阀门开关状态,将燃油单元转至自动模式,按下起动按

钮,系统将自动起动燃油供给泵及燃油循环泵。如转至手动模式,需手动起动燃油供给泵及燃油循环泵,燃油供给泵表压力为 0.35～0.4 MPa,燃油循环泵表压力为 0.75～1.0 MPa。

(5)起动 1 台主海水泵(外循环冷却水泵)向中央冷却器供水,调节压力使表压为 0.2～0.3 MPa。

(6)起动 1 台低温淡水泵(内循环冷却水泵)向柴油机低温淡水系统供水,调节压力使表压为 0.2～0.3 MPa。

(7)开关柴油机预热管路阀门,起动柴油机冷却水预热加热器对柴油机进行充分预热。

(8)两台空压机 1 主 1 备,起动空压机(空压机在 1.7～2.9 MPa 区间自动起停),空气瓶进行充分放残并起动空气干燥器。

(9)拧下盘车机限位螺母,接盘车机转车 2～3 转,无异常后,脱开盘车机并锁紧。

2. 机旁起动操作与供电操作

(1)检查起动空气压力至 2.0 MPa 以上,确认柴油机操作位置转至“机旁”(LOCAL)。

(2)按下控制面板上“起动”(START)按钮,柴油机自动起动至额定转速。

(3)柴油机起动后再次检查油底壳、调速器滑油液位;检查发电机轴承箱滑油液位及温度;检查燃油、滑油、冷却水、压缩空气各系统管路及阀门有无泄漏。

(4)通过柴油机控制面板检查各运转参数是否正常,主要包括如下检查:

高温淡水进机压力、出机温度;低温淡水空冷器进口压力、温度;滤器前滑油压力、温度;滑油进机压力;滑油进涡轮机压力;燃油进机压力、温度;空冷器出口增压空气压力、温度;1～5 号缸排烟温度;涡轮机前后排烟温度;柴油机转速;涡轮机转速;起动空气压力。

(5)供电操作

如上述检查无异常,检查电压及频率正常,该台运转发电柴油机可进行供电操作(如果机器没有充分预热,需空转 15 min):

(1)如电网无在网发电机运行,直接在该台运转发电机屏按下“发电机开关合闸”按钮,发电机将自动投入电网。

(2)如电网有一台在网发电机运行,则需进行并电操作,使该台发电机并入电网。

3. 遥控起动

(1)确认柴油机操作位置已转至“遥控”(REMOTE)位。

(2)确认预润滑油泵运行。

(3)检查起动空气压力在 2.0 MPa 以上。

(4)将发电机屏上“发电机控制”开关从“0”位扳至“起动”位置,柴油机达到起动转速后松开使开关回至“0”位,柴油机自动起动至额定转速。

4. 运行管理

运转中每隔 0.5 h 检查温度、压力、烟色、燃烧、噪声等状况,通过机旁柴油机控制屏以及集控室操纵台中监控系统进行参数监控,凡有不正常处均应停车或不停车消除之。

主要检查项目包括操作前准备中油、水、气、电系统的检查以及设备起动后各运转参数的检查,每班填写副机日志。

5. 停机操作

(1)待解列机组需进行负荷转移并解列后方可进行停机操作:

①如电网只有1台在网发电机运行,停掉电网负载用电设备后直接在该台运转发电机屏按下“发电机开关分闸”按钮,发电机从电网脱开。

②如电网有2台在网发电机运行,则需进行负荷转移操作,通过两台发电机屏调速手柄使待解列发电机负荷接近零时,按下“发电机开关分闸”按钮,发电机从电网脱开。

(2)机旁操作模式通过机旁停车“STOP”按钮或者遥控模式通过发电机屏“停止”(STOP)开关进行停机。

(3)淡水泵继续运转20 min后停泵。

(4)滑油泵继续运行20 min后停泵。

(5)手动盘车2~3转,确认无异常后,关闭所须关闭的阀及旋塞,断电。

(6)紧急情况下的停车操作:

①在集控室,当情况紧急时,可立即按下发电机屏“紧急停止”(EMERGENCY STOP)按钮进行停车。

②在机旁,当情况紧急时,可通过将调速器负荷限制旋钮调至“0”位进行紧急停车。

③紧急停车后,应对柴油机的故障部位认真仔细检查,并在排除故障之后且确有把握之时,才可按正常情况下的起动操作程序进行起动。

第三节　柴油机的应急处理

一、学习目标

1. 掌握柴油机拉缸、敲缸、扫气箱着火、曲轴箱爆炸、烟囱冒火的现象和原因,熟悉预防措施。

2. 掌握柴油机一旦发生拉缸、敲缸、扫气箱着火、曲轴箱爆炸、烟囱冒火等故障时的应急处理措施。

3. 了解柴油机封缸、停增压器运转及紧急刹车的操作和注意事项。

二、学习任务

1. 柴油机封缸的方法和封缸后的管理注意事项。
2. 停增压器运转的方法和管理注意事项。
3. 柴油机拉缸的现象、原因和应急处理措施。
4. 柴油机敲缸的现象、原因和应急处理措施。
5. 柴油机扫气箱着火的现象、原因和应急处理措施。
6. 柴油机曲轴箱爆炸的现象、原因和应急处理措施。
7. 柴油机烟囱冒火的现象、原因和应急处理措施。
8. 柴油机紧急刹车的操作和注意事项。

三、环境设备

1. 二冲程柴油机。
2. 四冲程柴油机。
3. 废气涡轮增压器。

四、封缸运行

船舶航行期间，当主柴油机的任意一个或两个缸发生不能工作的故障，一时无法排除，可采取停止有故障气缸运转而确保主机继续运转的措施，该措施称为封缸运行。

根据造船规范要求，六缸及以下的柴油机，在停掉一个气缸的情况下应能保证主机继续运转。缸数超过六个的主柴油机，在停掉两个气缸的情况下应能保证其继续工作，使船舶继续航行，在适当时机再处理故障。

1. 封缸运行的三种方法

(1)单缸停油

柴油机运行中会发生故障，如某缸喷油泵、喷油器故障，气阀烧蚀或阀杆卡死，气缸严重漏气，拉缸或敲缸等。这些故障或使气缸不能发火而运动件尚可运转，或使气缸能发火而运动件工作失常。为了继续航行，简单的方法是用专用提升工具将喷油泵滚轮连同柱塞一起抬起，使该缸喷油泵停止工作或打开喷油泵的回油阀，则燃油停止喷入气缸。不能采取只关闭喷油泵的进出口阀来停止气缸供油的做法，这将造成喷油泵偶件干摩擦直至咬死。

因为只是单缸停油，活塞在压缩行程必然消耗机械能，所以必须将单缸停油气缸的示功阀打开，以减少能量的消耗。此外，还应采取如下必要措施：

①适当减少该缸滑油和冷却水的供给。

②适当降低柴油机的负荷，保持柴油机运转平稳以及其余各缸不超负荷，同时防止

增压器发生喘振。降速运转时注意防止机体或船体因平衡失配而振动。

如果发生气缸盖或气缸套向缸内漏水这样的故障,作为短时的应急处理措施,也可以采取单缸停油,除前述操作外,还需将排气阀锁定在开启位置,关闭气缸冷却水进、出口阀,拆除通向该缸起动阀的起动空气和控制空气管并将管接头封死。值得注意的是,低速柴油机在排气阀开启状态即缸内无压缩的情况下运转时,十字头轴承和曲柄销轴承的工作条件会变差,应控制在较低转速下运行,一般不应超过55%标定转速。

(2)拆除活塞组的封缸运行

这种方法适用于活塞、缸盖或气缸裂纹或故障,但连杆和十字头尚可正常工作。此时必须拆掉包括活塞杆和填料函在内的活塞组件,还应采取下列措施:

①提起喷油泵滚轮,停止泵油。

②回流扫气柴油机用专用的弧形气口封板将气口封住;直流扫气柴油机,还应抽掉该缸排气阀顶杆,使排气阀停止工作。

③活塞杆填料函孔、十字头销上的孔口用封板封住。

④封闭活塞冷却系统;关闭该缸气缸冷却水的进、出口阀。

⑤把通向该缸起动阀的控制空气管拆下并封住,把通向该缸起动阀的起动空气管拆下并封住。

⑥把该缸的气缸润滑油量减至最小后停止。

⑦活塞组件拆除后重新安装气缸盖。

在起动主机以前应彻底检查一次,必要时,主机油、水泵起动后,再检查一次。

(3)拆除活塞、十字头、连杆的封缸运行

这种方法适用于连杆、十字头及轴承严重破坏或十字头导板损坏时,因此除采用上述停油、拆除活塞的措施外,还应封闭该缸十字头滑油系统并用专用工具将曲柄销上油孔封住。

2. 封缸运行时的管理

(1)起动检查

采取了上述封缸处理措施后,在起动柴油机前必须检查各轴承的油流情况以及各封闭盖板、法兰的紧固情况。运行 10 min 和 1 h 后要分别停机打开曲轴箱检查下列各项:

①轴承;

②临时固定的部件;

③各轴承的油流情况;

④封闭盖板、法兰的紧固情况。

(2)柴油机的起动

封缸运行时,如果切断了故障气缸的起动空气,那么就不能保证曲轴在任何位置都能起动。如果发生了曲轴在某一位置不能起动的情况,应该迅速短时反向起动柴油机,然后再换向到要求的方向起动柴油机。如果采取这样的措施还不能起动,那就应该用转车机将柴油机转至最佳起动位置起动。转车前切记要切断起动空气,打开示功阀。

(3)防止柴油机超负荷

要防止柴油机超机械负荷,各缸喷油泵供油量不允许超过额定值,同时要防止柴油机超热负荷,各缸排烟温度都不允许超过正常情况下全速航行时的最高排烟温度。柴油机封缸运行时可以运行的功率和转速依柴油机的缸数不同而不一样,但一般应在低于75%负荷的转速下运转。

(4)防止增压器喘振

封缸运行时,有一个缸停止工作,废气涡轮增压器的空气流量减少,而柴油机的需气量亦减少,使增压器与柴油机的匹配发生变化,因而容易发生喘振。当增压器连续或间断发生喘振时,柴油机则不能在这个转速下运转,应降速直至喘振消除为止。

(5)防止柴油机异常振动

柴油机某缸的运动件被拆除后,破坏了柴油机整体的平衡性,可能会在某一个转速范围内产生强烈的振动。为了确保柴油机运转可靠,当振动异常时,应将柴油机转速降低直至运转正常。

(6)保证船舶航行安全

不论以何种封缸方法中运行,柴油机都处在故障状况下运转。轮机长应加强对值班轮机员的指导,当值轮机人员应增加机舱巡检的次数,尤其应加强对主机及其动力系统的管理。当柴油机主要性能指标和工作参数有异常情况时,必须立即找出原因并采取相应对策,如果问题得不到解决,必须立即向轮机长报告,必要情况下应向船长报告。

五、停增压器运转

废气涡轮增压器是高速回转机械,若运转中发生损坏,柴油机应立即停车,尽可能减少增压器损坏的程度。停车后经检查如发现增压器轴承损坏、叶片断裂使增压器无法运转且又不能在短时间内修复,应立即停止增压器运转,柴油机在低负荷下继续运行。

在机动航行、紧急避碰的状况下是不允许柴油机停车的,短时间内,只能在增压器损坏的状况下强制柴油机低速运行。这时,柴油机应无明显的异常振动,同时控制排烟温度不超过限定温度值。当船舶处在安全状态时,再停车处理增压器故障。

1. 停增压器的具体方法

(1)若条件不允许停车,可暂时带着有故障的增压器维持运行,此时柴油机转速应降低到无明显振动,并控制排气温度不增加太多。

(2)只要条件允许,马上停车,然后用专用工具将增压器转子锁住,降速维持运行。

(3)如需运行一段时间,最好将转子抽出,用专用盖板将壳体两端封住,降速维持运行。

2. 四冲程柴油机停增压器运行

四冲程柴油机停增压器运行时相当于非增压柴油机。依靠活塞的吸排作用,仍可实现换气。但因气缸充气量大大减少,而且相关正时也不适合非增压方式工作,使得柴油机的功率和转速会大幅度下降。

以某四冲程柴油机为例,其标定功率为 820.3 kW,标定转速 750 r/min,标定有效耗油率 221.3 g/(kW·h)。停增压器后运转允许的最大转速为 390 r/min,相应的功率为 138 kW,有效耗油率为 407.7 g/(kW·h)。

若要长期停增压器运转,则可提高压缩比以提高压缩压力;增大喷油提前角,降低排气温度;调整气阀正时,减小气阀重叠角以避免排气倒流,以改善柴油机的工作状况。为减小进、排气的阻力,进、排气管都应使用旁通管。

增压器转子锁住后因两端温度不同,会使转子轴弯曲,所以应将转子拆出封闭。

3. 二冲程柴油机停增压器运行

二冲程柴油机的换气条件比四冲程机困难。对于二冲程柴油机,在无增压器的情况下,可起动应急鼓风机或者其他方法供气,维持运行。此时柴油机的负荷和转速应根据排气温度、颜色和运转情况来降低。根据电动鼓风机的功率,柴油机最高可在25%的输出功率、63%的转速和40%的平均有效压力下运行。

二冲程柴油机根据机型和运转情况不同,应急措施各异。RTA 和 MC 型直流扫气柴油机停增压器运行的措施是:

(1)RTA 和 MC 机采用定压增压系统,全机只装一台涡轮增压器,增压器损坏时必须打开电动辅助鼓风机供气。

(2)用专用工具将增压器转子在其两端固定,若应急运转时间很长,应将转子抽出,用专用盖板封住增压器壳体两端。

(3)从排气旁通管上拆掉封闭盲板,使排气旁通到烟囱;打开位于空冷器正后方扫气箱上的盖板,使辅助扫气泵从机舱吸入空气。

六、拉缸

由于柴油机强化程度的提高、超长行程的发展和劣质燃油的使用,柴油机的活塞、活塞环、气缸套等燃烧室部件在十分恶劣的条件下工作,会引起润滑不良而导致柴油机拉缸。

1. 拉缸现象

拉缸是指活塞环、活塞裙与气缸套之间,相对往复运动表面相互作用而造成的表面损伤。这种损伤程度有刮痕、烧伤和咬死等区别,故可划分为划伤、拉缸和咬缸,在广义上我们统称为拉缸。图 7-2 所示为一拉缸实例,缸套上部表层金属剥落,下方严重拉痕。

拉缸一般发生在下列两个部位:气缸套和活塞环、气缸套和活塞裙部。它们相互影响,但有时也单独发生。

活塞环与气缸套间的拉缸,通常发生在运转初期,即系泊试验、海上试航和磨合期。一旦磨合期结束,几乎不再发生拉缸现象。

活塞裙部与气缸套的拉缸,往往发生在磨合期后稳定运转数千小时内。

图 7-2　拉缸实例

拉缸损伤的机理，大多数是由于滑动部位的润滑油膜受到局部的破坏，此时两个相对运动的表面突起部位首先发生金属接触，然后局部将出现微小的“熔着”现象，而熔着部位由于部件的相对运动又被撕裂。这个过程中金属表面形成硬化层，当这个硬化层被破坏时，所产生的金属磨粒将成为加剧表面磨损的磨料。在出现所谓熔着磨损的短时间内，活塞和气缸套表面上出现和气缸中心线相平行的高低不平的磨痕，这就是“拉缸”。严重时滑动部位完全黏着或卡住，甚至可能在两个表面的薄弱部位产生裂纹以致机件破坏，称为“咬缸”。

2. 拉缸的原因

造成拉缸的原因十分复杂，有设计、制造工艺及材料上的缺陷，也有运行管理不当的因素。

设计、制造工艺及材料方面的缺陷包括：材料的选配、间隙人小的确定、结构布置是否合理、安装找正是否恰当、表面粗糙度的加工是否合适、润滑油冷却的安排是否完善、滑油净化质量是否合乎要求等。

运行管理方面的主要原因有：

(1)气缸润滑不良

①气缸注油量调节过小；注油器故障；注油管接头漏油或堵塞，供油中断。

②气缸套注油孔或布油槽堵塞。

③气缸油品种不当或变质。

④四冲程柴油机的刮油环刮油过多。

上述情况均会引起润滑油不足或断油而使气缸润滑不良，使活塞与气缸套过热，导致过度膨胀变形，失去原来的正常间隙而拉缸。

(2)磨合不良

磨合应遵循规范进行。必须考虑磨合时间和负荷分配问题，既在尽可能短的时间内达到有效的磨合，又应防止加载过快而导致拉缸，同时应注意下列几个方面的问题：

①磨合运行期间应适当加大注油量。

②活塞环换新后应在低负荷下运转一段时间。

③活塞和气缸套换新后应先进行磨合,然后再加大负荷运行。

(3)冷却不良

冷却不良的主要原因有:

①冷却水质不佳,水温太高。

②冷却水泵排出压力不够,冷却液供应不足或中断。

③冷却水腔锈蚀、脏污或有空气积存,使冷却效果下降。

(4)活塞环断裂

活塞环断裂的主要原因有:搭口间隙过小;天地间隙过小,使活塞环卡死;结炭太多,使活塞环粘在环槽内失去弹性,造成断裂或气缸漏气;搭口间隙太大或磨损严重,引起漏气。

活塞环断裂常引起燃气的漏泄,破坏润滑油膜,使表面温度过高,可导致拉缸。

(5)燃用劣质燃油

燃用劣质燃油易引发拉缸,原因是:不完全燃烧产生更多的燃烧残渣;后燃延长使排气温度升高;燃用劣质油时需要高碱性的气缸油,碱性不足时磨损加剧。

(6)长期超负荷运转

柴油机长期超负荷运转,使热负荷增加,发生过热膨胀。

活塞对中不良也是拉缸的原因之一。

3. 拉缸时的征兆

(1)气缸冷却水出口温度和活塞冷却液出口温度明显升高。

(2)在拉缸早期可以听到活塞环与气缸壁间干摩擦的异常声响。

(3)曲轴箱和扫气箱温度升高,甚至有烟气冒出。

(4)发生拉缸的气缸当曲柄越过上止点位置时,有敲击声发出,而且柴油机转速会迅速下降或自行停车。

4. 拉缸时的应急措施

(1)早期发现拉缸,应首先加大气缸注油量,如过热现象不消除,要进行单缸停油、降速并加强活塞冷却直到过热现象消失为止。

(2)发生拉缸时迅速降速慢车运行,然后停车并立即进行转车,同时增大活塞冷却液流量,但切勿同时增大气缸套冷却水量。

(3)如果活塞咬死暂时转不动车,可待活塞冷却一段时间再进行转车。

(4)当采用上述方法仍转不动车时,可向活塞与缸壁间注入煤油并待充分渗透后再行转车。如仍转不动车,可拆下连接十字头与活塞杆的紧固螺帽(二冲程柴油机)或连杆螺栓(四冲程柴油机),用专用工具和机舱吊车缓慢将活塞吊出,同时应加注煤油,不得硬吊,防止损坏起吊螺栓或螺孔。

(5)活塞吊出后仔细检查并将损坏的活塞环换新,同时用油石将缸套拉痕磨光。

(6)重新装复时注意检查注油孔及油管接头。如有换新部件,则必须进行磨合。

(7)对无法修复的拉缸故障,可采取封缸运行的方法处理。

七、敲缸

柴油机在运行中发出有规律但不正常的响声或敲击声称为敲缸。敲缸通常有两种:燃烧敲缸和机械敲缸。

1. 燃烧敲缸

伴随着柴油机燃烧过程而产生的尖锐的金属敲击声,称为燃烧敲缸(又称为热敲缸)。它一般发生在上止点。燃烧敲缸时,柴油机的最高爆发压力异常地增高,各部件的冲击性机械应力增大,导致运动部件过度磨损或损坏。燃烧敲缸的主要原因是:压力升高速度太快,最高爆发压力过高。

下列原因会引起压力升高速度太快、最高爆发压力过高而导致燃烧敲缸:

(1)喷油定时过早,导致压力增长率过大、最高爆发压力过高。

(2)气缸超负荷,喷油量过大。

(3)燃油的燃烧性能差,发火滞后。

(4)喷油器故障,如:针阀卡死在开启位置;喷油器弹簧断裂;漏油、滴油;喷油器弹簧松动,启阀压力下降,喷油提前。

(5)起动初期气缸温度太低或喷油过多。

燃烧敲缸除用切断供油和听其敲击声等方法来判别外,也可测取示功图检查燃烧状况和最高爆发压力来分析判断。

2. 机械敲缸

因运动部件或轴承间隙不正常而引起的纯金属敲击声或摩擦声称机械敲缸,也叫冷敲缸。其特征是发生在上、下止点或活塞刚越过上、下止点及经气缸中部时。

机械敲缸大多与运动部件中心线不正、轴承间隙过大、紧固螺栓松动、气缸磨损等因素有关。

(1)气缸上部机械敲缸的原因

①第一道活塞环撞击气缸套上部的磨台。

②活塞连杆中心线与曲轴中心线不垂直,使活塞倾斜运动。

③曲柄销轴承偏磨导致活塞敲击。

(2)气缸中部敲击的原因

①四冲程柴油机的活塞销间隙过大。

②缸套严重磨损。

(3)气缸下部及曲轴箱敲击的原因

①十字头轴承间隙过大;十字头滑块与导板的间隙过大。

②连杆轴承或主轴承的间隙过大。

③主要运动部件的紧固螺栓松动。

区别燃烧敲缸和机械敲缸的方法是:如果单缸停止喷油或降速后,敲缸声消失,即判断为燃烧敲缸。若停油后,敲击声未消失,敲缸发生在上、下止点或转向处,而且敲缸声与转速成正比,此时可判断为机械敲缸。

3. 敲缸的应急处理

(1)若发生敲缸,首先应降速并判断敲缸性质。

(2)若系燃烧敲缸,则从燃油或喷油设备上找出原因,予以消除。如:对喷油器试压和调整,必要时换新;检查和调整喷油泵的供油量;检查和调整喷油定时等。

(3)若是因气缸或活塞过热产生沉重而又逐渐加重的敲击声,则在未进行降速前,会出现转速自行下降的现象,此时可按过热拉缸进行处理。

(4)若系机械敲缸,则找出原因,对有关机件进行调整、紧固、修理或更换。情况严重,应予以停车。不能修复,则封缸运行。

八、扫气箱着火

大型低速柴油机扫气箱着火是较常见的故障之一,通常在某一缸扫气口下方首先发生,着火很快蔓延至整个扫气箱。扫气箱着火是一种危害较大的灾害事故,会造成活塞杆和扫气箱箱体严重损坏,还会造成缸壁、活塞、活塞杆填料函损坏以及贯穿螺栓预紧力下降。某船曾因扫气箱着火而导致增压器被炸飞,造成停机、停航事故。因此,轮机管理人员应提高轮机安全管理的意识,采取有效管理措施,防止扫气箱着火事件的发生。

1. 扫气箱着火的原因

扫气箱着火的主要原因是扫气箱内积聚可燃物质和高温火源。这是扫气箱着火必须同时具备的两个条件。前者是扫气箱积聚的燃烧产物,如积碳、污渣和过多的气缸油等。后者主要是由于活塞环密封状态欠佳,燃气下窜;因气缸润滑不良而干摩擦导致过热等。

扫气箱污染主要是由于燃烧产物经气缸和扫气口漏入扫气箱底板和隔板上。在燃烧不良时这种污染尤为严重,混有气缸油的残渣积聚过多,一遇火花就会起火。十字头式柴油机的活塞杆填料函失效也会导致扫气箱污染。

(1)燃烧不良的原因

喷油泵的定时调节不当;喷油器工作不正常,影响雾化和喷射;燃油过冷,预热不够;柴油机负荷剧烈变化,引起暂时进气不足,燃烧恶化;气缸油过量;扫气系统污染,造成气缸进气不足,如增压空气中含有涡轮机油雾等。

(2)燃烧产物泄漏的原因

活塞环磨损、卡住和断裂;气缸润滑不正常,密封性变差;气缸的摩擦表面损坏,纵向沟纹泄漏;负荷急剧变化,导致活塞环的密封效果变坏。

(3)扫气温度升高的原因

空气冷却器脏堵;扫气压力降低,排气倒流;气缸燃气泄漏。

燃烧不良形成的燃烧产物泄漏到扫气箱形成可燃物质积聚,这是扫气箱着火的基本条件。同时,高温的燃气经活塞与气缸套的间隙及密封不良处漏入活塞下部空间,就可能存在小火星。若扫气温度较低,冲出的火星可被熄灭。当扫气温度较高时,这些火星就成为点燃扫气箱积聚油污的火源。

扫气开始前,高温燃气经活塞和气缸套的间隙混入活塞下部缓冲空间。对弯流扫气柴油机来说,扫气侧间隙要大些,因燃气和扫气的合力将活塞压向排气侧。于是,这些部位就可能发生小火星。

2. 扫气箱着火现象

(1)排烟温度和扫气温度升高。

(2)黑烟从增压器的进气滤网中倒冲出;烟囱冒黑烟。

(3)柴油机转速自动降低。

(4)扫气箱本体过热甚至油漆变色、脱落。

(5)与该气缸相连的增压器发生喘振。

(6)打开扫气箱放残阀,会有烟雾和火花喷出。

(7)扫气箱着火时因压力、温度急剧升高而发生扫气箱爆炸,使安全阀起跳。

3. 扫气箱着火时的应急措施

(1)若发生扫气箱着火且火势不大,应首先降低柴油机转速。切断着火缸的燃油供应,适当加大气缸油注油量以利于润滑,直至扫气箱积油烧完为止。

(2)若扫气箱着火较严重,应立即减速停车,停掉鼓风机,采取灭火措施,同时用转车机转车。

(3)采取灭火措施时,首先考虑窒息灭火或用蒸汽进入扫气箱内灭火。蒸汽灭火的优点是不致形成有关部件剧冷损伤,但缺点是可能形成锈蚀。如火势很猛,可用 CO_2 灭火,使用 CO_2 灭火时必须慎重,因剧冷会造成部件损伤。必要时用热水喷洒扫气箱外壳以起到迅速降温的作用。

(4)扫气箱着火被扑灭后,过 5~15 min 重新恢复被切断燃油气缸的供油,起动柴油机缓慢加速并将气缸油调至正常值,避免在注油量增多的情况下连续运转数小时。

(5)如需停车检查,待扫气箱冷却后打开扫气箱,清除干灰和污物,清洁活塞杆和气缸套,检查气缸套、活塞组件、填料函、扫气箱等有无烧损现象并在活塞杆上涂上滑油。如果扫气箱箱体受热严重,那么就应尽早重新检查上紧贯穿螺栓。重新上紧前,所有部件应恢复到常温状态。

(6)柴油机定速后应增加扫气箱放残次数,注意着火缸的工作情况,防止扫气箱再次发生着火。

4. 扫气箱着火的预防措施

(1)按说明书规定的时间间隔或实际情况,定期检查和彻底清洗扫气空间内所有壁面,放残管或放残阀如有脏堵必须清通,如图 7-3 所示。

(2)扫气箱及各缸扫气室放残阀每班至少打开两次(或根据实际情况),直至放完积存的油污为止。

(3)控制适当的扫气温度。

图 7-3 扫气箱内部

(4)避免长期低速运转,以免燃烧不良。

(5)长时间处在部分负荷状态运转时,要适当减少气缸油的注油量。

(6)尽量避免长时间超负荷运转,以免加剧磨损及燃气漏泄。

(7)遇恶劣天气航行时,避免负荷突变范围过大。

(8)按说明书的规定周期,检查喷油器的喷油压力及雾化状态。

(9)正确调整喷油泵的喷油正时。

(10)定期检查活塞、活塞环及环槽的技术状态,不符合要求时要及时更换或修复。

(11)定期检查气缸套的磨损、圆度及圆柱度情况,超过极限值时应及时更换或修复。

九、曲轴箱爆炸

曲轴箱爆炸是指产生火焰的同时伴有高压。曲轴箱爆炸事故的破坏力是双重的,既发生火灾,也存在冲击破坏。曲轴箱爆炸属于恶性事故,既造成柴油机的损坏,又可能使人员伤亡。

1. 曲轴箱爆炸的原因

运行中的曲轴箱内充满着油气,但是油气与空气的混合比例不一定处于可爆燃的混合比范围,即使达到爆燃混合比范围,若没有高温热源也不会爆炸。若曲轴箱内部出现了局部高温热源,飞溅在热源表面上的油滴就会汽化,油气逐渐变浓,形成乳白色的油雾。当油雾浓度达到一定范围时,就成为可爆燃的混合气并会在高温热源的引燃下着火。若着火前已有大量油雾存在,则一旦着火就会使曲轴箱有限空间内的温度和压力急剧升高,产生强烈的冲击波,引起曲轴箱爆炸。

由上可见,曲轴箱爆炸的根本原因是曲轴箱内的油雾浓度达到可爆燃的混合比,决定因素是存在高温热源。高温热源的存在使温度达到着火点,从而引发激烈燃烧产生高压。因此,如遇下列情况就可能导致曲轴箱爆炸:

(1)漏入滑油中的燃油,不但使滑油着火温度降低,而且在高温下蒸发形成大量油雾。

(2)轴承过热或烧熔、活塞环漏气使燃气下窜、拉缸等导致出现高温热源。它既使滑油蒸发成油雾,又是可爆燃混合气的点火源。

(3)二冲程柴油机扫气箱着火,使曲轴箱因高温导致气体急剧膨胀。活塞头烧穿导致燃气下窜。

资料表明,空气与油雾的可爆燃比例下限为 100∶1,而上限为 7∶1。当油雾浓度达到这个范围时,在高温热源的引燃下可发生爆炸;而当浓度超过上限时,即使有高温热源也不会爆炸。着火的基本条件是它的浓度极限。产生爆炸的条件也是由所需温度的上限和下限所决定的。润滑油蒸气着火下限为 270~350 ℃,上限高于 400 ℃,而润滑油的蒸发温度在 200 ℃以上,故如果燃油漏入曲轴箱中会导致滑油着火温度降低,使油雾在较低的温度下就引发爆炸。

2. 曲轴箱爆炸时的应急措施

应不失时机地采取有效措施防止和处理爆炸事故。

(1)当发现有爆炸预兆(如透气管冒出大量油气并嗅到油焦味,曲轴箱发热,导门温度明显升高或油雾探测器报警)时,应立即降速或停车并加强润滑,将海水泵关闭,防止温度骤降。人员要离开防爆门一侧,以防伤人。

发电柴油机应在转换负荷后降速运行。如果停车,则自带的滑油泵和冷却水泵也将停泵,反而容易在刚停车时发生曲轴箱爆炸。

(2)若因曲轴箱内某些机件发热而停车,则至少停车 15 min 后再开道门检查,以免新鲜空气进入而引起爆炸。

(3)若曲轴箱已经爆炸,并将防爆门冲开,要立即停车,同时按机舱灭火规定施救。切忌马上打开道门,以防新鲜空气进入曲轴箱,发生更大的爆炸。

(4)曲轴箱内部的灭火可采用装设在曲轴上的 CO_2 管系把 CO_2 充入其中。但机舱应慎重选用灭火剂,不要轻易在曲轴箱内使用灭火剂,因为它对金属有腐蚀作用。在关闭机舱所有通风道后,视情况选择水、CO_2 或其他灭火剂。

在处理上述任何一项应急情况下,如果需要停车或降速,一般情况下应征得驾驶台值班驾驶员的同意再执行。在紧急情况下,可在采取措施的同时通知驾驶台值班驾驶员。

3. 曲轴箱爆炸的预防

为了预防曲轴箱爆炸,管理中常采取如下措施:

(1)避免柴油机出现过热点。保持良好的润滑和冷却,保证运动机件正确的相对位置和间隙,以免运动部件过热;活塞环和填料函有良好的密封,防止燃气下窜;运行中定期探摸曲轴箱温度。

(2)保证润滑油蒸气浓度低于燃爆下限,保持曲轴箱透气孔畅通;消除燃油漏入曲轴箱的一切途径。现代柴油机将凸轮润滑油与系统油分开。

曲轴箱采取通风措施。曲轴箱上装有透气管或抽风机,将油气引出机舱外,防止油气积聚,注意出油气管口防火网罩不要被油垢脏堵。透气装置应装有止回阀,防止新鲜空气流入曲轴箱。

(3)在曲轴箱内安装油雾浓度探测器,在运行中连续监测曲轴箱内油雾浓度的变化,在油雾浓度达到爆炸极限之前,发出声、光警报。

(4)在柴油机排气侧的曲轴箱道门上装有防爆门,如图 7-4 所示。防爆门开启压力一般为 0.02 kPa。当曲轴箱内压力高到一定程度时,防爆门开启,释放曲轴箱内压力,随后自动关闭,从而防止严重的爆炸事故。初次爆炸由于燃烧较慢,压力不是很高,但也足以冲破曲轴箱道门。若不装防爆门,则初次爆炸产生的真空将通过打碎的道门吸入新鲜空气。曲轴箱的高温热源和很浓的油气与新鲜空气混合后将导致带有爆震的第二次更强烈的爆炸。第二次爆炸出现爆炸火焰,产生高压和强烈的冲击波。

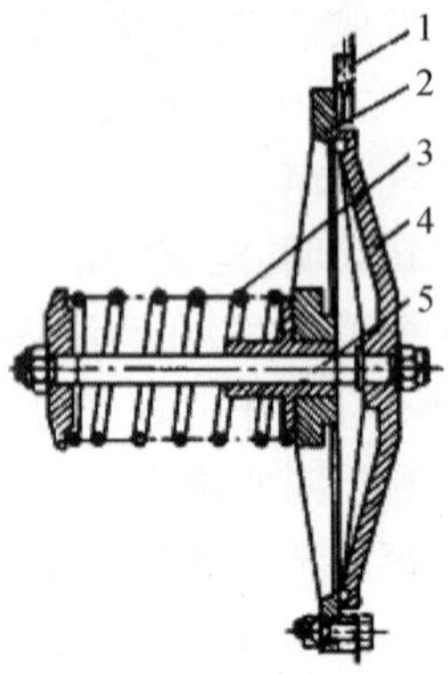

图 7-4　曲轴箱防爆门

1—机架;2—阀座;3—弹簧;4—阀;5—阀杆

(5)曲轴箱内装有 CO_2 灭火系统喷头,以备爆炸发生时使用。

(6)定期化验曲轴箱滑油。当滑油闪点在 160 ℃以下时应申请换油。

十、烟囱冒火

船舶柴油机排烟通路中多装设废气锅炉,有时在某一时间内会产生烟囱有大量火花连续喷出的现象,俗称“烟囱冒火”。

烟囱冒火的同时,还常伴有废气锅炉气压突然上升、锅炉安全阀被冲开,蒸汽大量泄出。柴油机烟囱冒火,不仅会引起火灾,特别是危及油船、液化气船舶的航行安全,而且也是柴油机运行状态不佳和管理不善的反映。轮机管理人员应能根据具体情况立即判断出烟囱冒火的原因,采取有效措施予以消除。

1. 烟囱冒火的原因

柴油机烟囱冒火,通常是未烧尽的燃油或含油积存物随废气带出烟囱,遇到空气再燃烧所产生的。根据火花形式把烟囱冒火分成三种情况:

(1)油雾燃烧形成的火花

这种火花在白天不易看见,夜间可见小而短的浅粉色火花。这种火花大多数可随烟流自行熄灭,无炭粒下落。

这种情况多发生在柴油机超负荷、燃油雾化质量差或供气不足时,是喷入气缸内的燃油不能完全燃烧所致。

(2)残油燃烧所形成的火花

这种火花的形状较上述稍长,颜色也稍深,由烟囱冲入天空并随风飘流后自行熄灭,同时有微细炭粒及烟灰带出。

此类火花一般发生在柴油机部分喷油器滴油或低负荷运行时燃烧不良的情况下,尤其是当排烟系统的温度、压力长期偏低时。尚未燃烧的油常积存在排烟道内,即使被带出烟囱,也难以被低温燃气所点燃。一些老型号柴油机,在此情况下多采用旁通废气锅炉的方法使燃气直接排出，防止污染锅炉内的加热盘管。

近年来船舶大多已取消旁通排烟管道，燃气只能经废气锅炉排出，排气背压升高。因此，长期低负荷运行的二冲程柴油机烟道内积油会逐渐增多。积存的残油经过着火前的物理及化学准备过程，若有较充分的空气，当排气温度高于 210 ℃或遇明火时，就会在排烟管道内部的烟囱出口处着火。

（3）烟灰沉积物燃烧形成火花

此类火花从烟囱排出时大多呈板状。火花产生的时间往往在出航后不久以及航行 10~15 天之后。火花持续的时间 0.5~3 h 不等。白天因光线关系不被人注意，晚间则甚为可观。

这类火花亮点较大，呈黑红色，持续时间较长。有灰分及不同形状团体颗粒伴随火花同时从烟囱冲出，常常掉落到甲板上还继续燃烧，易引发火灾。

排气系统中，一般自增压器出口至废气锅炉进口这一段管路上很少着火，且在废气锅炉的过热蒸汽盘管上烟垢也不是很多。但在饱和蒸汽盘管上往往有采热片的密集布置和在废气锅炉漏斗形的部位上固体沉积物较多，这类沉积物是引起火花的主要来源。

这类冒火最为常见，危险性也最大。引起此类火花的原因有：燃油质量差，燃用劣质油时产生的烟灰沉积物和可燃物质更多；燃油喷射设备不完善或故障，不完全燃烧使排气中的含油物增加；气缸润滑油的注油量太大；气缸进气系统工作不完善；废气锅炉脏堵等。

研究表明，当废气锅炉水管外表面的沉积物厚度达 2~3 mm 以上或当排气的流动阻力增加到 0.012 7~0.013 3 MPa 时，易发生烟囱冒火。

四冲程柴油机的换气条件优于二冲程柴油机，因此烟囱冒火的事故发生较少。

2. 烟囱冒火时应急措施

（1）若出现第一类火花，应立即降低柴油机负荷或缓慢停车，待查明原因并消除故障后恢复运转，待排烟正常后再加至所需要的负荷。

（2）若出现第二、三类火花，在环境允许的条件下应让其继续“喷冒”，使排气系统内的油性沉积物尽量吹掉、烧尽，此时应加强柴油机和废气锅炉的维护管理及防火工作。

（3）除火势过猛，个别缸或局部排烟管过热需降速外，应尽量使柴油机保持较高负荷。

（4）不要轻易使用灭火设备，特别是 CO_2 灭火设备，以防止高温金属因温度的急剧降低而炸裂。

3. 烟囱冒火的预防措施

（1）保持柴油机气缸内燃烧状态良好；加强各缸燃烧过程的监测，及时发现异常情况并排除。

（2）加强废气锅炉的技术管理，保持良好的燃烧效果，按规定的时间间隔吹灰、洗炉和除垢。

（3）选用合适的除炭剂等试剂，定期向排烟管或废气锅炉内投放，预防结垢和清通系统,使管壁上的积碳软化、脱落,甚至使其降低燃点后燃烧。

(4)要注意保养油船烟囱内的喷水灭火装置。

十一、紧急刹车

船舶遇到避碰等紧急情况时,为使船舶尽快停止运动或改作倒航而对主机制动并迅速倒转的操纵过程称为紧急刹车。紧急刹车的操作因机型而异,以 MAN B&W MC 型和 Sulzer RTA 型柴油机为例进行说明。

1. MAN B&W MC 型柴油机紧急刹车操作

(1)在接到驾驶台紧急倒车车令时,立即将起动调油手柄拉至停车位置。

(2)将车令手柄(车令手柄完成换向)扳至“倒车”位置,燃油凸轮和空气分配器实施换向操作。

(3)换向动作完成后,将起动调油手柄推至“起动”位置进行倒车起动。

(4)起动空气系统按倒车规律控制气缸起动阀开启,对主机进行能耗制动和强制制动。

(5)在压缩空气作用下,主机迅速停车。

(6)主机停车后,在持续压缩空气作用下随即反向起动,待达到起动转速后,再将起动调油手柄推至驾驶台车令“给定”位置,主机按给定油量反向运转。

2. Sulzer RTA 型柴油机紧急刹车操作

(1)接到驾驶台紧急倒车(后退三或前进三)车令时,立即将车钟拉到相应的位置。

(2)车钟越过“停车”位置时,断油伺服器立即使喷油泵进油阀开启,停止向主机供油,主机转速迅速下降。

(3)由于车钟手柄已在倒车的位置,换向伺服器使凸轮轴和空气分配器换向。

(4)将燃油手柄置于起动油量位置。

(5)换向机构的换向动作完成后[转速降到(60%~70%)n_b],迅速拉动起动手柄。

(6)起动空气系统随即按倒车正时控制气缸起动阀开启,对正转的主机进行制动。此制动作用分为“能耗制动”和“强制制动”两个阶段。前者在制动初期当活塞上行时将气缸起动阀打开泄气,相当于空压机消耗正转的能量;后者在压缩空气的作用下,使主机迅速强制停止运转并在持续的压缩空气作用下开始反转,运转方向联锁释放,允许喷油泵供油,主机发火倒转。主机倒转后,可按驾驶台要求的车令调节油门。

3. 紧急刹车的注意事项

(1)保证压缩空气的压力,以使刹车过程有效进行。对于 Sulzer 型主机,保持较高的滑油压力可以使差动换向动作迅速完成。

(2)为保证倒车起动成功,可视情况适当调大起动油量(如 Sulzer 型主机可从 3.5 格移至 5.0 格)。

(3)为使主机迅速刹车和反向起动,拉动起动手柄时可略停顿一下。这样,当转速降至零后随即可反向起动起来，以缩短刹车过程的时间。

（4）当主机和船舶在较高航速下刹车时，一次操作可能无法使主机刹车成功，而且这样操作将使曲轴承受较大的附加应力并使空气消耗量过大。为了改善上述状况，采取几次间断刹车的操作方式比较有效。

（5）对于 B&W 型主机，尽管具有联锁装置，但在操作中当换向手柄未推至极端位置时，切不可过早拉动起动调油手柄，以免发生意外。当主机换向未完成时，也不可过早将起动调油手柄推至起动供油位置；否则可能产生严重后果。

（6）操作中应避免一下子将油门加得过大，以防超负荷。在特别紧急时（驾驶台将车令重复一次），则应尽快给出相应转速，以保证船舶安全。

（7）紧急刹车的操作时机十分重要，既要考虑操作前的主机转速、船舶航速、主机的具体技术性能和状态，还要熟悉其他辅助设备如空气压缩机等的工作能力。而且操作过急、过缓都将失去紧急刹车的意义并可能造成严重后果。

（8）对采用遥控系统的主机，换向程序中大多具有紧急刹车功能，上述操作均按设定程序自动完成，但须注意压缩空气压力，以防起动空气消耗过多。当遥控系统本身发生故障时，应及时转换为集控室直接操作。平时应对机旁应急操作装置进行必要的维护，保证其随时处于可用状态。

第八章

柴油机电子控制技术和双燃料发动机技术

知识目标

1. 掌握柴油机电子控制的基本工作原理和特点。

2. 了解 RT-flex 柴油机的基本结构和控制系统。

3. 了解 ME 柴油机基本结构、控制系统、起动条件、运行调整和典型故障排除方法。了解电控柴油机的管理要点。

4. 了解 Win G&D 公司 DF 双燃料发动机的工作原理、主要系统以及适用的船舶特点。了解 MAN 公司 ME-GI 双燃料发动机的特点、运行模式和主要系统。

能力目标

1. 能够对电喷柴油机进行操作和管理。

2. 能够对常见故障进行分析和判断，并排除故障。

素质目标

1. 自觉践行社会主义核心价值观，具有深厚的爱国情感和中华民族自豪感。

2. 遵纪守法、诚实守信、敬畏生命、热爱劳动，具有社会责任感和社会参与意识。

3. 具有质量意识、环保意识、安全意识、集体意识和团队合作精神。

4. 具有健康的体魄、心理和健全的人格，养成良好的健身与卫生习惯和良好的行为习惯。

第一节 柴油机电子控制的原理和特点

一、学习目标

1. 掌握柴油机电子控制的基本工作原理。
2. 掌握柴油机电子控制的基本特点。

二、学习任务

1. 柴油机电子控制的基本工作原理。
2. 柴油机电子控制的基本特点。

三、环境设备

1. MAN B&W ME 柴油机。
2. Wärtsilä RT-flex 柴油机。

四、背景知识

随着国际社会对船舶可靠性、经济性和废气排放控制的日益关注,20 世纪 90 年代初,各大船舶主机制造商相继在实验室开展了智能柴油机的研究,传统柴油机的控制方式逐步被电子控制方式所取代,如电子注油器取代了机械式注油器,电子调速器取代了机械式、液压式调速器,燃油电子喷射取代了传统机械传动式喷射等。Wärtsilä 公司推出的电控共轨式 RT-flex 柴油机于 2000 年装船使用,而 MAN 公司于 2003 年正式推出了电子控制的 ME 系列柴油机。电子控制柴油机实现了无凸轮轴燃油喷射、排气阀启闭、气缸起动阀启闭和缸套润滑的全电子控制,是柴油机的第三次技术革命。

五、柴油机电子控制的基本工作原理

柴油机电子控制又称智能柴油机、电控柴油机或电喷柴油机。它取消了传统柴油机的凸轮轴以及相关机械控制零部件,将燃油喷射、气阀启闭以及柴油机的起动、换向、停车和气缸润滑等功能全部由电子控制实现。可以通过对相关参数的设定和修改,调整主机的运行状态和工作参数,从而使柴油机保持在最佳状况下工作。此外,电控柴油机还可对柴油机的运行情况及零部件的状况进行实时监测,并与船上的控制系统、报警系统连接,对柴油机进行全方位控制。对于电控柴油机,管理系统的核心功能由电控单元来实现。传感器为电控单元提供柴油机当前工况信息,如转速、曲轴位置、排气阀位置等,电控单元对传感器的数据进行分析以后,根据预定的控制策略对执行器发出控制信号,控制喷油量、喷油始点、最大爆发压力、排气阀正时等,对柴油机进行闭环控制,使燃烧效果更好。目前,电控柴油机已在新装机船舶中得到广泛运用并逐步成为船舶主柴油机的主流机型。

传统机械控制的 RTA 柴油机与电控 RT-flex 柴油机的主要区别,如图 8-1 和表 8-1 所示。

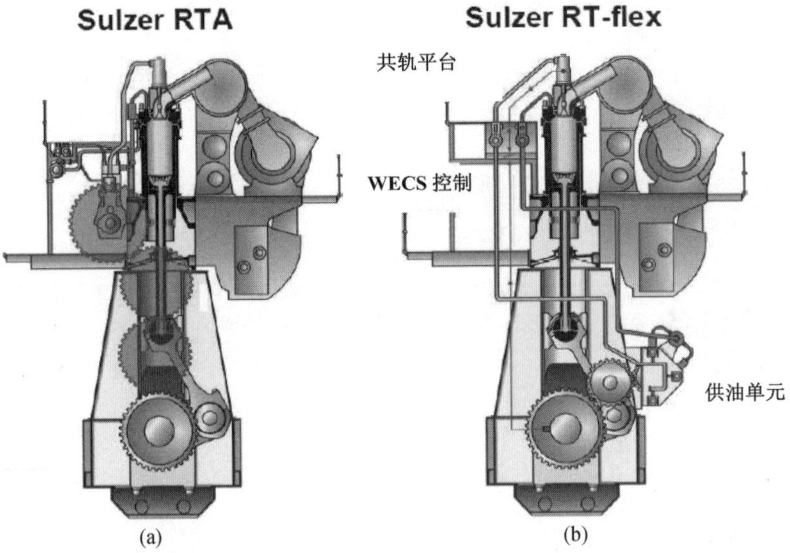

图 8-1 传统机械控制的 RTA 柴油机与电控 RT-flex 柴油机结构的比较

表 8-1 RTA 柴油机与 RT-flex 柴油机的比较

	RTA	RT-flex
建立燃油压力	每缸有一个对应的回油阀式喷油泵	共轨燃油泵在供给单元上,各缸共用
储存高压燃油	—	燃油共轨管
喷射定时	凸轮轴上燃油凸轮	WECS/喷射控制单元
建立排气阀驱动压力	每缸一个驱动泵	供给单元伺服油泵
储存伺服油压力	—	伺服油共轨管
排气阀驱动定时	凸轮轴上排气凸轮	WECS/排气阀控制单元
燃油泵执行器	调节主机功率和速度	保持燃油共轨管内压力
电子调速器	给喷油泵油门信号到执行器	给油门命令到 WECS
喷油量控制	调速器和喷油泵给出	按照调速器的油门命令由 WECS / 喷射控制单元给出,燃油油量活塞位置输送给 WECS

续表

	RTA	RT-flex
起动定时	空气分配器	WECS 控制电磁阀
换向	燃油凸轮换向伺服器,空气分配器换向活塞	WECS 控制电磁阀
报警和监控系统	外部(内部：OSC-3)	外部
应急控制	通过机械轴和凸轮动作柴油机控制的气动阀	备用的控制面板发出操纵信号和燃油命令到 WECS 输入,独立于遥控输入通道
负荷信号	遥控系统收到来自中间轴上角度发送器的负荷信号	WECS 发出一个燃油命令反馈信号作为遥控装置的主机负荷信号
可变喷油定时 VIT,可变排气阀关闭定时 VEC	功能由遥控系统提供	功能由 WECS 提供(加可变排气阀开启定时 VEO)
从柴油机到外部电缆	单独的电缆线	数据线

六、柴油机电子控制的特点

船用柴油机电子控制是在 2000 年后才正式装船使用的,与传统柴油机机械控制式相比,它有很强的运转适应性、足够的可靠性,具有各种不同的操作模式,有完善的状态监测和控制系统。

1. 很强的运转适应性

很强的运转适应性主要表现在燃油喷射系统上,主要包括:

(1)能够自由地选择喷射压力。根据不同工况可确定所需的最佳喷射压力,从而优化柴油机综合性能,降低柴油机在部分负荷时的油耗。

(2)精确地控制燃油喷油量。柴油机由电磁阀控制喷油,其控制精度高,高压油管压力稳定;在柴油机运转范围内,循环喷油量变动小,各缸供油均匀,柴油机工作稳定。

(3)可独立地控制喷油正时和喷油速率变化,实现预喷射和多次喷射,达到理想的喷油规律。配合高的燃油喷射压力,既可降低柴油机的 $dp/d\varphi$,又能保证良好的动力性和经济性,同时还能将柴油机的 NO_x 和微粒(PM)排放控制在较小的数值范围内,以满足排放要求。

(4)燃料适应性好。对于不同的燃油,特别是劣质燃料油,可根据燃烧需要改变喷油正时和排气阀定时,并且在任何负荷条件下工作均无可见排烟。这些对于凸轮驱动的机械机构几乎是不可能实现的。此外,冷却系统、增压系统和气缸注油系统也具有很强的运转适应性。

2. 足够的可靠性

电控柴油机燃烧质量高,各缸负荷相对均匀,因而柴油机具有更长的寿命和维修周期,在整个柴油机使用过程中具有很低的故障率和良好的维修性能,并且在整个使用期间柴油机的性能维持不变。如 RT-flex 柴油机的吊缸周期可延长到三年,ME 型柴油机的吊缸周期可延长到五年。

3. 多种操作模式

多种操作模式是指可以根据不同的要求由操作者选择柴油机的运转模式,如经济性模式、低排放控制模式、低负荷运转模式等,保证柴油机一直处于最优状态下运转。

4. 完善的状态监测和控制系统

完善的状态监测和控制系统主要包括一体化的速度控制设备、在线的柴油机故障诊断系统、活塞工作和燃烧可靠性的监测及对气缸注油的优化等。能够在线监测柴油机的运转状况,确保各缸负荷均匀分布,防止柴油机超负荷,在故障发生前能够早期报警并起动处理程序。

第二节　瓦锡兰 RT-flex 柴油机

一、学习目标

1. 了解 RT-flex 柴油机的基本结构。
2. 了解 RT-flex 柴油机的控制系统。

二、学习任务

1. RT-flex 柴油机的基本结构。
2. RT-flex 柴油机的控制系统。

三、环境设备

RT-flex 柴油机。

四、RT-flex 柴油机结构介绍

瓦锡兰公司率先将共轨技术应用于大功率船用低速柴油机。瓦锡兰公司在 20 世纪 80 年代初就开始从事电子控制式柴油机的研制。首台 RT-flex 柴油机在 2000 年被

安装到船舶上，截止到2012年11月，已获得1 000多台柴油机订单。这个数字证明了RT-flex柴油机凭借优越的性能已成为广受欢迎的船舶主柴油机机型之一。

目前，RT-flex系列柴油机包括RT-flex35、RT-flex40、RT-flex50/50B/50D、RT-flex 58T-B、RT-flex60C、RT-flex82C、RT-flex82T、RT-flex84T-D和RT-flex96C等不同缸径的多种机型。

瓦锡兰RT_Flex3结构组成视频

1. 基本结构

相对于传统柴油机，RT-flex柴油机取消了机械式凸轮轴系统及其传动机构，增设了供油单元、共轨平台和WECS控制系统。其系统简图如图8-2所示。

供给单元由柴油机曲轴驱动的齿轮组带动共轨燃油泵（柱塞泵）和伺服油泵（轴向斜盘柱塞泵）。高效的共轨燃油泵向共轨油管提供60~100 MPa的燃油，伺服油泵提供8~20 MPa的伺服液压油，用于驱动排气阀控制单元VCU和喷射控制单元ICU。WECS控制系统通过安装在主机自由端的曲轴转角编码器来判断曲轴位置及各缸活塞在气缸中的位置后，分别控制容积式燃油喷射控制单元ICU、排气阀控制单元VCU和气缸起动阀，完成燃油喷射、排气阀启闭、柴油机的起动等操作功能。

RT-flex柴油机的电子控制设备主要包括WECS柴油机控制系统、容积式燃油喷射控制单元、排气阀控制单元和气缸起动阀控制电磁阀。WECS控制系统由三部分组成，即凸轮轴替代部分、控制部分和安全系统。凸轮轴替代部分主要用来代替凸轮轴实现燃油喷射、排气阀和起动空气分配器的功能；控制部分根据柴油机的负荷和转速控制燃油和伺服油共轨油管内的压力；安全系统主要对共轨阀的功能、传感器及各参数值进行监测和诊断，保证系统安全工作。

WECS控制系统通过传感器检测曲轴位置，从而判断出柴油机气缸中活塞位置，然后由20 MPa的伺服油控制100 MPa的燃油喷射进入柴油机的气缸，根据柴油机设定油门由WECS控制系统进行喷油定时和喷油量控制。

2. 燃油共轨

RT-flex柴油机的燃油共轨系统如图8-3所示。该系统由供给单元、高压共轨油管、WECS控制系统、喷油器和容积式燃油喷射控制单元等组成。

供油单元有2~8个高效的共轨燃油泵（又称共轨泵，由多作用凸轮控制），可将已加热的燃油压力提高到90 MPa左右，并将燃油送至高压共轨油管。在柴油机起动前和起动时，燃油泵的电动执行器将油泵齿条拉到最大刻度。一旦主机转动（如冲车动作），共轨压力就调到70 MPa。

柴油机运行时，共轨燃油泵将燃油加压送入高压共轨油管。高压共轨油管中的压力由WECS控制系统根据共轨油管上的压力传感器测量的共轨压力以及柴油机负荷进行调节。WECS控制系统根据柴油机的负荷确定合适的喷油定时和喷油持续期，通过喷射控制单元将高压共轨油管内的燃油由高压油管供给到喷油器，将燃油喷入气缸。

燃油容积式喷射控制单元如图8-4所示，由WECS控制系统通过电磁阀控制。20 MPa的伺服液压油通过电磁阀，使燃油喷射控制单元动作，让90 MPa的燃油进入喷油器。每个气缸有2~3只喷油器，而每只喷油器由各自安装在ICU的喷射控制阀控

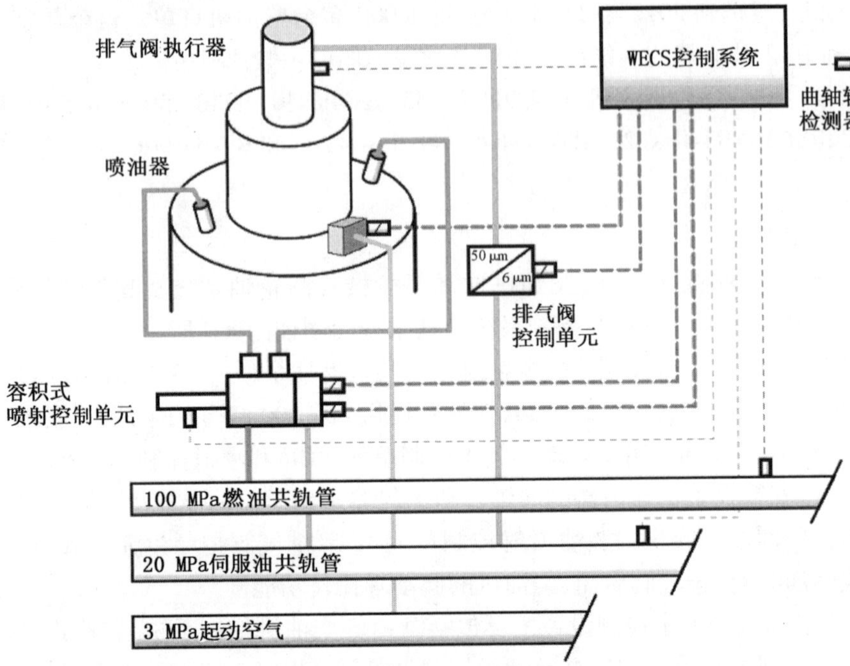

图 8-2　RT-flex 柴油机系统简图

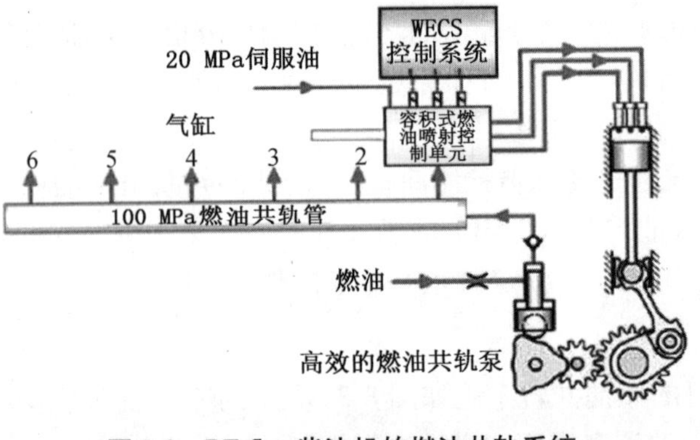

图 8-3　RT-flex 柴油机的燃油共轨系统

制,可以根据 WECS 控制系统的指令控制燃油喷射的定时和喷油量,也可以实现在低负荷时单只喷油器的循环喷油。共轨系统的压力很高,因此对该阀的密封性和承压能力的要求都非常高。

共轨燃油管上还安装了压力传感器、燃油压力调节阀和安全阀。压力传感器向 WECS 控制系统提供共轨燃油管的实时压力信号;燃油压力调节阀和安全阀确保在共轨燃油管出现压力异常时,迅速将共轨燃油管中的压力进行泄放,以保证安全。

3. 伺服油共轨

伺服液压油由机带伺服油泵供给,压力约为 20 MPa,然后由 WECS 控制系统根据曲轴转角编码器判断柴油机各缸的工作状态,从而通过电磁阀控制 ICU、VCU 的伺服油,继而控制燃油喷射、排气阀启闭。伺服油压力随柴油机负荷变化而变化,部分负荷

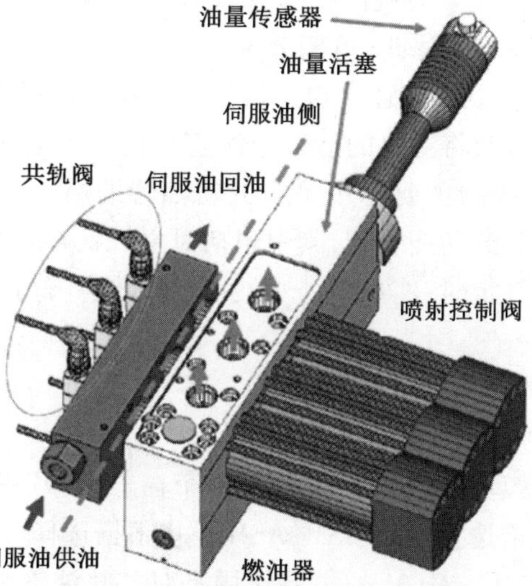

图 8-4 容积式喷射控制单元

时,降低压力以适应相应的排气阀开启速度。当柴油机停车时,由电动泵向伺服油共轨提供约 8 MPa 的压力油。电子控制的 VCU 能灵活机动地控制排气阀的开/关定时。排气阀阀杆的动作由两个位置传感器检测后反馈给 WECS 控制系统。

4. 起动控制

气缸起动阀与 RTA 柴油机用的起动阀大致相同。RTA 柴油机用气控阀控制,而 RT-flex 柴油机由 WECS 控制系统根据当前的曲轴转角和功能,控制气缸起动阀的电磁阀,实现相应的柴油机正车、倒车、慢转、冲车等功能。

5. 曲轴角度传感器

曲轴的自由端装有两个独立的曲轴角度传感器,由曲轴通过带齿皮带带动。它们产生精确的曲轴转角数字信号送到 WECS 控制系统,分辨率为 0. 1°曲轴转角。对柴油机来说,曲轴角度传感器至关重要,至少应有其中一个在工作。如果两个都坏了,柴油机便会立即停车瘫痪。

五、RT-flex 柴油机控制系统

1. WECS 控制系统

RT-flex 柴油机控制系统的核心单元是 WECS,它的结构原理框图如图 8-5 所示。由图可见,它主要由公用电子单元(COM-EU)和各气缸的控制单元(CYL-EU)等组成。公用电子单元(COM-EU)接收外界的信号,如主机遥控系统、安保系统、人机界面、控制油系统等的信号,然后进行程序处理,把处理的结果送到各气缸控制器(CCU),由其控制 ICU、VCU 电磁阀等进行相应调节,使柴油机完成相应功能,达到最佳运行状态。

WECS 控制系统不仅取代了传统柴油机上凸轮轴相关的机械零部件的功能,而且

能对燃油喷射、排气阀动作、柴油机的操作和气缸润滑等功能进行全电子化的灵活控制。通过对相关参数的设定和修改,可调节主机的运行状态和性能参数,实现柴油机的最佳性能。此外,WECS 控制系统还可对主机的运行情况进行实时监测,并与船上的其他控制系统、报警系统连接,将主机的运行情况直接送到各系统,对柴油机进行综合处理。可见,WECS 控制系统的主要作用是对共轨油管的燃油压力、伺服油压力进行控制,以及对主机、气缸相关的功能管理,其中包括对主机状态的检测、参数的调整以及控制喷油定时、喷油量、排气定时,使主机处于最佳工作状态。另外,还负责与外界系统进行通信。

(1)WECS 控制系统各功能单元的作用

①公共电子控制单元(COM-EU)

它包括两个主控制模块 MCM,互为备用,一个在工作,另一个处于热备用状态。由外部的选择开关发信号给选择模块 ASM,ASM 模块根据选择开关的信号确定哪个模块处于工作,哪个处于热备用。MCM 的主要作用是对共轨油管中的油压控制、对主起动阀的控制以及进行与其他系统的通信,并对主机内部信号进行检测和传输。

②气缸电子控制单元(CYL-EU)

每个气缸都装配一个气缸电子控制单元(CEU),它安装在共轨平台的下部,对气缸起动阀进行启闭控制,也对燃油喷射、排气阀启闭进行控制。

③曲轴角度传感器(Crank Angle Sensor)

它用于准确测量曲轴位置。该信号送到 CEU,从而推算出气缸的活塞位置,便于对气缸喷油和排气阀进行控制。

④各缸执行器的传感器

它用于检测各电磁阀、油量活塞、排气阀阀杆位置的工作状态。

⑤WECS 的辅助控制单元(WECS assistant)

它安装在集控室,由一台计算机和一台 MAPEX-CR 的控制装置组成。这套装置的作用是:显示主机的状态及报警信息,例如每个气缸的燃油、排气、延时时间,每个气缸活塞速度等状态信息以及各传感器测量值、参数设定值和动态曲线。对各运行参数越限进行报警显示,对主机的一些参数进行设定。参数设定可分为两组,一组为操作人员,无需密码进入设定,例如最大油耗限制、磨合模式、喷油定时、燃油品质等参数,改变喷油的起始角度、排气阀的关闭角度等;另一组为专家权限,需凭密码进入,只有柴油机厂家服务人员或经过厂家授权的人员才能更改,例如发火顺序为关键参数。RT-flex 柴油机还配备一些附加功能,例如一些特殊的参数检测、数据分析、管理维修、备件管理等,其中包括 MAPEX-TP(气缸磨损检测)、MAPEX-PR(活塞运行可靠性检测)、MAPEX-CR(燃烧可靠检测)、MAPEX-TV/AV(扭转振动/纵向振动检测)、MAPEX-SM(备件和维修)等,用户可根据自己的要求来选择这些功能(全部或部分)。

(2)WECS 控制系统的通信功能

①与主机遥控系统的通信

所有主机的运行命令如正车、倒车等依据操作人员所操车钟要求形成指令,送给

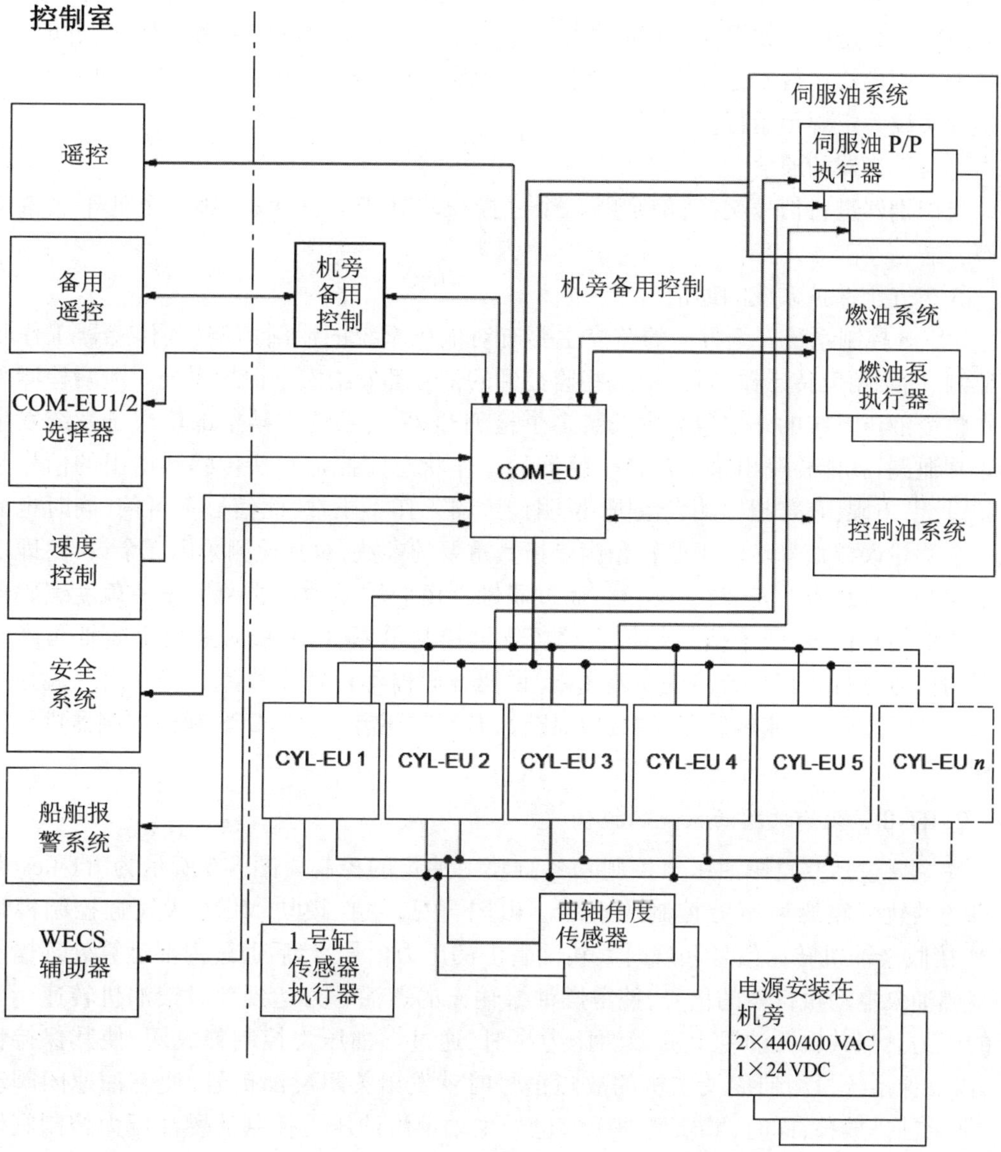

图 8-5 RT-flex 型柴油机 WECS-9500 控制系统

WECS 公共模块(COM-EU);同时,主控模块上的主机负荷和检测到的气缸压力、排烟温度等信号也会传送给主机遥控系统。

②与船舶报警系统通信

WECS 控制系统检测到主机故障信号时,会发给船舶报警系统进行报警、打印、记录或发出减速、停车信号给安保系统。WECS 报警信号可分为次要报警信号和重要报警信号,如封缸报警信号为重要报警信号。

③与转速控制器的通信

转速控制器是独立的部分,WECS 控制系统接到转速控制器的一个燃油指令信号,主控模块(COM-EU)将这个信号分配到所有各气缸的控制模块(CEU),这就是柴油机此时的燃油给定值。如果转速控制器发生故障,仍可手动调节燃油命令信号,此时,主机处于备用模式运行。在该模式下,对于可变螺距的主机而言,为了防止主机超速,应把螺旋桨设为定螺距运行。

④与选择器的通信

与识别器进行信号交换,确定哪一个主控模块处于运行状态,哪一个处于热备用状态。

⑤与安全保护系统的通信

WECS 控制系统安全方面的监控主要有对液压系统的泄漏监测、各传感器工作状态监测、曲轴角度传感器监控,把这些监控到的信号都发给安全保护系统。泄漏检测采用在整个液压系统的外皮包装中安装多个检测开关,若系统中某个部位或子系统发生不正常泄漏,就能检测出来。对各传感器的工作状态监控是判断传感器送出的信号是否越过上、下限值,若超出测量范围,说明传感器工作不正常,此信号不可信,同时也显示一个测量误差信号。由于曲轴角度是极其重要的参数,对其检测采用冗余设计,即把两个曲轴角度编码器安装在自由端,通过联轴器由曲轴驱动。这两个曲轴角度编码器提供绝对转角信号,两个信号都传送到各气缸控制单元(CEU),对这两个曲轴角度编码器的信号进行比较。若出现偏差超限,说明编码器不正常或故障。若不出现偏差超限,再与飞轮端的转速传感器读数进行比较,必要时还需通过 WECS 辅助控制器进行补偿和校正。

2. RT-flex 柴油机燃油系统的控制

它主要包括共轨燃油压力控制和各缸喷射油量的控制。图 8-6 所示为 RT-flex 柴油机的共轨管路燃油压力控制原理图。由图可见,主控模块 MCM 从气缸控制模块 CCM 接收柴油机转速信号和现时共轨油管上的压力信号,然后通过内部运算处理输出控制燃油泵电动执行器的信号,使得燃油泵输出的燃油压力达到现时柴油机转速所要求的压力。当共轨燃油管上的燃油压力高时,通过燃油压力控制释放阀,使其保持稳压;当安保系统检测到危及主机的故障信号时就发出关闭燃油信号,使燃油速闭阀动作,把燃油排放掉,同时,共轨燃油压力也受主轴承滑油压力控制的燃油压力控制阀控制,起到保护柴油机的作用。共轨燃油泵由曲轴通过传动机构驱动,如果其中一个燃油泵电动执行器发生故障,它会通过弹簧控制齿条在适当位置或移动到最高位置,变成定量泵,其余没有发生故障的燃油泵仍保持变量泵而受控。

图 8-7 所示为 RT-flex 柴油机的燃油喷射量控制原理图。在非喷射燃油时间段内,气缸控制模块 CCM 不发出喷射燃油信号,三个电磁阀断电,控制伺服油不能进入喷射控制阀的信号端,喷射控制阀下位通,共轨管路中的 100 MPa 的燃油通过三个喷射控制阀下位,进入 ICU 油缸中,检测油缸中活塞位置,就知道该气缸喷油量的大小。喷油量是主控模块 MCM 通过比较速度控制器中的喷射油量和燃油指令信号的要求推算出的。CCM 根据曲轴角度传感器发送来的曲轴转角信号就可计算出喷射初始角,到达喷射初始角时刻 CCM 给 ICU 发喷油指令,使共轨电磁阀通电(这三个电磁阀是否同时通

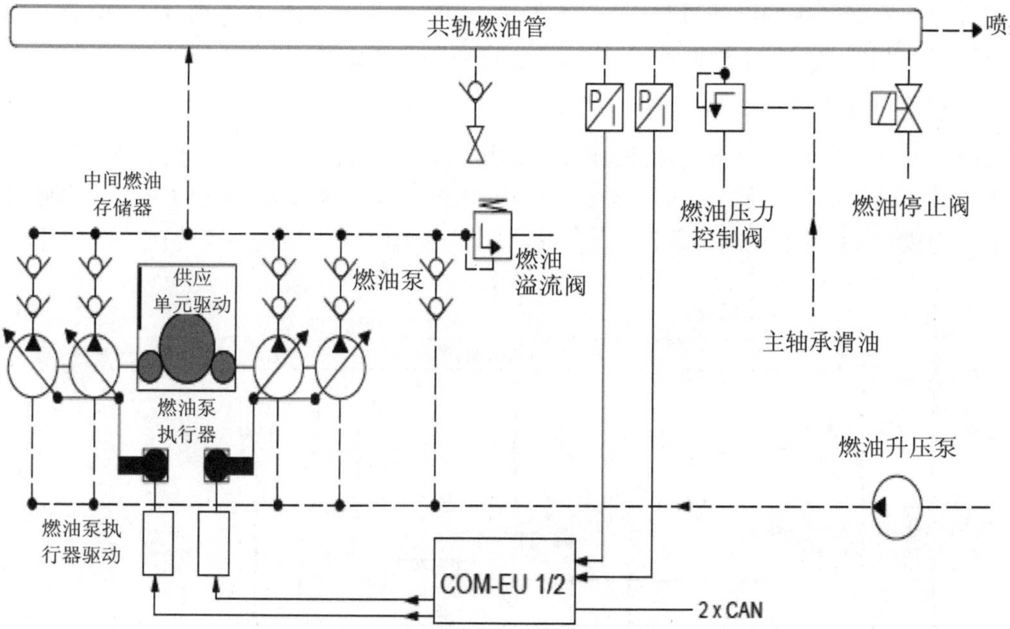

图 8-6　RT-flex 柴油机的共轨管路燃油压力控制原理图

电，取决于当时柴油机的负荷和转速，如低速、低负荷时，只需一个电磁阀工作，即一个喷油器工作），这时相应的液压伺服控制油出现在喷射控制阀的信号端，使其上位通，这时共轨管路的燃油被堵塞，油缸中 100 MPa 燃油再通过活塞驱动，通过喷油器喷入气缸，进行雾化燃烧。

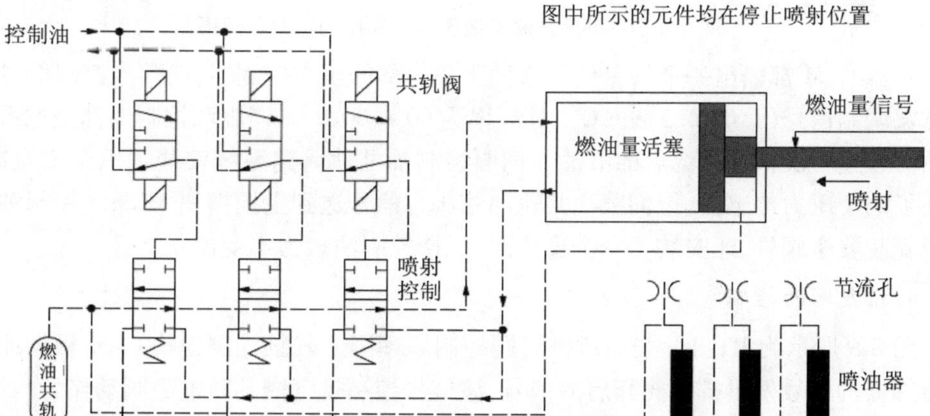

图 8-7　RT-flex 柴油机燃油喷射量控制原理图

由于各阀件启、闭需要时间，为了准确定时喷油，需要计算出延时时间，通常把触发信号发出时刻到有效喷射的时刻之间的差值称为喷射动作滞后时间。根据之前循环的喷射动作滞后时间可计算出下一个喷射循环。喷射系统还可以采集三个喷射电磁阀的开启时间来监测每次的循环,以保证正常工作。如果油量活塞传感器损坏了,控制系统将取代主控制器 MCM 的燃油指令信号,实行定量喷射控制。

3. 液压伺服油压力控制

图 8-8 所示为 RT-flex 柴油机液压控制油压力控制原理图。主控制模块 MCM 采集伺服油共轨油管的压力信号,与给定值 20 MPa 比较,若出现偏差,通过 CAN 总线使各气缸控制模块 CCM 去控制伺服油泵输出量,从而控制伺服油共轨油管的压力。每个气缸控制器 CCM 都输出一个指令信号给伺服泵内部的压力控制器,通常该控制信号是一个脉宽调制信号(1.0~2.5 A,AC),其频率为 60~100 Hz。伺服和控制油都是把系统润滑油再经过一次精细过滤后的滑油。伺服控制油共轨管路系统安装了一个安全阀,还安装了两个压力传感器,把伺服油共轨油管压力信号送到主控模块 MCM。控制油系统除了安装安全阀外,还安装了一个稳压阀,保持控制油压力不变。

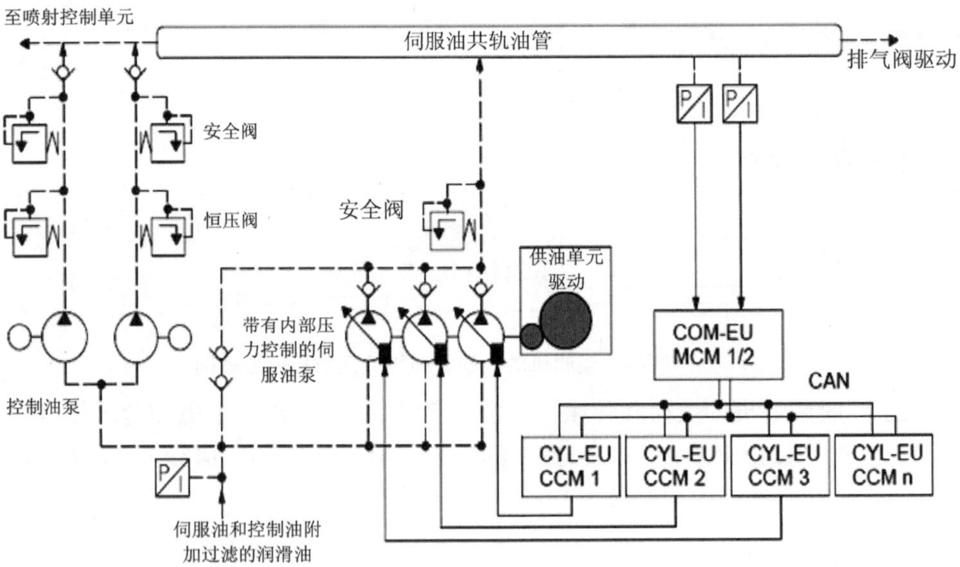

图 8-8 RT-flex 柴油机液压控制油压力控制原理图

4. 排气阀的控制

图 8-9 所示为 RT-flex 柴油机排气阀控制原理图。气缸控制模块 CCM 根据曲轴位置传感器的信号发出排气阀开启的信号,该信号控制排气阀共轨电磁阀动作,使其上位通,伺服油进入排气控制阀的信号端,也使其上位通,这时伺服油进入执行油缸,活塞移动,把 0.4 MPa 的液压油增压后推入排气阀的上油室,排气阀阀杆下移打开,进行排气;同时,排气阀动作的位置由两个冗余设计的位置传感器进行监测,反馈给气缸控制模块 CCM,监视排气阀是否开启。若一个位置传感器损坏,另一个传感器可继续使用,这时会给出报警信号。若两个位置传感器都损坏,CCM 内部的固定动作程序仍然保持有效,排气阀仍能工作。同样,CCM 发出排气指令到排气阀打开,也有延时,称其为排气动作滞后时间。计算开起动作滞后时间以排气阀的 0~15%的行程为终止,计算关闭动

作滞后时间以排气阀的15%～100%的阀行程为终止。每个动作滞后时间都可通过之前的动作滞后时间来调校下一个循环的动作滞后时间，这样，就可准确控制排气阀打开（VEO）和关闭（VEC）时刻。

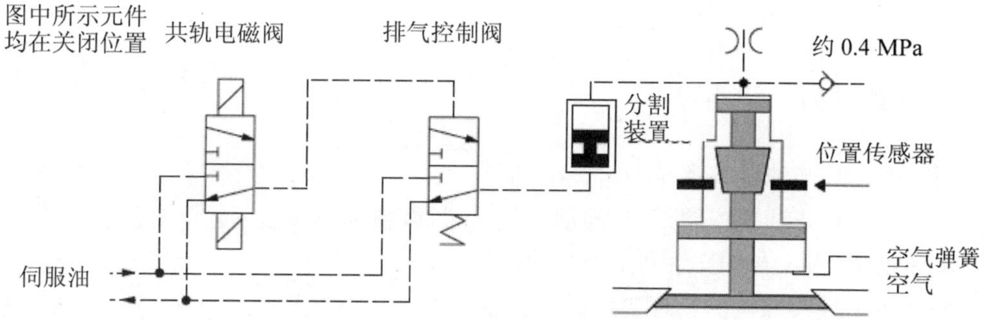

图 8-9　RT-flex 柴油机的排气阀控制原理图

5. 柴油机的转速控制

RT-flex 柴油机的转速控制由一个独立于 WECS 控制系统的转速控制器来完成。图 8-10 所示为该机型的转速控制原理图。转速控制器接收到车钟的转速命令之后，与现时采集到的主机转速进行比较，得到一个偏差值。转速控制器根据偏差值的大小、现时主机负荷状态等综合信息计算出需要提供多少燃油的命令给 WESC 控制系统的主控模块 MCM。主控模块通过 CAN 总线将数据传给每个气缸控制模块 CCM，气缸控制模块再输出信号给 ICU 的共轨电磁阀，共轨电磁阀就可控制燃油喷射定时和喷油量。油量活塞位置信号（代表喷油量的大小）反馈给气缸控制模块 CCM，进行燃油量闭环控制，同时也反馈给主机转速控制器，便于进行下一步的转速控制。

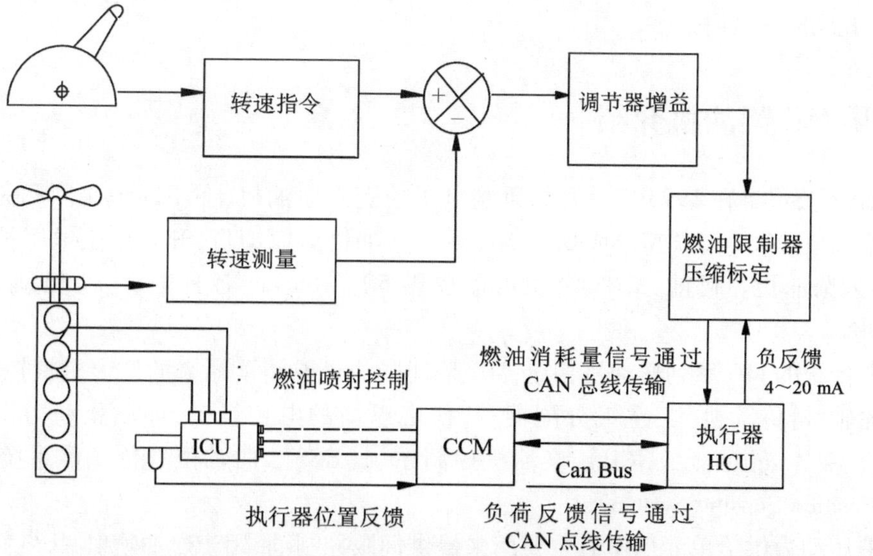

图 8-10　RT-flex 柴油机的转速控制原理图

第三节　MAN B&W ME 柴油机

一、学习目标

1. 了解 ME 柴油机基本结构。
2. 了解 ME 柴油机控制系统、起动条件、运行调整和典型故障排除方法。
3. 了解 RT-flex 与 ME 系列柴油机的比较。
4. 了解电控柴油机的管理要点。

二、学习任务

1. ME 柴油机的基本结构。
2. ME 柴油机控制系统、起动条件、运行调整和典型故障排除方法。
3. RT-flex 与 ME 系列柴油机的比较。
4. 电控柴油机的管理要点。

三、环境设备

1. ME 柴油机。
2. RT-flex 柴油机。

四、ME 柴油机介绍

MAN 公司早在 1993 年就开始研制电子控制式柴油机,在不断地研制和完善软硬件的基础上,2003 年以其最成功的 MC 系列柴油机为原型机,开发出全电子控制式的 ME 系列柴油机。目前,MAN 公司可以提供 50～108 cm 各种缸径 15 种型号的 ME 柴油机。

与传统的 MC 系列柴油机相比,ME 系列柴油机取消了原来的许多机械控制设备,如凸轮轴、链传动机构、空气分配器等,代之以新的电控设备,如液压动力供给单元(HPS)、液压气缸单元(HCU)、柴油机控制系统(ECS)、曲轴位置传感器系统(Crankshaft Position Sensing System)。

液压动力供给单元(HPS)主要用来提供伺服控制油,用于燃油喷射、排气阀启闭及气缸润滑。如图 8-11 所示,它主要由电动液压泵和机带液压泵组成。

柴油机起动前,电动液压泵给液压气缸单元供给 17.5 MPa 的液压油,用来起动主

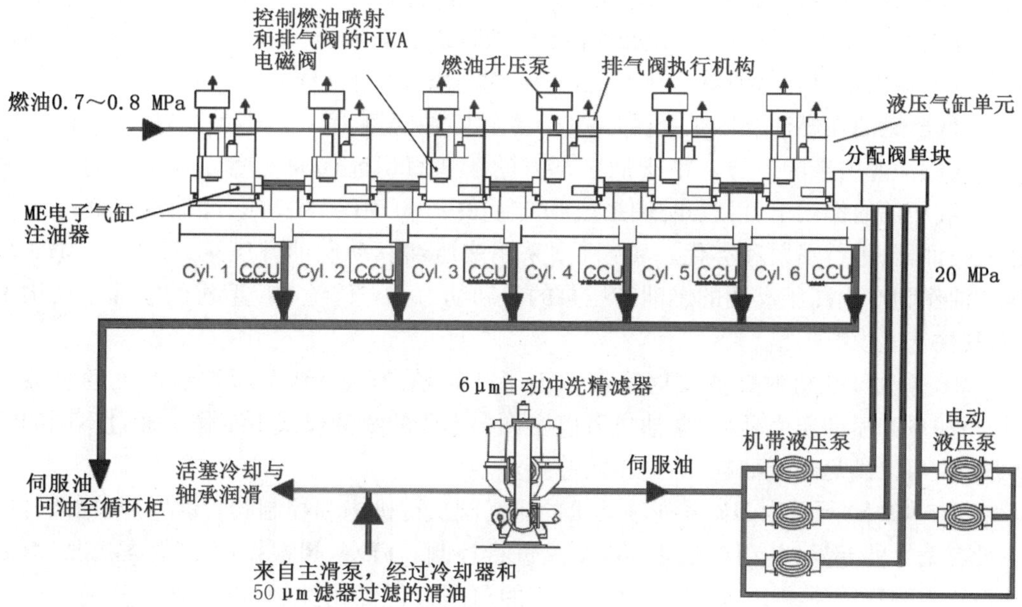

图 8-11　ME 型柴油机液压系统和液压气缸单元图

机。柴油机起动后，机带轴向柱塞泵投入工作，向系统供给压力约 20 MPa 的伺服油。当柴油机转速达到 15%最大持续功率（MCR）对应转速时，两台电动液压泵自动停止。

液压气缸单元（HCU）每缸一个，用于控制各缸的燃油喷射、排气阀启闭和气缸润滑，如图 8-11 上半部分所示。各缸的液压气缸单元（HCU）上各有一只具有比例控制功能的电磁阀，称为气缸控制阀（FIVA 阀），同时控制燃油喷射和排气阀的启闭，如图 8-12 所示。

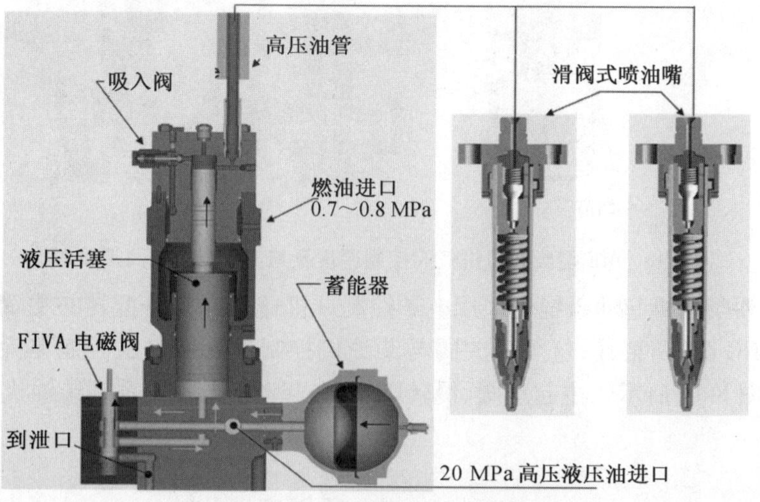

图 8-12　ME 型柴油机的燃油喷射系统

0.7~0.8 MPa 的低压燃油由低压燃油泵送至燃油升压泵入口,而由液压动力供给单元提供的 20 MPa 的伺服液压油经双壁供油管道送至液压气缸单元,通过 FIVA 阀控制各缸的喷油正时和喷油量。在不进行燃油喷射时,由于 FIVA 阀封闭,燃油升压泵不工作,低压燃油在燃油升压泵处循环;如果到达喷油时刻,FIVA 阀动作,20 MPa 的液压油进入燃油升压泵的下方。由于油泵下方的活塞面积远远大于燃油升压泵的柱塞面积,在液压油的作用下,可以迅速使燃油产生 60~100 MPa 的高压,继而通过高压油管送入喷油器,进行喷射和雾化。ME 机型采用液压油驱动燃油升压泵,即用 20 MPa 高压滑油作为产生高压燃油的燃油升压泵的驱动动力。与传统 MC 型机的喷油泵结构不同,其柱塞上没有斜槽。

ME 系列柴油机的燃油喷射系统取消了凸轮轴,利用 FIVA 阀控制燃油的喷油正时、喷油量和喷油压力,因而柴油机可以在许多不同的喷油模式下工作。通过不同的喷油模式,可以满足降低油耗、减少排放等要求。

图 8-13(a)所示为 ME 系列柴油机的排气阀执行机构和控制阀,其结构与燃油升压泵没有太大的差异,其动作也由 FIVA 阀进行控制。FIVA 阀根据气缸燃烧状况,由微处理器控制程序系统 ECSP 对各缸排气阀的启闭进行优化控制,以达到最佳的扫气和压缩效果并满足燃烧与排放要求。与传统 MC 型机的排气阀执行器结构不同,ME 系列柴油机采用双液压活塞。此外,排气阀上方的液压传动器结构也已优化改进。

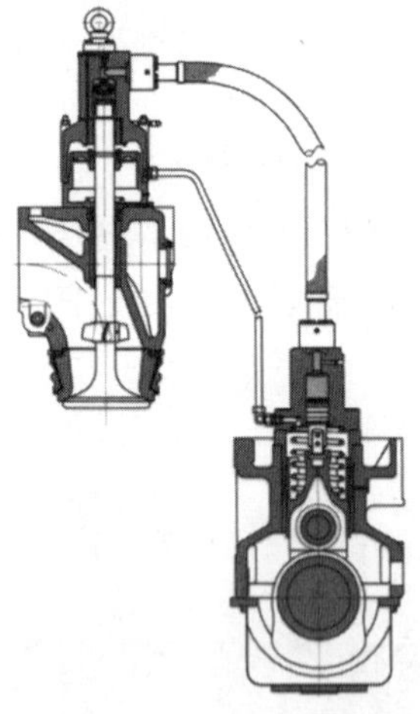

(a)

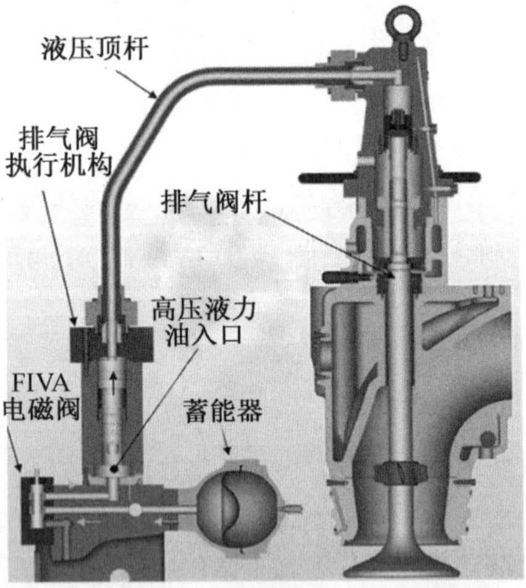

(b)

图 8-13 ME 型柴油机排气阀控制原理及与 MC 型排气阀控制对比

ME 系列柴油机起动系统也采用电子控制。机械式空气分配器被更简单的电子控制开关阀(NC 阀)所替代,这个开关阀与柴油机控制单元和气缸控制单元连接并受它们控制,如图 8-14 所示。主起动阀、慢转阀、气缸起动阀与 MC 系列柴油机类同。

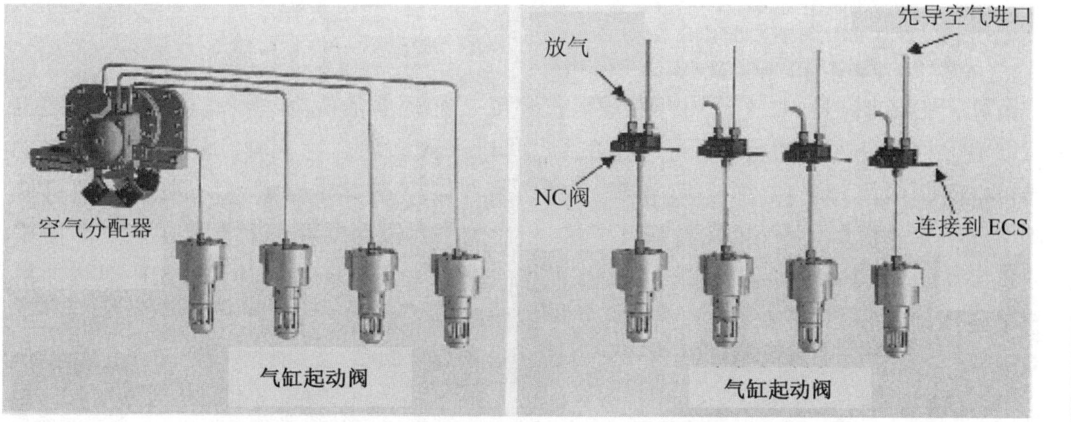

图 8-14 MC(左)与 ME 柴油机(右)起动系统比较

五、ME 柴油机控制系统、起动条件、运行调整和典型故障排除方法

ME 型柴油机通过人机交互界面 MOP,实现人机交流和操作。其起动条件和运行调整,与 MC 型柴油机相比都有创新,实现了柴油机电子化数字调整和操作过程实时监控,不仅便于操作与排查故障,而且消除了人为误差,提高了柴油机性能。

1. 柴油机控制系统

控制系统主要由多个多功能控制器(数量与机型有关)、控制网络(A 和 B)、主操作面板(MOP,A 和 B)、机旁操作面板(LOP)组成。多功能控制器具有相同的硬件,但软件功能不同。所有应用软件备份在两个主操作面板电脑里。在更换新的控制器时,新的备件控制器会通过控制网络自动下载相应的软件。两个相互备用网络连接所有多功能控制器和两个主操作面板。主操作面板是柴油机操作界面。

多功能控制器承担的功能有:

(1)柴油机通信控制单元(EICU,A 和 B)

该单元与驾驶台控制面板、机舱控制室面板连接,作用是和外部系统进行通信、转速设置。

(2)柴油机控制单元(ECU,A 和 B)

该单元与机旁操作面板、气缸控制单元、辅助控制单元连接,作用是:①起动/停车逻辑判断;②柴油机转速控制和限制;③柴油机运行模式控制。

(3)气缸控制单元(CCU)

每个气缸 1 个。其作用是:①控制 FIVA 阀(燃油喷射和排气阀动作);②控制气缸起动阀;③控制 Alpha 气缸注油器。

(4)辅助控制单元(ACU)

辅助控制单元共有 3 个。其作用是:①控制辅助鼓风机;②控制电动液压泵;③控制机带液压泵。某些大机型的 ME 柴油机机带液压泵会超过 4 台,自第 4 台机带液压泵起由柴油机控制单元控制。

2. 柴油机起动条件

ME 型柴油机是 MAN 公司开发的电控喷射二冲程柴油机。它没有凸轮轴,当然也就取消了空气分配器的起动凸轮、燃油凸轮和排气阀凸轮。这三种凸轮的定时控制功能被电磁阀取代,控制更加迅速、准确。起动条件以检查表的形式一一列出,对值班轮机员和主管轮机员、大管轮来说一目了然,相对 MC 型柴油机进行了重大变革。即使柴油机发生起动故障无法起动,轮机员也能够依据检查表迅速排查故障。ME 型柴油机起动条件如图 8-15 所示。

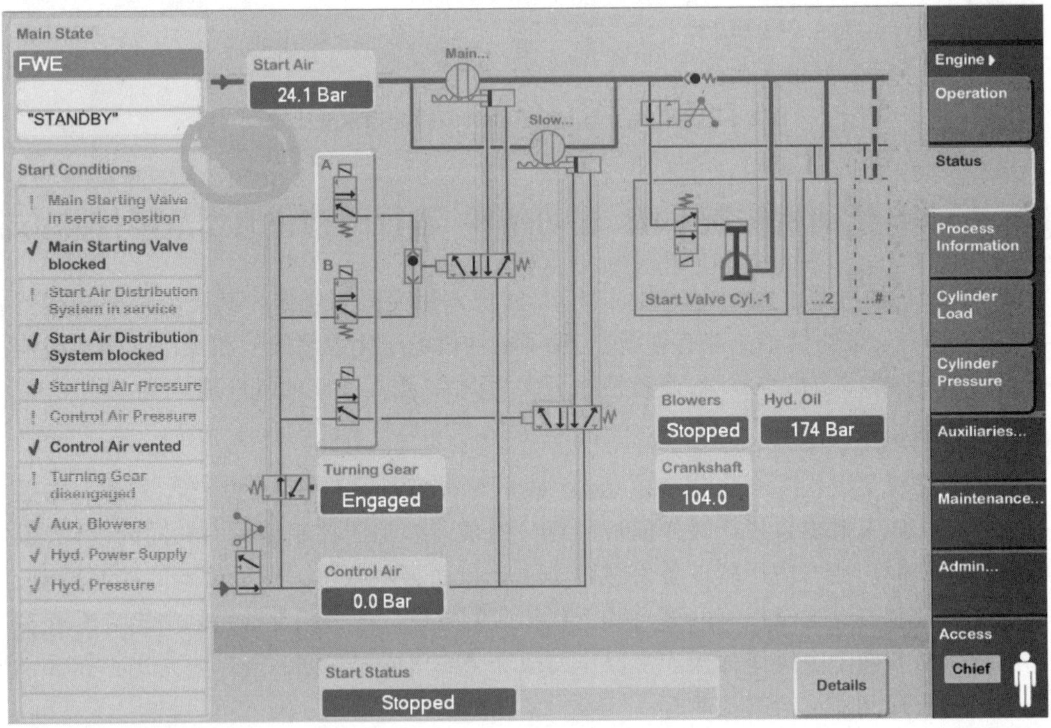

图 8-15 ME 型柴油机起动条件

管理过 MC 型柴油机的轮机管理人员对图 8-15 所示 ME 型柴油机起动逻辑图应该非常熟悉,因为多数内容相同。对于主起动阀(大球阀)、辅起动阀(小球阀)、单气路式气缸起动阀、盘车机联锁阀,两种机型都一样。不同之处在于:(1)每个气缸起动阀前气路增添了一个起动电磁阀,由它控制气缸起动阀开关和柴油机起动定时。(2)主起动空气气路与控制气缸起动阀的电磁阀之间气路上增添了一个手控阀,柴油机起动条件中的“Start Air Distribution System”(起动空气分配系统)指的就是此阀。(3)控制主起动阀的是两个主起动阀电磁阀(A 和 B);控制慢转阀的是一个慢转电磁阀。(4)关键参数和设备状态直接显示、指示。如图 8-15 所示内容为起动空气压力 2.41 MPa;控制空气压力 0.0 Mpa;辅助鼓风机停止状态;动力液压油压力 17.4 MPa;曲轴位置 104°;盘车机啮合状态。

左侧一栏指示柴油机的起动条件,具体是:

(1) Main Starting Valve in service position(主起动阀在工作位置)。

(2) Main Starting Valve blocked(主起动阀锁闭)。

(3) Start Air Distribution System in service(起动空气分配系统在工作位置)。

(4) Start Air Distribution System blocked(起动空气分配系统锁闭)。

(5) Start Air Pressure(起动空气压力)。

(6) Control Air Pressure(控制空气压力)。

(7) Control Air vented(控制空气卸放)。

(8) Turning Gear disengaged(盘车机脱开)。

(9) Aux. Blowers(辅助鼓风机)。

(10) Hyd. Power Supply(液压动力供应单元)。

(11) Hyd. Pressure(液压动力油压力)。

显然,上述 11 个条件中当前指示的是(2)(4)(5)(7)四个条件(用"√"指示),不具备柴油机起动的条件,柴油机起动被锁闭。其原因是:①控制空气压力 0.0 MPa,低于 0.55 MPa,进一步致使主起动阀、慢转阀处于锁闭位置;②盘车机处于啮合状态,盘车机联锁阀起作用,致使主起动阀、慢转阀没有开阀控制空气,因此处于锁闭位置;③辅助鼓风机处于停止状态;④动力液压油压力为 17.4 MPa,低于 17.5 MPa。

为了进一步查明、确认与柴油机起动条件相关的主要传感器通道号和状态,帮助分析故障原因,轮机员可直接点击图 8-15 右下角的"Details",页面将切换为图 8-16。由图 8-16 可以看出,ME 型柴油机设有两个起动空气压力传感器(8501—A,8501—B)、两个控制空气压力传感器(8503—A,8503—B)、两个曲轴位置传感器(4001—A,4001—B)。显示数字可以确认各传感器工作正常。此外,图 8-16 中的起动条件栏里的条件与图 8-15 中的相比多了一个,即 Turning Gear disengaged(盘车机脱开),原因是起动逻辑图盘车机状态已显示为"Disengaged"。柴油机仍然不具备起动的条件,柴油机继续锁闭起动。具体原因是当前主机状态是"FWE"(完车),因此:①控制空气关闭;②辅助鼓风机停止;③两台电动液压油泵停止。

柴油机备车起动时,通过柴油机主操作面板(MOP)Engine→Operation,将页面切换为如图 8-17 所示的界面。"Main State"(主机状态)设置为"Standby"(备车),两台电动液压油泵立即起动,图中动力液压油压力迅速升高。点击图 8-17"Prepare Start"(起动准备),气缸注油器、辅助鼓风机将立即起动,为柴油机起动做准备。值班人员开阀向柴油机提供控制空气;主起动空气气路与控制气缸起动阀的电磁阀之间气路上的手控阀打开。至此,柴油机的起动条件已全部满足,如图 8-18 所示。

3. 柴油机运行调整

ME 型柴油机主要运转参数,如气缸负荷、最大气缸压力、压缩比,要随柴油机各缸运转工况做相应调整。柴油机运转期间遇到突发情况,会进行轮机长油门限制、单缸停油操作。国际社会对船舶主柴油机排放废气中的 SO_x 限制日益严格,要求船舶在硫限制区航行时必须燃用低硫燃油,这就要求气缸油注油率要与燃用燃油硫分相一致,必须进行调整。柴油机磨合期或单缸磨合运转也要求调整气缸油注油率。上述都可以通过

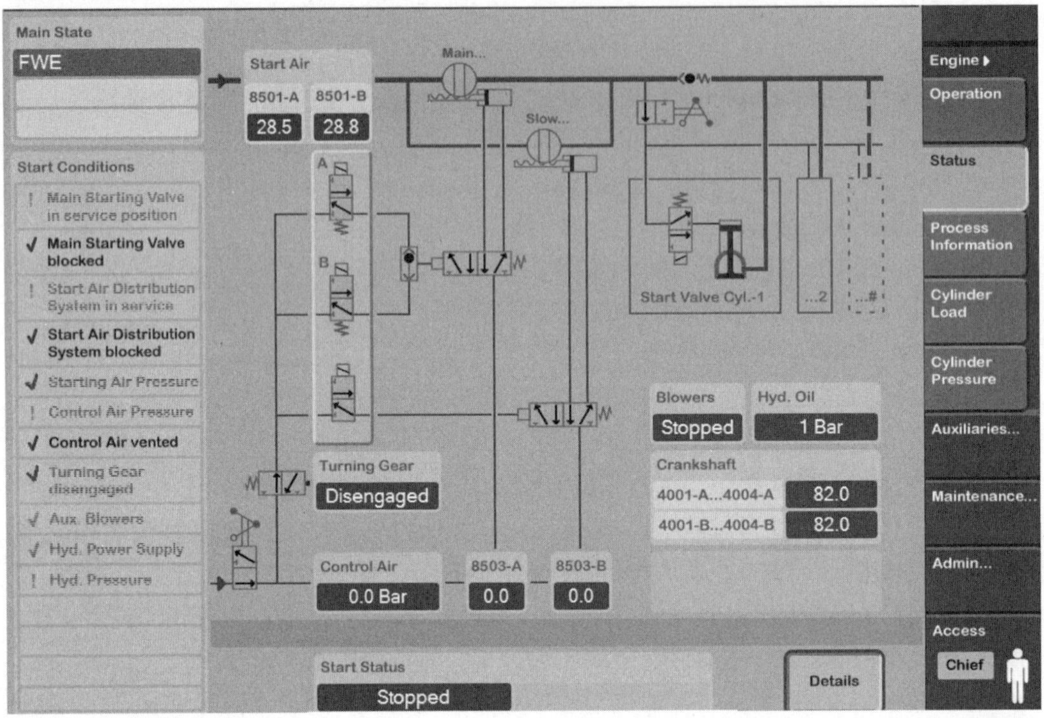
Main State
FWE
Start Conditions
Main Starting Valve in service position
Main Starting Valve blocked
Start Air Distribution System in service
Start Air Distribution System blocked
Starting Air Pressure
Control Air Pressure
Control Air vented
Turning Gear disengaged
Aux. Blowers
Hyd. Power Supply
Hyd. Pressure
Start Air
8501-A
8501-B
28.5
28.8
Main...
Slow...
A
B
Start Valve Cyl.-1
...2
...#
Blowers
Stopped
Hyd. Oil
1 Bar
Crankshaft
4001-A...4004-A
82.0
4001-B...4004-B
82.0
Turning Gear
Disengaged
Control Air
0.0 Bar
8503-A
0.0
8503-B
0.0
Start Status
Stopped
Details
Engine ▸
Operation
Status
Process Information
Cylinder Load
Cylinder Pressure
Auxiliaries...
Maintenance...
Admin...
Access
Chief

图 8-16

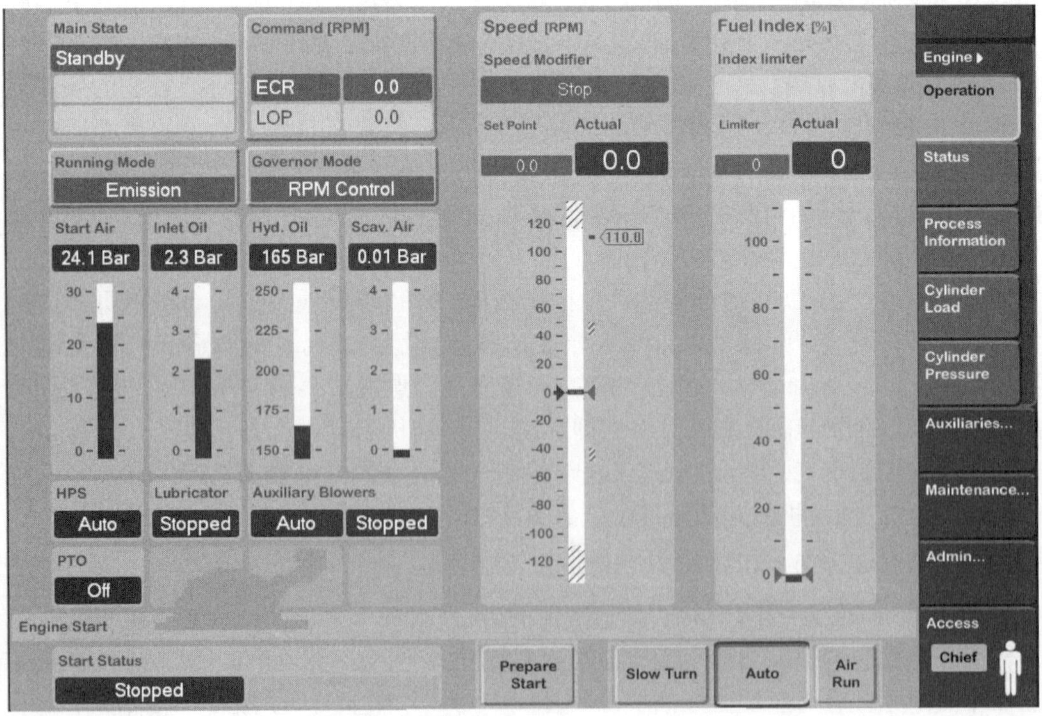
Main State
Standby
Command [RPM]
ECR
0.0
LOP
0.0
Speed [RPM]
Speed Modifier
Stop
Set Point
Actual
0.0
0.0
110.0
Fuel Index [%]
Index limiter
Limiter
Actual
0
0
Running Mode
Emission
Governor Mode
RPM Control
Start Air
24.1 Bar
Inlet Oil
2.3 Bar
Hyd. Oil
165 Bar
Scav. Air
0.01 Bar
HPS
Auto
Lubricator
Stopped
Auxiliary Blowers
Auto
Stopped
PTO
Off
Engine Start
Start Status
Stopped
Prepare Start
Slow Turn
Auto
Air Run
Engine ▸
Operation
Status
Process Information
Cylinder Load
Cylinder Pressure
Auxiliaries...
Maintenance...
Admin...
Access
Chief

图 8-17

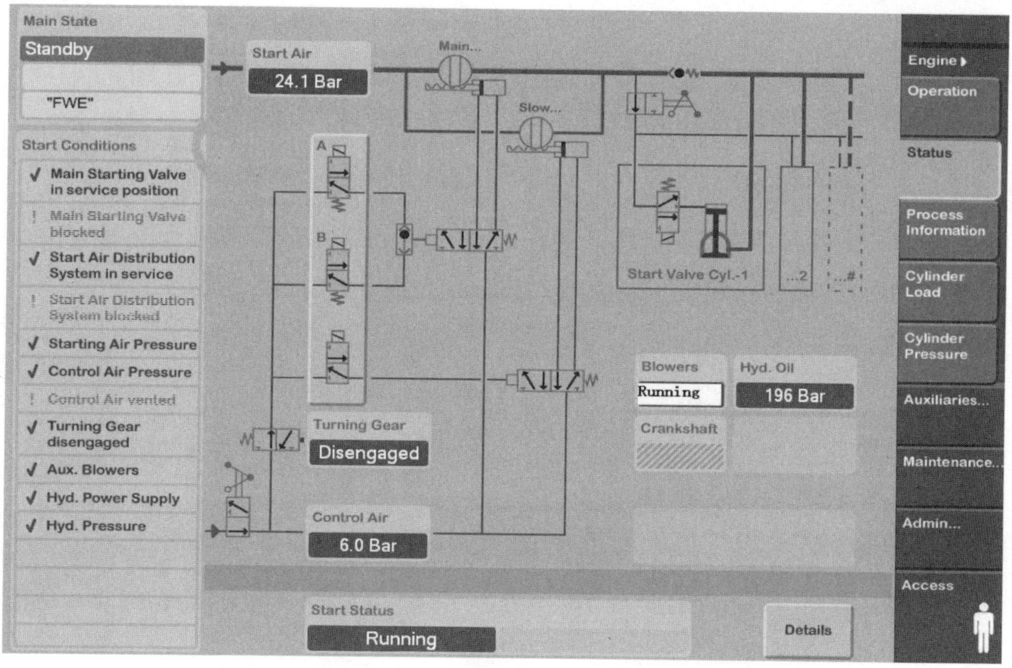

图 8-18

主操作面板进行调整，而且全部实现电子化数字调整，操作简单，也消除了人为误差。

（1）气缸负荷调整

该项调整实际上是对整台柴油机或单缸供油量进行调整。通过柴油机主操作面板（MOP）Engine→Cylinder Load，将页面切换为图 8-19 所示界面。如对 No. 5 缸负荷进行调整，超过 50%标定功率在“Offset High Load”对应栏调，不超过 50%标定功率在“Offset Low Load”对应栏调。点击 No. 5 缸区域（黄框内），页面切换为图 8-20 所示界面。利用页面最下面的参数修改栏输入参数，完成该项操作。

（2）轮机长油门限制和单缸停油操作

轮机长油门限制（Chief Index Limit）也是对整台柴油机或单缸供油量进行调整，如图 8-19 所示。如将某缸限制调为 0，则实现该缸单缸停油。调整方法与气缸负荷调整类同。

（3）最大气缸压力调整

最大气缸压力调整（Maximum Cylinder Pressure Offset）实质上是调整柴油机喷油提前角。通过柴油机主操作面板（MOP）Engine→Cylinder Pressure 进行该项调整，可以整机总调，也可以每缸单独调整。点击需要调整的区域，然后利用页面最下面的参数修改栏输入参数，完成该项操作。

（4）压缩比调整

压缩比调整（Compression Ratio Offset）实质上是调整柴油机排气阀关闭定时。通过柴油机主操作面板（MOP）Engine→Cylinder Pressure 进行该项调整，可以整机总调，也可以每缸单独调整。点击需要调整的区域，然后利用页面最下面的参数修改栏输入参数，完成该项操作。

Offset High Load [%]
0
10
0
-10
0 0 0 0 0 0 0 0 0 0 0 0
Offset Low Load [%]
0 0 0 0 0 0 0 0 0 0 0 0
5
0
-5
Chief Index Limit [%]
110
100
50
0
100 110 110 110 110 110 110 110 110 110 110 110
Exhaust Valve Operation
Enabled Enabled Enabled Enabled Enabled Enabled Enabled Enabled Enabled Enabled Enabled Enabled
Engine
Operation
Status
Process Information
Cylinder Load
Cylinder Pressure
Auxiliaries...
Maintenance...
Admin...
Access
Chief

图 8-19

All 1 2 3 4 5 6 7 8 9 10 11 12
Offset High Load [%]
0
10
0
-10
3 0 0 0 0 0 8 0 0 0 0 0
Offset Low Load [%]
0 0 0 2 0 0 0 3 0 0 0 0
5
0
-5
Chief Index Limit [%]
100
100
50
0
110 110 110 110 110 110 110 110 110 110 110 110
Exhaust Valve Operation
Enabled Enabled Enabled Enabled Enabled Enabled Enabled Enabled Enabled Enabled Enabled Enabled
Offset High Load - Cyl. 5
Current
0
New
2
Apply
Engine
Operation
Status
Process Information
Cylinder Load
Cylinder Pressure
Auxiliaries...
Maintenance...
Admin...
Access
Chief

图 8-20

(5)燃油硫分对应的气缸油注油率调整

柴油机气缸油注油率必须与燃用的燃油硫分一致,才能保证气缸良好润滑。通过柴油机主操作面板(MOP)Auxiliaries→Cylinder Lubricators 进行该项调整。点击“S%”区域,页面切换为图 8-21 所示界面。利用页面最下面的参数修改栏输入燃用燃油的硫分(S%),完成该项操作。

(6)柴油机气缸油注油率调整

柴油机气缸油注油率调整只能每缸单独调整。如图 8-21 所示,通过“Feed Rate Adjust Factor”栏调整,方法与燃油硫分对应的气缸油注油率调整类同。

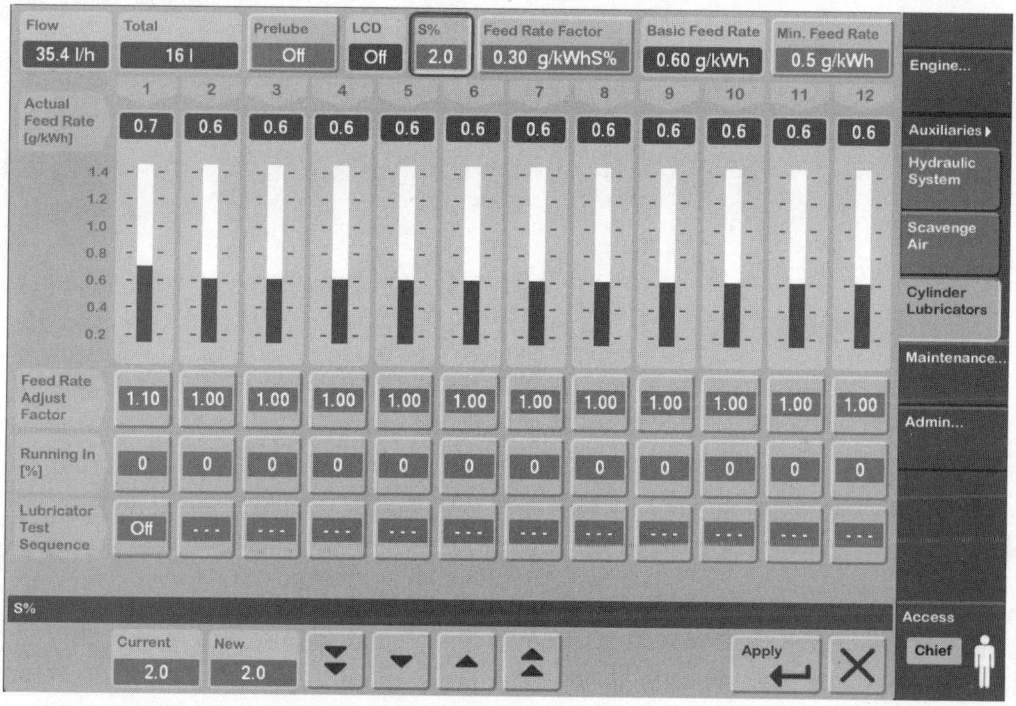

图 8-21

(7)磨合运转气缸油注油率调整

磨合运转气缸油注油率调整只能每缸单独调整。如图 8-21 所示,通过“Running In”栏调整,方法与燃油硫分对应的气缸油注油率调整类同。柴油机磨合运转对应的气缸油注油率较正常运行值要大些。

4. 由扫气空气压力限制导致的不能加速典型故障处理

某船主柴油机型号为 7S60ME-C,标定转速 110 r/min。该船于 2011 年 9 月自西班牙巴塞罗那港开航定速,主机转速加至 87.9 r/min 后再也无法加速。值班大管轮立即查看主操作面板 Engine→Operation(如图 8-22 所示),继续查看 Fuel Index[%]→Index limiter,显示为“Scav Air Pres”,显然主机油门受扫气空气压力限制导致无法加速。报警栏也有扫气空气压力低报警记录。

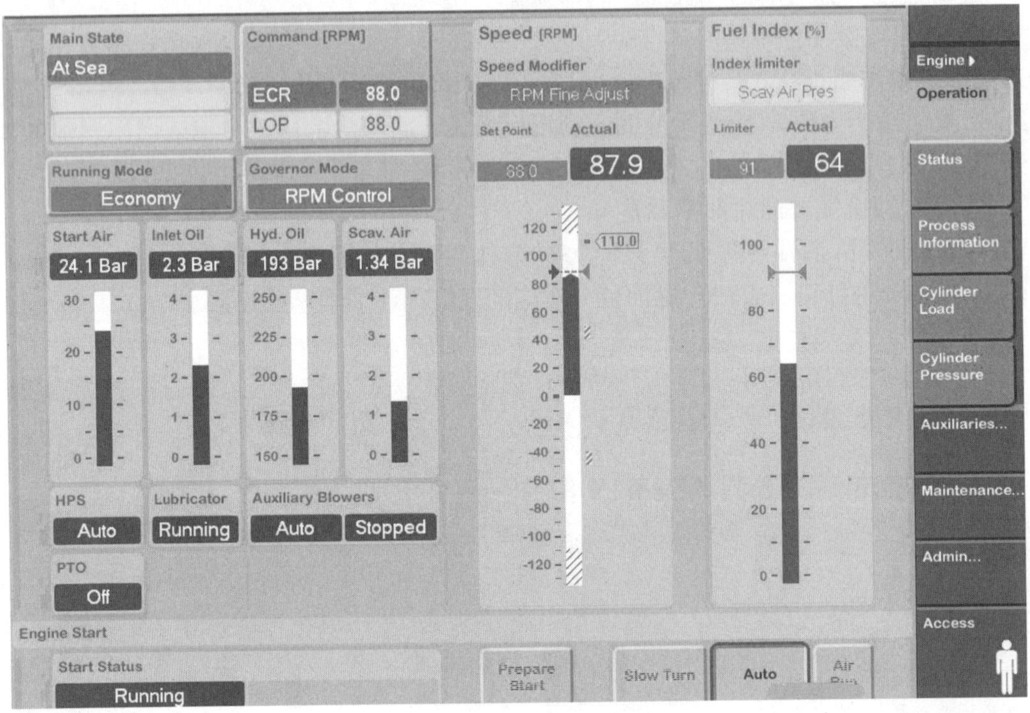

图 8-22

该主机有两个扫气空气压力传感器。为进一步确认故障原因,大管轮查看主操作面板 Auxiliaries→Scavenge Air(如图 8-23 所示)。点击右下角“Details”,页面切换为图 8-24。由图 8-24 可以看出,8601-A 扫气空气压力传感器压力值异常,而 8601-B 扫气空气压力传感器压力值正常。主机控制系统以两个扫气空气压力传感器输入的最小值作为油门限制参数对主机转速进行限制。

大管轮由主机说明书查找到 8601-A 扫气空气压力传感器信号是多功能控制器 ECU-A 的 35 号输入通道。查看主操作面板 Maintenance→System View I/O Test(如图 8-25 所示)。直接点击“ECU-A”,页面切换为图 8-26。图 8-26 的 35 号通道测试结果显示异常。至此,该主机不能加速的故障原因已经查找出来。

ME 型柴油机 ECU 的输入通道设置有屏蔽功能,用于保证主机正常操作。大管轮继续点击图 8-26 上的“35”通道号,页面切换为图 8-27。图 8-27 “Process Value”栏显示为 0.00,进一步验证故障原因。

点击图 8-27 “Process Value”,页面切换为图 8-28。图 8-28 左下角可设置两个通道状态,即 Valid(有效)和 Invalid(屏蔽)。大管轮将 35 号通道设定为“Invalid”,该通道立即被屏蔽,即不起作用了。大管轮查看 Invalidated Inputs,页面切换为图 8-29。图 8-29 显示“ECUA35 号通道被屏蔽”,表明通道屏蔽成功,也为彻底解决故障提供了依据。此后,大管轮将主机加速到 105 r/min,主机加速操作恢复正常,故障暂时解决。

船舶抵达巴拿马运河后,大管轮将 8601—A 扫气空气压力传感器换新。换新后按图 8-28 所示,将 ECU—A 35 号通道设定为“Valid”,该通道立即恢复使用,开始起作用。

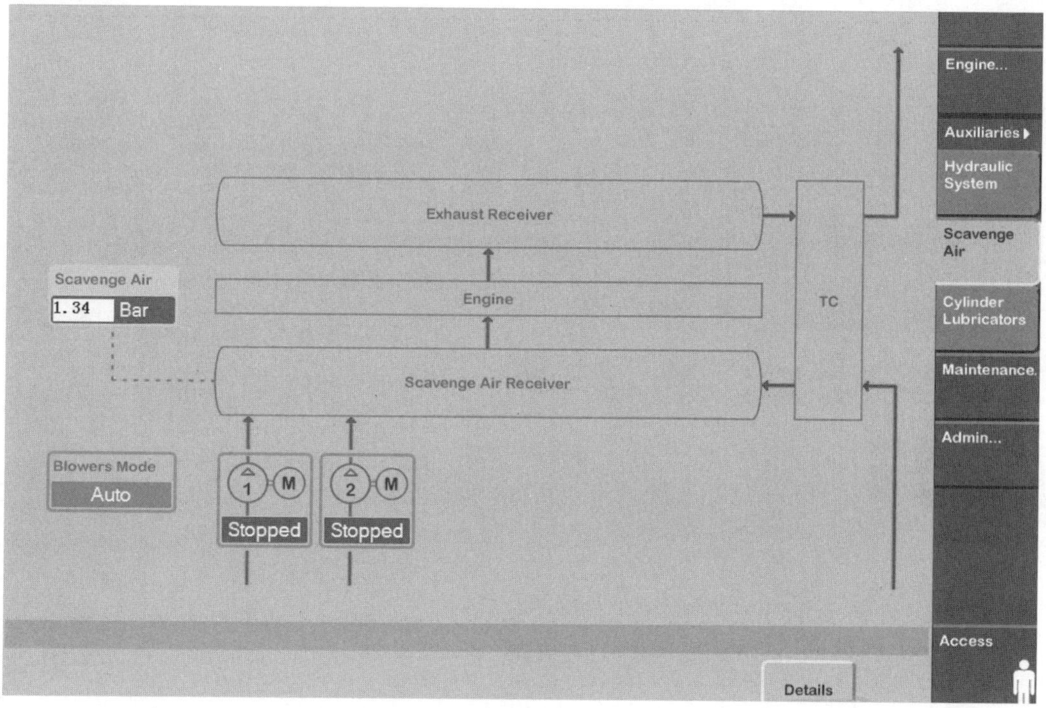
Engine...
Auxiliaries
Hydraulic System
Scavenge Air
Cylinder Lubricators
Maintenance.
Admin...
Access
Exhaust Receiver
Engine
Scavenge Air Receiver
TC
Scavenge Air
1. 34
Bar
Blowers Mode
Auto
1
M
Stopped
2
M
Stopped
Details

图 8-23

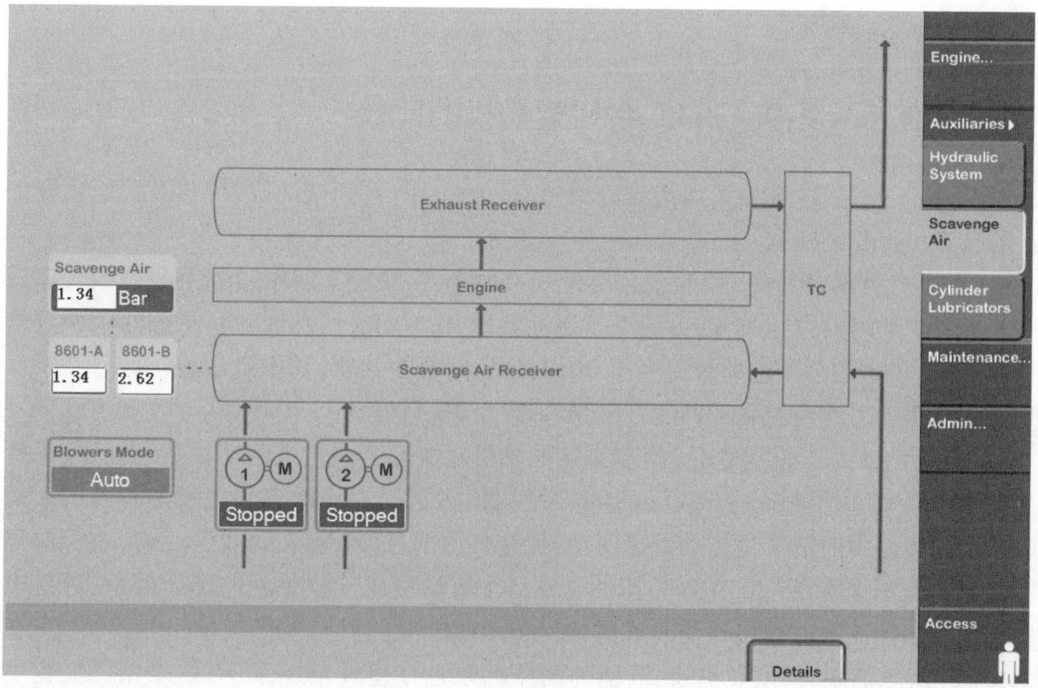
Engine...
Auxiliaries
Hydraulic System
Scavenge Air
Cylinder Lubricators
Maintenance...
Admin...
Access
Exhaust Receiver
Engine
Scavenge Air Receiver
TC
Scavenge Air
1. 34
Bar
8601-A
8601-B
1. 34
2. 62
Blowers Mode
Auto
1
M
Stopped
2
M
Stopped
Details

图 8-24

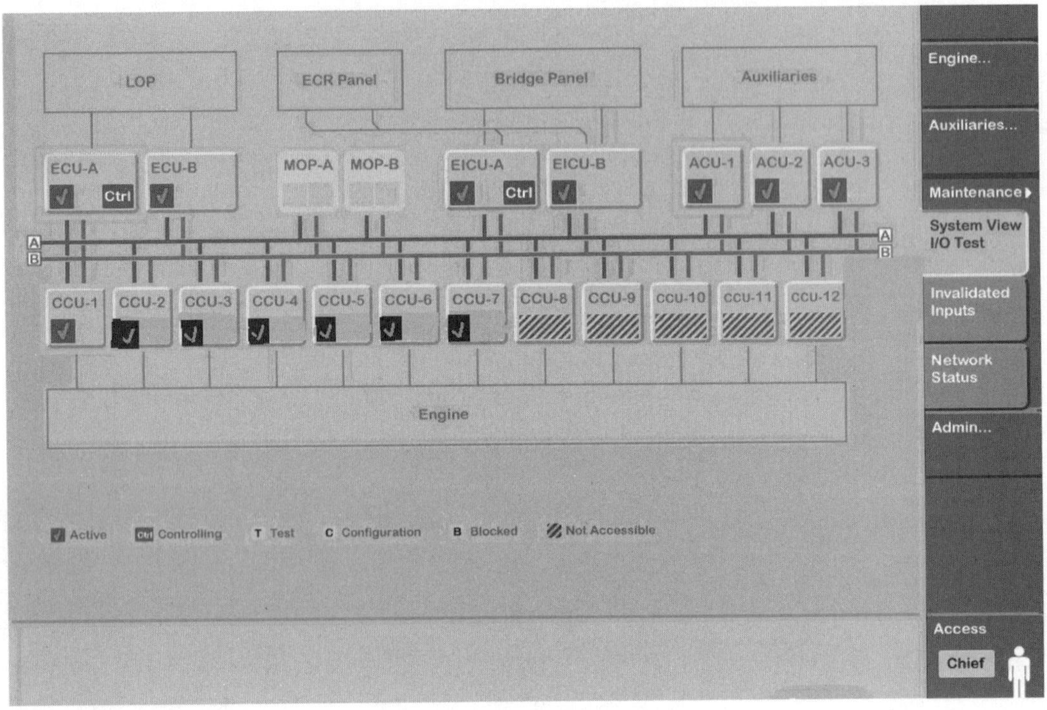

图 8-25

故障彻底解决。

六、RT-flex 系列与 ME 系列柴油机的比较

Wärtsilä 公司 RT-flex 系列柴油机和 MAN 公司 ME 系列柴油机有其共性,但也有一定的差异。主要区别有:

(1)共轨方面:RT-flex 机型的公共油轨有两个:一个是 20 MPa 的伺服油共轨,用来驱动排气阀和喷射控制单元;另一个是燃油共轨,100 MPa 的燃油在共轨燃油管中等待喷射。ME 机型的公共油轨仅是一个 20 MPa 的伺服油共轨,其作用与 RT-flex 相同,也是作为液压动力油用于驱动燃油升压泵和排气阀执行器。

(2)原始动力方面:RT-flex 机型采用曲轴带动的复合凸轮来驱动共轨燃油泵,保持油轨中 100 MPa 的油压,从而以预定的高喷射压力把燃油输送到共轨燃油管等待。伺服油泵同样也由曲轴通过传动齿轮驱动,保持伺服滑油 20 MPa 的油压。ME 主机的伺服油泵也是轴带的,将 20 MPa 高压油送到每个缸的液压气缸单元的储压器中,等待电磁阀信号。储压器的作用是使高压滑油保持恒压。

(3)高压油泵方面:RT-flex 机型的高压油泵是柱塞式增压泵,与原来相比变化不大。而 ME 机型采用的是液压驱动高压油泵,前者是凸轮的传动使燃油泵柱塞上下运动,后者是用高压滑油作为产生高压燃油的驱动动力。

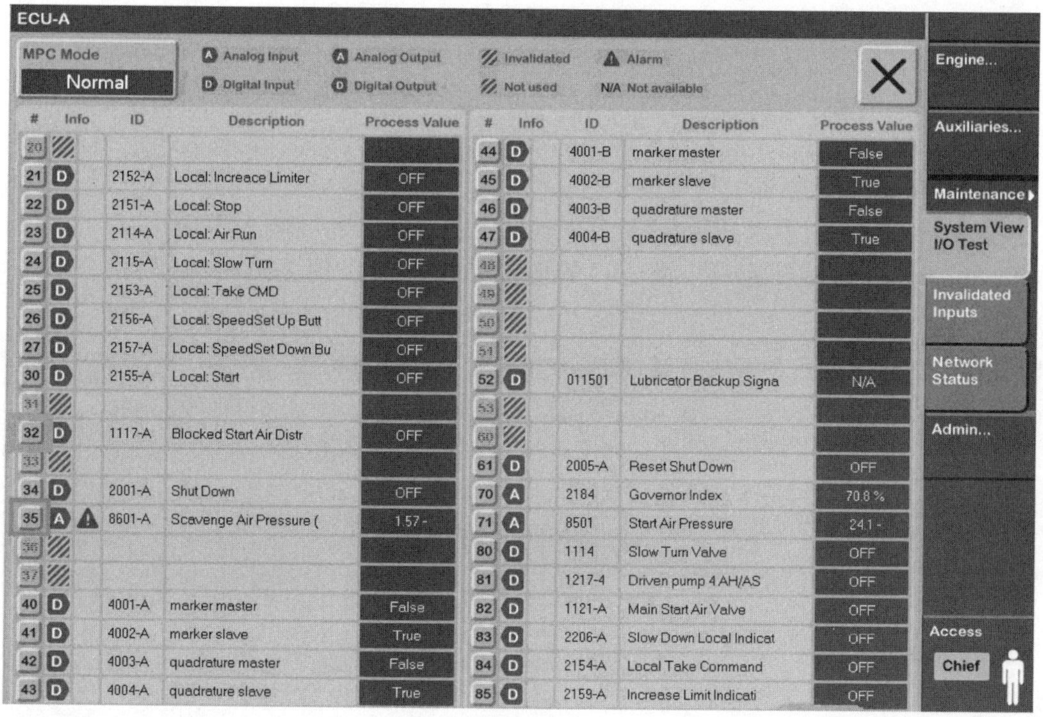
ECU-A
MPC Mode
Normal
Analog Input
Digital Input
Analog Output
Digital Output
Invalidated
Not used
Alarm
N/A Not available
Info ID Description Process Value
20
21 D 2152-A Local: Increace Limiter OFF
22 D 2151-A Local: Stop OFF
23 D 2114-A Local: Air Run OFF
24 D 2115-A Local: Slow Turn OFF
25 D 2153-A Local: Take CMD OFF
26 D 2156-A Local: SpeedSet Up Butt OFF
27 D 2157-A Local: SpeedSet Down Bu OFF
30 D 2155-A Local: Start OFF
31
32 D 1117-A Blocked Start Air Distr OFF
33
34 D 2001-A Shut Down OFF
35 A 8601-A Scavenge Air Pressure (1.57 -
36
37
40 D 4001-A marker master False
41 D 4002-A marker slave True
42 D 4003-A quadrature master False
43 D 4004-A quadrature slave True
44 D 4001-B marker master False
45 D 4002-B marker slave True
46 D 4003-B quadrature master False
47 D 4004-B quadrature slave True
48
49
50
51
52 D 011501 Lubricator Backup Signa N/A
53
60
61 D 2005-A Reset Shut Down OFF
70 A 2184 Governor Index 70.8 %
71 A 8501 Start Air Pressure 24.1 -
80 D 1114 Slow Turn Valve OFF
81 D 1217-4 Driven pump 4 AH/AS OFF
82 D 1121-A Main Start Air Valve OFF
83 D 2206-A Slow Down Local Indicat OFF
84 D 2154-A Local Take Command OFF
85 D 2159-A Increase Limit Indicati OFF
Engine...
Auxiliaries...
Maintenance
System View
I/O Test
Invalidated
Inputs
Network
Status
Admin...
Access
Chief

图 8-26

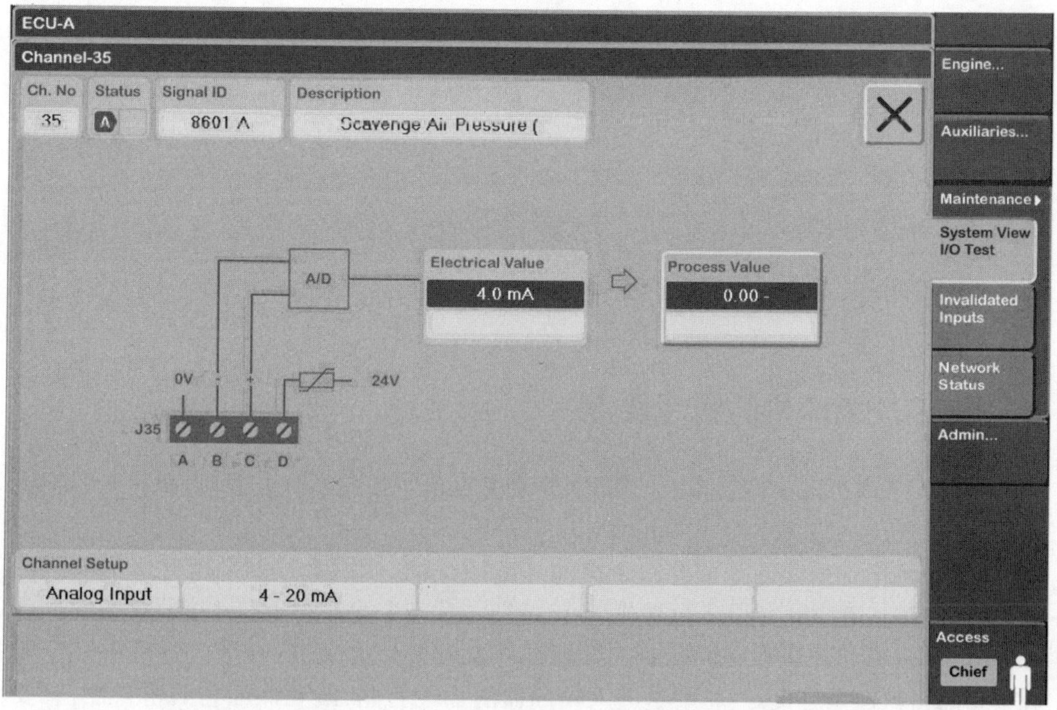
ECU-A
Channel-35
Ch. No
Status
Signal ID
Description
35
8601 A
Scavenge Air Pressure (
A/D
Electrical Value
4.0 mA
Process Value
0.00 -
0V
24V
J35
A B C D
Channel Setup
Analog Input
4 - 20 mA
Engine...
Auxiliaries...
Maintenance
System View
I/O Test
Invalidated
Inputs
Network
Status
Admin...
Access
Chief

图 8-27

(4)喷油控制方面:RT-flex 机型在控制喷油时由 WECS 控制系统发出信号给共轨电磁阀,由电磁阀控制伺服油,从而打开燃油喷射阀,使在共轨燃油管中等待的燃油经高压油管供给喷油器,完成燃油喷射过程。ME 机型在控制喷油时,同样是控制系统发出信号给 FIVA 阀,FIVA 阀控制伺服油驱动燃油升压泵,使燃油增压,进一步经高压油管供给喷油器,完成燃油喷射过程。

(5)燃油的来源方面:RT-flex 机型燃油喷射控制单元的燃油来自 100 MPa 的共轨燃油管;ME 机型的燃油升压泵进口的燃油是由低压燃油泵供给的压力为 0.7~0.8 MPa 的燃油。

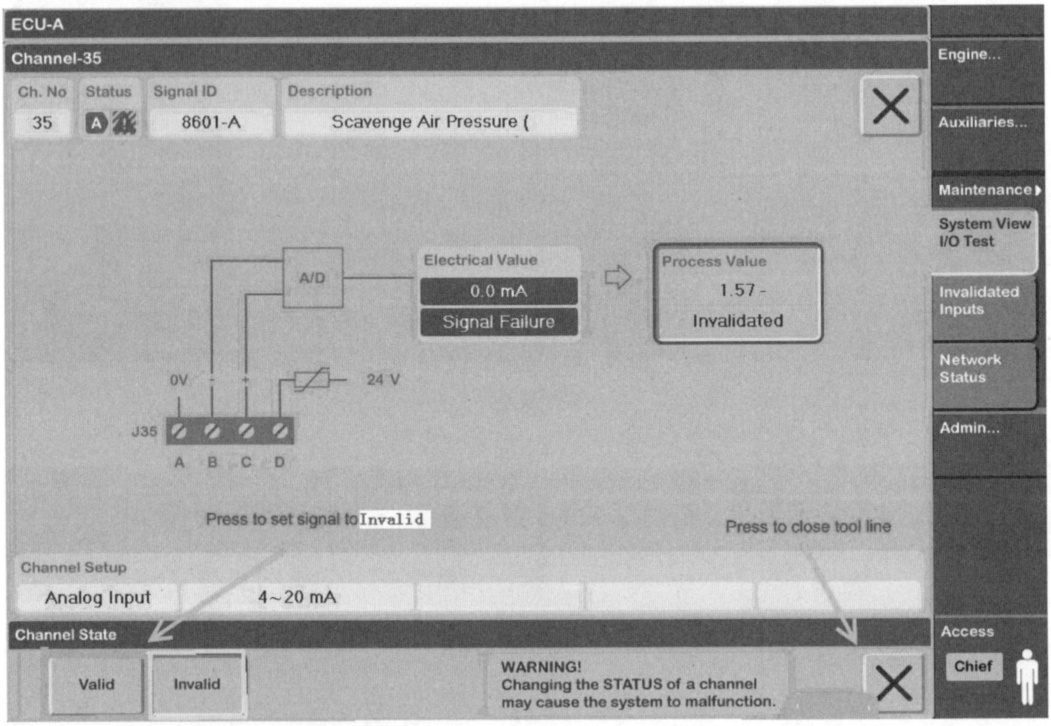

图 8-28

七、电控柴油机的管理要点

对电控柴油机应注重技术上的管理,特别是在电子控制系统方面,因而对船舶轮机管理人员的技术水平提出了更高的要求。主要有:

(1)保证滑油系统的清洁。由于滑油来自系统油,而用于控制系统时作为液压控制油使用,对其清洁度有很高的要求,应该特别注意各个滤器的状态并按要求清洗。

(2)确保共轨油压管路的密封。共轨油压系统的压力很高,在运行过程中一定要观察它的密封性是否良好,特别是进入喷油器的那段管路,既要保证它的密封性,又要保证它的膨胀不是太大,以免对喷射雾化产生不良影响。

(3)特别注意对电磁阀的维护保养。在共轨油压系统的控制单元中,电磁阀是很

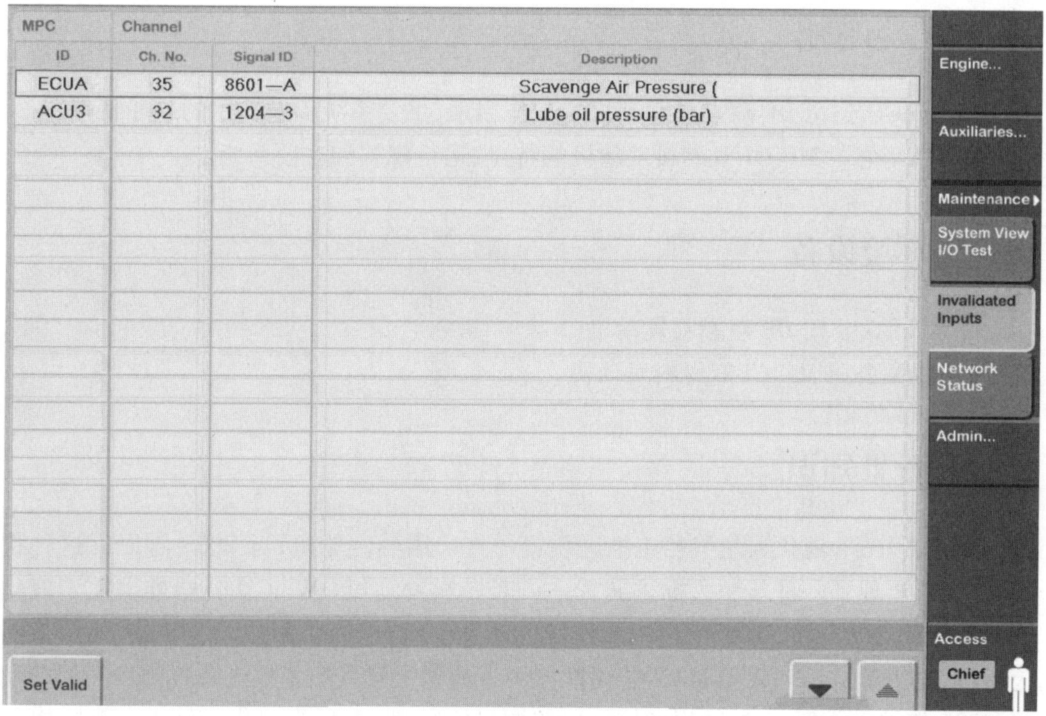

图 8-29

重要也是很容易损坏的元件。必须保证滑油的清洁度;否则会造成电磁阀动作延迟或卡死,或电磁阀磨损加剧,从而产生密封不好等一系列问题,过电流还会造成电磁阀烧毁。因此,在日常管理中,要特别注意对电磁阀的维护保养。

(4)确保各个传感器的清洁,并进行良好的保养。传感器是控制系统获取柴油机工作状况的主要途径。传感器损坏将会造成控制系统误动作,因此必须保证各个传感器的清洁,并进行保养,尤其是在恶劣状况下工作的传感器,应予以特别关注。

(5)NO_x 排放量控制。电控柴油机既要满足 NO_x 排放标准,又要保证运行经济性,这就要求轮机管理人员把握一个度。

第四节 双燃料发动机技术

一、学习目标

1. 了解 WinGD 公司 DF 双燃料发动机的工作原理、主要系统以及适用的船舶特点。
2. 了解 MAN 公司 ME-GI 双燃料发动机的特点、运行模式和主要系统。

二、学习任务

1. WinGD 公司 DF 双燃料发动机的工作原理、主要系统以及适用的船舶特点。
2. MAN 公司 ME-GI 双燃料发动机的特点、运行模式和主要系统。

三、环境设备

1. WinGD 公司 DF 双燃料发动机。
2. MAN 公司 ME-GI 双燃料发动机。

四、背景知识

近几十年来,液化天然气船主推进装置一直采用蒸汽轮机,自 2003 年以后这种状况被打破,出现了一种新型主推进装置——双燃料发动机。WinGD 公司推出用于液化天然气船的 32DF 和 50DF 两种四冲程双燃料发动机,以液化天然气、重油或船用柴油为燃料,电力推进。2004 年 MAN 公司推出用于液化天然气船主推进装置的二冲程柴油机;2005 年推出 ME-GI 二冲程电控喷射双燃料发动机,燃料为液化天然气、重油,由单机单螺旋桨或双机双螺旋桨直接传动。据挪威船级社统计,截至 2021 年 8 月,全球在运营的国际 LNG 动力船舶有 221 艘,LNG 动力船舶订单 375 艘,并有 142 艘船舶已在设计中预留后续安装 LNG 装置的位置 (LNG-ready)。从全球看,LNG 动力船舶发展呈现以下特点:一是船型多样化。相较前期 LNG 燃料仅应用于滚装船、平台供应船、港作拖船等少数船型,2016 年开始新建的 LNG 动力船舶船型趋向多样化,覆盖集装箱船、大型邮轮、油船、干散货船、汽车运输船、化学品船等。二是航线全球化。随着全球港口 LNG 加注设施不断完善,LNG 动力船舶航线呈现全球化趋势。三是新船订单比例升高。2021 年 1—8 月,全球 LNG 动力船 (不含 LNG 运输船)下单量实现同比大幅增长,按吨位计占全球新船订单的 20%。

以天然气-柴油(或燃料油)为燃料的双燃料二冲程和四冲程发动机,与常规柴油机相比,可最大限度地利用自然蒸发的天然气,极大地降低燃油消耗(节约燃料 20%~30%),而且 NO_x 的排放量和 CO_2 的排放量也相当低。随着国际社会对船舶柴油机排放的限制越来越严格,以天然气取代传统柴油机燃料的趋势日趋明显。

双燃料发动机系统主要由燃气供给与喷射系统、点火油系统、燃油系统、控制系统等几大系统组成。

五、WinGD 公司 DF 双燃料发动机

DF 系列四冲程双燃料发动机采用奥托循环,燃料以天然气为主,先导点火油为轻

油(MDO),燃油模式下工作时使用重油(HFO)。天然气和先导点火油的喷射都采用电子控制,即电喷技术。由于采用高压缩比和优化的喷射定时,相比蒸汽轮机,它们具有热效率高、排放污染小的突出优点。

DF双燃料发动机气缸内空气和天然气的混合物很少,即气缸内存在比完全燃烧所要求的更多空气量,这意味着燃烧室内燃烧温度降低。很少的引燃燃油和空气形成的可燃混合气着火后成为高能量热源。每个气缸由控制系统单独控制正确的空燃比和引燃燃油喷射量及喷射定时,保证稳定和可控燃烧,以降低燃烧室部件的热负荷和机械负荷。决定内燃机气缸内 NO_x 形成速率的主要因素是反应温度和反应时间。气缸内空气量越多,空燃比就越高;空燃比越高,气缸内温度越低,NO_x 排放量就越少。在标定负荷运行时,低于1%全负荷燃油喷射量的燃油作为引燃燃油喷入气缸,因而其 NO_x 的排放仅是同功率柴油机的10%。两种机型发动机的主要参数如表8-2所示。

表8-2 WinGD DF双燃料发动机主要参数

参数	32DF	50DF
缸径/mm	320	500
行程/mm	350	580
转速/(r/min)	720/750	500/514
活塞平均速度/(m/s)	8.40/8.75	9.7/9.9
平均有效压力/MPa	1.99	2.00/1.95
单缸功率/kW	335/350	950

1. 主要特点

(1)采用两种运行模式,即天然气运行模式(主要模式)和燃油运行模式。

(2)大然气和先导燃油的喷射都采用电子控制。

(3)运行中能灵活转换所使用的燃料类型。

(4)燃气进气压力低于0.5 MPa。

(5)低排放、高效率、高可靠性地提供功率输出。

2. 工作原理

50DF发动机的工作原理如图8-30所示。

气体运行模式采用"天然气+先导燃油点火"的方案。

低压天然气(小于0.5 MPa)与空气同时在进气行程进入气缸,燃气在压缩过程和空气一起被压缩,高压先导燃油在压缩行程的末期喷入气缸。先导燃油量小于满负荷下燃油量的1%。空气和天然气混合气的燃烧是在先导燃油喷入气缸开始的,先导喷射的燃油起点火作用。

柴油模式下的工作原理与常规柴油机相同,只不过使用重油或船用柴油时,点火油应继续工作。

3. 燃油供应系统

燃油供应系统有两套:一套用于天然气运行模式,另一套用于燃油运行模式。这两

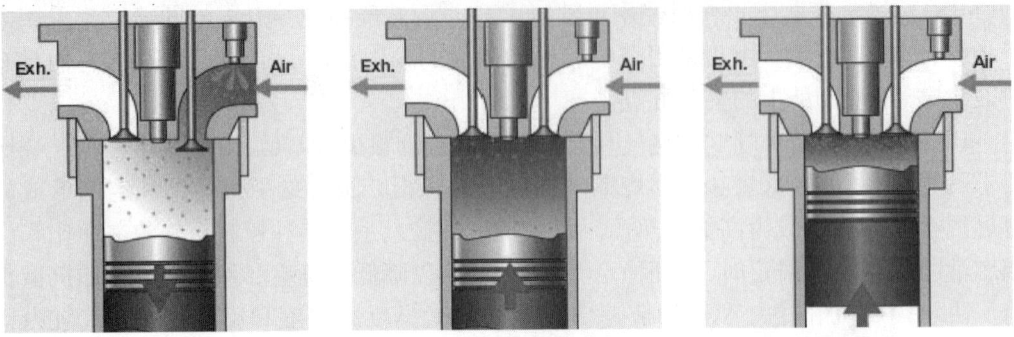

（a）进气和天然气喷射　　（b）天然气和空气混合气压缩　　（c）先导燃油喷射和燃烧

图 8-30　50DF 发动机的工作原理

套系统独立工作,这两种模式下发动机都能起动。天然气运行模式起动时只往气缸内喷射引燃燃油,气缸内稳定燃烧后才能激发天然气供给,从而保证安全和可靠起动。燃油系统分为两路:一路用于发动机燃油运行模式的喷射燃油,另一路用于发动机天然气运行模式的引燃燃油。专设的引燃燃油泵将燃油压力泵至 100 MPa,然后经共轨油管到喷油器。引燃燃油喷射量及喷射定时为电控模式。发动机柴油运行模式的喷射燃油先供给到凸轮轴驱动的喷油泵,加压后再到液压启阀式喷油器。双燃料发动机喷油器为双喷嘴结构(如图 8-31 所示),大喷嘴用于发动机柴油运行模式时喷射燃油,小喷嘴用于发动机天然气运行模式时喷射引燃燃油。发动机天然气运行模式时,天然气经滤

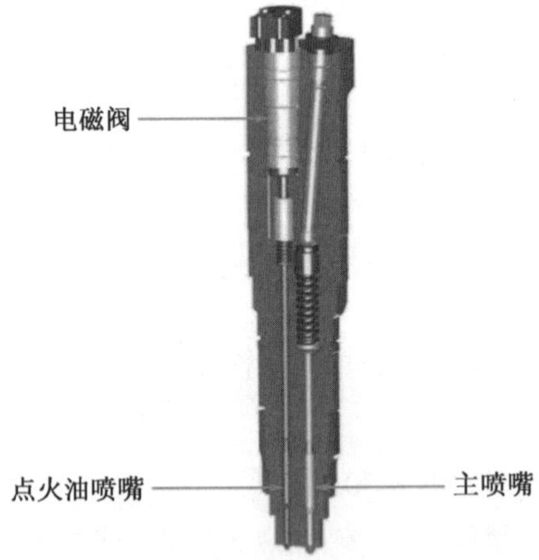

图 8-31　双喷嘴结构喷油器

器、调压器、速闭阀、放气阀后到气缸盖上的共轨管,然后到达天然气进气阀,如图 8-32 所示。调压器以发动机负荷调整天然气压力。天然气进气阀位于空气进气阀的上方,为电动控制阀,由控制系统对每个缸单独控制,以保证每缸正确的天然气供给量。发动机各种负荷空燃比的大小由控制系统控制的废气旁通阀进行调整。通过废气旁通方式控制废气涡轮增压器转速,进而控制增压空气压力,因此空燃比大小与发动机负荷相适应。由此可见双燃料发动机在天然气运行模式下每缸燃烧过程可控,以保证发动机运行性能,避免突然停车、敲缸和熄火故障。

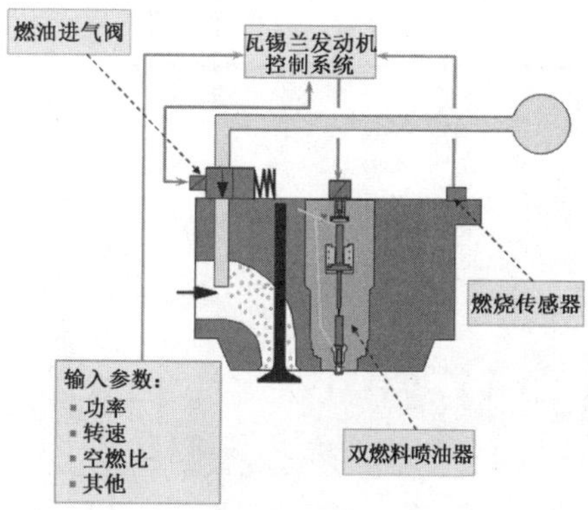

图 8-32　双燃料发动机的控制系统

4. 发动机运行模式转换

当发动机在天然气模式下运行时:

(1)使用天然气,用 MDO 点火。

(2)在报警的情况下,任何负荷工况都能自动瞬时(小于 10 s)切换成燃油运行模式,并保持发动机输出功率和频率稳定。

(3)在接到外部指令的情况下,任何负荷工况都能切换成燃油运行模式,并保持发动机输出功率和频率稳定。

(4)发动机负荷低于 15%时,3 min 后自动切换成燃油模式运行。

当发动机在燃油模式运行时:

(1)使用重油或船用柴油,点火油应继续工作。

(2)在 80%负荷以下的工况,在接到外部指令的情况下,自动切换成燃气模式运行并保持发动机输出功率和频率稳定。

5. 发动机的控制系统

控制系统可实现如下控制:

(1)各种燃料运行模式的转换。

(2)燃气进气控制。

(3)点火油喷射控制。每个气缸的燃气供气和点火正时均可独立调整;每个气缸都装有独立的燃烧传感器(如图 8-32 所示)。

(4)空燃比的控制,如图 8-33 所示。其能够确保进入发动机的空燃比始终保持在可运行区域的最佳运行点上。

(5)气缸爆燃的控制。如发生爆燃,只对发生爆燃的气缸进行调整。

(6)发动机的安全系统。其能够确保发动机在整个运行区域安全可靠。

6. 双燃料发动机液化天然气船特点

WinGD 公司将双燃料发动机应用到液化天然气船,DF 双燃料发动机电力驱动概念显现出了明显优于传统蒸汽轮机方案的经济优势,不仅降低了燃油消耗量,也提高了船舶航速,降低了运输成本。航速提高后船舶每年可运输更多货物以产生更多利润,船

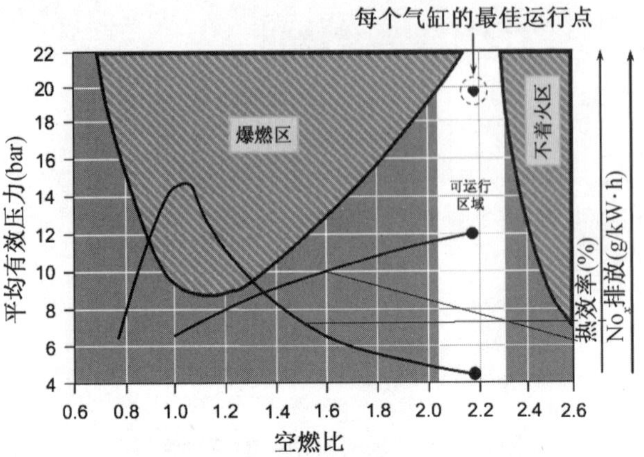

图 8-33　气体发动机可运行区域和空燃比

舶适应性将更强。为了达到上述目标,WinGD 公司在 150 000 m³ 液化天然气船船舶设计和机械布置方面主要采取以下措施:

(1)整个舱面船室移到船首。液化天然气船无须设置大的重油舱,船首不设压载舱,采用船首船室的重量修整。

(2)采用瘦长型船体形式以降低船体阻力。

(3)双电机驱动单定距桨和高效率舵配合,以降低燃油消耗、噪声、振动以及桨叶穴蚀。船首侧推进一步提高推进特性。

(4)机械动力设备位于船舶尾部,动力机械核心为双燃料电力系统(DF 双燃料-E)。整个机舱和整个电力系统分成两个间隔舱,以增加冗余度。燃料处理和燃料管道安装在机舱前部,所有电气设备则布置在发动机空间尾部,这样可以缩短电缆和管道的路径,提高安全性。

(5)不需要额外辅助发动机,用电力推进,使机舱布置方便。

(6)推进系统位于发电机组之下,推进电机功率为 37 MW,使船舶服务速度达到 21.5 kn(85%MCR,20%功率储备)。如果有一个发动机不工作,船舶仍能维持 17.5 kn 的速度。

(7)根据船东对船舶航速要求,提供多种机械备选方案。

六、MAN 公司 ME-GI 双燃料发动机

作为 MAN 公司为液化天然气船推出的 ME 电控喷射二冲程主柴油机的替代方案 ME-GI 双燃料发动机,能够利用压缩机压缩后的蒸发耗损的高压天然气附加引燃燃油稳定运行。这种方案与以重油为燃料的二冲程主柴油机附加再液化装置方案和蒸汽轮机方案相比,其运行经济性更好、排放污染更小。

二冲程柴油机热效率高,在相同船速下基于二冲程柴油机的双燃料发动机正常工作所需求的天然气量相比蒸汽轮机要小得多,通常液化天然气船蒸发耗损的天然气量足够,因此强制蒸发天然气量或重油量就可显著减少。ME-GI 双燃料发动机与 ME 电

控喷射柴油机在柴油机性能各方面完全相同,因此所有的 ME 电控喷射柴油机都可改为 ME-GI 双燃料发动机。

1. ME-GI(ME engine with gas injection)内燃机的特点

(1)ME-GI 内燃机是 MAN 公司在 ME 型机的基础上推出来的,燃油的控制和 ME 柴油机基本相同,只是增加了一个用于检测先导燃油喷射压力的压力传感器。燃油升压泵用来提供先导点火燃油,通过 FIVA 电子控制阀来实现对燃油定时和喷油量的控制,如图 8-34 所示。

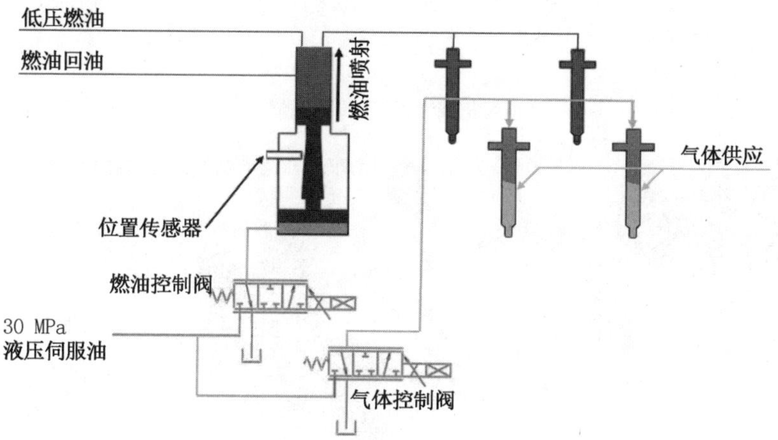

图 8-34　ME-GI 的双燃料内燃机喷射系统示意图

(2)燃气系统采用共轨结构。燃气喷射阀由伺服油系统控制。伺服油系统由液压油系统和 ELGI 电子控制阀组成,用于产生高压控制油,进而控制燃气喷射阀的启闭,如图 8-34 所示。

2. ME-GI 发动机的运行模式

它有三种运行模式:燃油运行模式(100%燃油),最少燃油运行模式(8%引燃燃油+天然气),定量天然气运行模式(引燃燃油+定量天然气)。当按燃油运行模式工作时 ME-GI 双燃料发动机便成为 ME 电控喷射柴油机。当 ME-GI 双燃料发动机按其他两种运行模式运行过程中天然气系统出现故障时,天然气供给将被控制系统中断,发动机将转成燃油运行模式。由于发动机使用以上三种运行模式运行时其燃料的硫分不同,所以不同运行模式应使用不同总碱值的气缸油。

(1)纯燃油运行模式

当控制系统探测到燃料气体的供给系统发生故障时,则发动机将切断燃气的供应而全部使用燃油运行。

(2)最少燃油运行模式

当发动机的负荷大于设定值(最小先导燃油量所能发出的功率)时,控制系统将根据发动机负荷的大小以及压气机设定的排出压力和实际排出压力之间的差值,增加或减少燃料气体的供给,但先导燃油喷油量不变。

(3)固定气体量运行模式

当内燃机负荷超过设定值(每循环燃气所能发出的最大功率加上先导燃油发出的功率)时,控制系统根据负荷的变化自动增加或减少燃油量,但每循环天然气体的供给量不变。

3. BOG 供给系统

与 ME 柴油机相比,ME-GI 内燃机主要增加了 LNG 船舶的天然气的蒸发气供给(包括天然气的压缩和喷射)系统,即 BOG(Boil-off gas)供给系统,如图 8-35 和图 8-36 所示。

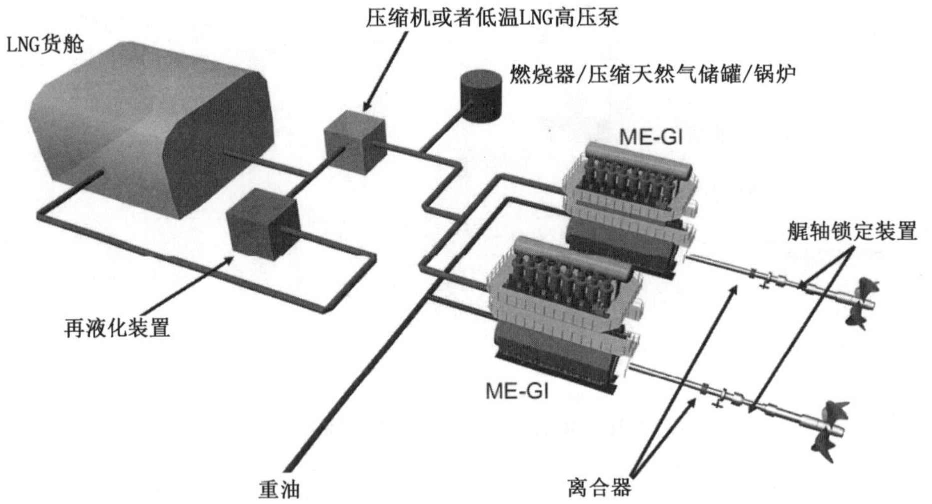

图 8-35 ME-GI 内燃机的燃气(BOG)供给系统

(1)发动机和系统工作原理

为了保证燃用天然气运行时发动机的热效率,发动机 100%负荷时要求将天然气加至最大压力 30 MPa;较低负荷运行时要求天然气压力降至不低于 15 MPa。如图 8-35 所示,天然气由两台主压缩机或低温高压泵供给。从 LNG 的货舱中将蒸发出来的天然气(BOG)压缩到 25~30 MPa 后,送到共轨管路系统以满足两台 ME-GI 双燃料发动机燃气喷射之需。除此之外,低温高压泵的控制系统还应保证在 BOG 减少时,减少低温高压泵的排量或使 BOG 强制蒸发,加大 BOG 的供应量,以保持 LNG 货舱内的压力稳定;如果 BOG 的数量增加,导致货舱内的压力超出设定值,控制系统则应将过多的燃气送到特设的气体燃烧装置进行燃烧处理或通过再液化装置(如果系统设有该装置)将过多的燃气液化送回货舱,避免货舱内的压力增高。两台低温高压泵可以单独或并联运行。如果采用一台,则当低温高压泵有故障时,ME-GI 双燃料发动机就只能采用全燃油模式运行。低温高压泵设有安全系统,用来控制低温高压泵的正常起动和停车。主空压机或低温高压泵装有容量控制系统以保证天然气压力与发动机负荷相一致。

气缸盖上有两个天然气喷射阀和两个喷油器。一定压力的天然气经管路供到气缸盖上的蓄压器,后经速闭阀进入天然气喷射阀。天然气喷射期间应对蓄压器压力随时监测,以保证压降不超过2.0~3.0 MPa。压降过大意味着天然气泄漏,安全系统检测到以后会将速闭阀关闭,发动机转为燃油运行模式。天然气喷射阀内有控制油和密封油。控制油控制开启针阀保证气缸内天然气供应。针阀与阀体之间由密封油密封,以防止高压天然气上行进入控制油。发动机上的天然气管路都是双层壁设计,发动机正常工作时内管介质为高压天然气,外管介质为通风机强制通风空气。共轨双层管夹层(包括阀、法兰等周围的空间)作为机舱和高压气体管之间的隔离空间,其内部采用通风系统使其低于机舱空气压力,避免燃气泄漏至机舱空间。通风的出口设在机舱外的安全空间,若发生泄漏,泄漏的BOG将被引导到机舱外。夹层安装带有报警功能的HC(烃气)分析仪,以监测外管内强制通风空气中碳氢化合物含量。当通风管中的气体达到爆炸下限的30%时,发出报警信号;若通风管中的气体达到爆炸下限的60%,则主空压机出气截止阀和气缸盖天然气速闭阀立即关闭,残余管路内的天然气将通过泄放阀泄放到大气,随后内管充以惰性气体,系统运行立即停止。

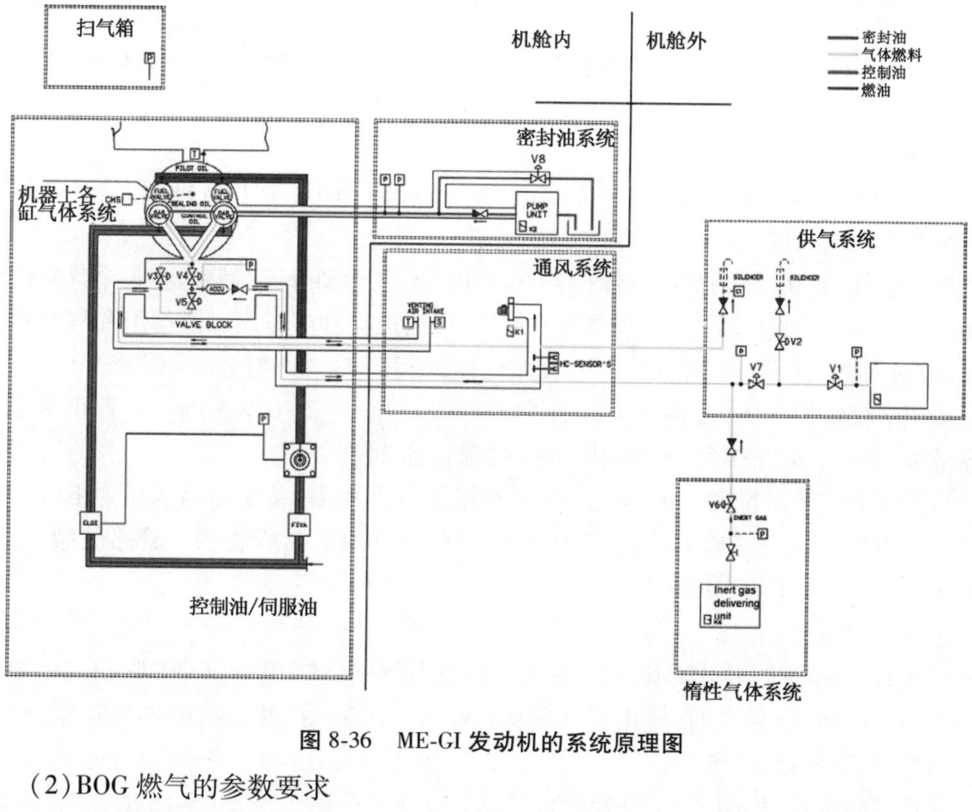

图 8-36 ME-GI 发动机的系统原理图

(2)BOG燃气的参数要求

压力(Pressure)要求:

额定值(Nominal):25 MPa

最大值(Max. value):30 MPa

允许波动范围:±0.2 MPa

设定值允许偏差:±5 %

温度要求:45 ℃

质量要求:无冷凝,无油/水滴及水汽,与 PNEUROP6611“气体涡轮”要求相类似。

发动机的燃气供气压力与发动机负荷关系如图 8-37 所示。

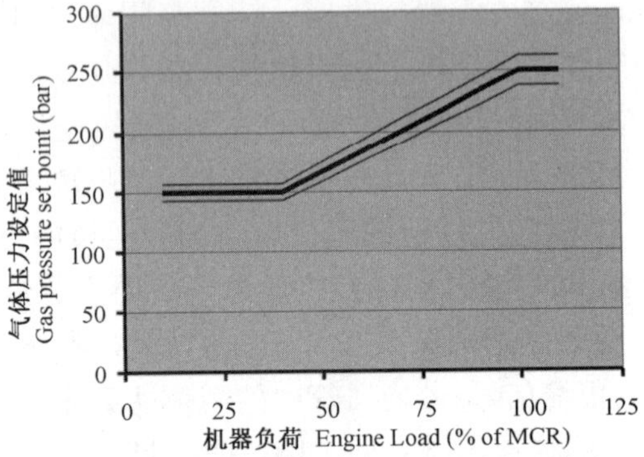

图 8-37　ME-GI 发动机的燃气供气压力与发动机负荷关系

(3) BOG 喷射系统

气体喷射阀(器)由伺服油系统控制。伺服油系统由液压油系统和 ELGI 电子控制阀组成,用于产生高压控制油,进而控制燃气喷射阀的启闭。

①BOG 阀组和蓄压器

BOG 阀组和蓄压器是集成在一起的,阀组由停车(SHUT DOWN)阀和位于阀组顶部的两个吹扫阀组成。

来自燃气共轨管路的高压气体(25~30 MPa)经主管和分支管路送至每个气缸的蓄压器。高压 BOG 通过单向止回阀进入蓄压器,再通过自动停车阀以及阀组和气缸盖上的孔道,进入燃气喷射阀(器)。采用天然气模式运行时,自动停车阀保持开启状态。蓄压器用来稳定供气压力,将 BOG 的压力波动限制在-0.2~0.2 MPa。大容积蓄压器的容量大约是在 MCR 下每个循环内 BOG 喷射量的 20 倍。

为了保证气体运行期间天然气的流速不至于下降太多,蓄压器内的压力下降不能超过 2~3 MPa。压力降增大,表明气体喷射阀有严重的泄漏或者供气管路破裂,安全系统将发出停车(SHUT DOWN)信号。

②系统的清扫

需要时,可以通过位于阀组顶部的吹扫阀,用惰性气体(N_2 或 CO_2)吹扫气体喷射阀(器);停止使用天然气时,应用惰性气体(N_2 或 CO_2)吹扫柴油机的燃气管路(包括双层供气管、蓄压器、阀组等)。

③系统的密封(如图 8-36 和图 8-38 所示)

高压的 BOG 燃气通过气缸盖内的孔道进入喷射器。为了防止燃气泄漏,在喷射器与气缸盖之间采用耐高温的密封环进行密封,从密封环处漏泄的气体则通过气体喷射阀和缸盖上的孔道引到供气双层管路夹层排出。

阀杆处的 BOG 压力为 25~30 MPa。为了防止气体通过阀杆周围的间隙进入控制

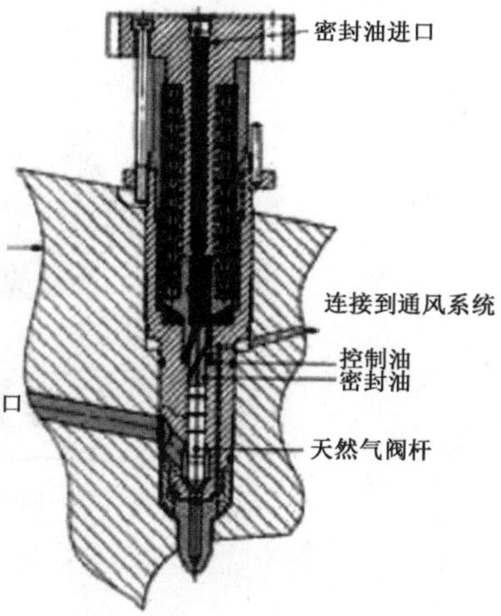

图 8-38　ME-GI 柴油机的燃气喷射阀

油系统，在间隙处通入比燃气压力高出 2.5~5.0 MPa 的密封油密封燃气喷射阀阀杆。若气体喷射阀中的密封油压力太低，气体将进入控制油系统，会影响 ELGI 阀对气体喷射阀的控制。为此采用一组压力传感器检测密封油压，当压力太低时，终止发动机的运行模式，改用全燃油模式运行。

④排气监测和保护

先导燃油喷射系统和 BOG 喷射系统一旦发生故障，会导致点火失败或燃烧失控。例如，当气体喷射阀（器）在打开的位置上阀杆动作迟缓或不动作时，可能有大量气体喷入气缸。这样，当排气阀打开时，燃烧产物和燃气的混合物就会进入排气管路，有可能继续燃烧，则排气管内的温度将会显著升高，系统将发出气缸排气高温的报警。但是，若有大量气体进入排气总管且没有立即开始燃烧，则稍后遇不完全燃烧的火星可能导致猛烈的燃烧和相应的压力上升。

所以，为防止发生上述情形，除排气总管按照最大压力（约 1.5 MPa）设计外，还要通过测量蓄压器的压力降来检测送至每缸的燃气流量，保证喷射的 BOG 流量不超过对应 MCR 值的数量。若某缸 BOG 流量的增加大于实际负载的需要，而且小于对应的 MCR 值，系统就会发出排气温度报警；若大于对应的 MCR 值，系统会停止燃气的供给。

4. ME-GI 双燃料发动机的燃油喷射系统

ME-GI 双燃料发动机的燃油喷射系统与 ME 柴油机的燃油喷射系统两者的控制部分相同，详见本章第三节。

ME-GI 双燃料发动机的先导油喷油器的结构也与 ME 柴油机的相同，只不过在喷油器喷嘴的结构上稍有变动。

点火可以使用重油或轻油。在 100% 负荷时，点火油量为 5%。负荷在 25% 以上时，才能使用气体模式。

第九章

示功图测录与分析

知识目标

1. 掌握机械示功器的结构和特点，示功图的测量方法以及示功图的种类和用途。了解电子示功器的结构和特点。

2. 了解柴油机正常示功图的特征，了解畸形示功图的特征和原因分析。

3. 了解柴油机指示压力和指示功率的计算方法。

能力目标

1. 能够用机械示功器和电子示功器测取示功图。

2. 能够通过柴油机示功图对柴油机的工作参数和工作状况进行分析判断。

素质目标

1. 自觉践行社会主义核心价值观，具有深厚的爱国情感和中华民族自豪感。

2. 遵纪守法、诚实守信、敬畏生命、热爱劳动，具有社会责任感和社会参与意识。

3. 具有质量意识、环保意识、安全意识、集体意识和团队合作精神。

4. 具有健康的体魄、心理和健全的人格，养成良好的健身与卫生习惯和良好的行为习惯。

第一节　示功图的测录

一、学习目标

1. 掌握机械示功器的结构和特点。
2. 掌握示功图的测量方法。
3. 了解电子示功器的结构和特点。
4. 掌握示功图的种类和用途。

二、学习任务

1. 机械示功器。
2. 示功图的测量。
3. 电子示功器。
4. 示功图的种类和用途。

三、环境设备

1. 四冲程柴油机。
2. 二冲程柴油机。
3. 机械示功器或电子示功器。
4. 水力测功器或电力测功器。

四、背景知识

示功图是气缸内工质压力随气缸容积或曲轴转角变化的图形。它通过专门的测量仪器——示功器进行测量。由工程热力学可知，示功图的面积大小代表了柴油机气缸内一个工作循环的指示功的大小。它是研究柴油机气缸内工作过程完善程度的重要依据，也是用来计算柴油机指示功率的依据，同时还可作为柴油机动力计算和强度计算的资料。通过示功图可研究缸内的燃烧过程、燃烧放热规律，计算缸内温度，评估扫气过程，计算柴油机指示功率，确定柴油机最大爆发压力和压缩压力等。它能以图像形式显示缸内的工作过程，而且测试仪器简单实用，因此在柴油机的测试中，示功图的测取占有非常重要的地位。

通常，应当定期测录运转柴油机的示功图，且对测取后的示功图进行计算和分析。

根据其计算和分析结果来判断柴油机的工作性能,并可对其进行适当的调整,保证柴油机能在最佳状态下运转,提高其经济性、动力性和可靠性。

测取气缸示功图的仪器统称为示功器。根据其工作原理不同,示功器可分为机械示功器、气电示功器和电子示功器三类。船上常用的是机械示功器。随着电子技术的应用,在现代船舶上,电子式示功器的使用也不断增多。

五、机械式示功器

机械式示功器是一种较早使用的示功器,目前在低速和部分中速柴油机上仍在使用,它利用机械位移方法测量缸内压力和活塞位移。机械示功器按使用的示功弹簧形式不同,可以分为螺旋弹簧式和柱簧式两种。两者在结构原理上相同,不同的是前者使用螺旋形弹簧,后者使用等强度柱形弹簧。柱簧式可用于部分中速机,但因其所测图形较小,而应用不多。船用多为螺旋弹簧式。以下主要介绍螺旋弹簧式示功器。

1. 结构和工作原理

机械式示功器的结构如图 9-1 所示,它由压力感受机构、转筒机构和记录机构三部分组成。压力感受机构包括小活塞 5、活塞杆 4 及示功弹簧 1 等,用来感受缸内压力变化并以示功小活塞位移输出;转筒机构包括绳索 9、转筒 8,用来反映柴油机活塞位移;记录机构包括传动杠杆 3 和画笔杆 2,具有平行放大作用,画笔的自由端装有笔尖。

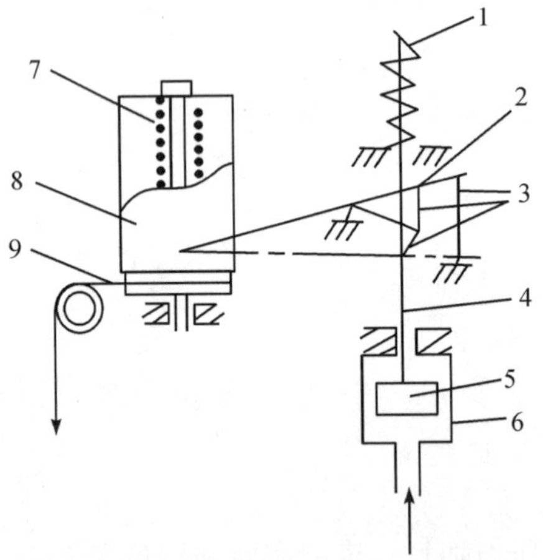

图 9-1　机械式示功器结构图

1—示功弹簧;2—画笔杆;3—传动杠杆;4—活塞杆;5—小活塞;6—小气缸;7—转筒弹簧;8—转筒;9—绳索

当测量示功图时,转筒 8 上夹有示功纸并通过绳索 9 由柴油机曲轴或凸轮轴通过专设的示功器传动机构带动,绕其自身轴左右偏转,其偏转角位移量正比于柴油机活塞位移量,即转筒转动的弧长代表按比例缩小的活塞行程的长度,反映柴油机活塞的行程。示功器小活塞 5 在缸内气体压力推动下在小气缸中上下移动,并被弹簧力所平衡。小活塞的运动通过活塞杆带动记录机构的传动杆和画笔运动,由记录机构反映其位移量，即按一定比例反映柴油机气缸内变化着的气体压力。

由于示功器中小活塞的上下移动与柴油机气缸中的气体压力的变化成比例，而转筒的转动也与柴油机活塞行程成比例变化，所以记录笔尖在转筒记录纸上可以绘出气缸内气体压力随活塞位移变化的图形，即压力-容积示功图(p-V示功图)。

2. 机械示功器小活塞和弹簧的选择

为了使机械示功器能在较广泛的压力范围内使用，一般备有三套活塞和一套不同刚度的弹簧。可根据柴油机的最高爆发压力 p_z 值进行选择，以便获得合适的示功图。这三套活塞和缸套分别用标号 1/1(标准活塞直径为 20.27 mm)、1/2(其面积为 1/1 活塞的 1/2，标准活塞直径为 14.35 mm)和 1/5(其面积为 1/1 活塞的 1/5，标准活塞直径为 9.06 mm)表示。为了便于识别，分别在示功气缸凸缘上用钢印注明 1/1、1/2、1/5 字样。在测 p-V 示功图时均采用 1/5 小活塞，当测取反映进排气过程的弱弹簧示功图时，则采用 1/1 小活塞。

示功弹簧用弹簧比例 M 标记。示功弹簧的弹簧比例单位为 mm/MPa，它表示缸内压力每变化 1 MPa 时弹簧的变形量(mm)。示功弹簧应根据所选定的小活塞标号和柴油机气缸内的最高爆发压力 p_z 大小来选择。选择弹簧时应注意使示功图具有合适的高度，就是使测取的示功图的最大高度接近于示功图纸的高度；或使示功弹簧的允许最高压力稍高于缸内的最高爆发压力，以保证示功图的精确度。

3. 示功器传动机构

为了把柴油机活塞的运动规律按比例地传给示功器转筒机构，必须设立专门的传动机构。由于示功器转筒的周长比柴油机活塞行程小得多，传动机构不仅要正确反映柴油机活塞运动规律，而且还要将活塞的行程按比例缩小。所以，传动机构应满足以下两个基本要求：

(1)柴油机活塞行程缩小后的长度应与转筒的周长相适应，且略小于转筒的周长。

(2)转筒的转动必须严格地与柴油机活塞的运动相对应，以便正确反映柴油机活塞运动规律。

目前在船上大型低速柴油机使用的示功器传动机构有曲柄式、凸轮式和杠杆式三种。

(1)曲柄式传动机构

曲柄式传动机构使用一套单独的小型曲柄式传动机构模拟柴油机曲柄式传动机构的运动规律，两者的曲柄半径与连杆之比相同，其简图如图 9-2 所示。

传动立轴 1 的转动由柴油机曲轴(或凸轮轴)通过齿轮(或链条)带动，其转速与曲轴的转速相同；立轴的上端有圆盘 2，圆盘上的偏心销子与连杆 3 相连，由此组成一单独的小型曲柄连杆机构。活塞销 5 通过缸套上的长孔带动滑块 6 与小活塞一起做同步往复运动。由于滑块与连接示功器转筒的绳索 7 相连，所以滑块 6 既受活塞销的带动，又受示功器转筒的拉动，保证了示功器转筒的运动规律。当不测示功图时，可通过止动杆 8 将滑块 6 推至左端，使滑块 6 脱离活塞销的控制。

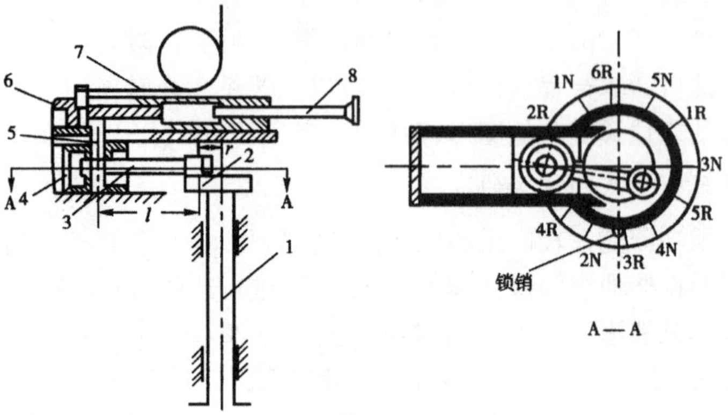

图 9-2 曲柄式传动机构

1—传动立轴;2—圆盘;3—连杆;4—小活塞;5—活塞销;6—滑块;7—绳索;8—止动杆

(2)凸轮式传动机构

凸轮式传动机构简图,如图 9-3 所示。凸轮式传动机构采用专设的凸轮带动滚轮 2 和导杆 3 模拟柴油机活塞的运动规律。示功凸轮的外形是按柴油机活塞运动规律设计

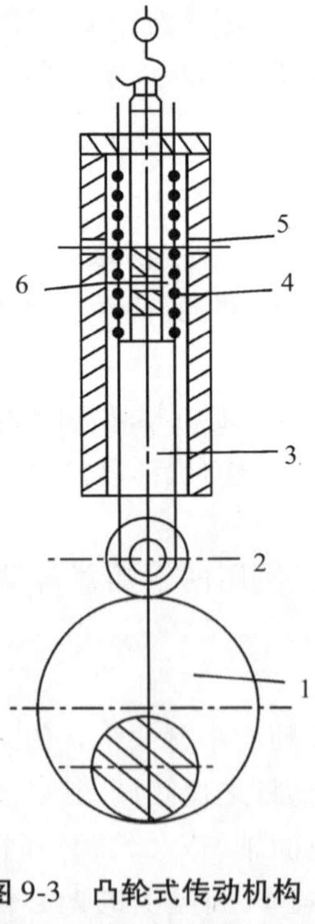

图 9-3 凸轮式传动机构

1—示功凸轮;2—滚轮;3—导杆;4—弹簧;5—销孔;6—导杆销孔

并按一定的位置安装在凸轮轴上的,因此它能反映出活塞的运动规律,即柴油机活塞在上、下止点位置时示功凸轮也恰好把导杆推到最高、最低位置,使导杆的运动规律与柴油机活塞的运动规律一致,从而保证示功器转筒与柴油机活塞的位移成比例且和定时相一致。弹簧 4 装在导杆上,导杆上有销孔 6,如果柴油机在运转过程中不需要测取示

功图,可以用插销通过壳套上的销孔 5 插入导杆销孔 6 将导杆提起而使滚轮不与凸轮接触,以防两者相互磨损。通常每个气缸都装有一套相应的凸轮式传动机构。凸轮式传动机构大多用于直流扫气二冲程柴油机上。

机械示功器的使用和保养微课

(3)杠杆式传动机构

杠杆式传动机构如图 9-4 所示。采用一套杠杆机构铰接在柴油机活塞或十字头上,按一定比例反映活塞的运动规律。常见的有外支点式和内支点式。此种传动机构虽然结构简单,但是无法避免铰接处磨损而造成传动失真,因而目前很少使用。

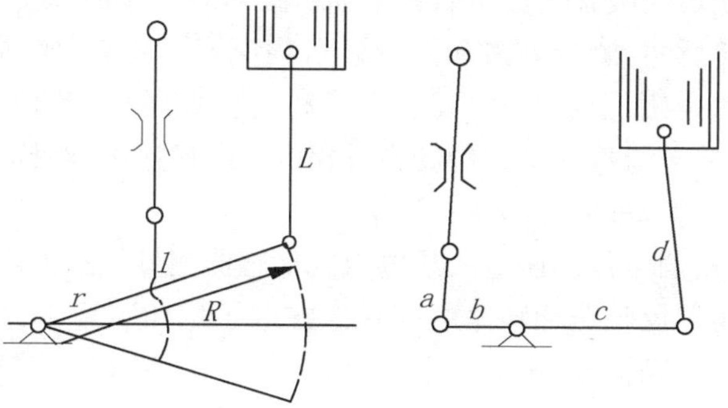

图 9-4　杠杆式传动机构

4. 机械示功器的优缺点和适用范围

机械示功器由于利用机械位移方法进行测量,必然带来机械式测量仪器的固有缺陷,如感受缸内压力和反映活塞位移部分具有一定的质量(强度要求),而其弹簧刚度不能太大(灵敏度要求),致使它的自振频率很低,不适用于高速柴油机,只适用于低速机和部分中速机(如低于 400 r/min 的柴油机)。

目前,机械示功器在大型低速柴油机中被广泛用作随机测试仪表,供监控柴油机运转使用。

5. 示功图的测取方法及注意事项

示功图形状是受许多因素影响的,譬如示功器使用和维护不当;传动机构安装不正确;天气、海况的变化等都会影响示功图的形状。因此在测取示功图时应做好准备工作,按正确方法进行测录。

(1)使用前应对示功器进行检查和保养,使其可动部分应有良好的润滑,保证小活塞在气缸内能以自身重量均匀下滑。当示功器与传动机构之间的距离大于 1.5 m 时,应选用钢丝软绳。

(2)柴油机负荷稳定,即各运行参数达到正常值并保持稳定不变。

(3)选择适宜的海况和气象条件。

(4)安装示功器前,必须先打开示功阀把通路中的积碳及杂质吹净。

(5)示功器安装后,应先在转筒的记录纸上画出大气压力线。

(6)测取满意的示功图后,应注明日期、缸号、转速、排温、油门格数、弹簧比例等,并与驾驶台联系记录气候、风力、风向、潮流、吃水、船速等,供分析时参考。

为准确起见,最好每缸测取 2 个示功图。当测取 5~6 个示功图后,应拆下示功器进行冷却。测量完毕后,应对示功器进行彻底清洁和保养。

六、电子示功器

随着现代科学技术的迅速发展,利用电子示功装置已十分普遍,尤其现代柴油机的监控技术均采用电子示功装置来分析研究柴油机缸内的工作过程。

电子示功器由传感器、测量电路和记录显示装置等三大部分组成。它利用电子技术,通过各种形式(如电阻应变式、压电式、电容和电感式)的传感器把柴油机缸内的气体压力、曲轴转角等非电量按一定比例转换成相应的电量输出,经放大器等中间环节输送到记录显示装置进行观察或打印。

在柴油机测试中,通常使用压电式或电阻式传感器测量气缸内压力,使用磁电式或光电式曲轴转角发生器反映曲轴转角的变化。在电子示功装置中,压力传感器是一个核心环节,不同的压力传感器决定着不同的测量电路。通常,示功装置按所采用的压力传感器不同进行分类,而且习惯上也多以其传感器命名示功装置。压力传感器一般分为电阻应变式、压电式、电容式、电感式等,所以电子示功装置亦可分为电阻应变式示功装置、压电式示功装置、电容式示功装置和电感式示功装置等。曲轴转角发生器通常装有上止点和曲轴转角两个传感器,用于曲轴转角的控制测量与分频。

1. 电阻应变式示功装置

电阻应变式示功装置是利用电阻应变式压力传感器把被测压力转换成应变片的电阻值,通过应变仪把电阻值的变化转换并放大成所需的电压或电流信号送到显示记录装置。柴油机曲轴转角信号可由磁电式或光电式传感器测量。电子示功器系统方框图如图 9-5(a)所示。

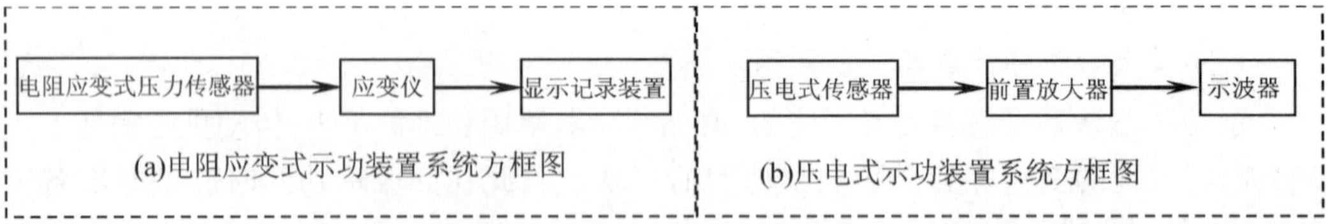

图 9-5　电子示功器系统方框图

电阻应变式压力传感器的结构如图 9-6 所示。电阻应变片粘贴在应变筒 14 的外壁。应变筒由薄壁(0.2~0.3 mm)合金钢制成,下端焊有很薄的悬链薄膜片,此膜片既薄又柔软,只传递压力而不产生弹力。当缸内压力作用到悬链薄膜片时,它仅仅把所受到的压强变为集中力传到与它接触的应变筒上,引起应变筒 14 发生弹性变形使应变片电阻发生变化,并经导线传至接线柱 7 后由屏蔽电缆 8 输出。冷却水管 4 用于对膜片和应变筒进行强制冷却,以消除燃气的高温对测量结果的不良影响。调整垫片 13 可保证装配时应变筒有适当的预紧力。这种压力传感器的自振频率主要由应变筒决定,悬

机械示功器的
使用和保养微课

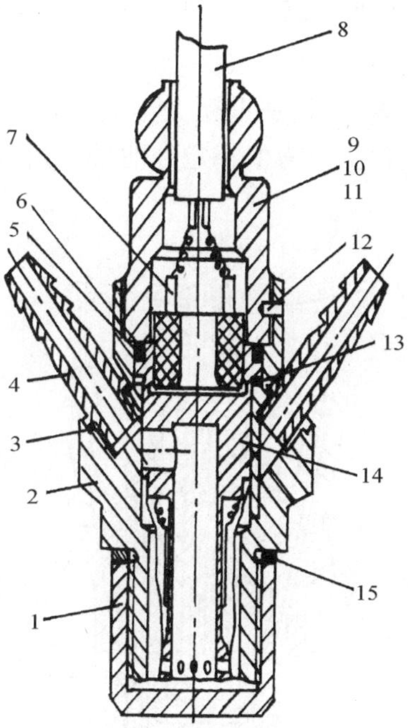

图 9-6　电阻应变式压力传感器

1—保护螺帽；2—受压器；3—水管垫圈；4—冷却水管；5—密封垫圈；6—垫片；7—接线柱；8—屏蔽电缆；9—上壳体；10—压线板；11—上固定螺钉；12—定位销；13—调整垫片；14—应变筒；15—垫片

链膜的质量很小，它对应变筒的自振频率影响不大，而且，通常由应变筒的轴向压缩应变与横向拉伸应变组成电桥两臂，使电桥的不平衡输出比只有一个应变片时增加一倍，即传感器的灵敏度提高了一倍。同时这两个应变片起到温度自动补偿作用，提高了测量精度。

2. 压电式示功装置

压电式示功装置一般由压电式压力传感器、前置放大器、示波器等组成。其系统框图如图 9-5(b)所示。前置放大器是一个高阻抗(>10^{12} Ω)输入的放大器，它的作用是放大压电传感器的微弱信号和将传感器的高阻抗输出变为低阻抗输出。它的绝缘性能对测量精度影响极大，通常多采用电荷放大器。

压电石英传感器是根据石英晶体的压电效应制成的。压电效应是指某些晶体在沿它的某个结晶轴方向受到外力作用时，其内部将产生极化现象；在它的表面上有电荷集结，且此电荷的大小与作用力的大小成正比，当外作用力去掉，晶体又重新回到不带电的状态。具有压电效应的晶体称为压电晶体，例如石英和钛酸钡等。柴油机示功装置均采用石英晶体制成压电式传感器。图 9-7 所示是压电石英压力传感器的结构简图。气体压力经膜片 4 传递给套筒 7 和石英晶体 3。石英晶体受压时产生的负电荷用电荷引出片 6 汇集并经导线 5 引出。为减少温度变化对传感器工作的不利影响，需对传感器采用强制水冷却。有些新型传感器工作时不需冷却，称为非冷却传感器。石英压电传感器具有机械强度高、耐高温、绝缘性高的特点。

3. 电子示功装置的标定

为了得到满意的测量精度,应特别重视上止点位置的确定和对压力传感器的定期标定。电子示功装置的标定包括压力值标定和曲轴转角(时间坐标)标定。

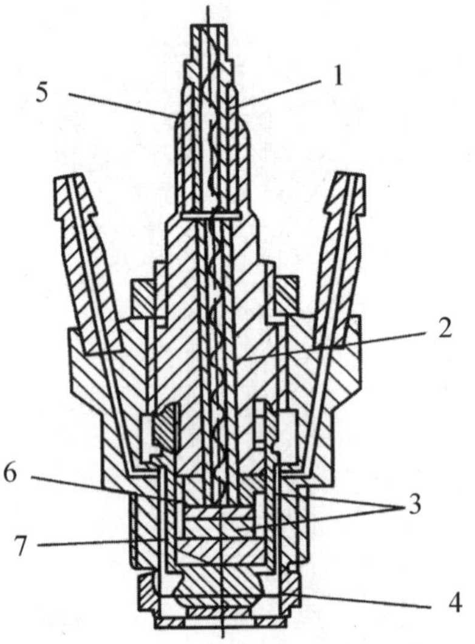

图 9-7 压电石英压力传感器

1,2—绝缘体;3—石英晶体;4—膜片;5—导线;6—引出片;7—套筒

压力值标定分为静态标定、动态标定和随机标定。静态标定是指向测量系统输入稳定的标定压力信号,通过调节电荷放大器或者应变仪的线性度,使其输出的压力信号误差满足精度要求。动态标定是对传感器输入已知频率及幅值的压力信号或者通过激波管产生一阶跃压力,记录它的输出或者根据它的输出曲线求出其频率响应特性,以便在使用时根据它的输出响应得到准确的输入压力信号。随机标定是在测量过程中对一整套动态压力测量装置进行标定。

曲轴转角标定是指给出具有一定精度的上止点记号和已知频率的时标标记或曲轴转角标记。理论与实践指出,上止点标记明显影响示功图计算的准确度。若上止点有1°CA 误差,则示功图计算有±5. 5%的误差,因而要求上止点标记误差满足 0. 2°~0. 5° CA 的要求。上止点确定对于运转的多缸柴油机,一般通过暂时单缸停油法测录。

4. 电子示功装置的优缺点及适用范围

电子示功装置的突出优点是固有频率高,即具有良好的高频特性,如电阻应变式的固有频率可达数十千赫,压电石英式可高达数百千赫。固有频率如此高的传感器与适当的测试环节匹配可获得良好的频响特性。所以它的频率特性宽,适用于低速、中高速柴油机使用,测量误差小于 1%。

电子示功装置灵敏度高、线性好,但它易受外界干扰影响。如电源电压波动、电磁场干扰、环境温度变化等均影响其工作稳定性。因而它对测量电路要求较高,需设补偿装置。

电子示功装置既可测取单个循环示功图,又可测取多循环平均示功图。它与计算机组成一套完整的多参数综合测量系统,可实现对柴油机的远距离监测、数字显示及自动控制,完成对柴油机的诊断、趋向预报等监控技术。因而,电子示功装置在自动化船舶上应用广泛。

七、示功图的种类和用途

根据热工测量的不同目的和任务,可测取不同类型的示功图。用机械示功器可以测取 $p-V$ 示功图、$p-V$ 转角示功图、弱弹簧示功图、纯压缩图,也可用手拉测取手拉示功图和梳形图等。用气电示功器或电子示功器可测取 $p-\varphi$ 示功图。

1. $p-V$ 示功图

图 9-8 中(a)为四冲程柴油机 $p-V$ 示功图,图 9-8(b)为二冲程柴油机 $p-V$ 示功图,两者的尾部不同。

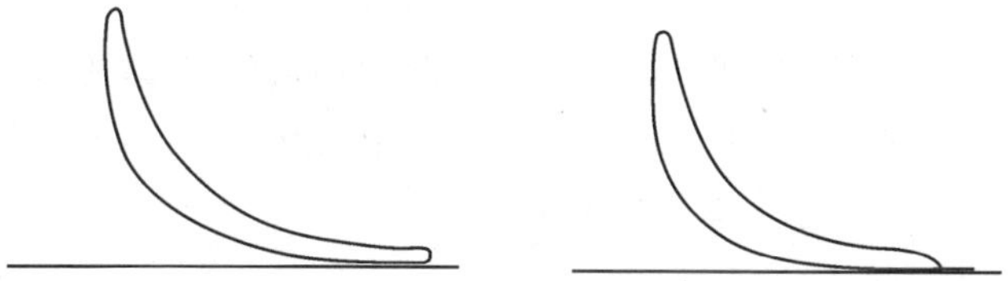

(a) (b)

图 9-8 $p-V$ 示功图

$p-V$ 示功图可以用来计算柴油机的功率,调整各缸负荷的均匀性,量取最高爆发压力和判断各缸燃烧情况以及计算缸内瞬时温度等参数。这种示功图既能定性也能定量地显示出气缸内工作过程的实际情况,因而成为研究内部工作过程所不可缺少的重要依据。但是,它的测量是在一个工作循环内完成的,如果因某种原因而产生误差,这种误差甚至可高达 10%~15%,那就失去了测量的意义。因此,测量时必须特别注意工况稳定,并慎重对待所测得的结果,尽量避免误差。

2. $p-V$ 转角示功图

$p-V$ 转角示功图如图 9-9 所示。它是用机械示功器在传动机构的小曲柄超前于所测气缸曲柄 82°左右的情况下测得的。此时,图形中央位置恰好是上止点位置。其目的是将燃烧曲线在横坐标方向上放宽,以利于分析燃烧过程的情况。根据活塞运动规律,活塞在上、下止点处速度为零,而在中部速度最大。因此在 $p-V$ 示功图上,燃烧过程处于上止点附近,此时活塞速度很低而燃烧压力变化很快。这样,在很短的活塞位移内难以清楚地反映出迅速变化的燃烧压力情况。而当传动机构的小曲柄超前 82°左右后,发生在上止点附近的燃烧过程被移到了示功图的中间部分。此时,就可用小活塞的最大速度带动转筒记录气缸内较快的压力变化,即可将上止点附近的压力曲线放宽,使压力的变化过程看得更明显。但此时得到的图已失去示功图原形,所以只能用来分析燃烧过程的进行情况,不能作为计算功率的依据。在杠杆式和凸轮式传动机构上较难画出转角示功图。

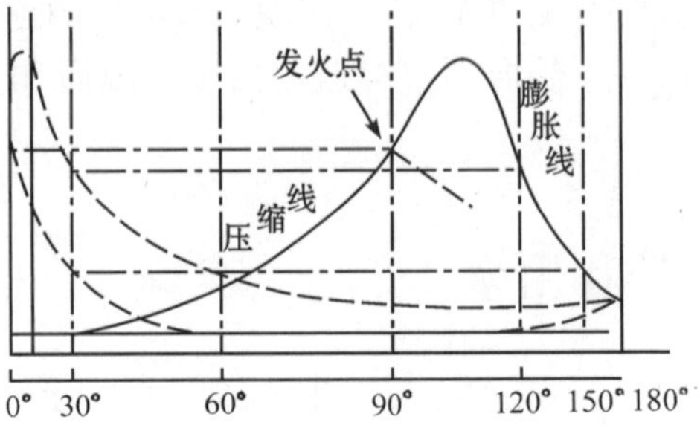

图 9-9 $p-V$ 转角示功图

3. 手拉展开示功图

在不能测取转角示功图的柴油机上,为了研究燃烧过程和判断发火时刻的早晚,可测取如图 9-10 所示的手拉展开示功图,配合 $p-V$ 示功图研究燃烧过程。

4. 梳形示功图

用手慢慢拉动示功器转筒,可测出多条压缩压力线(在单缸停油时)或最高爆发压力线,这种图形形似梳子,所以称为梳形示功图(如图 9-11 所示)。梳形示功图可用来检查压缩终点的压力 p_c 和最高爆发压力 p_z。

5. 弱弹簧示功图

在用机械示功器测取 $p-V$ 示功图时,最高爆发压力较高,而示功器的弹簧又是根据最高爆发压力选取的,因此示功弹簧选得较硬(弹簧比例较小),致使进、排气过程中的微小压力变化在示功图上反映不出来。所以四冲程柴油机示功图的进、排气重合为一条线,二冲程柴油机示功图的尾部扫气过程也重合为一条线。

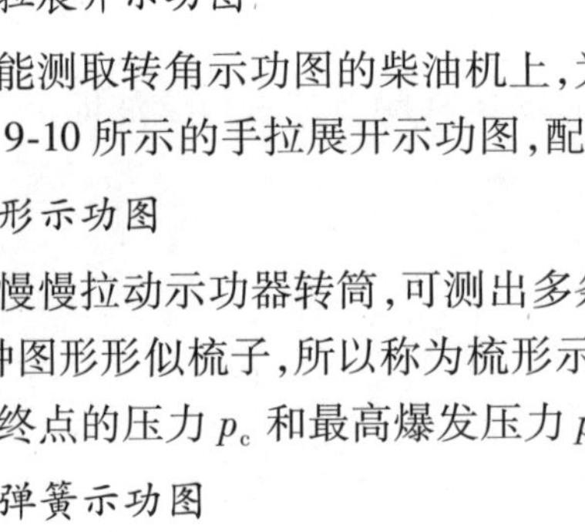

图 9-10 手拉展开示功图

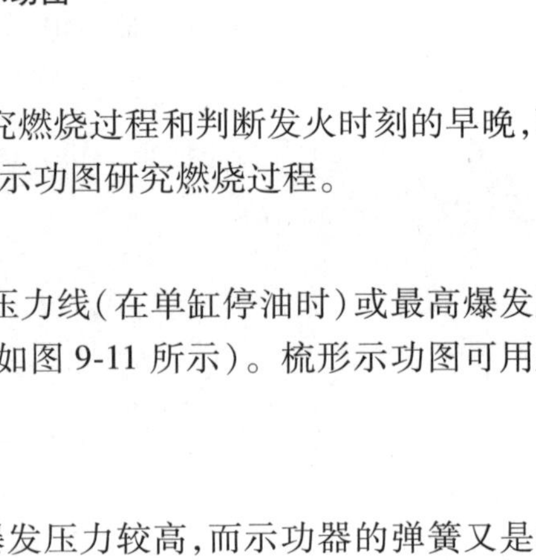

图 9-11 梳形示功图

为了研究和检查扫气过程,可以给示功器换上弱弹簧和 1/1 标准活塞(弱弹簧可根据排气压力的大小和放大程度来选择),把 $p-V$ 示功图的尾部放大测绘出来。这种图形称为弱弹簧示功图。图 9-12(a)为四冲程柴油机的弱弹簧示功图。曲线 1 表示部分压缩过程。当示功器的小活塞运动到极端位置时,示功图保持一段等高度。在膨胀过程(曲线 2)中,当气体压力等于或小于弹簧的弹力时,弹簧才恢复其作用。排气过程(曲线 3)从点Ⅱ开始,排气阀已开,气缸内的压力迅速下降,缸内的废气大量排出,从而产生负压。随着活塞上行和速度提高，排气压力又高于大气压力，并随废气的逐渐排空而下降。活塞到达上止点附近，进气阀开启，进气过程开始(曲线4)，一直到下止点Ⅰ，然后又开始压缩。

图9-12(b)为二冲程柴油机的弱弹簧示功图。当排气口开启时，膨胀线急剧下降到扫气压力线以下。在扫气口开启后压力升高到扫气压力。由于弹簧的振动，压力出现波动，直到扫气口关闭为止。由于过后排气，气缸内压力又会下降，直到排气口关闭开始压缩。

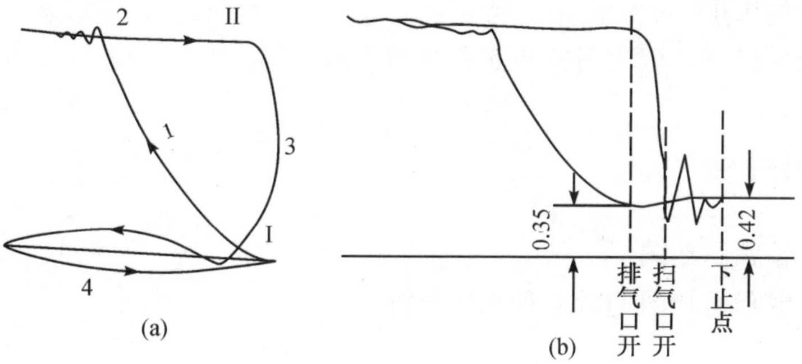

图9-12 弱弹簧示功图

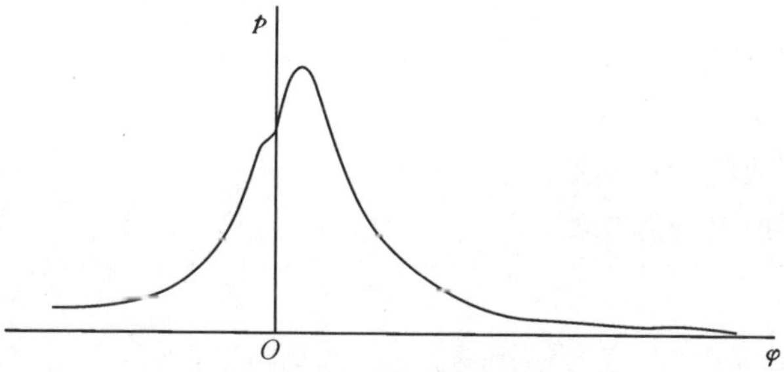

图9-13 $p-\varphi$ 展开示功图

使用弱弹簧示功图可以研究和检查换气过程的好坏。

6. $p-\varphi$ 展开示功图

用电子示功器可测取 $p-\varphi$ 展开示功图。图9-13为 $p-\varphi$ 展开示功图，在船上可通过电子示功器测得。p 为气缸内气体压力，φ 表示曲轴转角。$p-\varphi$ 示功图可用来计算柴油机的指示功率，评估燃烧与扫气过程，测取缸内最高爆发压力 p_z 和压缩压力 p_c，计算放热率，测定发火角等。它是分析研究柴油机工作过程常用的一种示功图。

总之，在船舶上通常使用机械示功器或电子示功器测取气缸示功图，它有以下用途：确定柴油机指示功率并判断功率分配的均匀性；确定柴油机的最大爆发压力 p_z 和压缩压力 p_c；评估柴油机缸内工作过程的完善程度，如研究其燃烧过程、换气过程，以及计算缸内温度等。

第二节　示功图的分析

一、学习目标

1. 了解柴油机正常示功图的特征。
2. 了解柴油机畸形示功图的特征和原因分析。

二、学习任务

1. 柴油机正常示功图。
2. 柴油机畸形示功图的特征和原因分析。

三、环境设备

1. 四冲程柴油机。
2. 二冲程柴油机。
3. 机械示功器或电子示功器。
4. 水力测功器或电力测功器。

四、背景知识

示功图分析是把所测的示功图与柴油机的正常示功图进行比较,找到它们之间的差别,判断柴油机工作过程的优劣以及产生偏差的原因,以进行必要的调整,使柴油机保持在良好的技术状态下运行。

五、正常示功图的特征

正常示功图是在柴油机技术状态良好时测取的,通常由柴油机说明书或试航报告提供。

正常示功图有以下几个特征:

(1)工作过程曲线比较圆滑,曲线过渡处无锐角或突变形状。

(2)工作过程各主要特性点的数值如最高爆发压力 p_z、压缩压力 p_c 等,应符合说明书或试航报告的规定。

(3)工作过程曲线无异常波动现象。

(4)示功图尾部形状应符合不同扫气形式的正常轨迹。

图 9-14 绘出了二冲程柴油机正常示功图的基本形状,也指出了各特性点在各种示功图上的相互关系。图中 b 表示在不同负荷下示功图形状的肥瘦,用此宽度 b 大致反映功率的大小。在缺少正常示功图的情况下,可根据上述各点并参照试航报告所规定的各主要热力参数值进行比较。若发现示功图上的某些热力参数不正常,必须查明原因,根据说明书上的要求进行调整。在调整之后,各缸有关热力参数的不均匀度按我国有关规定应满足表 9-1 所列的要求:

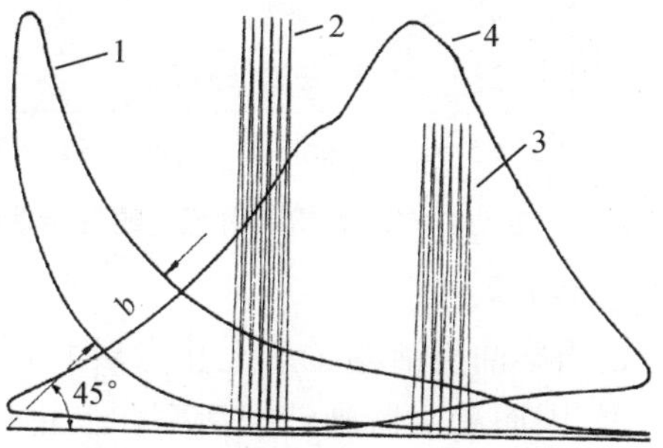

图 9-14 二冲程柴油机正常示功图

表 9-1 各缸热力参数不均匀度

工作参数	不均匀度	工作参数	不均匀度
压缩压力 p_c	≤±3%	平均指示压力 p_i	≤±5%
最高爆发压力 p_z	≤±5%	排气温度 T_r	≤±5%(中高速增压机为 8%)

其中,不均匀度=[最大(最小)值-各缸平均值]/各缸平均值×100%。

在定期测取的示功图中,除正常示功图外,还会出现一些畸形示功图。这些畸形图可能是由柴油机工作过程不正常引起的,也可能是由示功器本身或使用不当等原因引起的,所以应对畸形图进行具体分析,找出造成畸形的原因。

六、畸形示功图

1. 示功器传动机构不正常引起的畸形示功图

示功器传动机构安装不正确、零件磨损等会造成示功器转筒的运动与柴油机活塞的运动不相应,歪曲了气缸内的压力与行程的相应关系,产生畸形示功图。

(1)示功器传动机构定时超前

示功器传动机构定时超前是指当柴油机活塞位于上止点前的某一角度时,传动机构带着示功器转筒已经到达上止点位置,因而示功器的画针把活塞在上止点前的某一角度时气缸的压力画到了示功图的上止点位置。这样就使示功图发生畸形,而使畸形压缩线比正常压缩线偏低。同理,在上止点后由于示功图上某点所记录的压力值是其前一曲轴转角缸内的压力值,而使畸形膨胀线比正常膨胀线偏高,因此使示功图变胖。

如图 9-15 所示,虚线为正常示功图,实线为传动机构超前 5°时的示功图。此畸形图的主要特点是,压缩线低于正常示功图,膨胀线高于正常示功图,整个示功图变胖。传动机构定时超前的角度越大,示功图就越肥胖。显然用此图计算的功率明显增大。

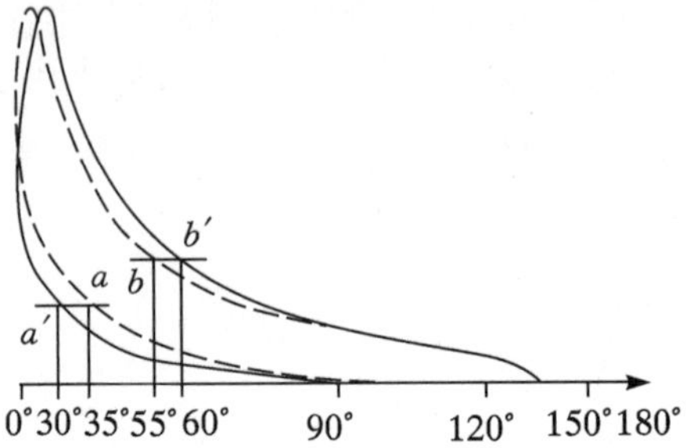

图 9-15 传动机构定时超前引起的畸形示功图

(2)示功器传动机构定时滞后

传动机构定时滞后是指当柴油机活塞位于上止点后的某一角度时,传动机构才带着示功器转筒至上止点位置,因而示功器画针把活塞在上止点后的某一角度时气缸的压力画到了示功图的上止点位置,使示功图发生畸形。图 9-16 中虚线为正常示功图,实线为传动机构滞后 5°时的示功图。从图中可知此畸形图的主要特点是:压缩线高于正常示功图,膨胀线低于正常示功图,整个示功图变瘦。滞后角度越大,畸形图越瘦。

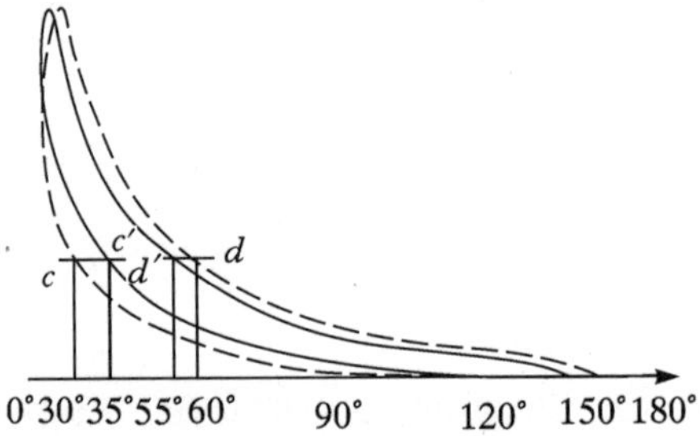

图 9-16 传动机构定时滞后引起的畸形示功图

实践证明,传动机构定时超前或滞后对示功图形状影响极大。一般每相差 1°(CA),气缸平均指示压力 p_i 相差约 5.5%。当发现示功图出现上述差异时,应判断是否是由于传动机构定时所引起的。此时,可采用纯压缩线判断法。

用单缸停油的办法测取纯压缩图。正常情况下,纯压缩线与膨胀线基本重合,如图 9-17(a)所示,这表示传动机构与柴油机同步。若传动机构定时超前(或滞后),则膨胀线与压缩线分离。传动机构定时超前时膨胀线在上,压缩线在下,如图 9-17(b)所示;传动机构定时滞后时膨胀线在下,压缩线在上,如图 9-17(c)所示。

当证实不同步现象出现时,应对传动机构进行调整,使它的运动与活塞运动完全同步。为此,可通过盘车校正传动机构使之与活塞的上、下止点同步。如校正传动凸轮的安装位置和曲柄连杆式传动机构刻度盘的安装位置等。

2. 示功器故障引起的畸形示功图

示功器可由于如下几个原因出现畸形示功图。

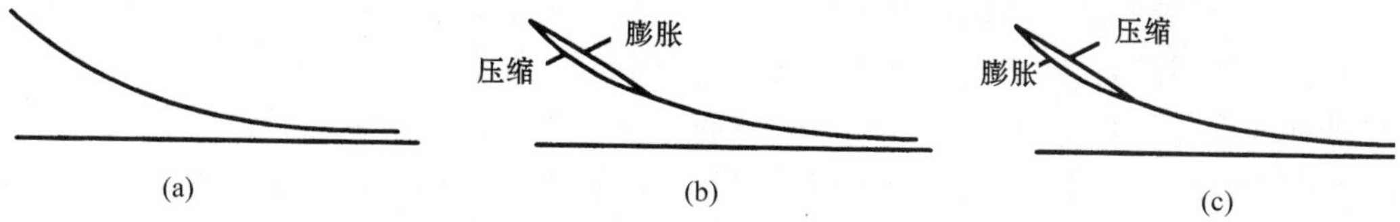

图 9-17　纯压缩图

(1)示功器转筒绳索太长或太短

如果示功器的传动方向在膨胀行程时使转筒弹簧拉紧,而在压缩行程时使转筒弹簧放松,则绳索太长或太短时示功图出现下列情况:

如绳索太长,在传动机构上行至离上止点尚有一定角度时,转筒已到达其极端位置不再转动,绳索开始松动,一直到当传动机构由上止点下行某一角度绳索张紧时,转角才开始转动。在绳索松动期间,转筒不转动,因此只是画针上下运动,画出的图形是一条直线,致使示功图头部切去一部分,示功图变短,如图 9-18 所示。

如果绳索太短,传动机构在下止点前就将转筒弹簧拉紧,在传动机构继续下行时,转筒已经不动了,只是画针上下运动,画出一条直线,把示功图尾部切去一部分,示功图的长度减短(如图 9-19 所示)。在严重情况下还可能将绳索拉断或将转筒拉坏。

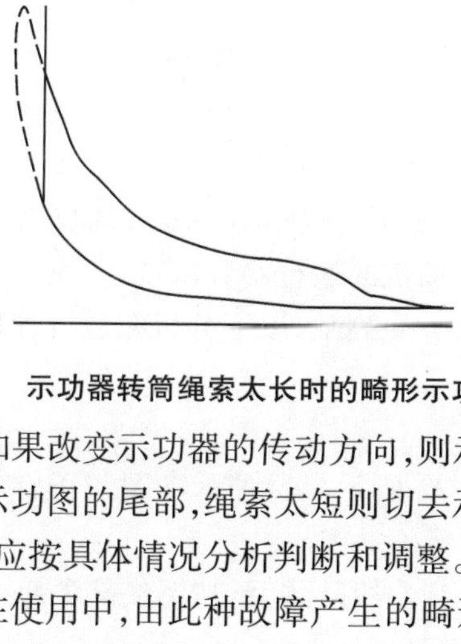

图 9-18　示功器转筒绳索太长时的畸形示功图

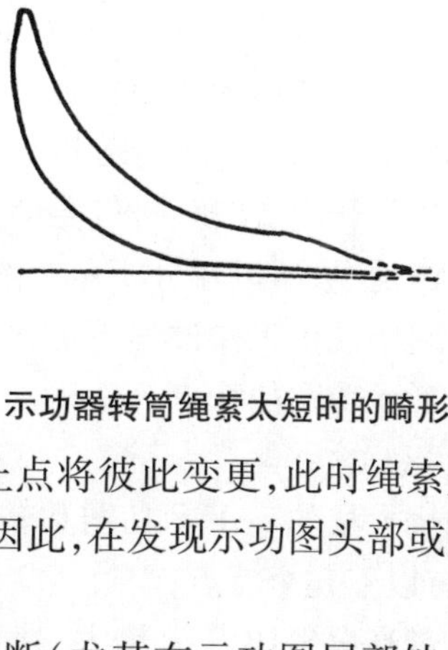

图 9-19　示功器转筒绳索太短时的畸形示功图

如果改变示功器的传动方向,则示功图的上、下止点将彼此变更,此时绳索太长则切去示功图的尾部,绳索太短则切去示功图的头部。因此,在发现示功图头部或尾部被切后,应按具体情况分析判断和调整。

在使用中,由此种故障产生的畸形图有时较难判断(尤其在示功图尾部缺少一段时),此时可对检查各缸示功图的长度加以判断,应保证各缸示功图的长度一致。

(2)示功器转筒弹簧太软、示功器转筒的惯性作用和示功器机构中间隙大

示功器转筒弹簧太软、示功器转筒的惯性作用和示功器机构中间隙大等原因会造成示功图太长,如图 9-20 所示。

(3)示功器小活塞卡紧

当示功器的气缸润滑不良或有结炭时,小活塞容易产生卡紧现象。此时,在压缩过程中,由于小活塞出现卡紧,阻力增加,画针画出的压力比正常值低(由于阻力抵消了部分气体作用力),因而示功图压缩线降低;又由于小活塞受到的阻力是不规则的,时大时小,致使压缩线出现波动现象。在膨胀过程中,阻力方向与压缩过程时相比方向相

反,使得画针画出的压力比正常值大(由于增加了阻力相当于增大气体作用力),因而示功图膨胀线升高,同样也出现波动现象(如图 9-21 所示)。示功器小活塞卡紧,示功图曲线波动,压缩线降低,膨胀线升高,最高爆发压力降低。压缩线长度的相当大的一部分与大气压力线平行,此时所测取的手拉示功图也有类似波动现象。图中虚线为正常示功图。

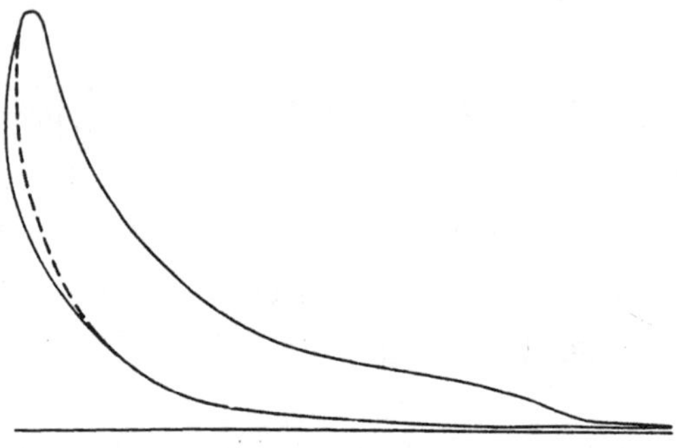

图 9-20　示功图太长

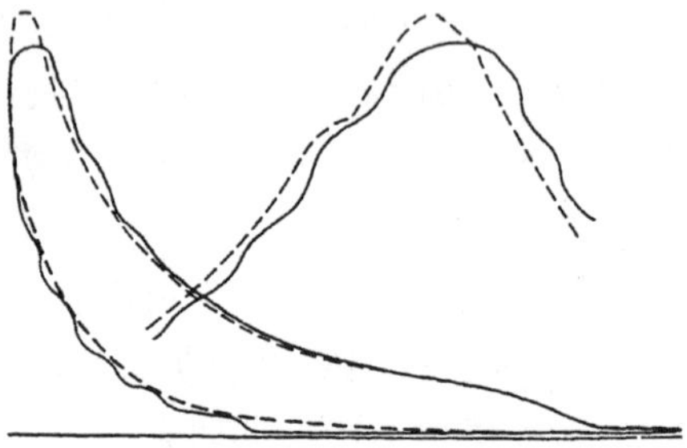

图 9-21　示功器小活塞卡紧时的畸形示功图

3. 气缸内工作过程不正常引起的畸形示功图

当出现畸形示功图时,应首先判断它是否是由示功器使用不当或其传动机构不当引起的。在通常情况下,只要将示功器及其传动机构调整好且管理维护得当,上述故障是可避免的。畸形示功图主要是由柴油机缸内工作过程不正常引起的。所以对这种原因引起的畸形示功图进行分析与判断,是调整柴油机的重要依据。当然,柴油机的运行参数如油门开度、转速、排气温度、冷却水温度、滑油温度等,都不同程度地反映着气缸内的工作情况,所以在分析示功图时还必须参照柴油机的运行参数。

引起柴油机工作过程不正常的因素很多,无法一一列举,以下分析在运行管理中常见的畸形示功图的特点。

(1)燃烧太早

燃烧太早的 $p-V$ 示功图和转角示功图如图 9-22 所示。这种示功图与正常示功图比较,有以下几个特点:

①最高爆发压力 p_z 增大,高于正常值,压力上升曲线陡峭,示功图头部尖瘦。

②燃烧曲线过早脱离压缩曲线,发火点提前。

③膨胀曲线降低。

燃烧太早的主要原因是大部分燃油在上止点前就喷入气缸中燃烧,而后燃减少。造成燃烧太早的原因一般有喷油定时提前、喷油器启阀压力降低等。另外,当由劣质燃油改用优质燃油而未调整(减小)喷油定时时也会产生燃烧太早的现象。由柴油机燃烧分析可知,燃烧太早将会增加柴油机的机械负荷,严重时会使气缸内发生爆燃,引起燃烧敲缸,危及气缸正常工作,故需及时加以调整。

(2)燃烧太晚

燃烧太晚的 $p-V$ 示功图和转角示功图如图 9-23 所示。它与正常示功图比较有以下特点:

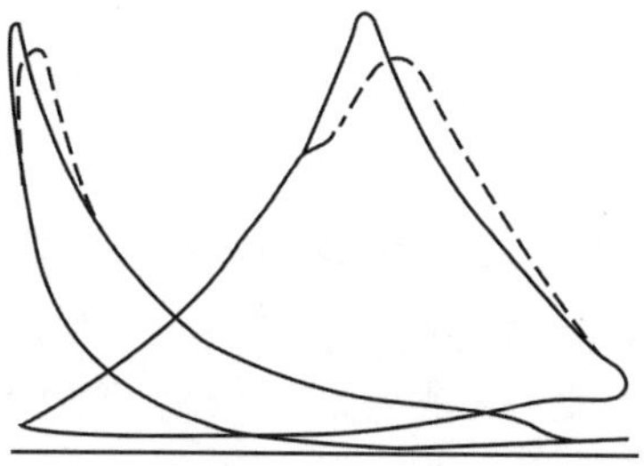

图 9-22　燃烧太早引起的畸形示功图

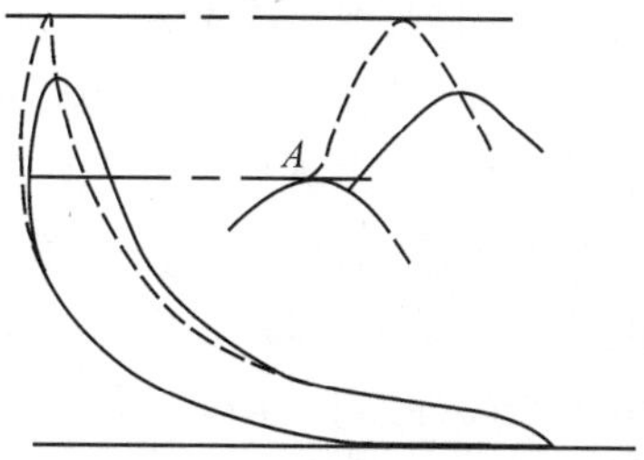

图 9-23　燃烧太晚引起的畸形示功图

①最高爆发压力 p_z 明显降低，即示功图高度下降。

②示功图头部圆滑，发火点后移，甚至发生在上止点后，表示燃烧后移。

③膨胀线较正常示功图高（图中虚线为正常示功图）。

燃烧太晚的原因通常有喷油定时滞后、喷油器启阀压力过高、改用劣质燃油又未调整（增大）喷油定时、喷油泵漏油、喷油器漏泄及缝隙式滤器部分堵塞等。以上原因虽然都会使燃烧延迟，但又各有不同。

（3）喷油器漏油

喷油器阀座漏油时，由于燃油压力低，燃油雾化不良，油气混合不佳，造成燃烧延后，排气温度升高。这种示功图的最高爆发压力下降且又重复上升多次，如图 9-24 所示。膨胀线高，呈锯齿形，锯齿向上。这种锯齿形与示功器小活塞运动受阻时的畸形示功图看起来似乎有些相似，其实有区别。示功图小活塞运动受阻时示功图面积增大，膨

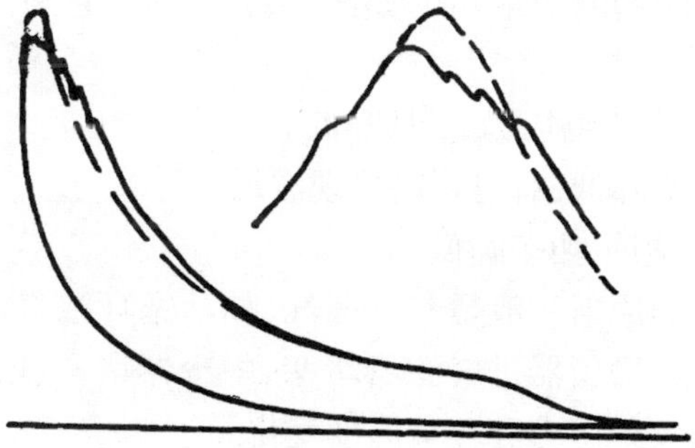

图 9-24　喷油器漏油时的畸形示功图

胀线较高，而且不规则地下降并呈阶（4）喷油泵漏油

喷油泵的柱塞因过度磨损或者喷油泵的阀与阀座偶件密封性下降而漏油时，一方面会使泵油压力下降，从而导致喷油定时滞后，造成后燃现象严重，并会使排气温度升高。另一方面由于泵油期间漏油，喷入气缸中的油量也减少，会造成功率明显下降，排气温度亦降低。实践证明，上述两方面综合起来，后者影响大，最终使得排气温度降低（如图 9-25 所示）。

(5)喷油器喷孔部分堵塞

当喷孔部分堵塞时,由于喷孔流通面积减少,流阻增大,单位时间喷油量减少,使总的喷油时间拖长,出现后燃现象。其示功图与燃烧太晚畸形示功图相似。但由于高压油管中的压力急剧升高,会发生重复喷射,膨胀线会产生波动(如图 9-26 所示)。这种示功图的特点是最高燃烧压力 p_z 降低,膨胀曲线升高,示功图头部的膨胀曲线出现波动。但由于喷油定时未变,发火点也基本未变,这是区别于燃烧太晚示功图的主要依据。

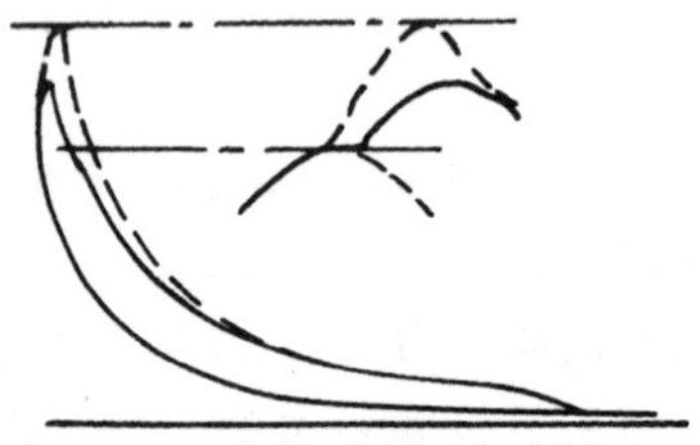

图 9-25 喷油泵漏油时的畸形示功图

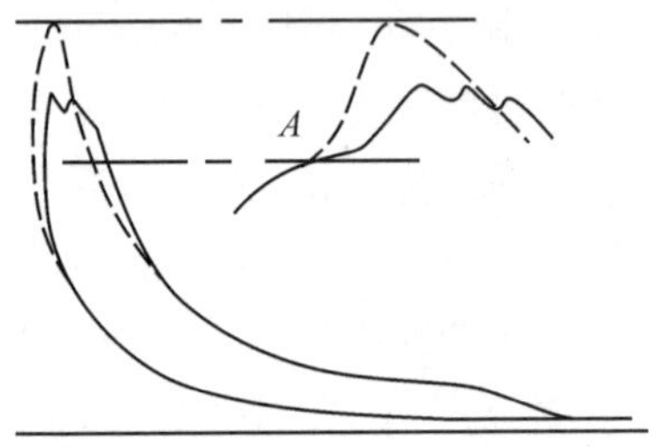

图 9-26 喷油器喷孔部分堵塞时的畸形示功图

在喷孔部分堵塞的情况下,有时会在喷油泵泵油初期产生冲击和振动。如果用手触摸高压油管,可感到明显的脉动过重并伴随有油管发热的现象。这些特征有助于分析示功图。

(6)气缸内空气量不足

气缸内空气量不足时的畸形示功图如图 9-27 所示。它与正常示功图比较有以下特点:

①最高燃烧压力 p_z 和压缩压力 p_c 都降低。

②膨胀线与压缩线均降低,有时可能出现波动。

③示功图面积减小,指示功率降低。

气缸内空气量不足的原因一般是气缸漏气,如活塞环漏气、排气阀漏气等;扫气空气供应不足,如气口堵塞、增压器进气滤器堵塞、中冷器堵塞、增压器污染等;排气系统受阻;环境状态改变,如大气压力和环境温度变化。

气缸漏气使压缩压力 p_c 降低,可通过测定纯压缩图,计算压缩压力与扫气压力之比值,并与试航报告标准比值比较来进行判断。

(7)扫气过程不正常

在二冲程柴油机中,气口可能由于燃烧不良而发生堵塞现象。此时将引起进、排气受阻,降低了缸内的充气量,结果使新气减少造成燃烧不完全,引起与燃烧太晚相似的畸形示功图。在测取 $p-V$ 示功图时,由于示功弹簧的选择主要是为了满足最高燃烧压力的要求,而使示功弹簧较硬(弹簧比例较小),进、排气过程几乎重合成一条线,由此图很难判断进、排气压力变化的情况;欲分析扫气过程的进行情况,需使用弱弹簧示功图。图 9-28 和图 9-29 为 MAN K7Z70/120 型二冲程柴油机在转速 $n=125$ r/min 时测得的工作过程不正常时的弱弹簧示功图。在上述条件下,正常的弱弹簧示功图的扫气压

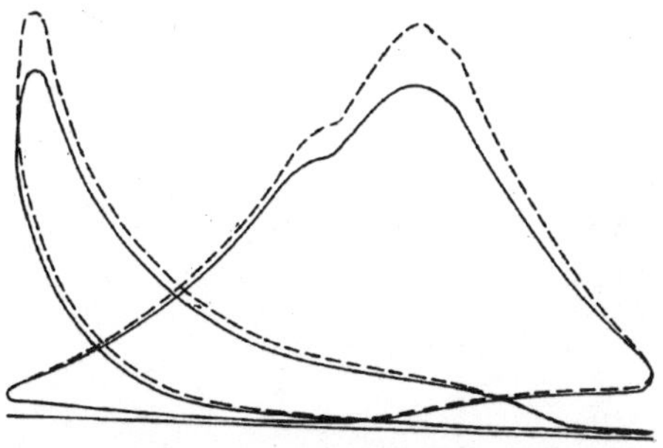

图 9-27　气缸空气量不足时的畸形示功图

力为 42 kPa,压缩始点压力为 35 kPa,如前面的图 9-12(b)所示。

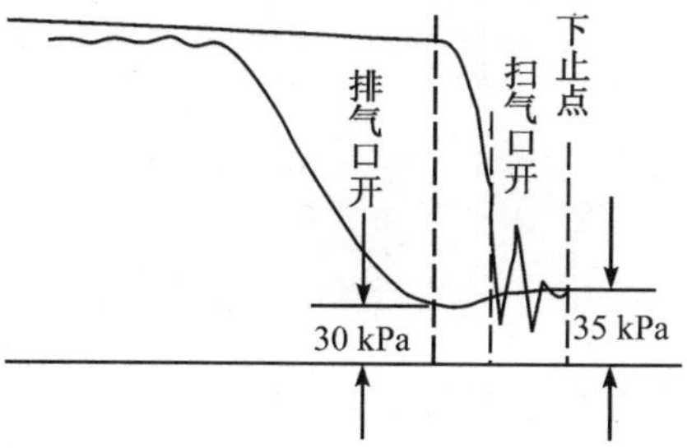

图 9-28　扫气口部分堵塞时的弱弹簧示功图

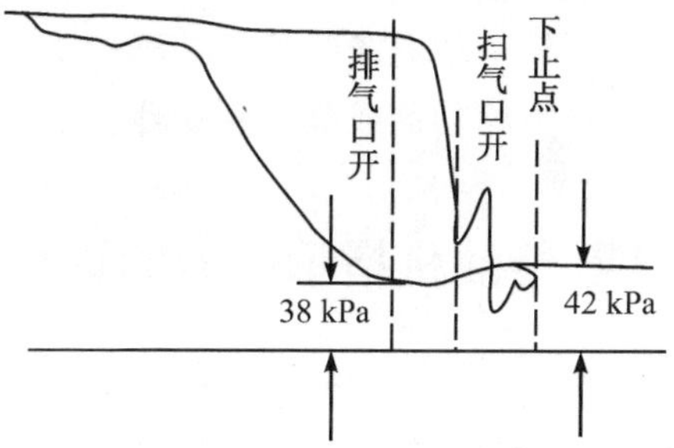

图 9-29　排气口部分堵塞时的弱弹簧示功图

当扫气口开启时,缸内压力基本降至扫气压力。从图 9-28 中可以看出,压缩始点的压力过低,仅为 30 kPa,同时下止点时缸内压力也较低,仅为 35 kPa,表明扫气口部分堵塞,气缸进气量减少。从图 9-29 中可以看出,排气开始点滞后,扫气口开启时缸内压力高于扫气压力,而且压缩始点的压力较高(为 38 kPa),表明排气口部分堵塞,排气不畅。显然,根据上述压力变化的大小可以判断气口堵塞的程度。

以上分析了一些常见的、典型的畸形示功图。在实际工作中,示功图的线形往往不够典型,甚至受多因素影响,况且图形尺寸较小,所以对示功图分析难度较大。因此,在分析示功图时不要轻易下结论,而应针对具体情况并参考其他测试参数进行综合分析,抓住主要影响因素,才能得到正确结论。

第三节　柴油机指示压力和指示功率的计算

一、学习目的

1. 了解柴油机指示压力的计算。
2. 了解柴油机指示功率的计算。

二、学习任务

1. 柴油机指示压力的计算。
2. 柴油机指示功率的计算。

三、环境设备

1. 四冲程柴油机。
2. 二冲程柴油机。
3. 机械示功器或电子示功器。
4. 水力测功器或电力测功器。

四、柴油机指示压力的计算

在船上,对于运转中的柴油机,通常用机械示功器测取每个缸的 $p-V$ 示功图。根据示功图计算出每个缸的平均指示压力 p_i 值,然后代入功率的计算公式即可求出每个缸的指示功率。

计算方法通常有两种:

(1)面积法

用面积仪测出示功图的面积,以 $f(\text{mm}^2)$ 表示,再除以示功图长度 $L(\text{mm})$,即可得到示功图的平均高度 h_i,即

$$h_i = f/L\ (\text{mm})$$

用平均高度 h_i 再除以示功器的弹簧比例 $M\{\text{mm/MPa}\}$ 则可以得到 p_i 值,即

$$p_i = \frac{h_i}{M}(\text{MPa})$$

(2)十等分法

如果没有面积仪,还可用如下的作图方法求得示功图的平均高度,其结果也足够准确。

十等分法如图 9-30 所示。将示功图长 L 分为十等分,量出各等分点上的示功图高度 $y_1, y_2, y_3, \cdots, y_9(\text{mm})$。在上、下止点附近,距上、下止点 $L/40$ 处再附加两个示功图高度 y_0 和 y_{10}。示功图的平均高度可用下式求得

$$h_i = \frac{1}{10}\left(\frac{y_0 + y_{10}}{2} + y_1 + y_2 + y_3 + \cdots + y_9\right) \quad (\text{mm})$$

则平均指示压力 $p_i = h_i/M(\text{MPa})$ 即可求出。

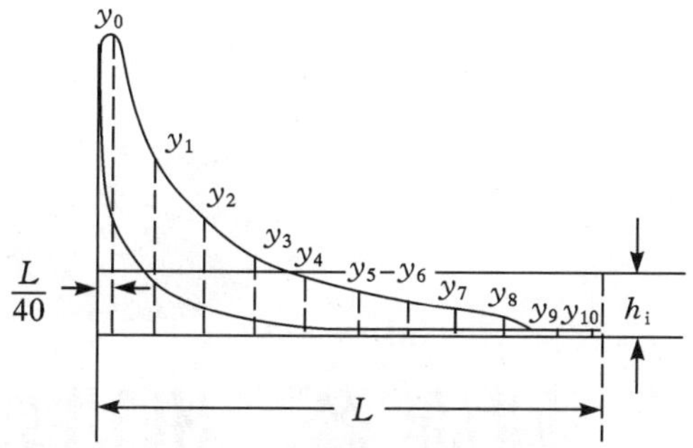

图 9-30　示功图的作图计算法

五、柴油机指示功率的计算

计算出某缸的平均指示压力 p_i 值后，即可根据指示功率的计算公式 $P'_i = C \cdot p_i \cdot n \cdot 10^6$ 求出单缸指示功率。式中：C 为气缸常数，$C = V_s \cdot m/60\ 000$，对既定的柴油机它是一个定值，通常在说明书中给出，或者根据公式算出。例如，某船 6ESDZ76/160 型柴油机的气缸常数根据公式可算出：

$$C = \frac{\pi D^2}{4} S \cdot m \times \frac{1}{60\ 000} = \frac{\pi}{4} \times (0.76)^2 \times 1.6 \times 1 \times \frac{1}{60\ 000} = 1.20 \times 10^{-5}$$

在设计时多缸柴油机的指示功率可用简化公式求出：

$$P_i = C \cdot p_i \cdot n \cdot i$$

实际柴油机各缸功率不可能完全一致，为了准确起见，整台柴油机的功率应由求出的每个缸的功率值相加，不能简单地以某缸功率乘以缸数来计算。

第十章

螺旋桨、推进轴系和船舶动力装置

知识目标

1. 了解定距桨的结构及工作特性;熟悉螺旋桨与艉轴的连接方式;熟悉调距桨的结构和工作特性;熟悉调距桨和定距桨的优缺点对比;熟悉螺旋桨的空泡腐蚀和噪声及其产生机理与防治措施。

2. 掌握传动轴系的组成、作用及工作条件;掌握中间轴和中间轴承、艉轴与艉轴管的结构。

3. 了解船舶动力装置的组成和类型。

能力目标

1. 能够根据螺旋桨和传动轴系的结构特点和工作特性对螺旋桨和传动轴系的工作状况进行分析判断。

2. 能够对螺旋桨和传动轴系损伤发生的原因进行分析。

3. 能够对螺旋桨和传动轴系进行维护保养。

素质目标

1. 自觉践行社会主义核心价值观,具有深厚的爱国情感和中华民族自豪感。

2. 遵纪守法、诚实守信、敬畏生命、热爱劳动,具有社会责任感和社会参与意识。

3. 具有质量意识、环保意识、安全意识、集体意识和团队合作精神。

4. 具有健康的体魄、心理和健全的人格,养成良好的健身与卫生习惯和良好的行为习惯。

第一节　螺旋桨

一、学习目标

1. 了解固定螺距螺旋桨(定距桨)的结构及工作特性。
2. 熟悉螺旋桨与艉轴的连接方式。
3. 熟悉可调螺距螺旋桨(调距桨)的结构及工作特性。
4. 熟悉调距桨的特点及其调距机构。
5. 熟悉调距桨和定距桨的优缺点对比。
6. 熟悉螺旋桨的空泡腐蚀及产生机理。
7. 熟悉螺旋桨的噪声及其产生机理与防治措施。

二、学习任务

1. 定距桨的结构及工作原理。
2. 调距桨的结构及工作原理。
2. 螺旋桨与艉轴的连接方式。
3. 螺旋桨的空泡腐蚀及产生机理。
4. 螺旋桨的噪声及其产生机理与防治措施。

三、环境设备

1. 定距桨。
2. 调距桨。

四、背景知识

1836 年英国的"阿基米德号"使用了螺旋推进器,那是一个木制的长长的像螺丝钉一样的螺杆。开始试验时,它以 4 kn 的航速航行。突然被水中的障碍物碰断了螺杆,只剩了一小截。正当造船工程师史密斯急得不知所措时,船却意外地加快了速度,航速达到了 13 kn。这事启发了造船工程师们,他们把长螺杆变成短螺杆,又把短螺杆变成叶片状,螺旋桨就这样诞生了。

1845 年英国制成了世界上第一艘螺旋桨船"大不列颠号"。自此以后,螺旋桨广泛用于各类船舶推进。

五、定距桨

1. 定距桨的结构和几何参数

螺旋桨是一种反作用式推进器。当螺旋桨转动时,桨推水向后(或向前)并受到水的反作用力而产生向前(或向后)的推力,使船舶前进(或后退)。螺旋桨由数片桨叶连接在共同桨毂上构成。桨叶和桨毂浇铸成一个整体,称整体式;也有可拆卸的,称组合式。桨叶的数目通常为3~5片,极少数也有2片或6片的,各片之间按等距布置。若桨叶和桨毂相对位置固定不变,则称为定距螺旋桨,如图10-1所示。

从船尾向船首看,看到的叶面叫作压力面(即推水面),桨叶的另一面叫作吸力面(即吸水面)。

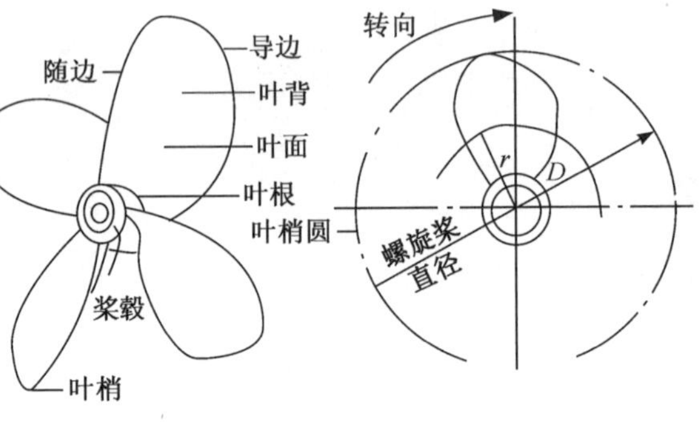

图10-1 定距螺旋桨的结构

按正车方向旋转时桨叶先入水的一边叫导边,后入水的一边叫随边。桨叶靠近桨毂的部分叫叶根,最外端叫叶梢。螺旋桨旋转时叶梢顶尖画出的圆叫叶梢圆,叶梢圆的直径叫螺旋桨的直径,记为D。从船尾向船首看,螺旋桨在正车工作时沿顺时针方向旋转的称右旋桨,沿逆时针方向旋转的称左旋桨。

螺旋桨的压力面是一个螺旋面,如图10-2所示。若与轴线OO'成某一固定角度的线段ABC以等角速度绕轴线旋转,同时以等线速度沿轴线向下(或向上)移动,此线段在空间划过的轨迹所形成的曲面即是螺旋面。线段上任意一点运动的轨迹为一螺旋线。螺旋面也可以看成由无数个不同半径的螺旋线组合而成。运动线段ABC称为该螺旋面的母线。母线上的任一点旋转一周在轴线方向上移动的距离称为该螺旋线的螺距,以H表示。

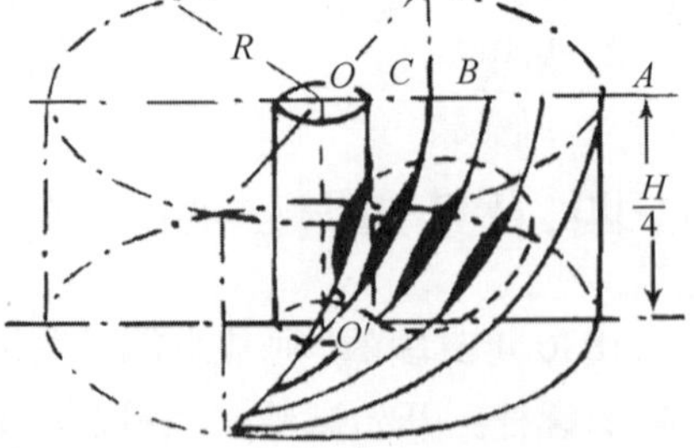

图10-2 螺旋面的形成

若组成螺旋面的各螺旋线螺距相等,这个螺距即为螺旋面的螺距,而螺旋面称为等螺距螺旋面。如果母线上的各点以等速旋转,但各点下降的速度不同,这样形成的螺旋面称为径向变螺距螺旋面。大型船舶螺旋桨的压力面大多由径向变螺距螺旋面构成,其吸力面则通常是一个复杂的螺旋面。螺旋桨的螺距 H 系指其压力面的螺距。径向变螺距螺旋桨的螺距，通常自叶根向叶梢逐渐增加，一般以 $0.7R$（R 为螺旋桨的半径）或 $2R/3$ 处的螺距代表螺旋桨的螺距，记作 $H_{0.7R}$ 或 $H_{2R/3}$，此值约等于螺旋桨的平均螺距。

螺旋桨的螺距与直径之比 H/D 称为螺距比。它是螺旋桨的主要结构参数之一，其数值的大小直接影响螺旋桨的性能。螺旋桨所有桨叶展平后其面积的总和称为螺旋桨的面积，用 A 表示。以螺旋桨直径 D 画出的圆的面积称为盘面积，用 A_d 表示。比值 A/A_d 称为盘面比，它是螺旋桨的另一个重要结构参数。盘面比大，说明螺旋桨桨叶肥大，螺旋桨面积在以 D 为直径的圆面积里充实程度大，螺旋桨推水的总面积就大。

2. 螺旋桨的工作原理

若用一把与桨毂共轴的圆筒形刀切割桨叶，将切得的断面展平后所得的面称为叶素断面，如图 10-3 所示。半径为 r 和 $r+\mathrm{d}r$ 的两个叶素断面间的这部分桨叶称为叶素（或叶原体）。整个桨叶的作用可以看成是无数个叶素作用的总和。因此，只要分析清楚叶素的作用，就可推知整个桨叶以及整个螺旋桨的工作情况。

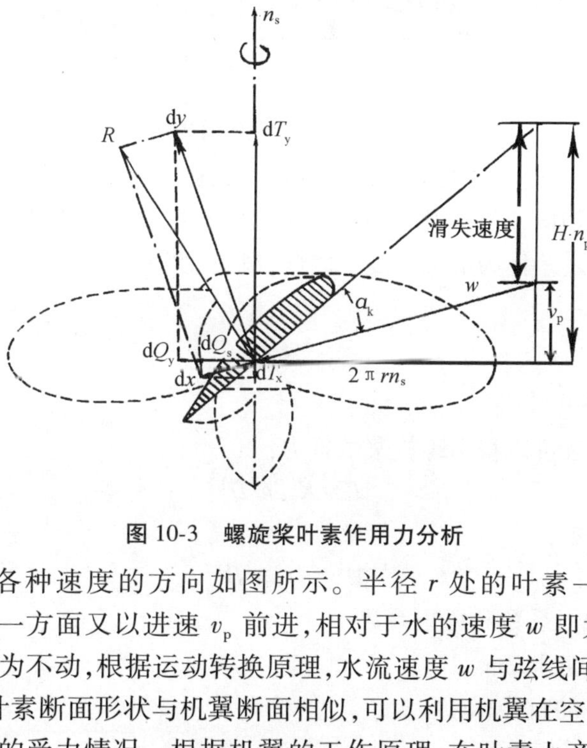

图 10-3　螺旋桨叶素作用力分析

在图 10-3 中，各种速度的方向如图所示。半径 r 处的叶素一方面以切向速度 $2\pi rn_s$ 绕轴心回转，一方面又以进速 v_p 前进，相对于水的速度 w 即为这两种速度的合成。如果把叶素视为不动，根据运动转换原理，水流速度 w 与弦线间的夹角称为冲角，用 α_k 表示。由于叶素断面形状与机翼断面相似，可以利用机翼在空气中运动时产生的升力来说明螺旋桨的受力情况。根据机翼的工作原理，在叶素上产生升力 dy 和阻力 dx。升力 dy 垂直于 w，阻力 dx 则沿着 w 的方向，把升力 dy 和阻力 dx 各自分解成轴向和回转方向的分力。于是，在叶素上产生推力 $\mathrm{d}T=\mathrm{d}T_y-\mathrm{d}T_x$，在回转方向产生的阻力 $\mathrm{d}Q=\mathrm{d}Q_y+\mathrm{d}Q_x$。此阻力作用在距轴心半径为 r 的叶素上，它对螺旋桨产生一个阻力矩，即 $\mathrm{d}M=r\cdot \mathrm{d}Q$。

螺旋桨的桨叶是由无数叶素合成的，各桨叶所有叶素上产生的推力 dT 的总和即为螺旋桨的推力，以 T 表示。各桨叶所有叶素上产生的阻力矩 dM 的总和即为螺旋桨的阻力矩,以 M 表示。因此,为了使螺旋桨产生推力,必须由主机发出的功率来克服螺旋桨的阻力矩。

螺旋桨在水中同时参与两种运动,即绕桨毂轴线的回转运动和沿桨毂轴线的轴向运动。螺钉在螺母中每转动一圈时前进一个螺距。当螺旋桨在水中运动时,水被它推向后移,螺旋桨前进的距离比螺距要小,这种现象称为螺旋桨的滑失现象(或滑脱现象)。螺旋桨旋转一周在轴向前进的距离称为进程,以 h_p 表示。进程和桨直径的比值称为进程比,以 $\lambda p=h_p/D$ 表示。螺距和进程的差值称为滑失(或滑脱),即 $H-h_p$,如图10-4所示。滑失与螺距的比值称为滑失比,以 S 示之,即:

$$S=\frac{H-h_p}{H}$$

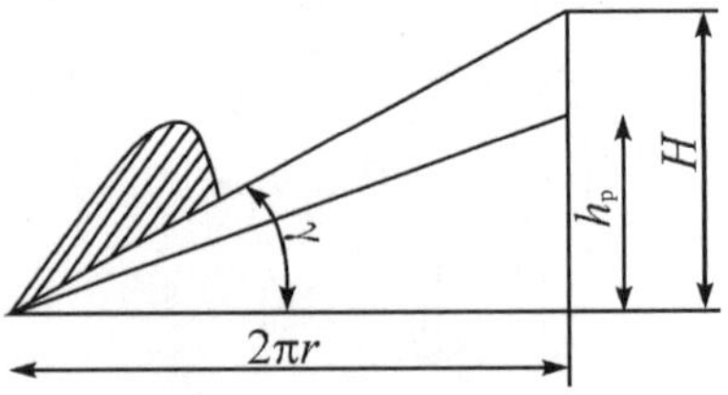

图 10-4 螺旋桨的滑失

若取单位时间来考虑,设螺旋桨的转速为 n_s(r/s),则每秒叶素沿圆周方向的回转路程为 $2\pi rn_s$,即叶素的切向速度。叶素前进的速度并不是 Hn_s,而仅为 $v_p=h_pn_s$,称为螺旋桨的进速,Hn_s 与 v_p 之差称为滑失速度。因此,滑失比 S 还可表示为:

$$S=\frac{Hn_s-v_p}{Hn_s}$$

3. 定距桨的工作特性

应用因次比较法可以得出螺旋桨的推力:

$$T=K_T\rho n^2D^4$$

螺旋桨的阻力矩:

$$M=K_Q\rho n^2D^5$$

式中:K_T、K_Q——推力系数和扭矩系数;

ρ——水的密度,kg/m^3;

D——螺旋桨的直径,m;

n——螺旋桨的转速,r/s。

螺旋桨的效率 η_p 是有效功率与消耗功率(也即吸收功率、得到功率)之比,而螺旋桨的有效功率为 Tv_p,消耗功率为 $M\omega$,因此

$$\eta_p=\frac{Tv_p}{M\omega}=\frac{K_T}{K_Q}\cdot\frac{\lambda p}{2\pi}$$

式中:v_p—螺旋桨的进速,m/s;

ω—螺旋桨的旋转角速度,rad/s;

λp—进程比。

以上三个公式(T,M,η_p)是螺旋桨工作性能的基本方程式。对于几何形状一定的螺旋桨,推力系数 K_T 和扭矩系数 K_Q 都取决于进程比 λp,它们之间的变化关系可由实验测得,如图 10-5 所示。

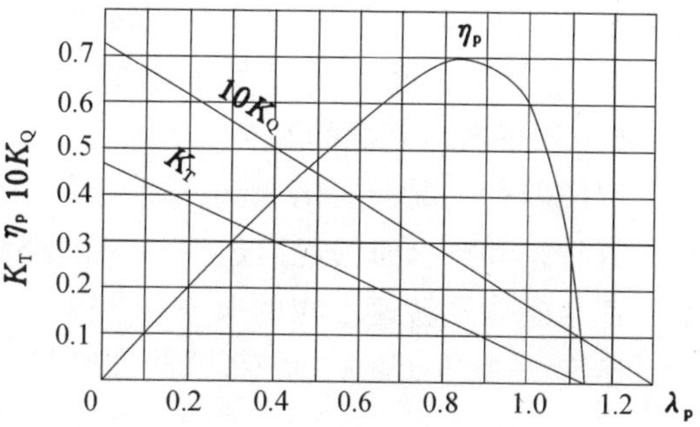

图 10-5 推力系数 K_T 和扭矩系数 K_Q 与进程比 λ_p 的关系

由进程比公式 $\lambda_p = h_p/D = v_p/(nD)$ 可知,对于一定的螺旋桨,λ_p 取决于船舶的航行状态,即取决于船舶的航行工况。因此,当船舶在某一工况下稳定航行时,螺旋桨就有一个固定的 λ_p 值,K_T和 K_Q 也成为常数。螺旋桨直径 D 是固定不变的,水的密度 ρ 也可认为不变,这样,可把螺旋桨工作性能的基本方程式表示为:

$$T = C_1 n^2$$

$$M = C_2 n^2$$

$$\eta_p = C_0 \lambda_p \cdot K_T/K_Q$$

式中:系数 C_1、C_2、C_0 取决于船舶航行工况,当船舶在不变的工况下稳定航行时,均为常数。

螺旋桨的功率:

$$P_p = 2\pi n M = C n^3$$

式中:系数 C 和 C_1、C_2、C_0 一样,也取决于船舶航行工况。

以上公式说明螺旋桨的推力和扭矩与其转速的平方成正比,螺旋桨吸收的功率与其转速的立方成正比。将以上三式绘成曲线,此曲线即称为螺旋桨的特性曲线。

4. 影响螺旋桨特性的因素

影响螺旋桨特性的因素是多方面的,但可概括为以下两个主要方面。

(1)螺旋桨结构参数的影响

桨的结构参数主要有直径 D、螺距比 H/D。由公式 $T = K_T \rho n^2 D^4$ 和公式 $M = K_Q \rho n^2 D^5$ 可看出,直径 D 对螺旋桨产生的推力和吸收的扭矩影响很大,分别为四次方和五次方的关系,所需要的功率也是五次方的关系。对于同一直径的螺旋桨,其螺距比越大,即 H/D 越大,它所需要的功率也越多。图 10-6 示出不同 H/D 对螺旋桨功率特性的影响。由图可以看出,在同一转速下,H/D 越大,曲线就越陡,需要的功率就越大。

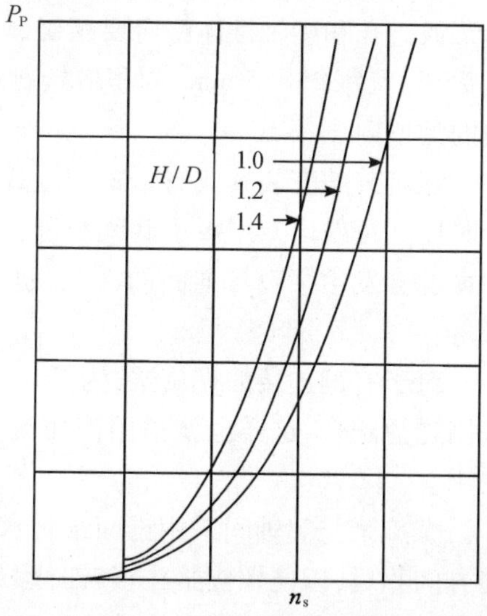

图 10-6 不同 H/D 对螺旋桨功率特性的影响

对于一定功率的主机,必须选配合适的螺旋桨。如果直径 D 和螺距比 H/D 过大,螺旋桨会过重,主机带不动,它在高转速下运转时,就会造成超负荷。如果 D 或 H/D 选得过小,螺旋桨会过轻,主机就不能充分发挥它的做功能力。

(2)船舶航行工况的影响

船舶航行工况的变化,既包括航行的自然条件变化,如风浪大小、水深的变化等;也包括各种机动操纵时的过渡过程,如船舶的加速、减速、倒航等。当航行工况改变时,船舶航速与螺旋桨转速之间的关系要发生变化,即进程比 λ_p 的数值要改变。推力系数 K_T 和扭矩系数 K_Q 随 λ_p 而变,因此螺旋桨的推力和阻力矩也发生变化。

六、螺旋桨与艉轴的连接

螺旋桨与艉轴的连接形式有:有键、无键和法兰连接三种,图 10-7 中(a)所示为有键连接,(b)为无键连接。

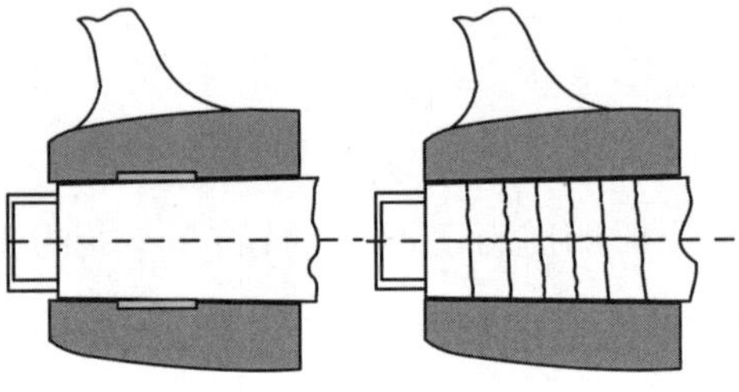

(a) (b)

图 10-7 螺旋桨与艉轴的连接方式

螺旋桨安装必须符合规范。对于键连接螺旋桨,通常桨毂锥孔和艉轴锥体需经研磨并采用紧配合、键连接、螺母锁紧,靠摩擦面间的摩擦力传递扭矩和承受力。为此,要求桨毂锥孔和艉轴锥体配合要精确、均匀,部颁修船标准规定,接触的有效面积不得少于 75%,且每 $25×25\ mm^2$ 面积内接触点不少于 2~4 点。键的两侧面要紧贴在艉轴和桨毂的键槽内。

螺旋桨的安装方式有干式和湿式两种。有键连接的螺旋桨大多采用干式安装。装配时用大锤敲击专用扳手旋紧螺母,所以配合表面间的压力是否足够难以验证。工作中可能会发生桨毂与锥面的滑动或应力腐蚀,键产生变形或键槽裂纹,甚至导致桨叶脱落。

对于有键连接的螺旋桨,为了减少桨毂内表面的应力腐蚀和防止摩擦滑动,现在也采用过盈配合,这样也就采用液压湿式安装。此时桨毂内表面就应有油槽,以备胀毂之用。

螺旋桨与艉轴间采用锥面结合、键连接和螺母紧固,螺母的旋紧方向与螺旋桨的正转方向相反,以便螺旋桨在正转时螺母能自动锁紧。至于倒车,因使用的时间短,功率也比正车小,所以采用了止动片防松。螺母外面还装有流线型导流罩,且为水密,既可减少水力损失,又可防止螺纹锈蚀。

近年来，液压无键连接也越来越多地用在螺旋桨和艉轴的连接上；在轴与桨毂锥面配合处的油压使桨毂产生弹性变形并被胀开的同时，液压螺帽中的油压推动螺旋桨向前移动至规定位置，油压泄放后，旋紧螺帽即可，如图 10-8 所示。同样，用液压方式也可拆卸螺旋桨。

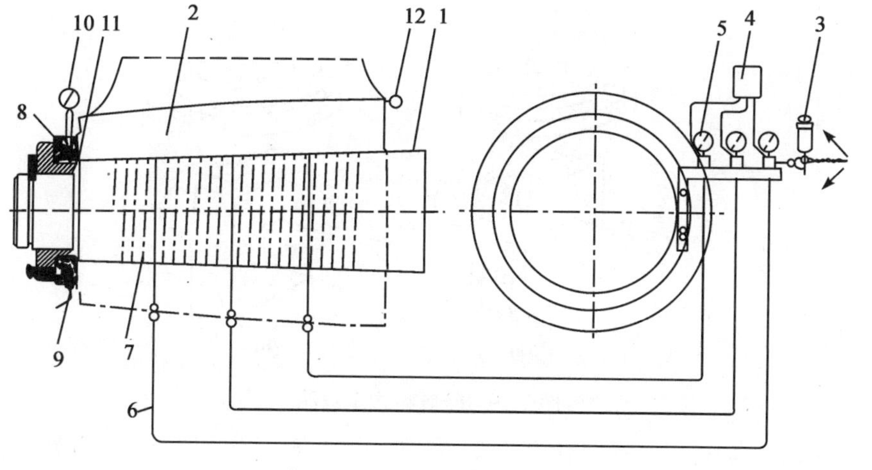

图 10-8 螺旋桨和艉轴的液压连接

1—艉轴；2—桨毂；3—手动往复泵；4—油箱；5—压力表；6—至桨毂的高压油管；7—螺旋布油槽；8—液压螺帽压力油缸；9—油泵至压力油缸的高压油管；10—压力；11—调节圈；12—测量桨毂移动量的千分表

七、可调螺距螺旋桨

1. 可调螺距螺旋桨结构

桨叶和桨毂相对位置会发生改变的螺旋桨称为可调螺距螺旋桨，简称调距桨。

调距桨装置包括五个基本组成部分：

(1)调距桨。它包括可转动的桨叶、桨毂和桨毂内部装设的转动桨叶的转叶机构等。

(2)传动轴。它一般由螺旋桨轴和配油轴组成，两者用套筒联轴器相连。这种传动轴和定距桨的传动轴不同，它是中空的，其中装调距杆；或者，当伺服油缸位于桨毂内时，中空的传动轴作为进、排油通道。

(3)调距机构。它包括产生转动桨叶动力的伺服油缸、伺服活塞，分配压力控制油给伺服油缸的配油器，桨叶定位和桨叶位置的反馈装置及其附属设备等。它的主要任务是调距、稳距以及对螺距进行反馈和指示。

(4)液压系统。它主要由油泵、控制阀(换向阀)、油箱和管件等组成。它的作用是为伺服油缸提供符合要求的液压油。

(5)操纵系统。它主要由操纵台、控制和指示系统组成。它的作用是按预先确定的控制程序同时调节发动机的转速和调距桨的螺距，以获得所要求的工况。

调距桨转叶机构的作用是将往复运动转变为回转运动。转叶机构如图 10-9 所示。图 10-9(a)为曲柄滑块式,图 10-9(b)为曲柄销槽式。其中图 10-9(a)为十字头上开槽,槽中设滑块。图 10-9(b)为十字头上带销,曲柄上开槽。这两种形式都可将十字头的往复运动变为曲柄的回转运动。它们的结构简单紧凑,传递扭矩能力大,应用广泛。

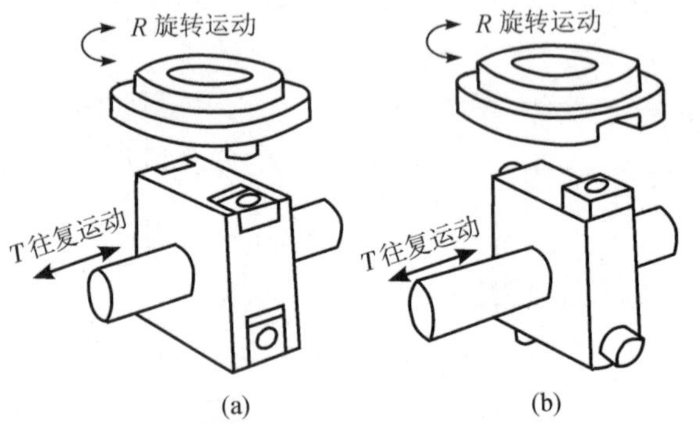

图 10-9　转叶机构示意图

在调距桨装置中一般还设有应急锁紧桨叶装置,利用它可在应急情况下(例如液压系统失灵),把桨叶固定在一定的正螺距值,使调距桨变为定距桨。

采用调距桨的推进装置可以采用双手柄控制,也可采用单手柄控制。双手柄控制是用两只操纵手柄分别操纵主机转速和螺旋桨螺距,这种控制方式不但操作不方便,而且也很难把工况调到最佳,甚至使运行工况比采用定距桨还要坏。单手柄控制也称为联合控制,是用一个手柄,按螺旋桨螺距与主机转速的规定关系来操纵螺旋桨和主机。

2. 可调螺距螺旋桨的调距过程

调距桨装置的调距过程可以用图 10-10 来说明。驾驶员发出的指令信号,通过信号传递系统传到操纵杆 6,杆 *ABC* 则以 *C* 为支点动作,将控制阀 4 移动,使其离开中央位置,此时具有一定压力的控制油经控制阀进入配油轴套 3,由桨轴中的油道进入伺服油缸 1 的相应工作空间(另一空间回油),推动动力活塞 2。动力活塞的移动带动调距杆(动力活塞杆),继而通过转叶机构将桨叶转动,使螺距发生变化。

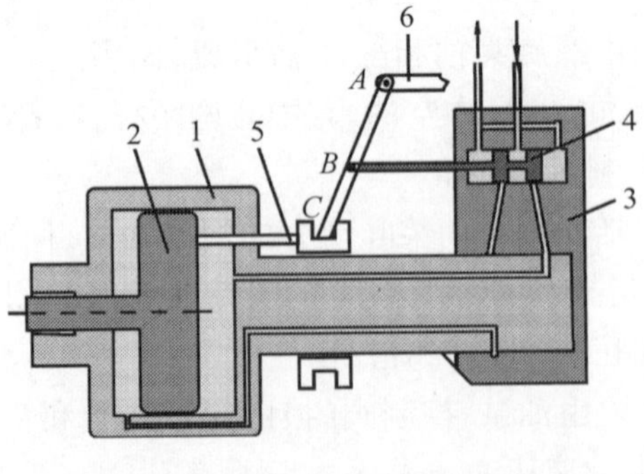

图 10-10　调距桨装置的调距机构

1—伺服油缸;2—动力活塞;3—配油轴套;4—控制阀;5—反馈装置;6—操纵杆

动力活塞在移动的同时还通过反馈装置 5 移动杆 ABC 的 C 点，此时 A 点不动，于是反馈信号传到控制阀 4。反馈信号和驾驶台指令信号进行比较，若这两个信号相等，则说明螺距已调到驾驶人员所要求的值，控制阀就回到原来的平衡位置，切断压力控制油和回油。若反馈信号和指令信号不相等，则继续上面的调距动作，直至符合要求为止。

调距的时间是短暂的，而使螺距固定在某一要求的位置却是长期的。如果动力活塞由于某种原因（如液压油的漏泄）而偏离所要求的位置，就意味着螺距偏离了所要求的螺距值。图示的调距机构可通过反馈机构，使动力活塞的偏移信号传到控制阀，于是重新开始一个调节过程，使动力活塞即螺距也回到原来要求的位置上。这种稳距方式是通过调节过程的动作自动完成的，称为动态稳距方式。还有的调距桨装置的稳距作用是利用液体的不可压缩性，靠止回阀密封伺服油缸油腔的方法来实现的，称为静态稳距方式。

3. 可调螺距螺旋桨的工作特性

根据定距桨功率与转速关系式可知，当船舶航行阻力增加时，只要船处于稳定航行状态，螺旋桨所需功率 P_p 与其转速 n 间仍然保持三次方关系。但由于系数 C 将发生变化，螺旋桨特性也要发生变化，如图 10-11 所示。由图可见，当船舶阻力增加后，在相同的螺旋桨转速下，螺旋桨所需功率将增加。也就是说，螺旋桨随船舶阻力增加而负荷变重；反之则变轻。

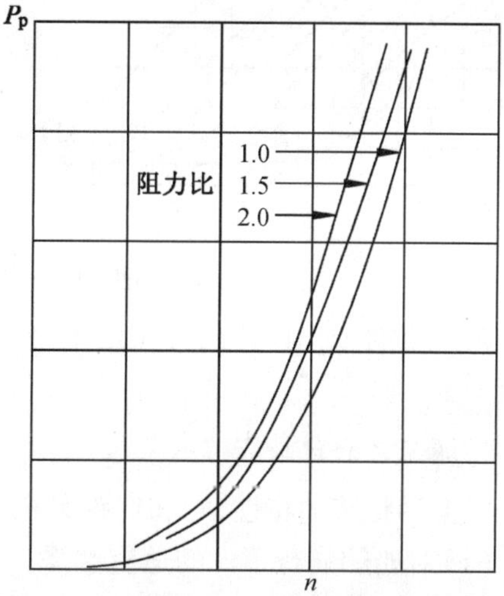

图 10-11　船舶阻力对螺旋桨特性影响

当外界条件不变而螺旋桨的螺距比 H/D 改变，船舶处在稳定航行状态时，螺旋桨所需功率与转速仍然保持三次方的关系，但因系数 C 的变化，螺旋桨特性也发生变化。由此可见，在同样的航行条件下，使螺旋桨转速保持不变，采用的螺距越小，螺旋桨所需功率也就越小，螺旋桨负荷越轻；反之则越重。

将以上两种情况结合起来就不难想到，由船舶阻力变化所引起的螺旋桨特性变化可采用改变螺距比的方法来补偿。只要螺距比采用得适当，在船舶阻力发生变化时，就可使螺旋桨的功率-速特性线保持在原来的位置，也就是可以用改变螺距的方法去适应船舶工况的变化，于是就出现了可调螺距螺旋桨（简称调距桨）。

可调螺距螺旋桨，其桨叶螺旋面与桨毂可做相对运动，通过转动桨叶来达到改变螺距的目的。桨叶每到一个位置，就有一个对应的螺距 H，螺旋桨也就有一个新的特性。对于一个定距桨，它只有一组工作特性曲线，并且当 λ_p = 常数时，它的推力、阻力矩、功率与转速之间的关系曲线都只有一条。而调距桨，则可以把它视为一系列同一直径的具有不同螺距比的定距桨的组合，所以它的特性曲线是由多组类似于定距桨的工作特性曲线共同组成的。

为了醒目和使用方便起见,把调距桨工作特性曲线绘制成如图 10-12 所示的形式。由图可见,在阻力因素不变的情况下,螺距越大,则相同转速下的推力越大,转矩也越大。因而当船舶阻力发生变化时,可以通过调整螺距比来控制螺旋桨转速和转矩及推力之间的关系,来满足船舶阻力变化的需要。在图 10-12 上还示出了螺旋桨的等效率线,从图上可以看出调距桨在不同工况时的效率变化情况。

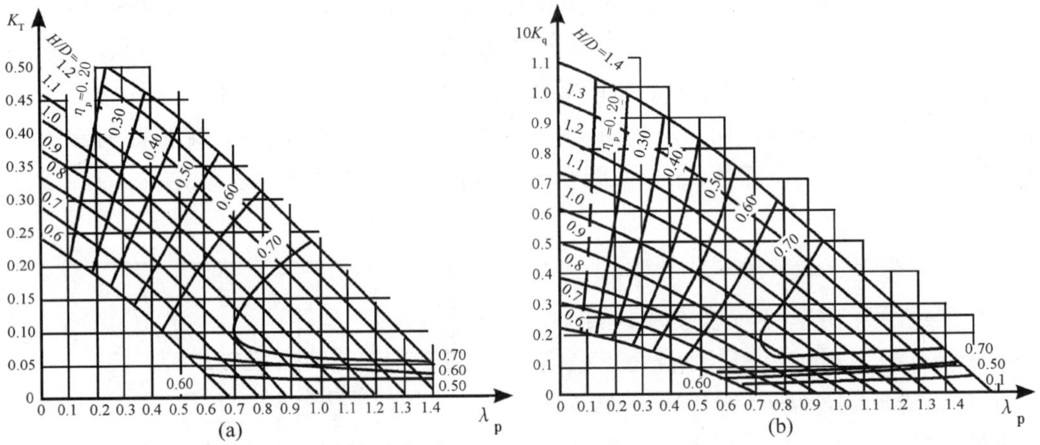

图 10-12 调距桨工作特性曲线

调距桨的工作特性也可以用推力、阻力矩、功率分别与桨转速之间的关系曲线来表示。

4. 调距桨的优缺点

根据调距桨的特性,它和定距桨相比,具有以下优点:

(1)对船舶航行条件的适应性强。

(2)动力装置的经济性好。一般来说,在设计工况时,定距桨效率比调距桨效率稍高。但是在非设计工况下运转时,定距桨偏离设计工况,其效率明显降低,离设计工况越远,下降越严重,如图 10-12 所示。而调距桨每改变一次螺距就有一条效率曲线,而每一条效率曲线都有一最高效率值。显然,在非设计工况下,调距桨效率比定距桨效率高。这是调距桨动力装置经济性好的原因之一。不同的航速有不同的最佳 $n\text{-}H/D$ 匹配,经济性最好的一组配合称为最佳 $n\text{-}H/D$ 匹配,这样可得出一条最佳的曲线。按照这一条曲线来控制柴油机转速和调距桨螺距,可使采用调距桨船舶的动力装置经济性得到提高。

(3)船舶的机动性提高。

(4)有利于推进装置驱动辅助负载。

(5)延长发动机的寿命。

(6)便于实现遥控。一般在驾驶台由驾驶员直接操作,整个遥控系统简单,容易实现。

采用调距桨的主要缺点是:

（1）调距桨和轴系的构造复杂，制造工艺要求高，所用材料也较好，还要设置一套调距机构和系统，因此造价较高。

（2）桨毂中的转叶机构零件较多，而空间又小，可靠性不如定距桨。这些部件难以维护保养，一旦损坏，船舶必须停航进坞，给营运带来损失。

（3）调距桨的毂径比 d/D 比定距桨大，因此在相同的设计工况下，调距桨的效率比定距桨低 1%~3%。

（4）调距桨桨叶根部由于受叶根法兰尺寸限制和固定螺栓布置的影响，使叶根剖面宽度较小，为了保证根部强度，叶根厚度相应增加，使桨叶根部容易产生空泡。

调距桨的上述特性和优点，使之在运行工况较多、机动性要求较高的船舶上得到了广泛的应用。

八、螺旋桨的空泡腐蚀

螺旋桨桨叶的穴蚀破坏是一种桨的较为严重的破坏形式。其主要发生在桨叶叶背边缘处，呈蜂窝状孔穴，成片分布，严重时使桨叶边缘烂穿，如图 10-13 所示。

图 10-13　螺旋桨空泡腐蚀

桨叶穴蚀亦是空泡作用的结果。当螺旋桨在水中旋转时水流从叶背流过，水流速度增大而压力下降，叶面的水流速度减小而压力升高。螺旋桨转速越高，叶背处水流速度越快，压力下降越大，当达到该处水温下汽化压力时水汽化生成气泡，随后气泡移至高压区就会破灭，从而使叶背边缘遭到破坏。

一般采用在桨叶上涂环氧树脂、改进桨叶叶形和降低桨的转速等方法来防止或减轻穴蚀破坏。

九、螺旋桨的噪声

航行中螺旋桨发出有节奏的“嗡嗡”的声音，称为鸣音。这种现象是由于螺旋桨回转时，在桨叶随边 0.4R（R 为螺旋桨半径）以外的部位产生有规律的涡流。在某几个转速下，涡流所引起的振动频率恰好与桨叶固有频率接近而产生共振，使螺旋桨发出鸣音。桨叶随边鸣音部位如图 10-14 所示。

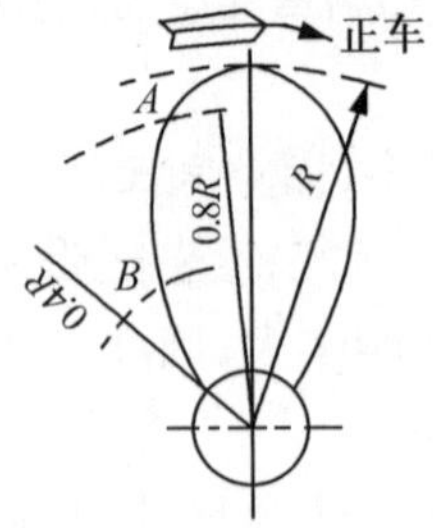

图 10-14　桨叶随边鸣音部位

消除螺旋桨鸣音的办法是通过改变随边 0. 4R 以外的涡流,使其引起的振动频率远离(大于或小于)桨叶固有频率,避免产生共振。具体方法是将桨叶随边 0. 4R 以外的 AB 部分加厚或减薄,或制成锯齿状、钻孔等抗鸣边缘。例如,将 AB 边缘减薄,则由涡流引起的振动频率将大于桨叶固有频率,避免了共振,有效地消除了鸣音。

第二节　传动轴系

一、学习目标

1. 掌握传动轴系的组成、作用及工作条件。
2. 掌握中间轴和中间轴承、艉轴与艉轴管的结构。

二、学习任务

1. 传动轴系的组成。
2. 轴系管理要求和方法。

三、环境设备

1. 中间轴和中间轴承。
2. 艉轴与艉轴管。

四、背景知识

船舶轴系是船舶动力装置中的重要组成部分,承担着将主机发出的功率传递给螺旋桨,再将螺旋桨产生的轴向推力或拉力传递给船体,实现推船航行的目的。船舶轴系的结构较为简单,但作用十分重大,维护管理好轴系,对保证船舶的安全航行至关重要。

五、船舶推进装置传动方式

船舶推进装置也称为主动力装置，是船舶动力装置中最重要的组成部分。它包括主机、传动设备、轴系和推进器等，如图 10-15 所示。其作用是对船舶产生推拉力，使船舶前进或后退。它一旦失效就会使船舶处于被动局面，影响船舶、船员安全，因此轮机管理人员应加强值班管理，定期检修。

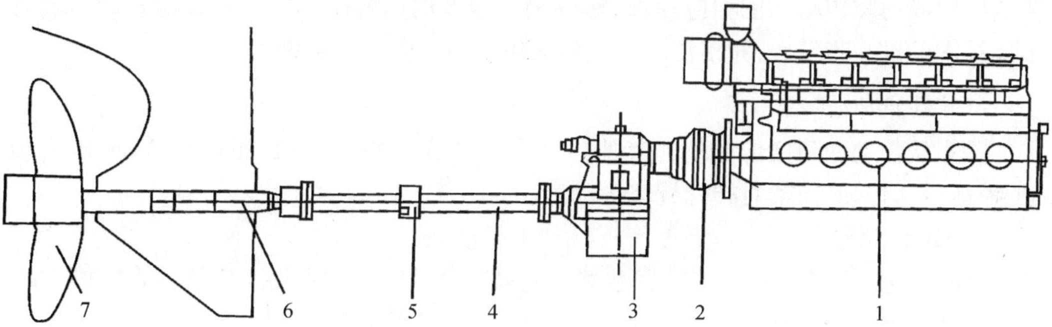

图 10-15　推进装置简图

1—主机；2—离合器；3—减速齿轮箱；4—中间轴；5—轴承座；6—螺旋桨轴；7—螺旋桨

船舶推进装置按传递到螺旋桨功率方式不同可分为以下几种：

1. 直接传动

主机功率直接通过轴系传给螺旋桨的传动方式称为直接传动。这种传动方式中，主机和螺旋桨之间除了传动轴系外，没有传动设备（减速或离合设备），运转中螺旋桨和主机始终具有相同的转向和转速。

它的主要优点是：(1)结构简单，维护管理方便，传动损失少，传动效率高；(2)主机多为耗油率低的大型低速柴油机，经济性好，工作可靠，寿命长；(3)螺旋桨转速较低，推进效率较高。

其缺点是：与四冲程柴油机作为主机的动力装置比直接传动动力装置的重量尺寸大，非设计工况下运转时经济性差，要求主机有可反转性能，船舶微速航行受主机最低稳定转速限制。

直接传动又有定距桨传动和变距桨传动两种。螺旋桨螺距固定的传动称为定距桨传动。螺旋桨螺距变化的传动称为变距桨传动。

2. 间接传动

主机和螺旋桨之间的动力传递经过轴系和传动设备（离合器或减速器等）的传动方式称为间接传动。

它的主要优点是：(1)主机转速适应螺旋桨的转速要求，可以不受螺旋桨要求低转速的限制；(2)主机曲轴和螺旋桨轴布置可以同心，也可以不同心，这样能够改善螺旋桨的工作条件，使轴系布置比较自由；(3)在带有倒顺车离合器的装置中，主机不用换向,使主机结构简单,管理方便,机动性提高;(4)有利于多机并车运行及设置轴带发电机。

间接传动的主要缺点是轴系结构复杂,传动效率较低。这种传动方式多用于中小型船舶以及以大功率中速柴油机、蒸汽轮机和燃气轮机为主机的大型船舶。

近年来动力装置节能越来越受到重视,采用大直径低转速螺旋桨提高推进效率是一种有效途径。现在减速齿轮装置已扩大到低速柴油机的领域,甚至有的船舶低速机经减速后,螺旋桨转速仅为 43 r/min,螺旋桨直径竟达 11 m。以中速机为主机的船舶,减速齿轮箱的减传动比也相应加大,螺旋桨转速有的已降至 60 r/min。随着动力装置节能技术的进一步发展,间接传动方式的应用范围将会进一步扩大。

3. 特殊传动

除直接传动和间接传动外的其他传动方式统称为特殊传动,如 Z 形传动、电力传动、液压马达传动、同轴对转螺旋桨传动等。

(1)Z 形传动

Z 形传动又称为悬挂式螺旋桨装置。它最显著的特点是螺旋桨可绕垂直轴做 360°回转。当起动一个电动机带动蜗轮蜗杆装置运动时,蜗轮带动旋转套筒在支架中回转,同时使螺旋桨绕垂直轴在 360°的范围内做平面旋转运动,如图 10-16 所示。

由于螺旋桨可绕垂直轴做 360°回转,因此它具有以下优点:

①操纵性能优于其他传动方式。特别是采用两台主机,而每台分别带动一个 Z 形传动装置时,可以使船舶原地回转、横向移动、快速进退以及微速航行等。

②该装置垂直悬挂在船尾,可由船尾部甲板开口处吊装,检修不用进坞,可大大缩短修理时间;也可以省掉舵、艉柱和艉轴管等结构,使船尾形状简单,船体阻力减少。

③主机可以使用不可逆转的中高速柴油机,不需要单独的减速齿轮装置,可以延长柴油机使用寿命。

尽管如此,由于其结构上的原因,传递功率受到一定限制,因而 Z 形传动仅适用于小型船舶,特别适用于港作船和在狭窄航道中航行的船舶。

(2)电力传动

电力传动是柴油机驱动发电机供电到主配电板,再由主配电板供电给电动机,而由电动机驱动螺旋桨运转的一种传动方式。

这种传动方式的优点是:①柴油机和螺旋桨之间没有机械联系,可省去中间轴及轴承,使柴油机布置自由,机舱设备安排灵活;②柴油机转速不受螺旋桨转速的限制,可选用中高速柴油机,并可在柴油机恒定转速下调节电动机转速,使螺旋桨转速得到均匀、大范围的调节;③螺旋桨反转是靠改变主电动机(直流)电流方向来完成的,倒车功率大,操纵容易,反转迅速,船舶机动性能提高;④电动机对外界负荷的适应性好,甚至可以短时间堵转。

其缺点是:①需要经过机械能变电能、电能变机械能两次能量转换,传动效率低;②增加了发电机及电动机的数量,使动力装置总的重量和尺寸都增加,造价和维护费用提高。它主要用于破冰船、拖船、渡船等。

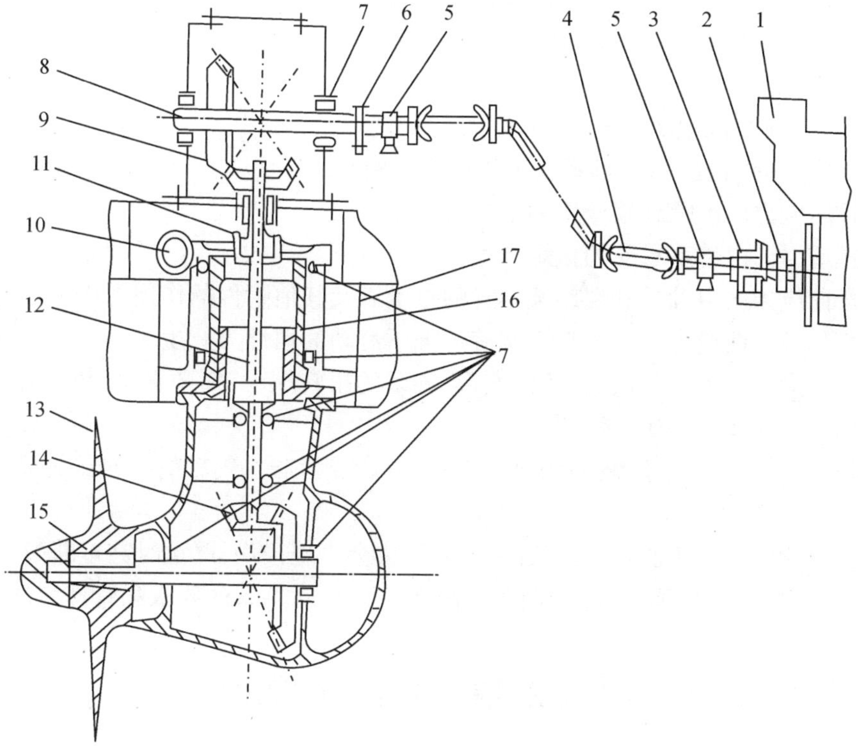

图 10-16　Z 形传动装置

1—主机；2—联轴器；3—离合器；4—带有万向节的传动轴；5—滑动轴承；6—弹性联轴器；7—滚动轴承；8—上水平轴；9—上部螺旋锥齿轮；10—蜗轮蜗杆装置；11—齿式联轴器；12—垂直轴；13—螺旋桨；14—下部螺旋锥齿轮；15—下水平轴；16—旋转套筒；17—支架

六、轴系的作用和工作条件

从曲轴动力输出端法兰到螺旋桨间的轴及其轴承统称为传动轴系（简称轴系）。它一般由传动轴（包括推力轴、中间轴和艉轴）、轴承（包括推力轴承、中间轴承和艉轴承）、轴系附件（主要是润滑、冷却、密封设备等）组成。

轴系的作用是把柴油机曲轴的动力矩传给螺旋桨，以克服螺旋桨在水中转动的阻力矩，同时又把螺旋桨产生的推（拉）力传给推力轴承，以克服船舶航行中的阻力，使船舶前进或后退。

轴系所传递的扭矩可根据它传递的功率和轴的转速算出。轴上的扭矩 M 为：

$$M = 9\,550P/n \ (\mathrm{N \cdot m})$$

式中：P——轴传递的功率，kW；

n——轴的转速，r/min。

轴系所传递的推力，可以根据螺旋桨所吸收的功率、螺旋桨的效率和船舶航速算出。轴系所传递的推力 T 为：

$$T = 1.94P_p \cdot \eta_p / v$$

式中:P_p——螺旋桨吸收的功率,kW;

v——船舶航速,kn;

η_p——螺旋桨的效率。

从上述轴系的作用可知,轴系在工作中要受到:

(1)拉压应力。由螺旋桨产生的推拉力产生。

(2)扭应力。由轴系承受的扭矩产生。

(3)弯曲应力。由轴系和螺旋桨本身的重量以及其他附件的作用力产生。

(4)额外的弯曲应力。由风浪天螺旋桨上下运动的惯性力产生。

(5)附加应力。由安装误差、船体变形、轴系的扭转振动、横向振动、纵向振动以及螺旋桨的不均匀水动力作用等产生。

(6)轴颈与轴承发生摩擦;当用海水作艉轴承润滑剂时,艉轴管和轴颈还要受到腐蚀作用。

由上述分析可见,轴系的工作条件很差,往往会出现损伤,严重时甚至断裂,修理时又往往要使船舶进坞,从而造成较大的经济损失,因此对轴系的要求和管理应严格。

七、中间轴和中间轴承、艉轴与艉轴管的结构

1. 中间轴、中间轴承

(1)中间轴

中间轴的作用是连接各主要轴段,还可在中间轴上安装其他传动设备,如离合器、刹车装置、减速器等。中间轴按其两端连接件的不同,主要有两种类型:带整锻法兰的中间轴和两端为锥体的中间轴。前者多用于大中型船舶;后者多用于小型船舶或采用滚动式中间轴承的船舶。

带整锻法兰的中间轴如图 10-17 所示。其两端为整锻法兰 A,主体为轴干 B,轴的支撑处为轴颈 C。轴颈的位置和长度由中间轴承的位置和宽度决定,轴颈的直径一般比轴干大 5~20 mm,以便磨损后有足够的加工裕度;轴颈与轴干的连接处以斜锥面或圆弧过渡,以减少应力集中。

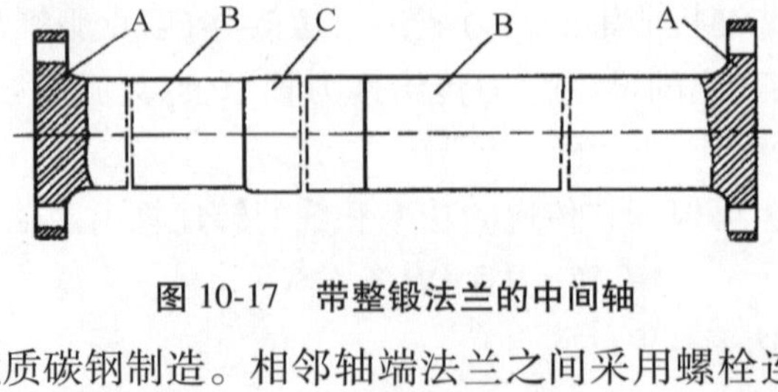

图 10-17　带整锻法兰的中间轴

中间轴一般用优质碳钢制造。相邻轴端法兰之间采用螺栓连接,螺栓受到紧固安装时产生的拉应力和传递扭矩时产生的剪应力的联合作用。船舶倒航时,螺栓受拉,使拉应力大大增加;轴系安装不正和扭振等还可使螺栓受到较大的附加应力。因此,对连

接螺栓的加工和安装都有较严格的要求。为了使连接螺栓在螺栓孔中不致松动，连接螺栓中应有50%以上是紧配螺栓，对中小型船舶也应不少于四只，并要求紧配螺栓和其他螺栓相间排列。

(2)中间轴承

中间轴承是为了减小轴系挠度而设置的支撑点，用于承受中间轴的重量以及因轴系变形和各种形式的运动而造成的附加径向负荷。

中间轴承的结构形式很多，按其摩擦形式的不同可分为滚动式和滑动式两大类，商船上多采用滑动式。按润滑方式的不同，滑动式轴承又可分为滑环式和固定油盘式两种。滑环式结构简单，管理方便，寿命长。但由于油环和轴颈间存在滑动，机动航行特别是当轴系转速较低时易造成润滑不良，且滑环容易损伤轴颈，所以滑环式中间轴承在大型船舶上应用得越来越少。固定油盘式滑动轴承是目前应用较多的轴承，其结构以滑环式轴承为基础，将滑环改为固定式油盘，如图 10-18 所示。轴瓦左侧装有固定于轴颈上的油盘 2，轴系工作时油盘随轴颈一同回转，将油池中的油带到上面，由位于上部的刮油器 6 刮油，使滑油沿轴向分布在轴颈上。因而固定油盘式轴承在低转速时的润滑效果较好，克服了滑环式轴承随动性差的缺点，润滑可靠，抗震性强。

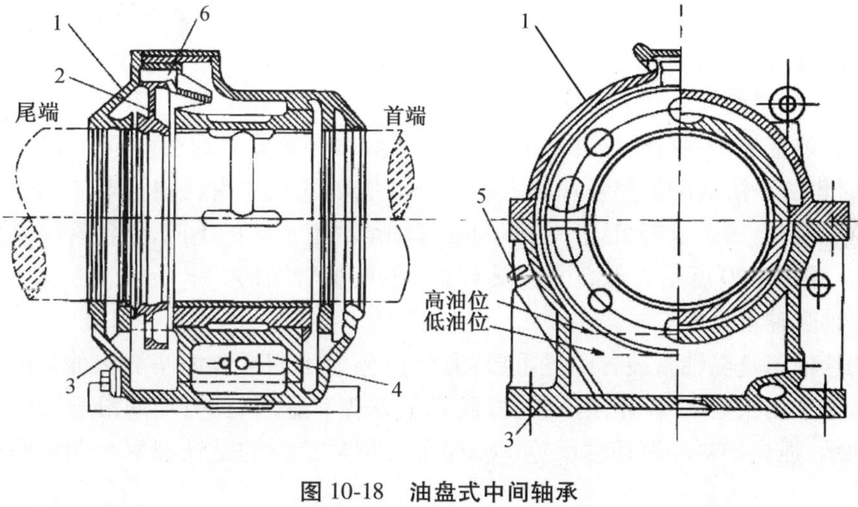

图 10-18 油盘式中间轴承

1—轴承盖；2—油盘；3—轴承座；4—冷却水腔；5—油位计；6—刮油器

中间轴承主要用来承受轴的自重，仅下轴瓦受力，故有些中间轴承只有下轴瓦，而无上轴瓦。

2. 艉轴和艉轴管装置

(1)艉轴

艉轴位于轴系的末端，首端与最后一根中间轴的法兰相连，尾端穿过艉轴管伸出船尾。螺旋桨直接安装在尾端的艉轴亦称为螺旋桨轴。当艉轴伸出船体过长并由两段组成时，装螺旋桨的那段轴称为螺旋桨轴，在它前面的那段轴称为艉轴。艉轴由法兰、轴干、轴颈、安装螺旋桨的锥形轴和螺柱等部分组成，其基本结构如图 10-19 所示。

艉轴用优质碳钢锻造。艉轴法兰与中间轴法兰用紧配螺栓连接。艉轴由最后一道中间轴承支承,与艉轴管中的轴封和支持轴承相配合。在用海水润滑的铁梨木轴承中,为防止轴段腐蚀和减小轴与轴承间的摩擦和磨损,在艉轴管中的轴段上装有铜套。由于轴套较长,制造和红套不便,铜套常分段加工、合成,并在接缝处采用密封性好的搭叠形式,套合后经滚压碾平,以防止海水漏入配合间隙而发生腐蚀。艉轴轴干裸露在海水中的部分一般包有玻璃钢保护层。

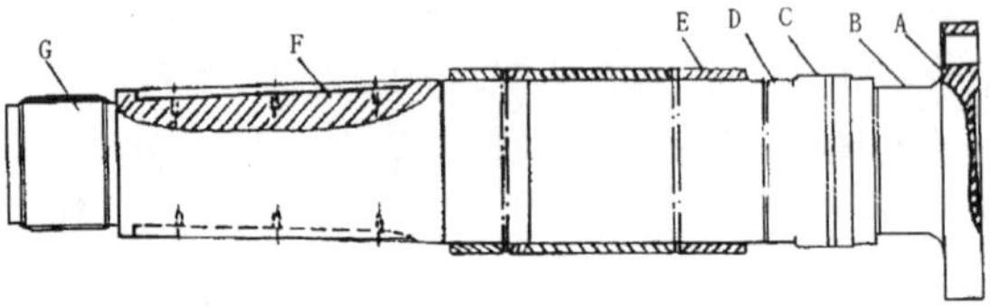

图 10-19　艉轴结构

A—法兰;B,D—轴干;C,E—轴颈;F—锥部;G—螺柱

艉轴工作条件比中间轴恶劣,因而故障也比中间轴多。艉轴的支持轴颈和密封轴颈可能因间隙不合适、轴线不正和润滑不良而发生擦伤、过度磨损、烧伤和锈蚀;红套的铜套和接缝可能因过盈量不足或过大而发生松动或裂纹;锥形轴段的过渡处和键槽处可能因疲劳、振动和撞击而出现裂纹;轴颈和轴干可能因密封不良而锈蚀。因此,要加强对艉轴的日常管理。

(2)艉轴管装置

艉轴管装置的作用是使艉轴伸出船尾,支承艉轴和螺旋桨的重量,防止海水漏入机舱内,同时也防止滑油漏出船外和漏入机舱内。艉轴管装置由艉轴管本体、艉轴承、密封装置、润滑和冷却系统等组成。按照艉轴管轴承润滑形式的不同,艉轴管装置具有不同的结构。图 10-20 所示为水润滑铁梨木轴承的艉轴管结构。

①艉轴管轴承

艉轴管轴承是艉轴管装置中最重要的部分,分为水润滑和油润滑两种类型。水润滑艉轴承多采用铁梨木、桦木层压板、橡胶和尼龙等非金属材料;油润滑艉轴承有白合金滑动轴承、强化塑料和滚动轴承等。海船上应用最广泛的是铁梨木艉轴承和白合金艉轴承。

A. 铁梨木艉轴承

铁梨木是一种产于美洲热带和亚热带地区的生长很缓慢的阔叶树,浸在水中会分泌一种黏液,具有良好的润滑作用。当它与青铜组成摩擦副时,耐磨、耐腐蚀,使用寿命长达 5~10 年;但是当水温超过 60 ℃,摩擦系数明显增加。铁梨木具有较强的水胀性,且不同纤维方向的膨胀量差异很大,干燥时会裂开和扭曲变形。另外,铁梨木的立纹比顺纹的抗压强度大。

水润铁梨木轴承艉轴管如图 10-20 所示,采用水润滑,其艉轴管结构简单,工作可靠,管理方便,不污染航区,应用广泛。艉轴管本体 4 用螺母 1 和螺栓 8 分别固定到艉柱 3 和艉尖舱壁 7 上,螺母 1 用止动螺栓 2 止动。在艉轴管本体的尾端压入轴承铜套 5,铜套中分前后两端装入铁梨木板条 16。铁梨木在轴向用压盖 15 和 18 定位,在圆周

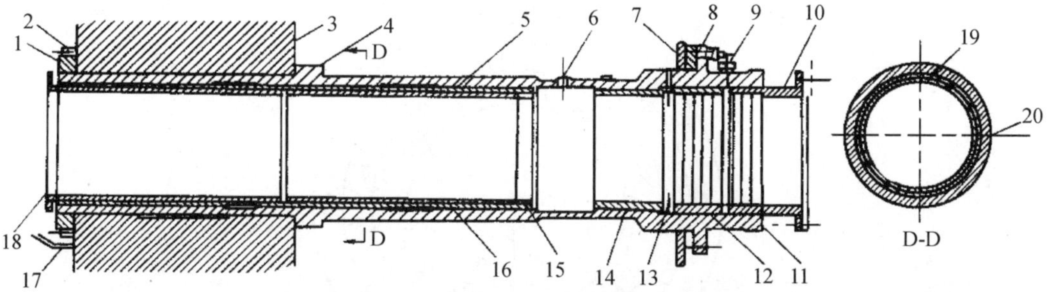

图 10-20　水润滑铁梨木轴承艉轴管结构

1—螺母；2—止动螺栓；3—艉柱；4—艉轴管本体；5—轴承铜套；6—海水进口；7—艉尖舱壁；8—螺栓；9—油杯；10—轴封压盖；11—配油环；12—填料；13—配水环；14—轴封套；15，18—压盖；16—铁梨木板条；17—保护罩；19—顶部铜条；20—水平铜条

方向用两个水平铜条 20 和一个顶部铜条 19 止动。铜套、铁梨木板条、止动铜条和压盖组成了艉轴承。由海水进口 6 引入的海水作为轴承的润滑和冷却液。保护罩 17 用来保护艉轴和艉轴承。在艉轴管本体的首端压入轴封套 14，装入配水环 13、配油环 11 和填料 12，并用压盖 10 压紧。压盖不能压得太紧，应允许少量海水经填料漏入舱内，以防填料发热。填料、轴封套和压盖等组成轴封，以防海水过多地漏入舱内。填料用润滑脂润滑，经油杯 9 挤入。铁梨木板条沿圆周方向排列在艉轴承铜套内，板条镶嵌要紧密，背面与铜套要紧贴。从经济性考虑，作为承压面的下半部铁梨木板条采用立纹，即纤维方向与轴线垂直，以提高其耐磨性；而非承压面的上半部铁梨木板条采用顺纹，即纤维方向与轴线平行，这样可以使轴承上、下两部分得到均匀磨损。止动铜条的厚度为铁梨木板条厚度的 60%，以免铁梨木磨损后损伤轴上的铜套。铁梨木板条沿轴向布有流水槽，目的在于加强冷却效果，冲走泥沙。流水槽的形状有 V 形、U 形和 U-V 形。V 形水槽磨损后，润滑和冷却水流通面积急剧减小；U 形水槽克服了这一缺点，但摩擦面有直角，容易伤轴，因而最好采用 U-V 形水槽。因铁梨木具有水胀性，故一般在轴承端面预先留有一定的轴向间隙，并且在安装前要浸水，进坞时要冲水。

铁梨木艉轴承性能良好，但由于其产量稀少，且轴承材料对直度和直径有一定的要求，不允许有凹陷、裂缝等缺陷，价格昂贵，所以出现了其他代用材料，如桦木层压板就是其中的一种。

B. 白合金艉轴承

油润滑艉轴承的材料常采用以锡为主体的锡基白合金和以铅为主体的铅基白合金，浇铸在衬套上。衬套材料有钢、铸铁、青铜和黄铜。

图 10-21 所示为典型的白合金艉轴承。轴承衬套 1 的内表面开设有横向和纵向的轴瓦燕尾槽 2，使白合金浇铸后能牢固地与衬套结合成一体。白合金浇好后，还应在轴向开设油槽用以布油。衬套经机械加工后，采用过盈配合压入艉轴管内，以防止其随轴转动，避免引起发热烧毁。前衬套在前端还应做成凸肩，与艉轴管端面紧贴，并用止动螺钉紧固。后衬套后端往往有法兰，用螺柱固定。白合金轴承与钢制轴配对工作时，耐磨、耐压性能好，不伤轴，散热快，应用广泛。当与辛泼莱克司（Simplex）型密封装置配

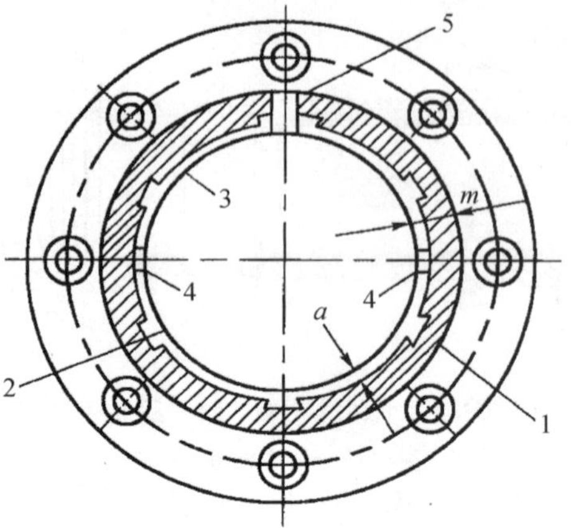

图 10-21 白合金艉轴承

1—轴承衬套;2—轴瓦燕尾槽;3—轴瓦(白合金);4—排污槽;5—进油孔

用时,白合金轴承艉轴管比铁梨木轴承艉轴管节省功率约1%。但这种艉轴管结构比较复杂,管理工作较多,特别是尾部密封泄漏时检修不便,浪费滑油,污染航区。

②艉轴管密封装置

艉轴与艉轴承之间按规定要留有一定的间隙,而艉轴管首端与机舱相通,尾端与船外流水相通,所以在艉轴管中必须设置密封装置。艉轴管密封装置除了受到剧烈的摩擦及磨损产生的高温外,在螺旋桨不均匀推力作用下以及由正车至倒车的变工况过渡过程中,轴段的密封元件会产生剧烈的径向跳动和轴向窜动。此外,密封元件还受到油压或水压及其压力差的作用,以及海水的腐蚀和泥沙的浸入等影响。尤其随着船舶大型化和高速化发展,吃水深度增加,艉轴直径加粗,致使艉轴的线速度也随之提高,工作条件更为恶劣。

对水润滑艉轴承,仅设置首密封装置。对油润滑艉轴承,在首、尾两端均设置密封装置,以形成闭式滑油循环。一个完整的密封装置应能承受巨大的舷外水压力,工作可靠,耐磨性能好,消耗的摩擦功小,散热性好,密封元件还应有很好的跟踪性,使其能在艉轴下沉、跳动、轴向窜动及偏心转动时仍保持较好的密封性能,并确保轴系转动自如。

A. 水润滑艉轴管的密封装置

水润滑的艉轴管通常只在首端设置密封装置,以阻止舷外水漏入机舱。一般采用填料函密封,利用填料压盖和压盖衬套的压紧力,使填料函与艉轴紧密接触,达到密封目的。

填料函式密封装置结构简单,效果好,不污染海域,制造维修方便,即使在航行中也能更换首部密封。但为保证密封性,必须拧紧螺母以增加压盖压力,这样会使轴功率损失增大,并使艉轴或套管磨损加快。因此,航行中要稍微放松压盖,允许少量水漏入机舱。填料函压盖衬套和套管常用青铜或黄铜合金制成,而填料常用渗油脂的麻绳或石棉材料。

B. 油润滑艉轴管的密封装置

油润滑艉轴承必须在首、尾都设置密封装置。尤其是尾部密封装置,一旦发生泄漏,不仅滑油损失,且污染海域,修理时必须进坞,因而在设计、制造和安装方面要求都很高。辛泼莱克司(Simplex)型尾部密封装置采用橡皮环径向密封,具有摩擦损失小、密封性好、对艉轴的跟随性好、维修管理方便、安全可靠、寿命较长等优点,是油润滑艉轴管采用的最普遍的一种密封装置。

图 10-22(a)所示为 Simplex 改进型首部密封装置。采用两只球鼻形的橡胶密封环,密封环的腰部较长,弹性和跟踪性很好。密封环和轴衬套接触时,径向借助于弹簧和油或水的压力压紧在轴衬套上,加之球鼻形密封环唇口与轴衬套的接触宽度小(0.5、1.0 mm),形成线接触状态而使接触压力集中,只要能形成油膜(厚度仅为几微米),向后翻的唇口接触处的压力就可达到润滑液体压力的几十倍,完全可以阻挡滑油从唇口沿轴表面浸润流动,故密封良好,使用寿命长。

尾部密封装置位于船体之外,工作环境更加恶劣,且航行时又无法检查,因而对它的要求比首密封严格,设计、制造、安装时都必须充分注意。图 10-22(b)所示为 Simplex 改进型尾部密封装置。密封元件由三个唇部装有箍紧弹簧的橡胶密封圈组成,其中一道唇口边向前翻,用以阻止艉轴管中滑油外漏,两道唇口边向后翻,用以阻止舷外水和泥沙进入艉轴管。这种装置可以在车间预装后连同耐磨衬套一起送到船上安装。磨损检测器 6 用于探测艉轴承和密封件的磨损情况及工作性能。密封装置的各密封油腔(密封圈之间的空间)中应充以滑油,滑油可从螺塞处预先灌入再封死,也可以采用单独的重力油柜供油,以润滑密封圈。

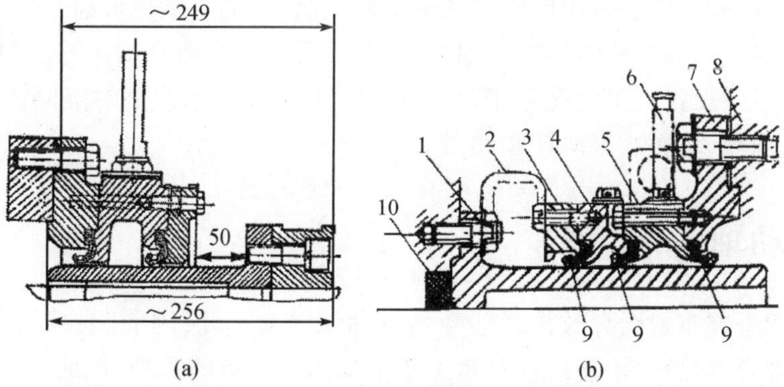

图 10-22 Simplex 改进型首、尾部密封装置

1—耐磨衬套;2—定位夹;3—后压板;4—支撑环;5—中间环;6—磨损检测器(专用量具);7—后壳体;8—艉轴管;9—橡胶密封圈;10—密封橡皮

③艉轴管的冷却与润滑

艉轴管中的艉轴与艉轴承及密封装置是容易发热的部件,必须有适当的润滑和冷却。

A. 水润滑艉轴管的冷却与润滑

水润滑艉轴管的润滑剂和冷却剂是水。冷却通过三种途径:通过船尾金属将一部分摩擦热直接传给舷外水;艉轴管一般通过艉尖舱,因而一部分摩擦热传给艉尖舱中的淡水或海水;一部分摩擦热由流经艉轴纵向槽道和轴承间隙浸入机舱的舷外水带走。

由于艉轴管位于水面之下,且不设尾密封,利用自由流入轴承间隙和轴承里的舷外水或加装管系送来的压力水进行润滑。其首部密封一般采用封闭式的油脂润滑或压力水润滑(EVK型)。一般情况下,只要首密封装置的填料压盖压得不太紧(允许少量水漏入机舱),是能够可靠运转的。但由于在艉轴承首部和首密封装置处容易淤积泥沙,使冷却效果变差,甚至形成死水,所以一般在水润滑艉轴管(特别是在大型船舶上)的首部轴承处或填料函附近仍设置冷却水进出水管,以达到冲洗泥沙污物及加强首部冷却的目的。

B. 油润滑艉轴管的冷却与润滑

油润滑艉轴管的润滑剂是滑油,由设置在艉轴管上的润滑系统供给。

中小型船舶使用的润滑系统比较简单,其艉轴管、艉轴承采用自然润滑法,即由一个重力油柜、一台手摇泵和进、回油管组成,称为重力式自然循环润滑系统。其艉轴密封采用封闭式润滑。

大型船舶上艉轴管、艉轴承的润滑采用间歇循环法,艉轴密封靠艉轴密封油柜供油,如图10-23所示。用手摇泵将滑油注入重力油柜,油柜设有低油位报警,通过观察镜监视油柜内油量。正常情况下,艉轴管内始终充满滑油,滑油消耗后由重力油柜自动补给。艉轴管中的滑油可经截止阀流回油柜,截止阀也起调节回油速度的作用。图中的首、尾密封装置均采用Simplex型,尾密封采用封闭在密封空间的油自行润滑,摩擦热直接传给舷外水。

图示系统中艉轴管穿过用作水舱的艉尖舱,艉轴承的摩擦热可通过艉轴、艉轴管传到舷外,还可通过艉轴管传给艉尖舱中的水,不用再单独采取冷却措施。但首密封冷却条件差,因此专门设置密封油循环柜(低位循环油柜),并在首密封空间内设置滑油循环器,以形成循环,从而改善冷却和润滑。

八、传动轴系的管理

螺旋桨的悬伸布置会导致传动轴系各道轴承受力不均,因而除在设计与制造过程中严格按船规要求执行外,还应在日常工作中加强对轴系的管理,保证轴系安全可靠地运转,延长其使用寿命。

1. 确保中间轴承和艉轴管冷却海水的供应

由于这些海水管离泵远,管的内径小,容易被泥沙堵塞,特别是在管子弯头较多时更易被堵,应注意保持其畅通。

2. 注意定期检查中间轴承的工作状态

中间轴承不是强力循环润滑,每道轴承的底座都是一个油池,要注意检查每道中间轴承的温度、油位、油环的工作和两端轴封密封情况,特别是注意最后一道中间轴承的工作温度,因为它离螺旋桨近,负荷要大一些,最容易发热。另外,船体变形也可能引起

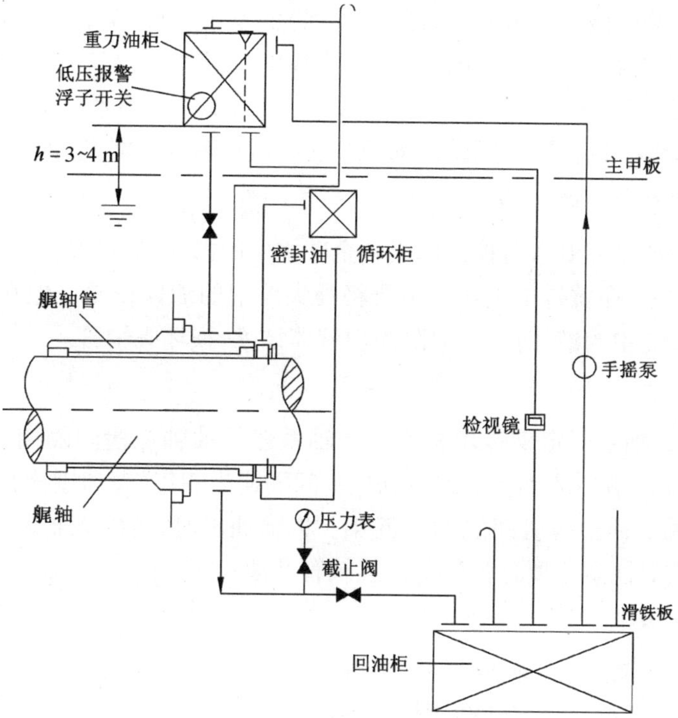

图 10-23 艉轴管油润滑系统

某个轴承发热，在巡回检查时要注意触摸。

3. 铁梨木轴承艉轴管的检查

对铁梨木轴承艉轴管密封装置，要使少量水漏入舱内，以冷却艉轴和填料函。填料紧度要合适，过紧则漏水少，易积泥沙，使轴和填料函发热；过松则漏水太多，也不合适，应把填料压盖再拧紧一些，必要时更新填料。在巡回检查时，一定要走到艉轴填料函处进行触摸，以确定温度是否正常。加装填料时，填料每圈长度要两端刚好接拢，相互间搭口应错开。

4. 白合金轴承艉轴管的检查

对白合金轴承艉轴管，注意观察重力油箱的油质、油位和油温。油位变化较大，则应检查密封装置是否漏油，特别是尾部密封装置。由螺旋桨的悬伸布置、配载变化及安装等因素引起的船体变形，会加剧尾密封的负荷，容易引起漏油，不仅浪费滑油和导致滑油变质，还会污染海水，所以在港期间一定要注意观察船尾是否有油花。某些国家规定港内漏油要受到处罚，需按期抽验艉轴，及时更换密封装置。各轴承的温度应不超过规定值，规范要求滚动轴承温度低于 80 ℃，齿轮箱传动的滑动轴承温度低于 70 ℃，轴系滑动轴承温度低于 65 ℃，水润滑艉轴承温度低于 60 ℃。

5. 运转中注意观察轴的跳动情况

检查各轴承是否有异常振动，个别部位是否发热，甚至颜色变蓝（如果有，则该处是扭转振动的节点）。一般情况下，振动除与柴油机工作相关外，还与轴系和螺旋桨的工作状态有关。桨叶碰到漂流物(如浮木、浮冰)而发生变形,桨毂松脱,桨叶或艉轴外部缠绕钢索、麻绳等物,艉轴承间隙太大,中间轴中心线失中,艉轴承及中间轴承损坏,以及新换的铁梨木轴承间隙未留足膨胀裕度,都有可能引起振动。异常振动时应减速或停车,查明原因,予以排除。艉轴振动还会引起密封装置泄漏,应视情况进行处理。

6. 艉尖舱储水的处理

艉尖舱内的淡水或海水对控制巴氏合金轴承中的滑油黏度和水冷轴承艉轴管的冷却都起一定的作用,在航行中应注意不要将艉尖舱中的液体排干。但在寒冷结冰地区停泊时要将艉尖舱中的液体排出,以防舱内液体结冰,损坏艉轴管。

7. 轴系的检查

按规范要求,轴系要定期进坞检查。单轴系船舶抽轴检验间隔期为三年(普通键槽)至四年(特殊键槽);双轴系船舶抽轴检验间隔期为四年(普通键槽)至五年(特殊键槽);无键槽艉轴的抽轴检验间隔期为五年。将轴抽出时,若发现轴表面有细痕,可用油石磨去。安装时注意不要让污物落入艉轴管及油封。

8. 轴系的保养

备件要妥善保管,轴表面要涂油脂存放。油封环、导环、衬套等应水平放置在阴凉处,以免变形和硬化变质。安装前应仔细检查。

第三节　船舶动力装置的组成与类型

一、学习目标

1. 了解船舶动力装置的组成。
2. 了解船舶动力装置的类型。

二、学习任务

1. 现代船舶动力装置的主要组成。
2. 蒸汽动力、燃气动力、核动力装置特点。

三、环境设备

1. 船舶柴油机推进装置。
2. 船舶辅助装置。
3. 船舶自动化机舱。

四、背景知识

在以前相当长的岁月里,作为载运工具的舟、船都是利用水流的自然漂流及风力、人力作为行进的动力。直到 1807 年,以蒸汽作为船舶推进动力源的"克莱蒙特号"的建成,标志着船舶以动力机械作为推进动力装置时代的开始。

当时的推进装置由蒸汽机带动一个桨轮构成,桨轮直径较大,且大部分露出水面,因而人们又称之为"明轮",而把装有明轮的船舶称为"轮船",把产生动力的蒸汽锅炉和蒸汽机等成套设备称为"轮机"。当时的"轮机"仅是推进设备的总称。随着科学发展和技术进步,为适应船上的各种作业、人员生活及财产和人员安全的需要,人们不仅推进设备逐渐完善,而且还在船上增设了诸如船舶电站、装卸货机械、冷藏和空调装置、海水淡化装置、防污染设备以及压载、舱底、消防、蒸汽、压缩空气及自动控制等系统,扩大了"轮机"一词所包含内容的范围。

一般来说,"船舶动力装置"的含义和"轮机"的含义基本相同,即:为了满足船舶航行、各种作业、人员的生活及财产和人员的安全需要所设置的全部机械、设备和系统的总称。

五、船舶动力装置的组成

现在的船舶动力装置主要由推进装置、辅助装置、管路系统、甲板机械、防污染设备和自动化设备等六部分组成。对于有些特种船,如油船,还有惰性气体系统、原油洗舱系统等特种系统。

1. 推进装置

推进装置是指发出一定功率,经传动设备和轴系带动螺旋桨,推动船舶并保证一定航速航行的设备。它是船舶动力装置中最重要的组成部分,包括:

(1)主机。主机是指提供推动船舶航行动力的机械,如柴油机、蒸汽轮机、燃气轮机等。

(2)传动设备。传动设备的功用是隔开或接通主机传递给传动轴和推进器的功率;同时还可使后者达到减速、反向和减振的目的。其设备包括离合器、减速齿轮箱和联轴器等。

(3)轴系。轴系用来将主机的功率传递给推进器。它包括传动轴、轴承和密封件等。

(4)推进器。推进器是能量转换设备。它是将主机发出的能量转换成船舶推力的设备。它包括螺旋桨、喷水推进器、电磁推进器等不同形式。

绝大多数船舶使用的推进器是螺旋桨,通过其在水中旋转产生的推、拉力带动船舶运动。

图 10-24 为典型的船舶动力装置示意图,图中示出了主机、传动设备、轴系和螺旋

桨的连接情况。主机产生的转矩通过传动设备和轴系传递到螺旋桨,使其在水中转动,根据需要能使船舶前进或后退。图中驾驶员在驾驶室通过车钟与机舱的值班轮机员取得联系或直接遥控主机,改变主机转速和轴系转动方向,从而控制船舶航行速度和方向。

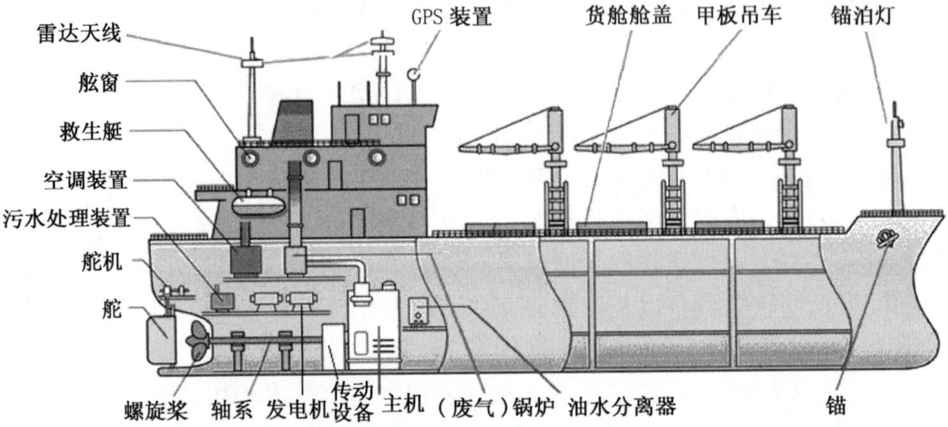

图 10-24　船舶动力装置示意图

2. 辅助装置

辅助装置是指提供除船舶推进船舶运动所需能量以外,用以保证船舶航行和生活需要的其他各种能量的设备。它包括:

(1)船舶电站

船舶电站的作用是供给辅助机械及全船所需的电能。它由发电机组、配电板及其他电气设备组成。

(2)辅锅炉装置

辅锅炉装置一般提供低压蒸汽,以满足加热、取暖及其他生活需要。它由辅锅炉及为其服务的燃油、给水、鼓风、送汽设备及管路、阀件等组成。

(3)压缩空气系统

压缩空气系统供应全船所需的压缩空气,以满足作业、起动及船舶用气等的需要。主要有空气压缩机、空气瓶、管系、阀件及其他设备。

3. 管路系统

管路系统是用来连接各种机械设备,并输送相关流体的管系。它由各种阀件、管路、泵、滤器、热交换器等组成,包括:

(1)动力系统。为推进装置和辅助装置服务的管路系统。主要包括:燃油系统、滑油系统、海淡水冷却系统、蒸汽系统和压缩空气系统等。

(2)辅助系统。为船舶平衡和稳性、人员生活和安全服务的管路系统,也称船舶系统。主要包括:压载水系统、舱底水系统、消防系统、日用海淡水系统、通风系统、空调系统和冷藏系统等。

4. 甲板机械

为保证船舶航向、停泊、装卸货物所设置的机械设备。它主要包括舵机、锚机、绞缆机、起货机、开/关舱盖机械、吊艇机及悬梯升降机等。

5. 防污染设备

营运船舶所排放的污染源较多,如含油污水、生活污水、垃圾、废气等。为满足《MARPOL 73/78 公约》对船舶排放的要求,船舶必须配备油水分离器、生活污水处理装置、焚烧炉等防污染设备。

6. 自动化设备

为改善船员工作条件、减轻劳动强度和维护工作量、提高工作效率以及减少人为操作失误所设置的设备。其主要包括遥控、自动调节、监控、报警和参数自动打印等设备。

7. 特种系统

特种系统是为某些特种船舶而设计、装备的系统,如油船的原油洗舱系统、浮式储油船的端点系泊系统、挖泥船的泥浆抽吸系统等。

六、船舶动力装置的类型

在船舶动力装置各组成部分中,无论是从重要程度、制造成本来看,还是从营运费用、日常维护管理所投入的工作量来看,推进装置都处于最显著的地位。因此船舶动力装置往往以推进装置的类型进行分类。

1. 蒸汽动力装置

根据运动方式的不同,蒸汽动力装置有往复式蒸汽机和蒸汽轮机两种。往复式蒸汽机最早应用于海船,由于它具有结构简单、运转可靠、管理方便及噪声小等优点,在过去很长的一段时间内占据着主导地位。但由于其经济性差,体积和重量大,现在已经基本上被其他船用发动机所代替。蒸汽轮机自装船使用以来,由于受到柴油机的挑战,发展速度一直很慢。主蒸汽轮机具有单机功率大、运转平稳、摩擦和磨损小、噪声小等优点,但其装置的热效率低,要配置重量尺寸较大的锅炉、冷凝器、减速齿轮装置以及其他辅助机械,因此装置的总重量和尺寸均较大,这就限制了它在中小船舶上的应用。然而近年来,由于新技术和新工艺的应用,蒸汽轮机和锅炉的效率得到了提高。资料表明,在功率超过 22 000 kW 和航速超过 20 kn 时,蒸汽轮机动力装置的优越性更为突出。

蒸汽轮机动力装置由锅炉、蒸汽轮机、冷凝器、轴系、管系及其他相关机械设备组成,如图 10-25 所示。

2. 燃气动力装置

在燃气动力装置中,根据发动机运动方式的不同,有柴油机动力装置和燃气轮机动力装置两种。

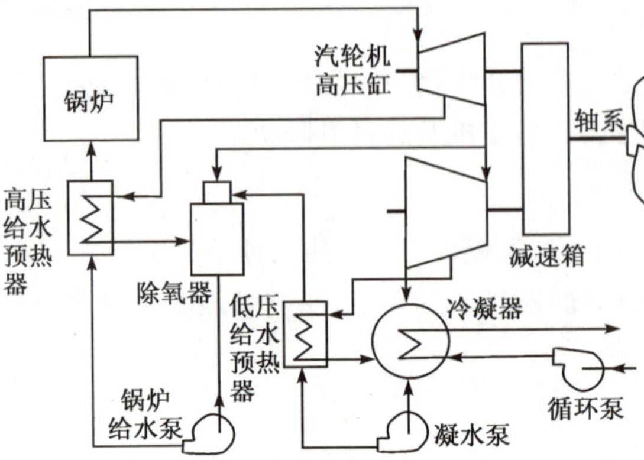

图 10-25　汽轮机动力装置示意图

(1)柴油机动力装置

柴油机动力装置具有比较优良的性能,在现代船舶如商船、渔船、工程船及军用舰艇上都得到了极为广泛的应用。目前以柴油机为主机的船舶占98%以上。柴油机船总功率占造船总功率的90%以上。可见柴油机动力装置占绝对的统治地位。在大中型商船上所用的柴油机有大型低速机和大功率中速机两大类。这两种柴油机在激烈竞争的同时又相互促进,都在迅速发展。

大型低速柴油机动力装置自 20 世纪 60 年代起发展得特别迅速,一方面由于当时的船舶向大型化、高速化发展,需要大功率的发动机;另一方面废气涡轮增压技术的进步,为大型低速机的发展提供了条件。受 70 年代两次能源危机的冲击,从节能需要出发,船舶不再向大型化和高速化发展,除专业船舶外,一般货船的航速降至 14 kn 左右。为了适应这种形势,大型低速柴油机的尺寸不但不再增加,而且缸径也都降回到 1 000 mm 以内。

大功率中速柴油机动力装置的重量尺寸较小,是低速柴油机的有力竞争者。在中速机动力装置中,可通过合理选配减传动比,使桨转速最佳,从而提高推进装置的效率。单缸功率的提高和单机功率的增大,以及可多台(2~4 台)发动机通过减速器驱动一个螺旋桨,都给中速机的发展创造了有利条件。特别是在机舱尺寸要求严格的滚装船和客船上,中速机的应用就更为广泛。目前中速机的耗油率虽然有显著下降,但仍然略高于低速机,运转中噪声也较大,维护管理也不如低速机方便。

柴油机动力装置具有如下优点:

①具有较高的经济性,耗油率比蒸汽轮机、燃气轮机动力装置低得多。这一优点使柴油机船舶的续航力大大提高。换句话说,一定续航力所需的燃油储备量较少,从而使营运排水量相应增加。

②重量轻。柴油机动力装置除主机和传动设备外,不需要锅炉、冷凝器及工质输送管道等,所以,辅助设备和机械相应较少,布置简单。

③具有良好的机动性,操作简单,起动方便,正倒车迅速。

柴油机动力装置工作中也存在如下缺点:

①由于柴油机的尺寸和重量按功率比例增长快,因此单机组功率受到限制。

②工作时噪声和振动较大。

③中高速柴油机的运转部件磨损较严重。

④传统的柴油机在低转速时稳定性差，因此不能有较低的最低稳定转速，以免影响船舶的低速航行性能。另外，柴油机的过载能力也较差。近些年，电喷二冲程柴油机已应用于商船，其最低稳定转速低，大大提高了船舶低速航行性能和机动性能。

（2）燃气轮机动力装置

燃气轮机的制造业自20世纪30年代开始兴盛发展，第一批作为商船主机始于50年代。它的基本工作原理与蒸汽轮机大致相似，只是在做功的工质方面有所不同。蒸汽轮机使用的燃料在锅炉内燃烧，将锅炉中的水加热产生蒸汽，推动叶轮做功；而燃气轮机则利用燃料在燃烧室内燃烧，直接利用所产生的燃气推动叶轮做功，如图10-26所示。

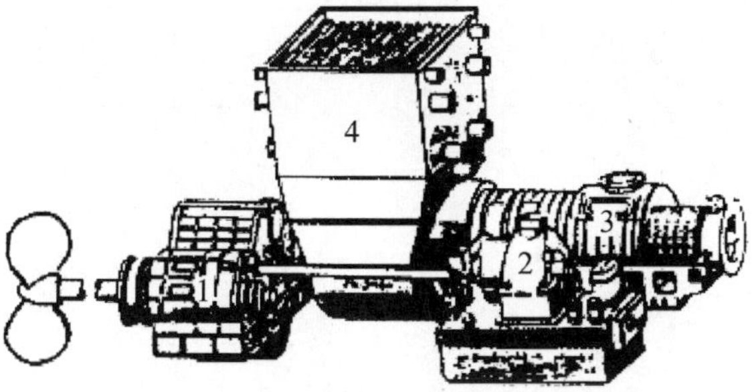

图10-26 燃气轮机动力装置示意图

1—减速器；2—汽轮机；3—燃气轮机；4—余热锅炉

燃气轮机装置有如下优点：

①单位功率的重量、尺寸较小，机组功率较大。

②具有良好的机动性，从冷态起动至全负荷仅需几分钟的时间。

同时燃气轮机装置也有以下缺点：

①燃气轮机自身不能反转，如果作为主机，倒车时必须设置专门的变向设备。

②必须借助于电机或其他起动机械起动。

③由于燃气的高温，叶片材料的合金钢昂贵，工作可靠性较差。

④燃气轮机工作时空气流量大，因此进、排气管道尺寸较大，舱内布置困难，甲板上有较大的管道通过切口，影响船体强度。

⑤燃油消耗率较高。

3. 核动力装置

核动力装置是以原子核的裂变反应所产生的巨大能量，通过工质（蒸汽或燃气）推动蒸汽轮机或燃气轮机工作的一种装置。现有的核动力装置几乎全部采用压力水型反应堆。

核动力装置有如下优点：

（1）核动力装置以及少量的核燃料能释放出巨大的能量，这就可以保证船舶以较高的航速航行很远的距离。

(2)核动力装置在限定的舱室空间内所能供给的能量,比一般其他形式的动力装置要大得多。

(3)核动力装置的最大特点是不消耗空气而获得能量,因此不需要进、排气装置。

核动力装置存在的缺点:

(1)核动力装置的重量尺寸较大。

(2)核动力装置的操纵管理检查系统比较复杂。

(3)核动力装置的造价昂贵。

由于核动力装置的诸多缺点,目前它主要用于潜艇和航空母舰等大型舰艇。随着石油等能源的日益枯竭,核动力装置的应用有望增加。

第十一章

柴油机和轴系振动

知识目标

1. 了解活塞和连杆的运动;了解曲柄连杆机构的气体力和惯性力及其作用力分析。
2. 了解单缸和多缸柴油机的振动激励源;了解柴油机的平衡。
3. 了解柴油机自由扭转振动和强制扭转振动的原理和减振、避振措施。
4. 了解轴系纵向振动的简化模型、特性、衡量标准及消减和回避措施。

能力目标

1. 能够分析柴油机扭转振动和纵向振动产生的原因,知悉振动造成的危害。
2. 能够对减振设施设备进行维护保养。

素质目标

1. 自觉践行社会主义核心价值观,具有深厚的爱国情感和中华民族自豪感。
2. 遵纪守法、诚实守信、敬畏生命、热爱劳动,具有社会责任感和社会参与意识。
3. 具有质量意识、环保意识、安全意识、集体意识和团队合作精神。
4. 具有健康的体魄、心理和健全的人格,养成良好的健身与卫生习惯和良好的行为习惯。

第一节　活塞、连杆的运动及其作用力

一、学习目标

1. 了解活塞和连杆的运动。
2. 了解曲柄连杆机构的气体力和惯性力。
3. 了解曲柄连杆机构的作用力分析。

二、学习任务

1. 活塞和连杆的运动。
2. 曲柄连杆机构的作用力。

三、环境设备

1. 四冲程柴油机。
2. 二冲程柴油机。

四、活塞的运动

1. 活塞的位移

在柴油机中,由活塞(或活塞十字头组件)、连杆和曲轴组成的运动机构称为曲柄连杆机构,它的结构示意图如图11-1所示。图中 B、A、O 分别代表活塞销(或十字头销)和连杆小端、曲柄销和连杆大端、主轴颈和主轴承的中心线位置。BA 为连杆,其长度为连杆小端中心到连杆大端中心的距离 L。OA 为曲柄,其回转半径为主轴颈中心到曲柄销中心的距离 R。R 又称曲柄半径,等于活塞行程 s 的一半,即 $s=2R$。B 点沿着气缸中心线在上下止点 O' 和 O'' 之间做往复运动,它与上止点 O' 间的距离 X 称活塞位移。假设曲柄按顺时针方向转动,从图中的几何关系可以得出:

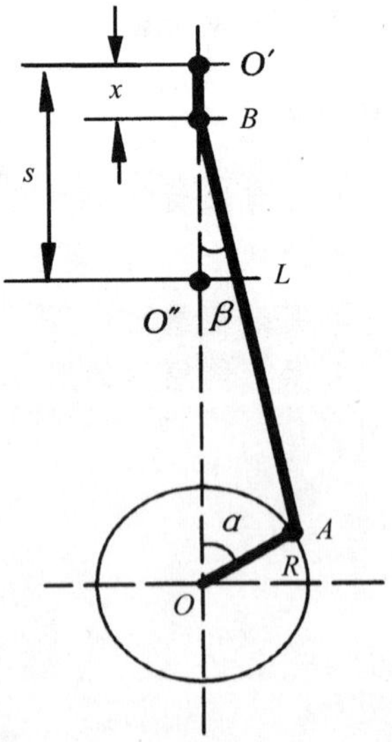

图 11-1　曲柄连杆机构示意图

$$X = L + R - (R\cos\alpha + L\cos\beta) = R(1 - \cos\alpha) + L(1 - \cos\beta) \quad (11\text{-}1)$$

运算并简化得活塞位移的近似公式:

$$X \approx R(1-\cos\alpha)+\frac{\lambda R}{4}(1-\cos 2\alpha) \tag{11-2}$$

式中：α ——曲轴转角（$\alpha=\omega t$，ω 为曲柄旋转角速度）；

β ——连杆摆角；

λ ——连杆比，它表示曲柄半径与连杆长度之比，即 $\lambda=\frac{R}{L}$，对于低速机一般 $\lambda=\frac{1}{5}\sim\frac{1}{3}$。

由公式可以看出，活塞的位移 X 可以看作是由 X_1 和 X_2 两个位移叠加形成的，即 $X=X_1+X_2$。其中 $X_1=R(1-\cos\alpha)$，可以看作是半径为 R、以角速度 ω 转动的曲柄（称一次曲柄）所产生的垂直方向的位移；$X_2=\frac{\lambda R}{4}(1-\cos 2\alpha)$，代表连杆由有限长所引起的附加位移，可以看作是半径为 $\frac{\lambda R}{4}$、以角速度 2ω 转动的曲柄（称二次曲柄）所产生的垂直方向的位移。从公式可知，当 $\alpha=0°$（即活塞在上止点）时，$X=0$；当 $\alpha=180°$（即活塞在下止点）时，$X=2R=s$；当 $\alpha=90°$ 或 $270°$ 时，$X=R+\frac{\lambda R}{2}>R$，活塞不在行程中央；而在 $\alpha<90°$ 或 $\alpha>270°$ 的某一位置时（具体数值取决于柴油机结构参数），活塞位移 $X=R$（行程中央位置）。这种运动特点是由连杆的有限长引起的，而且连杆越短，这一问题越突出。

2. 活塞的速度

由于活塞的运动速度 $X'=\frac{dX}{dt}$，将公式代入得：

$$X' \approx R\omega\sin\alpha+\frac{\lambda R}{4}(2\omega)\sin 2\alpha \tag{11-3}$$

由公式可以看出，X' 也是由 X'_1 和 X'_2 两个速度叠加而成的，即 $X'=X'_1+X'_2$。其中 $X_1=R\omega\sin\alpha$ 是一次曲柄的圆周速度在气缸中心线的投影，$X_2=\frac{\lambda R}{4}(2\omega)\sin 2\alpha$ 是二次曲柄圆周速度在气缸中心线的投影。当 $\alpha=0°$（即活塞在上止点）时或 $\alpha=180°$（即活塞在下止点）时，$X'=0$，即在上下止点处活塞的运动速度均为零。活塞运动的最大速度 X'_{max} 则出现在 $\alpha<90°$ 或 $\alpha>270°$ 的某一位置，如果 $\lambda=\frac{1}{4}$，当 $\alpha=77°$ 和 $\alpha=283°$ 时活塞的运动速度达到最大值。

3. 活塞的加速度

由于活塞运动的加速度 $X''=\frac{dX'}{dt}$，将公式代入得活塞运动的加速度的近似公式为：

$$X'' \approx R\omega^2\cos\alpha + \frac{\lambda R}{4}(2\omega)^2\cos(2\alpha) \tag{11-4}$$

从公式可以看出,X'' 也是由 X''_1 和 X''_2 两个速度叠加而成的,即 $X''=X''_1+X''_2$。其中 $X''_1 = R\omega^2\cos\alpha$ 是一次曲柄的向心加速度在气缸中心线的投影,$X''_2 = \frac{\lambda R}{4}(2\omega)^2\cos(2\alpha)$ 是二次曲柄的向心加速度在气缸中心线的投影。当 $\alpha = 0°$(即活塞在上止点)时,X'' 达最大值 $X''_{max} = R\omega^2(1+\lambda)$,方向向下;当 $\alpha = 180°$(即活塞在下止点)时,$X'' = -R\omega^2(1-\lambda)$,方向向上。显然活塞在上止点处的运动加速度大于下止点处。在 $\alpha < 90°$ 或 $\alpha > 270°$ 的某一位置活塞运动的加速度 $X'' = 0$(此时 X' 最大)。

五、连杆的运动

连杆的运动比较复杂,一般可以把连杆的运动分解成随活塞的往复运动和绕活塞销的摆动。通常用连杆的摆角 β 描述摆动情况。由图 11-1 可知:

$$R\sin\alpha = L\sin\beta$$

故连杆摆角为:

$$\beta = \sin^{-1}(\lambda\sin\alpha) \tag{11-5}$$

连杆摆动角速度为:

$$\beta' = \lambda\omega\cos\alpha\sec\beta \tag{11-6}$$

连杆摆动角加速度为:

$$\beta'' = -\lambda(1-\lambda^2)\omega^2\sin\alpha\sec^3\beta \tag{11-7}$$

由上述公式分析可知:

(1)当 $\alpha = 90°$ 或 $270°$ 时,β 和 β'' 达最大值,即当曲轴运动到左平和右平位置时连杆在气缸中心线两侧的摆角和摆动角加速度达到最大值。

(2)当 $\alpha = 0°$、$\beta = 0°$ 或 $\alpha = 180°$、$\beta = 0°$ 时,β' 绝对值达最大值 $\lambda\omega$,即当曲轴运动到上下止点位置时连杆摆动角速度最快。

六、曲柄连杆机构的气体力和惯性力

在曲柄连杆机构上的作用力主要是周期性变化的气体力和主要运动部件产生的惯性力,它们的作用特点影响柴油机的振动和平衡。

1. 气体力 F_g

作用在曲柄连杆机构上的气体力与柴油机的工作过程和负荷有关。气体力周期交变,其变化规律由 p−v 或 p−φ 示功图表示。显然作用在活塞上的气体力为:

$$F_g = \frac{\pi D^2}{4}p_g \tag{11-8}$$

式中:D 为气缸直径,p_g 为气缸中的气体压力。

显然 F_g 随 p_g 周期交变,变化周期为柴油机的一个工作循环,方向沿气缸中心线向下。

2. 曲柄连杆机构的惯性力

曲柄连杆机构的惯性力主要和运动部件的质量、运动时的加速度有关。这些惯性力主要有:活塞组件往复运动所产生的往复惯性力、曲轴不平衡回转质量回转运动所产生的离心力、连杆运动所产生的惯性力。

(1)运动部件的质量代换

在曲柄连杆机构的动力学中,由于连杆运动复杂,连杆惯性力的问题常常用替代系统的方法来处理,以便简化惯性力的计算。在实际应用中,最普遍采用的连杆替代系统是两质量一力偶系统(连杆大端质量、连杆小端质量和连杆力偶)。连杆小端随活塞做往复运动,集中在连杆小端中心的这一部分质量就可以与活塞组件的质量合并称为往复运动质量;连杆大端随曲柄销转动,集中在连杆大端中心的这一部分质量就可以与曲柄销中心处的曲轴不平衡质量合并称为不平衡回转质量。连杆质量分配的代替系统比实际系统转动惯量稍大,这部分多出的转动惯量可用数值相等但方向相反的作用在连杆摆动平面内的连杆力偶加以修正,通常数值较小,一般忽略不计。

往复运动质量 m_j 为活塞组件的质量 m_p 与换算到连杆小端中心的连杆质量 m_{LA} 之和,即:

$$m_j = m_p + m_{LA} \tag{11-9}$$

不平衡回转质量 m_R 为换算到曲柄销中心处的曲轴不平衡质量 m_k 与换算到连杆大端中心的连杆质量 m_{LB} 之和,即:

$$m_R = m_k + m_{LB} \tag{11-10}$$

(2)往复惯性力

集中在活塞销(或十字头销)中心处的往复运动质量 m_j 在做不等速往复运动时产生的往复惯性力 F_j 为:

$$F_j = -m_j X'' \tag{11-11}$$

往复惯性力的方向与活塞加速度的方向相反,作用线与气缸中心线平行(近似与气缸中心线重合)。将活塞加速度公式代入得:

$$F_j = -m_j R\omega^2\cos\alpha - m_j\frac{\lambda R}{4}(2\omega)^2\cos(2\alpha) \tag{11-12}$$

令 $F_{j1} = -m_j R\omega^2\cos\alpha$;$F_{j2} = -m_j\frac{\lambda R}{4}(2\omega)^2\cos(2\alpha)$

则

$$F_j = F_{j1} + F_{j2}$$

式中:F_{j1} 称一次往复惯性力;F_{j2} 称二次往复惯性力。

显然往复惯性力由一次和二次往复惯性力合成。可以把一次往复惯性力和二次往复惯性力看作是两个回转质量为 $\frac{m_j}{2}$、回转半径分别为 R 和 $\frac{\lambda R}{4}$ 的曲柄自上止点起分别

以角速度 ω 和 2ω 同步反向回转所产生的离心力的合力,如图 11-2 所示。

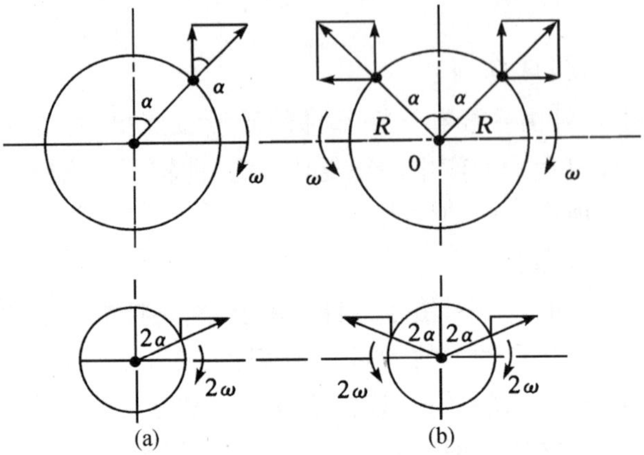

图 11-2　一次、二次往复惯性力

(3)离心惯性力

集中在曲柄销中心线处的不平衡回转质量 m_R 在做匀速回转运动时产生的离心惯性力 F_R 可表示为:

$$F_R = - m_R R\omega^2 \tag{11-13}$$

离心力的方向与向心加速度的方向相反,永远是离心的。它的作用线与曲柄中心线重合,并随着曲轴按角速度 ω 回转。

(4)连杆力偶

连杆力偶 M_L 大小和方向交变,但数值很小,通常忽略不计。

由上可知,作用在曲柄连杆机构上的惯性力有往复惯性力 F_j、离心惯性力 F_R 以及连杆力偶 M_L。因为 F_j、F_R、M_L 都与曲轴回转角速度的二次方(ω^2)成正比,所以曲柄连杆机构的惯性力与曲轴转速的二次方(n^2)成正比。当柴油机在运转中发生超速时,曲柄连杆机构的惯性力由于转速太高而过大,有可能导致连杆螺栓断裂,柴油机强烈振动。因此柴油机严禁超速运行。

七、曲柄连杆机构的作用力分析

曲柄连杆机构上的作用力主要有气体力 F_g、往复惯性力 F_j、离心惯性力 F_R。这些力周期交变,合成柴油机的输出力矩,也是造成柴油机和船体振动的激振力(力矩)源。

1. 合力

在活塞上作用着气体力 F_g 和往复惯性力 F_j 的合力 P,即 $P = F_g + F_j$,它作用在气缸中心线连杆小端处。由于气体力 F_g 和往复惯性力 F_j 随曲轴转角变化,合力 P 的大小和方向也随曲轴转角而变化。

图 11-3 为一台二冲程柴油机的气体力 F_g、往复惯性力 F_j、合力 P 随曲轴转角的变化曲线。从图中可以看出,曲轴转角约为 0°(活塞在上止点)时,往复惯性力的方向和气体力方向相反,合力虽小于气体力但仍是正值,即力的方向向下,使连杆受压。曲轴转角约为 180°(活塞在下止点)时,往复惯性力为正值且较大,虽然气体力较小,但合力仍比较大,使连杆受压。曲轴转角约为 300°时,往复惯性力具有负值且大于气体力,使合力出现负值,即力的方向向上,使连杆受到拉伸,但拉力较小。在低速、增压柴油机中,由于往复惯性力较小而气体力较大,一般合力都是正值,使连杆绝大多数时间受到压力的作用。对于高增压二冲程柴油机,连杆始终受压;对于四冲程中高速柴油机,在换气上止点附近气体力较小而往复惯性力较大且方向向上,使连杆受到拉伸,即四冲程柴油机在一个工作循环中连杆的受力是拉压交替的。

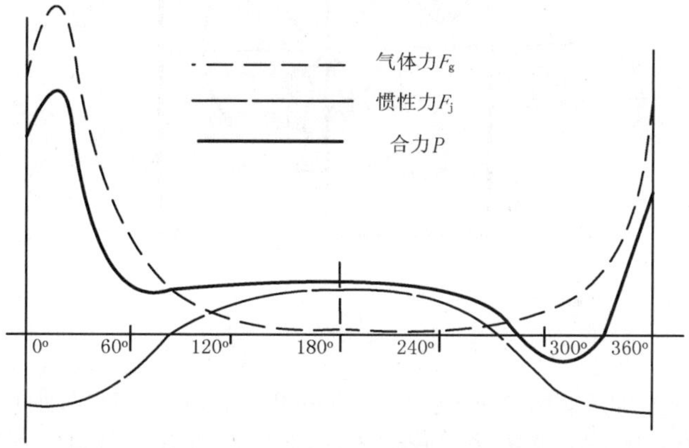

图 11-3 活塞上的作用力随曲轴转角的变化曲线

2. 侧推力与连杆推力

作用力 P 在活塞销(或十字头销)处分解为两个力,即垂直于气缸壁(或导板)的侧推力 P_N 和沿连杆中心线的连杆推力 P_T,如图 11-4 所示。由图可以得出:

$$P_N = P\tan\beta \tag{11-14}$$

$$P_T = P/\cos\beta \tag{11-15}$$

显然,侧推力 P_N 的大小周期交变,方向左右交替。同时产生一个倾覆力矩 $M_D = P_N \times H$,该力矩称为倾覆力矩。连杆推力 P_T 的大小周期交变,方向是否交变取决于柴油机机型。

3. 切向力和径向力

连杆推力 P_T 在曲柄销处可分解为两个力,即垂直于曲柄销中心线的切向作用力 T 和指向曲柄中心线的径向作用力 N。由图 11-4 可以得出:

$$T = P_T\sin(\alpha + \beta) \tag{11-16}$$

$$N = P_T\cos(\alpha + \beta) \tag{11-17}$$

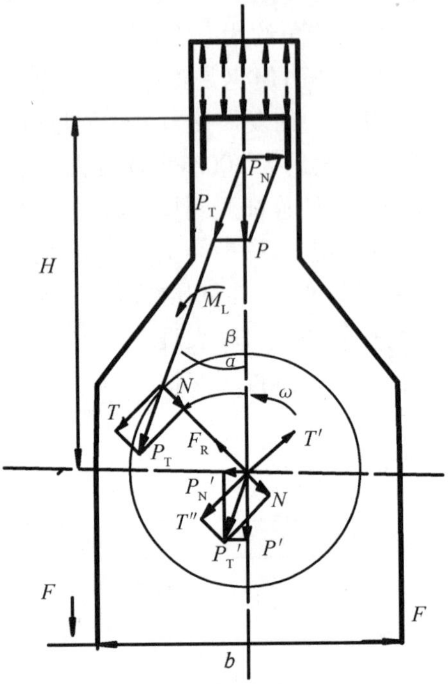

图 11-4 曲柄连杆机构的受力分析

如果在主轴颈上加上两个大小等于 T、方向相反的力 T' 和 T'',则从图中可以看出:T 与 T' 组成一对力偶,其大小等于 TR,此即为曲轴上的动力距;T'' 与 N 合成 P_T',P_T' 可沿水平和垂直方向分解成 P_N' 和 P',其中 P' 等于合力 P,P_N' 等于 P_N,这说明在活塞销(或十字头销)处承受的合力通过曲柄连杆机构最终传递到主轴承上。此外,在主轴承上还作用着不平衡回转质量的离心力 F_R。

4. 输出力矩与倾覆力矩

切向力 T 对曲轴中心线形成的回转力矩 TR 也是周期交变的。可以证明,回转力矩 TR 与倾覆力矩 M_D 大小相等而方向相反,但作用在不同部件上。回转力矩作用在曲轴上,驱动曲轴转动的同时还会引起曲轴扭转振动;倾覆力矩作用在柴油机机体上,将引起柴油机横向振动。显然这两个力矩不能相互抵消。

多缸柴油机的总切向力 T_Σ 等于各缸切向力之和,它对曲轴所产生的回转力矩 $T_\Sigma R$ 即为曲轴的输出力矩。该输出力矩大小周期交变,在柴油机一个工作循环中变化 i(气缸数)次。若柴油机的输出力矩平均值与负载阻力矩相等,虽然曲轴的平均转速稳定不变,但转动角速度将在一个工作循环中变化 i 次。显然,增多气缸数或加装转动惯量大的飞轮可以减小曲轴角速度的波动。

第二节　柴油机的振动与平衡

一、学习目标

1. 了解单缸柴油机的振动激励源。
2. 了解多缸柴油机的振动激励源。
3. 了解柴油机的平衡。

二、学习任务

1. 单缸柴油机的振动激励源。
2. 多缸柴油机的振动激励源。
3. 柴油机的平衡。

三、环境设备

1. 四冲程柴油机。
2. 二冲程柴油机。

四、背景知识

柴油机在运转过程中所产生的周期交变的不平衡力和力矩将导致柴油机产生振动。柴油机的振动危害很大,主要表现在:

(1)造成机件变形,增加机件磨损甚至造成机件损坏,影响柴油机可靠性和耐久性;

(2)改变柴油机最佳定时,导致柴油机动力性和经济性下降;

(3)产生噪声,引发船体振动,恶化船员工作和生活条件,影响船舶舒适性。

平衡法就是采用某种形式的平衡器以消除或减小引起振动的不平衡力(力矩)。

五、单缸柴油机的振动激励源

在单缸柴油机中,曲柄连杆机构的作用力是一组作用在连杆摆动平面内的平面力系(如图 11-4 所示)。引起振动的力(力矩)源主要包括:气体力 F_g、往复惯性力 F_j、离心力 F_R、倾覆力矩 M_D、连杆力偶 M_L 等,由于它们的性质不同,所以对柴油机振动的影响也各不相同。

1. 气体力 F_g

气体力 F_g 向上作用到气缸盖上,向下作用到活塞上,并通过曲柄连杆机构作用到主轴承上。气体力作用在柴油机的固定件上,在柴油机内部得到平衡,不会使柴油机产生垂直方向的振动,但会通过气缸盖和主轴承使柴油机机体产生拉伸应力。此外,气体力的作用还会产生倾覆力矩而使柴油机摆动。

2. 往复惯性力 F_j

往复惯性力是由往复质量 m_j 以加速度 x'' 运动时形成的,它沿气缸中心线方向周期交变,并通过曲柄连杆机构作用在主轴承上,自身无法平衡,因此将引起柴油机上下方向的振动并产生倾覆力矩使柴油机左右摆动。

往复惯性力由一次往复惯性力和二次往复惯性力合成。一次往复惯性力振动频率为 ω ,在曲轴转一圈时将迫使柴油机向下和向上各运动一次。二次往复惯性力振动频率为 2ω ,在曲轴转一圈时将迫使柴油机向下和向上各运动两次。

3. 离心力 F_R

离心力 F_R 是由不平衡回转质量 m_R 以角速度 ω 回转时形成的,它通过主轴颈作用在主轴承上,方向沿曲柄半径始终向外并随曲柄回转,自身难以平衡,将使柴油机发生上下、左右方向的振动。

4. 倾覆力矩 M_D

倾覆力矩 M_D 是气体力 F_g 和往复惯性力 F_j 在曲柄连杆机构的传递过程中产生的。它与柴油机输出力矩 TR 大小相等,方向相反,但作用在不同部件上,因此在柴油机内部不能平衡,将使柴油机产生左右摆动(横向振动)。

5. 连杆力偶 M_L

连杆力偶 M_L 是由连杆运动产生的,它作用在连杆摆动平面内且大小、方向交变,无法平衡,将引起柴油机左右摆动,但因数值较小通常不予考虑。

六、多缸柴油机的振动激励源

在多缸柴油机中,由各单缸的平面力系组成了一个空间力系。所以,除了各种合成的惯性力外,还有各种惯性力对柴油机重心形成的合成惯性力矩。这些可能存在的振动力源有:合成往复惯性力 $\sum F_j$ 及合力矩 $\sum M_j$、合成离心力 $\sum F_R$ 及合力矩 $\sum M_R$、总倾覆力矩 $\sum M_D$、总连杆力偶 $\sum M_L$ 等。

1. 合成往复惯性力 $\sum F_j$ 和合成离心力 $\sum F_R$

假如机体刚性很大,则可将各缸的惯性力合成,求得整台柴油机的不平衡力和力矩。当柴油机各曲柄间夹角相等,且各缸运动部件的质量相等时,三缸以上柴油机的不平衡力一般可等于零，而仅剩下不平衡力矩。由柴油机的平衡特性可知，除单缸、双缸和四缸四冲程机外，多缸机的往复和离心惯性力总是自行平衡的。

2. 合成往复惯性力矩 $\sum M_j$ 和离心力矩 $\sum M_R$

由于往复惯性力只作用在所有气缸中心线构成的平面内，故往复惯性力矩也只存在于该平面上。合成往复惯性力矩只是一个假想的矢量力矩，它表示在活塞运动的每个瞬时位置时，该矢量力矩在气缸中心线平面内的投影值。在水平平面内没有分力矩作用。合成往复惯性力矩 $\sum M_j$ 可表示为：

$$\sum M_j = \sum M_{j1} + \sum M_{j2} \tag{11-18}$$

式中：$\sum M_{j1}$ 为合成一次往复惯性力矩；

$\sum M_{j2}$ 为合成二次往复惯性力矩。

合成往复惯性力矩多数不平衡，不平衡的往复惯性力矩将使柴油机在纵向平面内垂直振动。

离心力矩可以分解为交变的垂直分量 M_{RV} 和水平分量 M_{RH}，M_{RV} 会使柴油机产生垂直振动，M_{RH} 会使柴油机产生水平振动。

3. 总倾覆力矩 $\sum M_D$

倾覆力矩实质上就是柴油机输出力矩的反力矩。柴油机输出力矩不均匀会引起曲轴与轴系的扭转振动，柴油机的主要固定件也会因总倾覆力矩不均匀而导致柴油机机身和支承振动。总倾覆力矩的变化取决于总切向力的变化，因此柴油机的缸数越多，各缸功率越均匀，总倾覆力矩的波动越小，波动周期越短，对改善柴油机的振动越有利。由于大型低速柴油机向长行程和超长行程方向发展，并且少缸数主柴油机船舶日益增多，由总倾覆力矩 $\sum M_D$ 引起的柴油机机体和船体横向振动日益严重。倾覆力矩可分为平均力矩和简谐分量两部分。平均力矩部分作用在机体上，使机体倾斜一角度，并被机座反力所平衡。而简谐分量则使机体在平衡位置附近做横摇振动，并通过地脚螺栓在机座上产生简谐反作用力矩，从而引起船底板架乃至船体的强迫振动。一般来说，对于 7 缸以下的柴油机会产生 H 型振动，使柴油机整体发生横向摇动，其振动的阶次为气缸数的整数倍；对于 11 缸以上的柴油机会产生 X 型振动，使柴油机机体产生扭曲，其主要振动阶次为气缸数的一半（如图 11-5 所示）。

4. 总连杆力偶 $\sum M_L$

由于连杆力偶的作用方向在连杆摆到气缸中心线右侧和左侧时相反，所以在多缸柴油机中总连杆力偶大多为零，且其对柴油机振动的影响很小，一般可忽略不计。

综上所述，多缸柴油机的合成惯性力为零，不会造成柴油机的振动，而合成惯性力矩和总倾覆力矩是造成多缸柴油机振动的激振力源。各合成惯性力矩的作用性质如图 11-6 所示，可将其归纳为：

（1）一次力矩的垂直分量 M_{1V}，即合成离心力矩的垂直分量 M_{RV} 和合成一次往复惯性力矩 $\sum M_{j1}$；

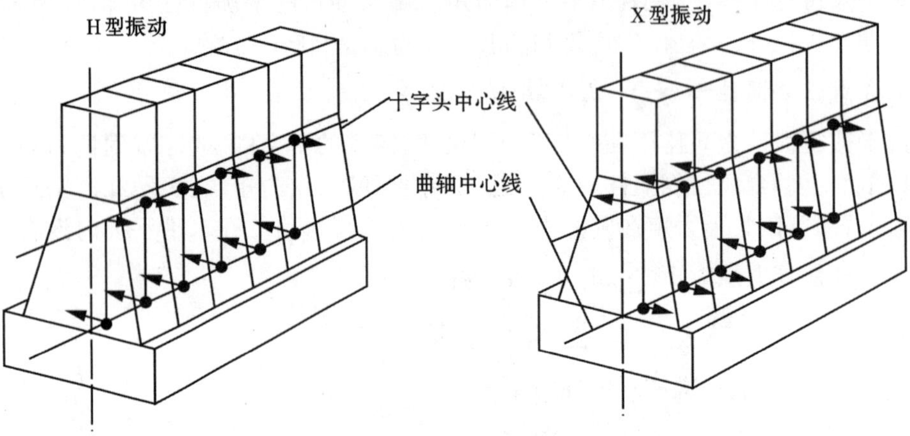

图 11-5　H 型和 X 型的振动

(2)一次力矩的水平分量 M_{1H},即合成离心力矩的水平分量 M_{RH};

(3)二次力矩的垂直分量 M_{2V},即合成二次往复惯性力矩 $\sum M_{j2}$。

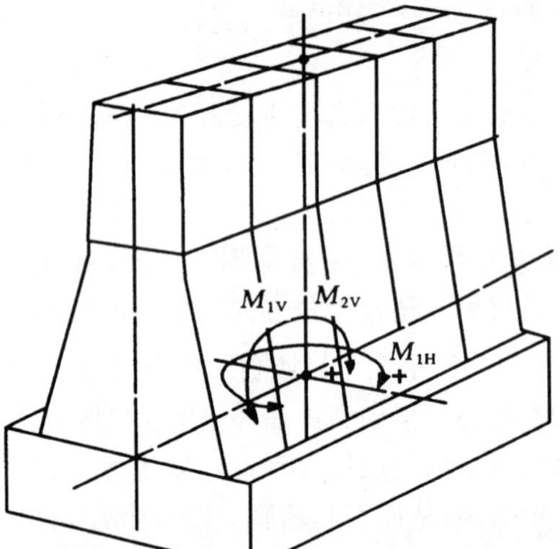

图 11-6　多缸柴油机的外力矩

七、柴油机的平衡

由上述分析可知,作用在曲柄连杆机构中的不平衡力和力矩是引起柴油机振动的激振力源。对单缸柴油机,往复惯性力 F_j、离心力 F_R、倾覆力矩 M_D、连杆力偶 M_L 难以平衡;对多缸柴油机,柴油机的合成惯性力基本能达到完全平衡,而合成一次和二次惯性力矩、总倾覆力矩不平衡。为了消除这些不平衡力(力矩)引起的振动,通常安装平衡补偿装置作为弥补措施。平衡补偿装置使偏心质量以和柴油机激振频率相同的转速旋转,产生补偿力(力矩)以抵消柴油机的不平衡力(力矩),从而减少不平衡力(力矩)

对振动的影响。具有这种平衡补偿作用的装置称为补偿器。

1. 单缸柴油机的平衡

(1)离心力平衡

离心力平衡比较简单，一般在曲柄臂上安装平衡重，使平衡重在回转中产生的离心力与曲柄不平衡离心力大小相等、方向相反，从而抵消不平衡离心力。

(2)往复惯性力的平衡

往复惯性力可以简化成一对正反转离心力之和，因此也可以采用像平衡离心力一样的平衡措施来平衡一次及二次往复惯性力，该方法叫作正反转平衡轮系法。正反转平衡轮系法原理见图 11-7。这是两对互相啮合的齿轮，齿轮上配有平衡重，它们与柴油机曲轴有一定的正时关系：当曲柄处于上止点位置时，平衡重垂直向下；当曲柄处于下止点时，平衡重转至垂直向上位置。对于平衡一次往复惯性力，两个质量为 m_1 的平衡重以角速度 ω 做同步反向回转；对于平衡二次往复惯性力，两个质量为 m_2 的平衡重以角速度 2ω 做同步反向回转。

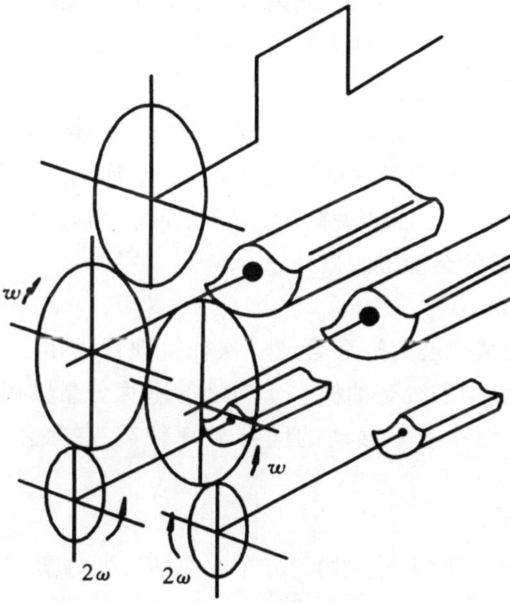

图 11-7　正反转平衡轮系法

(3)倾覆力矩平衡

倾覆力矩变化幅度较大，无法平衡，只能由固定机座的地脚螺栓来承受。

(4)连杆力偶平衡

通常连杆力偶较小，一般不采取平衡措施。对中高速柴油机，连杆杆身重量越轻，大端轴承盖重心离大端中心越远，连杆力偶越小。

2. 多缸柴油机的平衡

随着长行程少缸数主柴油机的船舶日益增多，柴油机不平衡力矩的平衡问题更加突出。不平衡力矩对船舶振动的激励作用与柴油机的功率、船舶吨位等因素有关。有些大型低速二冲程柴油机近年来采用单位功率不平衡力矩值作为是否安装平衡补偿装置的依据。单位功率不平衡力矩值为柴油机不平衡力矩值与柴油机功率之比。若该值小于 60 N·M/kW,可不安平衡补偿装置;等于 60~200 N·M/kW,需进一步分析以决定是否安装平衡补偿装置;大于 200 N·M/kW,建议安装平衡补偿装置。平衡补偿装置按运转驱动方式不同分为两类:一类由曲轴驱动并安装在柴油机曲轴上或自由端或动力端;另一类由电动机驱动并安装在柴油机自由端或船舶舵机室甲板。

(1)柴油机的外部平衡和内部平衡

对多缸柴油机,如采用适当的曲柄排列或采取措施使柴油机的合成离心力、合成离心力矩、合成一次往复惯性力、合成一次往复惯性力矩、合成二次往复惯性力、合成二次往复惯性力矩都等于零,柴油机对外部不产生力和力矩,则称这种柴油机达到了外部平衡。但是,曲轴不是刚性的,而是弹性的,在惯性力作用下会发生变形。主轴承阻碍这种变形,致使主轴承和机座受到力和力矩的作用,当机体刚度不足时会产生振动和变形。因此,在分析柴油机平衡特性也就是它的振动力源时,不但要关心它的外部平衡特性,还要考虑它的内部受力情况。如果它的内部受力过大,仍然会引起振动和变形。

采取某些措施,分别使各缸的惯性力得到平衡,以改善柴油机内部受力情况的方法叫作柴油机内部平衡。各缸的惯性力分别得到平衡,因而不存在不平衡力系,柴油机既达到外部平衡,也实现内部平衡。然而往复惯性力的内部平衡较难实现,不可能在各缸分别安装正反转平衡轮系,又由于往复惯性力一般较小,所以柴油机内部平衡一般仅考虑离心惯性力的内部平衡。采取内部平衡后,由于消除了离心力引起的主轴承上的作用力,也就消除了由此引起的柴油机的振动。

(2)一次力矩的平衡

一次力矩主要包括合成离心力矩和合成一次往复惯性力矩。对低速柴油机来说,一次力矩引起的振动不大,但四缸柴油机一次力矩的垂直分量则可能引起船体产生较大的双节或三节振动,而船体水平振动的固有频率较高,一般不会引起水平方向的振动。

①合成离心力矩的平衡

在单列多缸柴油机中,一般多采用均匀分布的曲柄排列方案,因此合成离心力都是自行平衡的,但是还可能存在不平衡的合成离心力矩,通常采用在曲轴上装平衡重的方法加以控制。

不平衡合成离心力矩的平衡方法一般可归纳为以下四种:

各缸平衡法。这种平衡法是在每个曲柄臂上都反方向安装平衡重,以平衡掉每个曲柄的离心力。由于每个曲柄的离心力都消除了,自然也就消除了柴油机的合成离心力和合成离心力矩。这种方法的优点是使柴油机既达到外部平衡,也实现内部平衡,使机身和曲轴受力情况最佳。缺点是平衡重数量多,重量较大,可能对扭转振动产生不利影响。

分段平衡法。这种平衡法是将曲轴分成两段或数段,然后分别对各段所存在的合成不平衡离心力矩采取平衡措施。这种方法可以适当减少平衡重的数量,使曲轴重量有所减轻,但平衡不彻底。

整体平衡法。这种平衡法是在曲轴的首尾曲柄的曲柄臂上加方向相反的平衡重,以消除全部曲柄的合成离心力矩。它的优点是曲轴重量轻,但内部平衡性能差,平衡重大,多需偏置安装。

不规则平衡法。这种平衡法是挑选某些曲柄,在这些曲柄上配置平衡重并能使平衡重尽可能接近正放位置,以平衡掉合成离心力矩。这种方法能够改善柴油机的内部平衡和某些轴承的轴承负荷。

②合成一次往复惯性力矩的平衡

平衡往复惯性力矩的基本原理是在柴油机上装设一套正反转平衡轮系,使之产生一对正反转方向回转的平衡力矩,以消除柴油机中存在的不平衡合成往复惯性力矩。平衡一次和二次往复惯性力矩的方法大致相同,只是平衡轮重量和转动角速度不同。平衡合成一次往复惯性力矩的平衡轮系可由曲轴通过齿轮或链条驱动。图 11-8 所示为曲轴通过齿轮驱动的双轴平衡装置,多用于中小型柴油机上。两根平衡轴两端各有平衡重,由齿轮传动以角速度 ω 正反向转动,轴每端的两个平衡重的离心力合成一个垂直方向的作用力,轴两端的作用力大小相等、方向相反,这样在柴油机的纵剖面内产生了一个大小和方向周期性变化的力矩,以平衡合成一次往复惯性力矩。

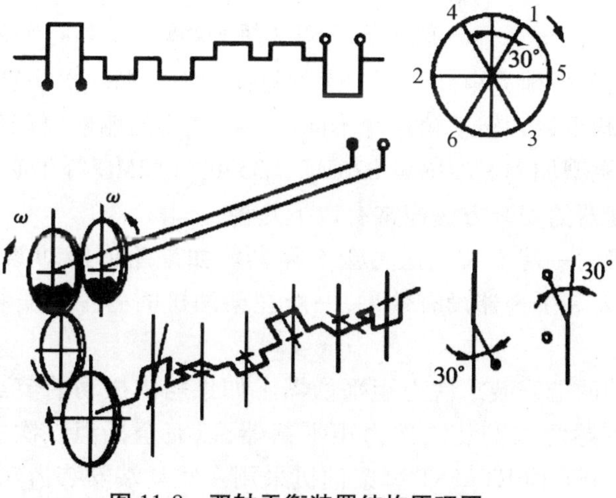

图 11-8 双轴平衡装置结构原理图

近年来 MAN B&W 公司设计的一种可调式平衡重可以把一次力矩的垂直分量减少到一个很低的数值(尽管同时可能增加力矩的水平分量)。在极少的情况下,在柴油机的正常转速范围内,一次力矩可能同时引起船体的水平和垂直振动,一般用可调式平衡重将垂直振动控制在安全的范围内,然后用安装在链条张紧轮上的一次往复力矩平衡器来平衡一次往复力矩进一步减轻垂直振动,从而防止船体水平和垂直共振,如图 11-9 所示。由于这种情况很少发生,所以一般在柴油机上并不配置一次力矩平衡器。

(3)二次力矩的平衡

二次力矩仅为二次合成往复惯性力矩,因此它只有垂直分量。在柴油机的正常运转范围内,4、5、6 缸的二次力矩会引起船体的 4~5 节垂直振动,因此必须安装二次力矩

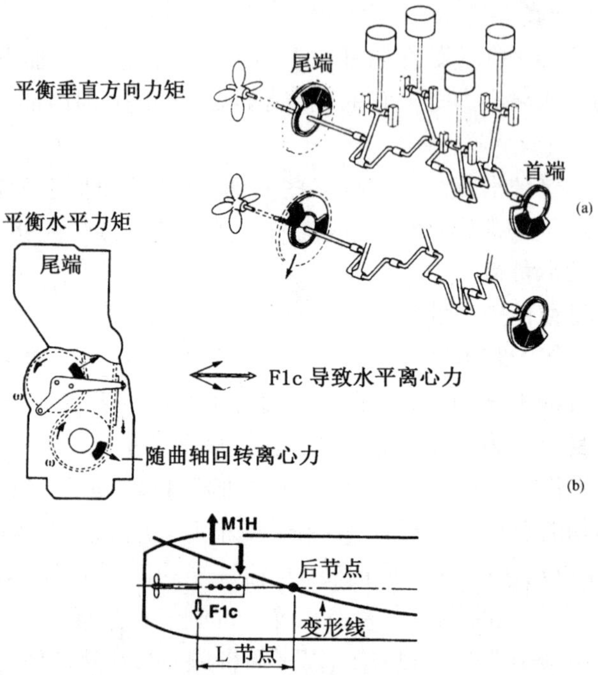

图 11-9　一次力矩平衡器

平衡器来控制二次不平衡力矩。平衡二次往复惯性力矩和一次往复惯性力矩的方法大致相同,只是平衡轮重量和转动角速度不同。一些较小的船舶对船体的 4~5 节垂直振动不敏感,较小的机型如 MAN B&W S26MC、L35MC、L42MC 等不必安装二次力矩平衡器。二次力矩平衡器的安装方法通常有以下几种:

①仅在柴油机的一端安装二次力矩平衡器。如果船体振动的节点在柴油机的一端,由于在节点处安装平衡器没有效果,一般在柴油机的另一端安装二次力矩平衡器,如图 11-10 所示。

②在柴油机的两端安装二次力矩平衡器。如果船体振动的节点在柴油机的中部,必须在柴油机的首尾两端安装二次力矩平衡器,以完全抵消二次力矩,如图 11-11 所示。对 Sulzer RTA48T 和 RTA58T 型柴油机采用在驱动端安装齿轮驱动的二次力矩平衡器、在自由端安装电动平衡器的二次力矩平衡装置,可根据运转工况对平衡器的运行加以控制。

③安装电动平衡器。它一般安装在舵机室的甲板处,如图 11-12 所示。由于该处变形很大,安装电动平衡器后可以得到很好的平衡效果。

(4)总倾覆力矩的控制

多缸柴油机的总倾覆力矩 $\sum M_D$ 引起柴油机的横向振动,并通过地脚螺栓、基座作用到船体上,激发船体振动。为了减小基座的振动(不仅由倾覆力矩引起),在中高速柴油机的基座上设置弹性支承,即将柴油机的机座落在一个由金属弹簧或者橡胶所制成的支座上,再安装在刚性的基座上。弹性支承将柴油机产生的振动力源与船体隔开,使振动力源不传或少传到船体上去。在十字头式低速柴油机中,柴油机的机座与基

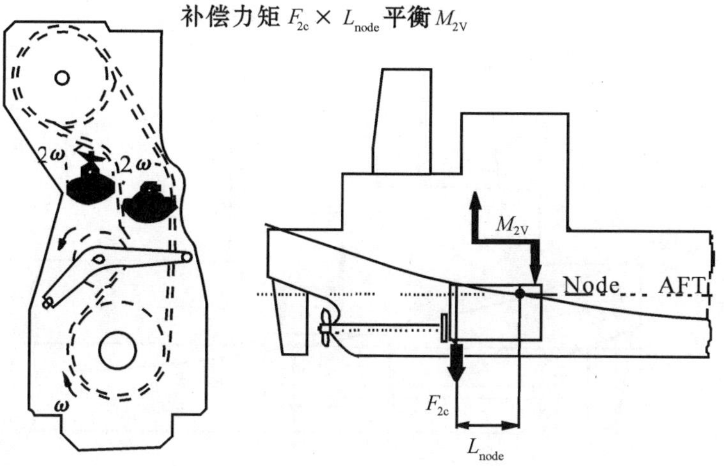

图 11-10　一端安装二次力矩平衡器

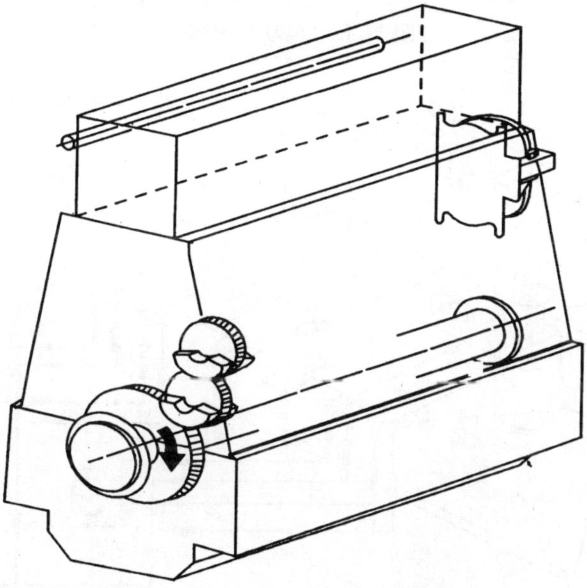

图 11-11　两端安装二次力矩平衡器

座都是刚性地连在一起的。作用在十字头导板上的侧推力及其形成的倾覆力矩会引起柴油机的横向振动。如 4 缸柴油机会有横向摇动柴油机的倾向，8～12 缸柴油机会趋向使柴油机发生扭曲。在某些特殊情况下，若 $\sum M_D$ 引起的横向振动非常严重，可能激励船体强烈振动时，可采用机械式、摩擦式或液压式支撑以消除振动。图 11-13 所示为近几年 MAN B&W MC/MC-C 型机消除横向振动的液压式支撑示意图。

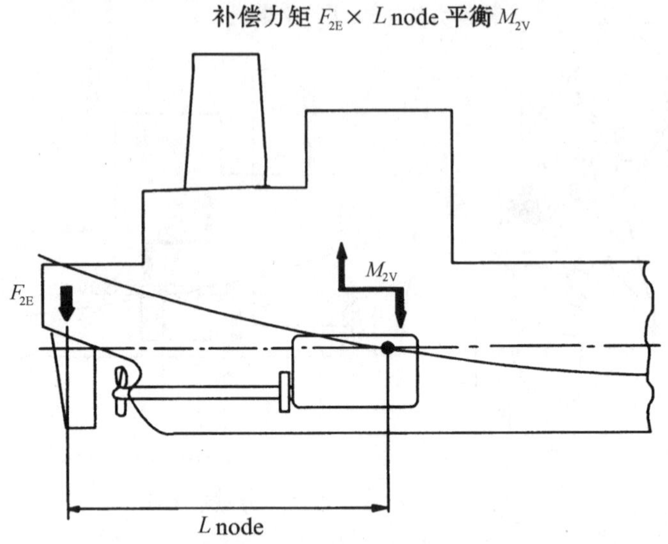

图 11-12　电动平衡器

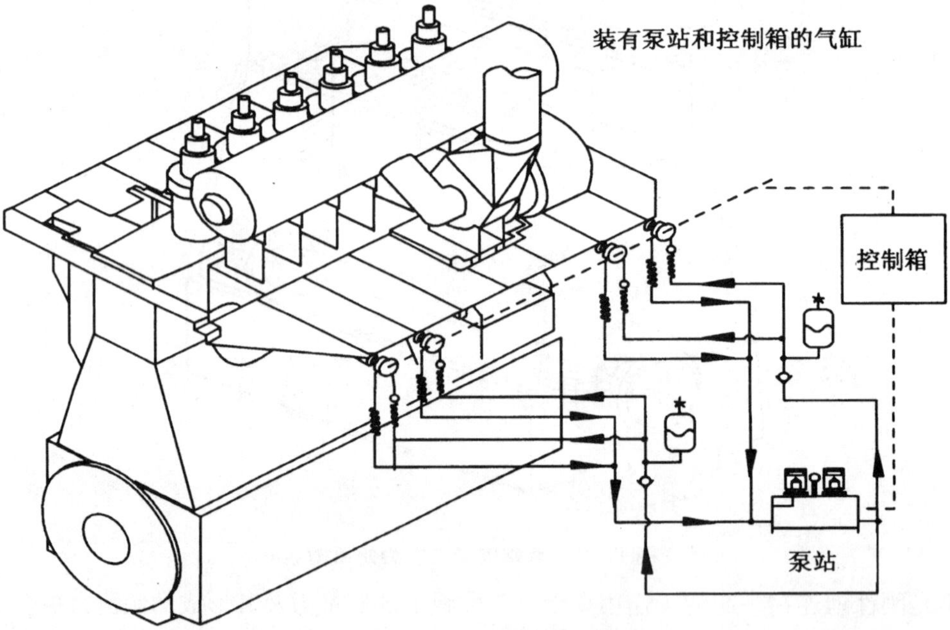

图 11-13　液压式支撑示意图

第三节 柴油机和轴系的扭转振动与减振

一、学习目标

1. 了解柴油机自由扭转振动和强制扭转振动的原理。
2. 了解柴油机扭转振动的减振和避振措施。

二、学习任务

1. 柴油机自由扭转振动和强制扭转振动的原理。
2. 柴油机扭转振动的减振和避振措施。

三、环境设备

1. 柴油机。
2. 中间轴、艉轴和螺旋桨。
3. 扭振减振器。

四、背景知识

船舶柴油机推进轴系是一个既有扭转弹性,又有回转质量的扭转振动系统。柴油机轴系振动有横向振动、纵向振动、扭转振动、扭转-纵向耦合振动四种振动形式,其中以扭转振动最常见,危害性最大。轴系在柴油机、螺旋桨等周期性的激振力矩作用下所产生的周向交变运动及相应变形称为轴系的扭转振动。强烈的扭转振动会使轴系疲劳断裂、轴系附件损坏,影响凸轮轴传动比,造成柴油机经济性变差。强烈的扭转振动还会影响柴油机的平衡性,诱发柴油机产生强烈的纵向振动,加剧柴油机的噪声。因此,世界各大船级社的规范都对柴油机轴系扭转振动制定了严格的控制条款。

五、基本概念

轴系是指柴油机的曲轴以及与之相连的运动部件的总成,这些运动部件包括飞轮、推力环、中间轴、艉轴以及螺旋桨等。任一实际轴系均为弹性系统,在轴系作用激励扭矩后,若无阻尼存在,轴系便会产生周期性的扭转弹性变形,此即为无阻尼自由扭转振动(简称自由振动),其振动频率为自振频率或固有频率。对既定的轴系,其自振频率为定值。给轴系以周期变化的扭矩-激励力矩,轴系即按激励力矩的频率做强迫扭转振动(简称强迫振动)。当激励力矩频率与轴系固有频率相同时,轴系将产生共振。此时轴系的转速称为临界转速。

柴油机气缸的气体力及活塞连杆的往复惯性力作用于曲轴的扭矩始终是周期性变化的。因此,柴油机装置的轴系在运转中总是存在扭转振动。

六、自由扭转振动

扭转振动是轴系绕自身的回转中心做来回扭转的一种振动。

1. 扭摆

扭摆是最简单的扭振系统,如图 11-14 所示。轴的一端固定,另一端与一个圆盘连接,并假定圆轴只有弹性而无转动惯量,圆盘只有转动惯量而无弹性。这二者组成的扭振系统称扭摆。该扭摆的圆盘相当于一个曲柄的转动惯量 I,固定端相当于转动惯量很大的飞轮,中间连接轴的刚度为 K,无转动惯量。因此该扭摆是柴油机轴系的最简单的扭转振动的力学模型。

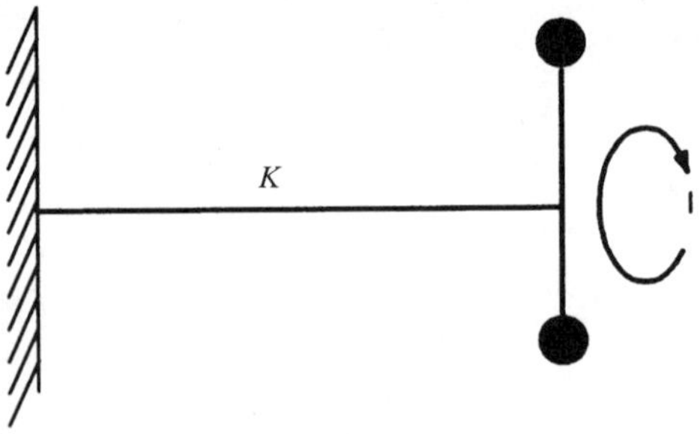

图 11-14　单质量扭振模型

若在圆盘上加上一静扭转力矩,使扭摆扭转 α 角。此时轴的左端也相应地转了 α 角,轴便具有了一定的弹性势能。一旦去掉静扭转力矩,圆盘在轴的带动下以轴线为中心来回摆动,产生扭转振动。在转动过程中,轴的弹性势能减小,而圆盘的动能增加。抵达平衡位置时,轴的弹性势能完全转变为圆盘的动能(不考虑阻力)。由于惯性作用,圆盘将按原转动方向越过平衡位置,此时轴的弹性势能增加,而圆盘的动能减小。当圆盘的动能完全转变为轴的弹性势能后,圆盘将反向转动,一直循环不息。

在无阻尼的情况下,这个系统中作用着两个扭矩:惯性扭矩 $I\ddot{\alpha}$ 和弹性扭矩 $K\alpha$,其中 α 和 $\ddot{\alpha}$ 分别为扭转角及角加速度。因无其他外力,这两个扭矩数值相等,但方向相反,所以

$$I\ddot{\alpha} + K\alpha = 0 \tag{11-19}$$

假设扭转振动以简谐运动进行,即

$$\alpha = A\sin\omega t \tag{11-20}$$

式中:A——扭转振幅;

　　ω——圆周频率;

t——时间。

则有

$$-\omega^2 I\alpha + K\alpha = 0 \tag{11-21}$$

所以

$$\omega = \sqrt{\frac{K}{I}} = \sqrt{\frac{1}{eI}} \tag{11-22}$$

式中：e——轴的柔度，$e = 1/K$。

扭摆的自振频率为：

$$f = \frac{\omega}{2\pi} = \frac{1}{2\pi}\sqrt{\frac{K}{I}} \tag{11-23}$$

扭摆的振动转速为：

$$N = 60f = \frac{60}{2\pi}\sqrt{\frac{K}{I}} = 9.55\sqrt{\frac{K}{I}} \tag{11-24}$$

显然自振频率随转动惯量 I 增大而降低，随刚度 K 增大而提高。自振频率因为只与转动惯量和刚度有关，故又称为固有频率。最大的摆角称为振幅，用 A 表示，它取决于作用在圆盘上的外力矩的大小。轴上摆角始终为零的截面称为节点。按一定比例的垂直线长表示振幅值，绘成振动形式图，便可以近似的确定轴上各截面的相应扭转振幅。此图上曲线称为振型。

2. 当量系统

船舶柴油机动力装置是一个多转动惯量的扭转振动系统，其实际构件与扭摆的结构形式有很大的差别。为便于计算和分析船舶柴油机动力装置的扭转振动特性，必须将复杂的实际轴系换算成与扭摆相似的简化系统，称为当量系统。

较常用的当量系统为集中质量形式的当量系统。所谓集中质量是指只具有转动惯量而无弹性的圆盘。这些集中质量由只具有扭转弹性的轴相连。为使当量系统具有与原系统相近的扭转特性，应将原系统里惯性较大又集中的零部件换算成相应个数的集中质量，这些零部件如飞轮、曲柄及与之相连的活塞连杆机构、螺旋桨等。它们的惯量即为相应零部件的实际惯量，它们之间连接轴的弹性值即为相应零部件间实际轴的扭转弹性值。实践证明，在一般情况下用这种当量系统计算振动频率其误差不超过5%（尤其是在低速机的情况下更为适合），在工程计算误差允许范围内。图 11-15 为 5RTA48T 型柴油机推进轴系的力学简化模型。

3. 双质量系统

在轴系中，如果将螺旋桨作为一个质量，将主机及飞轮等作为另一个质量，便成为双质量系统。在双质量扭转振动系统中，两个质量的转动惯量分别为 I_1、I_2，轴的刚度为 K，两个质量的扭转角分别为 α_1、α_2，像扭摆一样可写出方程式：

$$\begin{aligned} I_1\ddot{\alpha}_1 + K(\alpha_1 - \alpha_2) = 0 \\ I_2\ddot{\alpha}_2 + K(\alpha_2 - \alpha_1) = 0 \end{aligned} \tag{11-25}$$

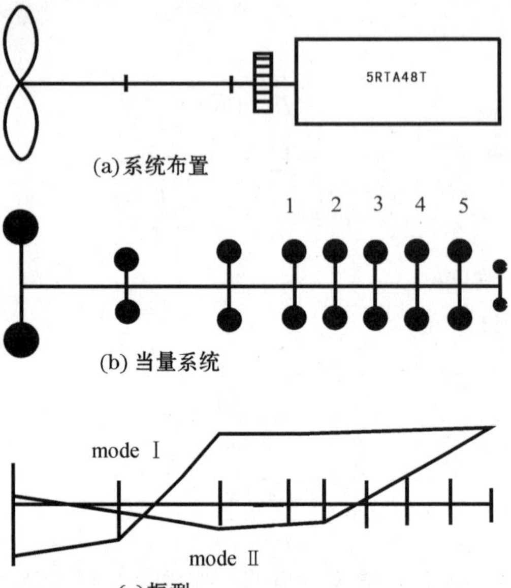

图 11-15　5RTA48T 型柴油机推进轴系的力学简化模型

像前面一样,假设:

$$\alpha_1 = A_1 \sin\omega t$$

$$\alpha_2 = A_2 \sin\omega t$$

代入上述方程式可得:

$$\begin{aligned}(K - \omega^2 I_1)\,\alpha_1 - K\alpha_2 &= 0\\ -K\alpha_1 + (K - \omega^2 I_2)\,\alpha_2 &= 0\end{aligned} \tag{11-26}$$

求解上式可得:

$$\omega^2[\omega^2 I_1 I_2 - (I_1 + I_2)K] = 0 \tag{11-27}$$

所以:

$$\omega = \sqrt{\frac{K(I_1 + I_2)}{I_1 I_2}} = \sqrt{\frac{(I_1 + I_2)}{e_{12} I_1 I_2}} \tag{11-28}$$

$$N = 9.55\sqrt{\frac{(I_1 + I_2)}{e_{12} I_1 I_2}} \tag{11-29}$$

式中还有一个根,$\omega = 0$,相当于将整个轴系作为一个刚体来运动,$\alpha_1 = \alpha_2$,称为滚振,与扭转振动无关。

双质量扭转振动系统只有一种振动形式,其自振频率只有一个,称为单节自振频率;其振型也只有一个,称为单节振型,这种振动称为单节振动。两个质量振动频率相同、相位相同,振幅与它们的转动惯量成反比,且双质量的运动方向相反。轴段上某点扭振振幅始终为零,该点称为节点。节点处扭矩最大,扭振时将有发热、发蓝现象。

4. 三质量系统

在轴系中,如果将螺旋桨作为一个质量,将主机及飞轮作为另外两个质量,轴系便成为三质量系统。用相同方法可推导出三质量系统存在着两种自振频率,其中 ω_1称为单节圆频率,ω_2称为双节圆频率。在不同圆频率下振动的振型是不同的。它有两种振型(如图 11-16 所示),轴上只有一个节点的振动称为单节振动,相应存在单节自振频率 ω_1;轴上有两个节点的振动称为双节振动,相应存在双节自振频率 ω_2。$\omega_1<\omega_2$,即节点越多则自由振动的频率越高。

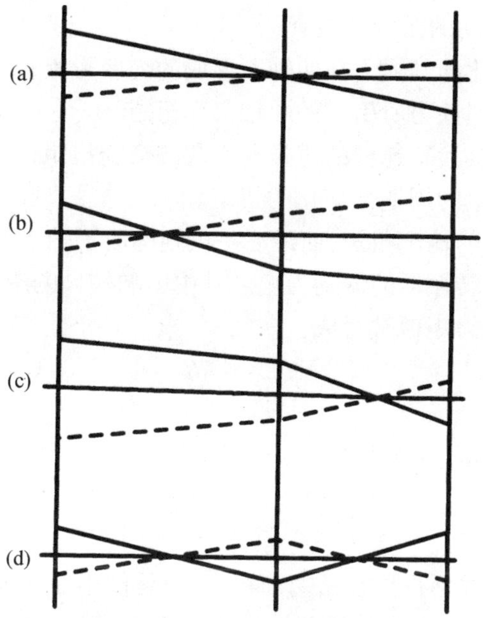

图 11-16 三质量扭振系统

5. 多质量系统

以此类推,n 质量扭转振动系统有$(n-1)$种振型和自振频率,且:

$$\omega_{n-1} > \omega_{n-2} > \cdots > \omega_2 > \omega_1$$

实际船舶柴油机动力装置,只在发生单节、双节、三节扭转振动时才产生较大的扭振振幅,具有破坏性,因此通常只需要考虑单节、双节和三节扭转振动,只有少数动力装置才需考虑三节以上的扭转振动。

以上讨论的内容均未考虑阻力,这种振动称为无阻尼自由扭转振动。但是,柴油机轴系实际上是存在阻尼的,主要的阻尼有:活塞环与气缸套的摩擦、轴承中的液体摩擦、空气对运动部件的阻力、间隙引起的冲击消耗和轴内部分子间摩擦的迟滞阻尼。这些阻尼均要消耗能量。由于阻尼的存在,扭转振动的能量将逐渐逸散,而扭转振动的振幅将不断衰减,直至完全消失。这种振动称为有阻尼自由扭转振动,又称为衰减振动。有阻尼自由扭转振动的自振频率比无阻尼自由扭转振动的自振频率小。

七、强制扭转振动

对有阻尼自由扭转振动,若在轴上加一个周期性交变的扭转力矩以克服阻尼,则轴系能保持一定的振幅而继续进行扭转振动。此过程称为激励(又称干扰),所加力矩称为激励力矩(又称干扰力矩)。此时,扭转振动按激励力矩的频率进行。这种振动称为强制振动,其振动频率称为强制振动频率。这种有阻尼的强制扭转振动与不考虑阻尼时的无阻尼强制扭转振动相比,存在振幅减小、自振频率降低、相位滞后的现象。

1. 系统激励力矩

柴油机轴系扭转振动的激励力矩有:

(1)气缸内周期变化的气体力在曲轴上形成的交变力矩;

(2)活塞连杆往复惯性力所引起的曲轴交变扭矩;

(3)大型低速柴油机活塞连杆的重量所引起的交变扭矩;

(4)螺旋桨运动产生的周期性变化的扭矩。

前三项构成了轴系的输出扭矩,而最后一项则构成了轴系的负荷扭矩,也就是轴系上的扭矩构成了轴系扭转振动的激励力矩。其中影响较大的激励力矩为前两项。

单缸柴油机的激励力矩通常写成:

$$T_v = p_v AR \tag{11-30}$$

式中:T_v ——激励力矩;

p_v ——作用在曲柄销上的切向干扰压力;

A ——活塞面积;

R ——曲柄半径。

应该注意的是,p_v 并不作用在活塞面积上,而是作用在曲柄销上,作用方向垂直于曲柄销及曲柄半径,因此这个称为切向力的 p_v 不是柴油机的指示压力 p_i。

切向压力 p_v 主要由两部分组成:

$$p_v = p_{vp} + p_{vw} \tag{11-31}$$

式中:p_{vp} ——由气缸内气体压力引起的切向压力;

p_{vw} ——由柴油机往复质量引起的切向压力。

在一般情况下,如果没有足够的资料可以使 $p_v \approx p_{vp}$,则可完全忽略 p_{vw}(在 $v \geqslant 4$ 的情况下,这样处理相当正确)。

下面我们只讨论由气体压力引起的切向激励压力 p_{vp}。

在作单缸示功图时,可以得到如图 11-17 所示的 $p_i - v$ 图(图 b)或 $p_i - \varphi$ 图(图 c)。从图 c 可转化到图 d,这是以上止点作为坐标的开始点。

由曲柄连杆的简图,根据机构动力学可以得到 p_{vp} 与平均指示压力 p_i 的关系如下:

$$p_{vp} = \left(\sin\alpha + \frac{\lambda}{2}\sin 2\alpha + \cdots\right) p_i \tag{11-32}$$

式中:α ——曲轴转角;

λ ——曲柄连杆长度比。

其中各转速下的平均指示压力为:

$$p_i = 19.1 \times 10^3 \frac{mP_e}{iD^2Rn_e}\left[\frac{1-\eta_m}{\eta_m} + \left(\frac{n_c}{n_e}\right)^2\right] \tag{11-33}$$

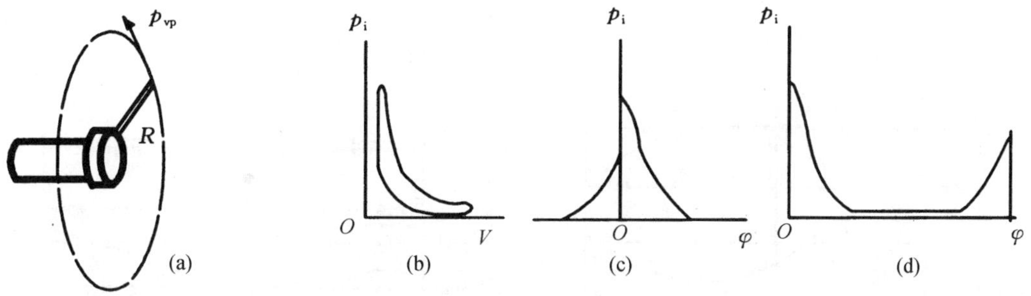

图 11-17　活塞连杆机构扭转振动的干扰力矩

式中：p_e —主机额定功率(kW)；

n_e —主机额定转速；

i —气缸数；

m —冲程数(四冲程 $m=4$，二冲程 $m=2$)；

n_c —主机临界转速；

D—气缸直径(cm)；

R—曲柄半径(cm)；

η_m —主机额定工况下的机械效率。

根据公式(11-32)可以将图 11-17(d)转化成图 11-18。其中图(a)是二冲程柴油机，图(b)是四冲程柴油机。对于这种形式的图形要用简谐分析方法，把曲线分解成许多条，p_{vp} 就产生了不同的谐次 $p_{1p}, p_{2p}, p_{3p}\cdots$ 。从图中可以看出：v 取得越多(分解的曲线越多)，正确性越高，周期越小(频率越大)，振幅也越小。在一般情况下，$v=10$(称为 10 次简谐)的振幅只有一阶($v=1$)的 2%~3%，所以一般只要求考虑的简谐次数：二冲程机为 16 次，四冲程机为 20 次。由于四冲程柴油机每一循环曲轴转两转，而二冲程机为一转，为了使用同一公式，在四冲程柴油机中引进了 $v=\frac{1}{2},1,\frac{3}{2},\cdots$ 的半阶函数。

上面讨论了单缸柴油机的激励力矩($T_v=p_vAR$)。对于多缸柴油机，由于每一缸的相对振幅 θ 不同，发火时的相位角 α 也不同，所以不能简单地将每一缸的 T_v 相加作为总的激励力矩。但是已知每一缸的输入能量是与 $T_v\theta$ 成比例的，因此可以将各缸的 $T_v\theta$ 相加：

$$T_v\theta_1+T_v\theta_2+T_v\theta_3+\cdots=T_v\sum\theta \tag{11-34}$$

通常假设各缸的激励力矩 T_v 在数值上都相等(不考虑制造和运行偏差)，所以都用 T_v 而不加以区别；但各相对振幅是在不同的相位角下，在相加时必须考虑向量而成为相对振幅矢量和 $\sum\theta$。$T_v\sum\theta$ 称为 i 缸柴油机总激励力矩。$\sum\theta$ 与发火次序和冲程数都有关系。下面以五缸二冲程柴油机为例说明这个问题。

该二冲程柴油机发火次序为 1-5-2-3-4，其曲柄相位图如图 11-19 所示。由于是五缸，曲柄间隔角为 $\frac{360°}{5}=72°$。二冲程柴油机每一循环曲轴转一转，每一缸均匀地围

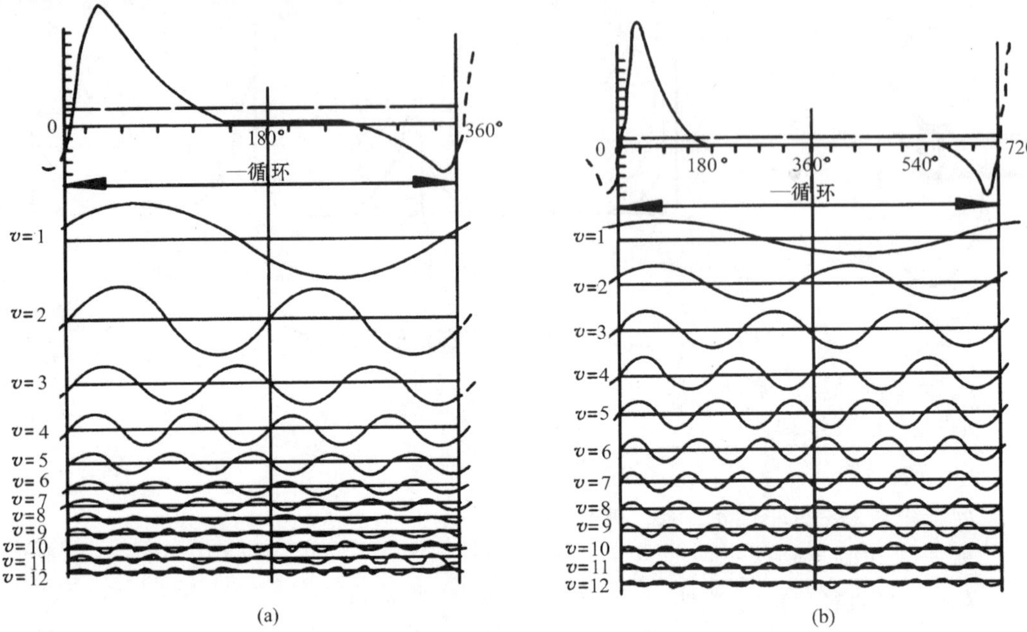

图 11-18　激励力矩的简谐分析

绕"曲轴"发火一次,因此对 $v=1$(一阶激励)相位矢量图是与曲柄相位图一致的,$\varphi=72°$。对二次激励($v=2$),曲轴转一转有两个振动循环,因此在矢量图上的相位角是 2φ。这样计算下去可以得到:对二冲程柴油机,v 次激励的相位角是 $v\varphi$,当 $v=$缸数时,所有矢量方向都一致。当 $v>$缸数时,矢量图又重复,即 1、6、11 与 2、7、12 等都是一模一样的,也就是每隔 $v=5$(缸数)便重复一次。此外还发现,图中的矢量图一次与四次、二次与三次都是镜面对称,因此它们的矢量和是相等的。换句话说,对矢量和 $\sum\theta$ 的计算而言,二冲程五缸柴油机只有三种矢量图形,即如图 11-19(a)、(b)、(e)所示。

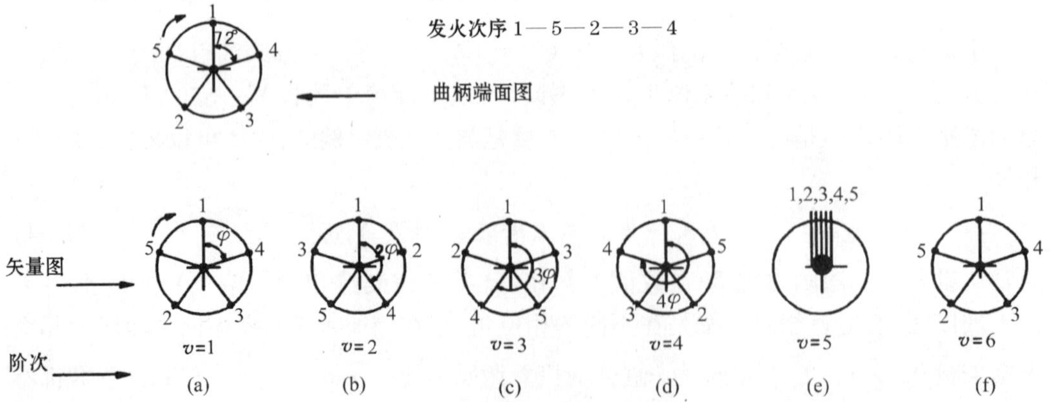

图 11-19　矢量图和曲柄端面图

在上面的矢量图中,当所有的相位角都一致时称之为主简谐或主谐次,其他都称为次简谐或次谐次。如五缸二冲程机的 $v=5$、10、15，五缸四冲程机的 $v=\frac{5}{2}$、5、$\frac{15}{2}$，便是主简谐或主谐次。主简谐是柴油机激励力矩中一个很重要的谐次，但不要认为主简谐激励是最重要的，其他就不重要了。不同的发火次序就有不同的矢量图，也就有不同的 $\sum\theta$。显然改变发火次序不能改变主简谐的 $\sum\theta$，只能改变次简谐的 $\sum\theta$，即改变发火次序可以改变次简谐的激励力矩。

对柴油机装置来说，$T_v\sum\theta$ 的大小标志着各阶振动的严重程度，所以在振动计算中其是一个非常重要的指标。在柴油机装置中也有来自螺旋桨的激励力矩，其数值大大小于 $T_v\sum\theta$，因此螺旋桨的激励力矩常被忽略，只在少数情况下才加以计算。

由各次简谐扭矩引起的强制振动称为阶振动。如由 6 次简谐扭矩引起的强制振动称为 6 阶振动。

2. 共振

强制振动时，轴系究竟按哪一种振型振动取决于激励力矩的频率。当某一次激励力矩的频率接近轴系的某一节振型的自振频率时，则系统基本上按该振型振动。由于激励力矩的次数很多，所以实际上强制扭转振动的波形是复杂的，往往由几种振型复合而成。

一旦当某一次激励力矩的频率恰好等于轴系某一节振型的自振频率，则产生共振，系统将明显地按照该振型进行振动。由于柴油机属于小阻尼系统，所以共振时往往会产生很大的振幅，出现强烈的扭转振动。

3. 临界转速

为讨论方便，我们再引入一个频率 N，其单位是次/分钟，它与频率 f 的关系是 $N=60f$。由于 v 次激励力矩的频率 $N_v=vn$，所以柴油机的转速 $n=N_v/v$。当 v 次激励力矩的频率等于轴系的自振频率时，即 $N_v=N_{自振}$，相应的柴油机转速就是临界转速。

如将轴系自振频率 $N_{自振}$ 写成 N_e^x 的形式，则由 v 次激励力矩引起轴系第 x 节振型共振的临界转速即为 $n_v^x=N_e^x/v$，也就是说，临界转速可分别表达为：$n_v^{\mathrm{I}}=N_e^{\mathrm{I}}/v$，$n_v^{\mathrm{II}}=N_e^{\mathrm{II}}/v$，$n_v^{\mathrm{III}}=N_e^{\mathrm{III}}/v$，其中 x 分别表示单节（Ⅰ）、双节（Ⅱ）、三节（Ⅲ）振型；N_e^x 是系统自振频率，与转速无关。n_v^{I} 表示单节 v 阶振动临界转速，n_v^{II} 表示双节 v 阶振动临界转速，n_v^{III} 表示三节 v 阶振动临界转速。

表示扭振系统临界转速情况的图表称为临界转速图谱，如图 11-20 所示。在图中，自振频率 N_e^{I}、N_e^{II}、N_e^{III} 为定值，所以自振频率是三条平行于横坐标的水平线。由于 $N_v=vn$，所以各次激励力矩的频率为一系列过坐标原点的斜线。图上各射线与水平线的交点都是共振点，在常用转速范围内，对应的曲轴转速都是临界转速。凡与水平线 N_e^{I} 相交的点，都使曲轴按单节点振型共振；凡与水平线 N_e^{II} 相交的点，都使曲轴按双节点振型共振；凡与水平线 N_e^{III} 相交的点，都使曲轴按三节点振型共振。

系统在临界转速下工作，共振振动质量的扭转角会越来越大。但是由于阻尼的作用,其幅值不会无限增大。当简谐激励力矩对扭振系统所做的功与阻尼功相等时,振幅便不再增加。

实际船舶柴油机是多缸机,由于各气缸之间具有一定的发火间隔角,所以各气缸内的气体压力所产生的同一简谐次激励力矩之间也具有一定的相位差。它们之间有的互相叠加而增强,有的相互抵消而削弱。与主简谐相对应的临界转速称为主临界转速,而与次简谐相对应的临界转速称为副临界转速。由于在主临界转速下扭转振动往往十分强烈,破坏性极大,所以在实际柴油机轴系中总是力图避免在转速范围内出现主简谐的共振。

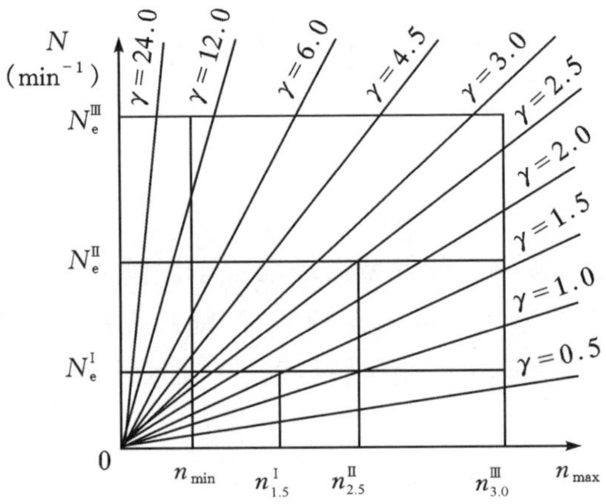

图 11-20　轴系产生扭振共振的临界转速

4. 轴段扭转振动的附加应力及其许用值

柴油机轴系运转时,在传递扭矩承受平均扭转应力的同时,还承受由轴系的扭转振动引起的交变扭转附加应力。如扭转切应力过大,曲轴和其他轴段将发生疲劳断裂。一般节点附近的扭振附加应力为最大。

由于扭转振动的危害性较大,所以世界各大船级社的规范均制定有严格的限制扭振条款及其许用应力的标准。三个运转工况的转传动比范围分别为:瞬时运转 $0 \leqslant r \leqslant 0.8$,持续运转 $0 \leqslant r < 1.0$,超速运转 $1.0 \leqslant r \leqslant 1.15$,其许用应力各不相同。$r$ 为转传动比,等于共振转速与标定转速之比。

当扭振应力超过许用值,船舶就不能持续运营,必须采取减振和避振的措施。

八、减振和避振

船舶柴油机扭转振动的减振和避振,主要从以下几个方面着手:减少扭转振动激励力矩、调整系统自振频率、设置转速禁区、配置减振器。

1. 减少扭转振动激励力矩

激励力矩的能量是扭转振动的源泉,减少激励力矩输入的能量就能直接减少扭转振幅。在柴油机设计阶段,通常通过下面几个途径来减小激励力矩:

（1）改变发火顺序。对于单列式柴油机改变发火顺序可使副简谐激励力矩减小，但不影响主简谐激励力矩。

（2）改变振型。如调整主柴油机飞轮惯量，可改变曲轴中节点位置，减小主谐量对轴系的激振能量。

（3）合理选择桨叶安装位置。合理选择螺旋桨桨叶安装位置可以减小其激振能量，同时注意不使用与柴油机主谐量相同的桨叶叶数。

2. 调整系统自振频率

改变轴系的自振频率，可以将轴系临界转速移到柴油机工作转速范围之外，避免共振。调整系统自振频率通常有以下几种方法：

（1）改变转动惯量。转动惯量增加会使自振频率降低，反之则会升高。通过转动惯量的改变，就可以将临界转速移出常用转速范围。常用的方法是加大或减小飞轮和加装副飞轮来改变轴系的自振频率，从而实现避振的目的。

（2）改变轴段刚度。增加轴段刚度可使自振频率提高。加粗轴段直径或缩短中间轴都能达到临界转速高于常用转速而达到避振目的。而加长中间轴又能使临界转速低于常用转速，甚至低于最低稳定转速。

（3）加装弹性联轴器。在轴系中加装高弹性联轴器，既可降低轴系的自振频率，又可以产生阻尼，使振幅减小。因此弹性联轴器既是联轴器，又是减振器。

3. 设置转速禁区

在管理上使曲轴工作转速远离临界转速，为此设立转速禁区，要求在变速时快速通过。此法主要应用于大型低速柴油机。对于转速禁区的范围，单节振动为 $10\%n_e$（n_e 为临界转速）；双节振动为 $5\%n_e$。但在 0.8～1.05 额定转速范围内绝对不允许存在禁区，因为这是常用转速范围，应该在设计时保证避免。转速禁区一般在转速表上以红色标明。

4. 配置减振器

在实施上述措施后，如仍不能理想地解决扭振问题，则常在柴油机自由端配置减振器。配置减振器是减小振动、降低扭振应力的一个重要措施。减振器一般有阻尼型、动力型和动力阻尼型三种。

（1）阻尼型减振器

阻尼型减振器最典型、应用最普遍的是硅油减振器，如图 11-21 所示。它由转动惯量较大的惯性体 2、固定在曲轴自由端的壳体 1、盖板 3 所组成。惯性体与壳体间留有一定的间隙，中间充满黏度极高的硅油，两者之间无机械连接。其作用原理是当柴油机转动时，壳体就一起转动，通过硅油带动惯性体同速转动。一旦轴系上发生扭振，壳体和曲轴一起振动，而惯性体因惯量很大，仍做匀速转动，因而壳体与惯性体之间产生相对运动，使硅油发生液体摩擦，吸收振动能量。惯性体惯量使频率降低而硅油阻尼使振幅减小，起到了减振作用。它的特点是结构简单，减振效果较好，工作可靠，耐用，但体积较大。

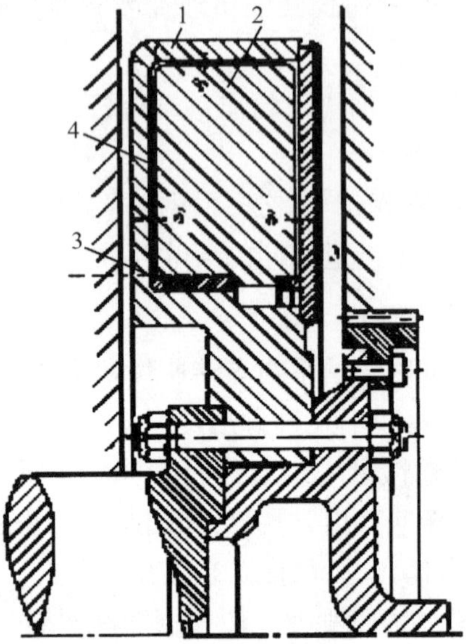

图 11-21 硅油减振器

1—壳体;2—惯性体;3—盖板;4—硅油

(2)动力型减振器

动力型减振器与曲轴用弹簧或短轴连接,共振时的动力效应在减振器处产生一个与激励力矩大小相等、方向相反的反抗力矩,达到减振目的。此种减振器只适用于定速运行的柴油机。目前使用的有无阻尼弹性减振器、摆式减振器等。

(3)动力阻尼型减振器

从理论上说这种减振器的效果最好,因为它既能利用弹性产生动力效应,又可利用阻尼消耗激振能量;但它工艺较复杂,成本高。大中型柴油机上目前应用较多的是金属簧片式减振器(又称为盖斯林格式减振器)和卷簧式减振器。前者是近年来发展的一种减振和联轴两用部件。卷簧式减振器(如图 11-22 所示)安装在曲轴自由端的法兰上。它由轮毂 1、飞轮圈 2、套筒弹簧 3、限制销 4 和盖板 5 组成。轮毂用 4 个配合螺栓和 4 个普通螺栓 6 紧固到法兰上。

首端齿轮 7 与轮毂紧固在一起用来传动辅助装置。飞轮圈滑动地配合在轮毂上。套筒弹簧装在套筒弹簧座孔中。套筒弹簧座孔一半在轮毂中,一半在飞轮圈中。套筒弹簧有 8 组,每组由多层筒形弹簧组成。限制销的突出部分装在轮毂的槽里。限制销限制了飞轮圈与轮毂的相对运动,保护套筒弹簧避免受到过大的应力,并防止套筒弹簧在座孔中转动。盖板用螺栓装在飞轮圈的两侧,使飞轮圈轴向定位并防止套筒弹簧和限制销脱出。减振器与柴油机的滑油系统接通,在运转时内部充满滑油。滑油通过一个节流孔从曲轴的钻孔流入减振器,再通过轮毂的径向钻孔流到各个弹簧组。轮毂与曲轴刚性连接,飞轮圈与轮毂弹性连接,减振器随曲轴一起转动。当曲轴在没有扭振的情况下均匀转动时,外面的飞轮圈也一起均匀转动。当曲轴在临界转速附近运转时,曲轴端部和轮毂发生激烈扭振。这时外面的飞轮圈由于与轮毂弹性连接和具有一定的惯性矩,也参加到这个扭振中,但滞后一定的相位。飞轮圈相对于轮毂产生扭动,压迫套筒弹簧,把弹簧之间的滑油挤出,并使弹簧片之间发生摩擦,从而对扭振系统产生一种阻尼作用。曲轴扭振的振幅被减小到允许的范围内,保证了柴油机的安全运转。

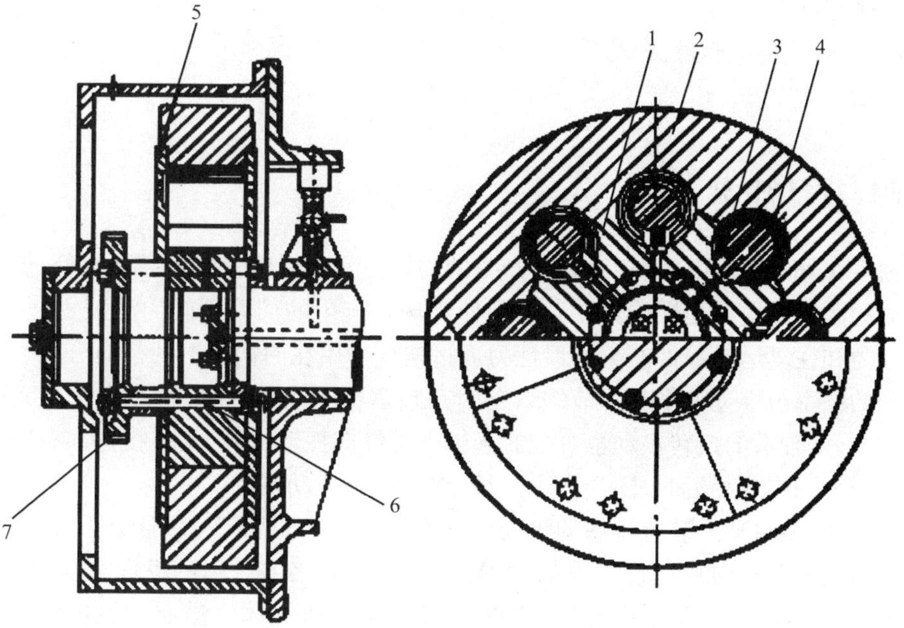

图 11-22　卷簧式减振器

1—轮毂;2—飞轮圈;3—套筒弹簧;4—限制销;5—盖板;6—螺栓;7—首端齿轮

第四节　轴系的纵向振动与削减

一、学习目标

1. 了解轴系纵向振动的简化模型。
2. 了解轴系纵向振动的特性。
3. 了解推进轴系纵向振动的衡量标准及消减和回避措施。

二、学习任务

1. 轴系纵向振动的简化模型。
2. 轴系纵向振动的特性。
3. 推进轴系纵向振动的衡量标准及消减和回避措施。

三、环境设备

1. 柴油机。
2. 中间轴、艉轴和螺旋桨。
3. 纵振减振器。

四、背景知识

轴系在外力作用下,沿轴线方向产生的周期性变形现象,称为轴系的纵向振动。轴系纵振的激振力主要是螺旋桨在不均匀伴流场中产生的周期性轴向激振力、气缸内的气体压力和往复运动部件产生的惯性力通过连杆作用在曲柄销上的径向分量。当某一激振力的频率与推进轴系某一节的纵振固有频率相同或相近时,就产生了轴系的纵向振动。此外,轴系的扭转振动也可能激起轴系的纵向振动,特别是在扭振固有频率与纵振固有频率相同或相近时,还会产生扭转-纵向耦合振动现象。

过去,柴油机动力装置轴系的纵向振动并不十分严重,但随着船舶的大型化、主机功率相应提高并且向超长行程方向发展,一方面螺旋桨上作用的纵向交变激振力(推力)增大,另一方面柴油机强化程度的提高使得柴油机气体力激起的纵振加剧。这些都导致纵向振动的危害更加严重,已成为影响船舶安全运转的重要问题。

推进轴系纵向振动的危害性主要表现在以下几个方面:

(1)导致柴油机、传动设备和轴系的故障。如:曲轴弯曲疲劳破坏、艉轴管过度磨损、传动齿轮破坏和磨损等。

(2)引起柴油机机座的纵向振动,进而通过双层底引起船体及上层建筑纵向振动。

(3)通过推力轴承引起双层底构件、船体及上层建筑的纵向振动。

中国船级社要求对于大型低速二冲程柴油机推进轴系,必须提交其推进轴系的纵向振动特性并应获得船级社的批准。

五、轴系纵向振动的简化模型

柴油机动力装置的纵向振动系统可看作由数个集中质量和无质量弹簧相连接的当量系统,当受到纵向激振力的作用时,就会在轴线方向产生振动。为了便于轴系纵振的分析计算,必须将复杂的实际轴系转化为一个简单的力学模型或纵振当量系统。纵振力学模型应尽可能反映实际振动系统的振动特性,通常处理为有限个集中质量 m_i 和无质量弹簧(刚度为 k_i)组成的离散系统,如图 11-23 所示。其转化原则是将相邻两个曲柄的 1/2 质量集中在主轴颈中间处;推力环、飞轮和螺旋桨等分别作为一个集中质量;轴的质量分别集中在两端或相邻集中质量处;两相邻集中质量间的纵向刚度作为集中质量之间的弹簧刚度;推力环与船体之间用当量刚度 k_{eh} 连接;若自由端安装有纵振减振器,则该处作为一个固定点,第一质量与固定点之间用减振器的刚度 k_0 相连接。

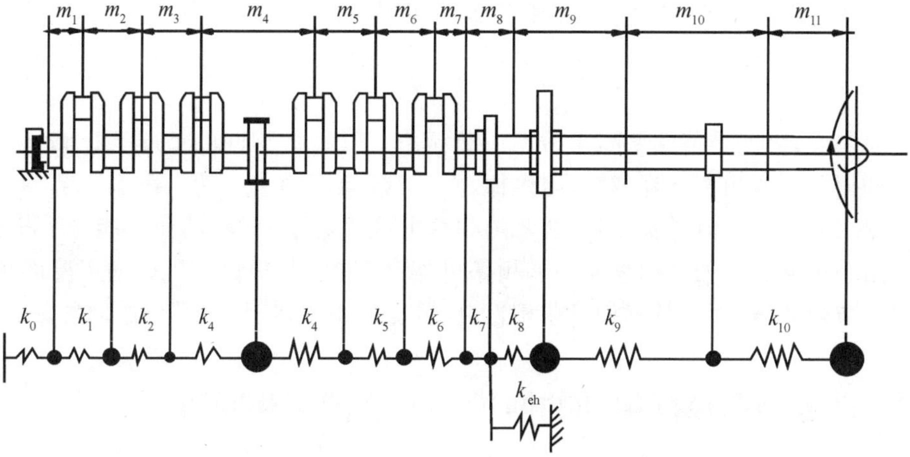

图 11-23 柴油机推进轴系纵振力学模型

六、轴系的纵向振动特性

1. 激振力

产生轴系纵向振动的激振力有:柴油机的气体力和往复惯性力在曲柄上产生的径向简谐力,螺旋桨在不均匀伴流场中产生的轴向激振力。

由第一节可知,作用在曲柄销处的气体力和往复惯性力的合力在曲柄销处分解为切向力 T 和径向力 N,切向力 T 驱动曲轴转动并激起曲轴的强制扭转振动,而径向力 N 则会使曲柄产生拉压和弯曲变形并激起曲轴的纵向振动。

螺旋桨运转时受到流体的轴向推力将直接激起轴系的纵向振动。螺旋桨转速的波动、周围流场的不稳定以及各点流体密度的变化,都会导致螺旋桨推力简谐力的产生,成为柴油机动力装置轴系纵向振动的激励源。螺旋桨的激振力(静态分量除外)的变化角频率均为叶频或倍叶频。

2. 推进轴系纵向振动固有频率和振型

图 11-23 所示的纵振系统与前述的扭振系统类似,也是一个多质量振动系统,也有其固有频率和振型。纵振的固有频率不仅与轴系的运动件有关,而且还与推力环、推力轴承以及相关的船体构件有关。曲轴的纵向刚度除了与其结构尺寸有关外,还与曲柄的布置有关。轴系的纵向振动一般是零节或单节。

3. 扭转-纵向耦合振动

过去在研究、计算轴系的扭振和纵振时,为了使复杂的振动问题简单化,往往把它们分为两个相互独立的分离系统。实际上扭转和纵向变形不是独立的,而是相互影响的,柴油机轴系的扭转振动会引起曲轴的纵向变形,这种现象被称为扭转纵向振动。根据其影响程度的不同,存在三种振动情况:第一种是影响很小,不会产生伴随变形现象因而不会产生扭转纵向振动;第二种是扭振应力比较大(特别是一节振动主简谐)而产生轴系的扭转纵向振动;第三种是扭振和纵振的共振转速相近或相同,而且激励力均比较大,这时扭振和纵振产生的纵向位移都是很重要的,将产生强烈的扭转-纵向耦合振动现象。

一般来说,纵振零节频率高于扭振一节频率。气缸数相同的情况下,轴系越长,纵振零节和扭振一节频率下降越大,但纵振零节下降幅度稍小一些。纵振零节频率一般低于扭振二节频率。但对长轴系,两者的频率可能接近或相等,从而可能产生扭转-纵向耦合振动现象。短轴系的纵振一节频率可能高于扭振二节频率,长轴系反而可能低于扭振二节频率,若两者频率相等或相近,也可能产生扭转-纵向耦合振动现象。

七、推进轴系纵向振动的衡量标准及消减和回避

1. 推进轴系纵向振动的衡量标准

严重的轴系纵向振动不仅可能引起推进轴系本身产生机械故障,而且还会产生严重的船舶振动现象。因此,应当对轴系纵振振幅的允许值提出要求。根据中国船级社《钢质海船入级规范》的要求,在柴油机的运转范围内,轴系纵振产生的持续运转的纵振振幅 $[Aa_1]$ 应不超过按下式所计算的值:

$$[Aa_1] = \frac{R(\Delta a_0)}{2(\Delta a_K)\max\left(R + \dfrac{d_j}{2}\right)} \quad \text{mm} \tag{11-35}$$

式中:$[Aa_1]$ ——曲轴自由端持续运转许用纵振振幅,单位 mm;

(Δa_0)——允许的曲轴臂距差的最大值;

$(\Delta a_K)\max$ ——曲轴各曲柄两端的相对振幅差的最大值,由自由振动振型确定;

R——曲柄半径;

d_j——主轴颈直径。

对于瞬时通过的允许纵振振幅值,一般不超过式(11-35)计算值的 1.5 倍。如果超过持续运转的许用值,则应设转速禁区。一般在 $r=0.85$ 时,由共振或上坡波产生的纵振振幅应不超过持续运转许用值,在 $r=1.0$ 时,由共振或下坡波产生的纵振振幅也应不超过持续运转许用值。

2. 纵向振动的消减和回避

如果主柴油机在常用转速范围内或特殊使用转速范围内轴系纵振振幅超过允许值,为了避免轴系纵振产生的轴系故障以及船舶尾部和上层建筑的振动,则应进行消减和回避。一般来说,可以从调频、减少输入系统的振动能量、避免扭转-纵向耦合振动、配置减振器几方面进行。

(1)调频

调整系统纵振固有频率的基本方法是改变轴段的纵向刚度、集中质量及分布。改变轴系的长度或直径,可以提高或降低轴系的纵振固有频率,从而把有害纵振共振移

开;在轴系纵振相对振幅较大处安装附加质量,或调整主柴油机飞轮质量,不仅可以降低轴系纵振固有频率,而且可以改变振型,从而可以避开有害纵振共振转速或减小振幅。

(2)减小输入系统的振动能量

副简谐引起的有害纵振和柴油机的发火顺序有关。改变发火顺序,可以减小输入系统的振动能量。但这一方法对主简谐引起的纵振无效。船尾不均匀伴流场是诱导螺旋桨激振力的直接原因,改善伴流并提高螺旋桨的设计水平和加工精度,对改善轴系的振动有着积极作用。此外,调整螺旋桨和柴油机曲轴间的夹角,也可以使柴油机和螺旋桨激振力产生的纵振响应相互抵消一些。

(3)避免扭转-纵向耦合振动

轴系的纵向振动也可能由轴系强烈的扭转振动耦合激发产生,特别是在两者临界转速相同或相近时更易产生。这时,所有减小扭振的措施对降低纵振耦合响应都是有效的。而纵振的消减与回避措施中,除调频外的其他方法都不会有太大的效果。改变纵振固有频率,拉开扭振与纵振临界转速的距离,能有效地降低扭振-纵振耦合响应。

(4)配置减振器

安装纵向振动减振器是降低纵向振动响应的最有效方法。纵向振动减振器安装在柴油机曲轴自由端上,其结构如图 11-24 所示。减振器活塞与曲轴自由端直接连接,液压缸体固定在柴油机机架上,缸体内活塞的左右端充满压力滑油,活塞可以在压力油缸

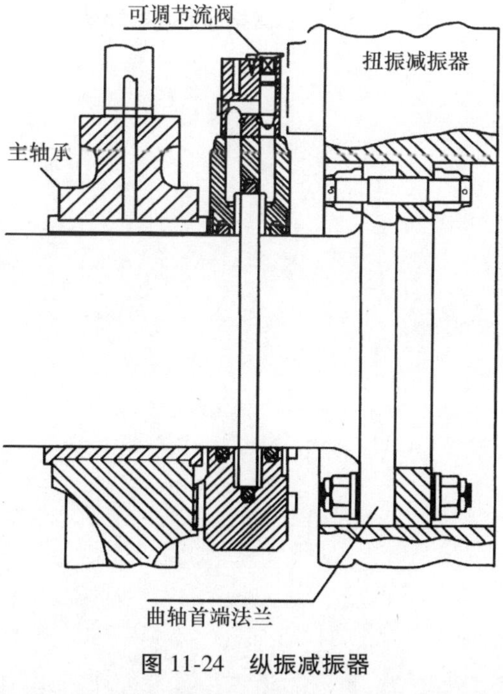

图 11-24 纵振减振器

内旋转和纵向振动。当曲轴振动时,滑油通过节流阀从活塞一侧泵向另一侧,间隙的大小根据所需阻尼力通过计算和试验确定。其液压缸体固定在柴油机机架上,使曲轴自由端受到一定的纵向约束作用,从而提高了轴系的纵振固有频率。同时,液压油的阻尼

作用使纵振振幅减小,达到减振的目的。11-25 所示为某货船主柴油机曲轴自由端安装纵振减振器的减振效果。

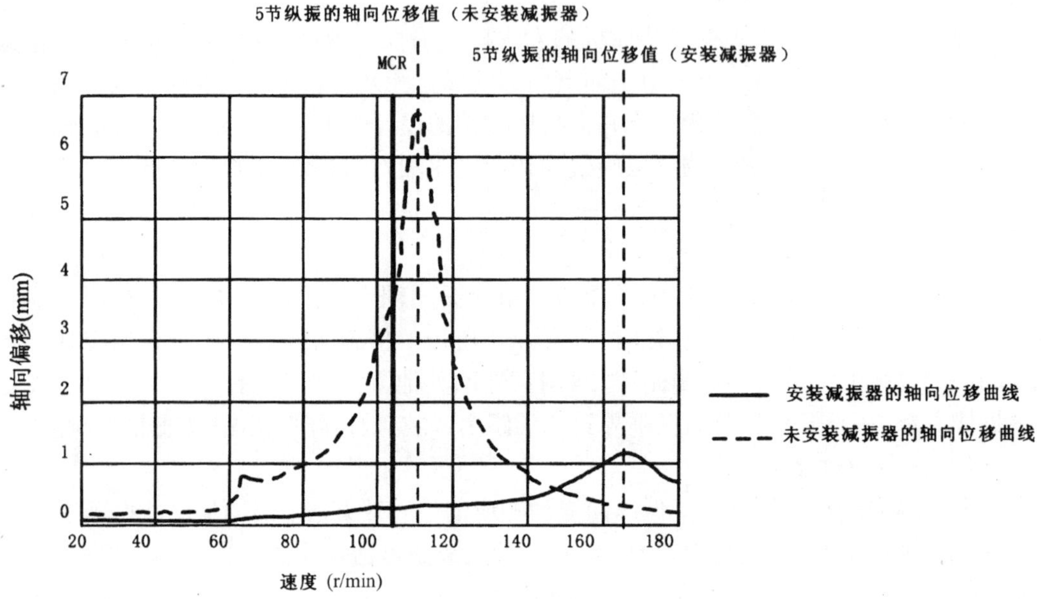

图 11-25　纵振减振器的减振效果

第十二章

柴油机特性和推进装置工况配合特性

知识目标

1. 掌握船舶柴油机的三种运转工况的特征;掌握船舶柴油机各种运转特性的概念;了解船舶柴油机在各种运转特性下的各参数变化规律。

2. 了解船舶柴油机和螺旋桨的选配;了解船舶柴油机功率和转速的使用范围;了解船舶柴油机和螺旋桨配合的影响因素。

3. 了解船、机、桨的特性和相互作用。

4. 了解在各种航行条件下推进装置工况配合特性。

能力目标

1. 能够将柴油机运转中测得的主要性能指标和工作参数与特性曲线给出的相应工况下的数值进行比较,分析判断柴油机的工作质量和技术状态。

2. 根据异常情况,能够制定正确的柴油机调整和检修方案。

素质目标

1. 自觉践行社会主义核心价值观,具有深厚的爱国情感和中华民族自豪感。

2. 遵纪守法、诚实守信、敬畏生命、热爱劳动,具有社会责任感和社会参与意识。

3. 具有质量意识、环保意识、安全意识、集体意识和团队合作精神。

4. 具有健康的体魄、心理和健全的人格,养成良好的健身与卫生习惯和良好的行为习惯。

第一节　柴油机特性

一、学习目标

1. 掌握船舶柴油机的三种运转工况的特征。
2. 掌握船舶柴油机各种运转特性的概念。
3. 了解船舶柴油机在各种运转特性下的各参数变化规律。

二、学习任务

1. 船舶柴油机的三种运转工况的特征。
2. 船舶柴油机各种运转特性的概念。
3. 船舶柴油机在各种运转特性下的各参数变化规律。

三、环境设备

1. 可以正常运转的船舶柴油机。
2. 柴油机各运转参数的监测、分析系统。
3. 水力测功器。

四、背景知识

柴油机的特性是指柴油机的性能指标和工作参数随着工作条件的不同所表现出来的规律性,它反映出柴油机的动力性、经济性和使用性能。柴油机的应用场合和工作条件不同,其性能指标和工作参数有很大的差异。

柴油机在船上主要用作发电机原动力和螺旋桨的原动力。当柴油机作为发电机的原动力时,需要保持转速不变,当外界用电量变化时,柴油机所配备的调速器会自动改变油门大小来保证柴油机的功率、扭矩与发电机的功率、扭矩一致。因为柴油机喷油量的改变,气缸内燃油燃烧做功的效率也会发生相应的变化。在哪个范围内使用柴油机可以实现燃油的经济性,配备哪一种型号的柴油机更加有利,这是我们在选择柴油机、管理柴油机时关心的问题,而这些均与柴油机的特性密切相关。当柴油机作为螺旋桨的原动力直接与螺旋桨相连时,柴油机的功率和扭矩与推进船舶前进所受的外界阻力密切相关。船舶航行中的阻力时刻变化,柴油机处于一种变工况、变扭矩的条件下工作。同样的道理,根据船舶的要求、螺旋桨的要求选择何种柴油机与之匹配,选择多大的油门、保证船舶多大的航速可以使船舶航行实现最大的经济性。研究柴油机特性可以为轮机管理提供重要的理论依据。

五、船舶柴油机的运转工况

船舶柴油机由于用途和使用条件不同，它在实际运转中的工作状况可分为以下三类：

(1)发电机工况(带动发电机的柴油机)

其工作特点是要求转速恒定，以保持供电电压和频率稳定。在这个恒定的转速下，功率可在零至最大值之间变化，其大小取决于用电情况，如图 12-1 中曲线 2 所示。

(2)螺旋桨工况(带动螺旋桨的柴油机稳定运转)

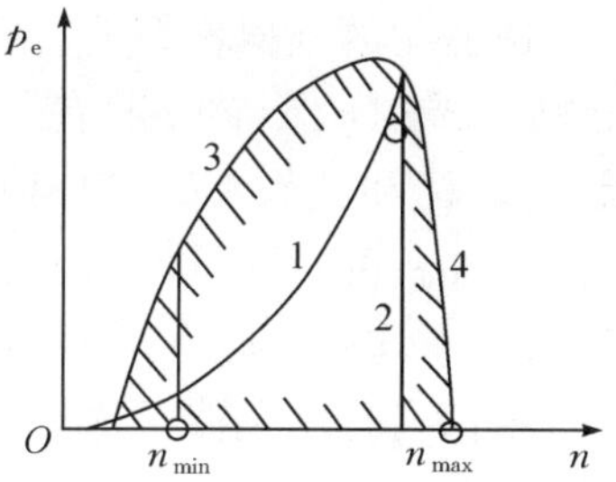

图 12-1　船用柴油机的工况

柴油机转速与螺旋桨转速一致(或是倍乘关系)，稳定运转时，柴油机发出功率与螺旋桨吸收功率相等。因此柴油机的工况变化规律取决于螺旋桨特性，如图 12-1 中曲线 1 所示。

(3)面工况(其他柴油机)

柴油机的转速和扭矩之间没有一定的关系，此类工况下的功率和转速都独立地在很大范围内变化。柴油机在这类工况下运行时，它的功率与转速之间没有一定的关系。对于船舶主机，当航行条件和运行状态发生变化时，如海面情况、气象情况、航区、装载、船舶污底以及船舶转向等，即船舶阻力发生变化时，通过螺旋桨影响主机的功率和转速，使发动机在一定负荷和一定转速范围内的任何工况下工作，即在同一转速下可有不同的输出功率，在同一功率下可有不同转速，运转范围较广。因此，柴油机可能的工况可用图 12-1 中曲线 3(柴油机可能发出的最大功率)和曲线 4 (调速特性线)下面的区域来表示。驱动应急消防泵和应急空压机的柴油机也采用该工况。

六、柴油机特性、分类及研究目的

1. 柴油机特性

柴油机特性是指柴油机在不同工况下工作时，其各项性能指标和工作参数随转速或者负荷呈现的规律。表征柴油机性能的指标主要有平均有效压力 p_e、有效功率 P_e、

有效扭矩 M_e、有效热效率 η_e 和有效油耗率 b_e 等。柴油机工作参数主要有转速 n、增压压力 p_k、最高燃烧压力 p_z、排气温度 t_r、增压器转速 n_k 和废气涡轮增压器涡轮端出口温度 t_T 等。对于运行中的柴油机,这些性能指标和工作参数随着柴油机的应用场合和使用条件的不同而变化,这种变化规律以曲线的形式表现,这种曲线称为柴油机的特性曲线。

2. 柴油机特性分类

柴油机的功率公式:$P_e = Cp_e ni$。其中,气缸常数 $C = V_s m/60\,000$,与柴油机的大小、形式相关,i 为气缸数目,两者属于结构参数。对一台既定的柴油机而言,C 和 i 是固定不变的,可以认为是常数。因此,决定柴油机有效功率 P_e 的运转参数是 p_e 和 n。根据这两个参数的变化情况可以把船用柴油机特性分为三类:

(1) 速度特性:假定平均有效压力 p_e 不变,有效功率 P_e 与转速 n 成正比。此时,柴油机的性能指标和工作参数随转速变化的规律称为某一负荷下的速度特性。

(2) 负荷特性:当柴油机运转的转速 n 保持不变,有效功率 P_e 与平均有效压力 p_e 成正比例变化。此时,柴油机的性能指标和工作参数随负荷变化的规律称为某一转速下的负荷特性。一般以标定转速下柴油机的负荷特性作为评定柴油机性能好坏的依据。

(3) 推进特性:当柴油机运行中平均有效压力 p_e 和转速 n 同时发生变化,柴油机的性能指标和工作参数随转速或者负荷变化的规律。这类特性中的典型特性是柴油机按照螺旋桨工况工作时的特征,称为柴油机推进特性。

3. 研究柴油机特性的目的

柴油机出厂时测定的各种特性从不同的侧面反映出柴油机的性能。根据柴油机的各种运转特性可以鉴定柴油机的性能,分析和解决柴油机使用与调节中的一些关键问题。研究柴油机特性的目的有:

(1)评价柴油机性能。从出厂时的特性曲线中可以对新出厂或大修后的柴油机的动力性、经济性、可靠性和使用可靠性等做出鉴定。对使用者而言,柴油机特性是选型配套和提出产品改进意见的重要依据。

(2)确定柴油机工况。根据特性可决定柴油机在船舶使用条件下的极限允许使用范围,选择最佳工作点和合理地调整柴油机,使它在常用工况下具有较好的经济性能。

(3)分析影响特性的因素,以便寻找改善发动机特性的途径,使发动机的性能得到进一步改善。

(4)检测柴油机的状态。将柴油机运转中测得的主要性能指标和工作参数与特性曲线给出的相应工况下的数值比较,借以确认柴油机在运转中的工作质量和技术状态,以便发现问题,及时调整和检修。

七、速度特性的概念

根据柴油机速度特性的定义,测定速度特性时要求保持柴油机平均有效压力不变,正常情况下,这是难以做到的。一般用单位循环喷油量来近似代替,这样需要在柴油机试验台上进行测定。先将喷油泵油量调节机构固定在某一位置上，然后改变柴油机的外负荷，使柴油机转速变化，在这种条件下测量柴油机主要性能指标和工作参数随转速变化的规律，称为柴油机速度特性。

根据喷油泵油量调节机构固定的位置不同，即每循环供油量不同，柴油机速度特性可分为全负荷速度特性、超负荷速度特性和部分负荷速度特性。

1. 全负荷速度特性

将柴油机喷油泵油量调节机构固定在相当于标定转速下发出标定功率的供油量位置，然后调节试验负荷，使柴油机的转速发生变化。在各个稳定转速下，测量对应的 p_e、M_e、P_e、b_e、t_r、p_k、n_T 等参数值，并制作图表进行分析，由此得到的性能指标及工作参数随转速变化的规律即为全负荷速度特性，亦称外特性。

测量全负荷速度特性时应遵循国家确定的统一试验标准，包括标准试验环境状况和标定功率。

我国国家标准规定的标准环境为：大气压力 $p_0=100$ kPa（或 750 mmHg），相对湿度 $\varphi_0=30\%$，环境温度 $T_0=298$ K 或 25 ℃，中冷器进口冷却介质温度 $T_{c0}=298$ K 或 25 ℃。

对于无限航区的船用内燃机，其标准环境应遵循国际船级社协会（IACS）规定的环境：大气压力 $p_0=100$ kPa，相对湿度 $\varphi_0=60\%$，环境温度 $T_0=318$ K 或 45 ℃，中冷器冷却介质进口温度 $T_{c0}=305$ K 或 32 ℃。

标定功率是指在标准环境状况下，柴油机制造厂根据柴油机的用途和特点规定的标定转速下的有效功率（kW）。标定功率按不同用途可分为 15 min 功率、1 h 功率、12 h 功率、持续功率等。

我国《钢质海船入级规范》规定：将持续功率作为船用柴油机的标定功率。国外称之为最大持续运转功率（Maximum Continuous Rating，MCR）。

在进行速度特性试验之前，要对柴油机进行磨合、调整，使柴油机具有良好的技术状态，各缸功率平衡。测定时，柴油机先空载运行，转速为标定转速 n_b。通过水力测功器逐步增加外负荷至标定负荷，依靠调速器作用增加循环供油量，使得柴油机保持标定转速 n_b，测量并记录相应的各参数值。然后脱开调速器与油门杆连接，固定油量调节机构在标定油门位置。改变柴油机的外负荷，使柴油机转速发生变化，测取并记录对应各稳定转速下的各个参数。最后对各性能参数对照转速变化作图分析，绘出全负荷速度特性曲线，如图 12-2 中曲线 3 所示。

全负荷速度特性表示柴油机在标定供油量情况下，各转速下所能发出的最大功率。船舶推进柴油机（主柴油机）在实际使用时考虑航行条件和船舶污底情况，长期运转选用的最大功率要低于标定功率。

2. 超负荷速度特性

根据我国船用柴油机标准规定，船用柴油机的超负荷功率为 110%标定功率（对应转速为 103%标定转速），并且在 12 h 运转期内允许超负荷运转 1 h。

测定超负荷速度特性的方法与全负荷速度特性相同，即将油门固定在 103%标定转速下发出 110%标定功率所对应的供油量位置上，测得超负荷速度特性线，如图 12-2 中曲线 2 所示。

3. 部分负荷速度特性

如果将喷油泵油量调节机构固定在比标定功率油量小的各个位置上,可以测得柴油机的部分负荷速度特性,如图 12-2 中曲线 4、5、6 所示。

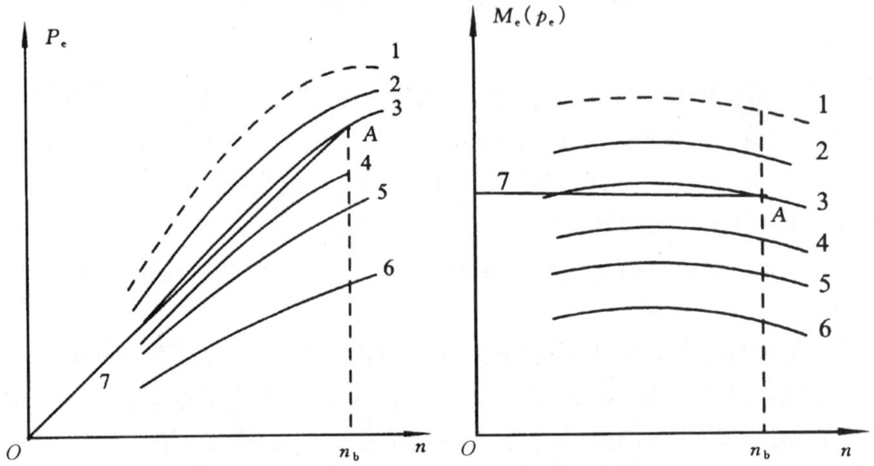

图 12-2　柴油机速度特性 P_e-n 和 M_e-n 关系曲线

八、负荷特性

柴油机负荷特性是指在转速保持不变的情况下,柴油机的各项主要性能指标和工作参数随负荷变化的规律。负荷特性可以在试验台上进行,也可以在实船条件下测取。试验时,通常将柴油机调定在标定转速下稳定运转,逐渐增大柴油机负荷,并保持柴油机转速不变,测取柴油机的主要性能指标和工作参数并绘制负荷特性曲线。

负荷特性一般是在标定转速下测取的。负荷特性是标志柴油机动力性与经济性的基本特性。为了更全面地了解柴油机特性,可在不同转速下测取负荷特性。柴油机按负荷特性工作时转速不变,当外界负荷变化时,柴油机改变循环供油量使输出功率相应变化。发电柴油机就是按负荷特性工作的。图 12-3 示出了 MAN B&W L23/30H 型柴油机的负荷特性曲线。

九、推进特性

对于柴油机直接驱动螺旋桨的船舶,不计传动损失,柴油机发出的功率和扭矩等于螺旋桨吸收的功率和转矩。根据螺旋桨理论,桨的推力 F_p 和扭矩 M_p,符合下列公式:

$$F_p = K_F \rho {n_p}^2 D^4$$

$$M_p = K_m \rho {n_p}^2 D^5$$

式中:ρ——水的密度,kg/m^3;

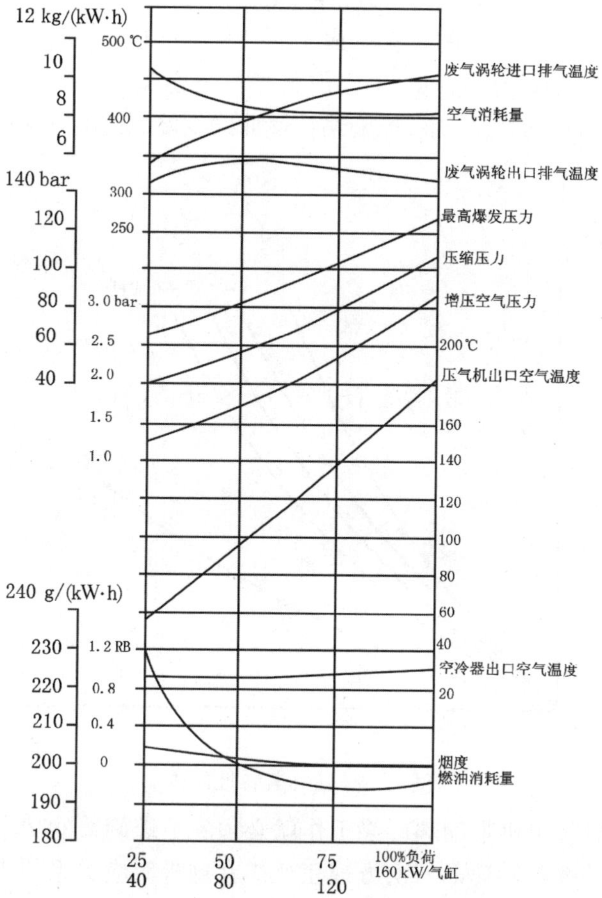

图 12-3 MAN B&W L23/30H 型柴油机的负荷特性曲线

D——螺旋桨直径,m;

n_p——螺旋桨转速,r/min;

K_F——推力系数;

K_m——扭矩系数。

K_F、K_m 均为螺旋桨进程比 λ_p 的函数。进程比 λ_p 是指螺旋桨每转一转实际产生的位移与螺旋桨直径 D 之比。λ_p 是螺旋桨水动力性能的一个重要参数。对一定的螺旋桨,λ_p 取决于船舶的航行状态,即取决于船舶的航行工况。当船舶阻力增加时,λ_p 减小,对应的 K_F 和 K_m 增大,可视为 F_p、M_p 都增加,即船舶所需推力和扭矩增加。当船舶阻力减小时,λ_p 增大,K_F 和 K_m 减小,F_p、M_p 随之减小。

假定船舶污底状况不变,外界水流、风力状况保持恒定,则推力和扭矩公式可写成:

$$F_p = C_1 n_p^2$$

$$M_p = C_2 n_p^2$$

可见,螺旋桨的推力和扭矩与其转速的平方成正比。

由功率与扭矩的关系式 $P=M \cdot n/9\ 550$,可得出螺旋桨功率与转速的关系式:

$$P_p = Cn_p^{\ 3}$$

可见，桨的吸收功率 P_p 与转速的三次方成正比。M_p-n_p 和 P_p-n_p 的关系曲线称为螺旋桨特性曲线。由于船舶阻力的变化，不同航行条件下螺旋桨功率与转速有不同的变化关系。当航行阻力增加时 λ_p 减小，螺旋桨特性曲线变陡，如图 12-4 所示。

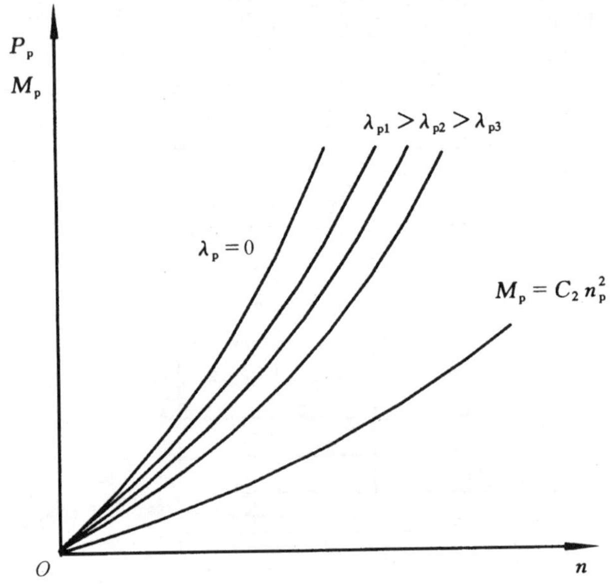

图 12-4　螺旋桨特性曲线

根据前面的论述，主机带动螺旋桨工作就必须满足螺旋桨的功率要求，即主机功率 $P_e = Cn_p^{\ 3}$，即主机功率与转速的三次方成正比。在这种对应关系前提下，测定柴油机各性能指标和工作参数随转速（或负荷）变化的规律，得到柴油机的推进特性。柴油机推进特性需在试验台上进行测定：测定推进特性时，预先计算相应转速下的功率值，然后调整柴油机的外负荷和油门大小，使其在相应的转速和功率点下稳定运行，测量柴油机的性能指标和工作参数，然后绘制推进特性曲线。图 12-5 所示为 MAN B&W 6S60ME-C 柴油机推进特性曲线图。

十、限制特性

在柴油机运转中，过热、过载都会导致设备损坏，因此，柴油机工作时，对其机械负荷和热负荷都应进行适当限制，防止出现过大的扭矩、惯性力矩、热应力等。柴油机的限制特性就是限制柴油机在各种转速下的最大有效功率，使柴油机的机械负荷和热负荷不超出规定的允许范围。可以认为限制特性是速度特性的一种。限制柴油机的最大有效功率时，可通过限制最大机械应力（最高燃烧压力 p_z、平均有效压力 p_e、曲轴扭矩 M_e）和最大热应力（过量空气系数 α、排气温度 t_r 以及涡轮增压器转速 n_T 等）两方面来实现，其中较为常用的是限制最大的 M_e 和 t_r。

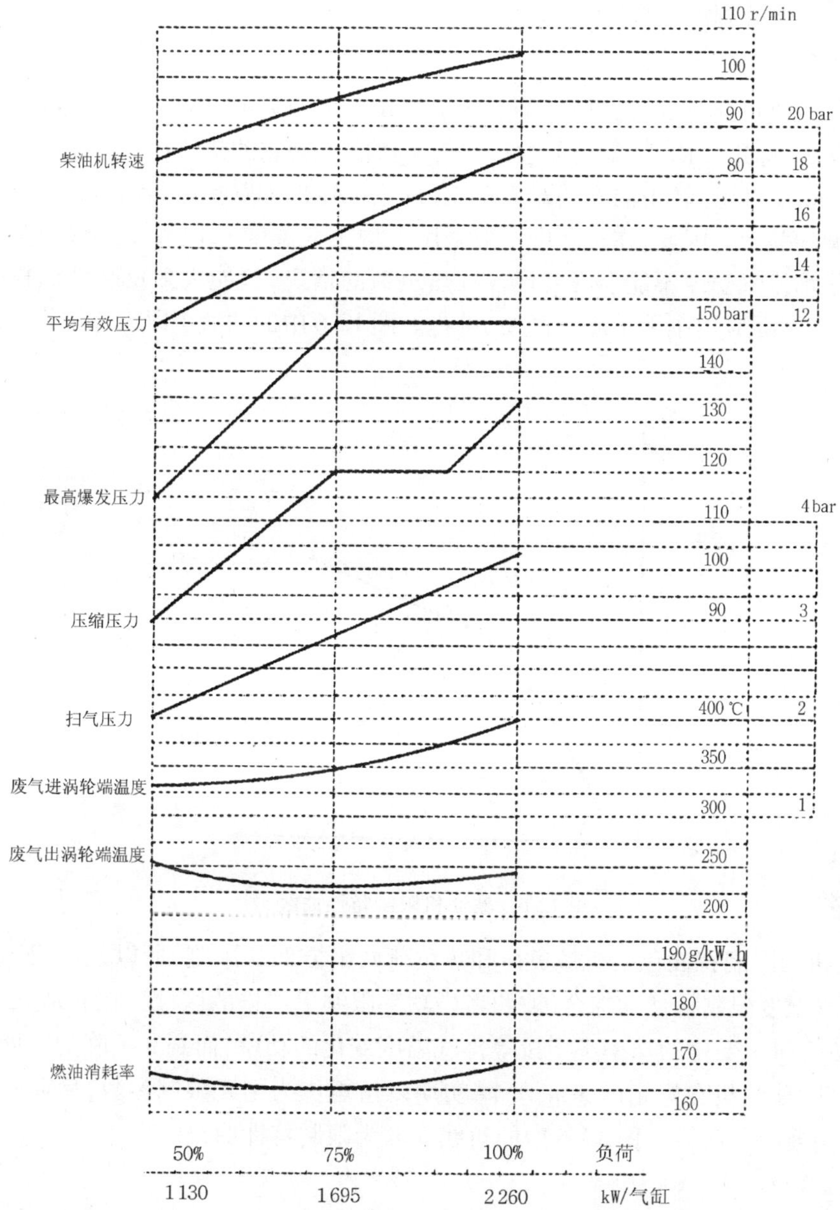

图 12-5　MAN B&W 6S60ME-C 柴油机推进特性曲线

1. 等扭矩限制特性

船用主推进柴油机常通过扭矩限制柴油机的最大输出功率，要求柴油机在各转速下运行时 $M_e \leqslant M_b$（标定转速、标定功率下的扭矩），以免柴油机曲轴因机械负荷过大而损坏。假定柴油机各种转速下找到 $M_e = M_b$，则可以得到各转速下最大的输出功率：

$$P_e = P_b / n_b \cdot n = cn$$

可见，等扭矩限制特性线是一条通过坐标原点、斜率 $c = P_b / n_b$ 的直线。图 12-6 所示的直线 2 即为等扭矩限制特性曲线。主机在等扭矩限制特性曲线以下区域工作，可以保证曲轴机械负荷不超过允许值。

2. 等排气温度限制特性

柴油机的热负荷与气缸内的过量空气系数 α 有直接关系。如果柴油机在各种转速下保持 $\alpha \geqslant \alpha_b$(标定转速、标定负荷过量空气系数值),则它的热负荷不会超出规定值。然而,柴油机在实际运转中的 α 值难以测定,理论推导也难以找出柴油机功率与过量空气系数之间的关系。因此,在实际中一般采用平均排气温度 t_r 代替 α 来限制柴油机的热负荷。平均排气温度不能准确表现各缸热负荷的情况,只能大致反映柴油机热负荷的大小,但在实际应用中测量起来简便、可行。图 12-6 中的曲线 1 即为等排气温度限制特性曲线。

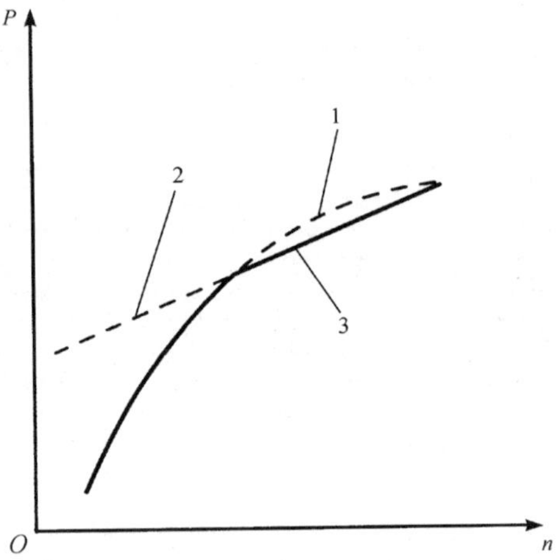

图 12-6　柴油机限制特性曲线

柴油机的限制特性包括机械负荷和热负荷两个方面的限制,所以是等扭矩限制特性与等排气温度限制特性的综合,取两者中功率限制更严格的区域。在 n 从 n_b 开始下降初期,按等扭矩变化的功率小于按等排气温度变化的功率,而到 n 下降的后期则恰好相反。因此,柴油机在标定转速 n_b 下降初期以扭矩作为主要限制参数,后期则以排气温度作为主要限制参数。图 12-6 中的折线 3 即为限制特性曲线。

十一、调速特性

柴油机的调速特性是调速器转速设定机构固定在某位置时,在外负荷从零到最大值或相反过程的全部变化范围内,柴油机的功率、扭矩或平均有效压力与转速之间的变化规律。调速特性与柴油机其他特性不同,它并不涉及柴油机内部的工作过程,而与调速器的工作性能直接相关。

柴油机的调速特性是通过试验得到的。按照我国的试验规范,测定调速特性应在标定转速 n_b 和标定负荷 P_b 下满足标准试验条件稳定运转时,卸去全部负荷使其转速达到最高空载转速,然后逐步增加负荷直到标定负荷,记录各测量点的柴油机转速、扭矩和油耗等参数,并绘成曲线,即表明该柴油机的调速特性。对装有全制调速器的柴油机,应增做部分调速特性试验,即将柴油机调定在要求转速的全负荷工况,再按上述步骤与方法进行试验,可得到由若干曲线组成的曲线族。诸曲线在相同的曲率上并无平行关系,并且愈在低转速下曲线愈陡。图 12-7 所示为装有全制式调速器的柴油机调速特性。

柴油机调速特性主要取决于调速器的性能。弹性反馈机构的液压调速器能实现无差(恒速)调节,因此调速特性线是垂直线,如图 12-7 中虚线所示。

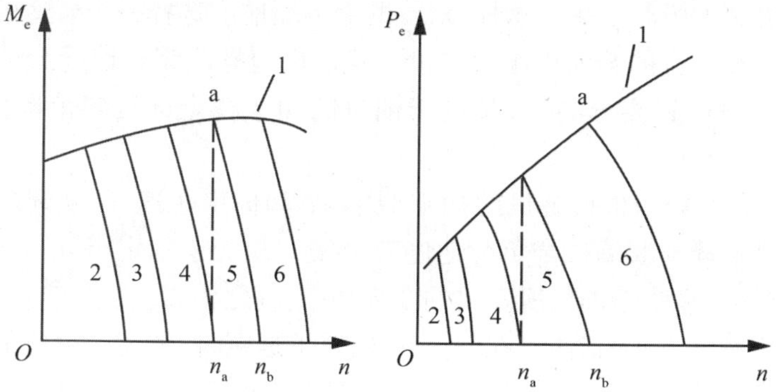

图 12-7　装有全制式调速器的柴油机调速特性

第二节　柴油机和螺旋桨的配合

一、学习目标

1. 了解船舶柴油机和螺旋桨的选配。
2. 了解船舶柴油机功率和转速的使用范围。
3. 了解船舶柴油机和螺旋桨配合的因素和影响。

二、学习任务

1. 船舶柴油机和螺旋桨的选配。
2. 船舶柴油机和螺旋桨配合的因素和影响。
3. 船舶柴油机功率和转速的使用范围。

三、环境设备

1. 能运转的船舶主柴油机。

2. 螺旋桨。

3. 主机操作模拟器。

四、柴油机和螺旋桨的选配

1. 柴油机和螺旋桨选配的原则

作为船用主机的柴油机是与螺旋桨配合工作的。不考虑传动损失，柴油机发出的功率就等于螺旋桨的吸收功率。这样，对一既定的船舶应选择一个合适的螺旋桨，同时要考虑有一与之相适应的柴油机作为主机。柴油机与螺旋桨正确配合的一般原则是：既使柴油机的功率得到充分利用，又使柴油机的功率在全部运转范围内不会超出允许值。

如图 12-8 所示，如果根据主机的标定功率 P_b 和标定转速 n_b 来选配螺旋桨，使所选的螺旋桨特性曲线与柴油机全负荷速度特性线 2 相交于标定点 a，柴油机在 a 点平稳运转，螺旋桨完全吸收柴油机所发出的全部功率，称之为以主机标定工况配桨。在主机标定工况配桨情况下，当柴油机在低于 n_b 转速下运转时，需要减少每循环供油量，柴油机在部分速度特性线 1 上工作，机桨配合工况点为 b 点。当柴油机直接带螺旋桨低速运转时，柴油机的做功能力没有充分发挥，其热效率也较低。如果柴油机在高于 n_b 的转速下工作，需要增加循环供油量，图中超负荷速度特性线 3 与螺旋桨特性曲线相交于 c 点，此时柴油机处于超负荷状态，因此只允许柴油机短时间在该转速下工作。因此，以主机标定工况配桨不符合柴油机与螺旋桨正确配合的原则。

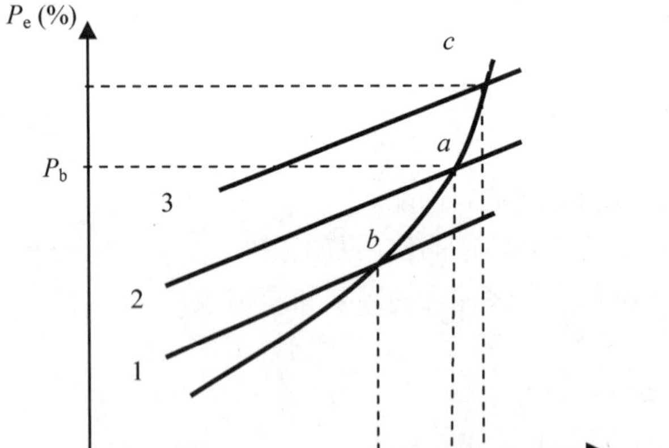

图 12-8 柴油机和螺旋桨的配合工作

2. 机、桨配合的影响因素

(1) 螺旋桨结构参数对机、桨配合的影响

螺旋桨的主要结构参数——直径 D 或螺距比 H/D 不同，螺旋桨特性也不同。图 12-9 给出了三个不同螺距比的螺旋桨特性曲线。曲线 Ⅰ 为 $(H/D)_1$ 的桨特性曲线，它

与全负荷速度特性曲线 1 交于 a 点，刚好落在柴油机标定功率 P_b 及标定转速 n_b 处。此时柴油机在标定转速下运转，其功率完全被螺旋桨吸收；如果 H/D 较大，其特性曲线 Ⅱ$(H/D)_2$ 与全负荷速度特性曲线 1 相交于 b 点。此时柴油机喷油泵油量调节机构在标定供油量位置，但功率和转速都没有达到标定值，柴油机的做功能力未充分发挥。若要柴油机达到标定转速，则需要进一步增大循环供油量。从图中可见，若柴油机达到标定转速 n_b，速度特性 3 与螺旋桨特性 Ⅱ 相交于 e 点，此时柴油机的功率已超过 P_b，柴油机处于超负荷状态。这种情况称为螺旋桨配得“过重”。如果螺旋桨螺距比 H/D 较小，其特性曲线 Ⅲ$(H/D)_3$ 与全负荷速度特性曲线 1 相交于 d 点，在此工作点上柴油机的转速和功率都超过标定值。要使柴油机的转速降至标定值，则必须减少循环供油量，使柴油机在部分负荷速度特性曲线 2 上工作，对应工作点为 c。此时柴油机虽然在标定转速 n_b 下运转，但所发出的功率远远小于标定功率 P_b，即所谓螺旋桨配得“过轻”。同样，柴油机的做功能力仍未得以充分发挥。因此，螺旋桨配得“过重”或“过轻”都是不正确的。对于螺旋桨另一个结构参数——直径 D，当螺距一定时，选择 D 过大或过小同样会出现机桨配合中的“过重”或“过轻”现象。

（2）船舶阻力对机桨配合点的影响

船舶阻力变化引起螺旋桨的工作状况变化以螺旋桨的进程比 λ_p 来表示。在船舶航行时，船舶阻力增大（如重载、污底、逆风、顶流、浅水窄航道航行等）或运动状态改变（如系泊、起航、转弯、倒航等），会使 λ_p 减小，螺旋桨的特性线变陡，如图 12-10 所示，图中 $\lambda_{p\text{I}}<\lambda_{p\text{II}}<\lambda_{p\text{III}}$。当机桨配合时，桨特性线 Ⅱ 与柴油机速度特性线 1 相交于 a 点。当阻力增大时 λ_p 减小，桨特性线由 Ⅱ 变为 Ⅰ，与速度特性线交于 b 点，柴油机转速、功率下降。当船舶阻力减小时 λ_p 变大，螺旋桨特性线变得平坦（曲线 Ⅲ）。此时如果柴油机仍按原速度特性工作，则工作点变到 d 点，柴油机的功率、转速均大于原功率和转速。如果 a 点是正确的机桨配合工作点，则在 b 点时柴油机的功率未得到充分发挥。假如 Ⅰ 线太陡（外界阻力太大），还会使柴油机工作在大转矩、低转速工况下，其热负荷较高，对柴油机的可靠性影响很大；d 点时柴油机的转速太高，会使得柴油机的机械效率下降和机械负荷过大（由运动部件惯性力增加引起）。为了使柴油机转速不致太高，则要减少循环供油量，使其工作在 c 点。此时柴油机工作在部分负荷速度特性下，柴油机不能发出其全部功率。

五、柴油主机的选型区域

对于大多数商船来说，船舶推进方式以大型低速二冲程柴油机通过传动轴系直接驱动螺旋桨为主。如何根据螺旋桨特征和船舶营运要求合理选择推进主机，在船舶设计、建造和管理中起到至关重要的作用，从航运的要求出发，既要保证船舶动力的安全，又要使船舶营运取得最大的经济性。主机工作的好坏不仅取决于主机本身的性能，而且也与船舶设计部门及船舶所有人如何选择和使用有密切关系。如果选择和使用不当，即使是一台性能良好的主机，也会出现寿命缩短、事故频繁、经常停航修理等一系列

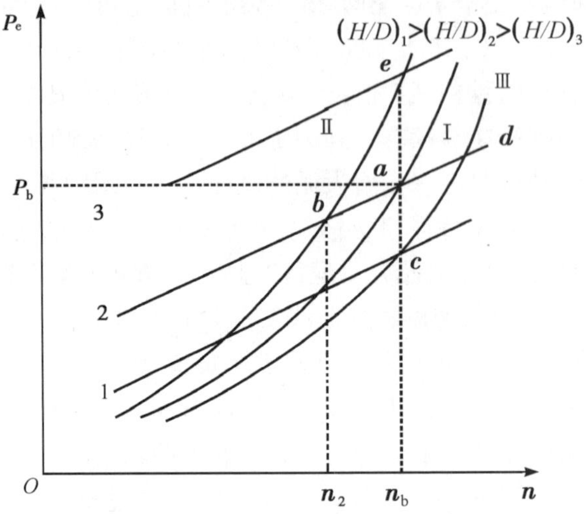

图 12-9　不同螺距比的螺旋桨与柴油机配合

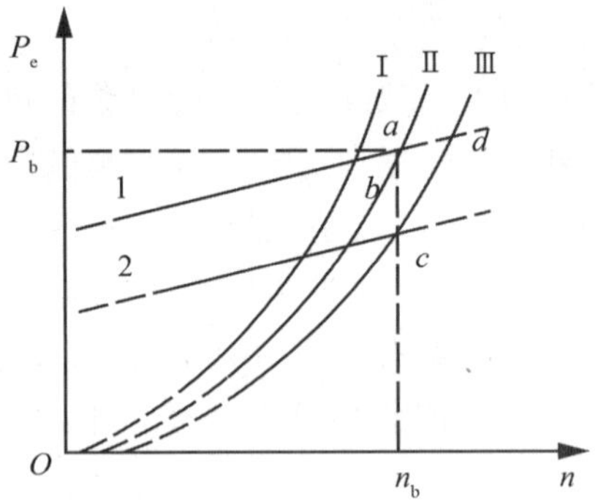

图 12-10　船舶阻力对机桨配合点的影响

问题。在主机选型时,既要综合考虑各个方面的影响因素,使主机在船舶试航时满足设计要求的各项指标,又要考虑一定时间后机器性能下降、船体附着海生物的情况下主机和螺旋桨的配合情况,同时还要考虑船舶在复杂海况及不同水域时的适应特性。

船舶柴油机设计和生产厂家会根据每种型号的船用柴油主机特性给出其选型区域(Lay-out Diagram),通常在此区域内选取合适的工况点作为约定最大持续功率(Contact Maximum Continuous Rating 或 Specified Maximum Continuous Rating,CMCR 或 SMCR)。约定最大持续功率,是指由船东和厂方商定的在船上实际使用的最大功率。约定最大持续功率的确定需要考虑各种因素,如推进功率、螺旋桨效率、航行的机动性、功率和转速储备、是否有轴带发电机以及船舶的营运方式等。约定最大持续功率确定后,便可确定柴油机的允许运行范围。

Sulzer RT-flex 系列柴油机的选型区域是由 R_1、R_2、R_3、R_4 四个点的连线所围成的,如图 12-11 所示,在选型区内 p_z 不变。其中 R_1 为柴油机的名义最大持续功率(Nominal Maximum Continuous Rating,MCR)点,它表示某台既定柴油机能够发出的最大功率;R_2

为 100%转速与 70%MCR 的交点，R_3 为 80%转速与 80%MCR 的交点，R_4 为 80%转速与 70%MCR 的交点。

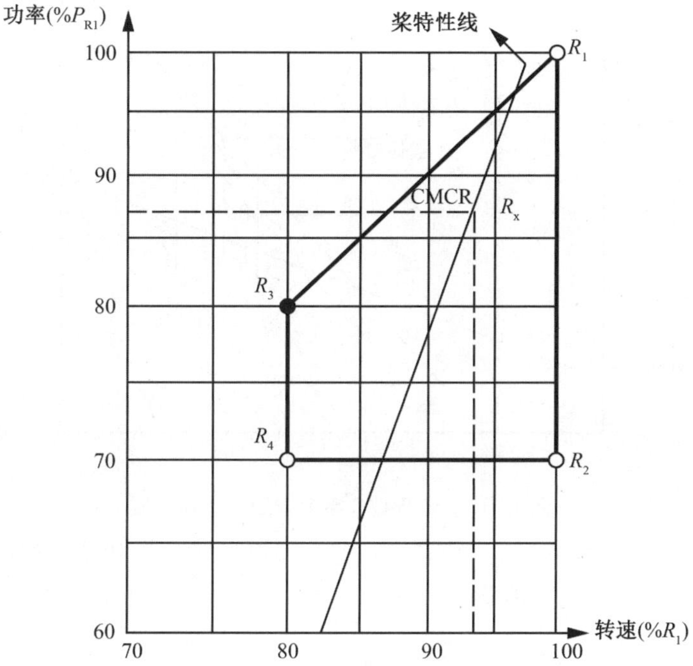

图 12-11　Sulzer RT-flex 柴油机选型区域图

MAN B&W S60MC-C 系列柴油机的选型区域由两条等平均有效压力线 L_1-L_3（100%p_e）和 L_2-L_4（64%p_e）以及两条等转速线 L_1-L_2（100%n_b）和 L_3-L_4（75%n_b）包围而成，如图 12-12 所示。

确定约定最大持续功率，实际上是在寻求船—机—桨三方面经济效益最佳的匹配。一般来说，选取的工作点越靠下，柴油机平均有效压力越低，而 p_z/p_e 提高，柴油机的燃油消耗量降低，柴油机经济性提高；工作点越往左，柴油机转速下降，螺旋桨效率提高。约定最大持续功率要根据螺旋桨设计点（PD），并考虑功率储备两方面具体确定。螺旋桨设计点则根据船舶所需的螺旋桨转速和功率，通过理论计算和水池试验得到。功率储备主要包括船体工作储备（Sea Margin）和发动机工作储备（Engine Margin）两部分。船体工作储备是考虑到污底、海面风浪的影响而需要发动机能够提供比设计点更大的功率。发动机工作储备则是考虑柴油机经过一定时间运转后，机器设备老化，输出功率下降所保留的功率储备。

六、功率储备

1. 螺旋桨设计工况点（Designing Point）

通常情况下，螺旋桨的转速和它所需的功率是通过对船舶的模拟计算得到的，一般

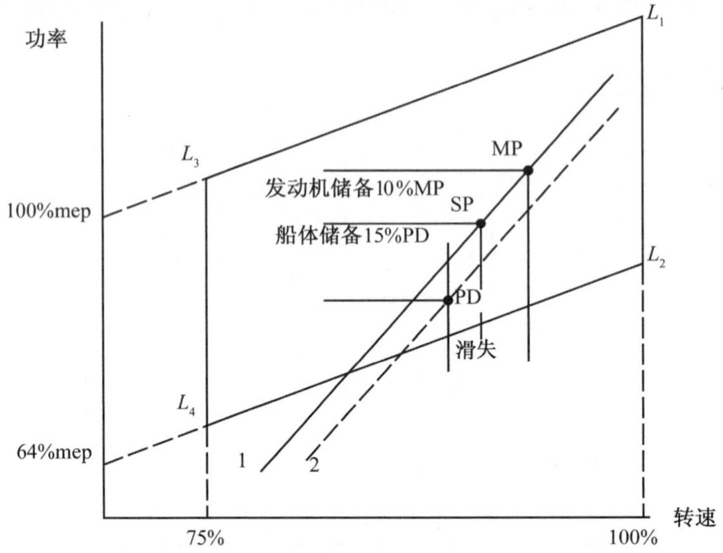

图 12-12　S60MC-C 系列柴油机选型区域

假定船体没有污底,船舶在静止水面航行,船舶操纵处于最佳状态。螺旋桨设计工况点(见图 12-12 中 PD 点)位于螺旋桨轻载特性线(见图 12-12 中线 2)上。

2. 船体工作储备

当船舶航行一段时间后,船体表面、螺旋桨表面就会附着海生物,船舶航行阻力增加,船舶航行速度就会降低。同时,海面风浪、海洋水流以及航道变窄、变浅等因素也会引起船体阻力增加。要使船舶保持原有的航行速度,就必须要考虑增加一部分功率。由于考虑船体工作中阻力增加而留有的功率储备称为船体工作储备。图 12-12 中线 1 显示螺旋桨重载运行时的特性,其上的 SP 点为螺旋桨实际工作点,可见船体工作储备约为 15%PD 指示的功率。

3. 发动机工作储备

除了船体功率储备以外,柴油机经过一定时间使用后,机器部件逐渐磨损、老化,发出的功率会逐渐降低,同时,船舶航行在全世界各地,工作环境不断发生变化,也会对柴油机做功产生影响,所以,有必要在机桨配合时考虑储备一部分柴油机的功率,也就是说,在主机选型时要留有一定的功率储备,此功率储备称为发动机功率储备。通常发动机功率储备为 10% MP。如图 12-12 所示,MP 指示的功率即为名义最大持续功率(MCR),考虑到螺旋桨的滑失,所以速度大于螺旋桨设计点的速度值。

一般来说,主柴油机要长时间连续运转,工作范围只能在额定工作曲线以下,使 $P_e<100\%$,通常取 $P_e=(85\%\sim90\%)P_b$ 为宜。对于某些推进主机带轴带发电机的船舶,在选择 MP 点时还需要考虑轴带发电机消耗的功率。

七、船舶柴油机的使用范围

柴油机的约定最大持续功率(SMCR)点必须落在柴油机的选型区域之内,否则就需要改变螺旋桨的设计工况点或者更换柴油机。一旦柴油机约定最大持续功率点确定以后,就可以确定柴油机的优化工作点(Optimizing Point)。对于没有配置可变喷油正时机构(VIT)的柴油主机而言,优化工作点(O 点)就是约定最大持续功率点(M 点);对于带有 VIT 机构的柴油主机而言,O 点位于 M 点以下,功率为约定最大持续功率的 85%~100%。O 点用于配置柴油机的废气涡轮增压器,确定柴油机的各种正时,以及调整合适的压缩比。

在柴油机运行过程中,为了使船用柴油机经济、稳定和可靠地工作并具有较长的使用寿命,必须对运行时可能达到的功率 P_e(或平均有效压力 p_e)和转速做适当限制,即确定一个允许的运转范围。

1. 柴油机在各种转速下允许达到的最大功率

不同条件下柴油机的最大功率分别由超负荷速度特性(如图 12-13 中曲线 4)、全负荷速度特性(如图 12-13 中曲线 2)以及限制特性(如图 12-13 中等扭矩限制线 3 和等排烟温度限制线 1)来确定。图 12-13 中曲线 4 和曲线 2 只有在柴油机台架试验时使用。正常情况下各转速所允许达到的最大功率一般处于限制特性线以下。

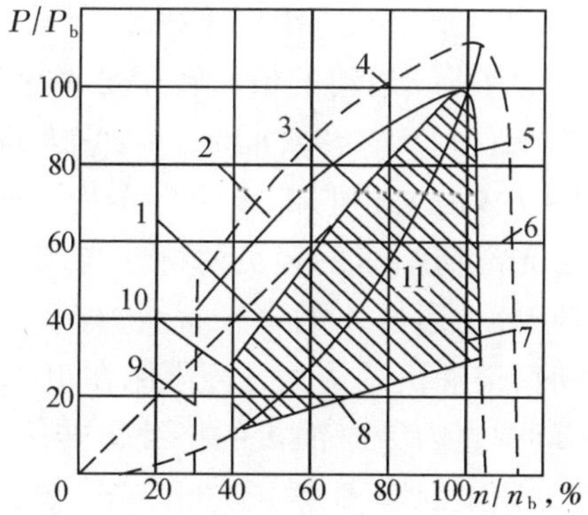

图 12-13　船用柴油机的使用范围

2. 柴油机在各种转速下的最小功率

柴油机最小功率由图 12-13 中最低负荷速度特性曲线 8 确定。当柴油机在过小负荷下工作时,每循环供油量太小,各缸的供油量不均匀,导致各缸做功显著不均,甚至个别气缸不喷油或不发火,柴油机运转不稳定。

3. 柴油机在各种负荷下可达到的最高转速

在装有调速器的情况下,由调速特性来限制柴油机的最高转速。如果在标定功率下调速器使柴油机在标定转速下稳定运转,则在负荷减小时它将使柴油机在图 12-13 中调速特性线 5 确定的各个转速下稳定运转。同样,如果在超负荷功率下调速器使柴油相应的最高转速下稳定运转,则在负荷减小时它将使柴油机在图 12-13 中调速特性线 6 所确定的各种转速下稳定运转。如果柴油机超速运转,将会引起往复惯性力和离心力过大,产生强烈的振动,并使运动部件磨损加剧,柴油机经济性下降。我国船舶规范规定,船用主机的最高转速为额定转速的 103%,此时功率为额定功率的 110%,这种工况只允许短时运行。

4. 柴油机在各种负荷下可达到的最低转速

柴油机在过小的转速下运转时,喷油泵柱塞的速度很低,泵油压力过低,致使燃油雾化不良,使可燃混合气混合质量显著变差,燃烧恶化,各种定时也将变得不合适,导致柴油机工作过程不正常,运转十分不稳定,特别是当柴油机按推进特性工作时,负荷随转速的降低而迅速减小,每循环供油量很少,从而导致柴油机转速不稳定,甚至单缸熄火。为了限制柴油机的最低转速,规定有两个最低工作稳定转速:曲线 9——按全负荷速度特性工作时的最低稳定转速 n_{min};曲线 10——按推进特性工作时的最低稳定转速 n_{min}。前者按全负荷特性工作;后者按推进特性工作。

图 12-14 是 MAN B&W SMC 型带 VIT 机构的柴油机的负荷图。它表示柴油机与螺旋桨的配合情况及柴油机的持续运转范围。该图采用对数坐标,纵坐标为功率的百分数,横坐标为转速的百分数。图中 M 为约定最大持续功率点(SMCR),A 点为 100%参照点,通常 $A = M$。O 点为优化工作点,其功率等于(85%~100%)SMCR。线①是通过优化工作点 O 的螺旋桨特性线,由螺旋桨特性可知 $P = cn^3$,故 $\lg(P) = 3 \times \lg(n) + c$。可见,线 ① 为斜率等于3 的直线;线 ② 是船舶在污底情况下的重负荷推进特性线,通常情况线 ① 与线 ② 重合;线 ③ 为持续运转的最高转速为 A 的 105%;线 ④ 为扭矩/速度限制线,由 $M = cn^2$ 可以得到 $\lg(M) = 2 \times \lg(n) + c$,故它为斜率等于 2 的直线;线 ⑤ 为平均有效压力限制线,由 $P = c \times p_e \times n$ 可知 $\log(p) = \lg(n) + c$,故它为斜率等于 1 的直线;线 ⑥ 是船舶在船体表面光滑清洁时的轻负荷特性线,形状与线 ① 相同, 斜率等于 3;线⑦为持续运转的最大功率,为通过 A 的水平直线;线⑧为超负荷限制特性线;线⑨为试航速度限制线,在试航时,柴油机的最大速度限制在 107%A。

在图中线④、⑤、⑦、③范围之内为柴油机的持续运转区。线①和④之间的区域可用于浅水航道、恶劣天气和加速工况等不稳定航行工况,在此区域运行时,柴油机没有运行时间的限制。船舶航行一段时间之后,船体和螺旋桨可能脏污,螺旋桨推进阻力增加,螺旋桨推进特性曲线逐渐由线⑥向重负荷线②接近,此时为了保持船舶航行速度,就需要增加柴油机的功率输出。图中线④、⑤、⑦与⑧之间区域用于超负荷运行,柴油机在超负荷运行时受到时间限制(每 12 h 允许工作 1 h)。

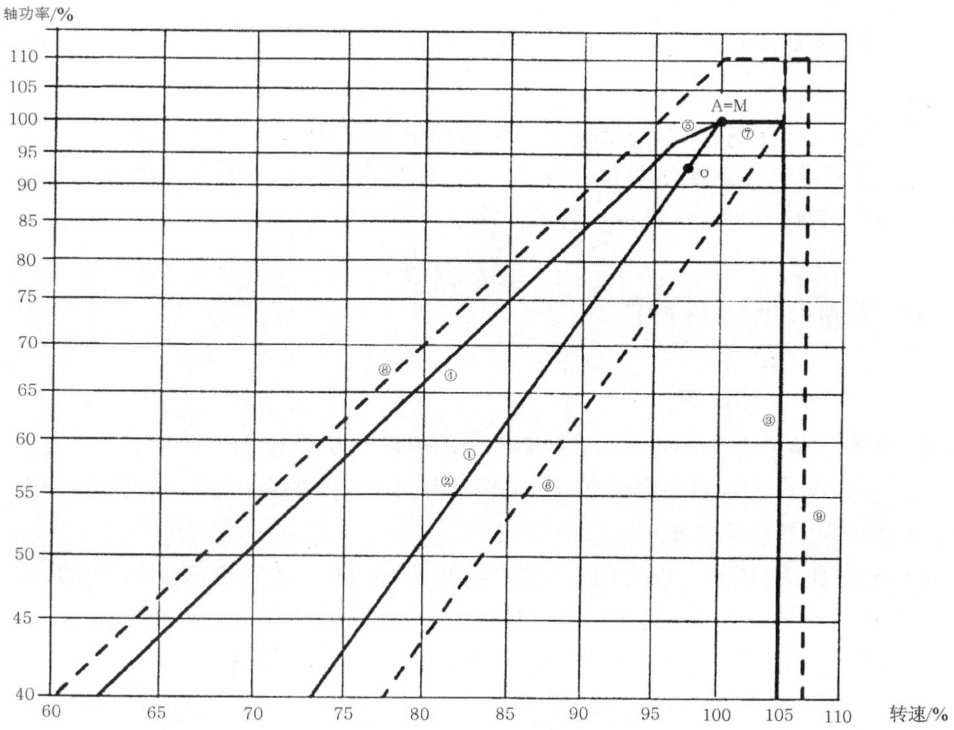

图 12-14　MAN B&W SMC 型带 VIT 机构的柴油机负荷图

第三节　船、机、桨的特性

一、学习目标

1. 了解船、机、桨的特性。
2. 了解船、机、桨的相互作用。

二、学习任务

船、机、桨的特性和作用。

三、环境设备

1. 螺旋桨。
2. 主柴油机或主机操作模拟器。

四、背景知识

船、机、桨的主要技术经济指标在一定条件下随主机转速或船舶航速变化的规律称船舶动力装置的特性。船舶在各种条件下运行时,用船、机、桨的工作参数来表示三者的相互影响和变化规律,称推进装置的工况。

五、船舶的阻力特性

1. 船舶航行时的阻力

船舶航行所受到的总阻力有形状阻力、摩擦阻力、兴波阻力及其他阻力。在正常航行时(3~4 级风),其他阻力影响较小,一般忽略不计,船舶总阻力主要是摩擦阻力、兴波阻力、形状阻力三者之和。

(1)形状阻力:船舶在前进时,尾部产生旋涡低压区,船的首部受到的水压力大于尾部,这一压差形成的阻力其大小与船体形状有关,所以叫作形状阻力,也称涡旋阻力。形状阻力与航速的二次方成正比,在船舶的水阻力中,约占总阻力的 10%。

(2)摩擦阻力:船舶在航行时,船体与水表面摩擦产生阻止船舶前进的力,称摩擦阻力。摩擦阻力与航速的 1.86 次方成正比。低速民用船舶摩擦阻力很大,甚至可达总阻力的 80%。高速船舶的摩擦阻力约占总阻力的 40%。

(3)兴波阻力:船舶前进时给水以作用力掀起波浪,而水波必然给船体以反作用力,这种阻力称为兴波阻力。兴波阻力与航速的 4~6 次方成正比。高速船航速对其影响很大,可达总阻力的 50%以上,船速越快,兴波阻力也越大。而低速民用船舶的兴波阻力一般占总阻力的 10%。

(4)其他阻力,还有空气阻力、汹涛阻力和附体阻力。空气阻力的大小视水上部分和上层建筑形式而异,与航速、风力、风向有关。在波浪或汹涛中航行,船舶横摇、纵摇及上下起伏运动,使船舶前进所受到的阻力增加,该阻力称汹涛阻力。其大小与水面状态有关,也与航速有关。附体阻力是指船体水下部分安装的设备,如舭龙骨、支撑艉轴的托架、舵等引起的阻力,因其线型都是流线型,不会产生旋涡,主要影响摩擦阻力和兴波阻力。其大小主要与附体数量、大小、位置及形状有关。

2. 船舶阻力特性表达式

船舶所受的水阻力和船速有关,根据船模或实船试验表明,水对船体的总阻力约与船速的 m 次方成正比,即:

$$R = A_{\mathrm{R}} \cdot v^{m}$$

式中:m——指数,对于航速不高的民用船一般取 2;

A_{R}——阻力系数,与船体线型、排水量、污底程度、拖带、航道及海况有关;

v——船速,kn;

R——水对船体总阻力,N。

船舶克服阻力需的功率 P_R：

$$P_R = \frac{R \cdot v}{1.94} \times 10^{-3} \quad kW$$

由公式可知，如阻力与航速的二次方成正比，所需功率约与航速三次方成正比。各种船型其阻力随航速变化规律虽有很大的差异，但航速越大，阻力越大，阻力变化率也就越大。

六、船、机、桨的相互作用

1. 船、机、桨三者的关系

船、机、桨在许多方面都存在着相互作用。第一，它们之间存在着机械连接，也存在着运动方面的相互作用。第二，船、机、桨之间存在着液力间的相互作用。第三，从能量观点看，船、机、桨三者共同组成了一个统一的能量转换系统。因为它们之间存在着上述相互作用，所以它们之间的运动状态相互间受到制约。当船舶要求在某一装载量、某一航速下航行时，则机、桨两者运行点也就确定了。如果要求主机在某一工作参数状态下运行，同样也决定了另外两者的运行工况点。由此看来，船舶推进装置的性能，是由船、机、桨三者的性能共同决定的，研究推进装置特性需要将三者联系起来进行分析。

2. 船、机、桨平衡方程式

船、机、桨在各种运行工况下相互作用的综合方程为：

$$P_R = \frac{B \cdot H_u}{3\,600} \cdot \eta_i \cdot \eta_m \cdot \eta_c \cdot \eta_R \cdot \eta_0 \cdot \eta_H = R \cdot v_S \times 10^{-3} \text{ kW}$$

式中：B——主机燃油消耗量，kg/h；

H_u——燃油低发热量，42 707 kJ/kg；

η_i——柴油机的指示效率，主要是指燃烧、排气及冷却等的损失，四冲程柴油机 $\eta_i = 0.42 \sim 0.52$，二冲程柴油机 $\eta_i = 0.35 \sim 0.54$；

η_m——柴油机的机械效率，非增压机 $\eta_m = 0.75 \sim 0.85$，增压机 $\eta_m = 0.80 \sim 0.92$；

η_c——传动效率；

η_R——桨的相对旋转效率；

η_0——桨的敞水效率；

η_H——船身效率；

R——船舶的总阻力，N；

v_S——航速，m/s。

此方程反映柴油机、减速器、轴系、螺旋桨及船体等的效率，故是一个综合方程。

3. 航速与转速的转换关系

在研究船、机、桨工况配合时，必须将它们三者的特性置于同一坐标系里才便于分析。但船舶的阻力特性是以随其航速的变化关系来表示的，螺旋桨及主机的特性则是以它们的主要参数随转速的变化关系来表示。因此,必须了解航速与转速之间的相互关系,建立两者能够转换的关系式。船舶在稳定工况下航行时,桨所产生的有效推力和船舶航行阻力相等,即:

$$T_e = C_T n^2 (1 - t) = A_R v^2 = R$$

整理后得:

$$v = C \cdot n$$

由上可见,在稳定航行时,航速和桨的转速成正比,这样可将船舶航速 v 为变量的特性转变为桨转速 n 为变量的特性,只要选取适当比例尺,船的阻力特性线与桨的推力特性线可以重合起来,船和桨的功率特性线也可重合起来。由此,在研究推进装置工况配合特性时,可把船、机、桨三者的配合问题简化为机、桨二者的配合问题。

船舶推进装置工作的可靠性、经济性和使用寿命,不仅取决于它们的设计制造质量,而且也取决于技术管理的正确性。由于船舶要在各种航行要求下(如低速、半速、全速、正车或倒车、起航和加速)和各种外界自然条件下(如风向、风力、深水、浅水)航行,只有正确地进行操纵和管理,才能防止发生各种故障和设备损坏,延长其使用寿命。

分析工况配合特性所采用的方法是在同一坐标系里画出螺旋桨(也代表船)和主机各自的功率-转速(或扭矩-转速)特性线,主机的特性线代表了推进装置的驱动特性,而螺旋桨特性线代表了推进装置的负荷特性。两曲线的交点符合能量守恒定律,推进装置可在此点稳定工作,该图称为驱动-负荷平衡图。研究推进装置工况配合特性也就是分析驱动-负荷平衡图中曲线交点的变化情况。

第四节　推进装置工况配合特性

一、学习目标

了解在各种航行条件下推进装置工况配合特性。

二、学习任务

在各种航行条件下推进装置工况配合特性。

三、环境设备

1. 螺旋桨。
2. 主柴油机或主机操作模拟器。

四、船舶污底和装载量改变时的工况配合特性

在正常情况下主机与螺旋桨配合的工作点应在图 12-15(a)所示的 a 点，当船舶污底后船体阻力增加，假定螺旋桨转速不变，由于螺旋桨进程减小，船速将相应减慢，螺旋桨进程比 $\lambda p=h_p/D$ 减小，扭矩系数增大，螺旋桨所需转矩增加，螺旋桨特性曲线变陡(曲线Ⅱ)。若要保持螺旋桨转速不变，则必须增加主机每循环喷油量，机桨工作由 a 点变为 e 点，显然主机已超负荷。若要保持主机油门格数不变，螺旋桨的阻转矩增加，迫使主机降速，船速也降低，最后机桨在 b 点得到平衡。由图可见，当船舶污底时，虽然主机油门格数不变，但主机发出的功率由 P_a 降为 P_b，主机转速由 a 点对应的转速降 b 点对应的转速，船速由 v_a 降为 v_b。由于喷油量没变，但转速降低了，容易出现大负荷低转速的情况，有可能使主机工作恶化。如果要保持原来转速，则必须加大油门格数，这样就会导致柴油机超负荷运转，这是不允许的。

船舶污底也影响着螺旋桨的推力特性，如图 12-15(b)所示。它反映的是螺旋桨的有效推力与转速的关系。在正常情况下，螺旋桨的推力为 T_a，船舶污底后，虽然喷油量不变，但船速降低了 v_a-v_b，螺旋桨推力增加了 T_b-T_a。图中 T_b-T_a 为由于船舶污底而额外增加的船舶阻力。为了使转速不致过高，主机只能在部分负荷速度特性下工作(曲线 2)，它与曲线Ⅰ交于 g 点。

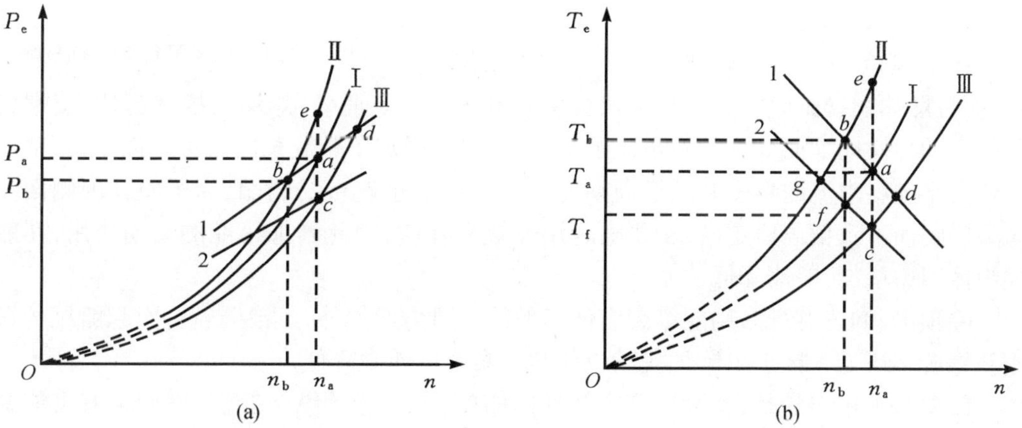

图 12-15　船舶污底和装载变化时的工况配合特性

Ⅰ—船体干净、满载情况下螺旋桨特性线；Ⅱ—船舶污底、满载情况下螺旋桨特性线；Ⅲ—船体干净、轻载情况下螺旋桨特性线；1—主机全负荷速度特性线；2—主机部分负荷速度特性线

载重量增加的情况与船舶污底相同。而载重量减少的情况与船舶污底正相反，螺旋桨的特性曲线变得平坦(曲线Ⅲ)，柴油机按全负荷速度特性工作时就在 d 点达到平衡。这时虽然柴油机仍在全负荷速度特性线上工作，气缸的热负荷并没有超负荷，但主机的转速却超过了标定转速，致使机械效率下降，运动部件的惯性力增加，部件磨损加剧。此时为了使转速不致过高，主机只能在部分负荷速度特性下工作(曲线 2)，它与曲线Ⅲ交于 c 点。对于装载量变化较大的油船或矿砂船，在一个往返航行中经常是一个

航次满载、一个航次空载。在空载航行时,定速的油门格数应比满载时小。

五、船舶在不同风力情况下和不同航区中航行时的工况配合特性

1. 船舶在不同风力情况下航行时的工况配合特性

船舶在逆风中航行时,风力会使船舶的空气阻力增加,而顺风航行时则相反。空气阻力的大小取决于风力、风向、船体水上部分以及上层建筑的受风面积和航速。空气阻力越大,螺旋桨特性曲线越陡,在主机油门格数不变的情况下,主机转速必然下降,船速也将变慢。

在图 12-16 中,曲线 a、b 和 c 分别代表船舶在顺风、无风和逆风航行时的螺旋桨推进特性线,曲线 I 是主机全负荷速度特性线。从图中可以看出,若保持相同的螺旋桨转速 n_3,逆风航行所需的功率 P_3,比顺风航行所需的功率 P'_3 要大。若无风航行机桨配合工作点为 2,则在逆风航行时,为了防止主机超负荷,必须在转速 n_3 以下运转;而在顺风航行时为了防止主机超转速,必须减小主机的油门格数,使其按某一部分负荷速度特性工作(即在点 4 上工作)。

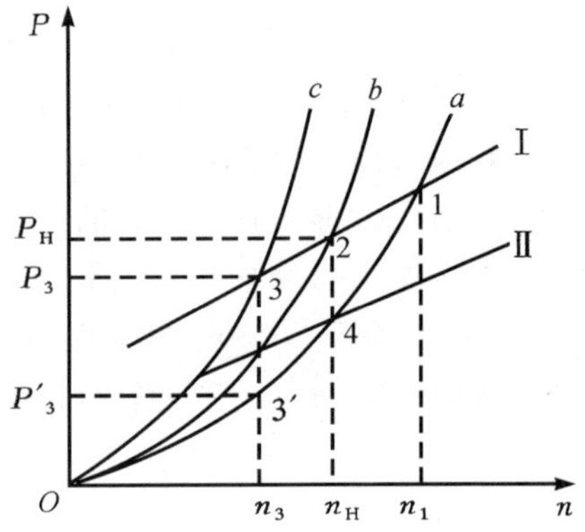

图 12-16 风力对机桨配合特性的影响

在大风浪中航行的船舶,不但空气阻力剧变,而且船体在汹涛中的摇摆和起伏会引起汹涛阻力。此外,船舶的摇摆起伏,使螺旋桨处于随摇摆周期而变化的斜水流中工作,斜水流增加了螺旋桨的扭矩和推力,其增加值的大小随斜水流的角度和摇摆周期而变。在风浪中航行的船舶,为了使其因侧面受风力影响而不致偏离原定航线,要随时用舵效来补偿,因此增加了舵的制动作用,使船舶附体阻力增加,船速降低。

除顶风、汹涛、摇摆、用舵等因素使船舶航行阻力增加外,风浪天航行引起船尾的摆动使螺旋桨所处水区产生附加扰动也使螺旋桨推进效率降低。

需要特别指出的是,在大风浪中航行的船舶,由于船的纵向摇摆,螺旋桨有可能露出水面,使其阻力矩大大降低,桨的特性曲线变得极为平坦。这时如果喷油泵操纵杆位置不变,柴油机的功率将大大超过螺旋桨所吸收的功率,柴油机扭矩也大大超过螺旋桨的阻转矩,迫使转速急剧上升。当转速超过标定转速的 15%时,即产生所谓飞车现象,对推进装置的危害很大,所以主机要设极限调速器或全制调速器,并在风浪天航行时应把调速器的设定转速降低,并适当增加船舶尾部的压载水量,以防止造成飞车现象。

2. 船舶在不同航区中航行时的工况配合特性

(1)浅水区航行

船舶在浅水中航行时,由于船体周围的水流从深水的三元流动变为二元流动,水流与船体的相对速度增加,使摩擦阻力、涡流阻力和兴波阻力均相对增大,所以,船舶在深

水和浅水中航行时所遇到的阻力随航速变化的情况是不同的。图 12-17 中的曲线 1 和 2 分别代表船在深水和浅水中航行时所遇到的阻力随航速变化的关系。

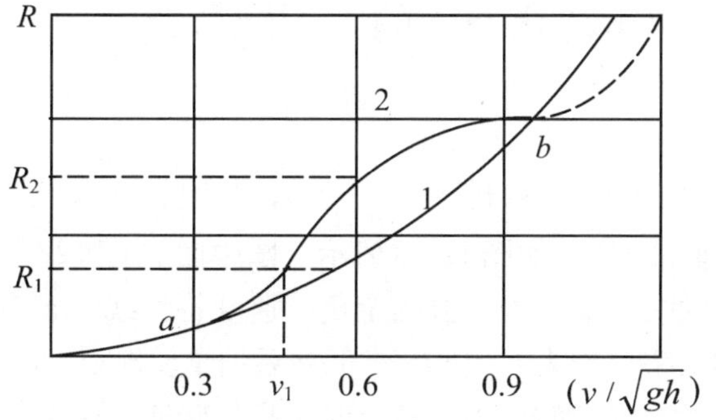

图 12-17　航速对浅水阻力的影响

根据试验结果,船在深水中航行时的阻力与航速的二次方成正比,而在浅水中航行时阻力的变化规律在 $0.3\sqrt{gh} < v < \sqrt{gh}$ 范围内时,浅水阻力明显大于深水阻力,这是船所产生横波的长度、宽度和散波角都增大的缘故。

当船速 $v \approx \sqrt{gh}$ 时(图 12-17 中 b 点),散波与船舶的运动方向垂直,并与横波合成为首尾两个巨大的横波,致使兴波阻力增至极大值,此时浅水阻力又与深水阻力相同;而当 $v > \sqrt{gh}$ 时,由于散波角减小,横波消失,仅在船首附近出现散波束随船前进,此时浅水阻力甚至小于深水阻力。一般运输船很少能达到这样的航速。民用船舶的航速一般小于 $\sqrt{gh}$,因此船舶由深水进入浅水区域航行时,阻力一般都会增加,并会产生船体下沉和后倾现象。这是因为在浅水中船体下面的水流受到海底的限制(即水深 h 的限制),水流由三元流动变为二元流动,使流经船体两侧的水流速度加快、压力降低,沿船长方向上的压力变化增大,从而引起其摩擦阻力和涡流阻力增加。

浅水影响是相对的。浅水阻力的增加同水深 h 与船舶吃水 d 的比值 h/d 有关。船模试验表明,若 $h/d>4$,浅水影响不太明显。航道越浅(即 h/d 越小),摩擦阻力增加越显著。在同样水深条件下,浅水对摩擦阻力的影响随航速的提高而增大。

根据以上所述,船舶以 $0.3\sqrt{gh}$ 至 $\sqrt{gh}$ 的航速由深水进入浅水航行时,其阻力增加,螺旋桨需要更大的功率。由图 12-17 可以看出,若航速 $v=0.6\sqrt{gh}$ 是船在深水航行时的全航速,当进入浅水时,如仍要保持此航速,则主机必将超负荷(阻力由 R_1 增为 R_2)。如果把船速减至图中的 v_1,此时在浅水中航行的阻力为 R_1,与深水中以航速 $v=0.6\sqrt{gh}$ 时相同,主机负荷就不会增加。因此,当船舶由深水进入浅水时,油门格数若不变,则主机转速会自动下降。为了不使船舶尾部搁浅和避免主机超负荷,适当降低航速,就可以减少浅水的影响。

(2)窄水道航行

窄水道对船舶阻力的影响与浅水是类似的。由于船舶周围水流状态不但受到水深的限制,同时还受到航道宽度的限制,阻力增加的程度会更大。窄水道的影响也是相对的,它与航速和航道相对宽度有关。如果 $v < 0.5\sqrt{gh}$,而且 $b/B > 20$(b 为航道宽度,

B 为船宽),就没有窄水道的影响。

六、船舶在各种运动状态下的工况配合特性

1. 系泊工况

系泊工况的特点是航速为零,进程比 $\lambda_p = 0$,螺旋桨的推力系数和扭矩系数都达到最大值,螺旋桨特性曲线最陡,如图12-18所示。图中曲线1和2分别为正常航行和系泊试验时的螺旋桨特性线,直线3为主机的全负荷速度特性线。正常航行时机、桨在点 a 工作,相应的转速和功率分别为 n_H 和 P_H。但在系泊试验时机、桨配合工作点为 b,相应的转速 n_b 和功率 P_b 均比 n_H 和 P_H 小。若此时主机的转速大于 n_b,就会使主机超负荷。因此为了保证主机不超负荷,应使主机的转速不大于 n_b。若无法确定 n_b 值,则可取 $n_b = (0.80 \sim 0.85)n_H$ 作为试验时的最高转速。系泊试验时的转速还要受主机最高排气温度的限制,应使这个温度不超过船舶在全速航行时的正常排气温度。另外,要注意推力轴承承载能力、水润滑艉轴承的冷却条件、船舶压载情况、码头水深情况等。

2. 船舶起航和加速工况

船舶由航速为零逐渐加速到某一稳定航速过程中机、桨的运行情况称为起航工况。船舶在由较低稳定航速变为较高稳定航速过程中机、桨的运行情况称加速工况。

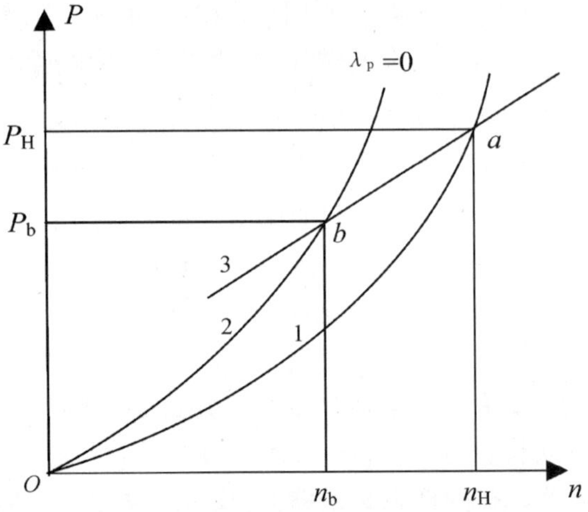

图 12-18　系泊试验时的螺旋桨特性

船舶在稳定航行时,只要航行条件不变,进程比 λ_p 就是一个常数,不论船舶稳定在哪一个航速上,船、机、桨配合点就只能沿一条螺旋桨推进特性线变化,而起航和加速工况都是过渡(动态)工况,λ_p 是瞬时变化的,因此船、机、桨配合点不能只在一条推进特性曲线上变化。

当船舶稳定航行时,航速取决于桨转速,桨的转速取决于主机喷油量,而主机喷油量又取决于燃油手柄的位置,因此一个燃油手柄位置就对应一个稳定的桨转速和船航速。在起航或加速的过渡过程中,航速是追求的目标,航速增加得快慢除和船舶本身的惯性有关外,主要取决于主机操纵系统对燃油的控制性能和操作方式。例如,对于设极限调速器或设全制式调速器只用作极限调速器的系统,燃油增加得快慢由燃油手柄推进的速度直接控制;对于装有全制式调速器还具有给定转速供油量限制功能的系统,燃油增加得快慢除受燃油手柄推进的速度直接控制外,还要受到主机调速特性的约束;对可进行遥控并设有加速程序的自动化程度较高的系统,燃油的增加量仅与操纵手柄位置有关,而燃油的增加速度则取决于预先设定的加速程序,与操纵手柄(把车钟、燃油

和换向三手柄合一)推进的速度无关(把加速程序限制解除时除外)。由此可见,对于既定的船舶和推进装置,人员的操作直接影响着起航和加速过程。下面以装有全制式调速器并具有给定转速供油量限制功能的系统为例,讨论其起航和加速工况配合特性。

不论哪种操纵系统,喷油量均可在瞬间增加,而增压器则由于转子的惯性,其供气量的增加总是滞后于喷油量的增加,这样当喷油量增加时,主机气缸中就会出现油多气少的现象,影响了扭矩的输出。不过增压器转子惯性很小、加速快,因此,主机的扭矩在喷油量增加后也就很快可增加上去,增加的这部分力矩将迫使螺旋桨加速旋转。螺旋桨的转动惯量较小,因此其转速迅速增加,桨的阻转矩也增加,很快和主机输出的转矩相平衡,转速暂时趋于稳定。当桨转速提高时,产生的推力增加,增加的推力将迫使船舶加速航行。但船的质量很大,航速的增加比较缓慢。综合考虑,船舶在起航、加速过程中,因为船舶质量远远大于运动部件的转动惯量,所以船舶的惯性远远大于运动系统的惯性,螺旋桨转速的升高速度也就高于航速的升高速度。随着时间的推移,航速会逐渐提高。航速逐渐提高的过程,也是桨逐渐变轻的过程,这又导致桨转速随着航速的逐渐提高而逐渐加快。由此可见,船舶起航和加速时螺旋桨转速变化的过程可分为两个阶段,即桨转速迅速提高阶段和桨转速缓慢提高阶段。在迅速提高阶段由于起航加速的需要而增加了主机喷油量,使转速增加,此时航速基本未变,或接近于零(起航时)或接近于恒速(加速时),桨的特性曲线很陡。而在缓慢增加阶段由于航速的逐渐提高,λ_p 变大,其特性曲线逐渐变平坦所致。

图 12-19 所示为船舶起航工况时的机桨配合特性。图中曲线 O 为 $\lambda_p=0$ 时系泊工况下的推进特性,曲线Ⅰ为正常航行时标定工况下的推进特性,曲线 1 为标定负荷速度特性,曲线 2、3、4 分别为部分负荷速度特性。在起航时,如驾驶员要求主机在 n_1 转速下运转,轮机员根据车令起动主机,对带有极限调速器或全制调速器暂作为极限调速器的主机,将燃油手柄放在与 n_1 相对应的部分负荷曲线 4 的油门刻度上。这时主机发出的功率带动螺旋桨加速运转,螺旋桨工作点沿系泊工况推进特性曲线 O 迅速上升,至点 a 时暂时稳定,这就是起航过程的第一阶段,即桨转速迅速提高阶段。如果保持上述油门不变,船舶在螺旋桨推力的作用下,由静止状态开始逐渐加速,由于船舶惯性大,其加速过程非常缓慢。随后,航速的增加导致 λ_p 增加,使机、桨配合工况点沿曲线 4 向右移动,最后逐渐过渡到推进曲线Ⅰ上,即沿着点 a、a_1、a_2、a_3 变化,最后稳定在点 a_3,$a-a_3$ 过程是起航过程的第二阶段,即桨转速缓慢提高阶段。由于在起动主机时加的油门较大,在第二阶段中主机转速增大,逐渐偏离 n_1 值。为了严格执行车令,就应随航速增加及时、断续地减小油门刻度,尽量减小转速 n_1 的偏移量,即沿着图中 $a_1a'a_2'a''a_3''a_3'$ 折线变化,该折线的变化过程是调节桨转速使之稳定在所要求转速的过程。在起航时,如驾驶员一开始就要求较高的主机转速 n_3,而在起动过程的第一阶段就使主机达到所要求的转速 n_3 的话,则机、桨暂时稳定在 b 点,此时主机将在超扭矩下工作,容易使主机发生故障。在这种情况下,应逐级增加油门,使转速逐渐接近 n_3,起航过程应按 $aa_1b_1b_2'b_2\,b_3$ 折线进行,避免在过渡过程中主机超负荷运转,控制主机转速不要上升过快,特别是在暖机不充分的情况下更应如此。

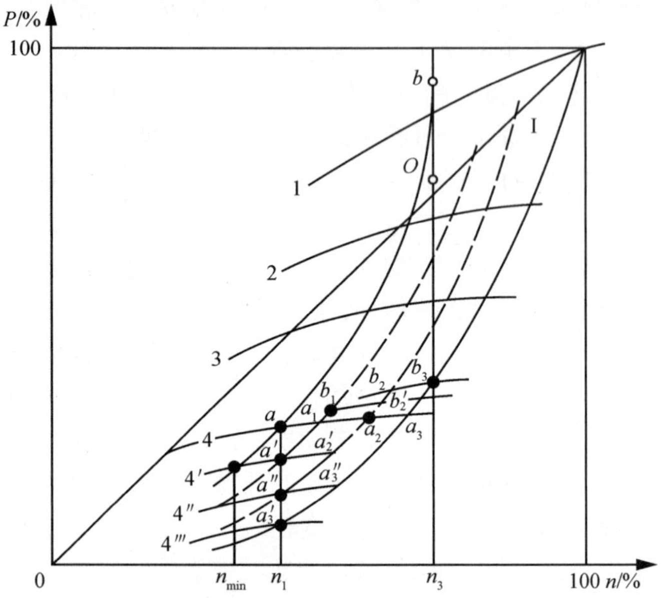

图 12-19 船舶起航工况时的机桨配合特性

加速工况与起航工况基本相似,其区别仅在于加速工况不是从航速为零开始,而是从船舶已有一定航行速度开始的。驾驶员要求定速航行时的操作就是常见的一种加速工况。下面仍以带有极限调速器或全制调速器暂作为极限调速器的主机为例加以分析。如图 12-20(a) 所示,机、桨暂稳定工作于点 a_1,驾驶员要求定速航行将转速加至 n_H,轮机员如将燃油手柄推至标定负荷速度特性 A 对应的油门位置。由于船舶惯性大,油门虽已加上去,但航速基本不变。因此,螺旋桨工作点将沿等航速线 a_1B 上升至 B 点并暂时稳定下来,这是加速工况的第一阶段。其后随着航速的逐渐增加,λ_p 增加,桨的阻转矩减小,机桨配合点将沿 Ba 线逐渐过渡到 a 点并在 a 点稳定下来,B—a 是加速工况的第二阶段。在加速工况(a_1—B—a) 的大部分过程柴油机均处于超扭矩和大负荷低转速下的工作状态,造成燃烧不良,影响主机寿命。

显然,上述定速操作的加速过程是不恰当的。由于定速航行操作时柴油机接近标定负荷,而且转速升高得快慢与航行安全无关,正确的操作应是逐级增大油门,缓慢加速,如图 12-20(a)中的 a_1—1—2—3—4—5—6—7—8—9—a 过程。在这个过程中,垂向的各线为不同的等航速线,而横向的各线为柴油机的各种部分负荷速度特性线。实际操作时,油门分级越多越好。为使柴油机热负荷缓慢增加,低速机一般定速航行的操作需要 30 min。

对于装设极限调速器的主机,要依靠人工调节油门来调速,故在进行起航和加速操作时,不仅要注意不使主机超机械负荷,而且还要及时减油调速,以防止转速超过车钟的要求。而在减速操作时,则要避免转速低于车钟要求和自动停车,如图 12-20(b) 所示。在图中可看出,驾驶员要求将转速 n_b 改为微速前进转速 n_c,如立即减油使主机转速降为 n_c,螺旋桨将沿等航速线到达 B 点,这是减速的第一阶段(b—B)。但此时柴油

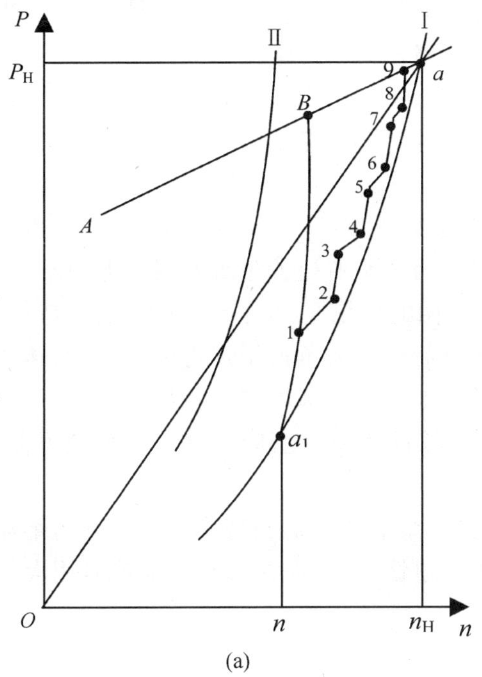

图 12-20　加速工况和减速工况

机的油门格数已处在最低稳定转速 n_{min} 对应的外特性曲线 A_2 以下，随着航速的下降，在减速的第二阶段转速还将逐渐下降。若不及时加油门，当转速达到低于 n_{min} 时，则自动停车。因此在减速过程的第二阶段应及时调节转速，使机、桨最后稳定在点 C。在航速较高的情况下要求微速前进时，若沿图中折线所示过程 b—1—2—3—4—5—C 操作，则可避免自动停车，但过渡过程的时间较长。

在主机可实行遥控和调速器具有设定转速调节的条件下，调速器的静态调速率 $\delta_2=0$，可自动保持主机转速恒定。在起航时，如同样要求转速为 n_1，则起航过程的第一阶段与上述带极限调速器的主机相同。在图 12-19 上机、桨配合工作点沿系泊工况推进特性线 O 上升至 a 点，柴油机在部分负荷外特性线 4 上运转，转速迅速升至 n_1，在 a 点主机带动螺旋桨所产生的推力，暂时与船舶静止时的阻力相平衡。此后在螺旋桨推动下逐渐克服船舶惯性，使航速逐渐提高，在新的航行条件下，λ_p 增加，桨推进曲线逐渐变平坦，曲线由 O 向 I 缓慢地过渡。在过渡过程中因船舶阻力下降，航速提高，主机负荷变轻，转速提高，但在调速器的控制下，相应减小油门，不会使转速提高，主机沿调速特性 $aa'a''a_3'$ 工作，保持所要求的转速 n_1，主机油门则按曲线 $44'4''4'''$ 等部分负荷特性所对应的油量变化。

加速（包括定速航行操作）时，这种全制式调速器接受主机遥控系统的程序控制，程序控制不仅体现了轮机员的操纵经验，而且油量调节的分级操作更加细微。一个良好的主机控制程序，可使柴油机负荷和转速的变化过程与推进特性的过渡过程相吻合。

3. 船舶转向时的工况配合特性

船舶转向时，舵要偏转一个角度，使船舶在斜水流中前进，因此，船舶阻力要比直线航行时有所增加,航速降低,进程比 λ_p 减小,螺旋桨特性曲线变陡。在这种情况下,当主机油门格数固定不变时,主机转速自动降低,而当转向过程结束后,转速又恢复至原来数值。所以船舶在转向时,若发现主机转速降低,这是必然的。而且对于装有全制式调速器的主机,在此情况下调速器还会自动加油,这时要注意观察实际负荷的大小,必要时要适当减小油门格数,以防止超负荷。

当船舶采用双机双桨推进时,一般右桨为右旋桨,左桨为左旋桨。船舶转向时由于船舶横移和偏转,两个桨都处在斜水流中。但是,两个桨所处的位置及回转方向不同,致使两个桨和水流之间的相互作用状况发生了不同的变化,改变了它们的水动力特性,从而使两桨之间的负荷分配产生了差异。内桨负荷比外桨负荷增加得大,内桨的转速因此下降得也多,而外桨在转向开始时负荷变轻,很快又逐渐增加,所以外桨转速开始时升高,而后又下降。而且,航速越快、舵角越大,桨的负荷(尤其是内桨)增加越厉害,带动内桨的主机容易超负荷。

为了保护主机,对于双桨船舶在转向时应将双桨油门都适当减小。如只降内桨油门,负荷会立即转移到外桨,使其也超负荷。非紧迫情况下,应避免在高航速时用大舵角转向。

4. 船舶拖曳作业时的工况配合特性

船舶进行拖曳作业时,螺旋桨的推力除用于克服船舶阻力外,还要负担全部拖曳负荷,即:

$$T_e = R + Z$$

式中:T_e——螺旋桨的有效推力;

R——船体阻力;

Z——拖曳力(或顶推力)。

在无拖曳负荷时,桨的有效推力等于船舶的阻力;在有拖曳负荷时,拖曳力随船速的提高而增加;而船速不变时,拖曳负荷越大,所需拖曳力也越大。图 12-21 所示为船舶进行拖曳作业时的工况配合特性。曲线Ⅰ为无拖曳负荷(自航)时的功率特性曲线,曲线Ⅱ为有拖曳负荷时的功率特性曲线;曲线 A 为自航时的推力特性线,曲线 B 为有拖曳负荷的推力特性线;曲线 1 为柴油机的额定外特性线,曲线 2 为柴油机的等额定扭矩线;a 点与 b 点为自航与拖曳作业时的工作点;T_z、P_z 分别为牵引力与牵引功率,T_R、P_R 分别为用于船舶本身的推力和消耗的功率。从图中可看出,当主机喷油量为额定值时,船舶的航速为 v_a 时,螺旋桨的有效推力只能克服自航时的船舶阻力,不能进行拖曳。只有航速小于 v_a 时才能进行拖曳作业,航速越低,船舶的拖曳量越大。对于阻力变化范围较大的船舶,如拖船、渔船、破冰船等都具有自航和拖曳作业两种工况,若按自航选桨,对拖曳作业来说,重桨,易超负荷;若按拖曳作业选桨,自航又显得太轻,自航时不能利用全部功率。因此要优选一个两者平均效率高、总体经济效益好的桨,其工况必定在两者之间,故在使用时应注意其使用工况及工况的变化。如在拖曳工况时,为防止柴油机处于超负荷状态下工作,应适当减少油门,限制排温,在保证滑油温度和压力正常的前提下,可适当提高冷却水温度,以减少机件的热应力。另外,还要注意拖曳的拖带方式、编队(有利于减小阻力及靠离码头作业方便)及拖曳的安全等。在自航工况时应适当减小油门,防止轻载时主机超转速,应限制其转速。对多工况的船舶可采用双速、多速齿轮箱及采用调距桨,可获得较明显的效益。

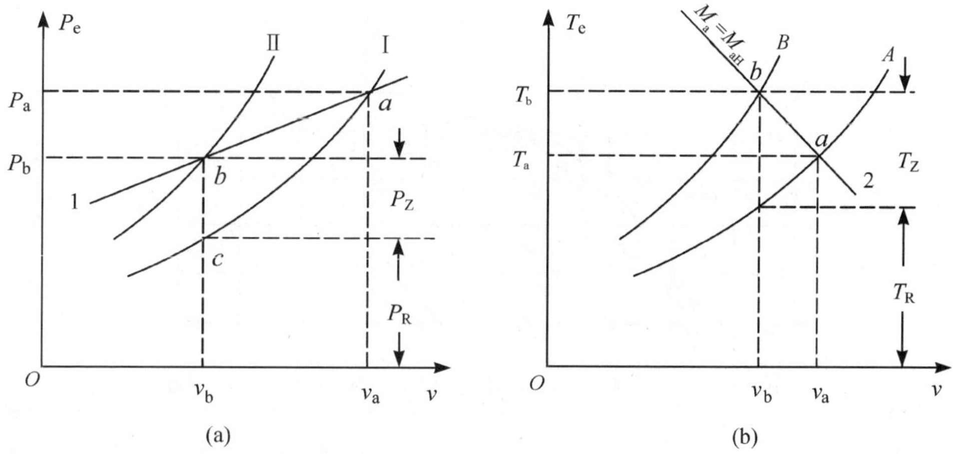

图 12-21 船舶进行拖曳作业时的工况配合特性

5. 船舶倒航工况

船舶在港内航行、靠离码头或者遇到避碰等紧急情况时,常需前进的船舶迅速停止下来,或改为倒航。从船舶动力装置的机动性来说要求船舶能迅速从高速航行状态转为停止状态,且应有尽可能短的滑行时间和滑行距离;而柴油机的工作条件则要求负荷变化不要太剧烈,以防止热负荷和机械负荷变化过于剧烈而导致工作不可靠。所以,只有掌握倒车工况过渡过程中机、桨的输出扭矩随转速变化规律,才能对它们进行合理的操作与管理。

倒车工况下机、桨配合推进特性的过渡过程常用扭矩-转速的罗宾逊图表示,如图 12-22 所示,它是增压柴油机直接驱动固定螺距螺旋桨,在不同航速下扭矩 M 随转速 n 变化的规律。图中纵、横坐标分别为转矩 M 和转速 n 的百分数,曲线 O 为航速等于 0 的系泊工况,进程比 $\lambda_p=0$,曲线通过坐标原点;曲线 100 为航速为 100%标定航速的等航速螺旋桨推进特性;其他曲线 25、50、75 分别为相应航速下的推进特性。图中还画出增压柴油机的工作范围和油门为 100%、75%、50%、25%的全负荷速度特性和部分负荷速度特性,并假设柴油机的正、倒车工作范围相同;螺旋桨的正、倒车水动力特性相同;船体的正、倒航阻力特性相同。低速时柴油机输出的扭矩大小与增压度有关。根据经验,最低转速时的最大扭矩等于标定转速下的标定扭矩乘以增压度。

(1)缓慢倒车过程

典型的缓慢倒车过程如图 12-22 的点划线所示。在第一象限由标定工况点逐渐减小油门,缓慢降速至坐标原点,转速、推力和船速变化都很慢,整个过程若不考虑惯性力影响,则是等进传动比的过程,柴油机负荷稳定变化,按 $M=cn^2$ 规律(除 $n_{min}\to 0\to -n_{min}$ 外),在第一象限为缓慢减速过程,在第三象限为缓慢加速过程。该曲线对称于坐标原点,柴油机的负荷变化规律就是螺旋桨水动力矩随转速的变化规律。这种方法为柴油

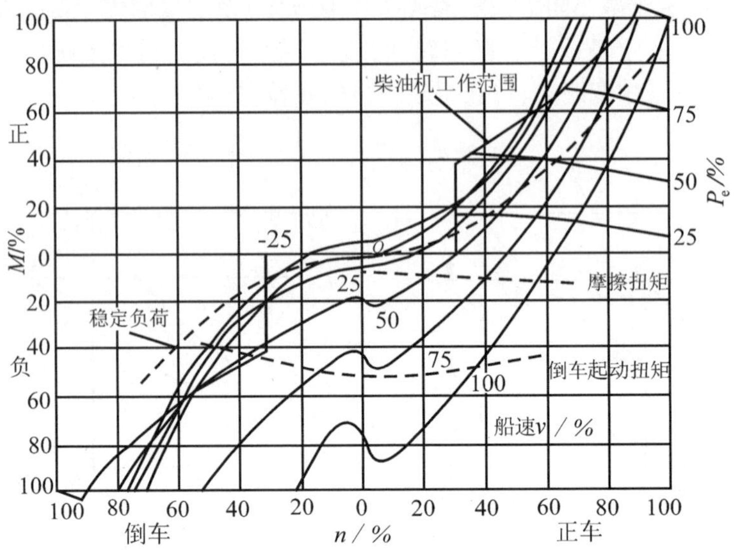

图 12-22　不同船速下扭矩 M 随转速 n 变化的罗宾逊图

机提供了最优越的工作条件,但船舶的滑行时间和距离太长。在操作过程中应尽量接近此曲线。

实际上船舶在进港前已经降速,并按机动操纵转速运行,所以在使用倒车时的航速已经很低,在实施倒车时也基本上是沿缓慢倒车的过程变化。

(2)紧急倒车过程

在船舶全速前进时施行紧急倒车操纵,将引起主机热负荷和机械负荷剧烈变化,还会产生增压器喘振。除非船舶航行遇到十分危险情况,一般是不会轻易施行紧急倒车操纵的。

图 12-22 所示的罗宾逊图是研究全速前进至全速后退过程的工具。主机和螺旋桨在标定配合工况点工作时航速为 100%,当接到紧急倒车车令后,首先停止主机供油,主机扭矩迅速降为零,转速也迅速下降,而螺旋桨的转矩沿等船速线下降,故进程比 λ_p 逐渐增大,螺旋桨的敞水效率 η_0、推力系数 k_t 和扭矩系数 k_q 等逐渐减小,在第一象限内首先出现零推,继之出现零矩[转速为(60%～70%)n_{eh}],负推力开始阻止船舶前进,此为紧急倒车过程的第一阶段。在这一阶段,柴油机油门突然为零,要求柴油机的调速特性有足够好的动态稳定性,而且对增压柴油机来说,在急减速时会产生增压器的喘振,因此通常不宜采用这种方法而采取分段减速法。

在第二象限内是倒车工况的第二阶段,也称为“水涡轮”工作阶段。此阶段螺旋桨转速降至低于 60%,但由于船舶仍在全速前进,使 λ_p 继续增加,螺旋桨被船舶前进时的水流冲击产生负转矩,像水涡轮一样带动主机曲轴使柴油机仍按正车方向运转。螺旋桨的“水涡轮”作用,使轴系转速下降变慢。螺旋桨的转矩仍按等航速线变化,当螺旋桨转速下降到接近 10%时,负转矩达到最大值。转速再继续下降,由于作用在螺旋桨上的水流离开了而产生最大负转矩的最佳方向,使螺旋桨的负转矩逐渐减小。为了提高机动性能,增压柴油机一般用设置的制动功能进行制动。当螺旋桨的负转矩小于制动转矩与柴油机摩擦转矩之和时,轴系转速下降为零。

第三阶段为轴系停转后,如立即反向起动成功,在第三象限螺旋桨就开始倒车。但如果船速还很高,螺旋桨负转矩过大,则不能反向起动,也就是说轴系转速 $n=0$ 后,还不能立即倒车起动,而是应等待一段时间(由柴油机起动性能、发火转速和机桨配合特性决定),使航速在螺旋桨负推力和船舶阻力作用下有明显降低之后,即沿等转速线 $n=0$ 向坐标原点移动一段距离后,再进行倒车起动。由于水流冲击在螺旋桨叶背上产生负转矩和负推力,此时倒车工况曲线较陡,应防止盲目加速而超负荷。

其他航速下的倒车工况推进特性与上述100%航速的变化规律基本相同,只是航速越低,其特性曲线越向坐标原点靠近,而且因为航速下降,在水涡轮阶段作用于桨叶上的水流速度下降,负转矩的最大值也越小。当在航速为0时,螺旋桨没有水涡轮工作阶段,而通过坐标原点。

图12-22所示的罗宾逊图上绘出柴油机的倒车起动扭矩曲线(约为$-50\%M_{\mathrm{H}}$),则前进航速超过$75\%v_{\mathrm{H}}$时柴油机不可能倒车起动,即不可能制动成功。从图中还可清楚地看到,当前进航速超过$50\%v_{\mathrm{H}}$时倒车也是没有意义的,因为超过$50\%v_{\mathrm{H}}$的各倒车工况扭矩线没有穿过柴油机倒车工作范围。图上还绘出柴油机和轴系的摩擦扭矩曲线,当切断燃油供应后,柴油机输出扭矩立即为零,但在转动惯性作用下立即提供摩擦扭矩(约为$-10\%M_{\mathrm{H}}$),它可确定停油后螺旋桨的转速和(负)扭矩以及负推力和停船力。

在一般情况下,当船舶全速前进时,是不准许紧急倒车的;但在特殊的紧急情况下,船长决定采取紧急倒车措施时,应意识到为了船舶安全而可能损伤主机和轴系,并尽量避免在船速较高时进行倒车操作。

参考文献

[1] 周明顺. 船舶柴油机[M]. 大连:大连海事大学出版社,2014.

[2] 孙培廷. 船舶柴油机[M]. 大连:大连海事大学出版社,2002.

[3] 中国海事服务中心. 主推进动力装置[M]. 大连:大连海事大学出版社,北京:人民交通出版社,2012.

[4] 黄步松,吕凤明. 船舶柴油机[M]. 北京:人民交通出版社,2009.